오세창 & 박성호

무역
계약론

Principles of
Trade
Contracts

박영사

머리말

저자는 비엔나 협약이 효력을 발생한 1988년 초봄에 "국제무역거래법"이라는 제목하에 Incoterms 1980과 더불어 비엔나 협약을 편역한 지 만 10년 만에 다시 "국제물품매매법"이라는 제목하에 협약만을 다시 출간하였고, 2004년에 수정을 거쳐 CISG와 PICC를 중심으로 "국제상거래계약법"을 출간하였으며, 이제는 지난 30년 간 이 분야를 개척하면서 강의해 온 자로서 그리고 정년을 앞두고서 CISG하에서 사용되는 통신에 전자통신의 사용을 가능하게 하는 협약으로 2005년 11월 23일자로 유엔총회에서 채용된 "국제계약에서 전자통신의 사용에 관한 유엔협약"(UN Convention on the Use of Electronic Communications in International Contracts: CUECIC, 이하 CUECIC 또는 전자협약이라 한다), 그리고 CISG하에서의 전자통신 사용가능에 대한 CISG 자문협의회[1] 의견(CISG-Advisory Council Opinion; 이하 CISG-ACO 또는 협의회라 한다)의 의견, ICC의 e-Terms 2004, 그리고 현재까지로는 국제협약이나 국제통일매매관습(법)의 이해에 필요한 영미계약법의 기초이론 등을 중심으로 "무역계약원론"을 집필하게 되었다.

따라서 이 책의 중심은 국제무역실무의 대원칙 guide line을 제시하고 있는 CISG이다. 어떤 의미에선 CISG는 무역실무원론 또는 무역계약원론이라 할 수 있으며, ICC가 제정하는 통일상관습(법)은 이러한 무역실무원론에 따른 시행령 또는 각론이고, 각국내 대외 무역관계법은 시행세칙이라 할 수 있으며, 이러한 3자에 근거하여 이루어지는 흐름 전체의 입문의 역할을 하는 것이 무역실무입문 또는 무역실무론이라 할 수 있다.

이렇게 볼 때, 국내무역관계법체계가 법, 령, 세칙(규정, 예규, 통첩, 고시)으로

---

1) CISG 자문협의회란 CISG의 통일해석을 촉진시키려는 데 목적을 둔 사적 모임으로 PACE대학의 국제상사법연구소장으로 재직 중인 A. H. Kritzer 교수의 주도하에 세계적인 석학들이 중심이 되어 있는 모임이다. 2001년 파리에서 첫 모임을 갖고 "CISG해석 협의회"설립의 가능성을 모색한 후 계속해서 협의회소속 교수들이 속해 있는 국가는 돌아가면서 회의를 개최하고 이 모임을 통해 CISG의 통일해석을 위한 의견을 발간하고 있으며, 초대회장으로 독일의 Schlechtriem 교수가 선출되었다(http://www.CISG.law.pace.edu).

구성되듯이 국제무역실무 역시 국제간의 무역실무에 적용키로 각국이 합의한 CISG 가 국제무역실무의 대원칙을 제시한 법이요, 특히 이행부분에 관하여 국제상인들의 관행의 통일적 성격이 강한 통일상관습(법) 등이 이러한 법에 근거하여 국제적으로 실제 통용되거나 인정되는 판례를 종합한 것으로 법에 따라 적용가능한 시행령이 요, 이러한 시행령에 따라 각국의 무역의 특수성을 감안한 무역관계법 예컨대 우리 나라의 경우 국내수출입절차 전반을 규정한 대외무역법, 수출입절차에 필수적으로 수반하는 수출입의 목적물인 물품의 합법적인 수출·수입규정에 기본적인 초점이 있 는 관세법, 물품의 수출입에 필수적으로 수반하는 외환의 적법적인 지출과 지급의 수령에 초점이 있는 외환관리법 등이 시행세칙이라 할 수 있다.

이상의 내용을 국내 무역학과에서 강의되고 있는 과목들과 연계시켜 본다면, 국내 각 대학에서 강의되고 있는 무역실무론 또는 무역상무론이란 무역실무전반에 관해 이들 법, 관습 등에 근거하여 실제 국제·국내적으로 무역거래에서 이루어지 고 있는 공동적인 사항을 소개하는 무역실무의 기초적인 안내의 역할을 하는 이른 바 무역실무 입문이다. 그리고 무역계약론은 바로 무역실무원론이며, 결제론, 무역 보험론, 무역운송론, 상사중재론 등은 통일관습(법)을 중심한 원론에 따른 각론이라 할 수 있으며, 국내무역관계법규는 각국 나름대로 원론과 각론에 입각한 자국내의 대외무역실무지침이라 할 수 있다.

우리가 알고 있듯이 2014년 8월 현재 81개국이 비준하였으며, CISG는 국제무 역을 위한 통일실체법으로 UNCITRAL이 제정한 협약 중 가장 성공한 국제협약으 로 국제거래의 2/3가 CISG 국가에 속한 당사자들 간의 거래이다.[2]

우리나라는 가입의 필요성을 인정하면서도 여러 가지 사정으로 가입을 미루어 오다 2004년 2월 16일자로 가입하였다.

본서의 특징은 다음과 같다.

첫째, 제1편은 영미계약법의 개요를 영미계약법의 이해뿐만 아니라 국제협약 의 필요한 용어를 중심으로 설명하였다.

둘째, 제2편은 협약의 개요에 해당하는 내용이고, 제3편은 각 조항별 개요와 주요한 내용을 설명하였다.

셋째, 제2편에 전체 조항의 명칭을 구성의 제목하에 명시할 뿐만 아니라, 제3

---

2) http://www.CISG.law.pace.edu. CISG의 비준현황과 비준국은 http://www.cisg.law.pace.edu/ cisg/countries/cntries.html을 참조.

편에서도 역시 해당 장이나 절에 따라 구성의 제목하에 조항의 명칭을 명시함으로써 독자들의 편의를 도모하였다.

넷째, 조항 가운데는 다소의 난해한 부분들이 있으나 전체적으로 간단하면서도 명료하게 각 조의 내용을 설명함으로써 협약에 대한 독자들의 접근을 쉽게 기도하였다.

다섯째, 영국의 상관습법인 SGA와 이에 근거한 USA 그리고 양 법을 참고하여 현실거래에 적용을 위해 특별히 제정된 UCC를 협약의 조항과 비교하여 설명하되 특히 협약의 해설적 선택이 강한 Unidroit Principles과 비교를 강화하였다.

물품인도와 물품수령 등 주요한 매매당사자들의 의무사항에 관해서는 이행부분의 주요한 두 개의 가이드라인으로 국제상관습으로 협약과 상호보완 관계에 있으면서 특수한 관계에 있는 Incoterms 2000을 협약과 연결시켜 설명함으로써 광의의 거래관습이라 볼 수 있는 협약을 전통적인 통일거래관습인 Incoterms와 UCP 그리고 이들의 현실적 반영이라 할 수 있는 L/C 등과 연결시키는 데 역점을 두었다.

여섯째, 2014년 8월 중순 현재 우리나라와 중국을 비롯하여 18개국이 서명하고 이 중에서 4개국(도미니카공화국, 온두라스, 싱가포르, 러시아)이 비준함으로써 효력을 발휘하고 있는 CUECIC와 발효 중인 e-Terms 2004를 CISG와 연계시켜 설명함으로써 인터넷 시대에 국제거래의 대응능력의 제고를 기하였다.

일곱째, CISG의 모체라 할 수 있는 ULF와 ULIS의 재정주체였던 사법 통일을 위한 국제연구소(로마연구소)인 UNIDROIT(the International Institute for the Unification of Private Law)가 제정한 PICC 가운데 본서에서 취급하지 아니하였던 그러나 국제상거래 계약에 반드시 수반할 수 있는 주요 내용인 상계, 권리의 양도, 권리의 이전, 소멸시효, 다수의 채무자들이 한 사람의 채권자에 대하여 동일한 의무를 가지는 경우로서 동 의무에 구속되는 연대의무 등을 새로이 보완함으로 CISG가 취급하지 아니한 부분을 보완도록 하였다.

여덟째, 본서는 오랜 기간 동안 여러 가지 면에서 도움을 주고 계신 新 掘聰 敎授님의 저서인 "國際統一賣買法", J. O. Honnold 교수의 "Uniform Law for International Sale", A. H. Kritzer 교수의 "Guide to Practical Application of the UN Conventions on Contracts for the International Sale of Goods", UNCITRAL 의 "The Official Record", "CUECIC에 관한 Explanatory Note", UNIDROIT의 "UNIDROIT Principles of International Commercial Contracts", "CISG-ACO"

의 내용을 주로 참고하였고, 인용한 내용이 대부분이다.

아홉째, 학회에서 발표시 논란의 대상이었던 협약을 C. M. Schmitthoff 교수의 주장처럼 광의의 거래 관습으로 인식함을 통해 앞으로 새로운 연구의 방향을 제시하였다.

지금까지 나의 삶의 과정에서 한 순간도 내버려두지 아니하시고 늘 함께 하사 이 시간까지 지켜주신 내 하나님 아버지께 머리 숙여 진심으로 감사를 드리오며, 늘 배후에서 기도해 주시는 나의 어머니 강부귀 권사님께 감사 인사와 아울러 영육의 강건을 빈다. 또한 이 책의 출판을 도와주신 도서출판 박영사의 안종만 회장님과 편집에 수고하신 편집부 직원 분들께 감사를 드리는 바이다.

끝으로 처음 본서의 출간을 앞두고 Miami에서 교정할 때 생후 2개월 된 외손녀 '안나'가 이제는 동부의 명문사학을 향해 노력하고 있는 다재다능한 그러면서 신앙심이 좋은 학생이 되어 번역에 실질적인 도움을 주었기에 이 책과의 인연을 생각하며 '안나'에게 이 책을 선물한다.

2014. 8.

加山 黙想室에서

차   례

제3편 규정과 해설

국제상거래 계약의 기초

Principles
of Trade
Contracts

Principles
of Trade
Contracts

제 1 장 국제상거래 계약의 개요

1. 국제상거래 계약의 개념

1) 국제상거래 계약의 정의

국제상거래는 계약(contract)으로부터 실행된다.[1] 계약이란 일정한 채권관계의 발생을 목적으로 하는 복수 당사자 사이에 서로 대립하는 의사표시의 합치에 의하여 성립되는 법률행위를 말한다.[2] 즉, 당사자간에 채권·채무를 형성하고 규정하는 법률행위이다. 광의의 계약을 합의라고도 하며, 여기에는 채권계약, 물권계약 및 신분법상의 계약도 포함되어 다양한 형태의 계약이 있을 수 있으나, 협의의 계약은 채권계약만을 지칭한다. 국제상거래에서 채권계약의 종류도 다양하다. 즉, 국제물품거래, 국제서비스 및 금융거래에도 채권계약이 성립되지만, 국제상거래 계약 중에서 가장 기본적이고 일반적인 계약은 물품매매계약이라고 할 수 있다. 그에 관한 각 법제상의 정의를 살펴보면 다음과 같다.

(1) SGA상의 정의

영국물품매매법(Sale of Goods Act: SGA, 이하 SGA라 한다)에 의하면, "국제물품매매계약이란 매도인이 대금이라는 금전의 대가를 받고 매수인에게 물품의 소유권을 이전하기로 합의하거나 이전하는 계약"[3]이라고 정의하고 있다.

(2) UCC상의 정의

미국통일상법전(Uniform Commercial Code: UCC, 이하 UCC라 한다)에 의하면, "국제물품매매계약이란 대가를 받고 매도인으로부터 매수인에게 권리를 양도하는

---

1) C. M. Schmitthoff, *Export Trade*, 10th ed., London: Sweet & Maxwell, 2000, p.2.
2) 末川 博, 「契約法」, 法經出版社, 1985, p.30; 강원진, 「무역계약론」, 박영사, 2000, p.1.
3) SGA, 2−2(1).

것"⁴⁾이라고 규정하고 있다.

(3) 비엔나 협약상의 정의

국제상거래에서의 매매계약은 국가간의 매매계약을 약칭한 것이며, 물품매매
계약은 국제상거래 계약 가운데서도 가장 전형적인 계약이라 할 수 있다. 비엔나
협약(UN Convention on Contract for the International Sale of Goods: CISG, 이하
CISG 또는 Vienna 협약이라 한다)에 의하면, 상이한 국가영역 내에 영업소를 가지고
있는 계약당사자간의 물품매매계약에 관하여 적용한다고 하므로 국제물품매매계약
을 상이한 국가 영역 내에 영업소를 가지고 있는 계약당사자간에 물품의 매매를 위
하여 체결되는 법률적 구속력을 가지는 합의라고 볼 수 있다.⁵⁾

(4) 민법상의 정의

우리 민법에 의하면, "매매는 당사자의 일방이 재산권을 상대방에게 이전할 것
을 약정하고 상대방이 그 대금을 지급할 것을 약정함으로써 그 효력이 생긴다."⁶⁾
고 규정하고 있다.

이상과 같이 국제상거래 계약, 특히 국제물품매매계약에 관한 정의는 모두 그
기본 취지는 동일하다. 또한 일반적으로 계약은 당사자들의 공통의 기대와 의도를
표현하기 위해 합의라는 형식을 취하게 되는데 이는 곧 법적으로 구속력이 있는 합
의를 뜻한다. 그러므로 계약의 시초로써 합의가 이루어졌는지 아닌지 여부를 확인
할 필요가 있다. 왜냐하면 합의에 이르렀다는 사실 그 자체로 계약이 성립되는 경
우가 대부분이며 합의라는 것이 양 당사자들에 의해 서명된 서면문서로 작성되기
때문이다. 실제로 영국의 벤자민 교수는 매매계약(contract of sale)을 매매(sale)와
매매의 합의(agreement to sell)를 포함하는 것으로 표현하고 있다.⁷⁾ 매매는 물품의
소유권이 매매계약에 의해 매도인으로부터 매수인에게 이전하는 경우를 말하며, 매
매의 합의는 물품의 소유권이전이 장래에 행하여지거나 또는 계약 성립 후에 일정
한 조건이 성취될 것을 전제로 할 경우에 그 계약을 말한다. 매매의 합의는 기간이

---

4) UCC, 2-106(1).
5) CISG, 1.
6) 한국민법 제563조.
7) A. G. Guest, *Benjamin's Sale of Goods*, 7th ed., London: Sweet & Maxwell, 2006, pp.26~
29.

도래하거나 물품의 소유권이전을 전제로 하는 조건이 성취한 때에 매매로 된다.

이러한 의미에서 볼 때, 매매계약은 현물매매(present sale of goods)와 미래의 시점에 물품을 매매할 목적으로 합의한 계약인 선물매매(future sale of goods)를 포함한다. 이처럼 계약체결에 의하여 이행되는 현재의 매매를 이행계약 또는 기이행계약(executed contract)이라 하고, 매매합의에 의하여 장래의 선물(future goods)에 관한 매매계약을 미이행계약(executory contract)이라고 한다. 실제 무역계약에서는 미이행계약이 대부분을 차지하고 있다.

이처럼 국제상거래 계약은 당사자간에 합의한 계약내용이 약속대로 이행될 것이라는 기대와 만일 계약위반에 대해서는 구제될 수 있다는 확신을 가지게 됨으로써 국제상거래의 기초가 된다는 점에 그 의의를 둘 수 있다.

2) 국제상거래 계약의 특성

국제상거래는 서로 다른 제도·사회·경제·문화·풍습 및 언어 등이 관여하고, 당사자가 속해 있는 국가가 서로 다른 주권국가인 것이 보통이며, 특히 서로 다른 법역이 관여하므로 국내계약에 비해 다음과 같은 특성을 갖는다.

(1) 영미보통법 원칙의 우세

세계 각국의 법률제도는 법의 내용이 유래하는 근원, 즉 법의 형식논리(이를 법원이라 한다)를 중심으로 크게 성문법(제정법: statute law)을 주된 법원(source of law)으로 하는 대륙법계(civil law system)와 성문화된 법전 없이 판례를 주된 법원으로 하는[8] 불문법(common law: judge law) 중심의 영미법계(common law system)로 구분되는데, 주로 영미법계 국가들이 국제상거래를 주도하여 온 관계로 국제계약은 영미에서 발달한 계약형식을 취하고, 영미법상의 원칙이 지배적인 원칙으로 적용되고 있는 실정이다. 그러나 최근에는 대륙법상의 사고의 영향이 여러 가지 이유에서 영미보통법에 강하게 작용하고 있어 영미법 중심의 국제계약이나 국제통일상법 제정에 대륙법의 원칙을 많이 반영하는 경향이 되고 있는 것 같다.

---

8) S. A. Smith, *Atiyah Introdudion to the Law of Contract*, 6th ed, Oxford: Clarendon press, 2005, p.25.

(2) 당사자자치 원칙의 적용

당사자자치(party autonomy)란 거래관계의 내용과 그에 적용할 법을 계약당사자가 합의하여 자유로이 정할 수 있도록 허용하는 것을 말하며, 계약자유의 원칙이 그 대표적 유형이다. 당사자자치는 계약에 적용될 실체법이나 그러한 실체법의 선택기준을 정하는 법, 즉 국제사법 중 어느 국제사법에 따를지를 당사자가 정하는 저촉법적 당사자자치와 계약의 내용 자체를 당사자가 자유로이 선정하는 실체법적 당사자자치, 그리고 당사자간에 분쟁이 발생한 경우 어떠한 방식으로 어느 곳에서 해결할지를 정하는 소송상의 당사자자치로 구분된다. 국제상거래 계약은 국내상거래 계약에 비하여 거래당사자가 계약의 내용과 그에 적용될 법 그리고 분쟁의 해결 방법까지 모두 그들 간의 합의에 의하여 정할 수 있도록 하는 당사자자치 또는 계약자유(freedom of contract)의 원칙이 주로 적용되고 있다.

PICC는 사적 당사자간의 국내계약과 PICC와의 관계를 다음과 같이 설명하고 있다.

PICC가 국제상거래 계약에 적용을 염두해 두고 제정되었다는 사실에도 불구하고 사적 당사자들이 자신들의 순수 국내계약에 PICC의 적용을 합의하는 것을 방해하고 있지 아니하다. 즉, 사적 당사자들간에 체결되는 국내계약에 PICC의 적용이 가능하다.

그러나 이러한 합의는 계약을 지배하는 국내법상의 강제규정의 적용을 대전제로 한다. 따라서 PICC도 국내법상의 강제규정에 우선하지 못한다.

(3) 주권간섭의 가능성

국제상거래 계약은 당사자가 서로 다른 국가의 국민이거나 아니면 적어도 계약의 성립이나 그 이행 등이 둘 이상의 주권국가가 관련되는 것이 일반적이므로 서로 자국 국민의 권익이나 자국의 이익을 보호하려는 주권의 충돌이 야기될 수 있다. 또한 국제상거래 계약은 거의 예외 없이 어느 주권국가의 국익보호와 관련하여 제정된 법규, 예를 들면 우리나라의 경우 대외무역법, 외국환거래법, 관세법, 외자의 도입과 그 규제에 관한 법, 독점규제법 및 공정거래법 등의 적용문제가 발생한다.

(4) 법에 의한 강제의 곤란

국제상거래 계약은 그 내용에 따른 이행이 이루어지지 않는 경우 이를 강제로 이행시키거나 그로부터 발생한 손해를 배상받는 데 있어서 그 실효성을 확보하기가 국내상거래 계약에 비하여 훨씬 어렵다는 특징이 있다. 일단 문제가 발생한 때에는 권리의 확보에 많은 노력과 시간 및 비용이 소요될 뿐만 아니라 권리집행의 유효성도 보장되는 것이 아니기 때문에 미리 문제의 발생을 배제시키는 노력이 특히 중요하다.

(5) 적용법규의 정형화 추세

세계경제가 블럭화의 단계를 넘어 하나의 경제를 지향하고 있는 추세에 맞추어 국제상거래 계약도 보편화·정형화되고 있다. 국제상거래 계약에 있어서도 이러한 점이 반영되어 일반거래약관(General Terms and Conditions)에 의한 계약체결이 보편화되고 있으며, 또한 국내·외 정형조건의 사용을 위한 ICC규정(ICC Rules for the Use of Domestic and Trade Terms: Incoterms® 2010)이나 신용장통일규칙(Uniform Customs and Practice for Documentary Credits: UCP)과 같이 국제상거래 계약에 통일적으로 적용되고 있는 국제적 규범들이 마련되었으며 대부분의 거래가 이러한 규범들을 준거법으로 정하고 있다.

(6) 정형화된 계약서의 작성

우리 법에서는 물론 영미법에서도 계약이 유효하기 위해서 어떤 형식을 요하거나 서면화할 것을 일반원칙으로 요구하지는 않는다. 물론 영미에 있어서 사기방지법(Statute of Frauds)[9]상 일정한 계약체결의 경우, 즉 그 계약의 중요성을 인식하기 위한 목적으로 또는 그 계약의 성격상 허위로 계약의 성립을 주장하기 용이한 경우가 있으므로 이러한 사기적인 계약성립의 주장을 차단할 목적으로, 유효한 계약이 성립하기 위해서는 서면에 의한 계약일 것을 요하는 경우가 있다. 그러나 이는 예외적인 경우이며 대부분의 계약은 구두로 체결하여도 무방하다. 그럼에도 불구하고 국제상거래 계약은 법률적인 요건여부에도 불구하고 아무리 간단한 계약일지라도 정형화된 서면계약으로 체결하는 것이 일반적이다.

---

9) 자세한 내용은 p.38 참조.

2. 국제상거래 계약법의 의의

1) 국제상거래 계약법의 개념

국제상거래 계약은 서로 다른 국가영역에 영업소를 둔 당사자간의 국제상거래로 계약당사자의 국적, 계약체결지, 계약목적물의 소재지, 계약이행지 등과 같은 국제상거래의 이행과정에서 발생하는 계약관계의 구성요소가 다양하게 형성된다. 이러한 국제상거래 계약관계에서 각국의 국내법이 서로 다르기 때문에 흔히 적용 법규간에 충돌과 모순이 생긴다. 국제상거래 관계에서 발생하는 다양한 문제의 해결을 놓고 적용될 법규와 해석기준이 각국마다 서로 달라 국제거래의 당사자간에 법규의 적용과 해석에 모순과 혼란이 발생한다면 원활한 국제상거래가 불가능하게 된다. 따라서 이와 같은 법규의 충돌을 제거하는 것이 국제상거래의 중요한 과제이다.

국제상거래에 적용되는 법률은 국내법의 구속에서 벗어나 국제적으로 공통된 내용을 확립하는 것이 중요하다. 왜냐하면 국제상거래법은 단순히 국제상거래에 적용될 법률이 아니라 국제상거래에 공통적으로 적용될 법률이기 때문이다. 예컨대, 우리 민법도 국제거래에 적용될 수는 있지만 국내법이지 국제상거래법이라고 하지 않는다. 이와 같이 국제상거래법은 국경을 초월하여 행해지는 국제상거래에 공통적으로 적용되는 사법적 법규의 총체이다.

국제상거래에는 주로 물품, 용역(서비스) 및 자본 등의 거래를 말한다. 물론 국제물품매매거래에서도 거래과정상 운송 및 금융 서비스가 포함되어 있기 때문에 이와 관련한 각종 규범도 포함된다.

국제상거래와 관련하여 주요한 원칙을 규정하고 있는 국제사법통일을 위한 국제연구소(The International Institute for the Unification of Private Law: UNIDROIT)가 UNIDROIT 국제상거래 계약의 제 원칙(The UNIDROIT Principles of International Commercial Contracts: 이하 PICC 또는 제 원칙이라 한다)을 1994년에 제정하였다.

1994년도 PICC 전문의 내용을 수정(개정<변경>, 추가, 신설)한 2004년 전문을 그대로 2010년 PICC에도 반영하고 있는 제정목적을 보면 국제상거래 계약에 적용을 위한 일반 제원칙 규정을 제정하는 데 두고, 당사자들이 자신들의 계약서상에 명시적으로 계약준거법으로 제 원칙을 적용하기로 합의할 경우, 계약의 준거법이 됨을 명시하고 있다.

이런 경우에 계약서상에 제 원칙의 적용을 위한 표현 방법으로 다음과 같이 두 가지를 제시하고 있다.

첫째, 자신들의 합의가 본 원칙에 의해 지배됨을 규정하고자 하는 당사자들은 필요한 경우 계약자유의 원칙에 따라 자신들이 바라는 대로 본 원칙의 규정의 일부를 제외 또는 수정을 가하여 다음과 같이 표현한다.

"본 계약은 xx조를 제외한 UNIDROIT 제 원칙(2010)에 의해 지배된다."

둘째, 일차적으로 제 원칙을 준거법으로 하면서 추가로 특정 관할의 법을 적용하길 원할 경우 다음과 같이 표현함으로써 제 원칙을 준거법으로, 특정관할법을 보완법으로 합의할 수 있다.

"본 계약은 xx조를 제외한 UNIDROIT 제 원칙(2010)에 의해 지배되고 필요한 경우 특정관할법에 의해 보완된다."

여기서 ".... the law of a particular jurisdiction ...."으로 표시되어 있는 것은 특정 국가의 법 외에 기타 통일법이나 국제기구의 법이 관할법이 될 수 있기 때문이다.

제 원칙(PICC)은 법의 일반원칙의 기능, 상관습법의 기능 또는 이와 유사한 법의 기능을 하고 있기 때문에 당사자들이 자신들의 계약의 준거법으로 법의 일반원칙이나 상관습법 또는 이와 유사한 법이 적용됨을 합의한 경우, 제 원칙이 묵시적 합의의 준거법으로 적용될 수 있다. 또한 당사자들이 자신들의 계약에 적용될 준거법을 설정하지 아니한 경우라도 제정목적에 따라 준거법으로서의 기능을 할 수 있다.

본 원칙은 1994년 전문상에 "계약에 적용될 준거법을 정하는 것이 불가능한 경우 계약과 관련하여 제기되는 문제점을 해결하기 위해 제공될 수 있다."는 규정을 개정한 규정으로 통일규정이나 모호한 종전 규정의 분명화 또는 단순화 규정으로 볼 수 있다.

본 원칙은 UNCITRAL 등 국제기구들에 의해 제정되어 유엔 등에서 채용되거나 모델법 등의 해석 또는 보완에 활용될 수 있다. 예컨대, CISG의 전신은 UNIDROIT가 제정한 ULF나 ULIS이라 할 수 있는바, 이런 의미에서는 UNIDROIT가 CISG의 초안 자료를 제정하였다고 볼 수 있다. 따라서 본 원칙은 ULIS나 ULF

를 제정한 UNIDROIT가 제정한 것으로 본 원칙의 기본적인 정신이 CISG의 정신이라 할 수 있기에 CISG의 해석에 매우 유익한 규범이라 할 수 있다. 어떤 의미에서 CISG는 제정과정에서의 불가피한 타협의 산물인 규정들이 있는바, 이들의 경우 순수 법적인 측면에서 볼 때 모순이 있을 수 있다. 따라서 규정자체의 순수 법적인 해석을 대전제로 하는 제 원칙(PICC)이 타협의 산물인 CISG의 해석에 도움을 줄 수 있다.

본 원칙(PICC)의 제정 정신은 국내법을 해석하는 데 또는 국내법을 보완하는데 활용될 수 있을 만큼의 가치가 있는 규범이다. 이렇게 볼 때 제 원칙(PICC)은 국내법, 국제통일법, 상관습법의 기본 정신을 충분히 반영하고 있는 제 원칙 규정이라 (있다고) 할 수 있다. 상기와 같은 기본정신을 가지고 있는 제 원칙 규정은 국내외 모든 법을 제정하는 입법 제정자들이 꼭 참고할 만한 가치가 있는 규정(규범)들로서, 금후 법 제정의 모델로서의 중요한 기능을 가지고 있다.

동 원칙에서는 국제계약의 개념을 다음과 같이 설명하고 있다.

계약의 국제적 성격은 매우 다양한 방향으로 정의될 수 있다. 왜냐하면 국내법과 국제법 제정에 채용되는 해결 방안은 상이한 나라에 있는 당사자들의 영업장소나 상주적인 거소의 장소에서 "일국 이상과 분명한 관계를 가지거나," "상이한 국가법들간의 선택과 관련이 있거나," "국제무역의 이해에 영향을 미치는" 계약과 같은 보다 일반적인 기준의 채용에 이르기까지 다양하기 때문이다.

본 원칙은 이상과 같은 다양한 해결방안을 위한 기준을 명시적으로 규정하고 있지 아니하고 있다. 반면에 본 원칙에서의 "국제"계약의 개념은 국제적인 요소가 전혀 수반하지 아니하는, 다시 말해서 문제가 된 계약의 모든 관련 요소가 일국에만 관련이 있는 경우에만 궁극적으로 국제계약의 기준에서 제외될 정도로 가능한 한 포괄적으로 해석해야 함을 대전제로 상사계약의 개념을 다음과 같이 설명하고 있다.

본 원칙이 상사계약에 그 적용을 제한하는 것은 어떤 법률체계상에 민사상의 당사자와 상사상의 당사자 및 거래간에 전통적으로 이루어지고 있는 구분을 모방, 즉 당사자들이 공식적인 상인의 신분여부 및 거래가 성격상 상거래인지 여부에 본 원칙의 적용여부가 좌우됨을 의도하려는 것이 결코 아니다.

본 원칙에서의 상사계약이라는 개념은 다양한 법률체계내에서 소비자거래, 즉 거래의 과정이나 전문성을 가지고 계약을 체결하는 경우와 달리 계약을 체결하는 일방 당사자를 보호하려는 목적에서 대부분 강제적 성격을 지니는 특별 규정의 적용이 점증되고 있는 소위 소비자거래를 본 원칙의 적용범위에서 제외하려는 개념이다.

일반적으로 국내와 국제적 차원에서 채용되는 기준에 의하면 소비자 계약과 비소비자 계약간의 구분이 매우 다양하다. 따라서 본 원칙은 상사계약에 관해 명시적 정의를 규정하고 있지 아니하나, 본 원칙하에서 상사계약의 개념은 물품의 공급이나 교환 또는 서비스 거래뿐만 아니라 투자 및 특허, 전문서비스 계약 등과 같은 기타 경제거래 형태를 포함할 정도로 가능한 한 보다 포괄적으로 이해해야 함이 대전제이다.

전문을 통해 알 수 있는 제 원칙(PICC)의 기능은 다음과 같다.
① 계약의 준거법으로서의 기능
② 국제통일법을 해석하고 보완하는 기능
③ 국내법을 해석하고 보완하는 기능
④ 국내법과 국제법 제정자들의 제정모델 제공 기능
⑤ 기타 활용 기능

2) 국제상거래 계약법의 종류

(1) 국제법과 조약

국제법과 조약은 제정법으로서 국제상거래 계약법의 하나로서 인정되고 있다. 국제적인 협약이나 조약, 협정, 의정서 등 다양한 명칭으로 불리어지지만 특별히 명칭의 의미가 다른 것은 아니다. 조약(treaty)이란 그 명칭에 관계없이 국제법의 주체인 국가와 국가간의 일정한 법률효과를 발생시키기 위하여 하나 또는 여러 개의 문서로 교환하는 명시적인 합의결정을 말한다. 조약에는 공법적 성격인 것과 사법적 성격인 것이 있고, 공법적 성격의 조약에는 WTO, IMF, FTA 등이 있으며, 사법적 성격의 조약에는 어음법조약, 수표법조약, 공업소유권의 보호에 관한 파리조약, 저작물의 보호에 관한 베른조약 등과 같이 국내외 모든 거래에 적용되는 조약과 CISG, 선하증권통일조약 등과 같이 국외거래에 대해서만 적용되는 조약이 있다.

(2) 국내법

국내법은 그 적용범위가 자국의 영토 내로 제한되기 때문에 국제상거래 계약법으로 당연 적용은 곤란하지만, 국내법의 역외적용에 의하여,[10] 또는 특정국가의 법률을 당사자의 계약에 적용하기로 합의함으로써 국제상거래 계약법의 중요한 역할을 할 수도 있다. 다시 말하면, 영국의 SGA와 미국의 UCC 등을 국제상거래 당사자가 적용하기로 계약체결시에 합의하게 되면, 비록 영국이나 미국의 국내법일지라도 국제상거래 계약법으로서 적용될 수 있다. 이는 우리 민법이나 상법을 적용하기로 할 경우에도 동일하다.

(3) 국제사법

국제사법(private law; choice law)은 법의 장소적인 충돌이 있는 경우에 어느 법규범을 적용해야 할 것인가를 결정하는 법칙을 말하며, 법의 충돌(conflict of law)규범 또는 준거법선택의 법칙이다. 또한 국제재판관할이나 외국판결·중재판정의 승인·집행까지도 포함하는 섭외 문제를 다루고 있다. 이러한 국제사법은 국제상거래상의 법적 분쟁해결에 필수적으로 적용되고 있다.

(4) 국제상관습

오랜 기간 상업에 종사하는 모든 사람들이 승인하고 준수하려고 하는 전통적인 거래양식을 상관습(mercantile custom; trade usage)이라고 한다. 국제상거래에 종사하는 사람들에 의해서 승인되고 준수되어 온 거래양식을 무역관습, 국제상거래 관습 또는 국제상관습(international mercantile custom; usage of international trade)이라고 한다. 이러한 상관습에 법적인 승인이 주어지게 되면 상관습법(mercantile customary law)이라고 할 수 있다. 영미보통법상의 많은 법률—영국의 환어음법(Bill of Exchange Act: BEA, 1882), 물품매매법(Sale of Goods Act: SGA, 1893), 미국의 통일매매법(Uniform Sales Act: USA, 1906), 통일상법전(Uniform Commercial Code: UCC, 1952) 등—들이 상관습법의 형태로 발전되어 왔다. 이러한 상관습법들은 중세의 상인법(lex mercatoria)에 기원을 두고 있다.

---

10) 미국의 독점금지법, 수출통제법, 증권거래법, 상표법 등은 미국법이지만, 역외적용도 허용하고 있다.

상관습법은 당사자의 의사와는 관계없이 법으로서 당연히 적용된다. 이에 반하여 상관습은 원칙적으로 당사자의 의사에 의하여만 법률행위의 해석기준으로서 적용된다.

(5) 통일규칙

통일규칙(uniform rules)은 국제상거래 계약에서 당사자가 이를 적용하기로 합의하여 계약에 명시한 경우 적용된다. 통일규칙은 국제상업회의소(International Chamber of Commerce: ICC) 등과 같이 국제상거래와 관련된 국제민간기구가 제정한 것으로 무역조건이나 대금지급 등 국제상거래와 관련된 제반사항들에 대해 오랜 기간 동안 형성되어 온 상관습을 바탕으로 규범화된 것이 대부분이다. 현재 국제물품매매거래에서 가장 많이 이용되고 있는 Incoterms나 UCP 등이 있다.

(6) 표준계약조항

통일규칙으로까지 발전되지 않았지만, 국제적인 단체에서 제정한 표준계약서식(standard form)이나 표준계약조항(standard contract terms) 등도 국제거래관계에 적용되는 중요한 규범이라고 할 수 있다. 예컨대, 용선계약에서 사용되는 New York Produce Form이라든지, 플랜트수출거래에서 사용되는 UNECE,[11] FIDIC (International Federation of Consulting Engineers)[12]가 제정한 표준계약조항 등이 이에 해당한다. 상기의 통일규칙이 당사자간의 합의에 의해 적용하기로 한 경우에는 그 규칙의 변경이 불가능하지만, 표준거래조항은 조항의 내용을 당사자간의 합의를 통해 변경시킬 수 있다.

---

11) General Conditions for the Supply of Plant and Machinery for Export (Form No. 574) (UNECE) (centrally planned economy alternative to 188) in 1955; General Conditions for the Supply of Plant and Machinery for Export (Form No. 188) (UNECE, Geneva) (free economy alternative to 574) in 1953.

12) 약칭은 프랑스어(Fédération Internationale des Ingénieurs-Conseils)로의 본 단체명이다.

제 2 장 영미계약법의 개요

1. 영미계약법의 의의

1) 영미계약법의 의미

앞서 언급했듯이, 국제상거래에서, 특히 매매계약과 관련해서는, 영미보통법이 지배적인 역할을 하고 있다. 그 이유는 19세기 이후 국제상거래를 실질적으로 주도하여 온 국가들 가운데 가장 큰 영향을 미치고 있는 국가가 영국과 미국이기 때문이다. 그래서 국제상거래에서 그들 국가의 전통적인 상거래 관습과 규범들이 차지하는 비중은 상당히 크다고 할 수 있다. 다시 말해서, 국제상거래와 관련하여 체결되는 계약은 영미의 계약관행에 따르고 그 성립과 해석 및 효력발생 등에 관한 준거법도 영미법을 정하는 것이 일반적이다.

영미의 계약관행은 당사자간에 합의된 내용을 가능한 한 자세히 그리고 명확하게 기재한 정형화된 계약서를 작성한다. 다시 말하면, 대륙법계의 입장이 계약의 개요만을 정하고 구체적인 사항은 법의 해석에 맡기려는 자세임에 비하여, 영미법계의 입장은 장래에 발생할 가능성이 있는 모든 문제점을 철저히 파악하고 그에 대한 당사자의 입장을 명확히 한 후 이를 상세히 계약서에 규정하고자 한다. 물론, 현재 미국의 대다수의 주와 영국이 상거래 관련법에 있어서는 법률규정을 갖추고 있지만, 이전에는 성문의 법규가 없어 법률규정 등에 의한 계약내용의 보충이 용이하지 않았으며, 법원도 계약서의 내용을 보충하거나 확대하여 해석하지 않고, 가능한 한 당사자의 의사, 즉 합의한 내용에 따르고자 노력하는 데에 그 원인이 있다.

과거의 영미 계약법은 구속력 있는 선결례, 즉 판례를 중심으로 한 common law가 그 근간을 이루어왔으나, 현재는 영국과 미국 모두 많은 성문의 법률을 제정해서 시행하고 있다. 성문법이 제정되어 있는 경우에는 선결례가 있음에도 불구하고 제정법이 우선하여 적용된다. 따라서 계약과 관련한 어떤 사항에 대하여 적용될 법을 확인하고자 할 때에는 성문의 법률이 제정되어 있는지 아니면 구속력 있는 선결례를 검토할 것인지 주의하여야 한다. 특히, 부동산(토지와 그 부속물)과 지적재산권 그리고 현금 등을 제외한 상품의 매매에 관하여는 영국의 경우 물품매매법(SGA)이 적용되며, 미국의 경우 통일상법전(UCC) 제2편 Sale of Goods가 적용된다.[1]

2) 영미계약법상 계약의 의미

영미법에서는 계약의 본질을 약속(promise)으로 표현하고 있으며 그 행위를 한 자에 대해 법적인 구속력을 지니는 것으로 보고 있다. 즉, 계약은 소송을 제기할 수 있는 단일의 또는 복수의 약속으로 구성된다고 보는 것이 일반적인 견해이다. 미국의 제2차 계약법 재술(Restatement: Rest., 이하 Rest.라 한다)에서는 계약이란 그 위반에 대하여 법이 구제를 부여하거나 또는 그 이행을 법이 어떠한 방법으로든 의무로서 인정하는 단일의 또는 일종의 약속이라고 정의내리고 있다.[2] 이와 같이, 계약을 약속으로 본다는 것은 대부분의 계약이 약속자(promisor)와 수약자(promisee)간에 또는 청약자(offeror)와 승낙자(accepter)간에 적어도 하나 이상의 약속으로 구성되어 있으며, 자신이 행한 약속에 대한 대가로 다른 사람의 약속을 받아들이는 데 동의한다는 것을 의미한다.

3) 영미계약법상 계약의 종류

(1) 미이행계약과 이행계약

계약은 적어도 하나의 약속, 즉 장래에 무엇을 하겠다는 언질을 표시하고 있어야 하는바, 이런 계약을 미이행계약이라 한다. 반면에 대금지급이나 목적물인도가 완료되지 아니해도 물품이 현존하여 확정적이고 계약의 요건이 충족되기만 하면 계약성립과 동시에 매매가 완성되며 소유권이 매수인에게 이전하게 되는바, 이런 계약은 아직 미이행이지만 완성된 것으로 말할 수 있기 때문에 이행계약이라고 볼 수 있다.

---

1) 여기에서 상품이라 함은 부동산과 권리 그리고 투자증권 등과 대비되는 모든 유체동산을 말하며 현금은 제외된다.

2) Restatement of Contract, Second, Art. 1.

SGA 17조와 "당사자간에 달리 의사표시가 없는 한"의 단서가 적용되는 경우이외의 해석원칙을 규정한 SGA 18조 규칙 (1)항이 적용되는 경우가 이행계약의 대표적인 경우이며, 16조와 17조, 18조 (2)항에서 (5)항까지, 그리고 19조 등이 적용되는 경우가 미이행계약의 경우이다.

예컨대, A가 B에게 자신의 자동차 소유권을 양도함과 동시에 B로부터 U$ 1,000을 받기로 하고, 이런 거래가 즉흥적으로 이루어졌다고 가정했을 때, 계약은 성립하지 아니하였으며, 동 거래는 당사자 가운데 누구도 장래 이행을 약속하는 약속을 하고 있지 아니하였기 때문에 미이행계약이라고 하기보다는 이행계약이라고 해야 한다. 반면에 A가 B에게 자동차의 소유권을 이전할 것을 약속하였고, B 역시 A에게 U$1,000을 주기로 약속하였거나 즉시 U$1,000을 A에게 실제 지급한 경우, A의 이행이 약속에 따라 장래에 이루어졌기 때문에 계약은 존재하며, 이런 경우의 계약을 미이행계약이라 한다. 대개 무역거래는 미이행계약으로 이루어진다.

(2) 서면계약과 구두계약

대개의 계약은 합의를 구체화한 서면으로 하고 있으나, 법의 측면에서 볼 때 합의가 비록 구두로 된다 해도 대부분의 경우에 구속력이 있고 집행가능한 계약이 될 수 있다. 그러나 반드시 서면계약을 필요로 하는 계약은 다음과 같다.
① 고인의 유언에 대하여 책임이 있는 유언집행자나 유언관재인의 계약
② 다른 사람의 의무나 부채에 대하여 책임을 지는 보증계약
③ 결혼의 약인에 따라 작성되는 계약
④ 토지권의 매매계약
⑤ 계약체결일로부터 1년 이내에 이행이 어려운 계약 등이다.

(3) 명시적 계약과 묵시적 계약

일반적으로 계약은 명시적 계약(express contract)을 의미한다. 당사자들이 계약의 내용에 대하여 명시적으로 문서 또는 구두에 의하여 합의하는 계약이다. 반면에 묵시적 계약(implied contract)은 당사자들이 계약의 내용에 대하여 명시적으로 합의하지 아니하였으나 묵시적으로 합의한 것으로 간주되어 유효하게 성립되는 계약을 말한다. 묵시적 계약에는 사실상 묵시적 계약(implied-in-fact contract)과 법적 묵시적 계약(implied-in-law contract)으로 구분할 수 있다.

사실상 묵시적 계약(implied-in-fact contract)은 당사자가 구두 또는 문서에 의하여 묵시적으로 합의하지 아니하였다 해도 당사자의 행동 등으로 합의가 이루어진 것으로 추론되는 유효한 계약을 의미한다. 예컨대 어떤 사람이 질병에 대하여 상의하기 위하여 의사를 방문한 경우 양 당사자들이 지급에 관해 아무런 언급을 하지 아니하였다 해도 그 결과 합리적인 수수료(진료비)를 지급하겠다는 합의가 방문과 이에 대한 진료 및 처방이라는 행동에 의하여 추정된다. 따라서 사실상 묵시적 계약은 모든 경우에 적용되는 명시계약, 즉 말로써 합의한 계약, 즉 서면계약과 똑같이 취급되나 법적 묵시적 계약과는 전혀 다르게 취급된다.

법적 묵시적 계약(implied-in-law contract)은 준계약(quasi contract)이라고도 하는데, 계약은 아니나 당사자들이 합의를 하지 아니하였다 해도 사회통념상 그렇게 하길 요구할 경우 법에 의하여 부과되는 보상을 나타내기 위하여 법정이 사용하는 용어이다. 예컨대 상해를 입은 어떤 피해자에게 그곳을 지나가던 사람이 긴급구호를 했다고 가정한다면, 그 구호행위를 한 사람은 비록 그의 구호가 피해자나 기타 다른 사람의 요구에 따른 것이 아니라고 하더라도 준계약에 따라 보상이 허용될 수 있다. 이러한 준계약에 의한 보상을 종종 법정(법추정; 법묵시)보상이라 부른다.

준계약이 성립하기 위해서는 첫째, 구호행위를 한 자가 피해자의 이익을 위하여 금전을 지출하거나 서비스를 제공하였을 경우, 둘째, 구호행위를 한 자가 피해자로부터 보상을 받을 수 있을 것이라는 예상하에 상기 행동을 취하였을 경우, 셋째, 구호행위를 한 자는 상기 행동을 피해자에게 자발적으로 제의하거나 중개하지 아니하였을 경우, 넷째, 피해자가 구호자에게 보상을 하여 주지 아니하는 경우 피해자는 구호자의 희생 아래 자신의 부당이득(unjust enrichment)을 누리는 결과를 가져오는 경우 등의 요건을 충족하여야 한다.[3]

(4) 무효계약, 무효시킬 수 있는 계약 및 집행할 수 없는 계약

일반적으로 당사자중 일방이 집행할 수 있는 일반적인 계약을 집행할 수 있는 계약이라 한다. 그러나 완전히 집행할 수 없는 특수한 종류의 합의가 있을 수 있으며 그러한 합의의 종류에 따라 절대적 무효계약(void contracts), 무효시킬 수 있는 계약(voidable contracts), 집행할 수 없는 계약(unenforceable contracts)으로 분류된다.

이러한 사실이 말의 모순이라 해도 어떤 종류의 합의는 무효가 된다. 무효계약

---

3) 이상윤, 「영미법」, 박영사, 2007, pp.280~1.

이란 당사자들의 합의가 법적 효력을 가지지 못하는 것을 말한다. 예컨대 도박계약은 공서양속에 반하는 것으로 무효이다. 도박의 경우 Calamari & Perillo는 동 계약이 무효라기보다는 계약 자체가 성립하지 아니한다고 주장하였다.4)

무효시킬 수 있는 계약이란 일방이 자신의 의사에 따라 집행시킬 수도 있고 집행시키지 아니할 수도 있는 계약이다. 예컨대 구속적인 합의를 체결한 미성년자나 사기에 의하여 합의하도록 권유받은 자는 계약을 마치 합의가 이루어지지 아니한 것처럼 행동함으로써 계약을 무효화시킬 수도 계약을 집행할 수도 있다.

집행할 수 없는 계약이란 사법적(司法的)인 구제를 위한 직접권리를 부여하지 아니하나, 그럼에도 불구하고 법적인 신분을 가지는 계약이다. 따라서 집행할 수 없는 계약과 소위 무효계약간의 매우 중요한 차이점은 집행할 수 없는 계약은 당사자 가운데 한 사람의 행동에 의하여 완전히 양 당사자를 구속하는 계약으로 전환될 수 있는 데 반하여 무효계약은 그렇게 될 수 없다는 것이다.

집행할 수 없는 계약의 흔한 예는 사기방지법 등에 의하여 토지매매계약은 반드시 서면으로 작성되어야 집행이 가능한 토지매매에 대한 구두합의이다. 따라서 이러한 구두합의 후 법에 따라 구두합의의 내용을 서면으로 진술하면 동 합의는 일방에 대하여 집행할 수 있는 계약이 된다. 반면에 무효계약은 일방만의 행동에 의하여 결코 집행될 수 없다.

2. 영미계약법의 구성

영미의 경우 대부분의 계약법은 제정법보다는 보통법인 판례에 의하여 지배되고 있었으나, 19세기말부터 영국과 미국은 과거의 누적된 판례와 관습을 정리하여 법전화 작업을 진행하여 성문법을 제정하였다. 아래에서 양국가의 계약과 관련한 제정법을 설명하고자 한다.

1) 영 국

영국법의 역사는 노르만제국의 William 1세(1027－1087)가 지배하기 시작한 1066년부터 시작되었다고 하는 것이 일반적이다. 영국에는 5세기에서 11세기까지

---

4) J. D. Calamari and J. M. Perillo, *The Law of Contracts*, 4th ed., West Group, p.20.

유럽대륙에서 여러 민족이 이주해 왔으며, 각 이주자는 서로 다른 관습을 지니고 있었다. 따라서 윌리엄 1세는 종래 존재하던 지방적 법원에 대항하기 위해 왕립 법원(Royal Court)을 설립하고, 이것을 일반인에게 개방, 관습의 통일을 도모하였다.5) 왕립 법원의 법관은 판결을 할 때 원칙적으로 일반관습을 적용하였다. 이리하여 영국 각지의 관습법상의 차이를 조화하여 전국에 공통된 통일법, 즉 왕국의 보편적 관습을 만들었다. 이것을 보통법(common law)이라 한다.6)

한편 보통법의 엄격성 및 경직성을 도덕률에 의하여 보완하였는데, 그 결과 보통법 법원과 대립하는 형평법 법원(Court of Chancery)이 생기게 되었다. 이 법원에서는 보통법의 지나친 법적 엄격성을 완화하고 법에 지나치게 얽매이지 않고 도덕・윤리 또는 보편타당한 상식에 따라 판결하였다. 다시 말하면, 보통법으로서는 구제를 받을 수 없는 유형의 사건이라고 해도 정의와 형평의 관점에서 보면 당연히 구제를 받을 수 있을 것으로 생각하는 당사자는 '정의의 원천'(foundation of justice)인 국왕에게 그러한 뜻의 청원을 제출하여, 국왕의 하수인인 대법관(Lord Chancellor)에게 송부되어 그 재량으로 구제를 하였다. 그러한 사례가 증가함에 따라 사람들 사이에 일정한 사실관계가 있으면 대법관 내지 그 밑에 있는 대법관부(Chancery)에 가면 구제를 받을 수 있다는 기대를 갖게 하여 형평법은 보통법과 나란히 하나의 독립된 법체계로 발전하였다.

그러나 1875년이 되어 1873년의 최고법원법(the Judicature Act, 1873)이 시행됨에 따라 '보통법과 형평법의 융합'(merger of law and equity)이 이루어지고 단일의 최고법원(Supreme Court of Judicature)이 설치되었다. 그리고 1873년 최고법원

---

5) K. Zweigert and H. Kötz, *An Introduction to Comparative Law* (translated by Tony Weir), 3rd ed., Oxford: OUP, 1998, pp.182~3.

6) 보통법은 원래 지방의 법이 아닌 법, 결국 영국 전체에 공통되는 법을 의미하였으나 오늘날에는 문맥이라든가 또는 그것과 대비되는 바에 따라 여러 가지 의미로 사용되고 있다. 첫째, 제정법이 아닌 법으로 사람들의 관습이라든가 또는 법관의 판결에 의해 만들어진 법을 말한다. 일정한 좁은 범위에서 사람들의 관습은 법을 창조하고, 또 법관의 판결, 즉 판례(precedents)도 마찬가지이다. common law라고 하는 말이 이러한 의미로 사용되는 경우 그것은 지방법도 포함하는 것이다. 둘째, 형평법이 아닌 법, 즉 형평법(equity)체계와는 별개로, 오래된 보통법의 법원에 의해 발전된 법을 의미한다. 셋째, 외국법이 아닌 법, 즉 영국법 또는 예컨대 미국과 같이 법의 출발 시점에서 영국법을 채용한 국가의 법을 의미한다. 이러한 의미에서의 common law는 예컨대 로마법 또는 프랑스법 등과 대칭되고 있는 것이며 또 그러한 한도에서 common law는 영국법의 전체—가령 지방적 관습이든, 제정법이든, 형평법이든 막론하고 그 전체—를 포함한다(이시환, 「신무역계약론」, 신양사, 2002, pp.6~10).

법 제25조는 양 법간에 충돌 또는 차이가 있는 때에는 일반적으로 형평법의 법칙이 우선하는 것으로 규정하였다.

오늘날 영국의 물품매매법은 제정법이다. 제정법은 입법기관이 제정한 성문법을 가리킨다. 즉 영국의 물품매매에 관한 제정법은 1893년 제정되고 1979년 개정된 물품매매법(SGA)이다. 영국 물품매매법의 기초초안은 1888년 M. Chalmers 경에 의하여 처음으로 작성되었으며, 이 법안은 Herschell 경에 의하여 1889년과 1891년에 영국 귀족원의 특별위원회(Select Committee)에 상정되었다. 1892년에는 그 적용범위를 잉글랜드, 웨일즈 및 아일랜드뿐만 아니라 스코틀랜드에도 확대하도록 한 최종안을 확정하여 1893년 "물품매매에 관한 법률을 규정한 법"으로 귀족원을 통과함으로써 제정되었다.[7] 이 법은 1894년 1월 1일부터 시행되어 오다가 1979년 12월 6일에 귀족원의 동의를 얻어 전면적으로 개정된 후 1980년 1월 1일부터 발효되었으며 1994년[8]과 1995년[9] 일부 개정되어 오늘에 이르고 있다.

이 법도 오랫동안 이어져온 판례법을 집대성하여 법령화되어 그 근저에는 보통법적인 성격을 지니고 있다고 할 수 있다. 제정법은 보통법과 형평법의 존재를 전제로 하여 보통법 및 형평법을 재록, 추가 및 정정한 것이다. 그리고 제정법은 보통법 및 형평법에 우선하여 적용된다. 영국법은 국회의 기능에 제한을 두지 않고 있어, 국회의 권능은 법적인 관점에서 보면 영국정치조직의 최고위에 위치하며, 어떠한 법원도 국회 제정법의 집행을 거부할 수 없다. 또한 보통법 및 형평법이 아무리 발달해도 국회 제정법을 폐지할 수 없는 데 반하여, 국회 제정법은 보통법 및 형평법을 폐기하고 이에 대신할 수 있다. 그렇지만 영미법에서는 판례법, 특히 보통법(common law)이 법체계의 기초이며, 제정법은 어디까지나 판례법을 기초로 하여 구성되고 있다.[10]

2) 미 국

미국에서의 보통법의 특색은 연방제의 채택으로 판례법주의를 유지하기가 곤

---

7) http://en.wikipedia.org/wiki/Mackenzie_Dalzell_Chalmers 참조.

8) Sale of Goods (Amendment) Act 1994; R. Goode, *Commercial Law*, 3rd ed., Penguin Books, 2004, p.189.

9) Sale of Goods (Amendment) Act 1995; *Ibid.*

10) 이시환, 상게서, pp.6~10.

란하다는 점이다. 연방헌법에 규정된 이른바 연방사항(federal question)을 제외하고는 각주마다 주권을 가지고 독자적인 입법권을 가지며 이에 따라 각주의 여러 법원의 판례들은 엄청나게 방대하여 판례의 불확실성과 복잡성이 가중되어 점차 법의 통일화, 성문화가 요청되며 판례의 발견 및 정리가 특히 중요한 의미를 갖게 된다.

이와 같은 법의 통일화 요청은 연방최고법원의 판례법 형성의 과정을 통하여 시도된 연방법과 각주의 조정, 그리고 통일주법을 위한 미국변호사협회(American Bar Association: ABA)의 운동, 1887년 법률에 의하여 설립된 주간통상위원회 (Interstate Commerce Commission)의 권한의 증가 등에 의하여 추진되었다.

일반적으로 미국법에 있어서 가장 중요한 1차적 법원(primary sources or resource of law)은 역시 제정법과 최고법원의 판례이며, 이를 찾는 방법(finding tools)으로는 다이제스트(digest), 인용서(citator), 백과사전(encyclopaedia), 용어집 (phrase book), 주석부법령집(annotated statutory compilation), 회보(loose leaf service), 색인(index) 등이 이용된다. 제정법과 판례법이 없는 경우에 이용되는 2차적 자료(secondary materials)로서 가장 중요한 것이 리스테이트먼트이며, 그 외 주석서, 교과서, 논문 등을 찾아볼 수 있다.

(1) 리스테이트먼트(Restatement of Contracts)

리스테이트먼트(Restatement)는 각주의 판례법의 복잡성을 정리하고 법의 통일이라는 장래의 발전을 위한 사실상의 법전화 작업에 의해 제정되었다. 1923년 2월 미국법과대학협회(Association of American Law School)는 Roscoe Pound, Cardozo 등 저명한 법조인과 법학자들을 망라하여 법의 명료화와 단순화를 목표로 리스테이트먼트 편찬을 중심사업으로 하는 미국법률협회(American Law Institute: ALI)를 설립하였으며, 그 중 특정초안자가 리포터로서 기초한 후 수차에 걸친 평의위원회의 논의를 거쳐 다시 심의·승인하고 마지막으로 미국법률협회에서 채용·공포되고 그 후 발간하는 방식을 택하였다.

리스테이트먼트 작업은 모든 법에 관하여 이루어진 것은 아니며 각주의 판례법이 비교적 일치하고 변경되는 각 주 제정법의 최소한도에 그치는 9개 분야에서 진행되었다. 완성연도로 보면, 1932년 계약법(contract), 1933년 대리법(agency), 1934년 섭외사법(conflict of laws), 1935년 신탁법(trust), 1937년 원상회복(restitution), 1934년에서 1939년까지 불법행위법(torts), 1941년 담보(security), 1942년 판결

(judgements), 1936년에서 1944년까지 재산법(property) 등이며, 1950년대에 이르러 새로이 제2차 리스테이트먼트가 위 각 분야에 걸쳐 진행되었으며, 1962년 대외관계법(foreign relation law)에 관한 리스테이트먼트는 새로이 작성되었다.

리스테이트먼트는 상기 각 분야의 미국법을 논리적인 체계로 고쳐 쓴(restate) 것으로 현행법 중 유력 타당한 것을 채용하고, 이에 약간의 학설을 추가하였는데, 이것은 학자의 학문적인 저작이므로 법적 효력을 갖지 않지만 법원도 가장 학문적 권위가 있는 것으로 보아 이에 많은 배려를 하고 있다. 이와 같이 1932년 계약법 리스테이트먼트는 미국계약법의 일반화·보편화에 있어 지대한 영향을 미쳤다. 그 후 계약과 관련한 리스테이트먼트는 제2차까지 공표되었다.

(2) 통일상법전(UCC)

미국은 영국과 마찬가지로 판례법 국가이다. 주도인 워싱턴 D.C.를 제외하고 각 주 및 자치령과 속령들은 각각 상사법에 관한 독립된 법역(jurisdiction)을 형성하고 있기 때문에 각 주별로 상사법이 차이가 난다. 따라서 원활한 상거래를 위해 19세기 말경부터 각주의 상사법을 통일하기 위한 활동이 통일주법위원회 전국회의 (National Conference of Commissioners on Uniform State Laws: NCCUSL)에 의해 개시되고 그 결과 여러 가지 통일법이 공표되었는데, 그 중의 하나가 1906년에 공표된 통일매매법(Uniform Sales Act: USA, 이하 USA라 한다)이다. 이 법은 영국의 SGA를 근거로 만든 것이며, 보통법으로서 발달한 법을 조문화함과 동시에 보통법의 원리를 폐지하거나 수정하고 있다.

그 후 1942년 미국법률협회와 NCCUSL이 공동으로 여러 가지 통일법을 통합하기 위한 상사법의 제정에 착수하였으며, 1951년 그 초안을 작성하고 1952년 "Uniform Commercial Code, Official Draft, Text and Comments Edition 1952" 로서 공표한 것이 통일상법전(Uniform Commercial Code: UCC, 이하 UCC라 한다)이다.

UCC는 USA에 포함된 원칙의 대부분을 채용함과 동시에 판례법에 포함된 원리를 채용하고, 또 일반적으로 인정한 상거래의 실무로 간주되는 관행을 채용하는 이외에 상인간에만 적용되는 특칙을 둠으로써 상인간의 매매에 실무적으로 적합하도록 하였다. 현행 법률은 지속적으로 검토되어 상사법률과 관습의 변화, 그리고 기술적인 발전에 의해 필요하게 된 개별 조문을 개정하고 있으며 미연방 모든 주에서 채택되고 있다. UCC는 모두 11편으로 구성되고 있으며 그 중 물품매매에 관한 부분은 제2편이다.

3. 영미계약법상의 주요용어

1) 계약(contract)과 합의(agreement)

영문으로 된 국제상거래 계약 중 'contract'라는 표제의 계약서도 많으나, 일부 계약서를 보면 'agreement'라는 표제를 사용하는 경우도 볼 수 있기 때문에 이 두 용어가 서로 다른 법적 의미를 갖는지 살펴보면 다음과 같다.

우선 'agreement'는 2인 또는 그 이상의 당사자간의 의사의 합치(consensus of two or more minds in anything done or to be done) 내지 당사자 상호간의 합의의 표명(manifestation of mutual assent)을 의미한다. 즉, 우리 민법상의 합의에 해당하며, 일반적으로 법적 관계가 성립되지 않은 합의 내지 법적 구속력이 없는 합의까지도 포함한다.

한편, 'contract'는 우리 민법상의 계약과 같은 의미를 갖는다. 즉 'contract'는 2인 이상의 당사자간에 어떤 작위 또는 부작위를 할 의무를 부담할 것을 약정하는 의사의 합치로서 특히 당사자의 일방이 합의내용을 위반하였을 경우 상대 당사자가 이행의 강제나 손해배상의 청구 등 일정한 구제수단을 행사할 수 있는 합의, 즉 구속력 있는 법적 관계를 발생시키는 합의를 의미한다(an agreement between two or more persons creates an obligation to do or to abstain from doing some act which is intended to give rise to enforceable legal relation). 이러한 contract가 유효하게 성립하기 위해서는 자격 있는 당사자, 합의의 목적, 법적으로 유효한 약인, 그리고 합의 및 의무의 상호성 등의 요건을 갖추어야 한다(the essentials of a contract are competent parties, subject matter, a legal consideration, mutually of agreement and mutuality of obligation). 따라서 contract는 그 성립요건이 보다 엄격한 대신에 그에 따른 효과로서 법적인 강제력이 주어진다는 점에서 단순히 당사자간의 의사의 일치를 나타내는 'agreement'와 구분된다.

이와 같이 엄밀히 계약법적 의미에서 양자는 차이가 있으나, 개별 계약의 명칭으로 사용되는 때에는 단순히 '계약'을 나타내는 동일한 뜻의 용어로서, 또는 계약서 자체를 지칭하는 용어로서 의미의 차이 없이 관례적으로 동일하게 사용된다.

2) 매매(sale)와 매매합의(agreement to sell)

매매계약에 따라 물품의 소유권이 매도인으로부터 매수인에게 이전하는 경우 그 계약을 매매(sale)라 하고, 물품의 소유권의 이전이 장래에 이루어지거나 계약체결 후 이행되어야 할 일정한 조건부로 이루어질 경우 그 계약을 매매합의(agreement to sell)라 하며, 매매합의는 기간이 경과하거나 물품의 소유권이전의 전제조건이 이루어질 때 비로소 매매가 된다.

SGA 61조 (1)항에 의하면, 전후관계나 대상이 다른 의미로 해석하여야 하지 아니하는 한, 매매계약은 매매뿐만 아니라 매매합의를 포함하며, 매매는 교섭(협상)매매와 매매인도를 포함한다. 따라서 매매계약이란 매매나 매매합의를 포함하는 일반적인 표현으로 이 양자의 중간에 해당하는 범주는 없다고 보아야 한다.

매매합의는 미이행매매계약 또는 미이행매매라고도 한다. 매매합의는 단순히 계약이며 그 자체가 소유권이나 점유권에 근거하여 다른 권리를 매수인에게 부여할 수 없으나 계약위반에 대하여 손해배상을 청구할 수 있다.

이에 비하여, 매매는 계약이 체결될 때 소유권이 이전하기 때문에 계약자체가 물품을 매도인으로부터 매수인에게 소유권을 이전시키는 역할을 하는 계약, 또는 처음에는 매매합의이나 계약체결 후 소유권 이전에 의하여 이행 또는 집행되는 계약이어야 하며, 이런 경우 매매는 계약일 뿐만 아니라 물품의 소유권양도를 포함하므로, 계약상의 권리뿐만 아니라 물품에 대한 부당한 간섭에 대하여 불법행위로 클레임을 청구할 권리를 매수인에게 부여할 수 있다.

이렇게 볼 때, 물품의 인도여부와 대금지급여부 등은 매매와 매매합의간의 구분에 그리 중요하지 아니함을 알 수 있다.

반면에, 제61조 (1)항에서는 매매교섭과 매매인도가 매매에 포함됨을 규정하고 있는바, 영미보통법에 의하면 물품의 대금지급을 위한 소송은 다음과 같은 두가지 소인 가운데 하나여야 함을 말하고 있다.

첫째, 매각되어 인도된 물품에 대한 채무부담지급소인(이 소인은 인도 전에는 인정되지 아니한다)

둘째, 교섭되어 매각된 물품에 대한 채무부담지급소인(이 소인은 소유권이 매수인에게 이전되고, 계약이 인도를 제외하고는 모든 면에서 이행되었으며, 인도는 지급의 이행정지조건이 못되거나 대금지급을 위한 약인의 일부가 못되는 경우에 적용된다)

그런데 제61조 (1)항의 취지는 상기의 절차적인 구분이 동법의 다른 주요한 목적을 위하여 인정되지 아니함을, 또는 대금지급소송이 성립할 수 있는 시간을 결정하는 과거원칙들은 동법에 의하여 확인되어야 함을 의미한다. 따라서 제61조 (1)항의 취지는 제2조에서 정의하고 있는 매매의 정의에 포함되지 아니한다.

반면, 미국의 경우 UCC 2-106조 (1)항에 의하면, 이 법의 문맥상 다른 의미로 해석하여야 할 경우를 제외하고 계약과 합의는 현물매매나 선물매매에 관한 것에 한정하고, 매매계약은 현물매매와 선물매매계약을 포함하며, 매매는 금전의 대가를 받고 매도인으로부터 매수인에게 권리를 이전하는 것이고, 현물매매는 계약체결에 의해 성취되는 매매를 의미한다고 규정되어 있다. 그리고 UCC 1-201조 (11)항에 의하면, 당사자의 합의에 의한 법률의무의 전제임을 규정하고 있다. 따라서 미국의 경우 매매계약이란 합의에 이르는 당사자들의 일련의 행위에 의하여 조성된 법률관계 전체를 의미한다고 볼 수 있다. 즉 법이 어떻게 해서든지 집행할 수 있는 합의를 매매계약으로 정의하고 있는바, SGA상의 매매계약과 그 뜻을 같이하고 있음을 알 수 있다.

3) 변제(discharge, settlement)

변제에는 대물변제와 대위변제가 있다. 대물변제는 채무자가 부담하고 있던 본래의 채무이행에 대체하여 다른 급여를 함으로써 채권을 소멸시키는 채권자와 변제자 사이의 계약이라고 할 수 있다. 이러한 대물변제는 매매계약에서 매도인이 계약이행과정에서 발생한 계약물품을 대체물품으로 인도할 수 있도록 하는 경우이다. 대위변제는 채무자인 매수인이 자신의 대금지급의무를 제3자에게 넘겨 대금지급을 하게 하는 경우이다. 주로 제3자는 금융기관을 가리킨다.

4) 중간약관(Intermediate or Innominate Terms)

영미보통법상의 계약에 대한 약관 또는 조건(terms)의 효과에 차이를 두고 그 위반의 효과가 중대한 것에서부터 다소 가벼운 것까지 개념의 차이를 두고 있다. 즉 중대한 것부터 조건약관(condition term), 중간약관 혹은 무명약관(intermediate or innominate term) 또는 잠정약관, 판단 보류약관, 그리고 담보약관(warranty term)의 순으로 구별하고 있다. 조건약관의 위반이 있는 경우에는 위반에 따라 피해를 입은 당사자는 계약을 해제하고 손해배상을 청구할 수 있지만, 담보약관의 위반이 있는 경우에는 피해당사자는 손해배상의 청구만이 허용되며 계약을 해제하는 것은 인정되지 않는다. 이들에 대해 중간약관의 위반이 있는 경우에는 손해배상의 청구는 인정되지만 계약의 해제까지가 인정될지는 그 위반을 초래한 영향 등을 고려하여 개별사안별로 판단되어야 한다고 보고 있다.[11]

이와 같이 중간약관은 그것을 위반한 상대방에게 그 위반이 충분하게 중대하지 않는 한, 손해배상청구권은 발생시키지만 계약이행의 해제권은 발생시키지 않는 계약조항이다. 계약조항이 조건도 아니고 담보도 아닌 경우에 그 조항을 중간 또는 무명약관(조항)이라 불린다. 왜냐하면 이것의 중요성은 조건에 기인하는 것과 담보에 기인하는 것 사이의 어딘가에 있기 때문이다.[12] 따라서 그러한 조항의 위반은 언제나 손해배상청구권은 발생시키지만, 계약이행의 해제권은 발생시킬 수도 있고 발생시키지 않을 수도 있다. 해제권은 위반이 충분히 중대한(sufficiently serious) 종류인 경우에만 발생한다.

이에 비하여 PICC 5.3.1조에 의하면, 실현될 수도 아니될 수도 있는 계약의 주요 내용으로 계약이나 계약의 의무가 장래 불특정 사건의 발생 여부에 좌우되는 조건으로 실현되면 계약이 효력을 발생 내지 종료되는 계약, 조건 또는 약관(condition)을 의미하는 것으로 전자의 조건을 정지조건(이행정지조건: suspensive conditions: conditions precedent)이라 하고, 후자의 조건을 해제조건(resolutive condition: condition subsequent)이라 하고 있다. 그리고 계약하는 양 당사자들의 의무를 명시한 내용을 terms라 하고, 이에는 condition terms, warranty terms, intermediate terms로 분류하고 있다. 이러한 분류에 의하면, terms는 conditions를 포함하며, 실현가능 terms가 있고 실현 불가능 terms가 있으며, 계약이나 계약 의무가 장래 불특정 사건의 발생시 효력이 발생하거나 종료되는 terms를 conditions라 하고 있다.

---

11) A. G. Guest, *Benjamin's Sale of Goods*, 7th ed., London: Sweet & Maxwell, 2006, pp.528~9; E. Peel, *Trietel's Law of Contract*, 12th ed., London: Sweet & Maxwell, 2007, pp. 887~9.

12) 조건이냐 담보냐 하는 분석의 기초는 모든 계약조항을 그 계약조항의 위반이 피약속자에게 이행의 해제권을 주는 중대한 것인지 아닌지를 사전에 결정할 수 있다는 점에서 크거나 작거나 둘 중 하나라는 것이다. 따라서 조건은 크거나 중요한 조항임에 반하여 담보는 작거나 부수적인 조항이다.

5) 재산권(property) : 점유권(possession)과 소유권(ownership)

영미법계에서는 재산권에 대해 엄격히 구분하고 있다. 우선 재산의 종류로는 그 성질에 따라 동산(personal property)과 부동산(real property)으로, 그 권리에 따라 보통법상의 재산(legal property)과 형평법상의 재산(equitable property)으로 분류하고 있다. 국제물품매매에서는 동산을 그 대상으로 하고 있다는 것에는 의문의 여지가 없지만, 보통법상의 재산과 형평법상의 재산에 대한 구분에 대해서는 의문이 생긴다. 형평법상의 재산이 인정되는 대표적인 예는 신탁제도(trust)이다. 신탁제도는 신탁자(trustor)가 특정 신탁재산(res)에 대한 소유권을 수탁자(trustee)에게 양도하고 수탁자는 수혜자(beneficiary)를 위하여 신탁재산을 관리·운용하는 제도를 말한다. 예컨대, 신탁자 A가 농지를 신탁재산으로 설정하고 이를 수탁자 B에게 양도하며, B는 A와의 신탁설정 약속에 따라 A의 생전에는 당해 농지를 경작 또는 임대하여 얻은 소득을 수혜자인 A의 아들에게 주고 A의 사후에는 신탁재산을 C에게 이전하여 주는 경우 등이 이에 해당한다. 이 경우 수탁자는 신탁재산에 대하여 보통법상의 권리, 즉 법적 권리를 갖게 되고 수혜자는 형평법상의 권리를 갖게 된다. 예컨대, 앞의 예에서 수탁자 B가 신탁자 A와의 신탁설정 약속을 위반하는 경우에도 B는 당해 신탁재산에 대한 법적 소유자이므로 보통법상의 측면에서 볼 때, A 또는 C는 B로 하여금 계약상의 내용을 강제이행하도록 하는 권리를 행사할 수 없으나, 형평법상의 측면에서 볼 때에 A와 C는 형평법상의 소유자로서 B로 하여금 계약상의 내용을 강제이행할 수 있는 권리를 보유하고 있다. 즉, 하나의 신탁재산에 대하여 보통법상의 권리와 형평법상의 권리라는 두 개의 권리가 존재하고 있는 것이다.

재산권은 일반적으로 점유권(possession), 소유권(ownership, title), 지역권(easement), 임차권(lease), 유치권(lien), 질권(pledge) 및 저당권(mortgage) 등으로 분류할 수 있다. 여기서 우리는 매매계약과 관련된 영미보통법상의 점유권과 소유권의 차이에 대해 살펴보고자 한다.

우선 점유권(possession)이라 함은 물건에 대한 법률상의 권원의 유무를 묻지 아니하고 물건을 사실상 지배하고 있는 그 상태를 보호받을 수 있는 권리를 말한다. 즉 점유는 물건에 대한 사실상의 지배관계 및 타인을 지배관계로부터 배제하고자 하는 의사를 말한다. 다시 말하면, 점유권은 법률적인 소유권을 가지고 있지 않더라도 실질적인 물품의 점유를 하고 있는 경우를 말한다. 이에 반해, 소유권 (ownership, title)은 법률상으로 어떤 물건을 지배할 수 있는 권리로서 그 물권을 사용, 수익, 처분할 수 있는 권리를 말한다. 소유권의 취득원인으로서 가장 중요한 것은 당사자간의 법률행위이다. 이때의 법률행위란 매매계약(contract of sale), 증여 (gift), 선의취득(bona fide purchase) 등으로 구분할 수 있다. 이러한 소유권은 실질적인 점유를 하고 있지 않더라도 소유권을 가질 수 있다는 것이다. 국제상거래에서 매매계약 당사자인 매도인과 매수인간의 소유권이전이 현물인도가 아닌 서류인도인 경우 점유권과 소유권이 분리될 수 있음을 쉽게 이해할 수 있다.

6) 구두증거배제의 원칙(parole evidence rule)

구두증거배제의 원칙이라 함은 계약 당사자간에 최종적으로 완성된 계약이 존재하는 경우 당해 계약성립 이전에 당사자가 행한 합의 또는 구두증거(parole evidence)는 당해 계약내용을 변경, 추가 또는 배제하기 위한 증거로서 채택될 수 없다는 원칙을 말한다.[13] 이 때 최종적으로 완성된 계약이라 함은 당해 계약내용에 관하여 당사자의 의사표시가 충분히 최종적으로 반영된 문서화된 계약을 말한다. 그러나 최종적으로 완성된 계약이 체결된 이후에 동 계약의 내용을 변경하기 위하여 성립된 구두 또는 문서에 의한 합의는 하나의 독립된 유효한 계약으로서 이 원칙이 적용되지 아니한다.[14]

이러한 구두증거배제의 원칙은 다음과 같은 경우에 예외적으로 인정한다. 첫째, 구두증거가 최종적으로 완성된 계약과 독립된 약인에 기초하고 있는 경우, 둘째, 구두증거가 최종적으로 완성된 계약에서 생략되거나, 부족한 부분을 보완 및 해석하는 경우, 셋째, 구두증거가 최종적으로 완성된 계약이 사기·강박 또는 착오에 의하여 체결되었음을 입증하기 위한 경우 등으로서 이러한 경우 구두증거는 유효한 증거로서 채택될 수 있다.

---

13) Masterson v. Sine, 68 Cal. 2d 222(1968). Rest. 2d s. 209.
14) Teer v. George A. Fuller Co., 30 F. 2d 30(4th Cir. 1929).

7) 철회(revocation)

철회(revocation)는 일방의 의사표현을 다시 거두어들이는 것을 말한다. 주로 계약의 성립과정에서 청약이나 승낙의 의사를 표시한 당사자가 자신의 의사를 번복하려는 의도에서 하는 행위이다.

일반적으로 계약에서 철회는 청약자(offeror)가 자신의 의사를 표현한 청약(offer)에 대한 효력을 소멸시키고자 하는 행위이다. 이러한 청약의 철회는 언제까지 가능한가에 대해 영미보통법과 대륙법에서 커다란 차이를 보이고 있다.

우선 대륙법에 속하는 우리 민법에 의하면, 청약은 그것이 효력을 발생한 때에는 청약자가 임의로 이를 철회하지 못한다. 이를 청약의 구속력이라고 한다. 즉 승낙기간을 정하여 청약을 한 경우에는 청약자는 그 기간 내에는 철회하지 못하고, 승낙기간을 정하지 않고 한 청약은 상당한 기간 동안 철회할 수 없다.

그러나 영미보통법상 청약의 철회에는 두 가지 원칙이 있다. 첫째, 청약은 승낙이전이면 언제든지 철회할 수 있다. 둘째, 청약은 승낙에 의해 철회불능으로 된다. 그러므로 영미보통법에서는 청약은 승낙되기 전까지는 아무 때나 철회할 수 있는 것이 원칙이다. 이것은 영미법에서의 특유한 약인이론에 의한 것으로 영미법에서는 날인증서에 의하거나 약인이 제공된 경우가 아니면 약속은 구속력을 지니지 못하는데, 이것은 청약에 대해서도 그대로 적용된다. 따라서 가령 청약에 승낙기간을 정하고 있어도 약인이 없으면 청약은 자유롭게 철회할 수 있는 것이다. 그러나 피청약자(offeree)에 의해 청약이 승낙이 되면 철회는 불가능하다.

8) 소멸(discharge)

계약의 소멸의 목적은 계약 성립에 따라 발생하는 의무의 종류를 의미하는바, 계약은 다음과 같은 사유에 의해서 소멸한다.

(1) 합의에 의한 소멸(discharge by agreement)

계약은 합의에 의해 체결되기 때문에 합의에 의해 소멸시킬 수가 있는바, 합의에는 다음과 같은 종류가 있다.

① 처음부터 확정된 만기일에 자동적으로 계약이 종료됨을 합의한 당사자 상

호간의 약속의 경우이다. 즉, 계약 자체가 기간의 경과에 따른 소멸에 대한 규정을 갖고 있는 경우이다.

② 미이행계약(executory contract)의 경우, 계약이 완전미이행이라면 당사자들 상호간 권리의 포기가 약인을 형성하는 소위 상호해제(mutual rescission or release)를 형성하므로 계약은 소멸한다.

당사자들이 각각 일부이행을 하고 일부의 채무를 갖고 있는 경우에도 마찬가지이다. 왜냐하면 계약당사자들은 타방의 권리포기와 교환으로 자신의 권리를 포기할 때는 약인을 제공해야 하기 때문이다. 그러나 이 경우 문제가 되는 것은 서면계약이 구두합의에 의해 변경 내지 해제될 수 있고, 날인증서가 구두에 의해 변경 내지 해제될 수 있다. 또한 서면으로 확정되기를 요구하는 계약은 구두합의에 의해 전부 소멸되지만 변경은 서면으로 되어야 한다. Schmitthoff 교수는 계약상의 의무 해제는 날인증서에 의해 지지되어야 하며, 이러한 날인증서는 약인의 유무를 불구하고 계약의 구속력을 갖는다고 하고 있다.

영미보통법에 의하면, 구두합의에 의하여 서면합의의 변경이 가능함을 알 수 있다. UCC에 의하면, 매매계약을 변경하기로 한 합의는 약인 없이도 구속력을 가지나, 서명된 문서에 의한 경우 외의 변경 내지 해제를 제외한다고 서명된 합의는 다른 방법에 의해 변경 내지 해제될 수 없게 되어 있고, 변경을 요하는 계약이 사기방지법의 규정내에 해당한다면 동법에서 요구하는 것을 만족시켜야 한다고 하고 있다.[15] 따라서 상호해제의 구두합의가 유효하고, 서면계약을 해제하기 위해서는 다음의 두 조건을 만족시켜야 한다. 첫째, 해제하기로 한 계약이 사기방지법에 속하는 목적물의 재양도를 포함하지 아니해야 하고, UCC에 따라서 서면계약이 서명된 문서에 의한 경우를 제외하고는 변경 내지 해제될 수 없음을 규정하지 아니해야 한다.

③ 이행계약(executed contract)의 경우, 즉 당사자 중 일방은 채무를 이행했고 타방의 채무가 남아 있는 경우, 전자는 후자의 채무를 면제한다는 약속을 함으로써 계약은 소멸한다. 단, 약인 내지 날인증서의 작성에 의해 이루어지지 않는다면 구속력을 갖지 못한다. UCC에 의하면 약인 없이도 효력을 지닐 수 있게 되어 있다. Schmitthoff 교수도 약인 없이 날인증서만으로 족하다고 하고 있다.

④ 교체계약(substitute contract, new contract or agreement)의 경우, 즉 합의에

---

15) UCC, 2-209(2).

의해 기존계약의 소멸과 동시에 새로운 계약을 성립시킬 수가 있다. 이 경우에도 유효한 약인에 의해 지지되어야 하나, 위에서 말한 UCC의 규정에 의하면 약인이 없어도 가능하다.

⑤ 갱개계약(novation)의 경우, 즉 기존계약에 있어서의 채권자 내지 채무자의 지위에 제3자가 개입되어 체결되는 계약의 경우 당초 당사자간의 계약은 제3자와의 합의에 의해 소멸한다. 예컨대 A가 C로부터 $500에 카메라를 구입하고 대금지급을 하기 전에 B에게 그것을 매각한 경우, B가 C에 대해서 C가 A에 대한 $500의 채권을 면제할 것을 약인으로서 $500을 지불할 것을 약속한다면 3자간의 합의에 의해 갱개계약이 성립하여, A와 C간의 계약은 소멸한다.

⑥ 포기(waiver)의 경우, 즉 계약불이행 내지 계약위반에 대해 권리 내지 청구권을 포기하는 것으로 이러한 행위는 명시적이든 묵시적이든 모두 가능하다. UCC에 의하면 변경 내지 해제를 하려고 할 때 위에서 말한 요구를 만족시키지 못할 경우에도 포기가 가능하며, 이미 행사한 포기의 철회 역시 가능하게 규정하고 있다. 포기의 결과는 당사자를 포기 당시의 상태에서 머물게 하는 것이기 때문에 당사자를 계약체결전의 상태로 되돌아가게 하는 해제와는 다르다.

⑦ 대물변제(accord and satisfaction)의 경우, 즉 계약당사자의 일방의 채무만이 남아 있을 경우에 합의에 의해 일방이 약인을 제공하므로 채무를 소멸시킬 수가 있다. 이를 대물변제의 원리라고 하며, 편무적 해제라 한다. 그러나 이 경우 약인 없는 합의는 계약을 소멸하지 못하고 계약에 따라 제기되는 소송권도 없다. 그러나 이 경우에도 위에서 말한 UCC의 규정이 있음을 알아야 한다. 예컨대 분쟁을 타협하려는 청약은 타방에 의해 동 타협을 승낙하는 대물변제의 예라고 할 수 있다.

(2) 이행에 의한 소멸

계약은 이행에 의해 소멸된다. 즉, 당사자가 계약에 명시된 의무를 이행했을 때 소멸이 일어난다. 이행이 계약조건에 따라 엄밀하고 정당히 이루어졌는지 여부는 다음 사항에 따른다.

① 완전계약(an entire contract)의 경우, 이행방법은 안전하고 정확해야 함을 Cutter v. Powell[16] 사건과 Moore & co. v. Landauer & co.[17] 사건이 입증해 주

---

16) (1795) 6 Term Rep. 320.
17) [1921] 2 K.B. 519.

고 있다.

② 가분계약(a divisible or severable contract)의 경우, 예컨대, A가 £3,600에 매달 10Tons씩 1년간 120Tons의 석탄을 인도하기로 합의한 경우, 이는 분할계약 이다. 이 경우의 계약은 분명히 수량인도계약이나 대금지급에 대하여 불분명한 경우로서 대금지불시기를 분명히 하지 아니한 경우 지급은 인도와 보조를 맞추어야 하는 가분계약으로 보는 법정의 견해가 있는가 하면, 가분이 아니므로 A가 지급을 청구하기 전에 120Tons가 완전 인도되어야 한다는 견해도 있으나 인도와 대금지급 과의 보조를 맞추는 게 다수의 의견이다.

일반적으로 계약 자체가 완전계약이 아니면 가분계약이라 말할 수 있다. 그러나 계약상의 특수의무를 가지고 가분 혹은 완전계약으로 말하는 것이 보다 정확하다. 따라서 지정목적지까지 운송의 의무를 규정하면 완전계약이고 특수수량의 이행 의무는 분할계약으로 보아야 함을 Ritchie v. Atkinson[18] 사건이 입증하고 있다.

③ 실질이행(substantial performance)의 경우, 계약조건의 엄격한 이행을 요구 하지 아니한 경우로서 하자가 있으나 실질적으로 이행을 완성하여 제공한 경우 하 자부분에 대한 수선비용을 제외하고 나머지는 지급해야 하며, 이 경우 지급의 기준 은 제공의무상당금액의 청구(quantum merit, as much as he reserved)의 원리가 적 용되지 아니함이 일반적으로 실질이행의 원리임을 Hoenig v. Isaacs[19] 사건이 입 증하고 있다. 그러나 이러한 원리에 많은 제한이 따르고 있으며 특히 요하는 것은 일방이 계약에 따라 이행부분의 보상을 위하여 소송을 제기할 수 있다 할지라도 경 우에 따라서는 부분적 혹은 하자적 이행 때문에 완전히 소멸될 수 있는 경우가 있다.

만약 일방의 이행의 불완전 혹은 하자가 계약위반에 해당한다면 그는 그 위반 때문에 소송을 제기할 수 없을 것으로 본다.

따라서 계약의 특수조건이 완전히 이행되어야 하는지 혹은 실질이행으로 충분 한지 여부를 알기 위하여 계약을 해석할 경우, 그 기준은 조건(condition)과 담보책 임(warranties)이며, 조건인 경우 완전이행이 필요하며 담보책임은 실질이행으로 족 하다.

④ 부분이행의 수령(acceptance of partial performance), 즉 일방이 부분적으로 그의 의무를 이행하고 타방이 그 이행을 수령한 경우, 예컨대 A가 B에게 3 dozen

---

18) (1808) 10 East. 295.
19) [1952] 2 All E.R. 176.

의 브랜디 인도를 합의하고, 그 중 2 dozen만 인도한 경우, 만약 계약이 완전계약이라면 B는 모든 물품을 거절할 권리를 갖는다. 그러나 만약 B가 2 dozen의 인도를 인수한 경우 당사자들은 최초의 계약이 가분이건 완전계약이건 관계없이 동 계약을 포기하고 새로운 계약을 체결하기로 합의한 것으로 추정하는 것이 가능하다. 따라서 B는 A에게 A의 이행상당금액으로 각 병에 대한 가격을 지불해야 한다. 그러나 타방이 일방을 위한 단순한 이익제공은 충분하지 못하다. 즉, 이익제공을 받은 사람이 그 이익의 승낙증명이 있어야 함을 Sumpter v. Hedges[20] 사건이 입증하고 있다. 따라서 새로운 계약에 따라 부분이행을 한 당사자는 합리적인 보상을 청구할 권리가 있다. 이 경우 이행상당금액의 청구가 가능하다.

(3) 계약위반에 의한 소멸(discharge by breach)

계약위반의 형태는 다양하지만, 주로 매도인이 약속된 기일까지 물품을 인도하지 못했거나, 인도를 했어도 수량·품질이 미달한 경우나, 자신의 행동이 이행을 불가능하게 만든 경우, 또는 계약이행시기가 만료되기 전에 계약에 있어서의 의무를 거절한 경우 등이다. 이행기간이 만료되기 전에 계약을 이행하지 않을 것을 선언한 경우 계약의 거절(a repudiation of contract) 혹은 이행기간전 위반(anticipatory breach or renunciation)이라고 하며, 이 경우 불만이 있는 당사자는 이행기간 만료시까지 기다릴 필요없이 즉시 계약을 소멸시키고 손해에 대하여 소송의 제기, 또는 계약이행을 촉구하거나 합의된 대가에 대한 소송을 제기할 수 있음을 Hochster v. De La Tour[21] 사건과 White & Carter(Councils) Ltd. v. McGregor[22] 사건이 증명하고 있으며, UCC, SGA, USA도 이러한 원칙을 규정하고 있다.

UCC에 의하면, 권리는 배상청구권을 포함하기에 이 경우 불만이 있는 당사자는 상업적으로 합리적인 기간 동안 거절한 당사자에 의한 이행을 기다리거나 이행을 정지시킬 수 있으며, 이런 경우 위반에 대한 소송을 제기할 수 없게 되어 있고, 불만을 갖고 있는 당사자가 계약을 취소 내지 그의 태도를 실질적으로 변경시키기 전에 거절의 철회는 거절자의 권리를 회복시킬 수 없게 되어 있다. 이 경우 철회된 거절은 정당한 이행을 받아야 할 타방의 기대를 정지시킬 수 없는 것으로 되어 있다.

---

20) [1898] 1 Q.B. 673.
21) (1853) 2 E&B 678.
22) [1962] A.C. 413.

SGA에 의하면, 대금지급의 의무가 있는 매수인이 대금지급을 정당한 이유없이 해태하거나 거절한 때, 매도인은 계약위반을 이유로 대금청구의 소송을 제기할 수 있게 되어 있고, 매수인이 물품의 수령을 정당한 이유없이 해태하거나 거절한 때 수령불이행에 대한 손해배상의 소송을 제기할 수 있으며, 이 경우 손해배상청구액은 추정손실에 의하도록 되어 있다. 그리고 매도인이 인도불이행을 한 경우도 동일하다고 규정하고 있다.

USA에 의하면, SGA와 같지만, 대금청구소송을 제기할 경우 매수인의 이행불능과 물품이 쉽게 재판매될 수 없음을 매도인이 증명해야 하고, 손해배상청구에 있어서 매도인의 기대이익이 추가될 수 있음을 추가 규정하고 있는 점이 다르다. 그리고 매도인이 계약을 해제한 경우와 소유권은 이전되었으나 매도인이 물품의 인도를 불법으로 해태하거나 거절할 경우 매수인은 불법보유나 전환에 대해 소송을 제기할 수 있게 되어 있다.

(4) 계약이행불능에 의한 소멸(discharge by frustration)

계약당사자가 계약을 체결할 때 예상했던 것과는 근본적으로 다른 상황이 뜻밖에 발생했기 때문에 계약의 목적을 더 이상 성취할 수 없을 때 계약은 종료된다. 합의가 처음부터 이행불능(원시적 불능)이라면, 이는 계약이 아니다. 그러나 계약이 성립된 때는 이행이 가능했으나, 그 후 전부 혹은 일부의 이행이 불가능(후발적 불능)하게 되는 경우가 있다. 보통법의 판사들은 우연성이 계약에 규정되어 있어야 하며, 이것이 없다면 이행불능에 대한 책임있는 당사자가 타방에게 이행불능에 대한 손해를 지불해야 할 의무가 있다고 주장했으며, 그 후 이행불능에 대한 소멸의 원리를 개발하였는바, 그 원리의 적용은 다음과 같다.

① 봉사를 위한 계약(contract for personal services)의 경우, 계약을 이행하기로 하였던 사람의 사망은 계약을 소멸시킨다. 따라서 계약을 이행해야 할 사람의 이행불능은 계약을 소멸시킬 수 있다. 그러나 일시적 불능은 안됨을 Storey v. Fulham Steel Works Co.[23] 사건이 증명하고 있다. 그러나 이 경우도 기본적으로 계약에 영향을 주지 않아야 됨을 Poussard v. Spiers[24] 사건이 증명해 주고 있다.

② 다음과 같은 여건 때문에 이행불능이 일어날 수 있고, 따라서 계약은 소멸

---

23) [1907] 24 T.L.R. 89.
24) (1876) 1 Q.B.D. 410.

된다.

첫째, 정부 간섭의 경우, 예컨대 정부의 징용, 전쟁발생, 수출입금지, 수출입허가 및 할당제 등으로 인한 이행불능의 경우로 이러한 경우 이행불능으로 인해 계약이 소멸될 수 있음을 Re Shipton, Anderson & Co. and Harrison Boos' v. Arbitration 사건, Fibrosa Spolka Akcyjna v. Fairbairn Lawson Combe Barbour Ltd.25) 사건, 그리고 Walton(Grain and Shipping) Ltd. v. British Italian Trading Co. Ltd.26) 사건 등이 증명하고 있다.

둘째, 목적물이 파손된 경우, 예컨대 음악홀의 파괴로 인한 음악회 불능 등의 경우로, 이 경우도 이행불능으로 인해 계약이 소멸될 수 있음을 Taylor v. Caldwell27) 사건이 증명해 주고 있다.

셋째, 재현불능사건의 경우, 예컨대 영국 Edward VII의 대관식 행렬의 취소와 같은 경우로, 이 경우에도 이행불능으로 인해 계약이 소멸될 수 있음을 Krell v. Henry28) 사건이 증명하고 있다. 그러나 이러한 경우에도 계약이 실질적으로 영향을 받음을 증명해야 됨을 Herne Bay Steamboat Co. v. Hutton29) 사건이 증명하고 있다.

넷째, 상업적 목적성의 결여의 경우도 비록 상업적 목적에 제공될 수 있다 하더라도 지연이나 다른 여건 때문에 이행이 불가능하기 때문에 계약은 소멸될 수 있음을 Jackson v. Union Marine Insurance Co. Ltd.30) 사건이 증명하고 있다.

그러나 이행불능에 의한 소멸의 원리가 다음과 같은 경우에는 적용되지 아니한다.

첫째, 당사자가 일어난 사건에 대해 미리 명시규칙을 체결한 경우에는 당사자에 의해 계약에 삽입된 규정이 적용된다.

둘째, 이행불능사건이 자기자신에 기인한 경우에는 이행불능에 의한 소멸의 원리가 적용되지 않음을 Maritime National Fish Ltd. v. Ocean Trawlers Ltd.31) 사건이 증명해 주고 있다.

---

25) [1943] A.C. 32.
26) [1959] 1 Lloyd's Rep. 223.
27) (1863) 3 B. & S. 826.
28) [1903] 2 K.B. 740.
29) [1903] 2 K.B. 683.
30) (1874) L.R. 10.
31) [1935] A.C. 524.

우리나라 민법과 일본 민법에 의하면, 이 경우 채권자는 ① 계약을 해제하는 권리, ② 이행불능에 대한 손해배상청구권의 권리를 가진다고 되어 있고, 독일 민법의 경우 채권자는 이상의 ①, ②의 상대방의 채무에 갈음하는 대상청구권을 가진다고 되어 있다. 스위스 채권법에 의하면, 이 경우 채권자는 ① 본래의 급부와 지체로 인한 손해배상청구권, ② 본래의 급부를 거부하고 이행불능으로 인한 손해배상청구의 권리, ③ 계약을 해제하는 권리를 가지게 되어 있다. 프랑스 민법에 의하면, 이 경우 모든 쌍무계약에 있어서는 일방이 채무를 이행하지 않는 경우에도 해제조건의 묵시의 특약이 있는 것으로 보아 해제가 가능하고, 해제의 경우 소급효과가 있음을 규정하고 있다.

셋째, 토지매매를 위한 계약 내지 임대의 경우에는 이행불능사건을 발생하게 하는 시기의 문제를 낳기 때문에 이행불능에 의한 소멸의 원리가 역시 적용되지 않음을 Cricklewood Property and Investment Trust Ltd. v. Leightoh's Investment Trust Ltd.[32] 사건이 증명해 주고 있다.[33]

9) 장애(Hardship)

Hardship은 장애라고 변역할 수 있으며, 계약체결 후 당사자가 예견하지 못한 상황의 발생으로 당사자의 이행비용이 증가하거나 또는 당사자가 수령하는 이행의 가치가 감소하는 이유로 인해 계약의 형평성에 본질적인 변경이 발생하는 사정이 있는 경우를 말한다.

10) 계약위반(breach of contract)

계약의 위반이란 계약의 당사자가 자신의 귀책사유에 의해 채무의 내용을 이행하지 않는 것을 의미하며, 이러한 계약위반이 있는 경우에는 그 위반에 의해 피해입은 당사자는 자신의 피해에 대한 구제권을 행사할 수 있게 된다.

영미법상 계약위반은 그 기준에 따라서 여러 가지로 분류되고 있다. 먼저 이행기를 기준으로 하여 이행기 전의 계약위반과 이행기의 계약위반으로 분류된다. 전

---

32) [1945] A.C. 221.

33) K. Smith and D. J. Keenan, *Merchantile Law*, 4th ed., Pitman, 1978, pp.69~76; F. R. Davies, *Contract*, 4th ed., Sweet & Maxwell, 1981, pp.173~90.

자의 경우는 이행거절(refusal to perform or renunciation)과 고의적인 이행불능(by his own disabling himself from performing the contract)이 있다. 또한 계약위반의 정도에 따라 전부 위반(total breach)과 부분적 위반(partial breach), 조건 위반 (breach of condition)과 담보 위반(breach of warranty), 본질적(주요한) 계약위반 (fundamental breach)과 사소한 또는 비본질적 계약위반(immaterial breach) 등으로 구분된다.

11) 약인(consideration)

영미법에 있어서는 날인증서(covenant; testament; deed)에 의하지 아니하는 한 모든 약속에 대해서는 대가(代價), 즉 약인이 필요하다. 계약이 존재하기 위하여 계약당사자간의 상호동의가 있은 후에는 약인(約因)이 존재해야 한다. 따라서 청약과 승낙이 있어도 약인이 없다면 계약은 강행할 수 없다. 일반적으로 약인은 영미의 판례에 의하면 당사자들의 일방(약속자)에게 생길 어떤 권리, 이익, 이윤, 편익 혹은 타방의 당사자(수약자)에 의해 지불되거나 인수되는 어떤 부작위, 불이익, 손실, 책임이다. 이것을 편익과 불편익의 이론(benefit detriment theory)이라 한다. 영국에서의 약인, 즉 대가이론은 상업관념이나 상식과는 흔히 모순되는 법형식적인 기술에 불과하나 그 뿌리가 깊어 쉽게 사라지지도 않는 이론구성이다. 다시 말해서 다른 법체계와는 달리 영미법에서는 대가없는 약속은 법적으로 집행될 수 없다. 따라서 약속에 대한 대가라 함은 행위, 불이익 감수 또는 그 약속에 상응하는 상대방의 약속 등으로 약속자나 상대방으로부터 협상을 통하여 구하는 것이고, 그 상대방이 반대급부로 공여한 것이다.

또한 리스테이트먼트에 의하면, "약인이란 그 약속과 교환으로 제공되는 약속 이외의 약속, 부작위, 법률관계의 설정, 변경 및 소멸 혹은 약속이다"라고 하므로 약인을 약속의 대가로 보는 견해이다. 이를 거래이론, 즉 대가교환의 이론(bargain theory) 또는 편익과 불편익의 이론이라 한다. 과거의 약인은 약인이 될 수 없고, 약인의 당사자만 주장할 수 있다.

약인의 정의에 대해 모든 판례와 법정이 공히 공감하는 문자적 정의는 없다. 그러나 Allegheny College v. National Chautauqua County Bank[34] 사건에서

---

34) 246 N.Y. 369(N.Y. Ct. of Appeals 1927).

Cardozo 법관이 제의한 정의가 타당성이 있다고 볼 수 있다. 특수한 약속이 약인에 의하여 뒷받침되기 위하여 다음과 같은 3가지 조건이 만족되어야 한다고 주장하고 있다.

첫째, 수약자는 법적인 불이익을 감수해야 한다. 여기서 법적 불이익이란 기술적인 표현이나 수약자는 자신이 법적으로 해야 할 의무가 없는 것을 하거나 할 것을 약속해야 하거나 그가 법적으로 그렇게 할 특권이 있는 것을 삼가거나 삼가하기로 해야 함을 의미한다.

둘째, 불이익은 약속을 유인해야 한다. 즉, 적어도 약속하는 약속자의 동기는 자신의 약속을 수약자의 불이익과 교환하길 원하는 데 있어야 한다.

셋째, 약속은 불이익을 유인해야 한다. 이런 사실의 진정한 의미는 수약자는 약속 때문에 적어도 부분적으로 자신의 불이익을 감수해야 한다는 것이다. 이러한 요구는 실질적인 목적을 위하여 거의 중요하지 아니하다. 왜냐하면 수약자가 약속을 알고 약속의 이익을 수취하고자 할 경우 이러한 요구는 항상 성취될 것이기 때문이다.

이상과 같이 약인의 정의가 다소 혼잡스럽다 해도 그렇게 복잡한 의미를 가지는 것은 아니다. 다음과 같은 경우 약속은 약인에 의하여 뒷받침된다. 즉 수약자가 가치있는 것을 포기하는 경우, 예컨대 수약자가 법적 불이익을 감수하는 경우와 같이 어떻게 하든 자신의 자유를 제한한 경우와 수약자가 자신의 약속을 계약의 일부로서 하는 경우, 즉 약속자가 수약자의 자유의 제한이나 자치의 포기와 교환으로 자신의 약속을 하는 경우이다.

상기 약인의 정의에서 두 가지 점, 즉 거래이론과 편익·불편익이론이 약인의 문제가 일어나는 두 개의 다른 종류의 경우에 일치한다는 것이다. 거래이론은 선물을 하려는 약속과 같은 거래와 관련하지 아니하는 경우에 중요하다. 왜냐하면 대가가 있어야 하기 때문이다. 편익·불편익이론은 일방이 실질적으로 어떤 것을 포기하였는지가 분명하지 아니한 거래와 관련한 계약에 있어 중요하다. 채권자가 보다 많은 지불시기를 약속하였으나 처음에 채무자에게 지불하도록 요구한 지급을 채무자가 하는 것을 제외하고는 채무자가 어떤 약속을 하지 아니한 채권자와 채무자간의 거래가 후자의 경우이다.

12) 사기방지법(Statute of Frauds)

1677년 영국에서 제정된 사기방지법은 영미법의 한 개념으로 사기(fraud)와 위증(false evidence)을 방지하기 위해 특정한 종류의 계약은 반드시 서면으로 해야 한다는 규칙이다. 사기방지법에서는 보증계약과 토지에 관한 권리의 매매 등의 계약에 대해서만 서면에 의할 것을 요구하고 있다. 요구되는 서면은 반드시 계약서일 필요는 없고, 서면의 형식을 띠고 있으면 된다. 서면에 의한 계약이 아니더라도 계약자체가 무효로 되는 것은 아니며 단지 그것에 기초한 소송을 제기하는 것이 불가능(unforceable)할 뿐이다. 이러한 사기방지법은 계약을 체결했음에도 불구하고 서면계약이 아님을 구실로 해서 계약이행을 하지 아니하려는 사람에게 악용되어 오히려 사기를 조장하는 경향이 생기므로 영국에서는 동산매매에 관해 1954년에 사기방지법이 폐지되었다.35)

한편, 미국에서도 영국의 사기방지법의 법리를 받아들이며, 현재까지도 대부분의 주에서 수용하고 있다. 미국의 사기방지법에 포함되는 계약에는 토지양도 및 매매계약, 채무이행계약, 1년이 넘는 기간을 가진 계약, UCC상에 명시된 물품매매계약 등이다. UCC 2−201조에는 가격이 U$5,000 이상의 물품매매계약은 원칙적으로 서면에 의하지 않는 한, 소송 또는 항변에 의해 주장할 수 없으며(not enforceable by way of action or defense) 서면은 양 당사자간에 매매계약이 체결되었음을 나타내야 하고 상대방 또는 대리인에 의해 서명되어야 한다고 규정하고 있다.

13) 표준조건(standard terms)

1994년 제정된 이래 조항 변경 외는 규정의 내용이나 논평에 변화가 없는 표준조건하의 계약에 관한 규정인 제 원칙(PICC) 2.1.19조에의 논평에 따르면 표준조건에 관해 다음과 같이 논평하고 있다.

표준조건이란 일방 당사자들에 의해 일반적으로 반복 사용을 위해 사전에 준비되고 타방 당사자와 협상 없이 실질적으로 사용되는 계약조항으로 이해해야 한다. 표준조건과 관련하여 중요한 것은 예컨대 표준조건들이 별도의 서류나 계약서

---

35) S. A. Smith, *Atiyah's Introduction to the Law of Contract*, 6th ed., Oxford: Clarendon Press, 2005, p.95.

자체에 포함되어 있는지 여부와 같은 것은 아니다. 다시 말해서 표준조건이 사전에 인쇄된 서식으로 발급되는지 아니면 전자파일에만 포함되어 있는지 여부와 같은 표준조건이 공식적으로 제시되어야 하는 것도 아니며, 당사자 자신, 무역협회나 전문단체 등이 표준조건을 준비한 것도 아니고, 표준조건이 관련 계약내용의 거의 전부를 망라하는 종합규정으로 되어 있거나, 예컨대 책임과 중재의 제외에 관해 유일한 한 개 또는 두 개의 규정으로 구성되어 있는지 여부와 같은 표준조건의 분량도 아니다.

중요한 것은 표준조건이 일반적으로 그리고 반복적으로 사용되기 위해 사전에 초안되고, 이들이 타방 당사자와 협상 없이 당사자들의 일방에 의해 해당사건에 실질적으로 사용된 사실이다. 이러한 요건은 예컨대 타방 당사자가 전체로서 승낙해야 하는 표준조건하고만 분명히 관련이 있다. 반면에 똑같은 계약서상의 다른 조건들은 당연히 당사자들간의 협상의 대상이 된다.

대개 계약성립에 관한 제 원칙(PICC)상의 일반원칙은 일방 당사자 또는 양 당사자들이 표준조건을 사용하는지 여부에 관계없이 적용된다. 이러한 원칙은 일방 당사자에 의해 제의된 표준조건은 이의 승낙에 의해서만 타방을 구속한다는 사실과 양 당사자가 표준조건을 명시적으로 언급해야 하는지 여부 또는 표준조건의 삽입이 묵시적일 수 있는지 여부는 건별 상황에 좌우된다는 사실에서 추정된다. 따라서 계약서 자체에 포함된 표준조건은 적어도 동 조건들이 문서의 이면이 아닌 전면상에 복제되는 한 전체로서 계약서에 단순한 서명에 따라 일반적으로 승인으로 되어 구속력을 지닌다.

반면에 별도의 문서나 전자파일상에 포함된 표준조건은 일반적으로 이들을 활용하려는 당사자들의 의지를 통해 명시적으로 언급되어야 할 것이다. 그리고 묵시적으로 인정되는 삽입은 관행과 관습에 관한 규정인 PICC 1.9조에 따라 당사자들간에 확립되어 있는 관행이나, 이러한 취지의 관습이 존재하는 경우에만 허용될 수 있다.

제2편

비엔나 협약의 개요

Principles
of Trade
Contracts

Principles
of Trade
Contracts

제 1 장 Vienna 협약

1. Vienna 협약[1]의 제정배경과 목적

1) 제정배경

무역업무에 종사하는 사람의 입장에서 볼 때 세계 어느 나라와의 거래에도 무역매매계약에 동일한 법원칙이 적용되는 것이 오랜 세월에 걸친 하나의 꿈이었다. 각국의 무역매매법이 다양하기 때문에 당사자 간의 분쟁을 방지하기 위해서는 계약 체결시에 다방면에 걸쳐 심사숙고를 해야 하는 불편이 그 이유였다.

이러한 꿈을 실현하려는 첫 시도는 1926년 9월 3일에 창립된 '사법통일을 위한 국제연구소(the International Institute for the Unification of Private Law : Institut International pour Unification du droit privé font : Unidroit)'의 회장에 1928년 5월 30일자로 취임한 Ernst Rabel과 Vittorio Scialoja의 제의로 시작되었다. 즉 Rabel이 제의한 국제물품매매계약에 관한 법의 통일에 대한 관심이 동 연구소의 첫 활동계획이 되었다.

이러한 제의에 따라 1929년 2월 21일자로 매매법 통일을 위한 가능성에 관한 연구소 이사회의 보고와 이어 제출된 "Blue report," 그리고 1930년 4월 29일자로 서구대표들에게 이루어진 보고 등을 토대로 하여[2] 국제매매에 관한 통일법의 초안 작업을 시작하게 되었다.

기초작업은 처음에 영·프·독·스칸디나비아 제국의 전문가로 구성된 위원회

---

1) UN Convention On Contracts For The International Sale of Goods(CISG)의 약칭이며, Vienna Sale Convention 또는 the UN Sales Convention, the Convention, Uniform Law Instrument라 부르기도 한다(新 掘聰, 「國際統一賣買法」, 同文館, 1991. p.3; R. H. Folsom, *International Business Transaction in a Nutshell*, 3rd ed., West, 1988, p.60; UN, A/CN.9/WG.IV/WP.95, p.23.)

2) P. Schlechtriem, *Commentary on the International Sale of Goods(CISG)*, Clarendon Press, 1988, p.1.

에 의해 이루어졌지만 그 후에 다른 국가의 전문가도 참가하여 구성된 위원회는 1935년, 1936년, 1939년에 각각 중간 초안(草案)을 발표하였지만, 제2차 세계대전으로 작업이 중단되었다.

그러나 이러한 초기의 초안에 의해 확립된 기본원칙의 정신이 협약의 정신으로 이어졌다고 말할 수 있는데, 그 이유는 다음과 같다.

① 협약의 규정은 기존의 법체계의 일부를 선택하거나 수정하는 것, 또는 현행의 다양한 법체계의 원칙을 모아서 이루어진 것이 아니고, 그 자체가 처음부터 끝까지 일관(一貫)되고, 업무상 필요한 것으로 여겨지는 근대적인 규정을 포함한 새로운 체제를 개발하는 형식을 취하고 있다.

② 협약의 규정은 국제적인 매매에만 적용되므로 국내매매에 적용되는 기존의 전통적인 법원칙을 어지럽히지 아니하고 있다.

③ 협약의 규정은 당사자의 자율권을 완전히 준수하려 하고 있다.

전후(戰後), 1951년에 사법통일국제협회는 통일법의 기초(起草)를 재개하여 1956년에 최종초안을 완성하였다. 1964년 네덜란드 정부는 '헤이그'에서 외교관 회의를 소집하였으며, 이 회의에서 동년 4월 25일에 두 개의 통일법이 협약으로서 채택되었는데, 그 하나가 『국제물품매매에 관한 통일법(the Uniform Law on the International Sale of Goods: ULIS; Sale Convention; Uniform Law on Sales)』이고, 또 다른 하나가 『국제물품매매계약의 성립에 관한 통일법(the Uniform Law on the Formation of Contracts for the International Sale of Goods: ULF; Formation Convention; Uniform Law on Formation)』이다.

전자는 국제적 매매에 따른 권리와 의무에 관한 실체법[3](實體法 : the substantive law)의 통일을 목적으로 하고 특히 매도인의 권리·의무와 위험이전에 관해 규정하고 있으며, 후자는 전자를 보완하는 것으로 국제계약을 성립시키는 청약과 승낙에 관한 영미보통법(英美普通法 : Common Law)과 대륙법(大陸法 : Civil Law)의 차이를 조정한 것이다.

이 두 개의 통일법은 영국에서 1967년 『국제매매법에 관한 통일법(the Uniform Laws on International Sales Act)』이 되어 1972년 8월 18일부터 법률로서의 효력을 발휘하고 있으며, 그 외 벨기에, 감비아, 서독, 이스라엘, 네덜란드, 산마리

---

3) 섭외적 생활관계에서 일어나는 분쟁의 적용 법규인 권리·의무에 관한 각국법을 말하는 것으로 상호저촉되기에 충돌법이라고도 하며 국제사법 또는 준거법이라고도 한다.

노 등이 비준하였다. 이탈리아도 1972년 8월 23일 가입하였지만 1988년 1월 1일자로 협약에 가입할 때 이들 두 통일법을 폐기하였다.[4]

이 두 개의 통일법을 채용한 국가의 수는 큰 변화가 없는바, 그 이유는 이 통일법들의 기초(起草)에 참가한 국가가 주로 서구의 국가이므로 사회주의 국가나 개발도상국가의 이익은 충분히 고려하지 않았다는 비판이 있었기 때문이다. 따라서 이 두 개의 통일법은 협약으로서 효력은 있지만 세계 무역에 큰 영향을 줄 정도로 광범위하게 채용되지 않고 있다.

반면에 1966년 UN은 헝가리 대표의 주장에 따라 국제무역법의 점진적인 조화에 관심을 가지기로 결의하고 1968년 1월 1일부터 활동하기 시작한 국제적 기구(the global organisation)인 유엔 국제무역법위원회(the UN Commission on International Trade Law : UNCITRAL)를 발족시켰다.

이러한 유엔의 결의에 따라 국제무역법의 점진적 조화와 통일의 촉진에 목적을 두고 설립된 동 위원회[5]는 각국 정부의 의견을 청취하여 본 결과, 두 개의 통일법이 국제적으로 널리 채용될 전망이 없다는 것을 알았기에 양 통일법을 각국이 쉽게 채용할 수 있도록 개정작업을 시작하였다.

동 위원회는 임기 6년의 60개국의 위원으로 구성되어 있지만 거의 동 수의 국가가 옵저버로 출석하고 있는 것 외에 '국제상업회의소(International Chamber of Commerce : ICC)'와 '국제통화기금(International Monetary Fund : IMF)' 등과 같은 국제기구도 참가하였다. 지금은 결정시 투표에 의하지 아니하고 위원과 옵저버의 합의에 의해 이루어지기 때문에 타협과 설득의 산물이라 볼 수 있으며, 위원회의 논의는 정치적이거나 변증법적이지 아니하고 법대(法大)의 세미나처럼 실제적이라 볼 수 있다.

따라서 합의를 필요로 하기 때문에 그 진행속도가 대단히 늦었으며, 선진국과 개도국, 자본주의국가와 사회주의국가, 영미보통법과 대륙법의 법체계를 조화시키는 데 대단한 노력이 필요하였다. 그러나 이와 같이 해서 합의를 할 수 있다는 것은 위원회의 성과를 국제적으로 널리 수용토록 하기 위해 필요한 것이었다.

위원회는 1970년부터 1978년까지 위원 구성에 주의를 기울여 옵저버도 참가하는 실무위원회(working group)를 통해 양 통일법의 개정작업을 수행하였으며,

---

4) C. M. Schmitthoff, *Export Trade*, 9th ed., Stevens & Sons, 1990, pp.240~1.
5) *Ibid.*, p.64.

1978년에 다시 한번 미비한 점을 수정한 후에 두 개의 개정초안을 하나로 해서 유엔의 공식 언어, 즉 영어, 프랑스어, 스페인어, 아랍어, 중국어, 러시아어로 발표하였다.

유엔총회는 1980년 3월부터 4월까지 비엔나(Vienna)에서 외교관 회의를 개최하였다. 이 회의는 62개국의 대표가 참석해서 초안에 다시 한 번 약간의 수정을 가한 후, 동년 4월 11일 국제물품매매계약에 관한 유엔협약이 채택되었는바, 제정과정은 다음과 같다.

「UNIDROIT의 Draft on Sale(1956/1963) → UNIDROIT의 ULIS(1964)
→ UNCITRAL 산하의 W/G의 Draft Convention on Sale[6](1976)
→ UNCITRAL의 Draft Convention on International Sale of Goods(DCIS, 1977)

UNIDROIT의 Draft on Formation(1958) → UNIDROIT의 ULF(1964)
→ UNCITRAL 산하의 W/G의 Draft Convention on Formation[7](1977)
→ UNCITRAL의 Draft Convention on Formation of Contracts for International Sale of Goods(DCF, 1978)

Combination

UNCITRAL의 Draft Convention on Contracts for the International Sale of Goods(DCCIS, 1978.6) → UN International Trade Law Branch의 기능을 하는 사무국(The Secretariat)의 "Report of the Secretary General"(Rep. S-G) → UN총회 상정 → 1980 Diplomatic Conference의 First Committee에서 Principal Fubstantive Provisions인 Article 1~88을, Second Committee에서 Final Provisions인 Article 89~101을 각각 제정 → DC 본회의 상정 및 투표 → UNCCISG 제정」

협약 99조 1항에 의하면 10번째 협약국(a contracting state)이 유엔에 비준서 등을 기탁(寄託)한 날로부터 12개월이 경과한 후 익월 초일에 발효하는 것으로 되어 있어 미국, 중국, 이탈리아가 각각 9번째, 10번째, 11번째의 국가로서 1986년 12월 11일에 비준서를 유엔에 기탁하였기에 1988년 1월 1일부터 발효하였다.[8] 이

6) The Sales Draft 혹은 the Sales Provisions 혹은 Draft Convention on International Sale of Goods라고도 함.

7) The Draft on Formation 혹은 the Formation Provisions, 혹은 Draft on Formation of the Sales Contract, 혹은 Draft Convention on Formation Contracts for International Sale of Goods라고도 함(J. O. Honnold, *Uniform Law for International Sales*, Kluwer, 1982, p.41).

8) 新 掘聰, 前揭書, pp.3~6.

미 앞에서도 언급하였듯이 2014년 6월 현재 협약을 비준하거나 이 협약에 가입한 나라는 81개국이다.9)

2) 제정 목적

국제사법규정은 국제매매계약에 적용되는 법을 연결점(connecting factor)을 찾아 지적하고 있다. 따라서 국제매매계약은 관할법정과 이 법정과 특수한 사항에 적용되는 국제사법규정에 따라 결정되는 상이한 국내법에 의해 취급되어야 한다. 그러나 이러한 사실은 매매계약 당사자들에게 법적 확신을 주지 못한다. 그리하여 오래 전부터 모든 국경을 넘나드는 거래에 관한 국제매매계약에 적용될 수 있는 통일법의 제정염원에 따라 협약이 제정되었다. 이는 상이한 법률제도로부터 이루어지고 있는 국제거래 가운데 거래의 성격과 물품의 성격에 근거한 특수한 거래를 제외한 국제물품매매에 따른 국제매매계약에 대한 원칙들의 조화를 기하기 위해서였다.10)

한편, UNIDROIT는 협약의 발효 7년 후인 지난 1994년 협약을 보완하는 것으로 볼 수 있는 별도의 국제상사적 계약에 적용될 새로운 원칙인 국제상사적 계약에 관한 UNIDROIT의 제 원칙(The UNIDROIT Principles of International Commercial Contracts : PICC)을 초안하여 발표하였다.

연성법(a soft law)적 성격을 지니는 PICC는 전문을 통해 그 목적을 다음과 같이 명시하고 있다.

① 국제상거래계약을 위한 일반원칙의 설명

② 국제상거래계약을 체결한 당사자들이 자신들의 계약에 적용할 것을 합의한 경우에 적용될 준거법 제정

③ 국제상거래계약을 체결한 당사자들이 자신들의 계약에 법의 일반원칙(general principles of law), 상관습법(lex mercatoria) 또는 기타 이와 유사한 것들을 적용할 것을 합의한 때에 적용될 준거법 제정

④ 국제상거래계약과 관련한 준거법원칙을 확정하는 것이 불가능한 것으로 입증될 때 제기될 문제점의 해결을 위한 준거법 제정

⑤ 국제상거래계약과 관련한 국제통일법을 해석하거나 보완하는 간격 메우는

---

9) http://www.cisg.law.pace.edu/cisg/countries/cntries.html.

10) H. V. Houtte, *The Law of International Trade*, Sweet & Maxwell, 1995, p.126.

법(gap-filling law) 제정

⑥ 매매에 관한 국제법과 국내법의 제정 및 개정을 위한 표준모형 제정

이상의 내용을 통해 본 원칙이 다음의 사실을 묵시하고 있다고 추정할 수 있다.

① 법이나 관습법의 공통원칙인 법의 일반원칙과 상관습 또는 이와 유사한 것을 본 원칙이 모두 포괄하고 있다.

② 국제간의 거래에서 명칭에 관계없이 적용되는 규정은 국제상거래자간에 쉽게 적용될 수 있고 널리 알려진 것이라야 한다.

③ 준거법으로 선택한 법의 일반원칙, 상관습 또는 이와 유사한 것에 의해서도 해결될 수 없는 경우 이들의 성격을 본 원칙이 모두 지니고 있으므로 본 원칙이 해석원칙으로 적용될 수 있다.

④ 본 원칙이 상기의 성격을 모두 지니고 있으므로 국제상거래에 유일한 준거법이 될 수 있다.

⑤ 본 원칙은 다목적으로 사용되어질 수 있는 거의 완벽하고 합리적인 국제상업계약을 위한 종합적 성격을 띤 준거법이다.

UNIDORIT원칙이 이러한 것을 포함하고 있으므로 UNCITRAL에서 제정한 CISG도 이러한 성격을 지니고 있다고 볼 수 있다.

2. Vienna 협약의 기능과 구성

1) 기 능

새로운 매매법전(a new sales code)[11]이며 그 내용으로 보아 그대로 국내에 적용이 가능한 자동집행적 조약(self-executing treaty)[12]으로서 협약은 국제물품매매계약에 적용되지만 다음의 사실을 분명히 하고 있다.

① 나라마다 소비자들의 어려움을 반영하기 위해 소비자보호법이 있다. 그러나 이들의 적용은 그 한계가 분명하지 아니하므로 전형적이면서 실질적인 국제상거래의 합의를 위협할 수 있다. 따라서 이러한 보호법률과의 충돌을 피하기 위하여 이

---

11) A. H. Kritzer, *Guide to Practical Applications of the UN Convention on Contract for the International Sale of Goods*, Kluwer, 1989, p.8.

12) 新 掘聰, 前揭書, p.6; C. H. Martin, "The UNCITRAL Electronic Convention: Will it be used or avoided?", *Pace International L. Rev.* Vol.17, Pace Law School, 2006, p.279.

러한 법률의 적용대상인 소비자용 구입물품을 협약의 적용대상에서 제외시키고 있다.[13]

　② 국가의 경제운영방식을 반영하고 그러면서 모호한 강제성 법률의 국제매매계약에의 적용을 배제하고 있다.

　③ 일정한 거래를 불법으로 선언하고 금지한 계약을 무효로 하고 있는 국내법을 인정하고 있다.

　④ 당사자들이 체결한 계약상의 합의에 확실한 보호를 기하고 있다.

　⑤ 당사자들은 협약의 적용을 배제할 수 있으며, 계약의 내용과 협약의 내용이 상호 충돌할 경우 계약의 내용이 우선한다.[14]

이렇게 볼 때, 협약은 국내상거래에 적용되는 매매규정과 같이 당사자들이 계약에 의하여 해결하지 못하는 문제들에 대해 해답을 함으로써 계약의 보조적인 역할, 즉 기능을 지니고 있다고 할 수 있다. 따라서 일차적인 주요한 기능은 계약내용임을 알 수 있다.

CISG의 보완적 기능을 하고 있는 PICC는 다음과 같은 기능이 있다.

　① 합의를 전제로 하고 있으나 자기 완결적 성격이 강하다.[15]

　② 개인간의 국내계약에의 적용가능, 상관습으로서의 기능, 준거법 규정의 대체규정으로서 기능, 기존 국제통일법 규정을 해석하고 보완하는 기능, 금후에 제정할 국내법과 국제법의 모델로서의 기능을 하는 특징이 있다.[16]

　③ 모든 국제규정이 그렇듯이 PICC 역시 계약체결자유의 원칙과 계약의 보조적 기능을 전제하고 있다.[17]

　④ CISG와 같이 당사자들간에 체결하는 계약의 형식에 대해 원칙적으로 자유를 규정하고 있다.[18]

　⑤ 국제상거래에 존재하는 관행(practice)과 관습(usage)을 CISG와 같이 모두 인정하고 있다.[19]

---

13) CISG, 2(a) 5.

14) CISG, 6.

15) 오세창, "國際物品賣買契約을 위한 CISG, PICC, MISG 上의 解釋原則比較", 「무역상무연구」 13, 2002, pp.85, 90.

16) http://www.unidroit.org/english/principles/.

17) CISG, 6; UNIDROIT Principles, Purpose of the Principles, CH.1 General Provisions, 1.1, CH.2 Formation 2.13.

18) CISG, 11; UNIDROIT Principles, 1.2.

⑥ 협약이 거래의 성격과 물품의 성격에 근거한 특수한 거래를 제외한 국제물품매매계약만을 위한 규정이라면, PICC는 국제물품매매계약을 포함한 국제간에 이루어지고 있는 일체의 상거래 계약에 적용됨을 전제한 규정이다.

⑦ PICC는 협약과 통일상법전(Uniform Commercial Code : UCC) 등 기존의 국제협약 내지 국내법의 규정을 그대로 인정하거나 원용하고 있으나,[20] 경우에 따라서는 전혀 견해를 달리하는 경우도 있다.[21]

2) 구 성

협약의 구성은 다음과 같다.

제1부 적용범위와 총칙

제1장 적용범위

1조	협약적용의 기본원칙
2조	적용의 제외
3조	제조될 물품계약과 서비스 계약의 구분 : 서비스 계약에의 적용제외
4조	관여하는 문제와 관여하지 아니하는 문제
5조	사망이나 상해(傷害)에 대한 책임제외
6조	계약과 협약

제2장 총 칙

7조	협약의 해석
8조	일방의 진술(陳述)이나 기타 행위의 해석
9조	계약에 적용할 수 있는 관습과 관행
10조	영업장소의 정의
11조	계약의 서면작성을 요구하는 국내요건의 배제
12조	계약형식에 관한 국내요건을 유보하려는 협약국의 선언
13조	서면으로서의 전보와 Telex

---

19) CISG, 8, 9; UNIDROIT Principles, 1.8.

20) 예컨대, UNIDROIT Principles의 2.3−4, 2−10조 등은 CISG의 15, 16, 22조와 동일하고, UNIDROIT Principles의 7.3.2, 7.4.4−6조 등은 CISG와 유사하며, UNIDROIT Principles의 2.7−8조는 CISG의 18, 20조와 일부는 같고 일부는 다르고, UNIDROIT Principles의 2.12조는 UCC의 2−207(1)(2)와 유사하다.

21) UNIDROIT Principles, 2.22.

제2부 계약의 성립

제3부 물품의 매매

제1장 총 칙

제2장 매도인의 의무

---

22) A. H. Kritzer, *op. cit.*, pp.40~2.

3. Vienna 협약의 특징

Vienna 협약은 다음과 같은 특징을 지니고 있다.

① 협약은 보편성을 채택함과 동시에 협약한 국가간에만 적용되며, 협약국들이 국제무역거래에만 적용하기를 원하므로 국제매매에만 적용된다.

② 협약의 적용은 국제무역거래에 한정되나 이러한 협약에 담겨져 있는 법률적 가치는 대단하다. 수없이 변화하고 있는 국내상거래에 적용할 분야별 법 제정이 반드시 필요하나 아직은 이루어지지 않고 있다. 이 협약은 국내법의 개선을 위한 모델[23]로서 큰 가치가 있다.

③ 협약의 제정사 등을 보면 협약의 성격과 목적이 국제성과 적용의 통일성 촉진을 추구하고 있으므로 법정으로 하여금 이러한 제정사 등을 고려하여 협약을 해석하고, 협약 1조, 6조, 7조 등을 통해 당사자들간에 합의한 관습과 이미 확립되어 있는 거래관행의 적용 인정과 협약해석의 신의성실(good faith) 원칙에 따라 해석하되, 해결이 어려울 경우 협약의 기본이 되는 일반원칙에 따라, 그리고 일반원칙이 없는 경우 국제사법원칙에 따라 해석하도록 하는 협약의 해석원칙을 제시하고 있다.

④ 국제거래에 있어 계약 성립에 도움이 되지 못하는 그러면서 관습법의 신비의 원칙이라 할 수 있는 약인(約因 : consideration)의 원리를 제거하고 당사자들의 의무와 구제에 대하여 일관되게 규정하고 있다. 또한 가능한 한 계약을 존속시키기 위해 계약해제의 범위를 제한하며, 물품의 멸실위험 분담에 대한 분명한 규정과 당사자들의 물품의 보존의무 등에 관해 규정하므로 계약 성립과 물품의 매매에 관해 광범위하게 규정하고 있다.

⑤ 국내매매법에 존재하고 있으나 국제거래에 있어 쓸모없는 국내법상의 유산을 국제적인 협력을 통해 제거하고, 명실상부한 국제거래에의 적응 차원에서의 협약을 제정하고 있다. 이러한 국제협력을 기반으로 하여 직접적이고 확실한 표현이 가능하고 어떠한 국내법도 위협하지 아니하는 그러면서 오직 국제물품매매만을 위

---

23) Folsom은 미국의 경우 본 협약은 자동집행적 협약으로서 기존의 효력발생과 동시에 1988년 1월 1일부터 국내에서 효력을 발휘하므로, UCC에 우선하는 연방법으로서 연방과 주법정에서 상사재판에 적용된다(R. H. Folsom, *op. cit.*, p.60)고 주장하고 있고, Kritzer는 어떤 의미에서는 국제매매에 적용되는 유일한 국내매매법인 UCC의 §2를 협약이 대체할 것이며, 이럴 경우에 국내법에 익숙해 있는 업자들은 협상에 유리할 수 있다(A. H. Kritzer, *op. cit.*, p.3)고 할 정도로 국내법에 대한 협약의 대체성 강조 내지 국내법의 개정방향의 모형역할을 협약에 기대하고 있다.

한 협약의 제정이 되도록 함으로써 국제간의 협력증진을 도모하는 무형이익을 창출하고 있다.[24]

⑥ 독특한 접근방법, 즉 포괄적 접근방법을 채택하고 있다.

⑦ 해석상의 오해의 소지가 있는 warranty, title, force majeure 등과 같은 용어의 사용을 피하고 국제공통의 용어를 선택하여 제정하고 있다.[25]

⑧ 개인간 또는 회사간의 법적 관계를 위한 공동 실체법(common substantive rules)이다.[26]

이에 비해서 PICC의 특징은 다음과 같다.

① 규정 구성 면에서 PICC는 구체적이며 상세하다. 즉 PICC는 전적으로 상이한 문화와 법적 배경을 가진 법률가들에 의해 철저한 비교연구의 결과이기에 중립적·법적 표현에 치중하여[27] 단순하면서도 명확한 데 비하여, 협약은 영미·대륙법의 타협의 산물로 양 법체계를 인정하는 타협내용이 많다. 예컨대 PICC는 서식전쟁과 수정승낙을 구분하여 단순화하면서도 명확하게 규정하고 있는 데 반하여 협약의 경우 수정승낙이라는 명칭하에 수정승낙에 관한 영미·대륙법의 수용과 더불어 서식전쟁을 다루고 있고, 통지시기와 관련하여 18조, 23조, 24조를 통해 영미·대륙법의 조화에 주력하고 있다.

② 현대 상관행의 수용 면에서 국제무역법규를 거래관습(trade usage)[28]으로 볼 때, PICC는 상관행을 보다 적극적으로 반영하여 현실 거래에 많이 사용되는 표준거래조건과 관련한 규정을 4개 조항에 걸쳐 규정하고 있다. 그리고 계약이 구두를 통해 또는 필수적인 합의 내용에 한정된 서면통신교환을 통해 이미 체결되고 합의한 것을 단순히 확인하려는 의도의 기타서류를 일방이 그 후에 발송하였으나 사실 양 당사자들이 사전에 합의한 내용과는 추가되거나 상이한 내용을 다루고 있는 오늘의 상거래관행을 감안하여 확인서식을 반영하고 있다.

이에 비하여 협약은 기존 법체계들의 조정에 초점을 두고 있어 상대적으로 상거래관행의 반영이 미약하다.

---

24) J. O. Honnold, *op. cit.*, pp.13~34.

25) A. H. Kritzer, *op. cit.*, p.3; 그러나 PICC는 이런 용어를 사용하고 있다(PICC, 7.1.7).

26) H. V. Hotte, *op. cit.*, p.4.

27) http://www.unidroit.org/english/principles/.

28) C. M. Schmitthoff, *International Trade Usages*, Institute of International Business Law and Practice, 1987, p.26.

4. CISG와 국제사법

1964년에 발표된 ULIS는 규정하고 있는 사항에 관해 자기 완결적(自己完結的 : self-contained)임을 가정하고 가능한 국제사법의 규칙을 명시적으로 배제하고 있는 데 반하여, 국제사법과의 저촉을 피하려는 조치들은 국제사법과의 저촉의 위험을 감소할 수는 있으나 완전히 그 위험을 배제할 수는 없음을 협약의 초안자들은 알았다. 이런 이유에서 이들은 협약(CISG)과 국제사법을 연계시키고 있는바, 이러한 연계는 다음을 통해 알 수 있다.

첫째, ULIS와 같이 협약(CISG)이 국제매매거래의 모든 사항을 규제할 수 없으므로 물품의 인도와 대금확정을 위한 특수거래조건[29]과 물품의 소유권 이전[30]에 관해 규정하고 있지 아니하다. 둘째, 협약(CISG)은 7조 2항을 통해 그 해석상의 간격을 메우기[31] 위하여 국제사법을 적용할 수 있다는 명시적 언급을 하고 있다. 따라서 이러한 협약(CISG)과 국제사법과의 연계의 한 예로서 미국의 통일상법전(Uniform Commercial Code : UCC)을 들 수 있다. 미국은 CISG의 체약국이므로 협약(CISG)은 미국의 연방법이다. 따라서 협약은 효력을 부여하고 있는 주(州)의 주법률인 UCC에 우선한다. 단, 당사자들이 협약 6조의 규정에 따라 협약의 전부 또는 일부의 적용을 배제하거나 협약이 특수한 사항에 관해 규정하고 있지 아니하는 한, 협약이 UCC에 우선하지 못한다.

예컨대, UCC 제2편인 매매편 가운데 CIF나 FOB와 같은 특수거래조건, 소유권 이전 유보권 등에 관한 규정들은 협약 대신 적용된다. 이러한 연계는 다른 국제사법에서도 찾을 수 있다. 따라서 국제매매계약을 지배하는 국제사법을 확인하여 두는 것이 필요하다.[32]

PICC는 국제사법을 통해 간격을 메우도록 하는 규정을 두고 있지 아니하는바, 그 이유는 다음과 같이 추정할 수 있다.

① 법이나 관습(법)의 공동 근거원칙이라 할 수 있는 법의 일반원칙과 상관습

---

29) 이에 대하여는 국내·국제 정형거래조건 사용에 관한 ICC규정(ICC Rules for the Use of International and Domestic Trade Terms)에 규정되어 있음.

30) 협약 4조를 통해 협약에서 별도의 명시적 규정이 있는 경우를 제외하고, ① 계약조항이나 관행의 유효성, ② 물품의 소유권의 효과에 협약이 관여하지 아니함을 규정하고 있다.

31) Emanuel은 이를 gap-filler라 부르고 있다(S. Emanuel and S. Knowels, *Contract*, 1986, Emanuel Laws Outlines, p.30).

32) C. M. Schmitthoff, *op. cit.,* pp.251~2.

법 또는 상관습법과 유사한 것을 본 원칙이 거의 포함하고 있다.

　② 국제간의 거래에 적용되는 규정은 국제상거래에 종사하는 상인간에 쉽게 적용될 수 있고 널리 알려진 것이라야 하는바, 본 원칙은 현실거래에 바탕을 둔 규정으로 이런 역할을 충분히 수행할 수 있다.

　③ 당사자들간에 제기된 문제가 국제사법의 원칙에 따라 간격을 메우기 위한 준거법으로 선택된 법의 일반원칙, 상관습법 또는 기타 이와 유사한 것들에 의해서도 해결될 수 없는 경우를 대비하여 국제간의 거래에 흔히 일어날 수 있는 공통적 성격의 문제점들에 대해 본 원칙이 거의 완벽하게 규정하고 있다.

제 2 장   전자협약의 개요

1. 전자협약의 제정배경과 목적

1) 제정배경

1996년까지 모든 국제물품매매계약을 위한 가장 중요한 법규는 CISG였다. 동 법규는 많은 국가들이 채용하므로 여전히 위대한 성공을 거두고 있다 해도, 전자통신이 개발되기 전에 초안되었기 때문에 그 용어나 개념 어느 하나도 디지털통신에 따른 새로운 변화에 적합한 것처럼 보이지 않는다. 따라서 재판관할에 따라 CISG가 적용되어 해석된다 해도 전자계약의 모든 측면에 적용될 수 없음이 분명하다. 더욱이 전 세계 각국이 CISG규정의 상이한 해석을 전제하므로 전자상거래에 있어 법적 명확성과 예측성의 결여가 증가하므로 혼란이 가중되게 되었다. 이러한 상황 하에서의 전자상거래의 법적 명확성과 예측성의 결여를 해결하는 유일한 방법은 전자상거래에 배타적으로 적용되는 법규를 제정하는 것이었다.

이상의 필요성에 따라 UNCITRAL이 취한 1단계 조치가 1990년대 초에 시작하여 1996년에 완성한 후 발표한 "전자상거래에 관한 UNCITRAL 모델법"(UNCITRAL Model Law on Electronic Commerce: MLEC)의 제정이었다. 따라서 전통적인 법규정이 새로운 거래관행에 적용하는 데 나타나는 법적 장애를 제거하려는 목적과 함께 전자상거래에 나타나는 주요한 문제들에 대한 핵심적인 일련의 법적 해답을 제시하는 것이 MLEC의 주된 제정동기이다. 특히 MLEC의 제일의 원칙은 전자통신의 기능적 등가성(동질성), 즉 차별성 철폐인바, 예컨대 5조는 전자통신이 전자수단에 의해 이루어졌다는 이유만으로 그 법적 효력이 부인되지 아니함을, 6조가 전자기록이 이후 증명을 위해 사용되기 위해 접속(인수)가능할 수 있다면, 법적 문서성의 요건이 충족될 수 있음을 규정하고 있음이 그 대표적인 예이다.

MLEC에 이어 UNCITRAL내 전자상거래 작업반인 W/G Ⅳ는 "전자서명에 관한 UNCITRAL 모델법"(UNCITRAL Model Law on Electronic Signatures: MLES)을 2001년에 제정하였다. MLES의 주된 내용은 전자서명의 신뢰성에 관한 문제에 대한 해답이다. 다시 말해서, 전자서명의 신뢰문제에 대하여 MLEC상에는 규정된 것이 없으므로 전자서명의 문제를 해결할 규정의 필요성이 제기됨에 따라 제정되었다.

위에서 언급한 바와 같이, 양 법은 널리 채용되어 전자상거래분야에 크게 기여하였다. 그럼에도 불구하고 양 법칙들의 제정동기가 되었던 전자상거래에 따른 명확성과 기존의 법, 즉 협약들과의 조화 등의 문제는 여전히 해결되지 못했다. 이러한 사유 가운데 하나는 각국에서 이를 근거로 하여 국내법을 제정하거나 업체들이 채용하기도 하였지만, 양 법들이 구속력이 없음과 각 국가들이 자국 국내법상에 양 법을 적용하기 위해 양 법의 규정을 선택함에 있어 지나친 융통성을 발휘한 것을 들 수 있다. 이로 인해 양 법을 채용한 국가들은 규정들 서로간 불일치한 점이 많았고, 나라마다 일치함이 없이 양 법을 다양하게 적용하여 준용하였다. 이러한 사실은 전자상거래 법규인 양 법을 심각한 정도로 변형시키는 결과를 초래하였다.

반면 EU도 그 내용과 적용범위에 있어 MLEC와 상당히 다른 규정으로 EU 역내 시장에서 특수한 전자상거래에 있어 "정보사회 서비스의 특별한 법적 측면"에 관한 Directive 2003/21/EC, 즉 "전자상거래에 관한 EU 지침서"(EU Directive in Electronic Commerce)를 발표한 바 있다.

이와는 별도로 MLEC와 MLES가 발표되었을 때 몇몇 나라들은 자국내에 전자상거래에 관한 법을 이미 채용하고 있었는데, 미국 유타주(1995), 러시아(1995), 독일(1997), 이태리(1997), 말레이시아(1997), 오스트리아(1999), 영국(2000), 뉴질랜드(2000) 등이다.

이렇게 볼 때, 전자상거래에 관한 구속적인 협약 제정만이 전자상거래에 관해 적용되는 다양한 법으로 인한 통일성과 조화의 결여를 극복할 수 있고, 다양한 법으로 인한 간격을 매울 수 있음이 주장되었다. 다시 말해서, "1969년 조약법에 관한 비엔나 협약" 26조의 규정에 따라 협약에서 명시적으로 허용되는 변경 외엔 수정과 변경을 허용해서는 아니되고, 서명국들을 구속시키는 유일한 법으로 구속력을 지닌 협약을 채용할 필요성이 제기되었다.

이러한 공감대의 형성에도 불구하고 새로운 구속적인 협약의 제정에 반대하는 주장도 역시 있었다. 이러한 반대의견 중 하나는 국가가 전자상거래에 대한 법적 장애를 제거하고 이를 촉진시키길 원한다면 기존의 모델법을 채용함으로써 그 필요성이 충족될 수 있다는 것이었다. 만약 협약이 모델법과 똑같이 규정하고 있다면, 이는 불필요한 옥상옥이요, 만약 상이한 내용을 규정하고 있다면 그 자체가 혼란을 줄 수 있다는 것이었다. 그리고 전자상거래에 관한 너무 많은 법들이 이미 존재하고 있으므로 새로운 협약은 기존의 법체계간에 조화를 기할 수 없고 오히려 혼란만 가중시킬 수 있다는 주장이었다.

이상과 같이 필요성과 반대의 주장이 존재하는 상황하에서 기존의 법적 불확실성과 다양성의 문제를 해결하기 위한 상이한 접근방법이 토의되었는데, 어떤 이들은 CISG의 수정을 통한 전자상거래의 조정을 하나의 해결방안으로 제의한 바 있었으나, 이러한 제의는 곧 거절되었다. 제정배경이 전혀 다른 성격의 법을 기존법을 통해 해결하려는 것은 혼란만 가중시킬 것이라는 것이 그 반대 이유였다. CISG의 수정제의는 광범위한 수정을 필요로 하게 되고, 이는 바로 새로운 법의 제정보다 더 많은 비용과 긴 시간을 요할 수 있는 위험이 있다는 것이었다.

이에 반하여 ICC는 새로운 모델법의 제정을 제안하고, 그 내용은 다양한 기준의 ICC규정들과 비교해서 선택의 여지를 많이 부여하는 규정을 중심으로 해야 한다는 것이었다. 비록 ICC 규정들이 전 세계적으로 광범위하게 인정되고 있다 해도, ICC가 제의한 새로운 모델법은 적절한 법이 아님이 주장되었다. ICC가 제의한 새로운 모델법은 다양한 법적 표준의 불일치의 결여를 제거할 수가 없다는 것이 그 반대 이유이다. ICC가 제의한 법은 새로운 규정의 채용이 당사자들간의 사전 계약에 의해야 하는지 아니면 법에 근거해야 하는지에 대하여 분명하지 아니하다는 것이다.

전자상거래에 따라 발생하는 문제점을 해결하기 위한 필요성과 위와 같은 다양한 반대의견과 상이한 제의에도 불구하고 새로운 협약의 제정만이 최상의 해결방법으로 여겨졌다.

이러한 결론에 따라 2001년 W/G는 국제무역에 있어 전자계약을 위한 새로운 협약의 제정에 착수하였는데, 2001년 3월 12일에서 3월 23일까지 뉴욕에서 개최된 38차 작업반회의에서 전자협약제정을 합의하여 그 작업을 개시하기로 한 이래 2004년 10월 11일에서 10월 22일까지 비엔나에서 개최된 44차 작업반회의에서 초안을 마무리하였다. 동 초안의 경우 제1장에서 알 수 있듯이 초안자들은 특별히 CISG에 크게 영향을 받았음을 그리고 제3장을 통해 알 수 있듯이 MLEC와 MLES에 크게 영향을 받았음을 분명히 하고 있다. 2005년 11월 23일자로 유엔총회에서 협약이 채용된 후 협약은 16조의 규정에 따라 2006년 1월 18일로부터 2008년 1월 16일까지 뉴욕에 있는 유엔본부에서 서명을 위해 개방되었는데, 현재 18개국이 서명한 상태이다. 23조의 규정에 따라 서명국들에 의한 비준, 승낙 또는 승인을 득하도록 되어 있고, 비서명국들에 의한 가입을 위해 개방되고 있다.

2) 제정목적

유엔전자협약(UN Convention on the Use of Electronic Communication on International Contracts: UNCUECIC, 이하 CUECIC라 한다)은 MLEC와 MLES에서 활용된 바 있는 융통성이 있는 접근 방법과 달리 통일적이고 구속적인 일련의 규정으로 전 세계 국가들에 의해 채용될 수 있도록 제정되었다. 예컨대 CISG 1조 1항과 달리 일국이 협약을 비준하지 아니하였다 해도 특별히 타방 계약당사자가 협약에 서명한 국가에 영업장소를 두고 있을 경우 협약은 거래의 내용에 대하여 영향을 미칠 수 있다. 물론 기본적으로 상이한 나라에 영업장소를 두고 있는 국제성만 존재하면 협약이 적용되게 되어 있다.

협약의 제정목적은 전문에 분명히 명시되어 있는데, 국제계약과 관련하여 상호교환된 전자통신의 법적가치에 관한 불확실성으로 인해 제기되는 문제들은 국제무역에 수반하는 장애를 구성함에 틀림이 없으므로, 이러한 현실을 감안하여 협약은 기존 국제무역법규의 효력에 따라 발생할 수 있는 법적 장애를 포함하여 국제계약에 전자통신의 사용에 따른 법적 장애를 제거하는 데 목적을 두고 있다. 그리고 협약은 전자통신의 사용에 따른 법적 명확성을 제고시키고, 국제계약들로 하여금 상업적으로나 법적으로나 보다 예측이 가능하게 만드는 데 제정의 목적을 두고 있다. 또한 협약은 무역의 발전을 촉진시키고 상거래 활동의 능률을 개선하며, 현대무역 루트를 모든 국가들로 하여금 활용할 수 있도록 도우고, 과거 멀리 떨어져 있던 당사자들과 시장을 도우려는 데 제정의 목적이 있다. 이외에 협약은 국제 계약과 관련하여 이루어지는 전자통신 수단의 사용과 관련한 문제점들에 대한 실질적인 해결방법을 제공하는 데 목적이 있다. 더욱이 협약은 국제무역과 전자상거래에 사용되는 기타법들에 대한 해석가이드로서 활용될 수 있다.

그러나 협약은 특별히 전자통신의 사용과 관련이 없는 계약과 관련한 실질적인 문제들을 위한 통일규칙을 규정하는 데 목적을 두고 있지 아니하다.

2. 핵심원칙과 비준현황

1) 핵심원칙

협약은 모든 전자통신법의 핵심이라 할 수 있는 두개의 원칙을 실현시키는 규정을 두고 있는데, 협약은 기술 중립성의 원칙과 전자통신의 기능적 등가성을 규정하고 있다. 기능적 등가성(동질성)이란 종이서류와 전자통신의 법률적 효력을 동일하게 취급한다는 것을 의미하는데, 이는 특별히 중요하다. 왜냐하면 이 원칙은 형식, 문서성이나 서명요건에 관한 규정을 두고 있는 기타 규정들의 해석에 영향을 줄 수 있기 때문이다. 기술 중립성이란 상이한 형식의 기술에 대한 법률적 효력을 구분하지 아니함을 의미한다.

그리고 중요한 추가원칙으로서 계약 당사자 자체의 원칙이 전자협약에 실현되어 있는데, 동 원칙은 국제무역에 있어 하나의 핵심적인 문제이다. 왜냐하면 동 원칙은 이미 CISG 6조와 MLEC와 MLES에서도 이미 확립되어 있는 원칙이다.

2) 비준현황

전자협약은 16조에 따라 2006년 1월 16일부터 회원국을 상대로 한 서명을 위해 개방되었으며, 23조의 규정에 따라 3개국의 비준, 승낙, 승인 가입서의 기 확인 후, 6개월 만기 다음달 첫째 날에 효력을 발휘하게 되어있다. 협약에 대한 서명을 위한 일단계 조치가 이루어진 후 2008년 1월 전체 18개국이 서명하였으며, 2013년 3월 1일부터 효력을 발휘하고 있다.

제 3 장 CISG와 CUECIC의 비교

1. 상호관계

이미 위의 사실을 통해 알 수 있듯이 전자협약을 위한 잠정초안 당시 종이서류에 대비한 그러면서 CISG에 대칭되는 협약제정에 초점을 두었고 이에 따른 초안이 만들어졌으나, 1차 수정안 토의과정에서 전자계약체결에 관한 독자적인 협약초안과 기존 국제협약 하에서 전자상거래가 이루어질 경우 발생할 수 있는 법적장애를 제거하는 포괄적(omnibus) 협약을 각각 제정하려던 두 개의 작업을 동시에 한 협약에서 취급하기로 함으로써 전자협약의 초안방향의 대전환을 시도하였다. 이후 몇 차의 수정작업을 통해 완성된 현 협약은 독자적인 사용은 물론이고 기존의 국제협약 하에서 이루어지는 전자통신을 포함하여 국제간에 이루어지는 일체의 전자통신에 적용되는 통일사법 표준(uniform private law standards for electronic commerce)이다.

현재 전자협약은 20조 1항에 열거되어 있는 기존 국제협약하에서 이루어지는 전자통신에 적용이 가능하도록 규정되어 있다. 이러한 규정에 따라 CISG하에서 이루어지는 전자통신에 세부적인 면에서는 마찰 내지 모순되거나 침묵하는 부분이 있으나 이런 부분들은 관습법을 인정하고 있는 CISG의 규정을 통해 인터넷 거래관습을 원용함으로써 해결될 수 있다. 따라서 CISG하에서 이루어지는 전자통신에 전자협약의 적용시 문제가 없이 적용가능하다.

2. 통신관련 CISG 규정

CISG에서 통신관련 규정으로는 계약형식자유에 관한 일반원칙 규정인 11조, 문서성에 관한 규정인 13조, 청약의 효력발생시기 규정인 15조, 청약의 취소규정인 16조 1항, 거절에 의한 청약의 종료 시기 규정인 17조, 승낙동의의 표시시기와 방법의 규정인 18조 2항, 수정승낙 규정인 19조 2항, 청약 유효기간의 산정방법 규정인 20조 1항, 지연승낙 규정인 21조, 승낙의 철회시기 규정인 22조, 통신이 수신인에게 도달되는 시기에 관한 규정인 24조, 해제의 통지에 관한 규정인 26조, 통신의 지연과 오류에 관한 규정인 27조, 선적준비에 관한 규정인 32조 1항, 불일치의 통지에 관한 규정인 39조, 제 3자의 청구권 통제에 관한 규정인 43조, 불이행에 대하여 매수인에 의한 매도인에게 통지에 관한 규정인 47조, 불이행에 대하여 매도인에 의한 매수인에게 통지에 관한 규정인 63조, 누락된 설명서 제공을 요구하는 매도인의 통지에 관한 규정인 65조, 계약이 운송을 포함할 경우의 위험이전에 관한 규정인 67조, 이행정지에 관한 규정인 71조, 이행만기 전 계약위반이 분명한 경우 계약해제에 관한 규정인 72조, 손해배상금으로부터 당사자를 면책시키는 장애 혹은 불가항력에 관한 규정인 79조, 물품의 매각에 관한 규정인 88조 등이다.

3. 전자통신협약의 CISG에 적용가능성

CUECIC의 제정취지와 규정들을 보면 CISG하에서 이루어지는 통신규정에 전자협약하에서 인정되는 전자통신이 그대로 적용될 수 있다.

제 3 편

규정과 해설

Principles
of Trade
Contracts

Principles
of Trade
Contracts

제1부 적용범위와 총칙

제1장 적용범위

---

1. 구 성

2. 개 요

1조에서 5조는 협약의 적용영역을 취급하고 있다. 6조는 협약의 특수한 주제로 당사자들이 체결한 계약의 역할을 확인하고 있다. 다시 말해서, 협약은 특정거래를 금지하고, 금지된 계약을 무효화하고 있는 국내법은 인정하지만, 그 외의 경우, 당사자들 간에 체결된 계약에 대한 확고한 보호를 하고 있을 뿐만 아니라 당사자들은 협약의 적용을 제외한 적도 없으며, 계약의 내용이 협약의 규정과 양립하는 경우 협약규정에 우선함을 언급하고 있다. 이러한 사실은 협약이 계약의 지원 역할과 계약에 의해 해결될 수 없는 문제에 대한 해답을 제공하는 역할을 하고 있다는 것을 분명히 하고 있다.

3. 규정과 해설

【1】 1조 : 협약적용의 기본원칙

Article 1
(1) This Convention applies to contracts of sale of goods between parties whose places of business are in different States :   (a) when the States are Contracting States; or   (b) when the rules of private international law lead to the application of the law of a Contracting States.   (2) The fact that the parties have their places of business in different States is to be disregarded whenever this fact does not appear either from the contract or from any dealings between, or from information disclosed by the parties at any time before or at the conclusion of the contract.   (3) Neither the nationality of the parties nor the civil or commercial character of the parties or of the contract is to be taken into consideration in determining the application of this Convention.

본 조항은 물품의 매매계약과 그 성립에 협약이 적용되는지 여부를 결정하기 위한 일반원칙을 다음과 같은 객관주의에 입각하여 규정하고 있다.

DCIS 1조와 실질적으로 똑같다. 그러나 다음에 설명하듯이 95조에 따라 협약국들은 1조 (1)항 (b)호를 거절할 수 있다. ULIS, 1조와 2조는 협약의 국제성에 관한 보다 복잡한 규칙을 규정하고 있으며, 본 조항에 필적할 만한 범위를 설정하지 못하고 있다.

1) 기본기준 : 국제성/(1)항

물품의 매매계약과 그 성립에 협약의 적용을 위한 기본기준(basic criterion)은 당사자들의 영업장소가 상이한 국가에 있어야 한다는 것이다. 이것이 바로 협약이 적용되기 위해 계약은 국제적이어야 한다는 기본기준인 국제성(internationality)[1]

---

1) J. O. Honnold, *op. cit.*, p.77. 여기의 국제성은 관계의 국제성을 의미하는 것으로

이다.

본 협약에서 영업 장소에 대한 정의는 없지만 일정하고 계속적인 영업시설을 가지는 것이 필요하기 때문에 단순한 창고나 대리점이 있는 것만으로는 충분하지 못하다. 그러나 당사자들이 복수의 영업장소를 두고 있는 경우 계약체결 전의 일정한 시점 또는 체결시에 당사자가 알고 있거나 예기된 사정을 고려해서 계약과 그 이행에 가장 밀접한 관계를 가진 장소를 영업장소라 한다. 당사자가 영업장소를 갖고 있지 아니한 경우에는 상습적인 거소(居所)를 영업장소로 참조해야 함을 10조가 규정하고 있다.

2) 추가기준 : 협약국 관계/(1)항 (a),(b)호

상이한 나라에 영업장소를 갖고 있다 해도 다음과 같은 두 개의 추가요건 중 하나를 충족시켜야 한다.

① 당사자들이 자신의 영업소를 두고 있는 나라가 협약국일 것

② 국제사법의 원칙이 일방 협약국의 법률을 적용하게 되어 있을 것

이러한 추가기준(additional criterion) 또는 누적요건[2](cumulative requirement)에 의하면, 당사자들이 자신의 영업장소를 두고 있는 두 나라가 협약국이라면 국제사법의 원칙이 제3국의 법을 일반적으로 지정하고 있다 해도, 협약은 계약이 체결된 협약국가의 법처럼 적용된다. 그리고 당사자의 일방 또는 쌍방이 협약국이 아닌 국가에 자신의 영업소를 두고 있다 해도 국제사법원칙이 일방 협약국의 법을 적용하도록 되어 있다면, 협약이 적용될 수 있다. 예를 들면, 상이한 나라에 영업장소를 두고 있는 당사자들의 국가가 둘 다 협약국이거나 일방 당사자의 국가가 협약국가가 아닌 경우라도 국제사법의 원칙, 즉 준거법 선택의 원칙인 명시적 선택, 묵시적 선택, 추가적 선택의 원칙에 따라 선택된 준거법이 일방 당사자가 속한 나라의 법이고, 그 나라가 협약국인 경우 비록 영업장소를 두고 있는 나라가 협약국이 아니라도 협약의 적용이 가능하다는 것이다. 이는 협약의 확대적용을 위한 조치라 할 수 있다.

그러나 협약 95조는 협약국이 비준서, 승낙서, 승인서, 가입서를 기탁할 때 1조 (1)항 (b)호에 구속되지 아니한다는 취지의 선언을 인정하고 있다. 이렇게 볼

---

international character와는 다르다. 후자는 그 성격자체가 국제적인 성격을 가진다는 것이다.

2) R. J. Malek, *op. cit.,* p.16.

때, 추가기준은 협약의 적용을 위해 협약국 관계(relation to contracting state)를 요구하고 있음을 알 수 있다.

현재까지 미국과 중국이 협약의 비준 또는 승낙시에 이러한 선언을 했다. 따라서 미국과 중국에서는 당사자가 영업장소를 두고 있는 국가가 모두 협약국인 경우에만 협약이 적용된다. 사실 95조는 미국의 강력한 주장에 의해 협약에 규정되었던 바, 그 이유는 다음과 같다.

미국은 자국법인 UCC의 내용이 매매법으로써 협약보다 우수하다고 확신하고 국제사법의 원칙에 따라 미국법이 준거법(準據法 : proper law or governing law)으로 되는 경우, 협약이 아닌 UCC를 적용하는 편이 유리하다고 생각하고 있다.[3]

3) 부수규정 ① : 사정의 인식/(2)항

당사자들이 상이한 국가에 자신들의 영업장소를 두고 있다는 사실이 계약 체결시 또는 그 전에 당사자들간의 계약이나 거래를 통해서 또는 고지한 정보를 통해 나타나지 아니하는 경우 이러한 사실은 무시되며, 협약이 적용되지 않아야 한다. 왜냐하면 협약의 제정목적을 완성하기 위해서이다.

이러한 부수기준(부수규정 : incidental provisions)을 사정의 인식(awareness of situation)이라 한다.

PICC는 1994년 제정당시 규정되지 아니하였으나 2004년부터 규정된 대리에 관한 제 원칙의 규정에 의하면, 본인과 대리인, 대리인과 제3의 당사자, 본인과 제3의 당사자 간의 관계에 영향을 미치는 대리인에 관하여 2.2.3조에서 현명대리(agency disclosed)에 관해 다음과 같이 규정하고 있다.

"(1) 대리인이 자신의 권한 범위내에서 행동하고 제3의 당사자가 대리인이 대리인으로서 행동하고 있음을 알았거나 당연히 알았을 경우, 대리인의 행위는 본인과 제3의 당사자간의 법적 관계에 직접적으로 영향을 미치며, 대리인과 제3의 당사자 간에 법적 관계는 발생하지 아니한다.

(2) 그러나 본인의 동의를 얻어 대리인이 계약을 체결할 당사자가 될 책임이 있는 경우 대리인의 행위는 대리인과 제3의 당사자 간의 관계에만 영향을 미친다."

---

3) 新 掘聰, 前揭書, p.11.

그리고 익명대리(agency undisclosed)에 관해 2.2.4조에서 다음과 같이 규정하고 있다.

"(1) 대리인이 자신의 권한 내에서 활동하고 제3의 당사자가 그 대리인의 대리인으로서 활동하고 있음을 알지 못하였거나 당연히 알지 못한 경우 그 대리인의 행위는 그 대리인과 제3의 당사자간의 관계에만 영향을 미친다.

(2) 그러나 이러한 대리인이 업무를 위해 제3의 당사자와 계약을 체결할 때 자신이 그 업무의 소유주임을 밝힌 경우 그 업무의 진정한 소유주의 발견에 따라 제3의 당사자는 자신이 그 대리인에 대하여 가지고 있는 권리를 진정한 소유주에 대하여도 역시 행사할 수 있다."

2.2.5조에서 표견대리(apparent authority), 즉 표견권한에 관하여 다음과 같이 규정하고 있다.

"(1) 대리인이 권한 없이 또는 자신의 권한을 초월하여 행동한 경우, 그의 행위는 본인과 제3의 당사자간의 법적 관계에 영향을 미치지 아니한다.

(2) 그러나 본인이 제3의 당사사자에게 대리인이 본인을 위해 행동할 권한을 가졌고, 대리인이 그러한 권한의 범위내에서 행동하고 있는 것처럼 합리적으로 믿게 한 경우 본인은 그 대리인의 권한 결여를 제3의 당사자에게 호소할 수 없다."

2.2.6조에서 무권이나 월권하여 행동한 대리에 관하여 다음과 같이 규정하고 있다.

"(1) 권한이 없거나 자신이 가진 권한의 범위를 벗어나 행동한 대리인은 본인에 의해 인정받지 못하는 한 자신이 권한을 가지고 행동하며, 그 권한을 월권하지 아니한 것과 똑같은 입장에서 제3의 당사자가 입게 될 손해배상금에 책임이 있다.

(2) 그러나 제3의 당사자가 그 대리인이 권한을 가지지 아니하였거나 권한의 범위를 벗어났음을 알았거나 당연히 알았다면 대리인은 책임이 없다."

그리고 복대리(sub-agent)에 관하여 2.2.8조에서 다음과 같이 규정하고 있다.

"대리인은 자신에게 이행을 기대하는 것이 합리적이지 못한 행위를 이행하기 위하여 복대리를 지명할 묵시적 권한을 가지고 있다. 본 절의 규정은 복대리에게도 적용된다."

권한이 없이 행동하거나 권한의 범위를 벗어난 대리인의 행위에 대한 본인의 후속승인을 의미하는 추인(ratification)에 대하여 2.2.9조로 다음과 같이 규정하고 있다.

"(1) 권한이 없이 행동하거나 권한의 범위를 벗어난 대리인의 행위는 본인에 의해 추인될 수 있다. 추인에 따라 그 행위는 마치 대리인이 처음부터 권한을 가지고 수행한 것과 똑같은 효과를 가진다.

(2) 제3의 당사자는 본인에게 통지를 통하여 추인을 위한 합리적인 시효를 명시할 수 있다. 만약 본인이 그 시효기간 내에 추인하지 아니한다면 제3의 당사자는 더 이상 그렇게 할 수가 없다.

(3) 대리인의 행위시에 제3의 당사자가 대리인의 권한의 결여를 알지 못하였거나 당연히 알았어야 하지도 아니한 경우, 추인 전에 언제든지 자신은 본인에게 통지를 통해 추인에 의한 구속의 거절을 표시할 수 있다."

상기와 같은 대리인 권한의 종료(termination of authority)에 관하여 2.2.10조는 다음과 같이 규정하고 있다.

"(1) 권한의 종료는 제3의 당사자가 그러한 사실을 알았거나 당연히 알았어야 하지 아니하는 한, 제3의 당사자에 관하여 효력이 없다.

(2) 대리인의 권한의 종료에도 불구하고 대리인은 본인의 이해에 손해를 방지하기 위하여 필요한 행위를 하도록 할 권한이 있다."

이렇게 볼 때, 대리인도 계약을 체결할 수 있기에 거래당사자가 대리인을 통해 상이한 나라에 영업장소가 있음이 입증되면 협약에서 말하는 추가조건은 성취된다고 볼 수 있다.

4) 부수규정 ② : 당사자들의 국적과 민사적 또는 상사적 성격의 거래/(3)항

어떤 나라의 법에 의하면 물품매매에 관한 법의 적용이 당사자들의 국적이나 계약이 민사(civil)냐 상사(commercial)냐에 따라 다르며, 또 어떤 나라의 법에 의하면 이러한 적용 구분이 분명하지 아니하다. 그리하여 협약은 이러한 문제를 극복하기 위하여, 즉 협약의 적용범위가 상사의 성격을 지니는 매매계약 또는 상사의 성격을 지니는 당사자들간의 계약에만 적용되는 것으로 해석되지 아니하도록 분명히 하기 위해, 당사자들의 국적 또는 계약의 민사적 또는 상사적 성격(nationality of the parties, and civil or commercial character of the transaction)이 협약의 적용 여부 결정에 고려되지 아니함을 명시하고 있다.[4] 따라서 두 한국회사 가운데 한 회사가 자신의 관련 영업장소를 다른 나라에 두고 있을 때 두 회사 간에는 국제성이 존재하여 이들의 계약에 협약의 적용이 가능하다. (2)항과 (3)항은 협약의 적용을 위한 제규정이라 할 수 있다.

【2】 2조 : 적용의 제외

Article 2

This convention does not apply to sales :
(a) of goods bought for personal, family or household use, unless the seller, at any time before or at the conclusion of the contract, neither knew nor ought to have known that the goods were bought for any such use;
(b) by auction;
(c) on execution or otherwise by authority of law;
(d) of stocks, shares, investment securities, negotiable instruments or money;
(e) of ships, vessels, hovercraft of aircraft;
(f) of electricity.

이 협약은 다음에 해당하는 매매에 적용되지 아니한다.
(a) 개인용·가족용·가사용으로 구입된 물품의 매매, 단 계약체결시 혹은 그 이전에 물품이 이러한 목적으로 사용하기 위하여 구입되었음을 매도인이 알지 못하였거나 또는 당연히 알았어야 할 것도 아닌 경우에는 그러하지 아니하다.
(b) 경매에 의한 매매

---

4) *UN Conference on Contracts for the International Sale of Goods*, Vienna, 1980, Official Records : A/CONF.97/19, p.15.

(c) 강제집행 또는 기타 법률상의 권한에 의한 매매
(d) 주식, 지분, 투자증권, 유통증권 또는 통화의 매매
(e) 선박, 비행선, 수상익선 또는 항공기의 매매
(f) 전력의 매매

본 조항은 협약의 적용을 배제하는 매매를 설명하고 있다. 본 조항은 DCIS 2조와 실질적으로 똑같다. 비슷한 규정인 ULIS 5조와 비교해 보면 협약의 (a), (b)호에 해당하는 규정이 없다.

배제의 영역은 크게 세 분야이다.

① 물품이 구입되는 목적에 근거한 영역(a)
② 거래의 형태에 근거한 영역(b, c)
③ 매각된 물품의 종류에 근거한 영역(d, e, f)

1) 소비자용 매매/(a)호

소비자용을 협약의 적용대상에서 제외시키는 이유는 나라마다 이러한 거래의 경우 소비자 보호를 위해 제정되어 있는 다양한 국내법을 적용하기 때문이다. 따라서 이러한 국내법으로부터의 영향을 받을 수 있는 위험을 피하기 위해 소비자용 매매를 협약으로부터 제외시키는 것이 바람직하다. 구입목적에 초점을 둔 규정으로 구입의 성격에 대한 명시는 없다.

2) 경매 매매/(b)호

경매 매매는 낙찰자가 속해 있는 나라에 관계없이 종종 국내법하의 특별 규정에 따르는 경우가 많기에 이러한 특별 규정에 따르는 것이 바람직하다.

3) 강제집행 또는 기타 법률상의 권한에 의한 매매/(c)호

이러한 매매는 국가의 특별 규정에 의해 국가의 권한하에서 대개 이루어지고 있기에, 그리고 이러한 매매가 국제무역의 중요한 부분을 구성하지 아니하고 순수

한 국내거래로서 간주해도 상관이 없기에 배제되었다.

4) 주식, 지분, 투자증권, 유통증권 또는 통화의 매매/(d)호

이러한 매매는 통상적인 국제물품매매와는 다른 문제를 제기하고 있으므로 나라마다 특별 강제규정에 따르고 있기 때문에 제외되었다.

그러나 신용장 등에 의한 Incoterms 거래의 경우 물품의 서류매매가 이루어지기 때문에 이러한 물품의 서류매매는 협약의 적용대상에서 제외되지 아니하며 오히려 협약의 주된 대상이라고 볼 수 있다.

5) 선박, 부선, 수상익선 또는 항공기의 매매/(e)호

어떤 법률체계에 의하면 이들 매매를 물품의 매매로 간주하는가 하면, 다른 법률체계에 의하면 이러한 매매를 부동산 매매로 보고 있다. 그러나 대부분의 법률체계에 의하면 이러한 매매를 특별등록요건에 따르게 하고 있기에 제외되었다.

6) 전기매매/(f)호

대부분의 법률체계에서 전기를 재화(財貨)로 간주하지 아니하고 있다는 이유와 어떤 경우든 전기의 국제매매는 통상의 물품매매에서 생기는 문제와는 다른 독특한 문제를 야기한다는 이유에서 제외되었다.[5]

7) 전자협약

전자협약 2조의 적용제외에 대한 규정에 의하면, 다음과 같이 그 적용의 제외를 규정하고 있다.

(1) 개인용, 가족용, 가사용 계약

무역법위원회가 지금까지 초안한 협약의 경우와 마찬가지로, 전자통신협약 역

---

5) A/CONF.97/19, p.16.

시 "개인용, 가족용, 가사용으로 체결된 계약"에 적용되지 아니한다.[6]

① 제외의 이론적 근거

개인용, 가족용 또는 가사용을 위해 체결된 계약에의 적용제외의 중요성에 관해서는 무역법위원회 내에서 일찍부터 형성된 일반적 합의이다.[7] 왜냐하면 협약상의 수많은 규정들이 이들 거래에 적합하지 아니하기 때문이다.

예를 든다면, 전자통신이 지정된 전자주소 앞으로 송신된 경우 수신인에 의해 검색할 수 있게 된 때, 또는 다른 전자주소 앞으로 송신된 경우 송신사실을 알고 수신인에 의해 검색할 수 있게 된 때로부터 전자통신의 수신, 즉 도달로 추정하고 있고, 10조 (2)항에 명시되어 있는 수신원칙은 소비자들이 관련된 거래에서는 전혀 적절한 규정이 아니다. 왜냐하면 소비자들은 합법적인 상거래 관련 메시지와 쓸데없는 메일인 스팸(spam)간을 쉽게 구분할 수 없거나 자신들의 전자메일을 정기적으로 체크할 것으로 기대할 수 없기 때문이다. 따라서 개인용, 가족용 또는 가사용을 위해 활동하는 개인은 상거래 활동에 종사하는 사람이나 조직과 똑같은 근면표준을 주장해서는 안 된다는 주장이 제43차 작업반회의(2004, 3/15-19, New York)시 때 제의되었다.

또 다른 제외의 예를 든다면, 전형적으로 소비자보호규정에서 발견되는 상세한 내용과는 다른 협약상 이 14조와 같은 오류의 취급과 오류의 결과규정은 또 다른 하나의 있을 수 있는 긴장을 조성할 수 있다는 것이다. 그리고 전자거래에 관한 소비자보호규정은 판매자들에게 소비자들이 계약조건에 쉽게 접근할 수 있도록 요구하고 있다. 더욱이 동 규정들은 표준계약조건의 집행에 대한 조건을 종종 명시하고 소비자들이 자신들의 계약서상에 참고로 삽입하고 있는 동 요건에 대한 동의를 명시하고 있는 것으로 추정할 수 있는 조건을 명시하고 있다. 그러나 전자협약은 소비자들이 국내법하에서 누릴 수 있는 정도의 이상과 같은 보호규정을 하나도 취급하고 있지 아니하다.

이러한 사실이 3차 수정안(A/CN.9/WG.IV/103)을 토의한 제43차 작업반회의에서 2조와 관련하여 논의한 결과 소비자용거래를 협약에서 제외하기로 합의한 동기이자 결과이다.[8]

---

6) A/CN.9/WG.IV/WP.94,.2,4; A/CN.9/WG.IV/WP.101, 3; Explanatory Note, para.70.
7) A/CN.9/548, para.101; A/CN.9/571, para.61; A/CN.9/527, paras 84, 85, 89; A/CN.9/WG.IV/WP.95, para.19; A/CN.9/527, para.85; A/60/17. paras 26, 28~30.

② 소비자계약의 범위

CISG와 관련하여 "개인용, 가족용 또는 가사용"이란 표현은 흔히 소비자계약을 두고 한 표현으로 이해하고 있다. 그러나 매매거래와 관련한 전자통신에 한정되지 아니하는 전자통신협약과 관련시켜 볼 때, 2조 (a)호상의 표현은 광범위한 의미를 가지며, 예컨대 "개인용, 가족용 또는 가사용"에 포함될 정도로 부부소유권 계약과 같은 가족법과 상속법에 의해 지배되는 계약에 관한 통신을 동 표현이 포함함을 알아야 한다. 가족법 또는 상속세법에 따른 계약은 국제무역의 일반적인 대상이 아니므로 제외에 적합한 영역으로 제40차 작업반 회의(2002, 10/14~18, Vienna)에서 이미 논의[9]된 바 있다.[10]

③ 절대적인 제외 영역

CISG 2조 (a)호의 단서규정, 즉 구입목적이 불분명하거나 몰랐을 경우에는 a호 상의 매매에 CISG가 적용된다는 규정하의 개인용, 가족용 또는 가사용으로 체결된 계약의 제외는 무조건적인 제외다. 다시 말해서 계약의 목적이 타방에게 분명하지 아니하였다 해도 개인용, 가족용 또는 가사용으로 체결된 계약에 의해 전자협약이 적용되지 아니하는 무조건적인 성격이 있다.

CISG 2조 (a)호의 단서규정, 즉 구입목적이 불분명하거나 몰랐을 경우에는 (a)호의 단서에 의하면 협약은 개인용, 가족용 또는 가사용으로 구입된 물품매매에 적용되지 아니한다. 다만 계약체결시 혹은 그 이전에 물품이 이러한 목적으로 사용하기 위하여 구입되었음을 매도인이 알지 못하였거나 또는 알았어야 할 것도 아닌 경우에는 그러하지 아니하다. 이러한 규정의 요건은 법적 명확성을 촉진시키는 데 목적이 있다. 그러하지 아니하면 CISG의 적용가능성은 매수인이 물품을 구입한 목적을 확인할 수 있는 매도인의 능력에 전적으로 좌우된다.

따라서 예컨대 구입한 물품의 수량과 성격을 고려해 물품이 개인용, 가족용, 또는 가사용으로 구입된 사실을 매도인이 알지 못하였거나 알았어야 할 것으로 기대할 수 없었다면, 동 거래에 CISG의 적용배제를 매도인은 주장할 수가 없다. 사실 동 규정에 대해 CISG의 초안자들은 소비자가 매매계약을 체결한 사실에도 불구하고 매매계약이 CISG 적용대상이 되는 경우가 있을지 모른다는 사실을 전제하고 있

---

8) A/CN.9/548, paras 101~102; Explanatory Note, paras 71~73.

9) A/CN.9/527, para.95; A/60/17, paras 28~29.

10) Explanatory Note, para.74.

다. 그러나 그 결과로 동 규정에 따라 얻어지는 법적 명확성은 제외되는 것으로 의도했던 거래를 오히려 포함시키는 위험을 가중시키는 것처럼 보인다. 더욱이 그 당시 사무국이 준비한 CISG 초안에 관한 논평에서 지적하고 있듯이[11] CISG 2조 (a)호는 그 당시 이런 거래의 수가 국제거래에 있어 상대적으로 극히 적다는 것을 전제로 하여 제정된 것이다.[12]

협약을 초안하면서 CISG 2조 (a)호와 같은 규정은 문제가 있을 수 있음을 알았다. 왜냐하면 CISG 준비 당시에 이용이 불가능하였던 Internet과 같은 개방통신 시스템이 부여하는 접속의 용이성은 다른 나라에 거주하고 있는 매도인으로부터 소비자의 물품구입 가능성을 크게 제고시키고 있기 때문이다.[13]

이러한 사실은 제34차 무역법위원회(2001, 6/25~7/13, Vienna)의 합의[14]에 따라 전자협약 잠정초안 가운데 2조에서 6조를 처음으로 토의한 40차 작업반 회의(2002, 10/14~18, Vienna)에서 토의된 사실의 확인이라 할 수 있다.

결국 제43차 작업반 회의에서는 전자통신협약 가운데 특정 규정들은 소비자거래와 관련해서 적절하지 아니할 수 있음을 인식하여 소비자들은 협약 초안의 범위에서 제외해야 함을 합의[15]하였으며, 무역법위원회는 2조와 관련한 제43차와 제44차 작업반 회의에서 의견[16]을 받아들여 소비자들은 협약의 적용범위로부터 완전히 제외해야 한다는 데 합의[17]하였다.[18]

(2) 특수 재정거래

전자협약(CUECIC) 2조 (1)항 (h)호는 전자통신협약의 적용영역으로로부터 제외되는 많은 거래를 열거하고 있다. 열거된 제외거래들은 이들 거래의 효과적인 기능을 허용할 정도로 전자상거래에 관한 문제들을 이미 명확히 명시하고 있는 규제적이면서 계약적 성격을 지니는 규정에 의해 지배되는 특정 금융서비스 시장에 필수

---

11) A/CONF.97/5.

12) A/CN.9/527, para.86.

13) *Ibid.*

14) A/CN.9/WG.IV/WP.97, para.13.

15) A/CN.9/548, para.102.

16) 제43차 작업반 회의 때 토의내용은 A/CN.9/548, paras 99~111에, 제44차 작업반 회의 때 토의내용은 A/CN.9/571, paras 60~69에 있음.

17) A/60/17, para.30.

18) Explanatory Note, paras 75~77.

적으로 관련이 있는 거래들이다. 따라서 이들 시장은 처음부터 세계적인 성격을 지니고 있기에 무역법위원회는 본 규정에서 말하는 제외사항들을 적용범위에 관한 선언규정인 19조 (2)항에 따라 국가단위로 가능한 선언 대상이 되어서도 아니됨을 알게 되었다.

사실 예비협약초안을 처음 토의한 40차 작업반 회의시 전자협약 2조 (1)항 (b)호에 상당하는 거래에의 협약 적용제외 사유로 국제무역의 대상이 아니기에 이러한 산업에서 이루어지고 있는, 즉 결제시스템, 유통증권, 파생상품, 스왑, 환매, 외환, 증권, 사채시장, 은행 일반 여수신 활동과 같은 금융서비스 시장에서 이루어지고 있는 전자계약 체결에 관한 기확립된 관행을 방해해서는 아니되기에[19] 적용에서 제외되어야 한다는 주장을, 제41차 작업반 회의(2003, 3/15~19, New York)에서는 1차 수정안(A/CN.9/WG.IV/WP.100)상의 2조에 대하여 재논의 합의[20]를, 제43차 작업반 회의(2004, 3/15~19, New York)에서는 2차 수정안(A/CN.9/WG.IV/WP.103)상의 2조 가운데 소비자거래에 대한 협약적용 제외합의 외의 제외대상거래에 대하여 개정안 지시[21]를 각각 거쳐 제44차 작업반 회의에서는 4차 수정안(A/CN.9/WG.IV/WP.110) 2조 (2)항 가운데 금융서비스 시장과 관련이 있는 (a), (f), (g)호를 하나의 항으로 통합하기로 합의하고 초안 작업반에 넘겨진 후 나온 규정인 (a)호는 협약 2조 (1)항 (b)호로, (f), (g)호는 (2)항으로 개정되었는바,[22] 이를 위원회가 승인하여 현재의 규정이 되었다.[23]

주의를 요하는 것은 2조 (1)항 (b)호 규정이 본질적으로 금융서비스 분야의 거래를 광범위하게 제외하려는 의도는 아니고 위에서 언급한대로 지급시스템, 유통증권, 파생상품, 스왑, 환매, 외환, 증권, 사채시장과 같은 특수거래를 협약의 적용에서 제외하려는 의도임을 알아야 한다.

따라서 2조 (1)항 (b)호의 제외 기준은 거래되는 재산의 형태가 아니라 사용되는 지급의 방법임을 알아야 한다. 이외의 기준으로 모든 규제 대상인 거래활동이 제외되는 것이 아니라 규제된 교환거래, 예컨대 주식 교환, 유가증권과 상품 교환, 외환교환과 귀금속 교환과 같은 거래 등은 제외된다.

---

19) A/CN.9/527, para.95.

20) A/CN.9/528, para.64.

21) *Ibid*, paras 102, 107, 111.

22) A/CN.9/571, paras 62~69.

23) A/60/17, para.30.

결과적으로 이러한 규제된 거래 외에 유가증권, 상품, 외환이나 귀금속의 거래
와 관련한 전자통신의 사용이 예컨대 유가증권 매매를 자신의 대리인에게 지시
하는 투자가에 의한 자신의 대리인 앞으로 발신된 e-mail과 같은 유가증권과
관련한 것이라는 단순한 이유만으로 반드시 협약의 적용대상에서 제외되지는 아니
한다.24)

(3) 유통증권, 권리증권과 이와 유사한 증권

2조 (2)항은 유통가능증권과 이와 유사한 증권의 거래를 협약의 적용대상에서
제외하고 있다. 왜냐하면 권리증권이나 유통가능증권 그리고 지참인이나 수익자에
물품의 인도나 대금지급을 청구할 권리를 부여하는 모든 양도가능증권 등의 공적
으로 인정되지 아니한 복본 발행의 경우 있을 수 있는 가능성은 이러한 증권들의
원본 또는 단본임을 보증하기 위한 시스템의 개발을 필수적으로 요구하고 있기 때
문이다.

유통가능증권과 이와 유사한 증권이 제기하는 문제들 특히 이들의 특성을 보
증해야 할 필요성은 전자통신협약의 주요한 제정목적이자 2조 (2)항에서 규정하고
있는 제외거래를 정당화하는 종이형식과 전자형식 간의 기능적 동질성을 단순히
보증하는 그 이상이어야 한다. 사실 제44차 작업반 회의 때 제기되는 이러한 문제
의 해결을 모색하는 데 아직은 충분히 개발되어 검증되지 아니한 법적·기술적·
기업적 종합해결을 필요로 한다는 데 합의하였고, 위원회도 이러한 합의에 공감25)
하였다.26)

(4) 개별적 적용제외 가능성

전자협약을 준비하는 동안 특히 전자협약 3차 수정초안(A/CN.9/WG.IV/
WP.108)을 토의한 43차 작업반 회의시(2004, 3/15, 19, New York) 전세권리 외에
부동산 권리를 창출하거나 이전하는 계약, 법원·공공기관이나 공권력을 행사하는
전문직의 개입을 법이 요구하는 계약, 자신들의 고유 업무외의 목적을 위해 활동하
는 사람들에 의해 제공되는 근저당에 의해 그리고 이에 따라 승인되는 보증책임계

---

24) Explanatory note, paras 78~79.
25) A/CN.9/571, para.136; A/60/17, para.27.
26) Explanatory note, paras 80~81.

약, 가족법이나 상속법에 의해 지배되는 계약과 같은 거래들은 2조의 제외대상에 포함되어야 함이 제의[27])되었다.

이러한 제의에 근거하여 4차 수정안(A/CN.9/WG.IV/WP.110)에 대한 제44차 작업반 회의 결과를 반영한 초안 작업반의 최종초안, 즉 현재의 2조에 대한 무역법위원회의 지배적인 견해는 이러한 계약의 제외에 찬성하지 아니하였다. 그 이유는 다음과 같다.

이들 거래 가운데 어떤 것들은 1조 (1)항에 의해 자동적으로 제외되거나 2조 (a)호에 의해 제외되며, 기타 거래들은 국내법에서 다루어지는 것이 보다 나은 지역에 국한하는 특수한 문제들로서 간주되어야 한다.[28])

반면에 제44차 회의 때 이러한 거래의 적용제외가 다음과 같은 이유에서 강력하게 제기되었다. 어떤 나라들은 전부는 아니나 위에서 열거하고 있는 제외거래에서 의도하고 있는 문제들 가운데 일부와 관련하여 전자통신의 사용을 이미 허용하고 있으며,[29]) 광범위한 적용제외대상의 채용은 이러한 거래의 당사자들로 하여금 전자통신의 사용을 못하게 할 이유가 없는 것으로 알고 있는 국가들에게 이 규정이 있으므로 오히려 제외를 부과하도록 하는 효과를 가지게 만든다.[30])

이러한 결과는 전자통신 사용의 발전을 방해할지 모르며, 기술 발전에 따라 법의 채용을 방해할지 모른다.[31]) 그러나 결국 이들 거래가 협약적용제외대상에서 삭제되었으나, 전자통신은 특수한 경우에 인정되어서는 안 된다고 느끼는 국가들은 19조 (2)항에 따라 선언을 통해 개별적으로 이들 거래에 적용을 제외시킬 수 있는 선택권을 여전히 행사할 수 있다.[32])

---

27) A/CN.9/548, para.136; A/60/17, para.27

28) A/60/17, paras 28~29.

29) A/CN.9/571, para.65.

30) A/60/17, para.63.

31) *Ibid.*, para.29.

32) A/CN.9/5489, para.62; A/60/17, para.29; Explanatory note, paras 82~83.

【3】 3조 : 제조될 물품계약과 서비스 계약[33]의 구분 : 서비스 계약에의 적용제외

Article 3

(1) Contracts for the supply of goods to be manufactured or produced are to be considered sales unless the party who orders the goods undertakes to supply a substantial part of the materials necessary for such manufacture or production.

(2) This Convention does not apply to contracts in which the preponderant part of the obligations of the party who furnishes the goods consists in the supply of labour or other services.

(1) 제조 또는 생산할 물품의 공급계약은 매매계약으로 본다. 단, 물품을 주문한 당사자가 이러한 제조 혹은 생산에 필요한 자재의 중요한 부분을 공급하기로 약속한 경우에는 그러하지 아니하다.

(2) 이 협약은 물품을 공급하는 당사자의 의무 중 상당한 부분이 노동이나 기타 용역을 공급하는 계약에는 적용되지 아니한다.

본 조항은 계약이 물품의 공급 외에 일정한 행위를 포함하는 두 개의 상이한 경우를 다루고 있다. 본 조항은 DCIS 3조를 재초안한 후 제정된 것으로 ULIS 6조와 ULF 1조 (7)항에 근거하고 있다.

1) 매수인이 원료공급의 경우/(1)항

제조 또는 생산할 물품의 공급계약은 기성품의 매매계약과 똑같이 협약의 적용대상이 되는 매매로 보지만, 물품을 주문한 자가 원재료 가운데 중요한 부분(a substantial part)을 공급하기로 약속하고 있는 경우에는 서비스나 노동 공급계약에 더 유사하기 때문에, 이런 경우 서비스 계약으로 보아 협약의 적용대상에서 제외시키고 있다.

---

33) Gillermo는 서비스 계약을 non-merchandise characteristics of contract라 하고 있다(J. Gillermo, *ICC Guide to Export-Import Basics*, ICC, 1997, p.60).

협약상에는 중요한 부분(a substantial part)에 대한 정확한 정의가 없는 만큼 번역상의 문제가 제기될 수 있다. 따라서 주문하는 당사자가 필요한 원료 가운데 중요한 부분을 공급하기로 약정할 때마다 당사자들은 계약서상에 협약의 적용을 분명히 함으로써, 중요한 부분에 대한 상이한 해석의 가능성들에 대한 대책을 세워야 한다.[34]

2) 매도인의 물품의 매매와 노동이나 기타 서비스 공급의 경우/(2)항

물품매매에 관한 매도인의 의무와 노동이나 기타 서비스 공급에 관한 매도인의 의무로 구성되어 있는 경우로서 물품을 제공하는 매도인의 의무의 상당한, 즉 압도적인 부분(the preponderant part)이 노동이나 서비스의 제공인 경우, 서비스계약으로 보아 협약의 적용대상에서 제외시키고 있다.

주의를 요하는 것으로 하나의 계약에 물품과 용역을 모두 거래할 경우로서, 이때는 상호 밀접한 관계가 있어야 한다. 만약 양자간의 밀접한 관계가 없다면 계약은 두 개의 계약으로 취급되고, 협약은 물품매매에만 적용된다.

(1) 상당한 부분의 정의

중요한 부분의 정의가 없듯이 상당한 부분(the preponderant part)에 대한 정의 역시 협약에는 없다. 상당한 부분의 정의는 비용을 기준으로 할 수도 있고, 가격을 기준으로 할 수도 있으며, 가치를 기준으로 할 수도 있다. 따라서 이러한 용어에 대한 최상의 방법은 이러한 용어의 가능한 정의와 적용에 대한 대책을 세우는 것이다.[35]

(2) 노동이나 기타 서비스의 정의

협약의 주석에 의하면 노동이나 기타 서비스가 물품의 매매에 추가[36]되는 것으로 정의하고 있다. 예컨대, 기계와 같은 물품의 매매시에 기계의 설치와 기술적인 자문 서비스의 제공을 요구할 경우, 물품을 제조할 때는 무시된 노동이나 기타

---

34) A. H. Kritzer, *op. cit.,* p.74.

35) J. O. Honnold는 중요한 부분과 상당한 부분과의 관계에 대하여 중요한 부분이 상당한 부분보다는 적어야 한다고 주장하고 있다(J. O. Honnald, *op. cit.,* p.92).

36) A/CONF.97/19, p.16.

서비스로서 설치와 기술자문 서비스를 의미한다.

【4】 4조 : 관여하는 문제와 관여하지 아니하는 문제

Article 4

This Convention governs only the formation of the contract of sale and the rights and obligations of the seller and the buyer arising from such a contract. In particular, except as otherwise expressly provided in this Convention, it is not concerned with :

(a) the validity of the contract or of any of its provisions or of any usage;
(b) the effect which the contract may have on the property in the goods sold.

이 협약은 매매계약의 성립과 이러한 계약으로부터 생기는 매도인과 매수인의 권리와 의무에 관하여만 규율한다. 특히 이 협약에 달리 명시한 경우를 제외하고 이 협약은 다음의 사항에 관련하지 아니한다.

(a) 계약이나 그 어떠한 조항이나 어떠한 관습의 효력;
(b) 계약이 매각된 물품의 소유권에 대하여 가질 수 있는 효과

　　본 조항은 협약에 달리 명시가 있는 경우를 제외하고 물품의 매매계약 성립과 그 계약으로부터 생기는 매도인과 매수인의 권리와 의무만을 지배한다는 협약의 적용을 제한하고 있다. 따라서 다음의 사항은 협약의 적용대상 밖이다. 본 조항은 DCIS 4조와 동일하며, ULIS 8조에 근거하고 있다.

1) 계약이나 관습의 효력/(a)호

　　본 규정은 계약의 무효나 계약존재와 관련한 문제들에 관여하지 아니한다는 규정이다. 그러나 본 규정에도 불구하고 계약이나 관습의 효력을 명시적으로 규율한다는 협약상의 규정은 없다 해도, 국내법상의 계약의 효력에 관한 규정과 저촉하는 규정, 예컨대 국제무역실무의 원론을 제시하는 규정이 CISG임을 입증하는 규정이다. 일종의 계약효력에 관한 규정으로 계약의 서면작성을 요구하는 국내 요건의 배제 규정인 11조 등을 협약이 규정하고 있다. 이런 경우를 대비하여 규정된 12조

와 96조에 의해 일종의 계약효력규정인 11조의 적용을 배제하고 있다.

2) 소유권의 이전/(b)호

협약의 41조, 42조, 53조, 66조~70조, 85조~88조까지의 내용이 소유권 이전과 관련한 내용으로 30조상의 소유권 이전을 설명하는 내용이다.

따라서 이런 규정을 통해 소유권 문제가 해결될 수 있다. 그러나 직접적인 소유권 규정을 두고 있지 아니하기 때문에 상기의 규정을 통해 소유권 문제가 해결되지 아니하면 협약의 보충 규정인 7조 (2)항, 28조, 42조에 의해 국내법을 통해 해결 가능하다.[37]

3) PICC의 원칙

PICC는 3.3조를 통해 계약 체결시에 수행해야 할 의무이행이 불가능하였다는 단순한 사실이나, 계약 체결시 일방이 계약과 관련한 자산을 처분할 권리가 없다는 단순한 사실은 계약의 효력에 영향을 미치지 아니함을 규정하고 있다. 따라서 PICC의 원칙은 상기와 같을 경우에 계약의 효력을 인정하고 동 계약에 관여할 수 있다.

【5】 5조 : 사망이나 상해에 대한 책임제외

Article 5
This Convention does not apply to the liability of the seller for death or personal injury caused by the goods to any person.
이 협약은 물품으로 말미암아 야기된 자연인의 사망이나 신체적인 상해에 대한 매도인의 책임에 적용되지 아니한다.

---

37) UCC의 보충에 관한 일반원칙 규정인 §1-103 역시 협약의 태도와 유사하다.

본 조항은 물품으로 야기된 자연인의 사망이나 신체적인 상해에 대한 책임에 협약이 적용되지 아니하고 제품책임에만 적용됨을 규정하고 있다.

5조가 제품책임에 관해서 그 적용을 제외하고 있지 아니함을 아는 것이 중요하다. 다시 말해서 5조는 사망이나 상해와 관련이 있는 제품책임의 측면만을 협약으로부터 제외시키고 있다는 것이다. 따라서 완제품에 사용된 하자(瑕疵) 부품이나 기타 장비 등에 대한 매도인의 제품책임은 매도인의 소유권에 관한 제품책임과 마찬가지로 협약의 적용대상이다.

【6】 6조 : 계약과 협약

Article 6

The parties may exclude the application of this Convention or, subject to article 12, derogate from or vary the effect of any of its provisions.

당사자들은 이 협약의 적용을 배제하거나 제12조의 규정이 적용되는 경우를 제외하고 협약규정의 효과를 감쇄시키거나 변경시킬 수 있다.

본 조항은 협약의 비강제적 성격(non mandatory character)을 규정하고 있다. 본 조항은 DCIS 5조와 똑같다. 협약의 적용 제외에 관하여 ULIS 3조와 ULF 2조에 근거하고 있다.

1) 일반원칙

당사자들은 자신들의 계약을 지배하기 위하여 협약 이외의 법을 선택함으로써 협약의 적용을 전적으로 제외시킬 수 있으며, 또 협약의 해결방법과 다른 방법을 규정하는 규정을 자신들의 계약상에 채택함으로써 협약규정의 효과를 변경 내지 감퇴시키거나 그 적용을 배제시킬 수 있다.[38]

PICC 1.1조에 의하면, 국제무역에 있어 계약자유의 원칙은 기본원칙이자 매우 중요한(paramount important) 원칙으로 인정하되, 1.4조에 따라 PICC상의 강제규정

---

38) A/CONF.97/19, p.17.

에 의한 당사자들의 계약자유원칙이 제한됨을 규정하므로, 계약자유의 원칙이 그 어떤 규정에도 반드시 우선하는 것은 아님을 규정하고 있다.

그리고 제 원칙 규정의 강제성에 관한 3.1.4조 규정도 사기, 협박, 중대한 불일치와 불법에 관한 규정들은 계약자유의 원칙에 따라 법의 규정보다 계약규정이 우선할 수 없고 임의규정과 달리 당사자들의 합의에 의해 변경할 수 없는 강제성을 지님을 규정하고 있다. 왜냐하면 당사자들이 자신들의 계약을 체결할 때 이들 규정들의 적용을 배제하거나 수정하는 것은 신의성실에 반하기 때문이다. 그러나 이러한 원칙에도 불구하고 다음의 경우에는 강제성이 없음을 인정하고 있다.

사기, 협박 그리고 중대한 불일치를 이유로 무효시킬 권리를 가진 당사자에게 그가 진실을 알았거나 자유롭게 행동할 수 있다면, 그러한 권리를 포기하는 것을 방해하지 아니한다.

반면에 단순한 합의의 구속력이나 원초적 불가능이나 착각과 관련하는 한 본장의 규정들은 강제성이 없다. 따라서 이런 경우 당사자들은 약인이나 동기와 같은 국내법상의 특별한 요건을 재도입할 수 있다.

그리고 당사자들은 자신들의 계약이 원초적 불가능의 경우에 무효임을 또는 당사자 중 일방의 착각은 무효시킬 사유가 아님을 합의할 수 있다.

2) 예외원칙

그러나 이러한 규정에 하나의 예외가 인정된다. 즉, 계약체결은 서면에 의해 이루어져야 함을 요구하고 있는 국내 법률을 인정하려는 96조와 12조에 의한 협약 국가의 우선권은 당사자들의 계약자유의 폭을 제한하고 있다. 따라서 이 우선권만은 당사자들의 합의에 의하여 변경되거나 감쇠될 수 없다.[39]

이렇게 볼 때, 본 조항은 대단히 중요한 규정이다. 따라서 각국이 본 협약에 가입하면 본 협약은 그 적용대상이 되는 매매계약에 자동적으로 적용되기 때문에, 만약 당사자가 본 협약에 의해 구속되는 것을 원하지 아니할 경우에는 그 취지를 계약에 분명하게 규정하는 것이 필요하다. 이를 선택배제(opt out or contract out : opt-in vs opt-out)라 부른다.

그러나 이미 언급한 바와 같이 4조에서는 협약이 명시적으로 규정하고 있는

---

39) J. O. Honnold, *op. cit.*, p.105.

경우를 제외하고 계약 또는 그 어떠한 조항이나 그 어떠한 관습의 효력에 관여하지 아니한다고 규정하고 있으므로, 계약 등의 효력에 관해서는 국제사법의 원칙에 따라 적용되는 국내법에 의해 판단되는 것으로 하고 있다.

이렇게 볼 때, 본 조항은 당사자들에게 협약의 규정을 배제하거나 변경하는 무제한의 힘을 부여함과 동시에 4조에서는 협약에 명문의 규정이 없는 한, 계약 조항들의 효력에 관한 국내법의 규정에 영향을 미치지 아니하는 것으로 하고 있다.

따라서 양 규정을 종합하면, 당사자들은 협약의 규정을 배제 혹은 변경할 수 있는 것과 같이 합의한 계약의 효력(예컨대, 계약 당사자들의 능력, 착오, 거래의 부당성, 사기 등)에 대해 계약의 효력 여부가 쟁점이 되는 경우에는 국내법의 판단을 받도록 되어 있다.

이렇게 볼 때, 협약은 계약 등의 효력에 관하여 국내법을 최상에 두고 그 다음으로 당사자의 합의를 두고 있으며, 최하위로 협약의 규정을 두는 이른바 3층 구조(tripartite hierarchy)를 인정하고 있다. 협약을 효력 등에 관한 국내법과 당사자 합의에 따르도록 한 것은 협약의 초안자가 협약을 각국이 쉽게 채용할 수 있도록 하기 위해 지불한 대가(對價)이다.[40]

3) PICC의 원칙

PICC는 예컨대 신의성실과 공정거래원칙에 따라 행동하도록 규정한 1.7조와 같이 PICC상의 강제규정의 적용을 대전제로 1.5조를 통해 협약의 규정을 인정하지 아니하고 완전 계약자유의 원칙을 따르게 하고 있는바, 계약과 제 원칙(PICC)간의 관계와 관련하여 당사자들에 의한 수정과 배제에 관한 규정과 논평을 보면 다음과 같다.

"당사자들은 본 원칙에서 달리 규정하고 있는 경우를 제외하고 본 원칙의 적용을 배제하거나 본 원칙 규정의 효과를 감쇠하거나 변경할 수 있다."

(1) 제 원칙의 법적 성격

제 원칙에서 규정되어 있는 규정(원칙)들은 일반적으로 강제적 성격을 지니지 아니한다. 따라서 당사자들은 전문 둘째 절에 예시되어 있는 모델약관에서도 알 수

---

40) 新 掘聰, 前揭書, p.13.

있듯이 제 원칙의 적용을 전부 또는 일부를 단순히 배제하거나 관련 거래형태의 특수한 요구에 본 원칙을 적용시키기 위하여 제 원칙의 내용을 수정할 수 있다.

(2) 제 원칙 배제 또는 수정의 방법

당사자들에 의한 본 원칙의 배제나 수정은 명시적으로나 묵시적으로 가능할 수 있다. 당사자들이 제 원칙의 규정과 양립하는 계약 내용에 관해 명시적으로 합의한 경우 해당 내용과 연관된 제 원칙의 묵시적 배제나 수정이 존재하게 된다. 이 경우 문제가 된 계약 내용이 개별 협상에 의한 것인지 자신들의 계약에 그들에 의해 삽입된 표준내용의 일부를 구성하는지는 아무런 관계가 없다. 따라서 제 원칙의 규정과 양립하는 계약의 내용은 협상의 결과로 작성될 수 있고, 표준약관을 그대로 인용한 것일 수도 있다. 그러나 그 효과는 제 원칙의 해당 규정과 양립하므로 결국 계약자유의 원칙에 의해 제 원칙의 해당규정에 우선한다. 따라서 이러한 사실이 결국 제 원칙의 해당 규정을 배제 내지 수정하는 결과를 가져온다.

만약 당사자들이, 예컨대 "본 계약의 이행과 이행불이행이 관련하는 한 UNIDROIT의 제 원칙이 적용된다"와 같이, 제 원칙의 여러 장 가운데 일부 장의 적용을 명시적으로 합의한 경우, UNIDROIT 제 원칙 가운데 관계있는 장이 1장 총칙 규정과 함께 적용된다. 왜냐하면 총칙 규정은 전 제 원칙의 제정 근거가 되기 때문이다.

(3) 제 원칙상의 강제규정의 성격

제 원칙의 몇몇 규정들은 강제적 성격을 지닌다. 따라서 제 원칙 체계에 있어 강제규정의 중요성이 당사자들의 염원에 따라 제 원칙의 해당 강제규정을 당사자들이 배제하거나 감쇄하는 것이 허용되어서는 아니된다.

물론 제 원칙의 특수한 성격이 있다 해도 이러한 강제규정의 준수불이행이 어떤 결과를 부과하지 아니할 수 있다. 그러나 문제가 된 강제규정들이 대부분의 국내법 하에서도 역시 강제규정이 되는 행동의 원칙이며 표준을 반영한 것임을 유념해야 한다.

제 원칙 가운데 강제규정들은 대게 명시적으로 규정되어 있다. 이러한 규정의 예를 든다면, 신의성실과 공정거래를 규정하고 있는 1.7조, 착각과 원초적 불가능과 관련이 있거나 적용되는 경우를 제외하고 실질적인 효력에 관한 3장 3.1.4조,

가격과 종료에 관한 5.1.7조 (2)항, 이행불이행에 대한 합의한 지급에 관한 7.4.3조 (2)항, 시효에 관한 10.3조 (2)항 등이다.

제 원칙상에 강제규정인 경우 규정을 통해 위와 같이 명시되는 것이 원칙이나 예외적으로 특정규정의 강제적 성격이 예컨대 1.8조와 7.1.6조와 같이 묵시적일 뿐이고, 규정 자체의 내용과 목적으로부터 추정되는 경우도 있다.

제 2 장   총칙(總則)

1. 구 성

2. 개 요

총칙은 협약이 기초하는 일반원칙 규정이다.

7조는 협약해석의 원칙으로서 협약의 국제적 성격과 그 적용의 통일의 필요성, 국제거래의 신의성실 준수, 협약이 지배하는 문제이나 협약에 명시적으로 규정되어 있지 아니하는 문제를 고려하여 협약이 근거하는 일반원칙, 이러한 일반원칙이 없을 경우 국제사법원칙에의 호소 등을 규정하고 있다.

8조는 당사자들의 진술이나 행위의 해석을 지원하는 규정으로 8조 (1)항은 일방이 의도하는 것이 무엇인지를 타방이 알았거나 모를 리가 없었던 것을 표명함으로써 일방이 의도하는 해석에 효력을 인정하기 위한 규정이다. 그리고 이러한 주관적 기준을 적용함에도 분쟁이 해결될 수 없을 경우 계약서를 읽고 관련 상황을 고려한 후 객관적인 제3자가 그 의사를 어떻게 생각하는가를 기준으로 해서 당사자의 의사를 확인할 것을 8조 (2)항이 규정하고 있다. 그리고 8조 (3)항은 과거, 현재 또는 후속 진술이나 행위가 일방이 의도하는 해석에 관련이 있음을 규정하고 있다.

9조는 유럽 국가들의 법률 규정들과 유사하고 UCC하의 규정과도 매우 유사한 관습과 관행에 관한 원칙을 규정하고 있다.

10조는 협약적용의 기본원칙과 관련이 있는 것으로서 협약의 적용여부의 결정에 영향을 줄 수 있는 영업장소에 대해 정의하고 있다.

11조와 12조는 협약국이 96조의 선언을 하지 아니하는 한 각국의 사기방지법의 적용을 배제함을 규정하고 있다.

3. 규정과 해설

【1】 7조 : 협약의 해석

Article 7

(1) In the interpretation of this Convention, regard is to be had to its international character and to the need to promote uniformity in its application and the observance of good faith in international trade.

(2) Questions concerning matters governed by this Convention which are not expressly settled in it are to be settled in conformity with the general principles on which it is based or, in the absence of such principles, in conformity with the law applicable by virtue of the rules of private international law.

---

(1) 이 협약의 해석에 있어 협약의 국제적인 성격과 협약적용의 통일성을 촉진해야 할 필요성 및 국제거래에 있어 신의성실의 준수에 입각하여 해석해야 한다.

(2) 이 협약에 규율되는 문제로서 이 협약에 명시적으로 해결되어 있지 아니하는 문제는 이 협약이 기초하고 있는 일반원칙에 따라 또는 이러한 일반 원칙이 없는 경우에는 국제사법의 원칙에 의하여 적용할 수 있는 법에 따라 해결되어야 한다.

본 조항의 (1)항은 DCIS 6조와 실질적으로 똑같으며 (2)항은 외교회의에서 추가되었다. (2)항의 첫째 부분은 ULIS 17조에 근거하고 있으며, ULIS는 (1)항과 같은 규정이 없다. 신의성실에 관한 규정을 제외하면 (1)항은 UNCITRAL이 제정한 기타 협약 예컨대, 1974년의 유엔국제물품매매 소멸시효협약(UN Convention on the Limitation Period in the International Sale of Goods : UNCLPISG) 4조[41])와 1978

년의 유엔해상화물운송협약(UN Convention on the Carriage of Goods by Sea : UNCCGS; Hamburg Rule) 3조[42]의 규정을 되풀이하고 있다.

본 조항은 협약해석을 위한 일종의 간격메우기 규칙(gap-filling rules)을 규정하고 있는바 다음과 같은 원칙을 제시하고 있다.

1) 국제성[43]과 통일성의 원칙

물품의 매매법에 관한 국내 규정은 접근 방법과 개념에 있어 현격한 차이를 전제로 한다. 따라서 각국 법정마다 협약의 규정에 대한 상이한 해석, 각국 법체계에서 사용되는 개념에 대한 의존 등을 피하는 것이 대단히 중요하다.

이러한 목적에서 협약 7조 (1)항은 협약의 해석에 있어 협약의 국제적 성격과 그 적용에 있어 통일성을 촉진할 필요성에 입각하여 협약 규정을 해석하고 적용해야 함의 중요성을 강조하고 있다. 협약 7조 (1)항은 협약의 규정 해석에 있어 순수한 국내 정의와 개념의 사용을 금하고 있다. 동 규정은 협약이라는 말 자체가 국제적인 배경에서 입안되었으며 각국에서 이미 확립되어 있는 협약의 해석을 법정이 고려할 것을 요구하고 있다.

결국 이러한 협약의 국제성과 그 적용에 있어 대부분의 국제협약이 추구하는 목적인 통일성을 촉진하기 위하여 협약 해석시 협약을 초안할 때 나라마다 상이한 의미를 지니는 법률용어를 피하려고 기울인 노력, 나라마다 상이한 의미를 지니는 법률용어 대신에 국제거래에서 일어나는 실질적인 사건의 내용에 입각하여 말하려고 기울인 노력, 국내법으로부터 생기기 쉬운 편견을 탈피할 수단으로서 협약의 제정사(制定史)의 활용, 국제판례법의 사용과 보급(법 이론), 그리고 협약에 따라 전개될 학문적 비판(원리) 등을 참고하여 해석을 해야 상기 해석의 기본원칙을 준수할

---

41) This Convention shall not apply to sales: (a) of goods bought for personal, family or household use, unless the seller, at any time before or at the conclusion of the contract, neither knew nor ought to have known that the goods were bought for any such use; (b) by auction; (c) on execution or otherwise by authority of law; (d) of stocks, shares, investment securities, negotiable instruments or money; (e) of ships, vessels, hovercraft or aircraft; (f) of electricity.

42) In the interpretation and application of the provisions of this Convention regard shall be had to its international character and to the need to promote uniformity.

43) 여기에 국제성(international character)은 1조에서 말하는 협약적용의 기본 원칙인 국제성(internationality)과는 다른 개념, 즉 협약의 성격을 말하는 개념이다.

수 있다.

PICC도 1.6조 (1)항을 통해 CISG와 같이 국제성과 통일성에 입각한 해석을 주문하고 있다.

2) 신의성실의 원칙

(1) 신의성실의 중요성

협약 7조 (1)항에 의하면, "……국제거래에 있어 신의성실(good faith)의 준수에 입각하여 해석해야 한다."고 규정하므로 협약의 해석에 있어 신의성실의 원칙을 고려할 것을 요구하고 있다.

Martin 교수는 형평과 신의성실은 모든 국제법의 원칙임을 주장하고 있다.[44] 사무국 주석에 의하면, "협약 7조 (1)항은 협약의 규정을 국제무역에 있어 신의성실의 준수가 촉진되어야 한다는 방법으로 해석되고 적용되어야 함을 요구하고 있다."고 언급함으로써, 협약상의 신의성실의 의미는 여러 가지 면에서 UCC 1 - 201조, 2 - 102 - 3조상의 신의성실 규정에 유사하다는 입장이다.

그러나 이러한 사무국의 견해에는 문제가 있을 수 있다. 왜냐하면 협약하에서의 신의성실을 해석하는 방법은 대단히 중요한 문제이나 법이 초안된 근거로서 유일하게 가장 중요한 개념으로 보고 있는 UCC하의 신의성실 개념과는 다르기 때문이다. 사실 신의성실 규정은 협약의 해석보다는 계약해석에 적용되어야 한다. 다시 말해서 당사자들에게 신의성실의 요구보다 법정에게 신의성실의 요건을 지시하는 것이 실질적으로 적합하지 아니하다.

사실 이 용어의 삽입을 두고 오랜 토의 끝에 타협안으로서 "신의성실의 용어를 두되 일정한 거주지를 부여하여 명예로운 매장지를 부여하기 위해 협약의 해석 규정으로 옮겨야 한다."[45]고 권고되었다. 이러한 권고안은 실질적으로 모든 사람들이 그 조항은 죽었다고 확신하였다 해도 규정에 채택되었다. 따라서 신의성실의 용어가 규정에 있으나 큰 도움이 되지 못할 수도 있다. 그럼에도 불구하고 통일성을 촉진하기 위하여 협약을 해석할 때 순수하게 국내법에 의한 신의성실의 정의와 개념

---

44) C. H. Martin, "The Electronic Contracts Convention; The CISG and New Sources of E-Commerce Law", *TULANE J. OF INT'L & COMP. LAW*, Vol.16, 2007, p.38.

45) A. H. Kritzer, *op. cit.*, p.111.

을 사용하지 아니하면서 협약통일을 위한 신의성실의 입장에서 해석해야 할 것이
다. 물론 신의성실 원칙과 계약자유 원칙간에 충돌이 있을 경우 6조에 의해 계약자
유의 원칙이 우선한다. 왜냐하면 6조상에 가장 의미있는 내용은 당사자들이 "협약
의 규정의 효과를 변경"할 수 있기 때문이다. 6조에 관한 사무국의 주석에 의하면,
"협약의 규정과 다른 해결 방법을 규정한 계약규정을 채택함으로써 당사자들은 협
약의 규정을 감퇴시키거나 변경할 수 있다."고 되어 있고, 7조 (1)항에 관한 주석에
서는 "신의성실의 원칙은 본 협약의 규정의 해석과 적용의 모든 국면에 적용된다."
고 하므로 양자 모두의 중요성을 강조하고 있다.

(2) 신의성실과 관련되는 규정

협약규정 가운데 다음의 규정들에 내포되어 있는 원칙은 신의성실 준수의 요
구 표현이라 볼 수 있다.

① 피청약인이 유효한 것으로 청약을 신뢰하거나 피청약인이 청약을 신뢰하여
행동한 것이 합리적인[46] 경우 청약의 취소 불능에 관한 16조 (2)항

② 전달이 정상이라면 적기에 청약자에게 도착하였을 그러한 상황하에서 발송
된 지연 승낙의 신분에 관한 21조 (2)항

③ 계약의 수정 또는 폐지(합의에 의한 종료)는 반드시 서면으로 작성되어야 한
다는 계약규정의 신뢰로부터의 일방의 제외에 관한 29조 (2)항

④ 물품의 불일치를 보수할 매도인의 권리에 관한 37조와 48조

⑤ 물품의 불일치의 결함을 매도인이 알았거나 모를 리가 없었던 경우 그러면
서 매도인이 매수인에게 고지하지 아니한 사실과 관련이 있을 경우, 38조와
39조에 따라 매수인이 물품의 불일치를 통지하지 아니한 매도인에 대한 불
신임으로 매도인을 제외시킨 40조

⑥ 계약을 해제할 권리의 상실에 관한 49조 (2)항과 82조

⑦ 물품의 보존을 위해 조치를 취해야 할 의무를 당사자들에게 부과하고 있는

---

46) 이렇게 볼 때 합리적이란 제한된 이유의 범위 내에서 기대할 수 있는 것에서 크게 벗어나
지 아니하는 것이며, 참을 수 있는 그러면서 공정한 것을 말한다. 이에 반하여 Honnold는 이
와 관련하여 다음과 같이 매우 적절하게 말하고 있다. "우리 변호사들은 무디고 신뢰할 수
없는 도구인 표현에 대하여 업무를 해야 하는바, 예컨대 통상적인 대화의 경우에라도 매우
모호한 것들에 대하여 업무를 수행해야 한다"(J. O. Honnold, *Review of CISG*, *Pace
International Law Review*, Kluwer Law International, 1998, p.66).

85~87조

White 교수는 신의성실이란 용어를 불안정한 용어(slippery phrase)로 보고 있고, UCC 1-203조에 의하면, 오랫동안 깨끗한 마음과 복잡하지 아니한 머리(the old white heart and empty head standard),[47] 즉 모든 법의 기본이 되는 사실상의 정직이 신의성실의 측정을 위한 주관적 기준임을 제시하고 있다. 그러나 PICC는 해석원칙과 관련하여 신의성실과 공정거래, 그리고 금반언의 원칙 등의 해석원칙규정과 더불어 규정화하여 제 원칙을 해석하도록 하고 있어, CISG의 해석원칙보다 구체적이면서 포괄적인 해석원칙을 제시하고 있다고 볼 수 있다.

우선 PICC 1.6조 (1)항을 통해 국제성과 제 원칙의 적용에 있어 통일성을 촉진할 필요성을 포함한 제 원칙의 제정목적을 참고하여 해석하고, (2)항을 통해 PICC의 적용범위내에 해당하는 문제나 명시적인 규정을 통해 해결되지 아니하는 문제는 제 원칙의 제3의 해석원칙인 보완원칙(default rule or position)으로서, 제기된 문제가 제 원칙의 적용범위내인지 밖인지의 결정에 도움을 주는 제 규정과 주제별 제 원칙의 색인, 유사규정, 특수규정이 근거하는 일반원칙, 특수규정에 내재하는 특수원칙 등의 순서로 참고하여 제 원칙을 보완하게 하고, 끝으로 전문에 인정된 방법에 따라 특정 국가의 법을 개별계약 규정에 명시하여 제 원칙을 보완하게 하고 있다.

제3의 해석기준인 보완원칙으로서의 일반원칙은 제 원칙이 기초하는 규정이며, 전문도 제 원칙의 일반원칙으로 볼 수 있다.

제 원칙은 1.7조 신의성실과 공정거래 규정을 통해 ① 양 개념이 제 원칙이 기초하는 근본적인 성격(사상)이며, ② 이러한 개념에 반하는 전형적인 행위가 권리의 남용이며, ③ 양 개념은 국제무역에 있어선 국제무역의 특수한 상황에 비추어 해석해야 하며, ④ 계약을 통해 배제하거나 제한할 수 없음이 원칙이며, 이 자체를 금하는 강제규정과 보다 엄격한 행동표준을 준수할 의무를 계약에 규정할 수 있음을 논평하고 있다.

그리고 1.8조 신의성실과 공정거래라는 일반원칙의 적용규정으로 전통적인 영미보통법의 금반언의 원칙(estoppel), 즉 합리적인 신뢰의 원칙(reasonable reliance)을 규정하고 있다.

---

47) J. J. White and R. S. Summers, *Uniform Commercial Code*, West Publishing Co., 1987, p.177.

이 규정에 의하면, 합리적인 신뢰의 기준으로 표현, 행동, 침묵, 거래의 성격과 배경, 기대 등 모든 상황을 고려하는 사실의 문제로 보고 있다. 그러나 이러한 원칙에도 불구하고 양립하는 행위의 사전 통지를 하거나 기타 방법을 통해 양립하는 행위를 하므로 양립하는 행위를 못하게 하는 신뢰에 근거한 이해를 배제하여 더 큰 손실을 막을 수 있다면 양립하는 행위를 허용함이 본 조항의 또 하나의 원칙이다.

PICC의 제정목적에 대하여는 전문을 통해 다음과 같은 사실이 본 원칙의 제정목적임을 알 수 있다. 이러한 목적 역시 크게 보면 제 원칙의 정신이라 할 수 있기에 이들 역시 규정의 해석에 필요한 일반원칙으로 볼 수 있는바, 그 목적을 보면 다음과 같다.

① 국제상업계약을 위한 일반원칙의 제정
② 당사자들이 자신들의 계약에 본 원칙의 적용을 합의한 경우를 전제한 제정
③ 당사자들이 자신들의 계약을 법의 일반원칙, 상관습법과 기타 이와 유사한 것에 의해 규제됨을 합의한 경우 이러한 범주에 들어갈 수 있는 차원에서 제정
④ 당사자들의 제기된 문제를 해결함에 있어 준거법을 확정하지 아니한 경우에 대비한 제정
⑤ 기존의 물품매매에 관한 국제통일법과 같은 국제통일법의 해석이나 보완차원에서 제정
⑥ 국내법의 제정 및 개정 모델제시 차원의 제정
⑦ 국내법을 해석하거나 보완하는 차원에서 제정

이렇게 볼 때 ①은 제정의 주된 목적을, ②는 적용의 주된 원칙을, ③~⑦은 부수적(2차적) 제정목적 및 적용원칙을 제시하고 있다고 볼 수 있다.

제 원칙의 해석을 위한 제1의 해석기준은 제 원칙의 국제적 성격을 고려하여 해석해야 한다는 것이다. 이러한 사실은 제 원칙의 용어와 개념이 자율적으로, 즉 제 원칙 자체의 전후문맥을 통해 해석해야지 특정 국내법에 의해 이들에게 전통적으로 주어질 수 있는 의미를 참고하여 해석을 해서는 아니 됨을 의미한다.

이러한 접근방법, 즉 해석기준은 제 원칙이 전적으로 상이한 문화와 법적 배경을 가진 법률가들에 의해 이루어진 철저한 비교연구 결과임을 회상한다면 필요하다.

특히 개별규정을 초안할 때 이러한 전문가들은 자신들 모두가 이해할 수 있는

충분하게 중립적 법률 용어를 찾아야 했다. 그래서 일국 이상의 국내법에 한정되는 용어나 개념이 채용되고 특수한, 즉 예외적인 경우에도 이들의 전통적인 의미에 따라 용어나 개념을 사용하길 의도하지 아니하였다.

제 원칙의 해석 원칙으로서 제2의 기준은 제 원칙을 해석할 때 제 원칙의 제정목적을 염두에 두고 해석해야 함을 규정함으로써 본 조항은 엄격하고 문자적인 의미에서 제 원칙이 해석되어서는 아니되고, 제 원칙의 제정목적과 개별규정뿐만 아니라 전체로서 제 원칙이 근거하는 합리성에 따라 해석해야 함을 분명히 하고 있다.

개별규정의 목적은 규정 자체와 규정에 대한 논평을 통해 명확해질 수 있다.

전체로서의 제 원칙의 제정목적에 관해선 제 원칙의 주된 목적이 국제상거래 계약을 위한 통일법체계를 제공하는 데 있으므로 규정상에 명시적으로 "제 원칙의 적용에 통일성을 촉진할 필요성," 즉 실제에 있어 가능한 한 최대한으로 나라마다 동일한 방법으로 해석되고 적용되어야 함을 보증해야 함을 언급하고 있다.

상기의 제 원칙의 제정목적 이외에 목적에 관해서는 전문에 포함되어 있는 논평, 당사자들에게 해당하는 규정이라고 해도 계약 관계에서 신의성실과 공정거래 준수의 촉진과 같은 제 원칙의 기본적인 목적의 표현으로 역시 이해될 수 있는 "신의성실과 공정거래"에 관한 1.7조 등을 들 수 있다.

3) 기타 일반원칙

(1) 계약자유의 원칙과 기타 일반원칙과의 관계

협약은 특정거래를 금지하고, 금지된 계약을 무효로 하는 국내법을 우선하지 아니한다. 그러나 이러한 협의의 영역을 제외하고는 당사자들이 체결한 계약상의 합의에 대한 보호를 확고히 하고 있다. 더욱이 당사자들은 협약을 제외할 수 있고, 그들의 계약 내용과 모순되는 협약의 규정에 우선한다. 이렇게 볼 때 협약의 규정은 당사자들의 계약에 의해 해결할 수 없는 문제에 대한 해답을 제공하는 지원역할을 하게 된다. 다시 말해서 협약에 명시되어 있는 PICC들은 당사자들이 계약에 달리 규정하고 있지 아니할 경우에 대비한 보완규정에 불과하다. 따라서 계약과 협약 간에 저촉될 경우 지배하는 것은 계약이지 협약이 아니다. 즉, 협약의 특정 규정 가운데 명시되어 있거나 기타 일반원칙으로부터 추정되건 아니되건 관계없이, 협약의 전 규정은 당사자들이 계약을 통해 해결할 수 없는 문제에 대한 해답을 제공하는 지원역할을 할 뿐이다. 따라서 이러한 사실은 신의성실, 근면, 합리성, 주의의무의 원칙이 계약자유의 원칙에 우선한다는 UCC[48]의 결론과는 모순되는 결론이다.

이러한 계약자유의 원칙(freedom of contract) 또는 계약 당사자 자치의 원칙(the test of the intention of the parties : principle of party autonomy)의 중요성은 1820년 런던 상인들이 의회에 제출한 다음과 같은 내용의 청원서에서도 발견할 수 있다.

"억제로부터의 자유는 국제무역의 확대와 자본주의 산업국가의 최대의 나아갈 방향이다."[49]

(2) 협약상의 기타 일반원칙

협약을 통해 추정되는 기타 일반원칙은 다음과 같다.

① 필요한 협조의 제공

국제매매거래의 연결조치를 취함에 있어 협조의 중요성을 강조하는 협약의 규정으로는 19조 (2)항, 21조 (2)항, 32조, 48조 (2)항, 54조, 58조 (3)항, 60조 (a)호, 65조, 71조, 73조 (2)항, 79조 (4)항, 85조에서 88조 등이다.

따라서 이러한 규정들을 통해 알 수 있는 것은 필요한 협조의 제공은 협약이 근거하고 있는 일반원칙으로 간주되어야 한다.[50]

② 합리적인 통지

특수한 여건하에서 타방에게 통지를 필요로 하거나 언급하고 있는 규정으로는 26조, 39조, 48조, 79조, 88조 등이다. 따라서 이러한 통지가 적절하게 이루어질 때 타방에 대한 합리적인 통지는 협약 7조 (2)항에서 말하는 기타 일반원칙으로 간주될 수 있다.

③ 중요한 정보의 통지

협약 19조 (2)항, 21조 (2)항, 43조 (2)항, 65조, 68조, 71조 (3)항 등은 타방에게 중요한 정보를 고지할 계약 당사자들의 의무와 관련이 있다. 따라서 중요한

---

48) UCC, 1 − 102(3).

49) A. G. Guest, *Anson's Law of Contract*, 26th ed., Oxford: Clarendon Press, 1984, p.4.

50) J. O. Honnold, *op. cit.*, p.352.

정보의 고지도 협약 7조 (2)항의 기타 일반원칙으로 간주될 수 있다.

④ 합리적인 자의 입장에서의 행동

협약상에 "합리성"에 관해 많은 언급이 있은바, 그 규정들 가운데는 46조 (3)항, 49조 (2)항, 63조 (1)항, 65조 (2)항, 72조 (1)항, 73조 (2)항, 75조, 77조, 79조 (1)항, 85조, 86조 (2)항, 87조, 88조 (2)항, 83조 (1)항 등이 있다. 따라서 당사자들은 합리적인 사람의 입장에서 그들 스스로가 행동해야 한다는 원칙은 7조 (2)항에서 말하는 기타 일반원칙으로 간주되어야 한다.[51]

⑤ 근면과 주의 의무

근면과 주의 역시 협약의 특정규정으로 규정될 수 있는 것으로 7조 (2)항에서 말하는 기타 일반원칙이다.

⑥ 기타 일반원칙

개별 무역업자의 다양한 사회, 문화, 법적 배경에 대한 동등한 대우와 존경, 협약의 서문과 다양한 규정으로부터 추정 가능한 이러한 원칙은 협약 7조 (2)항과 관련이 있는 기타 일반원칙이 될 수 있다.

⑦ 사기방지

협약 11조, 12조, 96조 등은 7조 (2)항에서 말하는 기타 일반원칙으로서 사기방지법이다. PICC는 1.6조 (2)항을 통해 다음과 같은 PICC가 근거하는 일반원칙에 따라 해석하도록 규정하고 있다.

PICC가 근거하는 일반원칙으로 다음의 규정을 들 수 있다.

① 계약 자유의 원칙(1.1조)
② 계약의 구속성 원칙(1.3조)
③ 원칙적용에 우선하는 강제규정 적용원칙(1.4조)
④ 당사자들에 의한 배제와 수정의 원칙(1.5조)
⑤ 원칙 규정 준수의 원칙(3.1조)
⑥ PICC에 근거하는 행동지침의 주요한 성격으로 신의성실과 합리적 상업 표준인 정당한 거래의 원칙(1.7조) : 이와 관련한 조항으로 청약의 취소에 관

---

51) 합리성을 암시하고 있는 추가 규정으로 8(3), 16(2)(b), 18(2), 25, 33(a), 34, 37, 38(3), 39(1), 43(1), 44, 47(1), 60(a), 64(2)(b), 76(2), 79(4), 86(1) 등을 들 수 있다.

한 2.4조 (2)항, 성실한 협상에 관한 2.1.15조 (2)항, 계약의 수정은 서면으로 작성되어야 한다는 계약규정의 신뢰로부터의 일방의 제외에 관한 2.1.18조, 계약의 종료를 위한 통지효과에 관한 7.3.2조, 진술과 기타행위의 해석에 관한 4.2조 등을 들 수 있다.

⑦ 중요한 정보통지의 원칙(1.9조) : 통지가 필요한 경우 상황에 적합한 수단을 통해 통지해야 한다.

⑧ 합리적인 통지의 원칙(7.3.2조) : 피해입은 당사자가 계약을 종료시킬 자신의 권리를 가지기 위해 필요한 통지는 이행제의 또는 불일치 이행을 한 후 합리적인 기간 내에 이루어져야 한다.

⑨ 합리적인 행동의 원칙(7.3.4조) : 이행에 대해 적절한 보증을 제공함에 있어 합리적인 자의 입장에서 행동해야 한다.

⑩ 이행장소의 추정원칙(6.1.6조)

⑪ 지급통화의 추정원칙(6.1.9조)

②, ③, ④의 일반원칙은 원칙이 근거하는 일반원칙 적용을 위한 제 원칙으로 볼 수 있으며, ⑩, ⑪은 단순한 확대해석을 통해 추정 가능한 일반원칙으로 볼 수 있고, 나머지는 광범위한 적용을 위한 일반원칙으로 볼 수 있다.

4) 국제사법의 원칙

(1) 간격 메우는(gap-filling) 방법

일반적으로 법률상의 간격을 메우는 방법에는 3가지가 있다.

① 영미보통법의 접근방법인 외부법원칙(국제사법의 원칙)을 참고하는 방법

② 대륙법의 접근방법인 내부의 유사규정(규정 내의 적용가능)을 참고하는 방법

③ 양 접근방법의 조합

협약 7조 (2)항은 ③의 접근방법을 취하고 있다. 즉, 문제가 협약에 의하여 지배되나 협약상에 그 문제에 대하여 명시하고 있지 아니하는 경우, 협약의 규정 내에서 협약이 적용될 수 있는 일반원칙을 암시하고 있지 아니할 경우 국제사법의 원칙에 의하여 간격을 메우도록 하고 있다.

(2) 국제사법의 위치

협약이 문제를 지배하나 협약을 통해 명시적으로 해결되지 아니하고 이 협약 가운데서 발견할 수 있는 적용 가능한 일반원칙이 없을 경우, 7조 (2)항은 국제사법의 원칙을 법정이 참고하도록 하고 있다. 따라서 문제를 해결하기 위한 국제사법 원칙의 참고는 7조 (2)항의 사소한 문제의 측면이다. 진정한 위험은 이러한 원칙에 불필요하게 호소하는 법정에 있다.

동 규정 자체는 국제사법 원칙에 호소하기 전에 협약규정 자체에 간격이 있음을 먼저 발견하고, 이에 대하여 협약이 분명한 해답을 제공하고 있지 못함을 발견하길 요구하고 있다. 사실 협약을 액면 그대로 이해하면 명시적으로 규정되어 있지 아니하는 많은 문제를 발견할 것이다.

예컨대, 38조는 매수인이 물품을 검사할 경우 그 비용을 누가 부담해야 하는지를 명시적으로 규정하고 있지 아니하다. 그러나 매수인이 검사를 해야 한다면 그는 검사비를 지급해야 한다는 결론을 내리는 데 그렇게 많은 상담을 필요로 하지 아니한다.

역시 합리적이며 신의성실로 행동해야 할 의무가 동 규정이 기초하는 원칙임을 알 수 있는바, 38조가 물품을 검사해야 할 장소와 방법에 관해 침묵하고 있다 해도 검사가 합리적인 장소에서, 특수거래의 상황에 맞는 방법으로 매수인에 의해 이루어져야 한다는 원칙을 제공하고 있다고 보아야 한다. 따라서 동 규정을 해석할 때 협약 해석시에 협약의 국제성과 그 적용의 통일성을 촉진할 필요성 및 국제거래에 있어 신의성실의 준수에 대한 고려가 있어야 한다는 7조 (1)항의 취지에 따라, 국제사법 원칙을 적용하기 전에 위에서 언급한 적용가능한 협약의 기타 일반원칙을 발견하기 위한 모든 노력을 법정이 기울여야 한다. 이렇게 볼 때 국제사법 원칙에의 호소는 7조 (2)항에 명시된 협약의 간격 메우기 방법에 있어 최하위의 원칙에 속한다고 볼 수 있다.

(3) 간격 메우는 법의 선택방법

협약의 해석이 액면 그대로 되든지, 다른 방법으로 되든지, 관계없이 간격 메우는 법(gap-filling law)에 호소할 필요가 있는 경우가 있을 수 있다. 이러한 필요성에 대한 실질적인 해답은 당사자들의 계약서상에 간격 메우는 법을 준거법

(proper law or governing law)으로 명시해 두는 것이다. 계약서상에 간격을 메우는 법으로서 준거법을 표시하는 방법은 다음과 같다.

① 매도인 또는 매수인 국가의 국내법

② 중립국의 국내법

③ 국제법의 일반원칙

④ 상기 법들의 순열과 조합52)

주의를 요하는 것은 준거법은 간격 메우기 법이 될 수 있으나 간격 메우기 법은 반드시 준거법이 아니라는 것이다.

PICC는 1편 4에서 언급한 바와 같이 CISG와 같은 국제사법에 의한 해석을 배제하고 있다.

【2】 8조 : 일방의 진술(陳述)이나 기타 행위의 해석

Article 8

(1) For the purposes of this Convention statements made by and other conduct of a party are to be interpreted according to his intent where the other party knew or could not have been unaware what that intent was.

(2) If the preceding paragraph is not applicable, statements made by and other conduct of a party are to be interpreted according to the understanding hat a reasonable person of the same kind as the other party would have had in the same circumstances.

(3) In determining the intent of a party or the understanding a reasonable person would have had, due consideration is to be given to all relevant circumstances of the case including the negotiations, any practices which the practices have established between themselves, usages and any subsequent conduct of the parties.

(1) 이 협약을 위하여 일방의 진술과 행위는 타방이 그 의도하는 것이 무엇인지를 알았거나 알 수 있었던 경우 일방의 의도에 따라 해석되어야 한다.

(2) 전항의 규정이 적용될 수 없는 경우 일방의 진술이나 행위는 타방과 똑같은 종

---

52) A. H. Kritzer, *op. cit.*, pp.108~19.

류의 합리적인 사람이 동일한 여건하에서 가질 수 있는 이해에 따라 해석되어야
한다.

(3) 일방의 의도나 합리적인 사람이 가질 수 있는 이해를 결정할 때 당사자들은 그들
간에 이미 확립되어 있는 모든 관행, 교섭경위, 관습, 당사자들의 그 후의 모든
행위를 포함하여 거래와 관련이 있는 모든 것을 충분히 고려해야 한다.

　　본 조항은 협약의 적용범위에 해당하는 당사자들의 진술이나 기타 행동의 의
미를 해석하는 데 적용되는 원칙을 제공하고 있다. 왜냐하면 당사자들의 진술이나
행위의 해석은 계약체결 여부, 계약의 의미 또는 계약이행이나 종료에 있어 당사자
들이 취한 통지나 기타 행위의 의미를 결정하기 위해 필요하기 때문이다. 당사자들
의 행위(계약을 위한 통신, 청약, 승낙, 통지, 기타 등)를 해석하기 위해 적용되는 규
칙을 본 조항이 규정하고 있으나, 이러한 행위의 내용이 결과적으로 계약에 표현된
다는 의미에서 계약의 해석에도 적용된다. 본 조항은 UNCITRAL의 Draft
Convention on the Formation of Contracts for the International Sale of Goods
4조 (2)항[53]에 근거한 DCIS 7조와 똑같다.

　　8조는 계약의 내용으로 당사자들의 진술이나 행위를 해석하기 위한 원칙으로
규정하고 있기 때문에 행위를 해석하는 수단으로서 당사자들의 공통의도는 언급하
지 않는다. 그러나 문제가 된 행위에 관여하거나 진술을 한 일방의 의도를 타방이
알았거나 알 수 있었음을 8조 (1)항이 인정하고 있다. 따라서 이런 경우엔 그 의도
가 본 규정이 말하는 진술이나 행위에 해당된다. 그러나 계약에 관여하였거나 진
술을 한 일방이 문제된 사항에 관해 아무런 의도가 없었거나 타방이 일방이 의도
하는 것을 몰랐거나 알 만한 이유를 가지지 아니한 경우에 8조 (1)항이 적용될 수
없다. 따라서 이런 경우 일방의 행위와 진술은 같은 종류의 합리적인 사람이 동일
한 상황하에서 가질 수 있는 이해에 따라 해석되어야 함을 8조 (2)항이 규정하고
있다.

　　여기에서의 합리적인 사람이란 대륙법국가의 정의에 따른다면 규칙을 지키며
사업을 하는 사람으로 볼 수 있다.

　　일방의 의도나 합리적인 사람이 동일한 상황하에서 가지는 의도를 결정할 때
실제 사용된 말이나 관련된 행위를 우선 고려하는 것이 필요하다. 그러나 이런 경

---

53) Such circumstances shall be considered, even though they have not been embodied in
writing or in any other special form; in particular, they may be proved by witnesses.

우 주의할 점은 그러한 말이나 행위가 문제의 해답을 분명히 제공하는 것으로 보인다 해도 그러한 말이나 행위는 결정의 참고사항으로는 제한적일 수밖에 없다. 왜냐하면 사람이란 실수를 숨기거나 저지를 수 있음이 흔한 일이요, 본 규정에서 제시하는 해석의 과정은 통신의 진정한 내용을 결정하기 위하여 사용되어야 하기 때문이다.

예컨대, 일방이 SFr.50,000에 물품을 팔기로 청약하였고, 청약인은 금액을 SFr.50,000으로 생각하였으며, 피청약인은 동 금액이 SFr.50,000임을 알았거나 알 수 있었음이 분명한 경우, 청약상의 가격 조건은 SFr.50,000을 언급한 것으로 해석된다.

그러나 이와 같이 의도가 분명한 경우와는 달리 의도를 쉽게 알 수 없는 다음과 같은 경우를 생각할 수 있다. 매도인이 U$86,000에 물품을 팔려고 청약을 할 예정이었는데 실수로 U$68,000에 물품을 팔기로 청약한 경우, 매수인과 동일한 상황하에 있는 동일한 종류의 합리적인 사람이 매도인이 표현에 착각을 하였음을 모를 수 있다. 따라서 이런 상황하에서 매수인이 청약을 승낙한 경우 8조 (2)항의 규정에도 불구하고 해석의 문제로서 $68,000의 계약을 인정할 것이다. 이런 경우의 해답은 협약에 의해서보다는 계약의 효과에 대해 관여하지 아니한다는 4조의 규정에 따라 적용되는 국내법에 의해 결정된다.

당사자들이 행한 말이나 행위의 외형적 의미를 보다 정확하게 이해하기 위해 8조 (3)항은 일체의 관련된 사정을 충분히 고려해야 함을 규정하고 있다. 따라서 본 조항은 고려의 대상을 열거하고 있으나 고려되어야 할 모든 사정을 열거하고 있지 아니하다. 그러므로 당사자들의 진술이나 행위의 해석을 위해 진술이나 행위를 한 일방에게나 수신인의 역할을 하는 합리적인 사람에게 중요할 수 있는 관행을 포함한 특수한 상황이 중요하다.[54]

이렇게 볼 때, 협약의 (1)항은 주관적 해석원칙, (2)항은 객관적 해석원칙, (3)항은 (1)항과 (2)항을 보완하는 보완원칙을 각각 규정하고 있음을 알 수 있다.

이렇게 볼 때, 일방의 진술이나 기타행위의 해석원칙에는 우선순위, 즉 계층이 있으나, 일방의 진술이나 기타행위를 두고 일방의 의사나 합리적인 사람의 이해를 결정할 때, 즉 주관적 해석원칙과 객관적 해석원칙을 적용함에 있어 적용되는 보완원칙의 경우에는 참고해야 할 관련 사항에 대하여 우선 순위가 없음을 알 수 있다.

---

54) A/CONF.97/19, p.18; A. H. Kritzer, *op. cit.*, pp.123~4.

【3】 9조 : 계약에 적용할 수 있는 관습과 관행

<table>
<tr><td colspan="2" align="center">Article 9</td></tr>
<tr><td>(1)</td><td>The parties are bound by any usage to which they have agreed and by any practices which they have established between themselves.</td></tr>
<tr><td>(2)</td><td>The parties are considered, unless otherwise agreed, to have impliedly made applicable to their contract or its formation a usage of which the parties knew or ought to have known and which in international trade is widely known to, and regularly observed by, parties to contracts of the type involved in the particular trade concerned.</td></tr>
<tr><td>(1)</td><td>당사자들은 그들이 합의한 관습과 그들 간의 거래에 기확립된 관행에 구속된다.</td></tr>
<tr><td>(2)</td><td>달리 합의가 없는 한 당사자들이 알았거나 당연히 알았어야 하고 국제거래에 널리 알려져 있으면서 특정거래형태의 계약당사자들에 의하여 정규적으로 준수되는 관습을 당사자들은 그들의 계약과 계약 성립에 묵시적으로 적용하는 것으로 한다.</td></tr>
</table>

본 조항은 계약해석원칙으로서 계약 당사자들을 구속하는 그들의 관습과 관행의 범위를 설명하고 있다. 본 조항은 DCIS 7조 (2)항의 "......to their contract a usage of which the parties knew or......" 내용 중 "to their contract" 다음에 "or its formation"이 추가된 것 외에는 DCIS 7조 (2)항과 똑같다.

1 관습과 관행의 정의

관습과 관행에 대한 UCC 규정과 학자들의 주장을 소개하면 다음과 같다.

1) UCC

1-205 : 1에 의하면, 거래관습(usage of trade)이란 특정상거래에 종사하는 자가 일정한 장소나 업종 또는 거래에서 그 거래가 무엇을 의미하는지 예상할 수 있는 것이라고 규정한다.

1-205 : 18에 의하면, 거래관습(a usage of trade)이란 계약기초의 일부이거나

달리 명시가 없는 한 계약의 내용을 구성한다고 생각할 정도의 규칙성을 지니는 것으로, 특정장소나 거래 또는 업종에서 이루어지는 관행(practice)이라고 규정하고, 관습(custom)을 보편성과 전통에 의해 그것이 관련하는 목적물에 관해 법률적 효력을 지니는 관행(practice)으로 각각 정의하고 있어 거래관습(usage of trade)과 관습(custom)은 같다고 규정하고 있다. 이렇게 볼 때, 전자는 사적 관계의 관행이고, 후자는 공적 성격을 지닌 관행으로 그 효력에 있어서는 똑같다고 할 수 있다.

1-205 : 30~31에 의하면, 거래과정(course of dealing; prior dealings)과 이행과정(a course of performance)과는 다른 것으로 전자를 당해 계약 성립 전에 규칙적으로 일어난 기타 거래하에서 이루어진 행위와 관련한 것으로, 후자를 계약 성립후 당해 계약하에서의 당사자들의 행위에 관한 것으로 각각 규정하고 있다.

1-205 : 44에 의하면, 계약에 명시되어 있지 아니하는 묵시적 내용(implied terms)은 거래관습, 거래과정, 이행과정에 의해 보완될 수 있음을 규정하고 있다.

UCC에 의하면, 거래관습은 특정장소나 거래 또는 업종에서 널리 인정되고 있는 것으로 보고 거래의 과정과 이행과정을 개별기업이 안전성과 합리성을 보다 확실히 하기 위하여 과거의 경험을 토대로 해서 당해 거래에 적용하거나 지금까지의 거래에 적용해 온 관행으로 보고 있는 것 같으며, 이러한 개별기업의 관행이 거래관습으로 발전된다고 볼 수 있다.

그런데 협약 8조와 9조에서 교섭(negotiations), 관습(a usage, usages), 관행(any practices), 계약체결 후의 행동(any subsequent conduct)이라는 용어를 사용하고 있는바, 합의의 유무에 관계없이 관습은 UCC의 거래관습과 같으며, 관행과 계약 체결 후의 행동, 교섭은 UCC의 거래과정과 이행과정으로서의 관행과 같다고 볼수 있다.

그러나 양자의 차이가 있다면, UCC의 기준은 주관적 기준이고 CISG의 기준은 객관적 기준이며, UCC는 명시적 합의내용, 거래과정, 거래관습 순으로 우선순위를 정하고 있으나, 협약에는 우선순위가 없다.

2) 朝岡良平 교수

어느 특정집단에 속한 사람들의 오랜 기간에 걸친 상습적 행위에 의한 전통적인 것으로서, 이러한 사람들에 의해 널리 승인되어 온 행동양식이 일반적인 관습

(customs; sitte; coutume)이다.

반면에 상업에 종사하는 모든 사람들이 승인하고 준수하는 전통적인 거래방식을 상관습(mercantile custom; trade usages; usance; usage commercial)이라 한다. 이러한 상관습은 광의와 협의로 나누어지며, 전자는 상인이 일상적으로 반복해서 행하고 있는 영리활동에 관한 관습으로서 상법상의 상행위를 의미하며, 후자는 상품의 매매거래에 적용되는 매매관습, 즉 거래관습을 의미한다.

거래관습과 종종 동일시되는 것으로서 상인이 일상 반복해서 행하는 거래행위 또는 관례로 된 행위 가운데서 그대로 상습적 또는 관례적으로 이행되는 것으로서 분별력이 있는 자가 계약당사자로서 동일한 상황에 처할 경우에 그 계약에 당연히 적용할 것으로 생각될 정도로까지 확립된 거래의 관행 또는 방법인 거래관습(usage of trade)을 관행(practices)이라 한다.

협의의 상관습인 매매관습, 즉 거래관습을 지역별 상관습, 업종별 상관습으로 분류되고, 그 내용에 따라 계약 성립에 관한 관습, 품질, 수량, 가격, 기타 계약조건에 관한 관습, 선적, 하역, 기타 항만 하역운송에 관한 관습, 화환어음, 신용장 등의 대금결제에 관한 관습 등으로 분류할 수도 있다.

반면에, 상품의 종류나 거래장소 또는 당사자의 직업을 불문하고 널리 일반적으로 적용되는 매매관습, 즉 거래관습으로 어떤 의미에서는 지역별 상관습과 업종별 상관습의 국제적 통일이라 할 수 있는 정형거래조건이 있다.

이렇게 볼 때, 개정미국무역정의(Revised American Foreign Trade Definitions: RAFTD)와 영국수출협회(The Institute of Export)에서 1964년에 발표한 "FOB의 정의"는 국내 정형거래조건이자 일종의 국제적 통일에 목적을 둔 정형거래조건이라 할 수 있다.

협의의 상관습인 매매관습, 즉 거래관습의 실태조사를 하여 최대공약수적인 확인사항에 근거해서 국제상업회의소 등에서 거래관습의 해석기준으로서 만든 것이 통일규칙인 통일상관습, 즉 통일거래관습이다.

그리고 이러한 상관습에 법률확인(legal recognition)이 가해졌을 때 당사자의 의사에 관계없이 법으로 당연히 인정되는 상관습법(mercantile customary law; legal custom of merchants)이 되며, 이에 근거하여 제정된 제정법으로서는 영국의 환어음법(Bills of Exchange Act, 1882), 물품매매법(Sale of Goods Act, 1893), 미국의 통일매매법(Uniform Sales Act, 1906), 통일유통증권법(Uniform Negotiable Instruments

Law, 1896), 통일상법전(Uniform Commercial Code, 1952) 등이 있다.[55]

3) Honnold 교수

당사자들이 명시적으로나 묵시적으로 계약에 적용키로 합의한 관습(usage)을 상관습(commercial usages) 또는 거래관습(trade usages or a usage of trade)이라 한 다. 예컨대, "FOB, CIF, and the like are governed by ICC's Incoterms"와 같은 경우는 명시적 합의의 경우이다. 묵시적 합의의 상관습이 되기 위한 조건으로는 ① 당사자들이 알았거나 당연히 알 수 있었어야 하고, ② 국제거래에 널리 알려져 있 으면서 특정거래형태에서 계약 당사자들에 의하여 정규적으로 준수되어야 한다.

그리고 당사자들간의 확립된 거래과정(a course of dealing)을 거래관행 또는 관례(practice)라 한다. 거래과정인 거래관행 또는 관례는 당사자들이 합의한 내용 에 대해 특별한 의미를 부여하므로 그 내용을 보완 내지 제한하는 역할을 한다.

이러한 관습의 정의는 CISG 9조상에서 규정하고 있는 관습의 정의와 맥을 같 이하고 있다고 볼 수 있다.

반면에 상관습과는 기본적으로 다른 관습(customs)이나 관습법(customary law) 은 엄격하게 한정되며 다수의 사람을 구속하기 위하여 관습은 오랜 기간 동안 확립 되거나 오래되어야 하며 국제공법의 법원(法源 : a source of public international law)이다.[56]

4) PICC의 입장

1994년의 1.8조의 규정이 2004년에 1.9조의 규정으로 변경되어 지금까지 변경 없이 존속하고 있으며, (1)항은 CISG 9(1)항과 동일하며, (2)항은 CISG 9(2)항의 규정보완 규정 내용을 단순화 하면서도 보다 분명하게 규정하고 있다. 그 논평을 보면 다음과 같다.

---

55) 朝岡良平, 貿易賣買と商慣習, 布井出版社, 昭和51, pp.40~6.
56) J. O. Honnold, *op. cit.*, pp.145~7.

(1) 제 원칙에서 말하는 관습과 관행(례)의 요건과 요건의 적용범위

본 조항은 당사자들이 본 조항에서 규정하고 있는 요건을 충족시키는 관습과 관행에 의해 일반적으로 구속된다는 원칙을 규정하고 있다.

더욱이 본 조항에서 말하는 관행과 관습에 적용되는 요건과 동일한 요건이 경우에 따라서는 당사자들이 적용하려는 관습과 관행의 요건이며, 2.1.6(3), 4.3, 5.1.2조와 같이 제 원칙에서 명시적으로 언급하고 있는 목적을 위한 관습과 관행의 요건이어야 한다.

이 논평에 의한다면, 당사자들을 구속하는 관습과 관행의 요건은 사전 합의나 기확립된 관행이어야 하며 그 적용이 불합리하지 아니하는 한 해당 분야 국제무역에서 당사자들간에 널리 알려져 있고 정규적으로 존속되는 관습에 의해 구속된다. 이렇게 볼 때, 특수한 경우를 제외하고 당사자들간의 사전에 합의한 관습은 바로 (2)항에서 요구하는 그러한 요건을 갖춘 관습이 되는 것이 대부분일 것이다.

(2) 당사자들간에 이미 확립된 관행의 요건

특정 계약의 당사자들간에 이미 확립된 관행은 당사자들이 명시적으로 그 적용을 제외하기로 한 경우를 제외하고 자동적으로 구속력을 가진다.

그리고 특수한 관행이 당사자들간에 기확립된 것으로 간주될 수 있는지 여부는 해당 사건의 상황에 자연적으로 좌우될 것이다. 그러나 당사자들간에 사전거래가 유일하게 하나뿐인 경우의 당사자간의 행위는 일반적으로 충분하지 아니한 것이다.

(3) 합의한 관습의 요건

당사자들은 자신들이 사전에 합의한 관습에 의해 구속됨을 규정하므로 본 조항에서의 (1)항은 1.1조에서 규정하고 있는 계약자유의 일반원칙을 단순히 적용하고 있다.

사실 당사자들은 자신들의 계약의 모든 조건(내용)을 협상하거나 특정한 문제를 위해 관습을 포함한 기타 법원(法源)을 단순히 언급할 수 있다.

그리고 당사자들은 어느 당사자도 속하지 아니하는 특정거래 분야내에서 개발된 관습이나 상이한 형태의 계약과 관련한 관습을 포함하는 모든 관습의 적용을 규정할 수도 있다.

당사자들은 가끔 오해로 관습이라 불리는, 즉 특정 무역협회에 의해 관습이라는 이름하에 발표되는 그러나 당사자들간에 기확립된 일반적인 행동방식을 부분적으로 반영하는 일련의 규정의 적용에 합의하는 것까지도 생각할 수 있다.

(4) 기타 적용가능한 관습의 요건

(2)항은 당사자들에 의해 명시적으로 합의가 없는 경우에 적용가능한 관습의 성격을 위한 기준을 규정하고 있다.

본 규정에서 관습은 "관련 특정거래에 종사하는 당사자들에 의해 널리 알려져 있고 정규적으로 준수"되어야 한다는 사실은 이러한 관습이 국제적 수준이건 단순히 국내적 또는 지방적 수준이건 관계없이 적용되는 관습의 조건이다.

그리고 본 조항에서 말하는 "국제무역"이라는 추가 요건은 외국인들과의 거래에 역시 적용되는 국내거래를 위해 개발되고 국내거래에 한정되는 관습을 피하려는 목적에서이다.

(5) 불합리한 관습의 적용 제외

관습은 특정거래분야에 종사하는 기업인들의 일반원칙으로서 정규적으로 준수될 수 있으나 그럼에도 불구하고 특수한 경우에 그의 적용이 불합리할 수가 있다. 그 이유로는 일방 또는 쌍방 당사자들이 활동하는 특수한 상황 및 특수한 거래 성격에서만 발견될 수 있는 경우이다. 이런 경우 동 관습은 적용될 수 없다.

(6) 관습은 제 원칙에 우선

거래과정과 관습은 이들이 특수한 경우에 적용되는 것이라면 제 원칙에 명시된 관습과 저촉하는 규정에 우선한다.

그 이유는 이들이 전체로서 계약의 묵시적 조건으로서 또는 당사자 중 일방의 입장에서 볼 때 하나의 진술이나 기타 행위의 묵시적 조건으로서 당사자들을 구속하기 때문이다.

이와 같이 이들은 당사자들에 의해 규정된 명시적 조건에 의해 대체되나 이와 동일한 방법으로 이들은 강제적 성격을 지닌 것으로 특별히 선언된 규정의 경우만은 제외하고 제 원칙에 우선한다.

이렇게 볼 때, 거래 과정과 관습은 묵시적 조건으로 제 원칙에 우선하나 명시적 조건에 우선하지 못하며, 명시적 조건은 제 원칙의 강제규정을 제외하고 제 원칙에 우선한다. 그러기에 제 원칙은 모든 법과 통일협약과 같이 보충법, 즉 간격메우기 법에 불과함을 알아야 한다.

5) Schmitthoff 교수

(1) 규범적 거래관습(normative trade usages)

국내 법정에서 법률의 효력을 지니는 거래관습(상관습)으로서 다음과 같이 두 가지로 분류된다.

① 법정 거래관습(statutory trade usages)

ICC나 UNCITRAL 등에서 제정한 협약이나 통일상관습이 국내법이 된 것을 말한다. 예컨대, 영국에서는 Hague-Visby Rules를 1971년에 해상물품운송법(Carriage of Goods by Sea Act)으로, 1967년에 ULIS와 ULF를 국제매매통일법에 관한 법률(Uniform Laws on International Sales Act)로 명명하여 국내법으로 각각 인정하였다.

반면에 1979년 9월 10일 스페인은 Incoterms를 수출입거래의 계약조건(contractual terms and conditions in export and import transaction)으로, 1971년 12월 이라크는 Incoterms를 모든 외국무역거래를 위한 법적 효력(statutory force for all foreign trade transaction)으로, 1951년 유고는 Incoterms를 일반거래관습(the general usages of trade)으로 명명하여 국내법으로 각각 인정하였다.

② 보편적 거래관습(universal trade usages)

모든 거래국가에서 보편적으로 인정되고 있는 법률 격언(maxims)을 말한다.

(2) 계약적 거래관습(contractual trade usages)

계약자유의 원칙에 따라 계약상에 삽입하는 상관습으로 계약의 내용이 되는 것으로서 다음과 같은 두 가지가 있다.

① 다국적 표준(transnational formulations)

국제사회에서의 사용을 위해 ICC나 UNCITRAL, UNIDROIT와 같은 표준화 기관에서 초안하여 발표하는 문서를 말한다. 예컨대, ICC의 Incoterms나 UCP, 그리고 UNCITRAL의 CISG와 같은 협약들과 Model Law, UNIDROIT의 PICC 등을 말한다.

② 기타 계약적 거래관습(other contractual trade usages)

무역협회, 전문기관, 관련무역단체나 정부기관이 초안하여 발행하는 문서를 말한다. 예컨대, GAFTA Standard Forms나 1951년 영국의 수출협회(the Institute of Export)의 FOB 규정 등이다.

(3) 사실적 거래관습(factual trade usages)

종합적인 이해를 주기 위해 추가되는 관습을 의미한다.[57]

UCC의 규정과 이상의 여러 학자들의 주장을 통해 다음과 같이 결론을 내릴 수 있을 것 같다. 안정성과 합리성을 보다 확실하게 하기 위하여 과거의 경험을 토대로 하여 생각해 낸 개인과 기업의 합리적인 거래방법, 즉 당사자들간에 이미 확립되어 있는 거래과정을 관행, 즉 관례(practices)라 할 수 있다. 그리고 이러한 관행이 동 업종 또는 동 지역의 상인들에 의해서 반복해서 사용되어질 때 이를 업종별 상관습(거래관습; 매매관습), 지역별 상관습이라 하며, 이들 상관습에는 그 내용에 따라 다양한 상관습이 존재하게 된다.[58] 그리고 이러한 양 상관습에 공히 적용되는 것으로 양자의 국제적 통일이라고 할 수 있는 정형거래조건이 있을 수 있다. 따라서 다양한 업종별 상관습과 지역별 상관습, 그리고 정형거래조건 등에 대한 해석상의 오해와 이로 인한 거래의 위험과 그 결과의 어려움 등을 없애기 위하여 이들 상관습의 최대공약수적인 확인사실에 근거한 국제적인 통일해석기준을 통일국제상관습 또는 통일상관습이라 할 수 있다. 그리고 상관습에 법률확인이 주어질 때, 이를 상관습법이라 한다.[59]

이러한 통일 상관습은 UNCITRAL 등에 의해 협약(convention) 형태로, ICC 등에 의해 통일규칙(uniform rules)이나 통일관습과 관행(uniform customs and

---

57) C. M. Schmitthoff, *op. cit.,* pp.26~9.

58) 이렇게 볼 때, 상관습은 사실상 유행되고 있는 관행, 즉 관례라 할 수 있다.

59) 상관습과 상관습법은 사실과 사실의 인정에 관한 차이이다.

practices)의 형태로 표현되며, 이들이 국내법으로 인정될 때 이를 법정 거래관습 (statutory trade usages)이라 한다. 그리고 이러한 국제기구들이 초안하여 발표하는 통일 상관습 그 자체를 다국적 표준(transnational formulations)이라 말할 수 있다. 그리고 무역관련 기관이나 단체 등에서 초안하여 발표하는 상관습을 기타 계약적 거래관습(other contractual trade usages)이라 한다. 그리고 국제무역거래에 보편적 거래관습으로 널리 인정되고 있는 수많은 법률격언이 있는바, 예컨대 "소유하지 아 니한 자는 양도할 수 없다"(nemo dat qui non habet; no one can give who does not possess)와 같은 법률격언은 보편적 거래관습으로서 규범적 성격을 지닌 거래 관습이라 말할 수 있다. 그리고 이상의 거래관습으로도 이해되지 아니할 경우에 대 비하여 종합적인 이해를 주기 위하여 그러면서 실제 존재하여 추가되는 거래관습 을 사실적 거래관습(factual trade usages)이라 할 수 있다.

결국 국제통일상법도 국제상관습(법)도 법적 성격상에 차이가 있음에도 불구하 고 근본적으로 상인간의 거래에 당사자들의 권리·의무에 적용되는 거래관습, 즉 상관습으로 볼 수 있는바, Guillermo의 다음과 같은 주장이 이를 뒷받침하고 있다 고 볼 수 있다.

CISG와 대부분의 국내매매법은 수세기에 걸쳐 형성된 순수 상거래 경험에 근 거하여 제정되었기 때문에 이들은 상호 많은 유사성을 나타내고 있음에 놀라서는 아니 되며, 이러한 상관행의 실질적인 국제통일이 상관습법(lex mercatoria; law of merchants) 개념의 핵심이다.[60] Martin 교수도 Schmitthoff 교수의 분류를 인정하 고 있다.[61]

반면에 일반적인 의미의 관습(customs)은 한정적이며 다수를 구속하고, 오랜기 간 동안 확립되었거나 오래(수용)된 것으로서 국제공법의 법원의 역할을 한다고 볼 수 있어 매매관습인 상관습, 즉 거래관습과는 엄연히 구분이 된다.

2 관습과 관행의 필요성

국제상업은 무한할 정도로 다양하며 법률은 장래에 전개될 특수한 사항과 거 래형태에 대해 모두 규정할 수 없다.

---

60) J. Guillermo, *op. cit.,* p.62.
61) C. H. Martin, *op. cit.,* pp.31, 35~6, 38.

다양한 형태의 물품과 거래가 계약에 반영될 수 없으나 이에 따라 있을 수 있는 여하한 질문에 대답하기에는 당사자들의 능력에 한계가 있다. 국제거래는 신속을 요하기도 하고 경우에 따라서 비공식적으로 처리되기도 하며, 상세한 서류의 작성이 필요하다 해도 지나친 상세는 불리함을 초래하여 계약 체결을 방해할 가능성이 있다. 가장 기본적인 형태(상황)는 계약에 명시하지 않은 경향이다.

이상과 같은 이유에서 관습과 관행의 역할의 중요성과 필요성에 어느 때보다 제고되고 있다. 이런 이유에서 CISG는 세계적인 협약이 되기 위해 본 조항에서 관습과 관행을 인정하고 있으며, 관습과 관행의 인정범위에 대해 규정하고 있다.

3 적용되는 관습과 관행의 범위

당사자들 간에 이미 확립된 거래과정(a course of dealing)인 관행(실관례)과 합의한 관습은 계약의 내용으로서 그들을 구속하며, 이러한 합의는 묵시적일 수도 있고, 명시적일 수도 있다. 관습이 당사자들을 구속할 것이라는 묵시적 합의가 되기 위하여 관습은 다음의 두 가지 조건을 만족시켜야 한다.

① 당사자들이 관습을 알았거나 당연히 알았어야 한다.

② 국제무역에서 해당거래와 같은 종류의 계약을 하는 당사자들에게 널리 알려져 있거나 규칙적으로 준수되고 있는 관습이라야 한다.

따라서 그 무역은 특정제품, 특정지역, 특정무역 형태에 제한될 수 있다. 특정 관습이 특정계약에 적용되기 위해 묵시적으로 제정한 것으로 생각할 수 있는지 여부를 결정하는 요소는 관습이 해당거래와 같은 종류의 계약을 하는 당사자에게 널리 알려져 있고, 규칙적으로 준수되고 있는지의 여부이다. 이런 경우 당사자들은 그 관습을 규정에서 말하는 "당연히 알았어야 했다"고 말할 수 있다.

당사자들을 구속하는 관습은 명시든 묵시든, 계약에 반영되어 있어 당사자들을 구속하기 때문에 6조의 계약자유의 원칙(the principle of party autonomy)에 따라 관습은 협약상의 저촉규정에 우선한다.

본 조항은 국제무역에 널리 사용되고 있어 당사자들이 다른 해석을 하지 아니하는 계약규정, 계약형식, 계약표현의 해석을 위한 명시적 원칙을 규정하고 있지 아니하나, 이런 경우 표현이나 규정 또는 형식을 (2)항에 의해 당사자들 간의 관습이나 관행으로 생각될 수 있는바, 이 경우 본 규정이 적용된다.[62] 그러나 정형거래조건의 국제적 통일인 Incoterms의 경우 그의 적용을 계약에 명시적으로 언급하지 아니할 경우 본 규정의 적용대상이 되는 당연한 관습으로서 묵시적으로 적용되는지 여부에의 의문을 사토시 니보리(新 掘聰) 교수가 제기하고 있다. 왜냐하면 Incoterms는 시대를 앞서는 참신한 내용으로 되어 있지 아니하여 기존 관습의 집대성이라고는 말할 수 없기 때문에, 9조 (2)항에서 말하는 "정규적으로 준수되는" 것으로 말하기는 어려우므로, 9조 (2)항에 따라 계약에의 묵시적 적용은 특별한 경우를 제외하고는 무리라는 것이다.[63]

그러나 Honnold 교수는 9조 (1)항은 상관습의 사용여부에 관해 계약상에 달리 합의가 없는 한 상관습을 참고하여 계약을 해석할 것을 묵시하고 있기 때문에 Incoterms는 9조의 관습에 관한 규정에 호소할 필요 없이 계약해석을 위해 단순히 인정될 수 있는 표준상관습 안내서로 주장하고 있다.[64]

협약 9조 (1)항은 계약해석에 적용할 수 있는 해석원칙으로서 묵시적 의무로 볼 수 있는 관습(usage)과 관행(practices)[65]을 인정하고 이들에 따라 해석하되, 9조 (1)항의 규정이 적용될 수 없는 경우 적용될 관습의 선택기준을 9조 (2)항에서 규정하고 있다.

다시 말해서 계약의 내용, 즉 당사자들의 의무를 해석할 때 계약내용해석을 위해 적용키로 합의한 관습이 있으면 그 관습은 물론이고 합의하지 아니해도 그들간에 이미 확립되어 있는 관행이 있으면 동 관행이 해석원칙으로 적용된다. 그러나 적용키로 합의한 관습이 없을 경우 해석원칙으로 적용될 관습의 기준으로 ① 당사자들이 이들 관습을 당연히 알았거나 알았어야 하고, ② 국제거래에 널리 준수되고 있으며, ③ 해당거래와 같은 종류의 계약을 하는 당사자들에 의해 규칙적으로 준수되고 있는 것을 제시하고, 이러한 기준에 합치한 관습은 계약의 해석원칙으로 적용됨을 묵시적으로 합의[66]하고 있음을 인정하고 있다.

그러나 합의한 관습인 경우 일반적으로 국제거래에 적용되는 관습의 요건을 갖춘 관습을 의미하는 것으로 이해할 수 있으며, 이때 합의한 관습의 요건은 바로

---

62) A/CONF.97/19, p.19.

63) 新 掘聰, 前揭書, p.18.

64) J. O. Honnold, *op. cit.,* p.145.

65) 관습, 관행, 관례 등의 정확한 구분에 관해서는 이미 위에서 언급한 대로이다. PICC도 CISG와 같이 관습을 usages로 표현하고 있다(PICC.1.9).

66) 이를 추정적 합의로 볼 수 있다.

합의하지 아니한 경우에 묵시적 혹은 추정적 합의에 의해 적용될 수 있는 관습의
기준과 같다고 보아야 한다.

계약의 해석에 따라 당사자들을 구속할 수 있는 관습은 명시든 묵시든 계약의
내용이자 해석원칙이 되기에 6조에 따라 협약에 우선한다고 보아야 한다.

주의를 요하는 것으로 9조 (2)항의 기능과 8조 (3)항의 기능은 다르다는 것이
다. 8조 (3)항은 계약의 간격 메우기(gap-filling)를 위한 규정이 아니고 일방의 진
술의 해석을 위한 규정이며, 반면에 9조 (2)항은 계약의 간격 메우기를 규정한 것
이다.

이렇게 볼 때, 해석원칙이 될 수 있는 관습과 관행에 관한 규정의 경우 외견상
으로는 9조의 경우 (1)항과 (2)항으로 구분되어 계층이 있는 것 같으나, 실제에 있
어 8조와 달리 계층이 없다고 볼 수 있다.

4 PICC의 계약 내용 해석원칙

위에서 설명한 협약 8조나 9조는 계약내용의 해석원칙으로 볼 수 있다.

1994년에 제정되어 지금까지 변경이 없는 5.1.1조에서 5.1.8조까지와 2004년
에 새로이 제정되어 현재까지 변경이 없는 5.1.9조와 5.2.6조, 그리고 2010년에 새
로이 제정된 5.3.1조에서 5.3.5조까지가 계약 내용에 관한 규정으로 볼 수 있다. 그
리고 1994년에 제정되어 지금까지 변경이 없는 4.1조에서 4.8조까지 해석의 원칙
을 규정하고 있다.

이렇게 볼 때, 제 원칙의 4장과 5장을 크게 보면 당사자들간에 체결된 계약 내
용의 해석원칙으로 볼 수 있다. 그리고 4장의 경우 4.1조에서 4.3조까지 기본해석
원칙 규정이고, 4.4조에서 4.8조까지 부수해석원칙 규정으로 볼 수 있는바, 요약하
면 다음과 같다.

1) 계약의 내용

(1) 의무의 구분

PICC는 5.1조를 통해 계약의 내용, 즉 의무를 명시적 의무와 묵시적 의무로 구
분하고 있는바, 이러한 구분에 따른 명시적 의무와 묵시적 의무의 내용을 결정하는

데 있어 계약의 의무가 되는 계약내용의 모호성을 해결하기 위한 기준제시뿐만 아니라 누락된 내용을 메우기 위한 기준들을 규정하고 있는 4장의 해석원칙[67]과 예컨대 1.7조상의 신의성실과 공정거래원칙들이 필연적으로 계약내용[68]을 확정하는 데 고려되거나 관련이 있음을 알 수 있다.[69]

주의를 요할 것은 1.7조의 규정에 따라 명시적 의무라도 무시될 수 있고, 묵시적 의무라도 명시적 의무가 될 수 있다는 것이다.

(2) 묵시적 의무의 법원

PICC 5.2조는 의무의 성격이나 목적이 주어진다면 그러한 의무는 당연히 언급될 필요가 없음을 당사자들이 느낄 정도로 너무 분명한 의무라 할 수 있고, 계약관계에서 신의성실, 공정거래, 그리고 합리성 등과 같은 제반원칙의 결과일 수도 있으며, 당사자들간에 기확립되어 있는 관행에 이미 포함되어 있는 의무라 할 수 있는 묵시적 의무의 추정방법으로 계약의 성격과 목적, 당사자들간에 기확립된 관행과 거래관습, 신의성실과 공정거래, 합리성을 들고 있다.

묵시적 의무에 대해서 UCC의 경우 명시적 계약조건의 해석과의 관련뿐만 아니라 계약내용을 구성하며, 명시적 계약내용을 보완 내지 제한하기도 한다. 경우에 따라서는 명시적 내용에 우선할 수 있는[70] 묵시적 의무의 법원으로 거래과정, 거래관습, 이행과정들 외에, 당사자들의 합의가 침묵하고 있을 때 적용되는 묵시적 의무의 법원(sources of law)으로는 UCC상의 간격 메우기 규정(gap filler provisions)과 법의 일반원칙, 그리고 계약자유라는 일반원칙에 대한 예외로 UCC에 대한 당사자들의 의무사항인 신의성실(good faith), 노력(diligence), 합리성(reasonableness), 주의(care)의무와 당사자들의 합의에 의해 변경될 수 없는 기타 강제규정 등을 들 수 있다.[71]

---

67) 8개조로 구성되어 있는 4장 해석의 원칙은 크게 기본해석원칙(당사자들의 의사의 해석원칙, 진술이나 기타행위의 해석원칙, 보완해석원칙)과 부수해석원칙(전계약과 진술의 일부로서의 일방적인 행위의 해석원칙, 모든 표현 효력 인정의 해석원칙, 불이익의 해석원칙, 상이한 번역간의 해석원칙, 누락된 조건의 해석원칙)으로 나눌 수 있다.

68) 계약의 내용이자 의무가 되는 조건(terms)에 대하여 Corbin은 provision과 동의어로 보고 있다(J. J. White and R. S. Summers, *op. cit.*, p.82).

69) http://www.unidroit.org/english/principles/chapter−5.ht, 5.1, comment.

70) J. J. White and R. S. Summers, *op. cit.*, p.84.

71) 합의에 의해 변경할 수 없는 UCC의 규정으로는 §§1−102(3), 1−105(2), 1−204(1), 2−210(1), 2−318, 2−718(1), 2−719(3) 등이 있고, 합의에 의해, 즉 계약자유의 원칙에 의

SGA는 매매계약에 자동적으로 포함되는 원칙을 묵시적 조건(implied terms)이라 하고, 이들에 대한 법원(sources of law), 즉 규정으로 권리 등에 대한 묵시적 조건, 설명서매매, 품질이나 적합성에 관한 묵시적 조건, 견본매매에 대해 규정하고 있다.[72]

(3) 협력의 의무

PICC는 5.3조를 통해 협력이 타방의 의무이행을 위해 합리적으로 기대될 수 있는 경우라면 타방에게 협력해야 함을 규정하므로 협조의 필요성을 강조하고 협조의 전제조건으로 타방의 의무이행을 위해 합리적으로 기대될 수 있는 경우로 한정하고 있다. 이러한 협조의무의 예를 든다면, 1.7조에서 규정하고 있는 신의성실과 공정거래원칙 차원에서뿐만 아니라 7.4.8조에서 규정하고 있는 손해경감의무 등을 들 수 있다.

이러한 협조의무는 일반적인 법이나 관습에서 하나의 묵시적 원칙인데, CISG 매매규정 가운데 인도와 관련이 있는 의무의 구체적인 실행방법에 관한 규정이라 할 수 있는 인코텀즈 규정 가운데 운송과 보험계약에 관한 규정인 A.3과 B.3, 운송서류에 관한 규정인 A.8과 B.8, 그리고 기타의무 규정인 A.10과 B.10에도 명시되어 있다. CISG도 매수인에 의한 물품의 수령이나 지급이 지연되거나, 매수인이 일단 수령하였으나 매수인의 처분에 위임된 물품을 거절하려고 할 경우에 물품의 멸실이나 감가를 방지하는 것을 목적으로 규정된 물품의 보존규정[73]으로 물품을 보존할 매수인과 매수인의 의무에 관해 85조와 86조, 창고에의 예치에 관해 87조, 물품의 매각에 관해 88조가 각각 규정하고 있다.

본 규정의 적용시 주의할 사항은 타방의 이행을 방해하지 아니하는 의무라 해도, 즉 당사자들이 수행해야 할 의무를 뒤집지 아니하는 범위 내에서 기대되는 협조의무라 해도, 보다 적극적인 협력을 요구하는 상황이 역시 있을 수 있다.[74]

해 규정을 변경할 수 있는 규정으로 §§2−206, 2−305, 2−306(2), 2−307, 2−309, 2−310, 2−311, 2−503, 2−504, 2−507, 2−509, 2−511 등이 있다.

72) SGA 1994, pp.12~5; B. Thomas, *The Sale of Goods Act*, Albert Gaut Ltd., 2000, p.11.

73) A. H. Kritzer, *op. cit.*, p.538.

74) http://www.unidroit.org/english/principles/chapter−5.ht, 5.3, comment.

(4) 의무이행의 구분

누구나 계약을 체결하면 그 의무를 이행하기 위해 노력을 해야 하는바, 이 경우 이행의무의 노력정도에는 계약에 따라 다양하나 PICC는 5.4조를 통해 대부분의 계약에 적용되는 두 가지의 이행의무의 노력의 정도, 즉 최대 노력의무와 특수한 결과를 성취할 의무를 제시하고 있다. 전자의 경우 동일한 종류의 합리적인 사람이 동일한 상황하에서 기울여야 하는 노력으로 족하며 특수한 결과의 성취를 보증할 필요가 없음을 이행의 한계, 즉 기준으로 하고 있다. 그리고 후자의 경우 의무의 부담이 최대 노력 의무보다 무거우며 특수한 결과의 성취를 보증해야 함을 이행의 한계로 하고 있다. 경우에 따라서는 예컨대 하자기계 수리의 경우 최대 노력의무는 물론이고 특정부품의 대체에 관해서는 특수한 결과를 성취해야 할 의무가 있기에 양 의무가 공존할 수가 있다.

이렇게 이행의무를 구분하는 데는 의무이행을 준수하였는지 여부를 결정하기 위한 기준을 제공하기에 그 중요성이 있다 하겠다.[75] 이러한 사실은 UCC의 법의 제정 정신으로 UCC의 적용을 전제한 당사자들의 UCC에 의한 의무사항으로 포괄적으로 규정하고 있는 신의성실, 노력, 합리성, 주의의무와는 구분되고 명료하다.

(5) 의무이행 구분방법

상기 의무이행의 구분에 따른 구분을 하는 방법, 즉 구분할 때 참고해야 할 사항을 5.5조를 통해 계약상에 의무를 명시하고 있는 방법, 계약가격과 계약의 기타조건, 예상된 결과를 성취함에 있어 일반적으로 수반되는 위험의 정도, 의무의 이행에 영향을 미치는 타방의 능력 등 4가지를 제시하고 있다.

계약상의 의무가 최대노력 의무인가 아니면 특수한 결과를 성취할 의무인가를 구분하는 것이 쉽지 아니하고 경우에 따라서는 어려울 수 있으며, 이들 구분을 위해 제시된 4가지 해석상의 문제들이 여전히 남아 있다. 그러나 이행해야 할 의무의 수행정도의 차이를 가져오기에 의무이행의 구분이 중요하다면, 이러한 4가지 요소들은 양 의무의 판단에 도움이 될 수 있다고 본다.

계약서상에 명시되는 의무의 성격은 양 의무판단에 도움이 될 수 있으며, 계약가격이나 기타조건들, 예컨대 부당하게 높게 표시된 가격이나 기타 특수한 비금전

---

75) http://www.unidroit.org/english/principles/chapter-5.ht, 5.4, comment.

적 상호의무, 벌금조항, 대금지급과 연계된 조항, 이행장애 조항 등의 경우 의무의 성격을 판단하는 데 하나의 해법을 제공할 수 있다. 반면에 최대 노력의 의무이건 특수한 결과의 성취 의무이건 관계없이 이러한 의무의 이행에 수반되는 위험의 정도는 양 의무의 판단결정에 도움이 될 수 있다. 그리고 타방의 의무이행에 대하여 일방이 어느 정도 영향력을 가질 경우 이러한 사실은 특수한 결과를 성취할 의무로 달리 규정될지 모르는 의무를 최대노력 의무로 전환시킬 수 있기에 의무이행에 대한 타방의 노력은 양 의무의 판단에 역시 도움이 될 수 있다.[76]

(6) 이행품질의 기준

이행해야 할 품질에 관해 계약서상에 확정되어 있지 아니하거나 계약을 통해 결정할 수 없는 경우 일방은 합리적이면서 상황에 평균수준[77]인 품질의 이행을 제공할 의무가 있음을 PICC 5.6조를 통해 규정하고 있다.

본 규정은 PICC 5.4조상의 최대노력 의무의 경우에 수반하는 것으로 의무의 대상이 물품이건 서비스이건 관계없이 이행품질의 수준을 규정한 것으로 이행품질의 수준에 대하여 규정상의 명시가 없거나 확정할 수 없는 경우 5.4조의 최대노력 의무와 연계되는 규정이라 할 수 있다. 이행품질의 수준을 만족할 만한 품질 (satisfactory quality)[78]로 제시하고 있으며, 이것이 바로 약정한 품질임을 Atiyah[79]는 주장하고 있다. 그러나 이러한 이행품질의 수준은 상황에 합리적임이 대전제이다.

주의할 점은 계약이 품질에 관한 언급이 없거나 확정할 수 없는 경우의 품질요건인 중등, 즉 평균품질 조건은 최소한의 요건으로 공급자는 이보다 우수하거나 열위의 품질을 인도할 의무가 없다. 이는 마치 CIF의 경우 매도인의 보험의무에 관해 계약서상에 달리 명시가 없으면 매도인은 최소한의 보험부보의무를 「C」조건에 한정하는 것과 같으며 이때의 「C」조건은 보험에 관한 한 상황에 맞는 평균조건이자 합리적인 조건으로 간주할 수 있다. 그리고 중등품질의 결정방법인 상황인데 이때

---

76) http://www.unidroit.org/english/principles/chapter−5.ht, 5.5, comment.

77) 상관습에 의하면 표준물품매매(sales by standard)의 대표적인 거래인 곡물거래인 경우에도 평균중등품질조건(fair average quality)을 요구하고 있음이 추정이다. PICC는 표준물품매매에 한정하지 아니하고 일반적인 상사적 모든 거래에 이 조건을 이행조건으로 제시하고 있다.

78) SGA, 14(2).

79) P. S. Atiyah, *op. cit.,* p.234.

의 상황은 구체적으로 관련시장에서 보급되고 있는 품질을 의미하거나 이행당사자가 선택한 특수한 요건도 상황이 될 수 있다. 그리고 이행품질조건은 상황에 합리적이어야 하는바, 이러한 요건은 평균품질조건의 대전제이다. 왜냐하면 매우 불만족한 시장에서의 이행품질인 평균품질을 일방이 제공하면서 만족스러운 이행임을 일방이 주장하지 못하게 하고, 중재인이나 법관들로 하여금 불충분한 이행품질을 제기할 수 있는 기회를 부여하려는 데 있다.[80]

(7) 미확정가격 결정방법

사무국의 주석에도 불구하고 CISG 55조와 14조의 마찰에 대한 하나의 대안규정이라 할 수 있는 PICC 5.7조는 4가지의 가격미확정계약에 대한 가격결정방법을 제시하므로 CISG상의 마찰의 소지를 제거할 뿐만 아니라 기타의 경우에도 가격의 결정방법으로 인한 마찰의 요인을 제거하고 있다고 볼 수 있다.

우선 가격결정을 지배하는 일반원칙으로 관련거래와 비교할 만한 상황에서 이러한 이행을 위해 계약체결시에 일반적으로 부과되는 가격을 당사자들이 참고하고 있음을 (1)항이 전제하고 있다. 이 경우 이러한 제 원칙에 반대한다면 이러한 전제는 물론 거절된다. 그리고 본 규정에 따라 적용할 수 있는 가격으로 시장에서 대개 부과되는 가격이 5.7조의 대전제인 합리성기준을 만족시킬 수 없는 경우 당사자들은 신의성실과 공정거래에 관한 1.7조의 규정이나 총체적 불균형에 관해 규정하고 3장의 규정을 참고해서 가격을 결정해야 한다. 그러나 이러한 방법에 의한 결정마저 여의치 아니할 경우 법정이나 중재법정에 의해 이루어질 수 있는 가격을 합리적인 가격으로 간주해야 한다.

계약에 의해 일방이 가격을 결정할 수 있으며, 이런 경우 가격이 합리적이라면 그대로 집행되나, 지나치게 부당한 경우 법관이나 중재인에 의한 합리적 가격이 일방에 의한 가격을 대체할 수 있음을 (2)항이 규정하고 있다. 따라서 일방에 의해 가격이 결정되어 집행되기 위한 대전제는 5.7조 규정의 대전제인 합리적인 가격이다.

법관이나 중재인에 의한 가격결정이 불합리한 경우 적용되지 아니함을 (3)항이 규정하고 있다. 물론 합리 또는 불합리를 떠나 사기와 관련한 상황에서 가격결정이 이루어졌다면 3.11조 (2)항에 규정하고 있는 총체적 불균형이나 협약에 관한 규정이 가격결정에 적용된다.

---

80) http://www.unidroit.org/english/principles/chapter-5.ht, 5.6, comment.

경우에 따라서는 위와 같은 방법으로 가격결정이 아니될 경우 전형적으로 고시된 지표[81]나 상공회의소의 견적과 같은 외부요인을 참고해서 가격을 확립할 수 있음과 이러한 외부요인마저 없거나 입수가 불가능한 경우 이러한 외부요인과 가능한 가까운 동일 종류의 요인, 예컨대 "건설분야 공식부과 기준" 등에 의해 가격을 결정할 수 있음을 (4)항이 규정하고 있다.[82]

(8) 불분명한 계약기간의 종료방법

계약의 유효기간 명시가 없거나 불분명한 경우 당사자 중 누구든지 사전에 합리적인 통지를 함으로써 계약을 종료시킬 수 있으며, 이때의 종료조건으로 사전에 합리적인 통지이어야 함을 5.8조가 규정하고 있다.

일반적으로 계약기간의 결정방법에 대개 두 가지 방법, 즉 계약상에 명시하는 방법과 계약의 성격과 목적을 통해 결정하는 방법이 있다. 그러나 계약기간이 결정되어 있지 아니하거나 결정될 수 없는 경우 본 규정은 당사자 중 일방이 사전에 합리적인 기간을 통지하므로 계약관계를 종료시킬 수 있음을 규정하고 있다. 이 때의 사전에 합리적인 기간이란 당사자들이 협력하고 있는 기간, 상호관계에 있는 관련 투자의 중요성, 새로운 파트너를 분석하는 데 필요한 기간 등과 같은 상황에 좌우된다.

따라서 본 규정은 당사자들이 계약의 기간을 명시하길 해태한 경우에 적용되는 널리 인정된 일반원칙 규정인 일종의 간격 메우기 규정(gap-filler provision)이라 할 수 있다. 그러나 이런 경우 이행곤란에 대해 규정하고 있는 6.2.1조에서 3조의 규정과는 구분해야 하는바, 이행곤란은 계약균형의 중요한 변화를 요구하며 당사자들간의 재협상을 제기하지만, 5.8의 규정은 계약기간의 불명확하고 쌍방에게 취소를 허용하고 있다는 것 외에는 달리 본 규정의 원칙을 충족시킬만한 특별한 조건을 요구하지 아니한다는 것이다.[83]

(9) 합의에 의한 면제

합의에 의해 면제가 가능함을 규정한 5.1.9의 규정과 그 논평을 보면 다음과 같다.

---

81) 재경부에서 분기별로 발간하고 있는 물가조사서가 바로 이런 경우의 대표적 경우이다.
82) http://www.unidroit.org/english/principles/chapter-5.ht, 5.7, comment.
83) http://www.unidroit.org/english/principles/chapter-5.ht, 5.8, comment.

"(1) 채권자는 채무자와 합의에 의해 자신의 권리를 면제할 수 있다.

 (2) 어떤 권리를 무상으로 면제하려는 청약은 채무자가 청약 사실을 안 후에 지체 없이 그 청약을 거절하지 아니한다면 승낙된 것으로 간주된다."

채권자는 채무자로 하여금 자신의 의무로부터 면제시키길 원할 수 있거나, 채무자가 하나 이상의 의무를 지고 있는 경우엔 모든 의무 가운데 하나 이상 또는 모든 의무로부터 면제시킬 수 있다. 이러한 면제는 별도 조치로 할 수 있거나 예컨대 당사자들간에 분쟁을 해결하려는 타협과 같은 당사자들간에 보다 복합적인 거래의 일부를 구성할 수도 있다.

이와 같은 채권자의 권리(들)의 포기는 채권자가 유상 또는 무상으로 자신의 권리(들)을 포기하는지 여부 또는 이와 관계없이 하는지 여부에 관하여 당사자들간에 합의를 필요로 함을 규정하고 있다.

전자의 경우 채무자는 자신의 의지와 교환으로 그러한 혜택, 즉 면제의 혜택을 승낙하도록 강요받아서는 안되지만, 일반적으로 채무자는 그러한 혜택을 승낙하는데 동의할 것이다. 이런 이유에서 (2)항은 면제하려는 무상청약은 채무자가 그러한 청약 사실을 안 후 지체없이 청약을 거절하지 아니한다면 승낙된 것으로 간주됨을 규정하고 있다.

(10) 제3자를 위한 계약의 가능성

2004년에 제정되어 현재에 이르고 있는 제3자를 위한 계약에 관한 규정인 5.2.1조의 규정과 논평을 보면 다음과 같다.

"(1) 당사자들(약속자와 수약자)은 명시적 또는 묵시적 합의에 의해 제3의 당사자(수익자)에게 권리를 부여할 수 있다.

 (2) 약속자를 상대로 하는 수익자의 권리의 존재와 내용은 당사자들의 합의에 의해 결정되며, 합의하의 조건이나 기타 제한을 전제로 한다."

일반적으로 계약은 당사자들간에 권리와 의무를 창출하기 위해 당사자들에 의해 의도된 것이다. 이런 경우에 당사자들만이 계약하의 권리와 의무를 취득하게 된다. 따라서 제3의 당사자가 계약의 이행으로부터 수혜를 입는다는 단순한 사실 그 자체만으로는 그에게 계약하의 권리가 부여되지 아니한다.

그러나 제3의 당사자가 항상 권리가 없는 것은 아니다. 중요한 기본원칙은 제3의 당사자에게 권리를 창출하기를 당사자들이 원한다면 그렇게 할 자유가 보장되는 것이 당사자자치의 원칙이다. 따라서 당사자들은 이러한 사실이 자신들의 의사임을 명시적으로 언급할 수 있으나 명시적 언급이 필수적인 것은 아니다. 왜냐하면 제3의 당사자에게 수혜를 주려는 의사는 계약상에 묵시적일 수도 있기 때문이다. 따라서 묵시적 의사가 주장되는 경우에는 그 결정은 계약의 내용과 건별 상황에 따라 판명될 것이다. 아무런 묵시적인 의사가 없는 경우로서 상황이 달리 분명하게 증명되지 아니하는 한 제3자의 권리는 인정되지 아니한다.

결론적으로 본 조항의 적용이 불법행위와 연관된 청구소송과 관련하여 종종 생각될 수도 있다. 그러나 이런 경우의 적용 가능성은 제 원칙의 적용 밖이다. 그리고 당사자들이 제3의 당사자에게 권리를 부여할 의사가 없다는 명시적 언급이 유효함이 본 조항으로부터의 추정이다.

그리고 약속자와 수약자가 제3의 당사자인 수익자를 위해 창출되는 권리를 광범위하게 정할 수 있는 권리를 향유할 수 있음 또한 본 조항으로부터의 추정이다. 이와 관련하여 "권리"란 문자적으로 해석되어야 한다. 이렇게 볼 때, 원칙적으로 제3의 당사자인 수익자는 이행권과 손해배상금청구권을 포함하는 계약상의 모든 구제제도를 완전히 준용할 수 있다.

(11) 제3의 당사자 확인의 필요성

2004년에 제정되어 현재에 이르고 있는 5.2.2조의 규정과 그 논평을 보면 다음과 같다.

"수익자는 계약을 통해 적절한 명확성과 함께 신분을 확인할 수 있어야 하나 계약 체결시에 존재할 필요는 없다."

당사자들은 제3의 당사자의 신분이 계약체결 시에 알려지지 아니하나 이행이 이루어지는 계약을 체결하길 당연히 원할 수 있다. 이러한 일은 당사자들이나 그 중 한 사람이 훗날에 수익자를 확인할 수 있음을 규정하거나 추후에 여전히 수익자의 신분을 분명히 할 수 있는 수익자의 정의를 선택함으로서 실현될 수 있다.

(12) 배제와 제한 조항

2004년에 제정되어 현재에 이르고 있는 5.2.3조의 규정과 그 논평을 보면 다음과 같다.

"수익자에게 권리의 부여는 수익자의 의무를 배제하거나 제한하는 계약상의 조항에 호소한 권리를 포함한다."

계약의 당사자들이 아닌 사람들의 의무를 제한하거나 제외하는 계약상의 규정들은 흔한 일이며, 특히 운송계약에 흔하다. 운송계약에 의하면 이러한 규정들이 종종 보험과 같은 해결 방법의 일부를 구성하고 있다. 이러한 규정들로서 가장 잘 알려진 예가 종종 B/L상에서 소위 약관의 형태로 발견되는 히말라야 약관이다. 이 약관에 의하면 일반적으로 당사자 자치의 원칙이 이 분야에 역시 존중되어야 한다.

(13) 항변권

2004년에 제정되어 현재에 이르고 있는 5.2.4조의 규정과 그 논평을 보면 다음과 같다.

"약속자는 자신이 수약자를 상대로 주장할 수 있는 모든 항변권을 수익자를 상대로 주장할 수 있다."

제3의 당사자를 위한 계약에 관한 규정인 5.2.1조에 따라 수익자의 권리의 내용은 당사자들에 의해 합의된 조건이나 제한들을 전제로 작성될 수 있다. 따라서 약속자와 수약자는 수익자의 지위가 수약자와의 지위와 현격하게 다를 수 있다는 계약을 작성할 수 있다. 따라서 당사자들의 자율성(자치성의 원칙)이 원칙적으로 아무런 제한이 없으나 당사자들은 모든 가능성에 대하여 명시적으로 당연히 규정할 수 없다. 따라서 이에 대비한 보완규정이 이 조항에 규정된 것으로 볼 수 있다.

(14) 취 소

2004년에 제정되어 현재에 이르고 있는 5.2.4조의 규정과 그 논평을 보면 다음과 같다.

"당사자들은 수익자가 권리를 승낙하거나 권리를 신뢰하여 합리적으로 행동

때까지 계약에 의하여 수익자에게 부여된 권리를 수정하거나 취소할 수 있다."

약속자와 수약자는 언제라도 제3의 당사자의 권리를 자유롭게 취소하거나 그 반대로 제3의 당사자의 권리가 계약이 일단 체결되면 변경할 수 없음이 원칙이다.

소수의 법률 체계에 의하면 이상과 같은 두 방법 중 하나를 채용하고 있는 것처럼 보인다.

본 규정이 채용하고 있는 방법은 제3의 당사자가 권리를 승낙하거나 권리를 신뢰하여 합리적으로 행동한다면 제3의 당사자의 권리는 취소불능이라는 입장이다. 물론 수익자의 권리를 보다 신속하게 취소불능이 되게 하거나 수익자가 권리를 신뢰하여 행동한 후에라도 취소권을 유보함으로서 계약상에 상이한 제도를 당사들이 규정하는 것은 자유이다.

본 규정에 의하면, 계약에 의해 취소권이 일방 당사자에게만 주어지는 경우가 당연히 있을 수 있다. 예컨대 생명보험의 경우 피보험자는 피보험이익의 수익자를 변경할 수 있음을 규정할 수 있다. 그러나 취소의 가능성을 제한하는 관련 관습이 있을 수 있다.

(15) 계약이행의 거절

2004년에 제정되어 현재에 이르고 있는 5.2.6조의 규정과 그 논평을 보면 다음과 같다.

"수익자는 자신에게 부여된 권리를 거절할 수 있다."

본 장의 취지는 명시되지 아니한 반대규정(묵시규정), 즉 약속자와 수약자간의 계약은 수익자에 의한 승낙을 위한 일체의 요건없이 승낙 즉시 수익자의 권리를 발생시킨다는 것을 전제하고 있다. 그리고 제3의 당사자는 당사자들이 그에게 부여한 수혜를 일반적으로 환영하고 있다 해도 그는 수혜의 승낙을 강요받지 아니할 수 있으며, 그는 그 수혜를 명시적 혹은 묵시적으로 거절할 수도 있다. 그러나 수익자가 승낙에 상당하는 그 무엇을 수행하기만 한다면 그는 거절할 권리가 상실되어야 한다.

(16) 조건의 종류

2004년에 제정되어 현재에 이르고 있는 5.3.1조의 규정과 그 논평을 보면 다음과 같다.

> "계약이나 계약상의 의무는 이들이 장래 불특정사건이 발생하는 경우에만 효력을 가지거나(이행정지조건) 동 사건이 발생하는 경우에만 종료되게 하므로(해제조건) 장래 불특정 사건의 발생을 조건으로 하여 체결될 수 있다."

① 본 절의 적용범위

계약의 당사자들은 자신들이 계약이나 계약하에서 발생하는 하나 또는 몇몇 의무들에 관한 규정인 5.3.3조와 권리를 유보할 의무에 관한 규정인 5.3.4조에 따라 장래 불특정 사건의 발생이나 불발생에 연결시켜 체결할 수가 있으며, 이러한 취지의 규정을 조건(condition)이라 부른다. 다시 말해서 제 원칙에서 말하는 조건은 불특정 사건의 발생이나 불발생을 전제로 계약의 성립 내지는 계약상의 의무가 발생 또는 종료되는 경우 이런 취지의 규정을 조건 규정이라 하고 있다.

제 원칙이 지배하는 조건(conditions)들은 계약의 존재 여부를 결정하는 조건들과 계약상의 의무를 결정하는 조건들을 모두 포함한다. 따라서 제 원칙의 적용은 조건의 추정(추정조건)에 관한 규정인 5.3.3조와 권리를 유보할 의무에 관한 규정인 5.1.4조에 따라 상황에 따라서는 계약이 부재하는 경우에도 의무를 부과할 수 있다. 조건은 제3당사자의 필연적 사건이나 행위를 포함하는 일정한 범위의 사건을 참고할 수가 있다.

본 절은 당사자들간의 합의에서 생기는 조건만을 취급한다. 법이 부과하는 조건들은 당사자들이 자신들의 계약서상에 이들을 삽입키로 하지 아니하는 한 본 절의 적용 밖이다. 따라서 법에 의해 부과되는 공공허가 요건은 본 절의 적용 밖이나 공공허가 적용에 관한 규정인 6.1.14조에 의해 지배될 수 있다. 그러나 당사자들이 계약을 체결하거나 계약하에서 발생하는 계약상의 의무를 공공허가 승인과 연계시키고자 동 규정을 참고한 경우 동 조항의 허가조건은 계약이나 계약하의 의무와 관련한 조건이다.

② 조건의 개념

조건(condition)이라는 말은 다양한 의미를 가질 수 있다. 예컨대 어떤 재판관할 하에서는 조건(condition)이란 계약의 주요한 내용(a major term of contract)을 의미 하는바, 이는 본 절에서 사용하는 조건의 개념이 아니다.

어떤 계약들은 일방당사자에 의한 이행이 타방당사자의 이행에 좌우되게 규정할 수가 있다. 이 경우 이런 규정들은 조건이 아니며, 이들은 자신들의 계약하에 당사자들의 의무를 단순히 명시한 것이다.

당사자들은 계약이나 계약하에서 발생하는 하나 또는 그 이상의 의무가 효력이 발생하거나 종료되는 특정날짜를 역시 확정할 수 있다. 많은 재판관할에 의하면 이런 규정들을 "terms"라 부르며 본 절에서 말하는 "conditions"이 아니다.

당사자들이 계약이나 계약하에서 발생하는 하나 또는 그 이상의 의무를 반드시 일어나는 장래 사건의 출현에 좌우되게 하는 규정을 자신들의 계약상에 포함할 때도 이 규정은 본절에서 말한 "conditions"이 아닌 "terms"이다. 왜냐하면 불특정 사건이 일어날 수도, 일어나지 않을 수도 있음이 "조건"판정의 대전제인데 이 경우는 반드시 일어나는 것을 전제로 하기 때문에 중요내용은 될지언정 조건은 될 수 없기 때문이다.

물론 당사자들은 자신들의 계약서상에 조건이 반드시 일어나야 하는 시기(이 경우 시기는 조건이다)를 규정할 수 있다.

③ 정지와 해제 조건

〈1〉 정지조건(suspensive condition) 또는 이행정지조건(conditions precedent)

계약이나 계약상의 의무가 특정사건이 발생하는 경우에만 효력을 가지게 하므로 장래 불특정 사건의 출현에 좌우되도록 체결될 수가 있다.

제 원칙에 의하면, 이런 조건은 장래 불특정사건의 발생을 정지조건이라 할 수 있다. 어떤 재판관할에 의하면, 정지조건을 "이행정지조건(conditions precedent)"이라 하고 있다.

〈2〉 해제조건(resolutive condition) : 후발조건(condition subsequent)

계약이나 계약상의 의무가 장래 불특정사건의 출현시에 종료하도록 체결될 수 있다. 제 원칙에 의하면 이러한 조건을 해제조건이라 하며, 어떤 재판관할에 의하면 해제조건을 후발조건이라고도 한다.

이상과 같은 해제조건에 관한 합의 대신에 계약의 당사자들은 당사자들 가운데 일방 또는 쌍방이 특수한 상황하에서는 계약을 종료시킬 권한을 가질 수 있음을 합의할 수 있다. 이런 경우 동 조건은 일종의 해제조건, 즉 후발조건이라 할 수 있다.

④ 채무자의 의지에 전적으로 좌우하는 조건

가끔 계약이나 계약상의 의무가 전적으로 채무자의 판단에 따르는 경우 그에 따르도록 체결된다. 이런 경우 문제는 채무자가 진정으로 구속되길 원하는지 여부인데, 이는 해석상의 문제이다. 이 경우 만약 채무자가 구속의 의사가 없음이 분명한 경우 계약은 존재하지 아니하며 일체의 계약상의 의무도 존재하지 아니한다.

그러나 채무자가 자신의 판단에 구속의 의사가 있다면 채무자의 판단이 조건이 될 수 있다. 어떤 경우엔 일방 당사자가 계약의 체결여부의 선택권을 가지고 있다는 사실에도 불구하고 조건부 의무가 존재할 수 있다. 이런 경우는 선택권의 자유가 사실상 외부요인에 좌우되는 경우이다.

⑤ 종 결

장기간 협상을 수반하는 복합적이고 고액거래의 당사자들은 모든 규정된 조건(이행정지조건: 정지조건)이 충족되는 날을 전후하여 적기에(종결 날짜라 함), 적정한 장소에서 소위 종결 절차, 즉 공식적인 확인(formal acknowledgement) 절차인 종결 조항을 두고 있다. 이런 경우 일반적으로 그러나 반드시는 아니나 종결 날짜에 당사자들은 "이행정지조건"이 더 이상 존재하지 아니한다거나 어떤 조건이 충족되지 아니하였다면 이들 조건들을 포기함을 확인하는 서류에 서명할 것이다.

당사자들이 사용하는 용어에도 불구하고 "이행정지조건"으로 언급되는 모든 사건들이 본 조항이 정의하는 "조건"이다. 그러나 실제 관행에 의하면 혼합 규정들이 있다. 예컨대 모두 필요한 독점금지 허가서 취득, 주식거래허가, 수출허가서 취득, 은행융자취득과 같은 사건들은 사실 이행정지조건들일 수 있다. 왜냐하면 이들은 발생한다는 것이 분명하지 아니하는 사건들이기 때문이다.

그리고 일방 당사자의 주장이나 보증의 정확성, 어떤 특정 행위를 이행하거나 동 행위로부터 금지하겠다는 약속, 그리고 관련 당사자가 지급해야 할 세금이 없음을 증명하고 납세완납증명서의 제출과 같은 내용들은 당사자들이 거래의 공식 체결(종료)전에 이행되어야 함을 합의하는 사실상의 의무들이다. 따라서 이들은 발생이 불확실한 사건이 아니므로 이러한 규정들은 제 원칙하의 조건이 아니다.

역시 "종결"의 효과에 관해 이 내용이 조건에 해당하는 내용인지 여부에 관해 분명한 원칙이 없다. 실제에 있어 이에 대한 논리적인 해답을 계약상의 각종 규정조항들을 통해 추정하는 것이 어렵다. 특히 "이행정지조건들"이라는 조항들은 실제 조건들과 당사자들이 협상과정에서 여전히 합의할 필요가 있는 특정 문제 또는 종종 반드시 이행해야 하는 실질적인 의무로 구성되어 있다.

(17) 조건의 효력

2010년에 제정되어 현재에 이르고 있는 5.3.2조의 규정과 그 논평들을 보면 다음과 같다.

"당사자들이 달리 합의하지 아니하는 한,

(a) 관련 계약이나 계약상의 의무는 정지조건의 이행시에 효력을 가진다.

(b) 관련 계약이나 계약상의 의무는 해제조건의 이행시에 종료된다."

① 일반적인 보완 원칙

제 원칙에 의하면, 당사자들이 달리 합의하지 아니하는 한, 조건의 이행은 장래에 효력만을 가지지 소급해서 효력을 가지지 아니한다. 따라서 당사자들에게는 조건이 소급해서 효력을 가지는지 아니면 장래에 효력을 가지는지 여부를 명시하길 권고한다.

② 조건의 경우 소급적용의 효과는 없다.

정지조건의 경우 계약이나 계약상의 의무는 장래 불특정 사건이 발생하는 순간부터 자동적으로 효력을 가진다.

해제조건의 경우 계약이나 계약상의 의무는 장래 불특정 사건이 발생한다면 그 때 종료된다.

(18) 조건의 방해

2010년에 제정된 5.3.3조의 규정과 그 논평을 보면 다음과 같다.

"(1) 신의성실과 공정거래 의무 또는 협력의무에 반하여 조건의 이행이 일방 당사자에 의해 방해된다면 방해한 당사자는 조건의 불이행을 원용할 수 없다.

(2) 신의성실과 공정거래 의무 또는 협력의무에 반하여 조건의 이행이 일방 당사자에 의해 이루어진다면 이를 행한 당사자는 조건의 이행을 원용할 수 없다."

조건의 방해에 관한 본 조항은 1.7조에서 규정하고 있는 신의성실과 공정거래, 1.8조에서 규정하고 있는 양립하는 행동, 그리고 5.1.3조에서 규정하고 있는 당사자들간의 협력에 관한 일반원칙의 특수한 적용이다.

본 조항에 의하면, 당사자는 조건의 이행을 성취하기 위해 모든 합리적인 노력을 기울일 의무하에 있지 아니하다. 본 조항은 단지 신의성실과 공정거래 또는 협력 의무에 반하여 조건의 이행을 방해한 당사자는 조건의 불이행을 원용할 수 없음을 언급하고 있을 뿐이다.

반대로 당사자가 신의성실과 공정거래 또는 협력 의무에 반하는 조건의 이행을 일으킨다면 그 당사자는 조건의 이행을 원용할 수 없음을 언급하고 있을 뿐이다. 따라서 일방 당사자가 조건의 이행을 성취하기 위해 모든 합리적인 노력을 기울여야 할 의무하에 있는지 여부는 해석의 문제이다.

상관례에 의하면, 당사자 자신들은 거래의 완성이 조건이거나 이러한 최소한의 기준을 능가하여 실행할 수만 있다면 조건의 이행을 성취하기 위해 자신들의 최대한의 노력을 활용한 의무를 부과하는 모든 일들에 관해 신의성실의 원칙을 준수할 것을 명시적으로 규정할 수 있다.

이러한 조항들은 특수한 결과를 성취할 의무와 최대노력의 의무에 관한 규정인 5.1.4조에 따라 일방 당사자에게만 부과될 수 있다.

본 조항과 관련한 이행권이나 손해배상청구권과 같은 이용 가능한 구제권들은 이러한 구제권에 관한 계약규정과 일반원칙과 건별 특수한 상황에 따라 결정된다.

다음과 같은 4개의 실질적인 경우가 본 조항의 효과를 설명하기 위해 제시되어질 수 있다.

   (a) 정지조건의 이행이 신의성실과 공정거래 또는 협력 의무에 반하여 일방 당사자에 의해 방해된 경우 방해한 당사자는 정지조건의 불이행을 원용할 수 없다.

   (b) 해제조건의 이행이 신의성실과 공정거래 또는 협력 의무에 반하여 일방 당사자에 의해 방해된 경우 방해한 당사자는 조건의 불이행을 원용할 수 없다.

   (c) 정지조건의 이행이 신의성실과 공정거래 또는 협력 의무에 반하여 일방 당사자에 의해 일어나는 경우 그 당사자는 조건의 이행을 원용할 수 없다.

   (d) 해제 조건의 이행이 신의성실과 공정거래 또는 협력의무에 반하여 일방 당사자에 의해 일어난 경우 그 당사자는 조건의 이행을 원용할 수 없다.

(19) 권리 유지 의무

2010년에 제정된 5.3.4조의 규정과 그 논평을 보면 다음과 같다.

"조건을 이행할 때까지 일방 당사자는 신의성실과 공정거래에 따라 행동해야 할 의무에 반하여 조건이행의 경우에 타방 당사자의 권리를 불리하게 하기 위하여 행동할 수 없다."

본 조항은 조건이 이행되는 기간을 진행하는 기간동안 이루어진 행위에 관계하는 규정이다. 본 규정은 조건의 방해에 관한 규정인 5.3.3조에 해당하는 행위에 관여하지 아니한다. 조건의 방해에 해당하는 행위는 5.3.3조에서 취급된다.

일반적으로 조건의 이행이 보류되는 경우는 특수한 경우이며 신의성실과 공정거래라는 일반 제 원칙의 적용에 특별한 취급을 해야 한다. 왜냐하면 실제에 있어 조건의 이행으로부터 혜택을 입게 될 사람은 특별히 정지조건의 경우에 대비하여 보호받아야 하는 조건부 권리를 가지기 때문이다.

일반적으로 조건의 이행이 이루어질 때까지의 기간 동안 일방 당사자의 행위는 타방 당사자의 입장에 유해하게 영향을 줄 수 있다. 따라서 본 조항은 일방 당사자에 의한 행위의 효과를 교정하기보다는 이러한 행위를 예방하는 것이 일반적으로 좋다는 것을 전제하고 있다.

본 조항은 당사자들로 하여금 이러한 문제를 검토하도록 하는 조언 규정으로 역시 중요성이 있으며, 특히 조건의 이행으로부터 수혜를 입은 사람이 자신의 권리를 유지하기 위하여 어떤 조치를 취할 수 있는지를 명시적으로 언급하고 있다.

이러한 본 조항의 기능에 따라 일반적인 상관행에 의하면, 당사자들은 가끔 "정상적인 영업과정의 언약(약속)으로" 알려진 특수한 규정을 작성할 수 있으며, 동 규정은 서명 날짜와 종결 날짜간의 효력에 대해 주로 규정하고, 이러한 정상적인 영업과정에 해당하는 거래에만 당사자들의 자산을 처분할 권리를 제한하고 있다.

이렇게 볼 때, 본 규정은 계약에 따라 정지조건이 진행되는 과정이 당사자들에게는 중요한 기간이 될 수 있으므로, 예컨대 동 기간 동안 당사자들이 각자의 재산의 처분을 제한하는 경우가 종종 있을 수 있는바, 이런 경우를 당사자들간에 계약을 통해 가능하게 하므로 정지조건이 이행되는 기간 동안에 각 당사자들이 손해를 입는 것을 방지하기 위하는 데 본 규정의 목적이 있다.

(20) 해제조건이 이행된 경우 원상회복

2010년에 제정된 5.3.5조의 규정과 그 논평을 보면 다음과 같다.

"(1) 해제조건이 이행된 때 사전에 이행된 계약에 관한 원상회복 규정인 7.3.6 조와 기간이 경과하여 이행된 계약에 관한 원상회복 규정인 7.3.7조에 규정된 원상회복에 관한 원칙이 적절한 조정을 통해 적용된다.

(2) 당사자들이 해제조건이 소급해서 적용됨을 합의한 경우 해제에 따른 원상회복에 관한 규정인 3.2.15에서 규정한 원상회복에 관한 원칙이 적절한 조정을 통해 적용된다."

해제조건으로 된 계약이 해제조건의 이행의 결과로서 종료되는 경우 당사자들은 전부 또는 일부 계약하의 자신들의 의무를 종종 이행하게 마련이다. 그런데 당사자들은 자신들이 이미 수취한 것을 원상회복시킬 의무가 있는지 여부 그리고 있다면 어떤 원칙하에서 원상회복이 이루어져야 하는지에 관해 문제가 생긴다.

제 원칙에 의하면, 해제조건의 이행은 일반적으로 예측되는 효력만을 가진다. 이런 이유에서 원상회복은 역시 예측되는 경우에만 효력을 가지는 계약의 종료에 따른 원상회복에 관한 7.3.6조, 7.3.7조에 규정된 원칙에 따라야 한다.

계약해제에 따른 원상회복 규정인 3.2.15조에 비하여 7.3.6조와 7.3.7조에서 규정하고 있는 원상회복의 특징은 기간이 경과하여 이행된 계약에 관하여 계약이 종료된 기간전에 이루어진 이행에 대한 원상회복은 청구할 수 없다.

그러나 제 원칙에 의하면, 당사자들은 해제조건을 소급해서 적용할 것을 결정할 자유를 가진다. 이런 상황하에서는 해제에 따른 원상회복 규정인 3.2.15조에 규정된 원상회복제도를 적용하는 것이 적절한 것처럼 보인다. 왜냐하면 동 규정에 의하면 해제는 역시 소급해서 효력을 가지기 때문이다.

이렇게 볼 때, 기간이 경과하여 이행된 계약의 경우에 원상회복을 위한 특별한 원칙이 없다.

2) 계약내용 해석원칙

1994년에 제정되어 2010년 개정에도 변경 없이 그대로 적용되고 있는 제 원칙상의 계약 내용 해석원칙을 보면 다음과 같다.

4.1조 (1)항을 통해 계약해석에 있어 당사자들의 의사일치를 최우선의 해석원칙으로 하는 주관적 해석원칙을 규정하고 있다.

당사자들의 일치한 의사가 확정될 수 없는 경우에 대비하여 당사자들과 동일한 종류의 합리적인 사람이 동일한 상황하에서 계약내용에 대하여 가질 수 있는 의미에 따라 해석되어야 한다는 합리적인 해석원칙을 4.1조 (2)항이 규정하고 있다.

반면에 주관적 기준에 따라 일치한 의사를 가졌는지 여부 또는 가졌을 경우 그러한 일치한 의사가 무엇인지를 확정하기 위해 고려할 수 있는 많은 상황 가운데 가장 중요하게 참고해야 할 고려사항에 대하여는 4.3조[84]에서 규정하고 있다. 그러나 주관적 기준과 합리성 기준은 경우에 따라 있을 수 있는 표준조건의 경우 이러한 기준의 적용에 따른 해석은 적절하지 아니할 수 있는바, 표준조건 사용의 경우 어느 일방이나 동일한 합리적인 사람이 가질지 모르는 실질적인 이해와 관계없이 표준조건의 일반적 사용자들의 합리적인 기대에 따라 기본적으로 해석되어야 한다.[85]

CISG 8조 (1), (2)항과 문자적으로 동일한 내용으로 4.1조에 규정된 기준과 전반적으로 유사한 4.2조의 규정은 일방의 진술과 기타행위의 해석에 관해 관련 당사자의 의사를 우선해야 한다는 주관적 기준과 이러한 기준을 적용할 수 없는 경우 일방의 진술과 기타행위는 합리적 기준에 따라 해석되어야 함을 규정하고 있다.

4.1조와 4.2조상의 주관적 기준과 객관적 기준에 따라 해석할 때, 주관적 기준 해석시에 고려해야 할 사항으로 당사자들과 직접 관련이 있는 특수한 상황(주관적 상황)으로 3가지, 일반적 성격을 지니는 것으로 객관적 기준해석시 고려해야 할 일반적 상황(객관적 상황)으로 3가지를 제시하여[86] PICC상의 의사와 일방적인 행위에 대한 주요한 해석기준인 주관적 기준과 객관적 기준을 보완하고 있다.

4.4조에 의하면, 일방적인 행위, 즉 진술이나 기타행위는 여러 가지이지만 전 계약이나 계약상의 진술의 일부이기에 전 계약이나 진술에 입각하여 해당 내용(조

---

84) 당사자들간의 예비협상, 당사자들 간에 기확립된 관행, 계약체결 후에 이루어진 당사자들의 행위, 계약의 성격과 목적, 관련거래에 사용된 표현이나 내용에 주어지는 의미, 거래관습 등이 고려대상임.

85) http://www.unidroit.org/english/principles/chapter-4.ht, 4.1, comment. 표준조건의 정의는 2.19(2)에 규정되어 있다.

86) 규정 가운데 "…all the circumstances, including, (a)(b)(c)(d)(e)(f)"의 표현에 따라 거래의 성격과 계약의 성격에 따라서는 이와 다른 관련 상황이 있을 수 있다.

건)이나 표현을 이해하고 해석해야지 독자적으로 해석을 해서는 아니된다는 것이다. 그렇다고 해서 계약내용(조건)에 계층, 즉 우선순위가 있는 것으로 착각해서는 아니된다. PICC에 의하면, 계약내용들 가운데 어떠한 우선 순위를 나타내는 계층을 적용하고 있지 아니함이 원칙이다.

그러나 전문[87]의 내용은 계약규정의 해석과 관련이 있을 수 있다. 그리고 계약 규정들 간의 저촉의 경우 특수한 성격의 규정이 일반적인 원칙[88]을 규정하고 있는 규정에 우선한다. 그리고 당사자들이 자신들의 계약서상의 상이한 규정들이나 부분들 가운데 우선순위나 중요도를 스스로 명시한 경우에 이러한 우선순위가 적용될 수 있다. 예컨대 거래의 법적 성격이나 경제적이고 기술적인 면에 따라 작성되는 상이한 서류로 구성되는 복합 합의서와 같은 경우에는 우선순위가 있을 수 있다.[89]

계약의 내용을 해석할 때 계약상의 내용이나 표현마다 효력을 부여한다는 차원에서 모든 조건을 해석해야 함을 4.5조가 규정하므로, 조건 해석에 있어 부정적 보다는 긍정적 해석원칙을 취하고 있다.

의미는 분명한데 쌍방이 동 의미를 두고 달리 해석할 경우 동 의미의 부정보다는 긍정으로 해석하라는 4.5조의 규정의 경우와는 달리 내용자체가 불분명한 경우에 대비한 규정이 4.6조이다. 이런 경우 일방이 제공한 계약서의 내용이 모호하여 이로 인한 제공자의 자의적 해석으로 인해 누릴 수 있는 혜택을 방지하는 데 그리고 함정을 지닌 고의성 표시에 대한 책임 추궁에 본 규정의 제정목적이 있다고 여겨진다.

동일한 계약서가 상이한 언어로 번역되거나 상이한 언어로 기번역되어 있는 통일된 국제규칙 인용의 경우로서 그 의미가 상이할 경우 사전합의가 우선하고, 사전합의가 없는 경우 최초번역본이나 보다 분명한 번역본(최초 번역본이 복수인 경우[90]) 또는 기번역된 통일규칙번역 가운데 그 의미가 가장 분명한 번역본[91]을 사용하여 해석하도록 4.7조가 규정하고 있다.

일반적으로 국제협약 등에 의하면, 이행시기, 장소, 지급통화 등과 같은 이행과 관련한 규정들은 계약서상에 이들에 대해 언급이 없거나 언급이 있어도 해석상

---

87) 헌법전문이 헌법규정에 우선하듯 전문의 규정은 원칙의 PICC에 우선한다.

88) 예컨대 국제상거래와 관련한 우리나라의 무역기본법이라 할 수 있는 대외무역법은 일반상법에 우선하는바, 이는 대외무역법은 대외무역의 적용만을 위해 특별히 제정되었기 때문에 일반상거래에 적용을 위해 제정된 상법에 우선한다.

89) http://www.unidroit.org/english/principles/chapter—4.ht, 4.4, comment.

90) UNCITRAL이 제정하는 협약은 UN의 6개 공식 언어로 번역되고 있다.

91) ICC가 제정하는 통일상관습의 경우 불어판의 의미가 가장 분명하다.

의 간격이 있을 경우를 대비한 규정이라 해도, 일반적인 성격을 지닌 보완적 또는 미봉책(a suppletion or stop-gap rules of a general character)의 원칙일 뿐 진정한 의미의 해석원칙이 될 수 없다. 왜냐하면 이들은 당사자들의 기대의 입장에서와 계약의 특수한 성격의 입장에서 볼 때 상황에 적절한 해결방법이 될 수 없기 때문이다. 이런 경우에 대비한 규정이 4.8조 규정이다.

4조 (a)호, 8조 (3)항, 9조 (2)항, 18조 (3)항의 규정을 통해 알 수 있는 것은 CISG는 당사자의 의도의 증거를 제공하기 위하여 일반적으로 형성되었건 특수하게 형성되었건 관계없이 거래관습형태의 성격을 띤 관습적인 국제상거래법에 의해 CISG의 보완을 분명히 허용하는 것이다. 아울러 국제관습의 입증은 관행이 법적권위를 지니고 있다는 주관적인 신념과 관행의 일반적인 승인을 필요로 한다.

【4】 10조 : 영업장소의 정의

Article 10

For the purposes of this Convention :
(a) if a party has more than one place of business, the place of business is that which has the closest relationship to the contract and its performance, having regard to the circumstances known to or contemplated by the parties at any time before or at the conclusion of the contract;
(b) if a party does not have a place of business reference is to be made to his habitual residence.

이 협약을 적용하는 데 있어:
(a) 일방이 두 개 이상의 영업장소를 가지고 있을 경우, 영업장소는 계약체결 당시 혹은 그 이전에 당사자들이 알았거나 예상한 여건을 고려하여 계약과 그 이행에 밀접한 관계를 가지는 장소이다.
(b) 일방이 영업장소를 갖고 있지 아니한 경우 영업장소는 일방의 상주적(常住的)인 거소(居所)이다.

본 조항은 일방의 관련 영업장소의 결정을 다룬 규정이다.

1) 영업장소/(a)호

본 규정은 계약 당사자가 둘 이상의 영업장소를 갖고 있는 경우를 다루고 있는데, 이 규정과 관련하여 수많은 상이한 문제에 관해 의문이 제기되고 있다.

관련 영업장소의 결정은 계약에 협약의 적용여부를 결정하는 데 중요하다. 협약을 적용하기 위해선 당사자들의 영업장소가 상이한 국가에 있는 당사자들 간의 계약이라야 한다.[92] 더욱이 대부분의 경우 그러한 국가들은 협약국가들이라야 한다.[93] 협약이 적용되는지 여부를 결정하기 위해 일방의 모든 영업장소가 타방이 영업장소를 두고 있는 협약국 이외의 협약국에 위치하고 있는 경우에는 아무런 문제가 일어나지 아니한다. 이런 경우 어느 협약국이 일방의 관련 영업장소로서 지정된다 해도 일방과 타방의 영업장소는 상이한 협약국이 될 것이다.

문제는 일방의 영업장소 가운데 하나가 타방의 영업장소와 같은 협약국가 또는 비협약국가에 위치하고 있을 때만 일어난다. 이런 경우 일방의 상이한 영업장소 가운데 어느 것이 1조에서 말하는 관련 영업장소인가를 결정하는 것이 결정적이다. 관련 영업장소의 결정은 역시 12조, 20조 (2)항, 24조, 31조 (c)호, 42조 (1)항 (b)호, 57조 (1)항 (a)호, 96조를 위해서도 필요하다. 특히 20조 (2)항, 24조, 31조 (c)호, 57조 (1)항의 경우 특정한 국가 내에 있는 두 개의 영업장소 간에 관련 영업장소를 선정하는 것과 두 개의 상이한 국가에 있는 영업장소 간에 관련 영업장소를 선정하는 것이 필요할지 모른다.[94] 왜냐하면 시차(時差)가 있기 때문이다.

관련 영업장소의 결정기준은 다음과 같다.

① 계약 및 이행과 가장 밀접한 관계를 가진 영업장소라야 한다. 이때의 계약 및 이행이란 청약, 승낙, 계약이행에 관한 모든 요소를 포함한 전체 거래를 의미한다. 따라서 본점이나 주요한 영업장소의 위치는 관련 영업장소와 관계가 없다. 단, 그 본점이나 영업장소가 규정에서 말하는 대로 계약과 그 이행에 밀접한 관계를 가지는 영업장소가 될 만큼 당해 거래와 관련이 있을 때는 그러하지 아니하다.

② 계약체결 전이나 체결 당시에 당사자들이 알고 있거나 예기한 상황을 고려한 장소라야 한다. 따라서 예컨대, 매도인이 A국에 있는 자신의 영업장소에서 계약을 이행할 것을 계획하였다면 자신의 영업장소는 A국이라는 사실이 계약체결 후의

---

92) 그러나 6조에 의해 이를 배제할 수 있다.
93) 1조 (1)항 (a)호.
94) 69조 (2)항의 경우 본 조항에 따라 관련 영업장소를 결정하는 것은 필요없다.

결정에 의해 B국에 있는 자신의 영업장소에서 계약을 이행하려는 계획에 의해 변경되어서는 아니 된다.

2) 거소(居所)/(b)호

본 규정은 당사자 중 일방이 영업장소를 두고 있지 아니한 경우를 규정하고 있다. 대부분의 국제계약은 영업장소를 알고 있는 기업인에 의해 체결되고 있다. 그러나 가끔 기존의 영업장소를 갖고 있지 아니하는 사람이 협약 2조 (a)항에 해당하는 개인용, 가족용 또는 가사용을 위한 것이 아닌, 상업 목적의 물품매매계약을 체결할 수 있다. 이런 경우에 이 사람의 거소가 영업장소로 참고 되도록 규정하고 있다.

일방이 둘 이상의 영업장소를 가지고 있을 경우에 일어날 수 있는 문제점들과 실질적인 해답은 이미 1조에서 언급한 바 있다.[95]

주의를 요할 것은 CISG와 관련한 판례와 제정사를 통해 볼 때, 동법에서 말하는 영업장소는 회사설립 장소나 본사가 필연적이지는 않지만 계약을 체결하는 상거래 당사자가 자신의 주요한 계약이행을 수행할 수 있는 장소임을 분명히 하고 있다.[96]

3) PICC상의 영업장소

1.11조 정의규정상의 영업장소는 계약체결전이나 체결시에 언제라도 당사자들에게 알려진 또는 이들에 의해 예상되는 상황을 고려한 계약과 그 이행과 일정한 관계를 가지는 장소이다.

본 규정은 복수영업장소를 두고 있는 당사자의 영업장소 선정기준을 규정하고 있다고 볼 수 있는바, 본 규정에 근거한 영업장소의 선정방법은 다음과 같다.

당사자의 영업장소를 1.10조 (3)항에서와 같이 통지의 인도를 위한 장소, 1.12조에서 말하는 승낙기간의 마지막날이 공휴일인 경우 승낙기간의 연장 가능한 장소, 6.1.6조에서 말하는 이행장소, 6.1.14조 (a)호에서 말하는 공공허가를 신청해야

---

95) A/CONF.97/19, p.19.
96) C. H. Martin, *op. cit.,* p.33.

하는 일방의 결정이 가능한 장소와 같은 여러 가지 상황과 관련이 있다. 대개 주된 사무소와 다양한 지점 사무소를 두고 있는 복수영업장소를 가진 일방과 관련하여 본 조항은 관련 영업장소는 계약과 이행과 가장 밀접한 관계를 가지는 장소를 염두에 두어야 한다는 원칙을 규정하고 있다.

계약체결 장소와 이행의 장소가 다른 경우에 관해서는 아무런 언급이 없다. 그러나 이런 경우엔 이행장소가 보다 관련이 있는 장소로 생각된다. 계약체결과 이행과 가장 밀접한 관계를 가지는 영업장소의 결정시에 계약체결권이나 계약체결시에 언제라도 양 당사자들에게 알려져 있거나 예상되는 상황을 고려해야 한다. 그러므로 계약체결 후에 당사자 중 일방에게만 알려진 또는 알게 된 사실은 고려의 대상이 될 수 없다.

【5】 11조 : 계약의 서면작성을 요구하는 국내요건의 배제

Article 11

A contract of sale need not be concluded in or evidenced by writing and is not subject to any other requirement as to form. It may be proved by any means, including witnesses.

매매계약은 서면으로 체결되거나 입증될 필요가 없으며 형식에 대해서도 기타의 다른 요건에 구속받지 아니한다. 매매계약은 증인을 포함하여 모든 수단에 의하여 입증될 수 있다.

본 조항은 계약형식자유에 관한 일반원칙으로 매매계약이 서면에 의해 입증될 필요가 없으며, 매매계약 형식에 관한 그 어떠한 요건에 따르지 아니함을 규정하므로 무형식주의를 채용하고 있다.

본 조항은 DCIS 10조와 똑같으며, 실제에 있어 ULIS 15조와 ULF 3조와 같다.

1) 일반원칙

본 규정상에 "형식에 대해서도 기타의 요건(any other requirements at to

form)"이라는 표현은 오래된 매매법에 놀라울 정도로 많이 자리잡고 있는 그러면서 쓸모없는 무서운 유물[97](遺物)인 약인(約因 : consideration)을 필요로 하지 아니한다는 전제를 내포하고 있다.

본 조항을 규정한 것은 많은 국제매매계약이 항상 서면계약과 관련이 없는 현대 통신수단에 의해 체결된다는 사실에 근거한 것이다. 그럼에도 불구하고 매도인과 매수인의 정부규제를 위해서든, 외환관리법을 강화하기 위해서든, 그 어떤 이유에서든 이러한 계약이 서면이기를 요구하는 국가의 법률위반에 대한 행정적 또는 형사적 제재는 계약 그 자체가 당사자들 간에 집행될 수 있다 해도 서면 없이 계약을 체결한 당사자를 상대로 여전히 집행될 수 있다.

계약체결형식에 관한 일체의 요건을 배제함을 원칙으로 하되, 중요한 미풍양속의 문제로서 국제매매계약은 서면으로 체결되어야 한다는 요건을 일부 국가에서 규정하고 있다. 이에 대비하여 일방이 협약국 내에 영업장소를 둔 거래에 대해 협약국들은 11조의 규정적용을 배제할 수 있는 제도를 12조가 규정하고 있다.[98]

2) PICC원칙

PICC는, 12조에 의한 96조의 선언을 통해 서면계약체결요건을 요구할 수 있게 되어 있는 CISG와 달리, 1.1조와 1.2조를 통해 계약체결과 그 내용결정에 계약자유원칙과 계약형식자유의 원칙을 고수하고 있다. 그러나 계약자유와 형식자유(체결, 기타 계약체결과 관련한 일체의 계약형식 자유)가 1.2조와 1.4조의 논평에 의하면 강제규정에 우선하지 못하는 등 일반법에 우선하는 계약체결자유의 원칙에 따른 합의에 따라 계약형식자유원칙에도 예외가 있을 수 있음을 알 수 있다.

특히 계약형식에 관한 1.2조는 2004년에 규정과 논평을 수정하였는바, 1994년의 "계약"에 불요식 요구가 2004년에 "계약" 외에 "진술," "기타 행위"가 추가되고 1994년의 "문서(서면)"라는 표현 대신 "특정형식"으로 변경되었다.

이는 입증을 필요로 하는 것이 계약뿐만 아니라 일체의 진술이나 기타 행위, 즉 일방의 청약에 대한 승낙으로 행위에 의해 계약이 성립하는 편무계약(unilateral contract)도 그 대상이 될 수 있음을 전제로 하고 있다. 이는 CISG 18조에 의하면

---

97) J. O. Honnald, *op. cit.,* p.67.
98) A/CONF.97/19, p.20.

승낙표시가 진술, 기타행위, 침묵, 무위, 구두, 행위가 될 수 있음을 전제로 하고 있는 바, 일차적으로 CISG의 기초 초안자로 볼 수 있는 UNIDROIT가 CISG해석에 적용을 보다 용이하게 하기 위해 수정한 것과 같다.

그리고 1994년까지는 1.2조가 CISG 11조상의 계약형식 자유원칙과 보조를 같이하는 규정이었으나 CUECIC가 초안되어 가는 과정에서 "서면(문서)"이라는 표현이 "형식" 가운데 포함되는, 즉 "형식"이 "서면"을 포함하는 포괄적 의미로 변경되고, CISG 13조상의 "문서"의 정의와 해설규정을 통해서도 "형식" "문서(서면)"의 포괄적이면서 IT기술의 발전에 따른 현대적 표현임을 묵시하고 있기에 이에 따른 보조로 1.2.조상의 표현 변경으로 볼 수 있다.

불요식을 규정하고 있는 1.2조에 관한 논평을 보면 다음과 같다.

(1) 계약의 형식요건을 원칙적으로 전제하지 아니한다.

본 규정은 계약체결이 형식에 관해 어떠한 요건도 전제로 하지 아니한다는 원칙을 규정하고 있다. 이러한 원칙과 동일한 원칙이 당사자들의 합의에 의한 계약의 후속 수정이나 종료에도 역시 적용된다.

모두는 아니나 많은 법률체계에서 인정되고 있는 본 원칙은 현대 통신수단 덕분에 많은 거래가 매우 신속하게 대화, 전송장치, 종이계약, 이메일과 웹통신 등의 복합을 통해 체결되는 국제거래관계와 관련하여 볼 때 특별히 적합한 것처럼 보인다.

본 규정의 첫째 문단은 형식에 관한 요건을 본질에 관한 문제로 보는 법률체계와 해석에 관한 요건을 입증 목적만으로 다루려는 법률체계를 모두 고려한 부분이다.

둘째 문단은 계약자유의 원칙이 적용되는 범위까지 재판 과정에서 구두증거의 인정을 묵시적으로 용인함을 분명히 하려는 의도이다.

(2) 진술과 편무행위의 의미

형식에 관해 아무런 요건을 요구하지 아니하는 원칙은 진술과 기타 편무행위에도 역시 적용된다. 이러한 진술과 편무행위와 같은 행위에 있어 가장 중요한 행위는 예컨대 청약, 청약의 승낙, 청약을 무효시킬 권한이 있는 당사자에 의한 계약의 확인, 당사자 중 일방에 의한 가격의 결정과 같은 계약의 성립과 이행과정에서 또는 당사자들에 의해 이루어지는 의사의 진술이다.

(3) 준거법하에서 가능한 예외 : 형식요건 규정의 적용 제한

형식에 관해 아무런 요건을 요구하지 아니하는 원칙은 강행규정에 관한 규정인 1.4조에 따라 적용되는 준거법에 의해 물론 무시될 수 있다. 왜냐하면 일반적으로 국내법과 국제법은 전부 또는 예컨대 중재합의나 법정선택의 합의와 같은 개별 조건(내용)을 통해 계약에 관한 형식에 관해 특별한 요건을 부과할 수 있기 때문이다.

(4) 당사자들에 의해 합의한 형식 요건의 우선 : 형식요건 규정의 적용 제한

더욱이 당사자들은 자신들의 계약체결, 수정이나 종료에 관해 또는 그들이 자신의 계약의 성립이나 이행의 과정에서 또는 기타 이와 관련하는 과정에서 그들이 할 수 있는 기타 진술이나 행할 수 있는 편무행위에 대하여 특수한 형식에 관해 합의할 수 있다. 이와 관련하여 특별히 2.1.13, 2.1.17, 그리고 2.1.18을 참고할 필요가 있다.

그리고 단순한 합의의 효력에 관한 3.1.2조에 따라 계약은 일체의 추가요건 없이 당사자들의 단순한 합의에 의해 체결, 수정 또는 종료됨을 규정하고 있다.

우리가 알고 있듯이 보통법 체제 하에서의 약인은 당사자들의 계약의 수정이나 종료뿐만 아니라 계약의 효력이나 집행을 위한 전제(선행)조건으로 전통적으로 인정되어 왔다.

그러나 상사거래에 있어 이러한 요건은 실질적으로 중요하지 아니하다. 왜냐하면 상거래와 관련하여 의무란 양 당사자들에 의해 거의 항상 보증되고 있기 때문이다. 이런 이유에서 CISG 29조 계약수정 규정 (1)항은 국제물품매매계약의 당사자들에 의한 계약의 수정과 종료에 관하여 약인의 요건을 면제시키고 있다.

본 조항이 약인 면제의 접근을 일반적인 국제상거래계약의 당사자들에 의한 계약체결, 수정 그리고 종료에까지 연장하고 있다는 사실은 약인 요건에 대한 명확성의 제고와 약인으로 인한 소송을 감소시킬 것이다.

이렇게 볼 때, 본 조항은 몇몇 대륙법체계하에서 존재하고 영미보통법과의 "약인"과 어떤 면에서는 기능적으로 유사한 "동기," 즉 "원인" 요건을 역시 배제하고 있다.

결국 본 원칙도 협약과 같은 취지임을 알 수 있다.

3) CUECIC의 원칙

11조의 목적은 계약의 형식과 관련이 있는 서면형식요건이 필요 없음을 보증하는 규정이다.

서면과 관련한 전보와 Telex가 아닌 전자통신의 문서성의 문제가 1970년대 CISG 초안당시에 고려되지 아니하였다. 그럼에도 불구하고 11조상에서 서면에 관한 일체의 형식에 관해 언급이 없으므로 CISG는 당사자들로 하여금 전자적으로 계약을 체결을 허용하고 있다.[99]

【6】 12조 : 계약형식에 관한 국내요건을 유보하려는 협약국의 선언

Article 12

Any provision of article 11, article 29 or Part II of this Convention that allows a contract of sale or its modification or termination by agreement or any offer, acceptance or other indication of intention to be made in any form other than in writing does not apply where any party has his place of business in a Contracting State which has made a declaration under article 96 of this Convention. The parties may not derogate from or vary the effect of this article.

매매계약 또는 합의에 의한 매매계약의 수정이나 종료, 청약, 승낙, 기타 의사표시는 서면 이외의 형식으로 작성될 수 있음을 허용하는 11조, 29조, 협약 2부의 모든 규정은 본 협약의 96조에 따라 선언을 한 협약국 내에 자신의 영업소를 일방이 두고 있는 경우에는 적용되지 아니한다. 당사자들은 본 조항의 효과를 변경하거나 본 조항의 효과를 감소시킬 수 없다.

계약이나 계약의 수정 또는 합의에 의한 소멸이 서면으로 되어야 한다는 것이 공서양속(公序良俗 : 공중질서와 미풍양속; public policy)의 중요한 요소임을 협약국

---

99) http://www.cisg.law.pace.due/cisg-ac-op.1.html, p.1.

가들이 생각할 수 있음을 본 조항이 인정하고 있다.

본 조항은 DCIS 11조와 실질적으로 똑같다. 그리고 96조를 실제에 있어 반복하고 있는 본 조항은 11조가 96조의 유보선언에 의하여 영향을 받을지 모른다는 사실에 관심을 끌기 위하여 11조에 뒤이어 삽입되었다.

일방이 협약국에 자신의 영업소를 두고 있을 경우 매매계약 또는 합의에 의한 매매계약의 수정이나 종료, 청약, 승낙, 기타 의사표시를 서면 이외의 형식으로 할 수 있음을 허용하고 있는 11조, 29조 또는 협약 2부의 규정의 적용을 금지한다는 96조의 유보선언을 협약국으로 하여금 할 수 있게 본 조항이 허용하고 있다.[100]

본 조항의 효력은 11조, 29조, 협약 제2부의 규정에 한정되기 때문에 협약하에서 필요로 하는 모든 의사표시나 통지를 본 조항이 포함하지 아니한다. 그러나 계약의 성립이나 수정, 그리고 합의에 의한 소멸에 관한 모든 의사표시나 통지는 그러하지 아니하다. 따라서 이외의 기타 통지는 상황에 따라 서면 외의 적합한 수단에 의해 이루어질 수 있다.

본 조항에서 언급하고 있는 사항과 관련한 서면 요건은 협약국의 공서양속의 문제로 생각되기 때문에 계약자유의 원칙은 이러한 조항에 적용되지 아니한다. 따라서 본 조항은 당사자들에 의해 변경되거나 감소될 수 없다.[101]

전 세계적으로 국제물품매매계약에 적용할 수 있는 국내매매법은 다음과 같은 서면요건들 중 하나를 요구하고 있다.

① 국제물품매매계약은 항상 서면형식으로 작성되어야 한다(소련의 입장).
② 서면계약은 모든 경우가 아닌 특수한 경우에 의무적이어야 한다(미국의 입장).
③ 매매법이 의무적으로 서면서식을 조금이라도 요구하거나 강요해서는 아니된다(그 외 모든 국가[102]).

---

100) 11조, 12조, 29조, 35조, 96조는 사기방지법과 관련한 규정들이다.
101) 이는 본 조항이 계약자유의 원칙에 우선함을 의미한다.
102) A. H. Kritzer, *op. cit.,* p.143. 사실 96조는 러시아의 편의를 도모하기 위하여 규정되었다.

【7】 13조 : 서면으로서의 전보와 Telex

Article 13

For the purposes of this Convention "writing" includes telegram and telex.

이 협약을 위하여 서면이란 전보와 telex를 포함한다.

본 조항은 서식요건에 대한 통일된 객관적 표준을 이룩하기 위한 규정으로, 외교회의에서 추가된 내용이다.

1) 일반 원칙

당사자들은 국내서식 요건이 보다 높은 표준을 부과하고, 국내서식 요건에 대한 정보를 얻는 데 어려움이 있을 수 있는 국내서식 요건에 따를 필요가 없다. 왜냐하면 아무런 요건이 없는 전보나 Telex를 서면과 같이 취급하므로 국내서식요건에 구애받지 아니하도록 하고 있기 때문이다.

PICC 1.11조 정의규정에 의하면 "서면이란 서면 가운데 명시된 정보기록을 보유하고, 유형의 형태로 재생산될 수 있는 일체의 통신방법을 말한다"라고 규정하고 있다.

이렇게 볼 때, 협약은 서면의 종류를 규정하고 있을 뿐 서면의 정의를 규정하고 있지 아니하다. 그러나 PICC는 1.10조를 통해 일체의 의사통지수단을 통지수단으로 인정하면서 일체의 통지수단의 범주에 들어가면서 상황에 적절한 통지수단으로 선언, 요구, 요청 또는 기타 모든 의사를 인정하고 있을 뿐만 아니라 동시에 1.11조를 통해 모든 통지수단으로 구두통지 외 통지수단으로 사용될 수 있는 서면, 즉 문서의 정의를 함으로써 양자를 구분하고 있다. 따라서 1.11조상의 서면에 관한 공식 요건, 즉 정의는 보다 융통성을 부여하려는 1.10조상의 통지의 형식과는 분명히 구분해야 한다.

문자적으로 보면, 인터넷 통신도 PICC에서 말하는 서면이 될 수 있는바, 이는 현대 전자상거래를 염두에 두고 한 것 같다. 특히 보다 융통성이 있는 통지의 가능성을 위해 "기록으로 보존되어 유형으로 재생산될 수 있는" 것을 서면의 공식요건으로 하고 있는바, 이러한 요건을 갖춘 일체의 통신방법을 서면으로 인정하고 있다. 이렇게 볼 때 서면요건을 기능적 의미로 정의하고 있다고 볼 수 있다.

2) CUECIC의 원칙

13조에 대한 위원회의 의견과 논평은 다음과 같다.

CISG상의 서면이란 용어는 인지할 수 있는 형식으로 된 검색할 수 있는 일체의 전자통신을 역시 포함한다. 따라서 당사자들은 CISG 6조의 규정에 따라 자신들이 사용하고자 하는 서면 형식에 관해 합의할 수 있다. 예컨대 그들은 특송을 통해 발송된 종이편지만을 인정함을 합의할 수 있다. 따라서 당사자들이 서면의 의미를 제한하지 아니한 전자통신이 동 규정에서 말하는 "서면"의 정의에 포함된다는 전제가 있어야 한다.

그리고 이러한 전제는 CISG 9조 1항과 2항에서 규정하고 있는 당사자들의 사전(과거)행동이나 관습에 따라 강조되거나 퇴색될 수 있다. 다만 이러한 의견은 계약형식에 관한 국내요건을 유보하려는 협약의 선언규정인 96조에 따라 협약국에 의해 이루어진 유보조건을 취급하지 아니하며 이러한 유보조건을 한 협약국에 그 어떠한 제한을 부과하지 아니한다. 따라서 96조의 선언에 따라 전자통신이 제시될 수도 있다.[103]

이렇게 볼 때, 규정자체에 의해 전자통신의 문서성이 인정되고, 6조에 의해 전자통신의 문서성을 인정할 수 있으며 9조 1항과 2항에 의해 전자통신이 한층 강조되는 문서성이 될 수도 있고 문서성의 효력이 약해질 수도 있다. 96조의 선언에 의해 전자통신의 유효성이 인정된다.

Martin은 13조상의 "includes"라는 용어는 비배타적 용어로 모든 전자통신형식을 포함하고 있다고 보아야 한다고 주장하고 있다.[104]

---

103) http://www.cisg.law.pace.due/cisg−ac−op.1.html, p.2.
104) C. H. Martin, *op. cit.,* p.8.

제 2 부 **계약의 성립**

제 1 장   계약의 성립

---

1. 구 성

2. 개 요

　제2부는 14조부터 24조까지의 조문으로 구성되어 있으며, 청약과 승낙에 의한 계약의 성립에 관해 규정하고 있다. 14조부터 17조까지는 청약에 관해, 18조부터 22조까지는 승낙에 관해 규정하고 있다. 그리고 23조에서 청약의 승낙이 효력을 발생한 때에 계약이 성립함을, 즉 법적 구속력을 지님을 규정하고 있다. 따라서 계약 성립에는 약인도 특별한 방식도 필요 없다. 24조는 의사표시가 수신인에게 도달하

는 시점에 대한 정의를 하고 있다.

1) 약인에 대한 협약의 입장

이미 설명한 대로 제2부는 역사적으로 볼 때 1964년의 ULF의 후신이다. 따라서 협약 92조는 두 개의 통일법에서 비롯되었다는 과거의 정신을 인정하여 협약국이 협약에 가입할 때에 이미 양 협약을 채용하고 있는 국가들을 의식하여 제2부에 구속되지 아니한다는 취지의 선언을 인정하고 있다.

실질적으로 제3부(1964년의 ULIS에 해당하는 부분)를 채용하는 국가는 대개 제2부를 채용하는 것으로 생각할 수 있지만 현재까지 덴마크, 핀란드, 노르웨이, 스웨덴이 92조에 의해 제2부를 채용하지 아니함을 선언하고 있다.[1]

본 협약의 규정을 통해 영미법에 익숙해 있는 학자들이 자주 지적하는 것으로 약인이나 사기방지법에 관한 규정이 없다는 것이다. 우선 영미법에 있어서는 날인증서(捺印証書 : covenant; testament; deed)에 의하지 아니하는 한 모든 약속에 대해서는 대가(對價), 즉 약인이 필요하다. 따라서 이러한 원칙하에서는 청약과 승낙이 있어도 약인이 없다면 계약은 강행할 수가 없다. 실제 문제로서 일반적으로 상거래에서는 대가 없이 약속을 한다는 것은 있을 수가 없기 때문에 이 원칙을 둘러싼 분쟁이 일어난다는 것은 생각할 수 없지만, 지금까지 신용장 개설은행(L/C opening bank)의 수익자(beneficiary)에 대한 지불약속에 약인이 없는 것에 대하여는 논의가 된 바 있다.

그러나 최근에 신용장은 상거래상의 특별한 경우(a commercial speciality)에 속하므로 약인원칙의 예외로 생각되고 있다. UCC 5-105는 신용장에는 약인이 필요 없다고 분명히 선언하고 있다.

대륙법에서는 합의의 과정을 중시(重視)하여 약인의 존재를 계약의 요건으로 하고 있지 아니하다. 따라서 약인에 관한 한 협약이 대륙법과 똑같은 사고방식을 채용한 이유이다.

상거래에서는 대가가 없다는 것은 일반적으로 생각할 수 없으며 약인이론의 본가(本家)인 영국에서조차 최근 약인에 관한 판례가 많지만, 그 어떠한 이론도 법적 타당성이 없고, 단지 약속의 노력을 인정할 것인지의 여부에 관해서만 법관의

---

1) A. H. Kritzer, *op. cit.,* p.554.

의사에 좌우되고 있다고 주장되고 있음을 생각한다면, 약인을 불필요한 것으로 한 협약의 선택은 정당하다고 생각된다.

2) 사기방지법에 대한 협약의 입장

협약에서는 계약이 서면에 의하지 아니한다면 강행할 수 없다는 영미법의 사기방지법(the Statute of Frauds)에 해당하는 규정이 없다. 오히려 11조에 의하면 매매계약은 서면으로 체결되거나 입증될 필요가 없으며 방식에 대하여서도 기타의 다른 요건에 구속받지 아니한다. 매매계약은 증인을 포함하여 모든 수단에 의하여 입증될 수 있다고 규정되어 있다.

사실 사기방지법은 영국에서 1677년에 존재하지도 아니하는 계약에 의해 책임을 부담하는 것을 피하기 위해 "사기와 위증을 방지하기 위하여" 제정된 것을 기원으로 하고 있지만, 계약을 체결했음에도 불구하고 서면계약이 아님을 구실로 해서 계약이행을 하지 아니하려는 사람에게 악용되어 오히려 사기를 조장하는 경향이 생기므로, 기대를 했던 영국에서는 동산매매에 관해 1954년에 사기방지법이 폐지되었다.

미국에서도 바로 그 당시 UCC를 기초 중이었던 학자들 간에서 영국의 예(例)에 따라 폐지하자는 의견도 있었지만, 결국 존재하지 아니하는 구두약속을 주장하려고 기도하는 사람의 불공정을 배제하는 한편, 실제 체결된 계약을 기술적 이유로 해서 이행되지 아니하도록 시도하는 사람의 불공정도 배제할 수 있는 것이라면 있어야 한다는 주장이 다수여서 사기방지법이 UCC 2-201에 규정되어 있다.

동 규정 2항에 의하면 구두로 분명하게 계약을 체결해 두었지만 소송이 제기되면 문서가 없음을 이유로 사기방지법에 의해 강행불능인 것으로 하려는 사람에 대한 대책으로서, 상인간에 구두매매계약이 성립된 후 당사자 중 일방이 확인서를 발송하고 상대방이 그 내용을 인지한 날로부터 10일 이내에 서면으로 합의하지 아니한다면, 확인서는 상대방의 서명이 없어도 사기방지법의 요건을 충족시키는 문서가 된다는 취지를 규정하고 있다.

이처럼 처음부터 영국을 기원으로 하는 사기방지법의 사고방식은 지금까지도 미국에 남아 있는 것을 비롯해서 일부의 국가에 존재하고 있지만 이것은 시대에 뒤떨어진 유물로서 조만간 폐지될 운명에 있다고 생각된다. 무역실무가가 계약에 관해서 문서를 작성하는 것은 구두에 따른 오해를 피하기 위한 것으로 반드시 사기방지법을 염두에 둘 이유는 없다.

사기방지법이 없어도 확인서의 필요성은 조금도 감소하는 것이 아니다. 따라서 협약이 사기방지법에 상당하는 규정을 두고 있지 아니하는 것은 지극히 당연하다고 말할 수가 있다. 이 사실이 영미법, 대륙법을 불문한 세계의 대세(大勢)이기 때문이다.

그러나 문서로 할 것을 매매계약의 요건으로 하고 있는 러시아와 같은 국가가 현재 존재하고 있음을 무시할 이유가 없다. 그래서 협약은 12조를 통해 협약국이 96조에 따라 계약형식요건의 유보선언을 함에 따라 계약당사자가 그 나라에 영업장소를 두고 있는 경우에는 11조의 적용을 배제할 수 있도록 하고 있다.

현재까지의 협약국 가운데 아르헨티나, 헝가리와 중국이 96조에 근거한 선언을 하였다. 흥미있는 것은 UCC에 사기방지법을 규정하고 있는 미국이 96조에 근거한 선언을 하지 않고 있다는 것이다. 그 이유는 자국의 사기방지법 그 자체가 시대에 뒤떨어진 모습을 하고 있기 때문인지도 모른다.[2]

3) 계약의 성립 방법

제 원칙(PICC) 2.1.1조에 의하면, "계약은 청약의 승낙이나 동의로 보기에 충분한 당사자들의 행위에 의해 체결될 수 있다"와 같이 규정하고 있으며, 이들에 대한 논평을 보면 다음과 같다.

제 원칙의 기본은 당사자들의 동의 그 자체만으로 3.1.2조에서 알 수 있듯이 계약은 성립시키기에 충분하다는 사고이다. 즉 영미법에서와 같은 그 어떠한 요건도 필요로 하지 아니한다. 이는 CISG와 같다.

청약과 승낙의 개념이 당사자들이 합의에 도달하였는지 여부와 그렇다면 언제 합의에 도달하였는지를 결정하기 위하여 전통적으로 활용되었다.

본 조항과 본 절이 분명히 하고 있는 바와 같이 제 원칙은 이러한 전통적인 양 개념을 계약 성립을 위한 분석의 필수적 도구로서 존속시키고 있다.

상관행에 의하면 계약이 특별히 복합거래와 관련이 있을 때 계약은 청약과 승낙이라는 객관적으로 확인할만한 결과 없이 긴 협상 후에 종종 체결된다. 이런 경

---

2) 新 掘聰, 前揭書, pp.23~5.

우 계약이라는 합의에 도달하였다면 언제 도달하였는지를 결정하는 것이 어려울 수가 있다. 이 경우 본 조항에 의하면 당사자들의 행위가 합의를 입증하기에 충분하다면 비록 계약의 성립시기를 결정할 수 없다 해도 계약이 체결될 수 있다.

이런 경우 동 행위에 의해 계약이 성립되었고, 동 계약에 의해 구속된다는 당사자들의 의사의 충분한 입증이 존재하는지 여부를 결정하기 위하여 당사자들의 의사에 관한 4.1조에 규정된 기준에 따라 이들의 행위가 해석되어야 한다.

본 조항의 문자적 의미는 소위 자동계약체결의 경우, 즉 자연인의 개입없이 계약체결을 유도하는 자동집행적 전자 행위를 할 수 있는 시스템을 사용하여 당사자들이 합의한 경우를 역시 포함할 정도로 충분하게 포괄적 의미를 지닌다.

3. 규정과 해설

【1】 14조 : 청약의 기준

Article 14
(1) A proposal for concluding a contract addressed to one or more specific persons constitutes an offer if it is sufficiently definite and indicates the intention of the offeror to be bound in case of acceptance. A proposal is sufficiently definite if it indicates the goods and expressly[3] or implicitly fixes or makes provision for determining the quantity and the price.
(2) A proposal other than one addressed to one or more specific persons is to be considered merely as an invitation to make offers, unless the contrary is clearly indicated by the person making the proposal.
(1) 1인 이상의 특정인 앞으로 된 계약을 체결하려는 제의는 동 제의가 충분하게 명확하고 승낙의 경우에 타방에게 구속된다는 청약자의 의사를 표시하고 있을 경우 청약이 된다. 제의가 물품을 표시하고 묵시적으로나 명시적으로 수량과 가격을 확정하고 있거나 수량과 가격을 결정하는 규정을 하고 있다면 충분하게 명확

---

3) clearly와 같이 표현될 수도 있으나 다르다. "clear"는 무엇이 이에 해당하는지에 관해 절대적 의미로 언급될 수 없으나 어떤 인쇄된 문구 속에 이러한 종류의 조건이 포함되는 것만으로 중요하지 못하다. 왜냐하면 "분명한" 표시가 되기 위해 필요한 것은 청약이나 승낙에 관련된 당사자에 의한 "특별한" 선언이 있어야 하기 때문이다(PICC, 2.1.2. comment 3).

하다.

(2) 1인 이상의 특정인 앞으로 된 제의 이외의 제의는 동 제의자가 달리 명백히 표시
하고 있지 아니하는 한, 단순한 거래에의 초대에 불과하다.

본 조항은 계약을 체결하려는 제의(提議)의 종류와 동 제의가 청약이 될 수 있
는 요건, 즉 청약의 기준을 규정하고 있다. 본 조항은 DCIS 12조와 똑같다.

1) 청약의 기준/(1)항

(1) 제의의 종류

청약의 정의규정인 14조를 통해 국제간에 이루어지고 있는 매각의 의사를 담
은 것은 그 형태, 수단 등에 관계없이 제의(proposal)로 보고 있으며, 제의의 종류
에는 1인 이상의 특정인 앞으로 된 제의와 1인 이상의 특정 다수인 앞으로 된 제의
가 있다. 이러한 제의는 광고물(advertisement)이나 카탈로그(catalogue) 또는 청약
의 형태 등을 취할 수 있다. 여기서의 1인 이상의 특정인 혹은 특정 다수인은 수신
인이 한정됨을 전제로 한다.[4]

(2) 청약의 요건

이상의 제의가 청약[5]이 되기 위한 요건은 다음과 같다.

① 계약을 체결하려는 제의라야 한다.

예컨대 "ofter[6]"라는 표현이 이에 해당한다.

② 승낙이 있다면 이에 구속된다는 의사를 표시하고 있어야 한다.

이러한 의사의 존재가 청약을 일반적인 카탈로그, 광고 또는 단순한 조회 등과
구별하게 하고 있다. 구속의 의사를 표현하는 방법은 다양한바, 예컨대 16조 (2)항
(a)호에서 말하는 청약을 취소불능으로 하는 경우는 구속의사의 간접적인 표현이

---

4) J. Honnold, *op. cit.*, p.162; A/CONF.97/19, p.20.

5) 협약은 청약과 제의를 구분하고 있으나 미국의 재술(再述; Restatement; 이하에서 Rest.라
한다)에서는 청약(offer)과 제의(proposal)를 동일시하고 있다(Rest. 22).

6) PICC는 offer와 acceptance를 계약 성립을 위한 분석의 필수적 도구로 사용하고 있다(PICC,
2. 1. comment 1).

다. 따라서 구속의 의사가 있는지 여부는 일방의 진술이나 기타행위의 해석기준을 정한 8조에 명시된 해석원칙에 따라 결정되어야 한다. 물론 기타계약조건의 해석도 마찬가지로 8조에 의해 해석가능하다. 예컨대 firm, irrevocable, with engage-ment, open for acceptance while stock lasts와 같은 표현이 이에 해당한다.

이하에서도 설명하고 있듯이 제 원칙에 의하면 "offer" 또는 "declaration of intent"만으로 결정적이지는 못하지만 구속의사의 표현으로 볼 수 있으나 보다 중요한 구속의 의사로 "제의 내용과 수신인의 수"를 들고 있다.

③ 청약은 충분하게 명확해야 한다.

이 명확성은 물품에 관한 설명, 수량, 그리고 가격에 국한하고 있다. 기타 조건은 정해져 있지 아니해도 좋지만 이 세 가지 조건은 정해져야 한다.

명확성을 판단하는 기준은 물품의 설명에 관해서는 물품이 기재되어 있으면 충분하고, 수량과 가격에 관해서는 현실거래 예컨대, 수량의 경우 "내가 할 수 있는 모든 것," 또는 "내가 요구하는 모든 것," 그리고 가격의 경우 "인도되는 날짜에 주어진 시장을 지배하는 가격" 등을 고려하여 당사자들의 완전한 자유 재량(the entire discretion of the parties)을 인정하여 명시적으로나 묵시적으로 결정되어 있거나 결정을 위한 조항이 규정되어 있으면 명확한 것으로 된다.

명확해야 할 사항이 상기 3가지 외에도 많이 있는데 이렇게 3가지만을 제의 (offer)에서 표시하고 있어야 한다는 사실은 상황에 따라서는 청약자의 입장에서는 승낙의 경우에 구속될 의사가 없음을 나타낼 수가 있다. 그러나 협약이 제의의 명확성에 관해 이상과 같은 3가지에 국한하고 있어도 현실거래를 고려해 볼 때 큰 문제는 없다.

왜냐하면, 대개 제의는 서면으로 이루어지며 이 경우 대개 무역계약의 7대 조건인 품질, 수량, 가격, 선적, 결제, 포장, 보험 등이 청약의 중심이 되나 이면에 기타조건을 인쇄해 두고 있는 서면을 사용할 경우, 이면약관도 청약의 내용이 되어 이면약관도 중요한 내용이 될 수 있으나 정상적인 경우 품질, 수량, 가격에 대하여 분명하다면 나머지 조건들은 크게 염려하지 아니해도 되거나 자동적으로 또는 원칙적으로 해결될 수 있다.

즉, 품질의 경우 전 Incoterms상의 매도인의 의무 1조에 규정되어 있는 "매매계약에 일치하는"이란 UCC 2-314조상의 적상성(merchantability)과 2-315조상의 적합성(fitness)을 의미하므로, 이러한 조건에 일치하려면 화인(貨印)을 포함한 포장의 문제는 자동적으로 해결될 수 있으며, 수량의 경우 원칙적으로 정량(正量 : right quantity)을 인도해야 하나 물품의 성격에 따라 과부족(過不足 : more or less)이나 분할인도가 필요할 수 있으므로 이들에 대해 분명히 할 필요가 있으며, 이러한 조건들에 대해 분명히 하면 수량으로 인한 대금지급, 포장 등의 문제들이 자동적으로 해결될 수 있다. 그리고 가격의 경우 기본적으로 가격의 구성요소 외에 당사자들 간의 이행상에 있어 위험, 비용, 기능 등에 대한 내용을 명시하고 있으므로 이러한 가격조건에 대해 분명히 하면 보험, 포장, 운송, 결제 등의 문제들이 원칙적으로 또는 자동적으로 해결된다.

따라서 이상의 3가지 조건이 분명하면 제의의 내용과 관련한 기타문제들이 아예 발생하지 아니하거나 부수적으로 자동 해결되거나 원칙적으로 해결이 가능하다. 이러한 이유에서 협약에서는 3가지 조건에 대해서만 명확성을 요구하는 이른바 제한적 규정의 타당성이 인정된다고 볼 수 있다. 그래도 아니되면 8조에 의한 계약조건해석이 가능할 수 있다.

(3) 청약의 초대(invitation to make an offer)/(2)항

일반대중을 상대로 이루어지는 제의는 (달리 분명히 표시되어 있지 아니하는 한) 청약이 아니라 청약의 전 단계로 볼 수 있는 거래, 즉 청약에의 유인, 즉 초대(invitation to make an offer; invitation to treat)로서 보통법상의 free offer에 해당하는 "sub-con offer"로 보고 있다.

무역실무상의 용어	법적 의미
매도인 : sub-con offer	청약의 초대(invitation to make an offer)
매수인 : 승낙(acceptance)	청약(offer)
매도인 : 최종확인(final confirmation)	승낙(acceptance)

2) PICC의 청약의 기준

PICC 2.1.2조는 계약을 체결하려는 의사를 가지고 시작한 협상의 과정에서 일방이 할 수 있는 기타 통신과 구분되는 청약을 정의함에 있어 제의가 청약이 되기 위한 요건, 즉 청약의 요건으로 두 가지 요건, 즉 제의는 단순한 승낙에 의해 계약 체결을 허용할 정도로 충분하게 명확할 것과 승낙의 경우에 구속된다는 청약자의 의사표시가 있을 것을 제시하고 있다.[7]

제의가 청약이 되기 위한 두 요건에 대한 논평을 보면 다음과 같다.

(1) 명확성과 그 한계

청약의 단순한 승낙에 의해 계약이 체결되기 때문에 장래에 합의될 내용이 청약자체에 중요하게 명확히 표시되어야 한다. 이러한 요건에 따라 발신되는 청약이 이러한 요건을 충족시키고 있는지 여부가 일반적인 내용으로는 충족될 수 없다.

그럼에도 불구하고 물품의 정확한 명세서나 인도 또는 제공될 서비스, 이들에 대하여 지급될 대금, 이행장소 등과 같은 계약과 청약의 필수조건이 명확하지 못하다 해도 이러한 사실이 청약을 충분하게 명확하지 못한 것으로 반드시 만들지 아니하고, 이들은 청약상에 미정으로 남겨둘 수 있다. 그리고 이러한 미정의 것들은 청약자가 청약을 하고 피청약자가 청약을 승낙하므로 구속적인 합의를 체결하려는 여부와 누락된 조건들은 4.1조에 따라 합의의 의미로 해석하므로 결정될 수 있는지 여부 또는 4.8조나 5.1.2조에 따라 보완될 수 있는지 여부 등에 좌우된다.

더욱이 청약의 명확성은 당사자들간에 이미 확립된 관행 또는 이미 1.9조에서 언급한 관습을 참고하거나, 예컨대 이행 품질의 결정에 관한 5.1.6조, 가격결정에 관한 5.1.7조, 이행시기에 관한 6.1.1조, 이행장소에 관한 6.1.6조, 명시하지 아니한 통화에 관한 6.1.10조와 같은 제 원칙의 이곳저곳에서 발견할 수 있는 특별규정을 참고하므로 극복될 수 있다.

따라서 본 논평에 의하면 제의가 청약이 되기 위한 첫째 요건을 청약의 제1의 조건처럼 간주하여 충분하게 명확해야 하므로 일반적인 내용으로는 충족될 수 없고 분명해야 함을 간접적으로 논평하고 있다. 그러나 이러한 원칙에도 불구하고 정작 계약이나 청약의 필수요건들이 제의상에도 제의가 청약이 되기 위해 명확하면 좋지만 그러지 못하다 해도 제 원칙의 규정을 통해 그 명확성이 추정될 수 있다는 것이다.

이러한 사실은 협약상의 제의가 청약이 되기 위한 4가지 요건 가운데 하나인 수량, 가격, 물품명세서가 충분하게 명시적으로든 묵시적으로든 명확해야 한다는

---

7) http://www.unidroit.org/english/principles/chapter-2.ht, 2.2, comment.

요건을 더욱 완화하고 있다고 볼 수 있다.

이는 무역의 숙지도 정도가 너무 상이한 국제사회의 특성을 고려하여 원칙은 명확하여야 하나 그 명확성은 규정을 통해서 보완될 수 있음을 규정하므로 국제사회에 이루어지는 무역의 수행을 지원하려는 의도가 강한 것으로 볼 수 있다. 이러한 사실은 CISG의 청약의 요건 해설에 도움이 될 것으로 판단된다.

(2) 구속성

일방 당사자가 계약의 체결을 위해 제의가 청약을 하고 있는지 아니면 단순히 협상을 열기로 하는지의 여부를 판단하기 위한 제2의 기준은 타방이 승낙시에 구속된다는 일방 당사자의 의사이다.

이러한 의사가 거의 명시적으로 선언되지 아니하기 때문에 이러한 의사는 건별로 추정되어야 한다. 제의자가 예컨대 제의를 "청약"으로 또는 단순한 "의사의 선언"으로 명시적으로 정의함으로써 제의를 표시하는 것은 이러한 표현이 결정적이지 못하다 해도 가능한 의사, 즉 승낙에 구속된다는 의사의 첫 표시를 제공하는 것이다.

그러나 승낙에 구속된다는 의사를 판단하는 보다 중요한 기준은 제의 내용과 수신인들이다. 일반적으로 말하면 제의가 상세하고 분명하면 할수록 청약으로 해석되기가 쉽다. 따라서 한 사람 이상 특정인 앞으로 된 제의는 무작위로 일반 대중 앞으로 보낸 제의보다 청약으로서의 의사로 보기가 쉽다.

따라서 제의가 계약의 필수적인 내용을 명시할 수 있어도 제의자가 계약의 체결은, 2.1.13조에서 알 수 있듯이, 제의상에 미정으로 남겨진 사소한 문제점들에 관해 합의의 도달에 좌우됨을 명시하고 있다면, 승낙의 경우에 제의자를 구속하지 못한다. 왜냐하면 제의가 승낙의 경우에 구속됨을 분명히 하지 못하고 있기 때문이다.

이렇게 볼 때, 협약 14조가 현실을 잘 반영한 현실 관행의 반영 규정이라면 PICC는 협약상의 청약의 요건을 보다 포괄적이면서 완화하여 규정하고 있다고 볼 수 있다. 아울러 계약 성립에 따른 책임문제를 오히려 당사자들에게 부과시키는 철저한 개방적 계약자유 원칙을 채용하고 있으며, 협약은 청약이 될 수 있는 제의의 요건을 제한하므로 제한적 계약체결자유의 원칙을 채용하고 있다고 볼 수 있다.

3) 전자협약하의 청약기준

(1) CISG와 관련하여 사용될 경우 청약의 기준

굳이 전자협약의 규정이 아니라 해도 CISG 규정 11조와 13조 규정에 의해 전자통신의 문서성(서면성)이 인정될 수 있고, 6조의 규정에 의해서도 인정될 수 있으며, 9조 (1)항과 (2)항 그리고 96조의 유보선언에 의해서도 전자통신의 문서성 내지 서면성이 인정되고 있는데, 전자통신협약이 CISG 14조와 관련하여 전자통신의 사용에 적용될 경우 청약의 기준은 다음과 같다.[8]

a. 계약을 체결하려는 제의

b. 구속의 의사

c. 물품, 수량, 가격의 명확

d. 수신인의 숫자적인 제한

e. a~d의 요건을 갖추었어도 13조상의 계약조건제시를 해태하지 아니할 것

1996년까지 국제물품매매계약을 위한 가장 주요한 국제법으로는 CISG였었다. 그러나 지금도 여전히 성공한 법이지만 전자통신 사용 전에 초안된 것으로 전자통신에 적합한 용어나 개념의 사용은 하고 있지 아니함으로 인해 전자계약의 모든 사항에 적용되기가 어렵다.[9] 그럼에도 불구하고 전자통신에 의한 청약의 경우 CISG와 관련하여 사용될 경우, CISG 14조 (1)항의 기준 외에 13조상에서 말하는 계약조건제시의 규정을 갖추어야 청약이 되는바, 그 이유는 다음과 같다.

13조상에서 제시하고 있는 계약조건제시 규정은 동일거래의 이중법 적용을 피하고 전자거래촉진을 기하려는 목적에서 규정된 것으로 각국의 국내 전자법의 규정에 따라 전자통신에 의한 계약의 경우 이중법 적용을 피하고 전자거래촉진을 위해 요구할 수 있는 계약조건 제시를 규정하고 있을 경우 동 규정에 맞는 조건을 제시하도록 하고 있다. 이러한 조건은 어떤 의미에서는 종이거래 때의 경우 이미 인쇄가 되어 있거나 인쇄되지 아니해도 관행에 의해 이루어지고 있는 내용들로서 이해되고 있지만, 전자거래의 경우 이들을 강조하는 것은 종이거래와 전자거래가 다를 바가 없고 어떤 의미에서는 전자거래의 올바른 인식과 촉진을 위해 경우에 따라

---

8) http://www.cisg.law.pace.edu/cisg/cisg-ac-op.1.

9) J. M. Roksana, *op. cit.*, p.3.

서는 종이거래 때에 소홀히 취급되고 있던 부분의 새로운 강조로 볼 수 있다. 그러나 계약조건의 제시는 필수가 아니고 국내 전자법상에서 요구하고 있다면 제시해야 하되, 쉽게 접근하여 확인한 후 계약의 성사여부를 결정짓도록 제시해야 함을 주의해야 한다.

특히 계약조건에 관해 CISG는 14조 (1)항의 품질, 수량, 가격조건 외에는 침묵하고 있으나 기타조건의 경우 추후협상이 쉽거나 자동적으로 해결될 수 있거나 이모든 것이 결국 일방의 진술이나 기타행위에 관한 규정인 8조에 의해 해결되어야한다. 그러나 전자협약은 국내법에 일임하고 있다. 따라서 CISG와 관련하여 사용될 경우 계약조건은 CISG와 같이 해결되어야 함에도 불구하고 국내법에 위임하고있어 CISG와는 상이한 결과가 나올 수 있는바, Roksana도 이런 입장을 우려하고있다.[10]

이때 숫자의 제한은 1인 이상의 특정인의 수적제한을 의미함이 원칙이나 경우에 따라서는 1인 이상의 특정 다수라도 피청약자들이 모두 승낙할 경우 청약자가 수용할 수 있는 특정다수라면 특정다수도 문제가 없다. 문제는 전자통신의 특성상 생산량을 무시한 청약에 따른 승낙과 승낙에 따른 계약체결의 결과로 청약자의 계약이행불능, 아직은 가상공간의 문화는 매수인 위험부담(coveat importer: let the buyer beware)이라는 측면에서 피청약자의 피해를 줄이자는 데 목적을 두고있다. 따라서 수적인 제한은 반드시 1인이 아니면 몇 명의 특정을 의미하지 아니한다.[11]

계약조건은 상기의 a, b, c 조건이외의 조건, 특히 c조건이행과 관련한 조건일수도 있고 a, b, c, d를 포함하여 기타 전통적인 청약상의 당사자들의 주된 관심이되는 청약 7대조건과 이들 조건이행과 관련한 조건일 수도 있다.

(2) 독자적으로 사용될 경우 전자통신의 청약의 기준

대화식 · 비대화식에 의한 청약의 구속성 여부에 대하여 현재로서는 표준 관습이 없기 때문에[12] CISG 14조 (1)항과 같은 전자통신의 청약의 기준이 없다 해도 CISG와 관련하여 전자협약이 사용되지 아니하고 CISG와 별도로 전자협약이 사용

---

10) J. M. Roksana, *op. cit.*, p.67.

11) M. Chissick, *Electronic Commerce Law and Practice*, Sweet & Maxwell, 1999, p.53.

12) A/CN.9/538, para.117.

될 경우 전자통신의 청약기준을 제시하면 다음과 같다.

① 상기 CISG하의 전자통신에 의한 청약기준을 따를 경우 청약이 된다. 왜냐하면 CISG 9조의 규정에 의해 CISG는 통일된 거래관습으로 인정할 수 있기 때문이다.13)

② 전통적인 영미보통법상의 firm offer14) 내지는 irrevocable offer15)에 생산가능량(이행가능량)에 상당하는 피청약자 앞으로 청약되어야 한다는 조건(일인 이상의 특정인 또는 특정다수), 그리고 상기 (1)의 e요건을 갖춘 전자청약은 청약이 될 수 있다. 왜냐하면 전통적인 firm offer상에는 전자통신에 의한 청약의 경우에 필요한 수적제한과 계약조건제시 요건이 결여되어 이의 보완이 있어야 하기 때문이다. 이렇게 될 경우 ②에 의한 전자통신 청약기준은 어떤 의미에서는 ①의 청약의 기준보다 더 완벽해질 수 있다. 왜냐하면 품질, 수량, 가격 외 기타 조건이 제의되기 때문이다.

③ 인터넷 경매 또는 이와 유사한 거래의 청약을 위한 규정이라 할 수 있는 11조의 단서규정에 의하여 승낙한 경우 제의에 구속됨을 당사자가 그 의사를 분명히 하고 있을 경우에는 청약의 유인이 아닌 청약이 될 수 있다.16)

이렇게 볼 때, 전자통신에 의한 경매 청약과 같은 경우 구속의 의사를 강조하고 있는바, 이는 이 조건이 제일 중요하고 나머지 조건은 중요하지 아니하다거나 이 조건이 전자통신 청약의 유일한 기준임을 의미하는 것으로 착각해서는 아니된다. 이는 이중법 체계의 적용을 방지하고 전자상거래의 촉진을 위해서는 승낙의 경우 구속, 즉 이행을 하겠다는 또는 할 수 있다는 책임 있는 표현이 다수대중을 상대로 일시에 청약이 가능한 전자통신의 경우 다른 조건에 비해 상대적으로 대단히 중요함을 강조하기 위한 것이다. 이런 의미에서 다른 조건이 다 명시되어 있어도 이 조건에 대한 명시가 없으면 청약의 기준에 미달하는 것으로 간주하고 청약의 유인으로 보아야 한다. 다시 말해서 동 표현은 위에서 언급한 대로 일반대중 앞으로

---

13) CISG가 통일거래 (매매, 상)관습으로 볼 수 있는 근거는 Schmitthoff 교수의 주장에 입각하여 주장할 수 있다(C. M. Schmitthoff, *op. cit.*, pp.26~9).

14) a. offer 표시, b irrevocable firm 표시, c 7대 조건표시, d 경우에 따라선 7대 조건 이행과 관련한 거래조건이 인쇄되어 있다.

15) 미국에서는 양자의 구분이 되고 있으나 영국의 경우 firm과 irrevocable을 같은 의미로 보고 있다.

16) H. M. Charles, *op. cit.*, p.295.

동시에 전달이 가능한 전자청약의 특징상 일시에 주문 내지 승낙을 해오면 일정한 재고 내지 생산력뿐인 매도인의 경우 이행불이행이 되므로 계약위반이 될 수 있어 불이익을 당할 수 있기에 청약과 청약의 유인간의 구분의 중요한 기준이자 매도인 보호차원에서 구속의사 기준을 청약과 청약의 유인간의 중요한 구분기준으로 제시하고 있다고 볼 수 있다. 이런 의미에서 구속의 의사표시가 전자통신에 의한 청약이냐 청약의 유인이냐의 구분을 위한 중요한 기준이 됨을 주의할 필요가 있다. 왜냐하면 그 외 조건의 경우 한두 개의 조건이 누락되어 있다고 해서 청약의 유인으로 볼 수 없기 때문이다.

구속의사의 분명한 표시는 firm, irrevocable, 유효기간 등 전통적인 구속의사 표시 외에 "최고가 입찰자 1명에 한함"과 같은 표현은 구속의사의 좋은 표시라 할 수 있다. 왜냐하면 "최고가 입찰자 1명에 한함"의 조건으로 다수 앞으로 되었다 해도 결국 승낙의 효력은 1명에 국한되고 이 숫자는 바로 청약자가 이행할 수 있는 숫자이기 때문이다.

이러한 구속의 의사는 비단 인터넷 경매나 이와 유사한 거래가 아닌 이미 지적한 청약의 경우에도 전자통신의 특성상 강조되어야 할 부분이라 할 수 있다.

(3) 전자통신에 의한 청약의 유인

상기 (1), (2)의 요건 결여의 경우가 청약의 유인이다. 그럼에도 불구하고 청약으로 인정하고 거래하고자 한다면 피청약자의 책임하에 이루어져야 한다.

계약 성립을 위한 자동정보시스템의 사용에 관한 규정인 12조는 자동메시지 시스템과 자연인간의 대화식이나 자동메시지 시스템 간의 대화식을 통한 계약 성립을 인정하고 있으나 11조는 주문을 하기 위한 대화식 신청이라는 단순한 청약을 한 사실만으로는 대화식 신청시스템이 완전 자동여부에 관계없이 그러한 시스템을 통해 이루어지는 모든 주문이 당사자를 구속한다는 구속의 의사를 전제로 함을 거절하고 있음을 유의해야 한다.[17]

이에 비하여 미국연방 전자서명법(the Electronic Signatures in Global and National Commerce Act: E-SIGN Act)에는 "이들의 조치들은 구속될 사람에게 법적으로 귀속되는 전자대리인을 통한 계약의 성립"을 인정하고 있다.[18] 또한 미국통일

---

17) A/CN.9/577/Add.1, para.43.
18) 15 U.S.C. §7001(h).

전자거래법(The Uniform Electronic Transactions Act: UETA) 14조도 전자대리인과 개인간 또는 전자대리인간의 대화식을 통해 성립된 계약을 인정하고 있다.[19]

따라서 12조의 규정은 청약의 규정이 아닌 어떤 형태로도 계약이 체결되는 과정에서 이루어진 과정 하나하나의 적법성을 따지지 아니하고 결과적으로 이루어진 계약 성립을 인정하는 규정이지만 11조와 관련시켜 볼 때 단서규정이 적용될 경우 12조에 의해서도 위에서 언급한대로 청약으로 인정된다고 볼 수 있음을 유의해야 한다.

【2】15조 : 청약의 효력발생시기

Article 15

(1) An offer becomes effective when it reaches the offeree.
(2) An offer, even if it is irrevocable, may be withdrawn if the withdrawal reaches the offeree before or at the same time an the offer.

(1) 청약은 피청약자에게 도착한 때 효력을 발생한다.
(2) 청약은 그것이 취소불능이라도 철회하는 통지가 청약의 도달 전이나 동시에 도달하면 이를 철회할 수 있다.

본 조항은 전조에서 말한 제의가 청약의 요건을 갖추어 청약이 된 경우, 청약의 효력 발생시기에 관해 다음과 같은 원칙을 규정하고 있다. 본 조항은 ULF 5조 (1)항에 근거한 DCIS 13조와 실질적으로 같다.

1) 의사표시에 관한 일반원칙/(1)항

청약이 피청약인에게 도달한 때 청약은 유효함을 규정하고 있다. 따라서 피청약인이 다른 수단을 통해 청약발송의 사실을 알고 있다 해도 청약이 자신에게 도착할 때까지 피청약인은 청약을 승낙할 수 없다. 대개 이러한 원칙은 이론적인 관심일 뿐이다. 그러나 청약인이 청약의 발송 후에 마음의 변화를 일으키고 청약이 피

---

19) H. M. Charles, *op. cit.*, p.295.

청약인에게 도달하기 전이라면 이 원칙은 실질적으로 중요하다.

2) 부수원칙/(2)항

청약인이 청약을 철회하고 철회가 청약의 도달전에 또는 청약과 동시에 피청약인에게 도달한다면 청약은 유효하지 못하다. 따라서 청약이 일단 효력을 발휘하면 16조 (2)항에 따라 취소불능이 되는 청약이라도 청약이 피청약인에게 도착한 것보다 늦지 않게 철회가 피청약자에게 도착하는 한 철회될 수 있다.

15조 (1)항과 18조 (2)항은 계약 성립에 관한 필수원칙규정이라 할 수 있다.[20]

3) PICC의 원칙

PICC 2.1.3조와 동일한 규정을 하고 있는 협약 15조는 14조에서 말한 제의가 청약의 요건을 갖추어 청약이 된 경우 청약의 효력발생시기에 관해 의사표시에 관한 일반원칙인 도달주의를 규정하고 있다. 그리고 철회의 원칙으로 청약의 도달 전 또는 청약과 동시에 피청약자에게 도달한 철회통지에 따른 청약의 효력 상실을 규정하고 있다.

그러나 협약 15조와 문자적으로 같은 PICC 2.1.3조 (1)항의 경우, PICC 1.10조 (2)항에 따라 청약이 피청약인에게 도달한 때 효력을 발생함을 규정하고 있는 바, 이 경우 "도달"의 정의는 PICC 1.10조 (3)항의 정의에 따라 통지가 수신인에게 구두로 이루어졌거나 수신인의 영업장소 또는 우편주소에 인도된 때로 해석해야 한다.

사실 양 규정이 청약의 효력을 발생하는 시기를 도달주의로 규정한 데는 실질적으로 중요한 추가 이유가 있다. 최초 청약의 취소불능 여부에 관계없이 사실 그 때까지 청약자는 자신의 마음을 자유롭게 변경하여 전혀 합의하지 아니하도록 결정하거나 최초의 청약을 새로운 청약으로 대체할 수 있도록 하기 위함이다. 이런 경우 피청약자가 최초 청약의 수령 전이나 수령과 동시에 변경된 의사를 청약자가 피청약자에게 통지하는 것이 철회할 수 있는 유일한 조건이다. 이렇게 볼 때 양 규정의 (2)항은 청약의 철회와 취소간의 구분을 분명히 하고 있다. 즉, 청약이 효력을

---

20) A/CN.9/WG.IV/WP.103, note 58.

발생하기 전이라면 협약 16조나 PICC 2.1.4조에서 말하는 청약의 취소여부의 문제는 그 이후에만 제기되기 때문에 청약은 언제든지 철회될 수 있다.[21]

4) 전자협약의 원칙

15조와 관련하여 사용되는 전자통신에 대한 CISG‒AC(CISG Advisory Council; 이하 AC라 한다)[22]의 의견(CISG‒Advisory Council Opinion: 이하 ACO라 한다)과 논평은 다음과 같다.

(1)항과 관련하여 본 규정에서 말하는 "도달"(reach)이라는 용어는 전자통신을 유효한 서면통신과 같이 인정할 경우 동 전자통신이 피청약인의 서버(server)에 입력 완료된 때에 상당하는 말이다. 즉 본 규정에서 말하는 도달이란 전자통신의 경우 피청약인의 서버(지정서버를 의미)에 통신이 입력 완료된 때를 본 규정에 따른 도달로 보고 있다.[23]

그러나 이러한 의견은 전자협약과 비교해 볼 때 다소 차이가 있다. 즉 여기의 피청약인의 서버란 피청약인이 지정한 서버만을 의미하나 전자통신은 지정서버와 비지정 서버를 모두 인정하고 있으며, 전자의 경우 형식적 요지주의를, 후자의 경우 실질적 요지주의를 각각 도달의 개념으로 보고 있는 데 비해 본 의견에 의하면, 전자통신 협약 상에 말하는 지정서버의 도달의 개념에 해당하는 형식적 요지주의, 즉 검색할 수 있을 때, 즉 피청약인이 지정한 서버에 전자통신이 입력 완료되어 검색할 수 있는 상태만을 도달의 개념으로 보고 있다. 따라서 피청약자가 수신을 위한 서버를 지정한 경우 전자협약과 일치하나 비지정의 경우와 이런 경우 도달에 대한 이견이 없다.[24]

(2)항과 관련하여 청약은 그것이 비록 취소불능이라도 청약이 피청약인에게 도달하기 전이나 동시에 피청약인의 서버에 청약인이 청약을 철회한다는 전자통신이 입력된다면 철회할 수 있다. 이렇게 볼 때, 전자통신에 의한 철회의 전제조건은

---

21) http://www.unidroit.org/english/principles/chapter‒2.ht.

22) The CISG Advisory Council은 2001년 프랑스 파리에 설립된 협의회로서 국제상거래에 관한 규범적인 연구를 통해 CISG의 각 규정에 대한 법리적·학술적인 권고를 제공하고 있다 (http://www.cisgac. com/default.php?ipkCat=149&sid=149).

23) http://www.cisg.law.pace.due/cisg‒ac‒op.1.html, p.2.

24) 오세창, "청약과 관련한 CISG규정하에서 이루어지는 전자통신에 유엔전자협약 적용시 유의사항", 「무역상무연구」, 제38권, 한국무역상무학회, 2008, 5, p.31.

이러한 입력 완료, 즉 검색할 수 있는 때 전자통신을 철회통신으로 인정한다. 다시 말해서 이러한 형태의 성격을 띄는 전자통신형태로서 피청약인의 전자주소 앞으로 발신된 전자통신의 수령을 명시적 또는 묵시적으로 피청약인이 동의해야 한다는 의견이다.25)

이러한 명시적·묵시적 합의는 6조, 8조, 9조를 통해 합의 또는 추정할 수 있다.

이러한 위원회의 의견에 대한 자체의 논평을 보면 다음과 같다.

15조 (1)항에 따라 청약은 피청약자에게 도달할 때까지 유효하지 아니하며, 15조 (2)항에 따라 철회가 청약의 도달 전이나 동시에 도달한다면 청약은 철회할 수 있다. 이러한 규정에 따라 전통적인 통신수단에 의하면 이러한 원칙은 피청약자로 하여금 청약보다 빠른 통신수단을 통해 자신의 청약을 철회할 수 있게 하고 있다.26) 예컨대 청약자는 통상우편으로 청약을 발송하고 그 후에 우편보다 빨리 피청약자에게 도달할 수 있는 fax를 발송함으로써 청약을 철회할 수 있다.27)

(1) 전자통신의 발신시기

통신의 발신은 통신을 보냈다는 의미이다. 그러나 전자통신의 경우 기술상의 문제로 아무리 작성자가 통신을 발신하였다 해도 관리시스템을 떠나지 아니하면 진정한 의미의 발신이 될 수 없다. 따라서 전자협약의 규정에 의하면 전자통신 작성자나 대신하는 자의 관리하에 있는 정보시스템을 전자통신이 떠난 때, 이러한 관리하에 있는 정보시스템을 떠나지 아니한 경우는 전자통신이 수신된 때이다. 다시 말해서, 전자통신의 발신은 작성자28)나 그를 대신하는 자의 관리시스템을 벗어난 때이거나 여러 기술상의 문제로 관리시스템을 떠나지 아니하고 머물고 있을 경우 발신상태가 아니므로 언제 벗어날지 모르나 일단 벗어나면 바로 수신인의 관리시스템에 통신이 입력되기 때문에 이러한 전자통신의 특성을 고려하여 바로 그 수신 시점을 작성자나 그를 대신하는 자의 관리시스템을 떠난, 즉 벗어난 시점을 발신시점으로 한다는 것이다. 따라서 떠난 때는 최종목적지 정보시스템이나 중개시스템에 도달시점(수신시점)이며, 작성자의 관리를 통신이 떠났음을 가장 쉽게 확인할 수 있

---

25) http://www.cisg.law.pace.due/cisg−ac−op.1.html, p.3.

26) *Ibid.*

27) 오세창, 전게논문, pp.31~2.

28) ICC의 e−Terms 2004와 PICC에 의하면, 발신자(sender)로 표시하고 있으며 발신을 dispatch 대신 send를 사용하고 있다(e−Terms, PICC.1.10, comments 1).

는 입증방법은 읽지 아니한 상태가 바로 작성자나 그를 대신하는 자의 관리시스템을 벗어나 발신된 사실을 확인할 수 있는 때이다.

　이렇게 볼 때, 발신의 경우 전자통신의 특성상 발신과 동시에 수신되는 것으로 하여 작성자나 그 대리인의 정보시스템의 관리를 벗어난 시점을 발신으로, 관리를 떠나지 아니한 때는 수신인의 정보시스템이 수신한 시점을 발신으로 하는 상이한 발신표현방법에 따른 동일한 발신의 개념, 즉 동일한 사실의 양면성 개념29)을 사용하고 있다. 따라서 10조 (1)항의 관리를 벗어남과 수신을 발신의 개념으로 하고 있다.

　이러한 전자협약에 의한 전자통신의 발신시기 원칙이 전자통신에 의한 청약과 관련한 발신의 경우에 그대로 적용된다고 볼 수 있다.

(2) 전자통신의 수신시기

　전자협약의 규정에 의하면, 전자통신의 수신시기의 결정방법은 지정된 전자주소의 경우에는 검색할 수 있는 때30)(형식적 요지주의31))이고, 비지정 전자주소(수신인의 다른 전자주소)의 경우는 통신이 지정된 전자주소 이외의 주소로 발신된 것을 알고 그 통신을 검색할 수 있을 때32)(실질적 요지주의33))이다.

　수신시기를 정보시스템의 입력기준에서 검색기준으로 변경하게 된 이유는 다음과 같다. 수신인과 정보시스템 간에 필요한 법적관계의 불투명, 예컨대 실제에 있어 전자통신의 반복상실을 초래하고 있는 스팸메일 차단이나 바이러스의 확산방지와 같은 회사나 개인들이 관리하고 있는 정보시스템의 무결성, 보완성 내지는 유용성을 보존하기 위하여 간구하는 조치들의 데이터 복구 능력에 관한 불확실성을 들 수 있다.34)

　따라서 10조 (2)항에 의한 수신의 경우 스팸메일 등의 차단을 막기 위한 방화벽, 보안장치 등으로 인해 메일의 수신이 차단될 수 있기에 우편의 경우와 달리 도달의 입증상의 문제가 제기될 수 있기에 수신을 위한 지정전자메일로 발송된 전자

---

29) A/CN.9/546, para.77.

30) UCC상의 도달주의에 해당한다고 할 수 있다.

31) 창을 여는 것은 일종의 단순한 통신 도착확인을 의미함.

32) 영미대륙법상의 요지주의에 해당할 수 있다.

33) 성은라, "UNCITRAL 국제 전자거래협약에 대한 전자거래기본법의 대응방안", 석사학위논문, 고려대학교 법무대학원, 2006, p.103.

34) 전게논문, p.185.

통신의 경우는 수신인의 검색능력을 도달의 개념으로 하여 전자통신을 검색할 수 있을 때를 수신, 즉 도달로 하고 있으며, 수신인이 다른 전자주소 앞으로 발신된 전자통신의 경우 그 주소 앞으로 발신된 사실을 수신인이 안 때를 수신, 즉 도달의 시점으로 하고 있다.

이런 경우 10조 (1)항과 비교해 볼 때, 전문상의 "검색할 수 있을 때"는 후문의 "… 그 주소로 발신된 사실을 안 때"와 같은 개념의 수신의 개념으로 볼 수 있다. 그렇다면 후문의 "… 안 때"의 의미는 "인지하고 검색할 수 있는 때"로 해석해야 한다. 왜냐하면 동 규정상의 "인지 때"의 개념이 검색할 내용인지의 개념이 아닌 검색할 수 있기 전에 전자통신메일이 그 주소로 발신된 사실을 인지한 때로 이해해야 하기 때문이다. 10조 (1)항의 전·후문의 규정을 동일하게 발신의 개념으로 하고 있음을 알 때 10조 (2)항의 수신인의 전자통신을 검색할 수 있는 처리 능력을 기준으로 하여 전문상의 "… 검색할 수 있을 때"를 후문의 … 안 때"와 같이 해석하기 위해선 "… 안 때"를 "… 알고 검색할 수 있을 때"로 해석해야 한다. 그러나 이렇게 해석한다 해도 "검색할 수 있는 때"는 우편의 경우와 달리 수신인의 전자통신 처리능력을 기준한 개념이기에 이 개념대로라면 매우 포괄적 개념이 될 수 있기에 전자통신의 특성을 고려하여 수신인이 자신의 지정전자주소 앞으로 발신인이 보낸 전자통신을 확인하기 위해 web창을 여는 순간을 비로소 검색할 수 있을 때로 해석하여 수신의 때로 하므로 비로소 우편에서 말하는 도달의 개념을 넘어 일종의 형식적 요지주의가 되어야 한다. 반면에 수신인의 다른 주소로 발신된 전자 통신의 경우 해당 통신 외의 발신자의 여러 통신 등이 발신될 수 있기에 해당 통신인지 여부를 알기 위해선 web창을 열고 그 내용을 확인할 때를 수신의 때로 하므로 우편에서 말하는 도달주의의 개념을 넘어 실질적 요지주의로 생각해야 한다. 따라서 수신의 개념이 10조 (2)항의 경우는 동일한 수신개념을 사용하고 있는 10조 (1)항과 달리 형식적 요지주의와 실질적 요지주의로 해석할 수 있으므로 전·후문이 상이한 수신표현방법에 따른 상이한 수신 개념을 사용하고 있다고 볼 수 있다.

이러한 전자협약에 의한 전자통신의 수신시기 원칙이 전자통신에 의한 청약과 관련한 수신의 경우에 그대로 적용된다고 볼 수 있다.

【3】 16조 : 청약의 취소

Article 16

(1) Until a contract is concluded an offer may be revoked if the revocation reaches the offeree before he has dispatched an acceptance.
(2) However, an offer cannot be revoked :
   (a) if it indicates, whether by stating a fixed time for acceptance or otherwise, that it is irrevocable; or
   (b) if it was reasonable for the offeree to rely on the offer as being irrevocable and the offeree has acted in reliance on the offer.

(1) 계약이 체결될 때까지 청약은 취소될 수 있다. 다만 피청약자가 승낙의 통지를 발송하기 전에 취소의 통지가 피청약자에게 도달해야 한다.
(2) 그러나 청약은 다음의 경우에는 취소될 수 없다.
   (a) 청약이 승낙을 위하여 확정된 기간을 명시하거나 기타의 방법으로 취소불능임을 명시하고 있는 경우
   (b) 피청약자가 청약을 취소불능임을 믿는 것이 합리적이고, 피청약자가 청약을 믿고 행동한 경우

일반적으로 철회란 청약이 피청약자에게 도달하기 전에 취소 순간부터 청약의 법적효력을 갖지 못하도록 하는 청약의 취소를 의미한다. 취소란 피청약자에게 도달했으나 계약 성립 전에 이미 효력을 가지고 있는 청약을 소급하여 무효시키기 위한 청약의 취소를 의미한다.[35]

본 조항은 청약의 취소에 대한 영미법의 원칙, 즉 청약의 일반적인 취소가능이론과 대륙법의 원칙, 즉 청약의 일반적인 취소불능이론 간에 실질적인 절충으로 양 이론을 포괄하는 원칙을 규정하고 있다.

본 조항은 ULF 5조 (2)항과 (3)항에 근거한 DCIS 14조에 근거하고 있으나 14조 (1)항은 초안시에 변경되었다.

따라서 본 조항의 이해를 돕기 위하여 먼저 영미법과 대륙법상의 취소 혹은 철회의 가능성을 먼저 살펴보고, 다음으로 본 조항을 설명하고자 한다.

일반적으로 청약이 피청약인에게 도착한 후에라도 승낙 전이라면 피청약인에

---

35) A/CN.9/578/Add.4.

게 도달한 철회는 청약의 취소로 간주되어야 하기 때문에, 청약이 16조 (1)항과 같은 취소가능인 경우 청약의 철회와 취소간의 차이는 큰 의미가 없다.

그러나 청약에 관하여 영미법과 일본법에서는 취소(revocation)라는 표현을 사용하고 있고, 우리나라에서는 철회(withdrawal), ULF와 협약에서는 청약의 효력발생 전에는 철회,[36] 효력발생 후에는 취소[37]를 사용하여 양자를 구분해서 사용하고 있다.

철회와 취소는 근본적으로 차이가 있다. 취소는 취소권의 발생 원인에 따라 권리자의 일방적 의사표시에 의하여 법률 행위의 효력을 소급적으로 소멸케 하는데 비하여, 철회는 아직 종국적인 법률효과가 발생하고 있지 않은 법률행위나 의사표시의 효력을 장차 발생하지 않도록 막는 것이다. 그러나 청약에 관한 한 그것이 정식으로 효력을 발생한 후에 장차 효력을 발생하지 못하도록 한다는 입장에서 볼 때, 취소의 개념보다 철회의 개념이 타당하지 아니할까 생각이 된다.

1) 영미법과 대륙법상의 원칙

영미보통법에 의하면, 승낙이 되면 청약은 취소불능이 된다해도,[38] 청약은 승낙전에 언제든지 취소할 수 있는데, 이러한 사실은 특정기간 동안 또는 무기한으로 청약이 유효함을 청약자가 약속한다 해도 마찬가지이다.[39]

영미법이 이처럼 청약의 구속력을 인정하지 않는 것은 청약을 받은 자는 이를 승낙하든 아니하든, 전혀 자유로이 결정할 수 있는데도 청약자측만 자신의 청약에 구속되어 취소할 수 없다면, 이는 형평법(equity)에 근거한 공평에 위배된다는 이유에서이다.

1937년 법개혁위원회는 특정기간 동안 또는 합의에 대해 약인이 없다 해도 특수한 사건이 발생할 때까지 청약이 유효하도록 하는 합의에 구속되기 위해 법이 개정되어야 함을 권고한 바 있으며, 법위원회에서도 이와 유사한 권고를 하면서 거래 과정에서 이루어진 확정청약(firm offer)에 한정하고 있으나,[40] 아직도 이 원칙에는

---

36) CISG, 15조.

37) CISG, 16조.

38) A. G. Guest, *op. cit.*, p.40.

39) L. S. Sealy, *Benjamin's Sale of Goods*, Sweet & Maxwell, 1981, p.88.

40) M. P. Furmston, *Cheshire, Fifoot and Furmston's Law of Contract*, Butterworths, 1986,

변화가 없다.

그러나 원칙적으로 취소가능청약이건, 확정청약이건, 어떤 청약이건 관계없이 원칙적으로 청약의 취소가 가능함이 영미보통법의 원칙이나 이 원칙에도 다음의 경우에는 예외로서 청약이 취소불능임을 인정하고 있다.

① 청약이 날인증서(seal; deed; testament; factum; a thing done beyond recall)로 된 것

② 청약이 날인증서 또는 약인에 의해 이루어진 선택권계약(option contract)을 위한 것[41]

③ 회사주식 응모자 명부 열람기간 종료후 3일까지 회사주식청약신청서[42]

미국의 경우도 원칙적으로 청약이 승낙되기 전까지는 언제라도 청약의 취소가 가능하나 영미보통법에서와 같이 계약을 성립시키려는 청약의 성격에다 특정기간 동안 청약이 유효하다는 청약자의 약속인 선택권계약(option contract)[43]이나 UCC, 2-205조상의 firm offer의 요건을 갖춘 청약 등 두 가지의 경우에는 취소불능임을 인정하고 있다.

이렇게 볼 때, 영미법의 경우 청약상에 단순히 확정(firm), 유효(be held open), 취소불능(irrevocable) 등의 표현이 있어도 취소가 가능하다.

미국의 경우, 이상의 두 가지 외에도 법률에 의해 또는 피청약자의 신뢰에 의해 또는 기타 상황에 의해 취소불능청약이 있을 수 있음을 Rest. 82-94에서 규정하고 있다.

이상과 같은 영미보통법 및 미국법과는 달리 대륙법에 의하면 계약을 위한 청약은 철회하지 못하도록 규정하고, 승낙의 기간을 정한 청약은 그 기간 동안 정하지 아니하고 한 청약은 합리적인 기간 동안 철회할 수 없음이 원칙이다.[44]

이와 같이 청약이 일단 그 효력을 발생한 후는 청약자가 이를 임의로 취소 또

---

p.56; A. G. Guest, *op. cit.*, p.46.

41) L. S. Sealy, *op. cit.*, p.88; M. P. Furmston, *op. cit.*, p.56.

42) A. G. Guest. *op. cit.*, p.46; Companies Act, 1948, 50(5); ALI, *Restatement of the Law of Contract*, 2nd., 1982, p.74.

43) ALI, *op. cit.*, p.73; Rest. 25; S. Emanuel and S. Knowls, *op. cit.*, 1986, p.40. 미국에서는 option contract를 약인이 있는 취소불능청약(irrevocable offer)이라 해서 3개월 기간 내에 확정 또는 보증된다는 취지만 있으면, 약인이 없어도 취소불능청약으로 보는 확정청약(firm offer)과 구분하고 있다.

44) 민법 527~9조; 일본 민법, 521조, 524조; 독일 민법, 141조; 스위스 채권법, 3조, 5조 1항.

는 철회하지 못하도록 하는 것을 청약의 구속력이라고 부르는데, 일단 청약을 수령한 상대방은 이것을 신뢰해서 승낙여부의 고려 또는 이행준비를 시작하기 때문에 마음대로 청약의 취소 또는 철회를 해서는 아니된다는 논리에 근거한 것 같다.

2) 협약의 원칙

(1) 청약의 취소가능/(1)항

(1)항은 청약의 취소시기에 관한 규정으로 청약은 일반적으로 취소할 수 있으며, 취소는 승낙을 발송하기 전에 피청약인에게 도착했을 때 효력이 발생됨을 규정하고 있다.

자신의 청약을 취소할 수 있는 권리는 일반적으로 계약이 체결된 때, 즉 18조 (2)항에 따라 승낙이 도달하여 효력을 발휘하고 23조에 따라 계약이 성립한 때 종료된다. 그러나 이러한 기본원칙은 협약에 의하면 다음의 경우에만 적용된다.

① 구두로 청약을 승낙한 경우와 피청약인이 18조 (3)항에 따라 청약을 승낙한 경우

구두승낙의 경우 승낙의 발신과 동시에 도달되는 동시성이라는 특수성에 따라 어느 때에 계약이 성립한다 해도 성립시기는 같다. 그러나 도달주의로 하여 계약은 성립한다. 그리고 18조 (3)항에 따라 당사자들이 그들 간에 이미 확립되어 있는 관행이나 관습의 결과로서 물품의 발송이나 대금의 지급과 같은 행위를 함으로써 청약인에게 통지 없이 동의를 표시할 수 있다면, 승낙은 이러한 행위가 이행된 때에 효력이 발생한다. 따라서 이러한 행위를 한 때에 승낙이 효력을 발생하고 계약은 체결된다. 이상과 같은 경우에는 계약이 체결된 때, 즉 계약이 효력을 발휘한 때이므로 당연히 청약인의 취소권리는 이때에 종료된다.

② 서면동의 표시에 의해 승낙되는 전형적인 경우

이때 자신의 청약을 취소할 수 있는 청약인의 권리는 승낙이 청약인에게 도달할 때, 즉 계약이 체결된 때가 아닌 피청약인이 자신의 승낙을 발송한 때 종료된다. 그 이유는 다음과 같다.

청약은 일반적으로는 취소가능이지만 피청약자가 승낙을 발송하면 16조 (1)항에 의해 취소불능이 되고, 18조 (2)항과 23조에 의해 승낙이 청약자에게 도착한 때에 계약이 성립한다. 이러한 원칙에 의하면 승낙의 발송과 도착까지의 시간대는 청약은 취소불능이지만 계약은 아직 성립하지 아니한, 말하자면 계약 성립 전 단계로서 청약자로서는 계약의 성립을 기다릴 수밖에 없다. 그럼에도 불구하고 본 협약이 이러한 과정을 경유하도록 한 것은 위에서 설명한 대로 청약이 일반적으로는 취소가능하지만 승낙의 통지가 발송되면 계약의 성립 전에라도 취소불능이 되게 하므로 청약을 일반적으로 취소가능으로 하는 영미법과 일반적으로 취소불능으로 하는 대륙법과의 절충의 결과이다.

(2) 취소불능청약/(2)항 (a)호

본 규정은 청약이 취소불능임을 표시하고 있다면 청약은 취소될 수 없음을 규정하고 있다. 이는 청약자의 입장에서는 자신의 청약을 취소하지 아니한다는 약속을 필요로 하지 아니하고, 피청약인의 입장에서는 청약이 취소불능이 되기 위해 일체의 약속이나 행동이나 자세를 필요로 하지 아니한다는 것이다. 다시 말해서 취소불능에 대한 그 어떠한 약인도 필요로 하고 있지 아니하다는 것이다. 그리고 본 규정은 상거래 관계에 있어 특히 국제상거래 관계에 있어 피청약인은 청약이 일정기간 동안 유효함을 표시하고 있는 청약인의 진술을 신뢰할 수 있어야 함을, 즉 청약이 일정기간 동안 유효함을 표시하고 있는 청약인의 진술을 취소불능으로 신뢰할 수 있어야 함을 반영하고 있다.

청약은 다양한 방법으로 취소불능임을 표시할 수 있으나 가장 분명한 취소불능 표시 방법은 청약이 취소불능이거나 청약이 특정기간 동안 취소되지 아니할 것임을 또는 승낙을 위한 확정된 기간을 예컨대, "We offer firm until Sep. 20, 2014" 또는 "The offer will not be revoked until Sep. 20, 2014 and expires if it has not been accepted by that date"와 같이 표시하는 것이다.

(3) 청약을 취소불능으로 하는 신뢰/(2)항 (b)호

피청약자가 청약을 취소불능으로 신뢰하는 것이 합리적이고, 피청약인이 청약을 신뢰하여 행동한 경우, 청약자는 자신의 청약을 취소할 수 없음을 본 조항이 규정하고 있다. 이러한 사실은 피청약인이 청약을 승낙해야 하는지 여부를 결정하기 위하여 상당한 조사를 해야 하는 경우에 특별히 중요하다. 이런 경우 청약이 취소불능임을 표시하고 있지 아니하다 해도 피청약인 자신이 결정을 하기 위해 필요한 기간 동안 청약은 취소불능이어야 한다. 여기서의 필요한 기간 동안이란 합리적인 기간 동안을 의미한다. (b)호의 규정은 영미보통법에서 말하는 일종의 금반언(禁反言)의 원칙(the principle of estoppel)에서 비롯되었다고 볼 수 있다.

그러나 청약의 취소가능성의 문제에 관해 영미법과 대륙법 간에 접근방법에 있어 현저한 차이가 있는 상황하에서 동 규정상의 합리적이라는 표현은 매우 다양한 해석을 낳을 우려가 있다.[45]

본 조항은 청약의 취소가능성에 관한 규정이면서 효력이 발생된 청약의 유효기간에 대한 규정이기도 하기에, (1)항을 통해 청약의 취소가능성에 대해 영미법과 대륙법을 모두 수용하고 있으며, 효력이 발생된 청약의 유효기간에 대해 (2)항을 통해 영미보통법에서의 원칙인 합리적인 기간과 대륙법에서의 유효기간 명시의 경우 확정기간 동안 유효함을 공히 인정하고 있다. 따라서 승낙을 위해 지정된 기간이 있으면 그 기간 동안 유효하며, 없는 경우 합리적인 기간 동안 유효하다고 볼 수 있다. 이러한 사실은 18조 (2)항을 통해서도 알 수 있다.

3) PICC의 원칙

PICC 2.1.4조 역시 협약 16조와 동일하게 규정하므로 두 개의 기본적인 접근방법, 즉 원칙적으로 청약은 취소 가능하다는 영미보통법의 접근방법과 대륙법 계통에 의해 인정되고 있는 그 반대의 접근방법을 조화시킬 수 있는 가능성이 없기 때문에 오직 하나의 남은 가능성으로 주된 원칙으로서 하나의 접근방법을, 그리고 예외로서 다른 접근방법을 선택하므로 양 접근방법의 유일한 공존의 가능성을 모색하고 있다. 이러한 접근방법은 하나의 접근방법과 예외로서 다른 접근방법을 선택하고 있는 CISG와 원칙적으로 같은 접근방법이다.

이러한 절충의 한 예를 들면 다음과 같다. 서면동의표시에 의해 승낙되는 전형적인 경우 자신의 청약을 취소할 수 있는 청약인의 권리는 승낙이 청약인에게 도달할 때, 즉 계약이 체결된 때가 아닌 피청약인이 자신의 승낙을 발송한 때 종료된다. 그 이유는 청약은 일반적으로는 취소가능이지만 피청약자가 승낙을 발송하면 취소불능이 되고, 승낙이 청약자에게 도착한 때에 계약이 성립하기 때문이다.

이러한 원칙에 의하면, 승낙의 발송과 도착까지의 시간대는 청약은 취소불능이

---

45) A/CONF.97/19, p.22.

지만 계약은 아직 성립하지 아니한 말하자면 계약 성립 전 단계로서 청약자로서는
계약의 성립을 기다릴 수밖에 없다. 그럼에도 불구하고 본 협약이 이러한 과정을
경유하도록 한 것은 청약이 일반적으로는 취소 가능하지만 승낙의 통지가 발송되
면 계약의 성립 전에라도 취소불능이 되게 하므로 청약을 일반적으로 취소가능으
로 하는 영미법과 일반적으로 취소불능으로 하는 대륙법과의 절충의 결과[46]이다.
    이하에서 제 원칙하의 청약의 취소에 관한 원칙을 소개하면 다음과 같다.

(1) 주 원칙 : 영미보통법의 접근방법 : 청약은 원칙적으로 취소 가능

    CISG 16조와 문자적으로 똑같은 본 조항의 (1)항은 계약이 체결될 때까지 청
약은 원칙적으로 취소가능함을 규정하고 있다. 그러나 동일한 규정에서는 청약의
취소가능성을 피청약자가 승낙의 통지를 발송하기 전에 취소의 통지가 피청약자에
게 도달해야 한다는 조건에 연계시키고 있다. 이러한 원칙을 현실에 반영시켜보면
청약을 취소시킬 수 있는 청약자의 권리가 계약이 체결될 때까지 지속한다는 경우
는 피청약인이 구두로 청약을 승낙하거나 2.1.6(3)조에서와 같이 피청약인이 청약
자에게 승낙통지 없이 행동을 함으로써 동의를 나타내는 경우뿐이다. 그러나
2.1.6(2)조에서와 같이 청약이 동의의 서면 표시에 의해 승낙되고, 동 승낙이 청약
자에게 도달할 때 계약이 체결되는 경우에는 청약을 취소할 수 있는 청약자의 권리
는 이보다 조기, 즉 피청약자가 승낙의 통지를 발송할 때 종료된다.

    이러한 해결방법은 청약을 취소하는 것이 여전히 가능한지 여부를 항상 모를
수 있는 청약자에게는 다소 불편한 조건이다. 그러나 피청약자의 합법적인 관심에
서 볼 때 청약자가 청약을 취소할 수 있는 시간을 단축시킨다는 의미에서 정당화
될 수 있다. 발송 시간의 종료에 관하여 2.1.8조에서 설명하고 있다.

(2) 주 원칙의 예외 : 청약이 취소 불가능한 경우

    본 조항의 (2)항은 청약의 취소가능성에 관한 일반원칙에 두 개의 주요한 예외
를 규정하고 있다. 그 첫째가 청약자체가 취소불능이라는 표시를 하고 있는 경우이
고, 그 둘째가 청약을 취소불능으로 간주할 달리 중요한 사유를 가진 피청약자가
그러한 청약을 신뢰하여 행동한 경우이다.

---

46) http://www.unidroit.org/english/principles/chapter−2.ht, 2.4, comment.

① 청약상에 취소불능의 표시가 있는 경우

청약이 취소불능이라는 표시는 다양한 방법으로 표시될 수 있다. 가장 직접적이고 분명한 방법은 청약자에 의해 그러한 취지의 명시적 진술, 즉 "본 청약은 확정청약이다."(this is a firm offer) 또는 "당사는 귀사의 해답을 수령할 때까지 당사의 청약을 지킨다."(We shall stand by our offer until we receive your answer)와 같이 청약상에 표시하는 것이다. 그러나 취소불능이라는 사실은 청약자에 의한 다른 진술이나 청약자의 행동을 통해 단순히 추정될 수도 있다.

승낙을 위한 확정기간의 표시(승낙 유효기간, 청약의 유효기간)는 그 자체만으로 취소불능 청약의 묵시적 표시에 해당할 수 있으나 반드시는 아니다. 따라서 이에 대한 해답은 제4장 해석에 관한 일반 원칙에서 규정하고 있는 다양한 기준에 따라 청약 내용의 적법한 해석을 통해 건별로 해석되어야 한다.

일반적으로 청약인이 승낙을 위한 기간의 확정은 취소불능임을 표시하는 것으로 간주하는 법체계내에서 활동하고 있다면, 승낙을 위한 확정기간을 명시하므로 청약자는 취소불능 청약을 하려는 의도임을 추정할 수 있다.

반면에 청약자가 승낙을 위한 기간의 확정은 취소불능임을 표시하기엔 충분치 못한 법체계에서 활동하고 있다면, 청약자는 이러한 의사를 일반적으로 가지지 아니할 것이다.

② 청약을 취소불능으로 피청약인이 신뢰한 경우

청약의 취소불능에 관한 일반원칙의 두 번째 예외, 즉 "피청약인이 청약을 취소불능으로 신뢰하는 것이 합리적인 경우"와 "피청약인이 청약을 믿고 행동한 경우"는 1.8조에서 규정한 불일치 행동을 금지하는 일반원칙이 적용된다.

이 경우 피청약자의 합리적인 신뢰는 청약자의 행동이나 청약자체의 성격, 예컨대 청약의 승낙이 피청약자의 입장에서 볼 때 비용이 많이 들고 방대한 검사를 요구하는 청약 또는 청약이 피청약자로 하여금 제3자에게 청약을 하도록 허용하는 취지로 되어있는 청약 등을 통해 가능할 수 있다.

피청약자가 청약을 신뢰하여 반드시 이행해야 하는 행위는 생산준비, 자재나 장비의 구입이나 임대, 비용 지급 등을 하는 것이다. 다만 이런 행위가 관련 거래에 있어 정상적인 것으로 간주되거나 청약자에 의해 예견되었거나 달리 청약자에게 알려져야 한다.

4) CUECIC의 원칙

(1) 철회의 가능성과 그 방법

전자거래에 있어 인정되어야 할 철회나 취소와 같은 실체법 규정이 전자협약에는 없는[47] 상황하에서 그 가능성을 보면 다음과 같다.

CISG 15조 규정과 관련하여 사용되어지는 전자통신과 관련한 CISG – AC의 의견에 의하면, (1)항과 관련하여 본 규정에서 말하는 "도달"(reach)이라는 용어는 전자통신을 유효한 서면통신과 같이 인정할 경우 동 전자통신이 피청약인의 서버(server)에 입력 완료된 때 상당하는 말이다. 즉 본 규정에서 말하는 도달이란 전자통신의 경우 피청약인의 서버(지정서버를 의미)에 통신이 입력 완료된 때를 본 규정에 따른 도달로 보고 있다.[48]

그러나 이러한 의견은 전자협약과 비교해 볼 때 다소 차이가 있다. 즉 여기의 피청약인의 서버란 피청약인이 지정한 서버만을 의미하나 전자통신은 지정서버와 비지정 서버를 모두 인정하고 있으며, 전자의 경우 형식적 요지주의, 후자의 경우 실질적 요지주의를 각각 도달의 개념으로 보고 있는 데 비해, 본 의견에 의하면 전자통신 협약상에 말하는 지정서버의 도달의 개념에 해당하는 형식적 요지주의, 즉 검색할 수 있을 때, 즉 피청약인이 지정한 서버에 전자통신이 입력 완료되어 검색할 수 있는 상태만을 도달의 개념으로 보고 있다. 따라서 피청약자가 수신통신을 위한 서버를 지정한 경우 전자협약과 일치하나 비지정의 경우와 이런 경우 도달에 대한 의견이 없다.

그리고 ACO에 의하면, (2)항과 관련하여 청약은 그것이 비록 취소불능이라도 청약이 피청약인에게 도달하기 전이나 동시에 피청약인의 서버에 청약인이 청약을 철회한다는 전자통신이 입력된다면 철회할 수 있다. 이렇게 볼 때 전자통신에 의한 철회의 전제조건은 이러한 입력 완료, 즉 검색할 수 있는 때 전자통신을 철회통신으로 인정함을, 다시 말해서 이러한 형태의 성격을 띠는 전자통신형태로서 피청약인의 전자주소 앞으로 발신된 전자통신의 수령을 명시적 또는 묵시적으로 피청약인이 동의[49]해야 한다는 의견이다.[50] 이러한 명시적 묵시적 합의는 6조, 8조, 9조

---

47) A/CN.9/WG.Ⅳ/WP.10, pp.729~31.
48) http://www.cisg.law.pace.edu/cisg/cisg‑ac‑op.1.
49) *Ibid.*
50) *Ibid.*

를 통해 합의 또는 추정할 수 있다.

이러한 AC의 의견과 논평을 보면, 15조 (1)항에 따라 청약은 피청약자에게 도달할 때까지 유효하지 아니하며, 15조 (2)항에 따라 철회가 청약의 도달 전이나 동시에 도달한다면 청약은 철회할 수 있다. 이러한 규정에 따라 전통적인 통신수단에 의하면 이러한 원칙은 피청약자로 하여금 청약보다 빠른 통신수단을 통해 자신의 청약을 철회할 수가 있게 하고 있다.[51] 예컨대 청약자는 통상적인 우편으로 청약을 발송하고 그 후에 우편보다 빨리 피청약자에게 도달할 수 있는 fax를 발송함으로써 청약을 철회할 수가 있다.

(2) 전자통신의 취소의 가능성과 그 방법

AC의 의견에 의하면, 전자통신의 경우에 16조의 규정에서 말하는 "도달"의 용어는 전자통신을 유효한 서면통신과 같이 인정할 경우 등 전자통신이 피청약자의 서버에 입력완료된 때에 상당하는 말이다. 그러나 취소의 전자통신이 피청약자가 승낙의 통신을 발신완료하기 전에 피청약자의 서버에 입력된다면 청약은 취소될 수 있다. 다만 이렇게 되기 위한 전제조건은 입력완료 된 때, 즉 검색할 수 있을 때의 전자통신을 취소통신으로 인정함을, 다시 말해서 이러한 형태의 성격을 띠는 전자통신 형태로서 피청약자의 전자주소 앞으로 발신된 전자통신의 수령은 명시적 또는 묵시적으로 피청약자가 동의해야 하는바, 이러한 합의는 6조, 8조, 9조 등을 통해 합의 내지 합의사실 추정이 가능하다.[52]

(1)항에서 말하는 "도달"의 의미에 대하여 취소전자통신의 경우 피청약자의 서버에 입력완료 시점으로 보고 있는 의견에 관한 저자의 이견은 청약의 효력발생규정인 15조 (1)항과 관련한 저자의 의견과 동일하다.

이러한 AC의 의견에 따르면, 이 규정은 피청약자가 자신의 승낙을 발신 완료할 때까지 청약자가 청약을 취소할 수 있게 하는 규정으로, 취소전자통신에 적용할 경우 피청약자가 자신의 승낙전자통신을 발송완료하기 전에 피청약자의 서버에 취소통지가 입력완료된다면 취소될 수 있음을 의미한다.

본 규정에서 말하는 "도달"의 효력에 관한 도달시점과 관련한 불착위험의 구체적인 경우와 그 책임 문제는 15조에서의 논평과 같다.[53]

---

51) *Ibid.*

52) *Ibid.*

53) *Ibid.*

이상의 AC의 의견이나 논평과는 달리, CISG와 관련하여 전자협약이 사용될 경우 계약체결시까지 취소할 수 있다면 청약자와 피청약자의 승낙통신에 대하여 검색할 때나 검색하여 확인할 때까지 취소할 수 있다. 그러나 단서규정에 의해, 즉 16조 (1)항 단서규정에 의해 승낙통신 발신 전까지 취소가 가능하다. 반면에 독자적으로 전자통신협약적용의 경우로써 10조에 의해 청약이 될 수 있는 경우에 청약의 취소에 관한 규정이 없다. 그러나 CISG와 관계없이 독자적으로 사용될 경우로서 청약의 효력 발생 후 취소사유가 있어 취소할 수 있는 경우 준거법에 따라 발신주의, 도달주의, 요지주의가 적용될 수 있는바, 청약자(취소권자)가 발신주의 경우 10조 (1)항에 따라 피청약자에 의한 승낙전자통신 발신(피청약자의 정보시스템을 떠난 때) 전에, 도달주의 경우 지정 전자주소의 경우 10조 (2)항에 따라 청약자가 승낙통신에 대하여 형식적 요지주의 시점인 검색할 수 있기 전에 또는 비지정 전자주소 사용의 경우 검색에 의해 확인하기 전에, 요지주의 경우 지정 전자주소건 비지정 전자주소건 관계없이 10조 (2)항에 따라 피청약자가 승낙통신에 대하여 검색에 의한 확인 전에 청약자는 청약을 취소할 수 있다고 볼 수 있다.

【4】 17조 : 승낙 전에 청약의 거절

Article 17
An offer, even if it is irrevocable, is terminated when a rejection reaches the offeror.
청약이 비록 취소불능이라 해도, 청약의 거절이 청약인에게 도달한 때 청약은 종료된다.

본 조항은 거절에 의한 청약의 종료시기, 즉 청약 거절의 법적 효력과 효력발생시기에 대하여 규정하고 있다. 본 조항은 DCIS 15조와 똑같다.

1) 청약 거절의 법적 효과

일반적으로 청약거절의 법적 효력에 관해서는 어느 법을 막론하고, 청약을 거절하면 청약은 그 효력을 상실, 즉 피청약자의 계약을 성립시킬 수 있는 권능을 상

실(소멸)시키는 것으로, 이러한 법적 효력을 낳기 위해선 거절의 의사표시가 청약
자에게 도달해야 된다.

그러나 최초의 청약의 거절에도 불구하고 청약이 계속 유효함을 청약자가 명
시하거나, 피청약자가 청약을 지금 승낙할 의사는 없다 해도 앞으로 더 생각해 보
겠다는 의사를 언급한 경우는 거절에도 불구하고 청약은 계속 효력이 있다.[54]

그러나 본 조항에서는 특히 "청약이 비록 취소불능이라 해도"라고 양해를 구
하고 있는 것은 미국의 일부 판례에 의하면, 선택권계약(option contract)의 경우에
는 비록 거절이 있어도 선택권은 상실되지 아니한다는 판례가 있기 때문이다. 이러
한 경우는 선택권에 대해서 고액의 대가가 지불되는 경우에 해당하는 것이므로 예
외로 한다 해도, 일반적인 상거래에 사용되는 확정청약이 거절되어도 상실하지 아
니한다는 것은 생각하기 어렵다고 보아야 한다. 상인은 거절이 되면 다른 거래선과
자유롭게 교섭을 시작하는 것이 인정되어야 하며, 피청약자가 변심해서 승낙하지
아니할까 하는 염려를 할 필요는 없다.

어쨌든 본 조항은 취소가능이거나, 취소불능이거나를 불문하고 청약은 거절에
의해 상실되는 것으로 명쾌하고 분명하게 규정하고 있다. 따라서 예컨대, 10일 간
유효한 확정청약의 경우 그 다음날에 거절을 하고 5일째 되는 날에 변심한 피청약
자가 다시 승낙의 의사표시를 한 경우, 승낙이라고 부를 수 있는 것이 최초 청약의
유효기간 내에 이루어졌다 해도 청약은 거절에 의해 그 효력을 상실한다. 따라서
이론적으로 승낙이라고 말할 수 없고 계약은 성립하지 아니한다.

2) 청약거절의 효력발생시기

대개 거절은 청약자에게 도착한 때 그 효력을 발생하기 때문에 거절의 도착 전
에 빠른 방법으로 거절을 취소하는 것이 가능하다. 예컨대, 거절의 통지를 편지로
발송한 후 편지가 도착하기 전에 전화 또는 Telex나 Fax를 통해 승낙하면 계약은
성립한다.[55]

---

54) Rest. 38(1, 2); S. Emanuel and S. Knowls, *op. cit.,* p.39.
55) 新 掘聰, 前揭書, pp.32~3.

3) PICC의 원칙

PICC 2.1.5조는 어떤 청약이건 거절되면 당연히 효력이 없음에도 불구하고 "취소불능이라 해도"[56]라는 내용을 두고 있는 협약과는 달리 이를 삭제하므로 협약의 원칙과 사실상 동일하지만 규정을 단순화시키고 있다.

특히 PICC 논평에 의하면, 청약은 명시적으로도 묵시적으로도 거절될 수 있음을 제시하고 묵시적 거절의 경우로서 다음과 같이 논평하고 있다.[57]

명시적 거절이 없는 경우로서 청약을 거절한 것으로 결론지으려 할 경우 어떤 경우를 예컨대 피청약자에 의한 진술이나 피청약자의 행동이 자신은 청약을 승낙하는 의사를 하지 아니하였다는 청약자의 신뢰를 정당화시켜야 한다.

예컨대 "대금 감액의 기회가 있는가?"(Is there any change of the price being reduced?), "당신은 며칠 앞당겨 조기에 인도할 수 있는가?"(Could you deliver a couple of days earlier?)와 같은 대안의 가능이 있는지 여부를 단순히 모색하는 피청약자의 입장에서의 해답은 이러한 결론을 정당화하기에 일반적으로 충분하지 못하다. 즉 청약의 거절로 볼 수 없다.

주의를 요할 것으로 2.1.4조에 따라 청약이 취소가능이건 불능이건 관계없이 거절은 모든 청약의 종료를 가져옴을 명심해야 한다.

피청약자에 의한 거절은 청약을 종료시키는 여러 이유 중 유일한 이유이다. 다른 사유는 2.1.4(1)과 2.1.7조에서와 같이 취소나 유효기간 종료 등에 의해 청약을 종료시킬 수 있다.

4) 전자협약의 원칙

17조와 관련하여 사용되는 전자통신에 대한 AC의 의견과 논평은 다음과 같다.

본 규정에서 말하는 "도달"이라는 용어는 전자통신을 유효한 서면통신과 같이 인정할 경우 동 거절의 전자통신이 청약자의 서버에 입력 완료된 때에 상당하는 말이다. 그리고 거절의 통신이 청약자의 서버에 입력된 때 청약은 종료된다. 이렇게 볼 때 전자통신에 의한 청약거절의 통신의 전제조건은 이러한 입력완료, 즉 검색할

---

56) 미국의 선택권계약(option contract)의 경우 거절이 되어도 선택권은 상실되지 아니한다는 판례를 의식해서이다.

57) http://www.unidroit.org/english/principles/chapter.

수 있을 때의 전자통신을 거절통신으로 인정함을, 다시 말해서 이러한 형태의 성격을 띠는 전자통신 형태로서 청약인의 전자주소 앞으로 발신된 전자통신의 수령을 명시적 또는 묵시적으로 청약인이 동의해야 하는바,[58] 이러한 동의는 6조, 8조, 9조를 통해 합의사실 내지 합의를 추정할 수 있다.

이러한 의견에 근거한 논평은 다음과 같다.

청약은 거절의 통신이 청약자에게 도달한 때 종료된다. 전자통신의 경우 규정상의 "청약자에게 도달(reaches the offeror)"의 정확한 시점은 컴퓨터상에 얼마든지 확인될 수 있다. 따라서 피청약자는 청약 거절표시를 발송함으로써 더 이상 계약을 체결할 수가 없다. 만약 피청약자가 청약의 거절을 발신한 후에 심정의 변화를 일으켜 계약을 체결하고 싶은 마음이 생길 경우, 청약 승낙의 표시는 청약인의 서버에 거절의 통신이 입력되기 전에 청약자의 서버에 입력되어야 한다.

본 규정에서 말하는 "도달"의 개념은 전자통신에 적용시킬 경우, 거절의사의 전자통신 도달시점과 관련한 불착 위험의 구체적인 경우와 그 책임문제, 그리고 규정취지와 전자통신 인정의 결과 전자협약과의 마찰의 문제 등에 있어서 상기 15조의 언급한 내용이 그대로 적용된다고 볼 수 있다.[59]

전자협약상에 철회 및 취소와 마찬가지로 청약의 거절에 관한 규정은 없다. 그러나 CISG 17조와 관련하여 전자통신이 사용될 경우 AC의 의견과 논평을 보면 다음과 같다.

이상의 AC의 의견이나 논평이 철회와 취소와 관련시켜 볼 때 전자청약 거절통신과 관련한 CISG 17조에 관련한 AC의 의견과 논평이 전자협약 하에서 그대로 적용됨을 추정할 수 있다. 그러나 도달의 개념자체가 요지주의의 개념으로 변경되어 전자주소지정의 경우는 검색할 수 있는 때, 비지정 전자주소의 경우 검색에 의한 확인이 가능할 때를 의미하며, 발신메시지의 형태, 주소 등은 명시적으로도 묵시적으로도 가능하나, 묵시적인 합의는 8조, 9조 등에 의해 추정이 가능하다.

---

58) http://www.cisg.law.pace.due/cisg-ac-op.1.html, p.5.
59) *Ibid.*

【5】 18조 : 승낙 동의의 표시 시기와 방법

Article 18

(1) A statement made by or other conduct of the offeree indicating assent to an offer is an acceptance. Silence or inactivity does not in itself amount to acceptance.

(2) An acceptance of an offer becomes effective at the moment the indication of assent reaches the offeror. An acceptance is not effective if the indication of assent does not reach the offeror within the time he has fixed or, if no time is fixed, within a reasonable time, due account being taken of the circumstances of the transaction, including the rapidity of the means of communication employed by the offeror. An oral offer must be accepted immediately unless the circumstances indicate otherwise.

(3) However, if, by virtue of the offer or as a result of practices which the parties have established between themselves or of usage, the offeree may indicate assent by performing an act, such, as one relating to the dispatch of the goods or payment of the price, without notice to the offeror, the acceptance is effective at the moment the act is performed, provided that the act is performed within the period of time laid down in the preceding paragraph.

(1) 청약에 대한 동의를 표시하는 피청약자의 진술이나 기타 행위는 승낙으로 한다. 침묵이나 무위(無爲)는 그것만으로서는 승낙에 해당하지 아니한다.

(2) 청약의 승낙은 동의의 표시가 청약자에게 도달할 때 효력을 발생한다. 동의의 표시가 청약자가 확정한 기간 내에 혹은 기간이 확정되지 아니한 경우 청약자가 사용한 통신수단의 신속성을 포함하여 거래의 상황이 충분히 고려된 합리적인 기간 내에 청약자에게 도착하지 아니한다면 승낙은 효력을 발생하지 아니한다. 구두 청약은 별도의 사정이 없는 한, 즉시 승낙[60]되어야 한다.

---

60) 즉시 승낙의 경우 즉시라는 시간은 구두협약의 승낙의 유효기간을 의미한다. 즉 승낙의 유효기간이 없는 구두승낙의 경우 합리적인 기간을 의미하는 것이다. 따라서 본 규정은 본 규정상의 즉시 승낙이란 승낙의 유효기간이 없는 경우 합리적인 유효기간의 경우 즉시에 해당하는 합리적인 유효기간의 최단기 규정으로 볼 수 있다. 이에 비하여 39조 (2)항상의 2년은 39조 (1)항의 합리적인 기간의 최장기간이다. 이렇게 볼 때 18조 (2)항, 39조 (2)항은 협약상의 합리적인 기간의 최단과 최장의 기간을 표시하고 있는 양극의 규정으로 볼 수 있는바, 이는 마치 Incoterms의 EXW와 DDP와 같다.

> (3) 그러나 청약의 성격에 의하여 혹은 당사자들이 그들 간에 이미 확립된 관행이나
> 관습의 결과로서 피청약자가 청약자에게 통지 없이 물품의 발송이나 대금의 지
> 급과 같은 행위를 함으로써 동의를 표시할 경우 승낙은 이러한 행위가 이행된 때
> 효력을 발생한다. 단, 이러한 행위는 (2)에 규정된 기간 내에 이루어져야 한다.

본 조항은 승낙의 정의 규정으로 승낙을 구성하는 피청약자의 행위와 승낙이
효력을 발생하는 시기에 관해 규정하고 있다. 본 조항은 ULF 2조 (2)항, 6조, 8조
에 근거한 DCIS 16조 (2)항과 (3)항의 초안내용 변경 외에는 16조와 똑같다.

1) 승낙을 구성하는 행위/(1)항

대부분의 승낙은 청약에 대한 동의를 나타내는 피청약자의 진술(statement)의
형태로 구성되나, 본 규정에 의하면 청약에 대한 동의를 나타내는 피청약자에 의한
기타행위(other conduct)도 승낙을 구성할 수 있음을 인정하고 있다.

동 규정은 침묵 또는 부작위, 즉 무위(無爲 : inactivity) 그 자체만으로는 승낙
이 되지 아니함을 규정하고 있다. 그러나 침묵이나 무위가 동의의 표시라는 충분한
보증을 하는 기타 요인과 연결이 되어 있다면 이러한 침묵이나 무위는 승낙이 된
다. 특히, 당사자들이 사전에 그렇게 하기로 합의한 경우 침묵이나 무위는 승낙을
구성할 수 있다. 그런데 이러한 합의는 명시적일 수도 있고 협상 당사자들간에 이
미 확립되어 있는 관행이나 관습, 그리고 협약 8조의 해석 원칙에 따라 이루어진
당사자들의 그 후의 행동의 결과로서 당사자들의 의도의 해석을 통해 확립될 수도
있다(결과를 통해 당사자들의 의도를 해석함으로써 확정될 수 있다).

예컨대, 과거 10년 동안 매수인은 규칙적으로 주문 후 6~9개월 안에 선적 예
정인 물품을 주문하였다. 처음 몇 회의 주문 후 매도인은 주문서를 확인하지 아니
하였으나 항상 주문대로 물품을 선적하였다. 그런데 어느 순간부터 매도인은 물품
을 선적하지도 아니하였고 매수인에게 자신이 선적하지 아니할 것임을 통지하지도
아니했다. 이런 경우 매수인은 매도인이 주문을 확인할 필요가 없다는 관행이 당사
자들간에 확립되어 있으므로 이 경우 매도인의 침묵이나 무위는 청약의 승낙에 해
당한다는 사실에 근거하여 계약 위반으로 소송을 제기할 수 있다.

또 다른 하나의 예로서 합의서 내용 가운데 매도인은 매수인의 주문 수령후 14

일 이내에 회답하도록 되어 있었다. 만약 매도인이 동 기일 내에 회답하지 아니한다면 주문은 매도인에 의해 승낙된 것으로 간주하게 되어 있었다. 그런데 7월 1일자로 매도인은 매수인으로부터 100units 주문을 받았으나, 매도인은 7월 25일 비로소 매수인에게 주문을 이행할 수 없음을 통지하였다. 이런 경우 7월 15일자로 100units의 매매를 위한 계약이 체결되었다.

다음은 특수한 경우로 기(旣) 확립된 관습이 없거나 승낙이 없었을 경우의 예를 들어보자.

6월 1일자로 매도인은 매수인에게 명시된 가격에 특수형태의 물품과 수량을 매각하기 위하여 청약을 매수인에게 발송하였다. 그런데 동 청약서상에 다음의 사항이 추가되어 있었다. "본 청약은 6월 15일까지 회신을 받지 못한다면 당신이 승낙한 것으로 간주할 만큼 매력적인 청약이다"(This is such an attractive offer that I shall assume that you accept unless I hear you by June 15). 그러나 매수인은 회답하지 아니하였다. 이런 상황하에서 매도인은 6월 16일자로 물품을 선적하였다. 이런 경우 본 규정에 따라 계약은 성립하지 아니하였으며 매수인은 물품을 거절할 수 있다.[61]

본 규정상의 무위가 추가된 것은 전체적으로 보아 수동적인 행동은 침묵과 같이 취급함을 나타내기 위한 의도이다. 영미보통법이나 대륙법, Rest.도 본 규정과 유사한 원칙을 고수하고 있다.[62]

Rest. 69조에 의하면 침묵이나 무위가 승낙이 될 수 있음을 인정하고 있다.

2) 승낙의 효력발생시기/(2)항

(1) 의사표시의 대원칙

본 규정은 청약의 승낙시기에 관한 규정으로 승낙의 효력발생시기에 관해 즉시 승낙을 요하는 구두 청약을 제외하고는 동의의 표시가 청약자에게 어떤 방법으로든 청약의 유효기간 내에, 만약 유효기간이 정해져 있지 아니하다면 합리적인 기간 내에 도착해야 한다는 의사표시의 대원칙인 도달주의(receipt theory)를 채택하고 있으나, 다음과 같은 두 가지의 경우에는 예외적으로 통지가 필요없다.

---

61) J. O. Honnold, *op. cit.*, p.160; A. H. Kritzer, *op. cit.*, pp.172~3.
62) M. P. Furmston, *op. cit.*, p.42; Rest. 69, 민법, 528~529조; 일본민법, 526조.

첫째로 18조 (3)항의 규정에 따라 물품의 발송이나 대금지불 등의 행위이행의 경우 별도로 청약에 동의한다는 취지의 통지가 필요없다. 그러나 이런 경우에도 동의의 표현에 해당하는 행위를 실행한 후 곧바로 그 취지를 청약자에게 연락해야 하는바, 실무적으로 볼 때 선적통지(shipping notice) 등이 여기에 해당할 수 있다.

또 다른 하나의 예외는 당사자들은 협약규정의 효과를 감쇄하거나 변경할 수 있다는 제6조의 규정에 의해 피청약자의 침묵이 승낙이 되는 것으로 합의한 경우에는 승낙의 통지는 필요없다. 특히 피청약자의 침묵이나 무위가 청약의 승낙을 구성함을 당사자들이 합의한다면 그들은 승낙통지가 필요 없음을 명시적으로 합의해야 한다.

주의를 요하는 것으로 본 규정에서 요구하는 동의의 문서는 피청약자가 반드시 발송할 필요가 없다는 것이다. 경우에 따라서 제3자가 발송하도록 위임될 수도 있다.

(2) 승낙의 효력발생시기

승낙기간 내에 승낙의 경우 승낙의 효력발생시기에 관해서는 발신주의(dispatch or post or mail box theory or rule, dispatch principle), 도달주의(receipt theory or rule, receipt principle), 그리고 요지주의가 있으나, 협약하에서는 승낙의 방법여하를 불문하고 일관되게 도달주의를 채택하고 있다. 승낙의 효력발생시기에 관해 협약과 각국법을 중심해서 요약하여 도해하면 다음과 같다.

통신수단 / 준거법			한국법	일본법	영국법	미국법	독일법	협 약
의사표시에 관한 일반원칙			도달주의	도달주의	도달주의	도달주의	도달주의	도달주의
승낙의 의사표시	대화자간	대화(채팅)	"	"	"	"	"	"
		전화	"	"	"	"	"	"
		Fax or Telex, EDI	"	"	"	"	"	"
	격지자간	우편	발신주의	발신주의	발신주의	발신주의	"	"
		전보		"	"	"	"	"
		EC		"	"	"	"	"

주의를 요하는 것으로서 침묵이나 무위가 효력을 발휘하는 시기에 관해 특별한 규칙이 없다는 것이다. 그러나 관련된 기간의 만기에 승낙은 효력을 발생함을 상기 예를 통해 알 수 있다. 그리고 영미법에서는 우편이나 전보에 관해서는 발송과 동시에 계약이 성립하기 때문에 우편이나 전보가 도중에 분실되는 경우에도 계약 성립에는 영향을 미치지 않는 데 비해, 본 규정에 의하면 승낙이 청약자에게 도착하지 아니하는 경우 계약은 성립하지 아니한다. 따라서 협약하에서는 피청약자는 승낙이 무사히 청약자에게 도착하였는지 여부가 걱정인 반면에 영미법에서는 청약자측이 승낙여부를 염려하게 된다.

우리나라나 일본의 경우 영미법과 같이 발신주의를 채택하고 있다. 그러나 영미법과 달리 청약의 유효기간 내에 승낙의 통지가 청약자에게 도착하지 아니하면 청약은 그 효력을 상실하기 때문에 결국 계약은 효력이 없는 것으로 되어 있다.[63]

3) 행위에 의한 승낙/(3)항

청약의 성격 또는 당사자들간에 확립되어 있는 관행이나 관습이 청약자에게 통지없이 일정한 행위를 함으로써 동의를 표시하도록 피청약자에게 허용하는 제한된, 그러나 중요한 경우를 본 규정이 명시하고 있다. 이런 경우 승낙은 이러한 행위의 이행과 동시에 효력을 발생한다. 그러나 피청약자가 승낙할 수 있는 행위는 청약이나 관습이나 관행에 의해 인정된 행위여야 한다.

예컨대, 즉시선적(ship immediately) 또는 지체 없는 주선(procure for me without delay)과 같은 청약상의 문구 사용에 따라 일정한 행위를 이행함으로써 피청약자가 승낙할 수 있음을 청약이 표시할 수 있다.

그리고 물품의 선적이나 대금지급이 그러한 행위가 될 수 있으나, 생산의 시작, 물품의 포장, 신용장의 개설, 물품의 확보 등과 같은 기타 행위도 그러한 행위일 수 있다.[64]

일반적인 계약 성립에 관한 UCC 2－204조 (1)항과 계약 성립에 있어 청약과 승낙에 관한 UCC 2－206조의 규정과 영미보통법에 의하면, 이행제공을 포함하여

---

63) 프랑스법은 도달주의 경향이고, 벨기에와 이탈리아는 도달주의보다 한발 앞서 현실적으로 청약자가 승낙의 내용을 알았을 때, 비로소 계약이 성립함을 인정하는 요지주의를 채용하고 있다(新 掘聰, 前揭書, p.48).

64) A/CONF.97/19, pp.23~4.

상황에 합리적인 방법으로 청약을 승낙할 수 있음을 피청약자에게 허용하고 있어 본 규정과 유사한 것 같지만, 청약자가 이행사실을 알 수 있도록 피청약자가 보증해야 함을 요구하고 있다는 의미에서 차이가 있다.[65]

4) PICC의 원칙

CISG 18조와 달리 PICC 2.1.6조와 2.1.7조에 의하면 승낙의 방법과 승낙의 효력발생 시기를 2.1.6조에서 그리고 승낙기간은 2.1.7조에서 각각 분리하여 규정하고 논평을 하고 있는데 규정과 논평을 보면 다음과 같다.

"(1) 청약에 대한 동의를 표시하는 피청약자에 의한 진술이나 기타 행위는 승낙으로 한다. 침묵이나 무위는 그 자체만으로 승낙에 해당하지 아니한다.

(2) 청약의 승낙은 승낙의 동의의 표시가 청약자에게 도달한 때 효력을 발생한다.

(3) 그러나 청약의 성격에 의하거나 당사자들이 그들간에 이미 확립되어 있는 관행이나 관습의 결과로서 피청약자가 청약자에게 승낙통지 없이 행위를 함으로써 동의를 표시할 경우, 승낙은 행위가 이행된 때 효력을 발생한다.

청약은 청약자가 확정한 기간내에 또는 기간이 확립되어 있지 아니한다면 청약자가 사용한 통신수단의 신속성을 포함한 상황을 고려한 합리적인 기간내에 승낙이 되어야 한다. 구두청약은 별도의 사정이 없는 한 즉시 승낙되어야 한다."

(1) 청약에 대한 동의의 절대·무조건적 표시, 즉 진술에 의한 승낙

승낙이 존재하기 위하여 피청약자는 청약에 대한 동의를 어떤 방법으로든 표시해야 한다. 따라서 청약의 수령 사실이 단순한 확인이나 청약에 대한 단순한 관심의 표현등은 승낙으로 충분하지 못하다. 더욱이 동의는 절대·무조건적이어야 한다. 즉, 예컨대 "우리의 승낙은 당신의 최종 승인을 조건으로 한다."(our acceptance is subject to your final approval)와 같이 청약자에 의해 또는 "당사는 귀사의 협정서에 명시된 대로 계약의 내용에 승낙하며 다음 2주내에 승인을 위한 당사 이사회에 계약서를 제출할 것을 약속합니다."(we hereby accept the terms of

---

65) A. H. Kritzer, *op. cit.*, p.175.

the contract at set forth in your memorandum and undertake to submit the contract to our board for approval within the next two weeks)와 같이 피청약자에 의해 취해지는 추가 조치에 좌우되는 동의, 즉 조건부승낙의 동의가 이루어질 수 없다.

끝으로 계획한 승낙이 청약의 내용을 변경하는 내용을 담고 있거나 적어도 실질적으로 청약의 내용을 변경하는 내용을 두고 있지 아니하여야 한다.

(2) 행위에 의한 승낙

청약이 승낙에 대한 특별한 방법을 부과하지 아니하였다면, 동의 표시는 명시적 진술에 의해 이루어지거나 피청약자의 행동으로부터 추정될 수 있다.

본 조항의 (1)항은 이러한 행위가 반드시 이루어져야 한다는 형식을 규정하고 있지 아니하나 대개 대금선급, 물품의 선적, 현장에서 작업의 시작 등과 같은 이행행위가 규정에서 말하는 행위를 구성할 것이다.

(3) 침묵이나 무위에 의한 승낙

"침묵이나 무위는 그 자체만으로는 승낙에 해당하지 아니한다."고 규정함으로써 (1)항은 원칙으로서 피청약자의 입장에서 단순한 침묵이나 무위는 자신이 청약에 동의한다는 추정을 허용하지 아니함을 분명히 하고 있다. 따라서 당사자 자신들이 침묵은 승낙에 해당함을 합의하거나 그러한 취지의 거래과정이나 관습이 존재하고 있다면 사정은 달라진다. 그러나 어떤 경우라도 청약자가 청약이 피청약자로부터 해답이 없을 경우에 승낙으로 간주됨을 자신의 청약상에 일방적으로 언급하는 것은 충분하지 못하다. 왜냐하면 계약체결을 제의하므로 주도권을 가진 자가 청약자이기 때문에 피청약자는 청약의 승낙 여부에 자유로울 뿐만 아니라 청약을 단순하게 무시할 자유도 있기 때문이다.

◆◆사 례

① A는 B에게 12월 31일자로 만기되기 때문에 와인 공급의 갱신을 위한 계약의 조건을 설명할 것을 요청하였다.

　　이러한 요청에 따라 자신의 청약상에 B는 "당사는 늦어도 11월말까지 귀사로부터 아무런 반응이 없다면 당사는 청약상에서 언급한 조건에 따라 계약이 갱신됨을 합의

한 것으로 생각하겠다."라는 내용을 담은 규정을 담고 있었다. 이러한 청약에 대하여
A는 제시된 조건들을 모두 승낙할 수 없음을 발견하고 아무런 대답을 하지 아니하였다.

　이에 따라 12월 31일자로 끝나는 종전 계약은 당사자들간에 합의한 새로운 계약없
이 확정된 날짜에 종료된다.

② 포도주의 공급을 위한 장기 합의서에 따라 B는 자신의 승낙을 명시적으로 합의하지
않고 A의 주문을 정규적으로 충족시켰다.

　그런데 11월 15일자로 A는 신년을 위해 대규모 물량을 주문하였다. 이러한 주문에
B는 해답도 하지 않았고, 요청한 시기에 A에게 인도도 하지 않았다.

　이런 경우 B는 계약 위반이 된다. 왜냐하면 당사자들간에 기확립된 관행에 따라 A
의 주문에 관한 B의 침묵은 승낙에 해당한다.

(4) 승낙의 효력 발생 시기

(2)항에 의하면 승낙은 동의의 표시가 PICC 1.10조 (2)항에 따라 청약자에게
도달한때 효력을 발생한다. 이 경우 도달의 개념에 대하여는 PICC 1.10조 (3)항을
통해 알 수 있다.

발신주의보다 도달주의를 채용한 이유는 전달상의 위험이 청약자에게 보다 피
청약자에게 부담되는 것이 좋다는 의미에서 이다. 왜냐하면 선택한 통신수단이 특
별한 위험이나 지연을 전제로 하는지 여부를 아는 사람과 결과적으로 승낙이 목적
지에 도달할 것을 보증할 조치를 가장 잘 취할 수 있는 사람은 통신수단을 선택할
피청약자이기 때문이다.

또 다른 이유는 계약이 아직 체결되지 아니한 상태에서 청약이 도달주의라면
승낙도 도달주의로 함으로써 상호동의의 결정적 증거가 될 수 있기에 그리고 발신
주의로 함으로써 불착 또는 지연 등의 경우 결국 양 당사자들은 결정적인 손해를
입을 수 있기에 이행과 달리 체결되기 전에는 도달주의를 한다고 해서 어느 일방에
유리하고 불리한 경우가 있을 수 없기 때문이다.

원칙으로서 단순한 행위의 수단에 의한 승낙은 행위의 통지가 청약자에게 도
달할 때만이 효력을 발생한다. 그러나 피청약자에 의한 이러한 취지의 특별한 통지
는 행위가 합리적인 기간내에 청약자에게 승낙의 통지를 자연히 주지 못할 경우에
만 필요함을 명심하여야 한다.

그러나 기타의 경우, 예컨대 행위가 대금의 지급이나 항공편이나 기타 신속한

운송편으로 물품이 선적된 경우엔 은행이나 운송인이 청약인에게 자금이전이나 물품의 탁송사실을 단순히 통지하므로 승낙 통지와 동일한 효과가 이루어질 수 있다. 이러한 통지가 이루어진 때 행위에 의한 승낙의 효력이 발생한 것이 아니라 행위 때 이미 승낙의 효력이 발생되었음을 알아야 하며, 통지는 이행사실을 알리는 그러면서 행위에 의한 승낙의 경우에도 계약체결과는 관계없는 이행사실의 통지, 즉 추후통신이 필요함을 알아야 한다.

(2)항의 승낙효력발생시기에 관한 일반원칙에 대한 하나의 예외는 (3)항에서 규정하고 있는 경우이다. 즉 "청약의 성격에 의하거나 당사자들이 그들간에 기확립된 관행이나 관습의 결과로서 피청약자가 청약자에게 승낙통지 없이 행위를 함으로써 동의를 표시할 경우"이다. 이런 경우 승낙은 청약자가 이행에 따른 즉시 통지 수령 여부에 관계없이 행위가 이행된 때 효력을 발생한다. 이 경우에도 이행 후 이행사실의 통지가 필요하다.

이행에 의한 승낙의 경우 계약체결 여부와 관계없이 통신이 필요함을 규정을 통해 추정할 수 있다.

◦◦ 사 례
① A가 B에게 자료은행 설립을 위한 특별 프로그램을 작성하도록 요청하였다. 이러한 요청을 받은 B는 A에게 승낙의 통지 없이 프로그램을 작성하기 시작하였고, 완성 후에 A의 청약에서 명시된 조건에 따라 지급을 주장하였다. B는 지급받을 권리가 없다. 왜냐하면 A의 청약에 대한 B가 생각한 승낙은, 즉 요청대로 만들면 승낙이 된다는 B의 방식의 승낙은 결코 효력을 발생하지 못한다. 왜냐하면 B는 A에게 승낙을 통지하지 아니하였기 때문이다.
② 청약상에 B는 다음 2주 동안 A의 부재를 통지 받을 것과 B가 청약을 승낙할 의사라면 B는 시간을 절약하기 위하여 즉각적으로 프로그램을 작성하기 시작해야 한다는 것 외에 모든 사실이 위와 똑같다.
　이 경우 B가 이에 따라 A에게 즉시 또는 추후에 통지하길 해태했음에도 불구하고 B가 이행을 시작한다면 계약은 청약의 성격에 의해 체결되었다.

청약이 승낙되어야 하는 기간에 관하여 CISG 18조 (2)항의 둘째 문단과 일치한 본 조항은 서면 청약과 구두 청약간을 구분하고 있다.

　　서면 청약에 관해선 승낙의 기간은 청약이 승낙을 위한 특별기간을 고시하고 있는지 여부에 좌우된다. 서면 청약이 승낙을 위한 특별기간을 명시하고 있다면 청약은 반드시 그 기간내에 승낙되어야 하며, 기타의 경우엔 동의의 고시는 청약자가 사용한 통신수단의 신속성을 고려하여 상황을 고려한 합리적인 기간내에 청약자에게 도달되어야 한다.

◆◆ 사 례

① A는 B에게 B가 승낙을 생각한다면 늦어도 금요일까지 승낙을 해야 함을 명시한 청약을 월요일에 보냈다. 이러한 A의 청약에 따라 B의 승낙은 그 다음주 월요일에 A에게 도달하였다. A는 너무 늦었다는 이유로 B의 승낙을 거절하였다.

② A는 B에게 "가능한 빨리"(as soon as possible) 해답하도록 독촉하는 이메일편으로 월요일 아침에 청약을 발송하였다. 종전의 경우 A와 B는 이메일편으로 이미 통신하였다 해도 B는 목요일자로 A에게 도달하는 우편으로 A의 청약을 승낙하였다.

　　B의 승낙은 너무 늦었다. 왜냐하면 모든 상황에 의하면 A에게 A의 이메일 청약 후 3일만에 도달한 우편 승낙은 이메일 청약상에 "가능한 빨리"에 따라 이루어지지 아니하였기 때문이다.

　　구두청약은 상황이 달리 명시하지 아니하는 한 즉시 승낙되어야 한다. 청약은 피청약자의 면전에서 이루어질 때, 뿐만 아니라 피청약자가 즉시 해답할 수 있을 때, 예컨대 실시간(real time) 통화가 가능한 현대 통신수단을 통해 대화가 이루어질 수 있을 때는 구두청약으로 간주된다. 즉, 이러한 사실은 실시간으로 전자로 통신하거나 전화를 통해 이루어지는 청약의 경우이다.

　　본 조항에서 규정하고 있는 승낙기간에 대한 원칙은 PICC 2.1.6조 (3)항에 따라 피청약자가 청약자에게 통지없이 행위를 통해 동의를 표시할 수 있는 경우에도 역시 적용됨을 유념하는 것이 중요하다. 이런 경우 본 조항의 원칙에 따라 해당 행위에 해당하는 승낙의 기간내에 이루어져야 하는 이행행위가 승낙의 기간내에 이루어진 동의, 즉 승낙이 되고, 이러한 행위 후 CISG 18조와 같이 PICC 2.1.6조와 2.1.7조에서 규정하는 승낙 통신의 필요성에 따라 완화 통신을 보내야 한다. 다시 말해서 승낙에 해당하는 그러나 계약 성립과는 관계없는 추후통신이 주어져야 한다.

　　청약자에 의해 확정된 기간의 정확한 시작 시점의 결정을 위해 PICC 2.1.8조,

그 기간내에 해당하는 휴일의 계산에 관해 PICC 1.12조, 통지전달상의 지연과 지연승낙에 관해 PICC 2.1.9조를 각각 참고해야 한다.

이상과 같이 볼 때, PICC는 사실상 CISG 18조와 달리 2.1.6조와 2.1.7조 양 규정을 통해 승낙방법과 효력발생시기, 그리고 승낙의 기간을 분리하여 규정하고 있으나, 협약에 비하여 내용적으로는 동일하지만 단순화와 명확화를 기하고 있다고 볼 수 있다. 특히 CISG에서 말하는 편무계약을 전제한 기타 행위와 청약의 성격이나 관행이나 관습에 의한 행위를 포괄적으로 행위로 보면서 논평을 통해 행위에 의한 승낙의 효력발생시기와 승낙시기 등을 사례를 들어 설명하고 있어, 언뜻 보면 차이가 없는 것 같으나 그 내용을 보면 협약의 규정 취지와 동일함을 알 수 있다. 행위에 의한 승낙의 경우 통신의 필요성과 효력발생시기의 기간은 협약에 의하면 완화를 추정할 수 있는 데 비하여, PICC 역시 1.10조와 2.1.6조와 2.1.7조를 통해 완화를 추정할 수 있어 협약과 같다. 행위에 의한 승낙의 경우 역시 계약과정과 관계없이 추후통신이 필요함을 상기 규정을 통해 추정이 가능하며, 행위에 의한 승낙의 경우로서 추후통신의 경우 CISG 18조 (3)항의 단서와 같이 PICC 2.1.7조에 의해 지배를 받는다고 추정할 수 있다.

협약은 승낙의 방법과 시기를 같이 취급하여 복잡한 느낌이 주어졌으나 PICC는 분리하므로 단순화와 명료화를 기하고 있다고 볼 수 있다.[66]

5) 전자협약의 원칙

전자협약(ECIC)상에는 청약의 승낙과 관련한 규정이 없다. 이러한 상황하에서 전자통신이 사용될 경우에 대한 AC의 의견과 논평은 다음과 같다.

승낙은 전자적으로 동의 표시가 청약자의 정보시스템에 입력된 때 효력을 발생한다. 다만 CISG는 초안 시에 전자통신을 전제로 제정된 것이 아니기에 청약자가 명시적으로나 묵시적으로 동의한 방법과 형식 그리고 주소 앞으로 된 전자통신을 수령하기로 CISG 6조, 8조, 9조 등을 통해 동의하여야 한다.

CISG 18조 (2)항에서 규정하고 있는 "구두"의 개념은 실시간 전자적으로 전달되는 육성과 실시간 전자통신을 포함하는 개념이다. 실시간 전자통신 형태로 전달되는 청약은 특별한 상황이 아니라면 즉각적으로 승낙되어야 한다. 다만 수신인이

---

66) http://www.unidroit.org/english/principles/chapter-2.ht, 2.6-7, comment.

동의한 방법과 형식 그리고 주소 앞으로 통신을 수령키로 명시적으로든 묵시적으로든 아니면 관행으로든 CISG 6조, 8조, 9조에 의해 동의를 하거나 인정되어야 한다.[67] 이러한 AC의 의견에 대한 논평은 다음과 같다.

사실 CISG 18조의 기본적인 목적은 청약자가 그렇게 하기로 선택한 경우 승낙 동의표시를 읽을 기회를 가짐을 분명히 하는 것이다. 이러한 사실은 청약자가 승낙 동의의 표시를 실질적으로 읽어야 함을 요구하지 아니하고 이러한 동의의 표시가 마음을 움직인 것(내용 확인: 실질 도착)과 책상 위에 도착한 것(법적 도착: 형식적 도착) 간을 구분하는, 이른바 청약자가 통신을 읽기 위해 접속 가능한 상태를 의미한다.

이러한 사실을 전자통신과 연계시킬 경우 동의의 표시가 청약자의 관리영역, 즉 정보시스템에 입력된 때 청약자에게 동의의 표시가 도착한 것으로 추정되어야 한다.

동 규정에서 말하는 동의의 표시는 통신을 읽기 위해 접속의 가능함이 필요하다는 것으로, 실질적으로 읽지 아니한 상태라는 전제는 동의표시의 도착 사실의 입증을 촉진하기 위하여 고안된 것이다. 이러한 사실은 메시지에 접속할 수 있게 된 시기를 다소 쉽게 그러나 적어도 개념적으로 입증을 가능케 하는 데 있다.

물론 동 규정에서 말하는 승낙동의 표시의 도달 효과에 관한 제한은 CISG 15조에 따른다.

동 규정에서 말하는 구두청약의 경우 구두청약은 즉시 승낙되어야 한다는 요건은 동 청약이 대면협상일 경우에만 구속성을 지님을 의미한다. 따라서 인터넷 화상채팅을 통한 육성을 통해서건 실시간 문자채팅(전화채팅)을 통해 발송되는 편지를 통해서건 관계없이 대면협상이 실시간으로 진행될 경우, 이런 협상은 구두협상과 유사하며 이 경우 전제조건은 청약은 협상과 직접 연계되어 실시간으로 즉석에서 승낙되어야 한다.

이런 경우와 관계있는 또 하나의 요인(전제조건)은 타방이 청약의 사실을 알고 즉각적으로 반응할 기회를 가지는 것이다. 따라서 육성에 의하지 아니하고 문자에 의한 문서로 실시간 전자적으로 통신되는 청약 역시 특별한 상황이 아니라면 즉시 승낙되어야 한다.

결국 인터넷 채팅룸에서의 청약과 기타 문자 등을 통한 실시간 통신 형태는 구

---

67) http://www.cisg.law.pace.due/cisg-ac-op.1.html, pp.6~7.

두청약에 해당하는바 즉시 승낙되어야 한다.[68]

    이렇게 볼 때, 전자적 구두 청약이 있을 수 있고 이 청약 역시 CISG 18조 (2) 항에 따라 승낙이 될 수 있음을 알 수 있다. 그리고 CISG상의 승낙동의의 표시시 기와 방법 그리고 효력에 관한 원칙이 전자통신에도 그대로 적용될 수 있음을 알 수 있다. 다만 전자통신수단과 관련하여 논평의 근거로 하고 있는 MLEC와 ECIC 간의 정보시스템을 지정하지 아니한 경우의 전자통신의 수신시기에 차이가 있을 뿐이다. 그러나 이러한 사실 또한 CISG 18조의 규정과 관련하여서는 아무런 문제 가 없다.

    실시간 통신의 구두 통신으로의 인정에 대해서는 통신방법, 형식 등에 관한 별 도합의나 관행이 필요 없다. 왜냐하면 ECIC 8조 (1)항과 9조 (2)항을 통해 실시간 통신이 전자통신으로 인정되고 있기 때문이다. 특히, 실시간통신(화상채팅, 전화(문 자)채팅)의 경우 대면대화와 달리 ECIC 9조 (2)항에 따라 저장을 통해 재생자체가 가능하므로 대면대화시의 입증문제가 실시간 통신의 경우 발생하지 아니한다.

【6】 19조 : 수정 승낙

Article 19

(1) A reply to an offer which purports to be an acceptance but contains additions, limitations or other modification is a rejection of the offer and constitutes a counter‐offer.

(2) However, a reply to an offer which purports to be an acceptance but contains additional or different terms which do not materially alter the terms of the offer constitutes an acceptance, unless the offeror, without undue delay, objects orally to the discrepancy or dispatches a notice to that effect, If he does not so object, the terms of the contract are the terms of the offer with the modifications contained in the acceptance.

(3) Additional or different terms relating, among other things, to the price, payment, quality and quantity of the goods, place and time of delivery, extent of one party's liability to the other of the settlement of disputes are considered to alter the terms of the offer materially.

---

68) http://www.cisg.law.pace.due/cisg‐ac‐op.1.html, p.6.

(1) 승낙을 의도하나 청약의 내용을 추가, 제한 또는 기타 수정을 포함하는 청약의 회답은 청약의 거절이며 반대청약[69]이 된다.

(2) 그러나 승낙을 의도[70]하나 청약의 내용을 실질적으로 변경하지 아니하는 추가나 상이한 내용을 포함하고 있는 청약의 회답은 승낙을 구성한다. 다만 청약자가 부당한 지체 없이 구두로 청약과의 상이점에 대하여 반대하거나 상이점에 대한 취지의 통지를 발송하지 아니해야 한다.

(3) 특히 가격, 결제, 물품의 품질과 수량, 인도시기와 장소, 타방에 대한 일방의 책임의 범위 혹은 분쟁의 해결 등에 관한 추가, 혹은 상이한 내용들은 청약의 내용을 실질적으로 변경하는 것으로 본다.

본 조항은 청약의 내용을 수정하여 승낙한 승낙(반대청약)의 법적 효력에 대하여 규정하고 있는바, 본 조항은 오늘날의 국제거래에서 흔히 있을 수 있는 청약의 내용을 수정하여 승낙한 이른바 반대청약과 이로 인한 서식전쟁(the battle of the forms)에 대한 규정이라 할 수 있다. 본 조항은 DCIS 17조 (3)항의 단서규정을 삭제한 내용과 똑같다.

이하에서 반대청약과 서식전쟁과의 관계를 먼저 언급한 후 서식전쟁의 법리를 영미보통법, UCC, 대륙법 순서로 설명하고, 마지막에 본 조항을 설명하고자 한다.

1) 반대청약과 서식전쟁과의 관계

(1) 1회 이상의 반대청약

오늘날의 국제거래는 어떤 형태의 청약이건 일방의 청약에 대한 타방의 절대무조건적인 승낙에 의해 거래가 이루어지는 경우보다 대개의 경우 청약에 대하여 반대청약이 이루어지며, 반대청약에 대하여 또 수정을 가한 승낙, 즉 또다른 반대청약이 이루어지는 등 상호간에 최소 1회 이상의 복잡한 반대청약 교환과정을 거쳐 계약이 성립하고, 거래가 이루어지고 있다.

그러나 반대청약이 새로운 청약으로서의 성격을 지니는 이상, 1회 이상의 복잡한 과정을 거친다 하여도 결국 계약은 청약과 승낙에 의하여 이루어짐은 분명하다.

---

69) 새로운 반대청약이라 할 수 있다(R. J. Martin, *op. cit.,* p.65).

70) 분명한 승낙의 의사표시를 의미한다.

(2) 반대청약의 교환 결과

문제는 이러한 복잡한 1회 이상의 반대청약 교환에 의해 계약이 성립하여 당사자들이 물품의 선적의무와 대금지급의무를 행한 후에 당사자들간에 분쟁이 발생한 경우 과연 계약이 성립하였으며, 나아가 계약의 내용은 무엇이며, 누구의 서식이 우선하는가 하는 문제가 발생할 수 있는데, 반대청약은 서식전쟁 바로 그 자체, 즉 장본인이며, 서식전쟁의 원인 제공자임을 알 수 있다.

특별히 인쇄된 양식을 사용하는 청약과 승낙은 거래가 이루어진다 해도 특수한 경우를 제외하고 반대청약에 의한 거래가 이루어질 수밖에 없으며, 전보, Telex, 또는 Fax 등에 의한 청약과 승낙의 경우도 내용 여하에 따라 반대청약에 의한 거래가 이루어질 수 있다.

이 모든 경우 전면(前面)의 내용보다 이면(裏面)의 내용 또는 이 양자를 포괄한 Telex나 Fax, 전보 등의 내용상의 저촉으로 인해 대부분 서식전쟁을 일으키고 있음이 작금의 무역거래의 현실이다.

2) 서식전쟁(반대청약)의 법리

(1) 영미보통법(common law)상의 원칙

① 경상(鏡像)의 원칙(原則)

영미보통법에 의하면 승낙은 절대·무조건(absolute and unconditional)으로 승낙되어야 한다. 즉, 청약의 내용과 완전히 일치해야 하며, 승낙이 조금이라도 청약과 다른 경우 반대청약이 되어 승낙이라 말할 수 없으며 계약은 성립하지 아니한다는 계약 성립의 대원칙인 경상의 원칙(mirror image rule; mirror image of the offer; the offer of acceptance must be ribbon match)을 고수해 왔다.[71]

② 최후 서식 발송자 승리의 원칙(the last shot doctrine)

경상의 원칙만으로는 현실의 서식전쟁을 대비하는 데 한계가 있음을 알 수 있다. 서식전쟁의 경우에 무역 실무가들은 계약이 성립한 것으로 여겨 매도인은 자신의 주요한 의무인 선적의무를 수행하게 되고 매수인은 자신의 주요한 의무인 물품

---

71) Kritzer는 이러한 원칙을 "a perfect tend rule"이라 부르고 있다(A. H. Kritzer, *op. cit.,* p.35).

수령과 대금지급을 하게 된다. 사실 이러한 행동은 계약의 성립을 전제로 한 행동이지만 법률적으로 볼 때에는 문제가 있다.

　다시 말해서, 대개 무역실무가들은 완전히 상세한 조항까지 합의에 도달하지 않더라도 주요한 조건이 합의되면 계약이 성립된 것으로 여기고 계약의 이행을 시작하는 것이 일반적이다. 즉, 계약을 이행하기 위해 세부적인 조항에까지 합의하여 이행하는 것이 최상이지만 종전의 거래시에 특별히 문제가 되지 아니한 경우에는 최후까지 세부적인 사항, 특히 이면약관의 내용까지 상세히 읽고 합의한 것이 아닌 상태에서 전면의 주된 관심내용의 합의만으로 계약의 이행을 시작함이 일반적이다.

　이러한 서식전쟁하에서 불행히도 분쟁이 발생할 경우 법률적인 문제점이 제기된다. 이러한 서식전쟁하에 일어날 수 있는 문제점에 대한 해결방안으로 영국에서는 매도인 또는 매수인을 상대방의 서식(청약)을 행위로서 승낙한 것으로 간주하는 일종의 의제72)(fiction)적인 경상의 원칙을 개발하였던바, 이것이 최후 발포자(최후 서식 발송자) 승리의 원칙(the last shot doctrine)이다.73)

　이 원칙은 서식전쟁하에서 이행이 이루어지고 나중에 분쟁이 생긴 경우, 최후에 서류를 발송한 자의 서류를 청약(반대청약)으로 보고 이에 대한 타방의 이행을 행위에 의한 절대·무조건 승낙으로 하여, 즉 전통적인 경상의 원칙이 이루어진 것으로 하여 분쟁 발생시 최후에 발송한 서류의 내용이 당사자를 지배한다는 것이다.

　이 원칙에 의하면, 매도인과 매수인 가운데 최후에 문서를 발송해서 의사표시를 한 자가 승리하는 것으로 매도인의 서식이 최후인 경우 매수인의 물품 수령이 행위에 의한 승낙이 되어 매도인의 서식에 따라 계약이 성립하고, 매수인의 서식이 최후인 경우 매도인의 물품선적이 행위에 의한 승낙이 되어 매수인의 서식에 따라 계약이 성립하게 된다.74)

　이러한 최후서식 발송자 승리의 원칙에 따른 사례를 소개하면 1979년 Butler Machine Co v. Ex-Cell-O Corporation 사건75)이다. 동 사건에 의하면 매도인은 기계 제조업자로서 매수인으로부터의 조회에 대한 회답으로서 기계를 공급하고

---

72) P. S. Atiyah, *An Introduction to the Law of Contract*, 4th ed., Pitman, 1985, p.74.

73) G. H. Treitel, *Chitty on Contracts*, 26th ed., London: Sweet & Maxwell, 1989, p.34; 新掘 聰, 前揭書 p.34.

74) 그러나 Schmitthoff 교수는 최종 발송자의 조건이 적용되는지 아니면 최초 발송자의 조건이 적용되는지를 확정하기 위해 계약의 기타 조건과 당사자들의 계약 후의 행동 등을 분석해야 한다고 주장하고 있다(C. M. Schmitthoff, *op. cit.*, p.65).

75) [1979] 1. W. L. R. 401.

자 하는 청약을 매수인에게 발송하였다. 그런데 동 청약의 상세한 조항이 서식의 이면에 인쇄되어 있었고, 그 가운데는 선적 전에 원가가 인상되는 경우에는 가격을 인상한다는 요지의 가격변동조항(price variation clause)이 포함되어 있었다. 매수인은 동 청약을 승낙한다는 요지의 문서(반대청약①)를 매도인에게 발송하였다. 이 문서의 이면에도 역시 계약을 구속하는 것으로 간주할 수 있는 여러 가지의 조항이 인쇄되어 있었지만 매도인의 것과는 달리 가격변동조항은 없었다. 그러나 이 서류는 부전지(附箋紙 : slip)가 분리될 수 있게 되어 있어 매도인은 서명하여 매수인의 조항을 승낙한 것을 확인하는 것으로 되어 있었다. 매도인은 매수인에게 이 부전지를 발송하면서 물품의 인도는 자신의 청약상의 조건에 따라 이루어진다는 요지의 편지(반대청약②)를 첨부하였다. 매도인은 기계를 제작하여 매수인에게 인도하였고 매수인은 이를 수리(행위에 의한 매도인의 반대청약의 승낙)하였다. 그 후 매도인 자신의 청약상에 명시된 계약후의 원가인상에 해당하는 부분의 금액을 매수인이 지급할 의무가 있는지 여부의 문제가 제기되었다.

항소원은 반대청약①에 근거하여 매수인은 대금을 지급할 의무가 없다고 판결하였다. 이는 매수인이 제출한 승낙의 문서는 법률상으로는 반대청약이며 매도인이 부전지를 발송함으로써 반대청약을 승낙한 것으로 판단하였기 때문이다.

물론 부전지에 첨부된 편지는 매도인의 청약조건이 거래를 지배할 것을 분명하게 하는 매수인의 반대청약에 대한 매도인의 반대청약으로 최후에 발송된 서류로 생각되는데, 어떠한 이유로 이를 냉정히 무시하고 있는지를 이해할 수 없다. 하지만 매도인의 편지는 단지 목적물을 확정하는 것을 노리는 것이기 때문에 최초의 청약의 내용을 되풀이하는 의도가 아닌 것으로 냉정히 생각하여 이렇게 판단한 것 같다. 그러나 엄격하게 말하면 매도인의 부전지가 제일 마지막으로 발송된 반대청약이고, 이에 따라 제작·선적된 물품을 매수인이 수령한 것을 매수인의 행위에 의한 반대청약의 승낙으로 보아야 한다. 이렇다면 매도인의 최초의 확약을 되풀이한 부전지(slip)가 계약의 내용이 된다.

양자 공히 최후 서식 발송자 승리의 원칙을 인정하고 있는 것은 사실이다. 최후 서식 발송자 승리의 원칙은 다음과 같이 요약할 수 있다.

① 경상의 원칙보다 한발 앞서 현실성을 고려한 발전적 이론이다.

② 그럼에도 불구하고 경상의 원칙을 그대로 계승하고 있다고 볼 수 있다.

왜냐하면 최후 서식이 반대청약이고 이에 대한 승낙으로 반대청약의 내용을 이행을 통해 절대적, 무조건적으로 승낙하고 있기 때문이다.

따라서 상대방이 발송해 온 서식을 전·후면을 검토한 후 이견이 있는 경우에는 즉시 이를 부정하는 서식을 반대청약으로 하여 발송하여, 최후에 발송한 것에 따라 상대방에게 사실상 계약을 이행하도록 할 필요가 있다. 이렇게 하면 상대방과의 서식전쟁에서 상대가 분명한 것을 원할 경우 다시 서식(반대청약)을 보내올 것이기 때문에 반드시 승리하지 못한다 하더라도 손해볼 것도 없다.

(2) 통일상법전(UCC)상의 원칙

① §2-207규정

Uniform Commercial Code Section 2−207

ⅰ) A definite and seasonable expression of acceptance or a written confirmation which is sent within a reasonable time operates an acceptance even though it states terms additional to or different from those offered or agreed upon, unless acceptance is expressly made conditional on assent to the additional or different terms.

ⅱ) The additional terms are to be construed as proposals for addition to the contract. Between merchant such terms become part of the contract unless :

(ⅰ) the offer expressly limits acceptance to the terms of the offer:

(ⅱ) they materially alter it: or

(ⅲ) notification of objection to them has already been given or is given within a reasonable time after notice of them is received.

ⅲ) Conduct by both parties which recognizes the existence of a contract is sufficient to establish a contract for sale although the writings of the parties do not otherwise establish a contract. In such case the terms of the particular contract consist of those terms on which the writing of the parties agree, together with any supplementary terms incorporated under any other provisions of this Act.

ⅰ) 합리적인 기간 내에 발송된 승낙의 명확하고 적시의 표현 또는 확인서는 비록 청약 또는 합의된 조항에 대한 추가조항 또는 다른 조항을 언급하고 있다 해도, 승낙으로서의 효력을 발휘한다. 단, 그 승낙이 명시적으로 추가 혹은 다른 조항에 대한 동의를 조건으로 하고 있을 때에는 그러하지 아니

하다.

ii) 추가조항은 계약에 대한 추가의 청약으로 해석된다. 상인 간에 이러한 조항은 다음의 경우를 제외하고는 계약의 일부로 된다.

(i) 청약이 분명하게 승낙을 청약조항에 한정하고 있는 경우

(ii) 추가조항이 계약을 실질적으로 변경하고 있는 경우

(iii) 추가조항에 대한 이의의 통지가 이미 이루어졌거나 추가조항에 관한 통지를 받은 후 합리적인 기간 내에 이루어진 경우

iii) 계약의 존재를 확인한 당사자의 행위는 이런 행위를 하지 아니하면 당사자의 문서가 매매계약을 성립시키지 못하는 경우, 매매계약을 성립시키기에 충분하다. 이런 경우 특정계약의 조항은 당사자간의 문서가 합의하고 있는 조항과 본 법의 기타규정 하에서 채용되어 있는 보충규정으로 구성된다.

② 2-207조의 제정목적

영미보통법의 접근방법으로는 표준계약서가 일반적으로 사용되고 있는 현재의 상거래에 적용이 어렵다고 판단해서, 2－207조에서 "실질적인 변경(…materially alter …)"을 가져오는 조항의 범위를 협의로 해석함으로써, 전통적인 영미 보통법 상의 "경상의 원칙"을 폐지에 가까울 정도로 대폭 완화하였다. 동시에 수정형태의 경상의 원칙인 "최후서식 발송자 승리의 원칙"을 배제하여, 양 당사자의 서식이 모순되는 경우에는 양 서식상의 공통부문, 즉 합의하고 있는 부문의 적용은 물론이고 모순되는 부문은 UCC의 보충규정에 의해 분쟁을 해결하려는 동기에서 규정되었다.

③ 2-207조의 분석

2－207조의 내용을 분석하면 다음과 같다.

첫째, 승낙의 표시나 확인서가 청약서상에 규정된 내용과 다르거나 추가의 내용을 언급하고 있어도, 승낙으로서의 효력을 지님을 2－207조 (1)항이 규정하고 있는바, 이는 영미 보통법의 경상의 원칙을 뒤집는 UCC의 일반원칙이다. 그러나 매우 중요한 하나의 단서를 규정하고 있는바, 청약서상에 규정된 승낙이 청약한 내용과 다르거나 추가적인 내용에 대하여 청약인의 동의를 조건으로 함을 명시하고 있는 경우, 승낙의 표시나 확인서는 계약을 성립시키지 못한다. 따라서 승낙에 해당하는 확인서를 발송한 후에도 매도인은 선적 등을 하지 않을 수 있으며, 아무런

의무도 없이 동 거래의 계약 성립을 피할 수 있다.

이러한 단서에도 불구하고 매도인이 선적하고 매수인이 물품을 수령하여 대금을 지급한 경우는 2 - 207조 (3)항에 따라 이행되는 한 계약은 성립된다. 따라서 단서 규정에 따른다면 구입주문서를 발송하는 매수인의 입장에 있는 청약인에게는 단서의 성격을 지니는 승낙서를 발송한 후 피청약자인 매도인이 물품을 선적하지 아니하는 경우에는 클레임을 제기할 수 없으므로 위험이 따른다고 할 수 있다.

이렇게 볼 때, 단서규정은 피청약인의 입장에서 볼 때는 하나의 전략적인 수단이 될 수 있으므로, 단서조항의 악용을 피하기 위하여 다르거나 추가된 내용에 대한 해석은 엄격해야 함을 Dorton 사건76)이 입증해주고 있다. 변경내용에 대한 청약인의 동의는 명시적으로도 묵시적으로도 가능하다는 점은 Construction Aggregates Corp v. Hewitt Robin 사건77)이 입증해 주고 있다.

둘째, 승낙이나 청약이 특수한 문제를 다루고 있고 이 문제에 관해 청약이나 승낙이 침묵하고 승낙이 추가내용을 두고 있는 경우, 즉 추가내용을 첨부한 승낙의 경우 피청약인의 회답이 이러한 추가적인 내용에 대하여 청약인의 동의를 분명한 조건으로 다루어지지 아니하였음을 알 수 있다. 이때의 추가내용은 계약 성립을 방해하지 아니하므로 계약의 성립이 가능하다. 이것이 바로 영미 보통법의 경상의 원칙을 2 - 207조가 변경한 동기가 되는 것이다.

추가내용은 계약에 대한 추가청약으로 계약의 일부가 될 수 있는데, 계약의 일부가 될 수 있는지 여부의 기준은 당사자들이 상인인지의 여부이다. 만약 일방이 상인이 아니라면 추가내용에 대하여 청약인의 명시적인 동의만이 계약의 일부가 된다. 따라서 이런 경우 2 - 207조 (2)항은 승낙의 동의를 필요로 하는 보통법의 원칙을 변경하지 못한다.

만약 양 당사자가 상인이라면 2 - 207조 (2)항은 보통법의 원칙에 대한 철저한 예외를 인정하여 추가내용은 일반원칙으로서 자동적으로 계약의 일부가 된다.78) 그러나 2 - 207조 (2)항의 3가지 예외 가운데 하나에 해당할 경우 추가내용은 계약의 일부가 되지 못한다. 이 3가지 예외란 청약자가 추가내용에 대하여 자신은 동의를 원치 아니함을 분명히 한 경우79)와 추가내용이 계약을 실질적으로 변경한 경

---

76) Dorton v. Collins & Aikman Corp., 453 F. 2d 1161(6th. cir. 1972).

77) 404 F. 2b 505(7th. cir. 1968).

78) 이런 경우 추가내용은 당초 청약인이 청약시에 이러한 추가내용이 있었고 이에 대한 피청약인의 승낙이 있었던 경우로, 마치 경상의 원칙이 그대로 적용되는 것으로도 해석할 수 있다.

우[80])이다.

주의를 요하는 것으로 추가내용이 청약서의 내용과는 저촉하지 아니하나 UCC의 간격 메우기(gap-filler) 규정인 2-207조 (3)항과 저촉하는 경우의 추가내용은 UCC의 간격 메우기 규정에 우선하지 못한다.

셋째, 특수한 문제에 대해서 승낙으로 간주하면 상이한 내용이 되기 때문에 승낙과 청약이 서로 충돌하는 방식으로 이 특수한 문제를 다루는 경우, 상호 충돌조항을 각각 계약에서 제외시켜 둘 다 계약에 삽입되지 않도록 한다. 그 대신에 UCC상의 간격 메우기 규정(보충규정)이 관련이 있으면 보충규정으로 사용하고, 이마저 불가능하면 보통법이 적용하는 "충돌조항배제원칙"(knock out rules)을 채용하거나, 아니면 승낙서상에 제의하고 있는 추가내용의 조항이 일체 효과를 발휘하지 못하게 하고, 청약서상에 명시하고 있는 조항만이 계약의 내용이 되게 할 수 있다.

반면에 계약이 이행되지 아니한 상태에서 상호간에는 충돌하지 아니하나 그 가운데 어떤 서류상의 하나의 조항이 UCC의 간격 메우기 규정과 충돌하는 경우에는 UCC의 보충규정이 우선한다. 예컨대, 매수인의 구입주문서에 매도인의 확인서상의 모든 책임담보에 대하여 아무런 언급이 없고, 반면에 매도인의 확인서가 일체의 계약상의 책임담보를 부인하고 있는 경우, 매도인이 책임담보를 부인한다는 점이 계약의 일부가 되는 추가내용이라고 주장할 수 있다.

반면에 매수인 역시 자신의 구입주문서가 책임담보의 문제에 관해 침묵하고 있어 이런 경우를 위한 적상성의 묵시적 책임담보규정인 UCC의 규정[81])이 자신의 묵시적 청약의 일부이며, 매도인의 책임담보 부정규정과 저촉됨을 주장할 수 있다.

이런 경우 UCC의 묵시적 책임담보규정과 매도인의 책임담보 부인규정을 각각 배제시킬 것을 합의하자고 주장할 것이나, 양 당사자가 서류상에 적상성에 대한 아무런 언급이 없다면 UCC의 보충규정이 다시 적용됨을 합의하자고 주장할 것이므로, UCC의 보충규정이 우선함을 알 수 있다.

넷째, 승낙이 계약을 성립시키지 못할 정도로 청약서상에 명시된 내용을 너무 벗어난 경우, 2-207조 (1)항에서 말하는 승낙으로서 실제 간주될 수 없다. 왜냐하

---

79) UCC, 2-207(2) (a), (c)의 경우 (a)는 (c)에 가까운, 즉 똑같은 개념으로 볼 수 있다.

80) UCC는 승낙을 해도 반대청약이 되어 계약이 성립하지 아니하는 3가지 예외 가운데 "실질적인 변경"에 대한 만족한 정의를 내리고 있지는 아니하나, 그 해석의 범위를 협의적으로 해석하고 있음에는 틀림이 없다(S. Emanuel & S. Knowels, *op. cit.*, p.29).

81) UCC, 2-314.

면 2-207조 (1)항은 분명하고 적시의 승낙표시만을 승낙으로 취급하고 있기 때문이다.

예컨대, 매수인이 매도인의 재고 기계를 U$16,500에 구입하기로 청약하고 청약의 내용으로 "FOB, our truck, Your plant, loaded."라고 명시하였다. 매도인은 청약에 대한 승낙을 타전하였으나 승낙서에는 재고기계는 현재의 장소에 있는 상태에서 매각될 것이라고 언급되어 있었다.

동 사건을 심리한 법정은 계약이 존재하지 않는다고 주장하였다. 이는 청약과 승낙이 적재비용과 적재에 따른 위험을 누가 부담할 것인가 하는 점에 대하여 전혀 다르기 때문에 합의가 존재하지 아니하였으며, 매도인의 전보는 승낙이 아니라 반대청약이었고, 상이하거나 추가적인 내용의 문제가 전혀 제기되지 아니하였기 때문이다.[82] 그러나 당사자 상호간 교섭한 내용에 관한 합의가 있으면 계약은 성립한다.

다섯째, 청약과 승낙의 내용이 너무 상이하나 계약의 존재를 인정하는 당사자들의 행위가 있는 경우, 예컨대 매수인의 구입주문서와 내용이 너무 달라 계약이 존재하지 아니하는 확인서를 발송한 후, 매도인이 물품을 준비하여 선적하고 매수인이 전쟁이 일어나기 전에 물품을 수령하고 대금을 지급한 경우와, 피청약인의 변경에 대하여 청약인의 동의를 분명한 조건으로 하여 승낙이 이루어지고 청약인이 동의하지 아니한 상태에서 물품의 선적과 대금지급 행위가 이루어진 경우, 2-207조 (3)항에 의해 계약은 성립하며 계약의 내용은 당사자들의 합의 내용과 UCC의 보충규정이 된다.

여섯째, 당사자들이 구두합의를 하고 일방 또는 쌍방이 구두합의와 저촉하거나 구두합의를 추가한 확인서를 발송한 경우, 이러한 서류는 확인서이지 승낙이 아니다. 그러나 2-207조 (1)항은 이를 승낙과 같이 취급한다고 규정하고 있다. 물론 양 당사자들이 상인이어야 함이 전제조건이다.

문제는 구두 합의한 내용과 확인서상의 내용이 다른 경우, 확인서상의 상이한 내용을 일방이 거절하지 아니한다 해도 계약의 내용이 될 수는 없으며 구두합의의 내용이 우선한다. 왜냐하면 당사자들이 구두합의에 도달한 경우 일방은 자신의 일방적 행위를 통하여 구두합의와 모순해서는 안된다는 논거이다.

이러한 구두합의 내용이 우선이라는 점은 당사자들이 구두로 합의하고 일방이 추가 또는 상이한 내용에 대한 승인을 조건으로 한다는 내용을 담은 확인서를 발송

---

82) Koehring W. v. Glowacki, 253 N.W. 2nd 64 (1977).

하는 경우에도 마찬가지이다.

　　그리고 양 당사자들이 발송한 사전 구두합의서의 내용이 구두합의내용과 상호 충돌하는 경우 2-207조의 공식주석83)에 의하면, 각 당사자들은 이런 경우 사전 구두합의의 내용과 충돌하는 조항에 대하여 각각 반대하는 것으로 추정하게 되어 있어, 결과적으로 상호 충돌하는 조항은 계약의 일부가 되지 못한다.

　　그러나 두 합의서 가운데 한 합의서만 사전 구두합의와 충돌하지 아니하는 내용을 명시하고 있는 경우, 즉 주요내용이 두 합의서 가운데 한 합의서에만 명시되어 있고 구두합의의 명시적 내용과 충돌하지 아니하는 경우, 2-207조 (2)항에 의하여 동 내용이 실질적인 구두합의를 변경하지 아니하고 타방이 동 내용을 반대하지 아니하는 한, 동 내용은 계약의 일부가 된다. 물론 양 당사자들이 상인임을 전제한다.

　　일곱째, 당사자들이 양식을 전혀 사용하지 아니하고 오히려 완전히 관습적으로 된 서식을 교환하는 경우, 즉 서식전쟁과 관계없는 협상의 경우는 계약이 전혀 존재하지 아니하거나, 즉 2-207조가 적용되지 아니하거나 2-207조 (3)항에 의해 해결될 수 있다.84)

　　이상과 같은 UCC 2-207조의 역할에 대한 논평을 보면 다음과 같다.

　　2-207조는 ① 최종서식을 제공한 자가 종종 달성할 수 없었던 계약 상실로부터의 보호,85) ② 최종적으로 서식을 보낸 자에게 부당한 이익의 부인, ③ 서식전쟁의 경우, 계약 성립 이유와 계약내용의 구성 등을 위한 규정으로 영미보통법의 원칙인 경상의 원칙과 최후서식 발송자 승리의 원칙을 효과적으로 수정하여 현실에 부합시킨 데 큰 의의가 있다.86)

　　1980년과 1964년 비엔나협약 초안자들은 이러한 UCC의 특징을 따르지 아니하도록 많은 조언을 받았다. 왜냐하면 UCC에 의하면 승낙의 의미를 지니는 수정이 즉각적으로 반대를 초래할 경우 계약권리에 관한 신뢰가 아직 개발되어 있지 아니하기 때문이다. 그리고 2-207조의 규정에 따른다면 당사자들이 계약체결 과정에

---

83) UCC, 2-207, official comment 6.

84) S. Emanuel & S. Knowels, *op. cit.*, pp.25~35; Rest. 59, 61에 의하면, Rest. 역시 UCC 2-207의 취지를 인정하고 있다.

85) 청약의 전면내용이 일치하고 이면내용이 상이한 경우 반대청약 전면의 내용이 성실히 수행되면 이면의 내용이 문제가 없는 경우, 그럼에도 불구하고 (반대청약)이기 때문에 계약불성립으로 보는 것은 문제가 있을 수 있는바, 이런 경우에 대비한 규정이라는 의미이다.

86) S. Emanuel & S. Knowels, *op. cit.*, p.23.

서 합의하지 아니한 경우에도 양 당사자들을 구속하는 법률에 따르도록 한 것은 통탄할 일이다.[87]

이러한 UCC의 접근방법은 경상의 원칙보다도 공평한 결과를 당사자들에게 가져오게 한다는 사고이지만 내용이 복잡하고, 2-207조의 문장이 짜임새 있게 구성되어 있지 아니하므로, 당초 그 적용에 즈음하여 법정의 판단에 혼란이 제기되었으나,[88] 최근에 와서 판례가 누적되므로 조금씩 안정된 판단이 나오고 있는 것처럼 보인다.[89]

UCC에 의하면, 추가되었으나 상이하지 아니하는 내용이 합의를 실질적으로 변경하지 아니한다면, 추가되고 상이한 내용은 제외된다는 2-207조 (3)항의 단서 규정을 제외하고 이들은 2-207조 (2)항에 의해 침묵에 의한 승낙이 될 수 있다.[90]

UCC 2-207조의 원칙은 구입자가 주문서를 발송하고 매도인이 매매확인서를 발송하여 이들 서류의 전면내용, 예컨대 가격, 명세, 수량 등이 일치한다면 계약으로 인정한다는 것이다. 이러한 사실은 각자의 서식의 이면조건(裏面條件)이 근본적으로 다르다 해도 통상적이라면 계약의 성립으로 본다.[91]

필자의 생각으로는 서식거래에 있어 일반적으로 전면의 내용이 무역거래의 7대조건 등 중요조건으로 구성되어 있고, 후면의 내용이 책임담보 등에 관한 규정으로 구성되어 있어, 대개 전면의 내용은 일치할 수 있으나 후면의 내용은 상호 저촉할 수가 있다. 이런 경우 전면의 내용이 계약에 따라 잘 수행이 되면 후면의 내용은 문제가 아니될 수 있다. 따라서 전면의 내용이 일치하면 후면의 불일치에도 불구하고 계약을 성립시켜 이행하고 나중에 문제가 된 경우 상호 저촉하는 규정은 만인에게 공평한 법을 통해 해결하는 것이 공평하다는 현실성을 인정한 것까지는 좋으나 계약의 중요한 원리인 계약자유의 원칙에 의한 당사자들 간의 합의를 지나치게 제한하는 면이 다소 아쉽다. 그러나 비엔나 협약 제18조 (3)항에서 규정한 이행 행위에 의한 승낙의 대 전제조건이 충족되지 아니한 상태에서 이행이 이루어진 경우에 2-207조 (3)항을 적용하면 대단히 효과적이면서 현실적이라 할 수 있다.

---

87) J. O. Honnold, *op. cit.*, p.165.
88) 법정이 2-207조의 적용을 오도한 사건으로 유명한 것이 Roto-Lith 사건이고, 정확하게 적용된 사건이 C. Ithoh 사건이다.
89) 新 掘聰, 前揭書, p.42.
90) A. H. Kritzer, *op. cit.*, p.180.
91) Hancock, "Special Report on the UN Convention on Contracts for the International Sale of Goods", *Corporate Counsel's International Adviser*, January 1988, p.32.

(3) 대륙법(civil law)상의 원칙

우리 민법 534조와 일본 민법 528조에 의하면, "승낙자가 청약에 대하여 조건을 붙이거나 변경을 가하여 승낙한 때에는 그 청약의 거절과 동시에 새로 청약한 것으로 본다."라고 규정되어 있고, 우리 민법 532조와 일본 민법 526조에 의하면, "청약자의 의사표시가 관습에 의하여 승낙의 표시가 필요하지 아니할 경우에는 계약은 승낙의 의사표시로 인정되는 사실이 있는 때 성립한다."라고 규정되어 있다. 따라서 대륙법은 영미의 경상의 원칙을 그대로 고수하고 있다고 볼 수 있다.

(4) PICC의 원칙

제 원칙은 표준조건을 사용할 경우와 그렇지 못할 경우의 계약체결, 즉 수정승낙에 관해 2.1.11조에서 계약 성립의 일반원칙에 따른 수정승낙으로, 2.1.19~22조까지 표준조건과 관련한 계약 성립을 다루면서 특히 2.1.22조에서 서식전쟁으로 각각 구분하여 규정하고 있는데 규정과 그 논평은 다음과 같다.

① 수정 승낙

먼저 규정을 보면 다음과 같다.

"(1) 승낙을 의도하나 청약의 내용을 추가, 제한 또는 기타 수정을 포함하는 청약의 해답은 청약의 거절이며, 반대청약을 구성한다.

(2) 그러나 승낙을 의도하나 청약의 내용을 실질적으로 변경하지 아니하는 추가나 상이한 내용을 포함하고 있는 청약의 해답은 승낙을 구성한다. 다만 부당한 지체없이 청약자가 청약과의 상이점에 대하여 반대하지 아니하여야 한다. 만약 청약자가 반대하지 아니한다면 계약의 내용은 승낙에 포함된 수정된 청약의 내용이 된다."

1994년 제정된 이래 규정과 논평의 변경이 없이 조항만 변경된 본 조항의 논평을 보면 다음과 같다.

〈1〉 수정승낙은 일반적으로 반대청약

상거래에 있어 청약자에게 "주문확인서"(acknowledgerment of order)와 같이 청약을 승낙한다는 자신의 의사를 표시한다 해도 피청약자가 청약의 내용에 추가 또는 상이한 내용을 승낙 내용에 포함시키는 경우가 종종 발생한다.

이 경우, 본 조항의 (1)항은 이러한 목적의 승낙은 원칙적으로 최초 청약의 거절로 간주되며 피청약자에 의한 반대청약에 해당함을 규정하고 있다. 이런 경우 청약자는 명시적으로 또는 예컨대 이행이라는 행위에 의해 묵시적으로 승낙하거나 거절할 수 있다.

〈2〉 승낙의 성격을 변경하지 아니하는 수정의 승낙효과

영미보통법상의 승낙의 대 원칙인 승낙은 청약의 경상이어야 한다는 원칙은 청약과 승낙간에 중요하지 않는 차이라도 당사자 중 일방에게 나중에 계약의 존재에 의문을 제기할 수 있음을 허용하고 있다. 따라서 어느 일방이 시장 여건이 유리하지 않게 변경되었음을 이유로 단순히 모색할 수 있는 이러한 결과를 피하기 위하여, 본 조항의 (2)항은 승낙상에 포함된 추가 또는 수정된 내용이 청약의 내용을 실질적으로 변경하지 아니한다면, 계약은 그러한 수정내용에 따라 체결됨을 규정함으로써 (1)항에 규정된 일반원칙의 예외원칙을 규정하고 있다. 다만 청약자가 부당한 지체없이 반대한 경우에는 그러하지 아니하다. 왜냐하면 아무리 사소한 변경으로 청약의 내용을 실질적으로 변경시키지 않는다 해도 경상의 원칙에 위반되기 때문이다.

이 경우 무엇이 실질적인 수정에 해당하는가는 추상적으로 결정될 수 없고 건별 상황에 좌우된다. 일반적으로 가격이나 대금지급방법, 비금전적 의무인 이행장소와 시기, 타방에 대한 일방의 의무의 범위, 분쟁해결 등에 관한 추가나 상이한 내용은 청약의 실질적인 수정을 일반적으로 구성할 것이나 반드시 구성할 필요는 없다.

이 경우 실질적인 변경의 중요한 판단요인으로 고려해야 할 요인은 추가 또는 상이한 내용이 관련 거래분야에서 흔히 활용되고 있어, 이 때문에 청약자에게 놀라운 사실이 되지 아니하는지 여부이다.

② 서식전쟁

제 원칙은 CISG와 달리 수정승낙과 서식전쟁을 구분하고 있다. 특히 표준계약 하에서 이루어지는 계약에서 서식전쟁에 대비하여 2.1.19조에서 표준조건하에 이루어지는 계약체결, 2.1.20조에서 표준조건 가운데 예상 밖의 조건, 2.1.21조에서 표

준조건과 비표준조건간의 충돌, 2.1.22조에서 서식전쟁을 각각 체계적으로 취급하고 있는바, 규정과 취지를 보면 다음과 같다.

〈1〉 표준조건하의 계약체결

2.1.19조의 규정과 논평에 의하면, 일방 당사자나 양 당사자들이 계약체결시에 표준조건을 사용할 경우 계약성립에 관한 일반원칙이 계약성립에 관해 예상 밖의 조건에 관한 2.1.20조, 표준조건과 비표준조건간의 충돌에 관한 2.2.21조, 서식전쟁에 관한 2.1.22조를 전제로 적용됨을 그리고 표준조건은 일방당사자에 의해 일반적으로 반복사용을 위해 사전에 준비되고, 타방 당사자와 협상 없이 실질적으로 사용되는 규정으로 정의하고 있다.

이 경우 이미 주요 용어에서 설명하였듯이 표준조건이란 일방 당사자들에 의해 일반적으로 반복사용을 위해 사전에 준비되고 타방 당사자와 협상없이 실질적으로 사용되는 계약조항으로 이해해야 한다. 표준조건과 관련하여 중요한 것은 예컨대 표준조건들이 별도의 서류나 계약서 자체에 포함되어 있는지 여부와 같은 다시 말해서 표준조건이 사전에 인쇄된 서식으로 발급되거나 전자파일에만 포함되어 있는지 여부와 같은, 표준조건이 공식적으로 제시되어야 하는 것도 아니며, 당사자 자신, 무역협회나 전문단체 등이 표준조건을 준비한 것도 아니고, 표준조건이 관련 계약의 모든 부분을 망라하는 종합규정으로 되어 있거나, 예컨대 책임과 중재의 제외에 관해 유일한 한 개 또는 두 개의 규정으로 구성되어 있는지 여부와 같은 표준조건의 분량과 관련이 있는 것이 아니다.

또 하나의 중요한 것은 표준조건이 일반적으로 반복적으로 사용되기 위해 사전에 초안되고 이들이 타방 당사자와 협상없이 당사자들의 일방에 의해 해당거래에 실질적으로 사용된 사실이다. 이러한 요건은 예컨대 타방 당사자가 전체로서 승낙해야 하는 표준조건하고만 분명히 관련이 있다. 반면에 똑같은 계약서상의 다른 조건들은 당사자들간의 협상의 대상이 당연히 된다.

(1)항에 따라 대개 계약 성립에 관한 일반원칙은 일방 당사자 또는 양 당사자들이 표준조건을 사용하는지 여부에 관계없이 적용된다.

이러한 원칙은 일방 당사자에 의해 제의된 표준조건은 이의 승낙에 의해서만 타방을 구속하며, 양 당사자가 표준조건을 명시적으로 예컨대 "unless otherwise this contract is subject to model form"과 같이 명시적으로 언급해야 하는지 여부 또는 표준조건의 삽입이 묵시적일 수 있는지 여부는 건별 상황에 좌우된다는 사실에서 추정된다.

예컨대, 계약서 자체에 포함된 표준조건은 동 조건들이 문서의 이면이 아닌 전면상 복제되는 한 적어도 전체로서 계약서에 단순한 서명에 따라 일반적으로 승인되어 구속력을 지닌다.

반면에 별도의 문서나 전자파일상에 포함된 표준조건은 일반적으로 이들을 활용하려는 당사자들의 의지를 통해 명시적으로 언급되어야 할 것이다. 그리고 묵시적으로 인정되는 삽입은 관행과 관습에 관한 규정인 1.9조에 따라 당사자들간에 확립되어 있는 관행이나, 이러한 취지의 관습이 존재하는 경우에만 적용될 수 있다.

〈2〉 표준조건 가운데 예상 밖의 조건의 효과

표준조건 가운데 예상 밖의 조건의 효과에 관해 2.1.20조를 통해 규정하고 있는데, 그 취지를 규정과 논평을 통해 보면 다음과 같다.

먼저 규정을 보면 다음과 같다.

"(1) 타방 당사자가 그러한 조건을 합리적으로 기대할 수 없었던 성격을 가지는 표준조건 가운데 포함된 조건은 타방 당사자에 의해 명시적으로 승낙되지 아니하는 한 효과가 없다.

(2) 표준조건 가운데 포함된 조건이 이러한 성격을 가지는 여부를 결정함에 있어 그 조건의 내용, 사용된 언어, 표현 등이 고려되어야 한다."

그 논평을 보면 다음과 같다.

타방 당사자의 표준조건을 승낙한 일방 당사자는 표준조건의 내용을 상세하게 실제 알고 있었는지 여부 또는 표준조건의 함의를 충분하게 이해하였는지 여부에 관계없이 표준조건에 의해 원칙적으로 구속된다.

그러나 이러한 원칙에 하나의 중요한 예외로서 전체로서 표준조건의 승낙에도 불구하고 표준조건의 내용, 사용된 언어, 표현방법에 비추어 일방 당사자가 표준조건을 합리적으로 기대할 수 없는 성격을 가지는 표준조건은 일방 당사자를 구속하지 못함을 본 조항이 규정하고 있다.

이러한 예외의 이유는 타방이 그러한 표준조건을 알았더라면 타방 당사자가 거의 승낙하지 아니하였을 표준조건을 타방에게 부담시키려는 은밀한 기도를 통해 자신의 입장에서 부당한 혜택을 취하게 하는 표준조건을 사용한 일방 당사자를 피하려는 욕망에서이다.

내용상 예상 밖의 조건의 효과에 관해 그러한 종류의 조건이 관련 거래분야에 흔히 있는 것이고, 당사자들이 그들의 협상을 수행하는 방법과 일치하는지 여부에 좌우된다.

그리고 언어나 표현상으로 예상 밖의 조건의 효과에 관해 특별조건이 표현되고 있으나, 모호한 언어나 작은 글자로 인쇄되어 표현하는 방법들이 있을 수 있다. 이런 경우 예상 밖의 조건인지 여부를 결정하기 위해서는 관련 표준조건의 형태로 흔히 사용되는 유형과 표현에 많은 고려보다는 타방 당사자와 동일한 종류의 사람의 전문적인 기술과 경험을 더 고려해야 한다.

예컨대 특수한 표현이 애매성과 분명성을 동시에 가질 수 있는데, 이런 경우 타방 당사자가 표준조건을 사용하고 있는 일방 당사자와 똑같은 전문분야에 속해 있는지 여부가 특수한 표현의 의미를 결정할 수 있다.

사실 표현되고 있는 언어의 요인은 국제거래와 관련하여 볼 때 중요한 역할을 할 수가 있다. 만약 표준조건이 외국어로 초안된다면 충분하게 분명하다 해도 표준조건들 가운데는 그들의 함의를 충분히 평가할 것으로 합리적으로 기대할 수 없는 타방 당사자에게는 예상 밖의 조건으로 판명될 수 있다.

그러나 명시적으로 예상 밖의 조건을 승낙한 경우 그 효력을 거부할 수 없다.

〈3〉 표준조건과 비표준조건간의 충돌

표준조건과 비표준조건간의 충돌의 경우에 대하여 2.1.21조에 의하면, 2.1.19조 (2)항에 따라 표준조건이 일방 당사자나 제3당사자가 사전에 준비한 정의상에 정의되어 있고, 당사자들이 토의하지 아니한 개별계약서상에 삽입되는 경우가 있다. 당사자들이 자신들의 계약서상의 특별규정에 관해 특별히 협상하여 합의한 경우, 이런 규정이 표준조건상에 포함된 저촉규정, 즉 특별조건에 우선함이 논리적이다. 왜냐하면 이런 규정이 해당 건에 관련된 당사자들의 의사를 보다 잘 반영하고 있기 때문이다.

그러나 개별적으로 합의한 규정들이 표준조건과 똑같은 서류상에 명시될 수 있으나, 별도서류상에 포함될 수도 있다.

전자의 경우 이런 규정들은 표준조건의 성격과는 상이한 성격으로의 작성으로 쉽게 간주될 수 있다.

그러나 후자의 경우 표준조건인 규정과 그렇지 못한 규정들 간에 구분을 하는 것과 상이한 서류간의 계층상에 정확한 지위를 결정하는 것이 매우 어렵다.

이런 취지에서 당사자들은 자신들의 계약의 일부를 구성하는 서류들과 이들 서류의 경중을 명시적으로 표시하는 계약규정을 종종 포함하고 있다.

그러나 표준조건상에 포함된 저촉규정의 삭제없이 표준조건에 대한 수정이 구두로만 합의되는 경우와 표준조건이 당사자들에 의해 서명된 결정적 문서의 성격임과 표준조건의 내용의 추가나 수정을 반드시 서면으로 되어야 함을 언급하는 규정을 포함하고 있는 경우에 특별한 문제가 생길 수 있다.

이런 경우에 "당사자들이 합의한 내용을 서면이 완벽하게 명시하고 있음을 표시하는 조항을 포함하고 있는 서면 계약서는 사전 진술이나 합의의 증거에 의해 부인되거나 보완될 수 없다. 그러나 이러한 사전 진술이나 합의는 서면을 해석하는데 활용될 수 있다."는 합병(통합)조항에 관한 규정인 2.1.17조와 "특정형식으로 된 합의에 의해서만 수정이나 종료를 요구하는 조항을 포함하는 서면계약은 달리 합의에 의해 수정되거나 종료될 수 없다. 그러나 일방 당사자는 타방 당사자가 자신의 행위를 신뢰하여 행동한 범위까지 이러한 조항을 주장하지 못한다."는 특정형식으로 수정합의의 효과에 관한 규정인 2.1.18조에 의해 해결되어야 한다.

〈4〉 서식전쟁

서식전쟁에 관한 2.1.22조의 취지를 규정과 논평을 통해 보면 다음과 같다. 먼저 규정을 보면 다음과 같다.

"양 당사자들이 표준조건을 사용하면서 이러한 조건들에 관해 제외키로 합의한 경우, 계약은 합의한 조건과 실제 흔히 사용되는 표준조건에 근거해서 체결된다. 다만 일방 당사자가 사전에 또는 나중에 자신은 이러한 계약에 의해 구속될 의사가 아님을 분명히 표시하고 부당한 지체 없이 타방에게 통지한 경우에는 그러하지 아니하다."

1994년에 제정된 이래 2004년에 규정과 논평에 변경이 없는바, 논평을 보면 다음과 같다.

당사자들이 상이한 표준조건을 사용할 때의 우선순위 문제에 있어 청약을 할 때 청약자와 이를 승낙하는 피청약자들이 자신의 표준조건을 참고하는 것이 국제거래에 아주 흔한 일이다.

이 경우 피청약자의 표준조건에 대해 청약자의 명시적 승낙이 없는 경우, 계약이 완전히 체결되었는지 여부와 체결되었다면 충돌하는 일련의 두 표준조건 가운데 어떤 표준조건이 우선하는지에 관해 문제가 생긴다.

그리고 서식전쟁과 청약과 승낙에 관한 원칙과의 관계에 있어서 서식전쟁이 발생할 경우 청약과 승낙에 관한 일반원칙이 적용될 경우 전혀 계약이 존재하지 아니한다. 왜냐하면 피청약자가 생각한 승낙은 2.1.11조 (2)항에서 규정하고 있는 예외를 전제로 반대청약에 해당하거나 양 당사자들이 각자의 표준조건에 반대없이 이행을 시작한 경우 계약은 최후에 발송되거나 언급된 조건에 근거해서 체결되기 때문이다.

이런 경우에 대비한 제 원칙상의 서식전쟁에 대비한 결론은 다음과 같다.

영미보통법상의 수정승낙, 즉 반대청약에도 불구하고 이행의 경우 적용되는 최후발송자승리의 원칙은 양 당사자들의 표준조건의 채용이 계약체결을 위해 필수적임을 당사자들이 분명히 표시한 경우라면 그 적용이 적합할 수 있다.

반면에 실제적으로 매우 흔한 경우처럼 당사자들이 예컨대 이면상에 각자의 조건을 갖고 있는 인쇄된 주문서와 확인서를 서로 교환할 때 습관에 의해 자동적으로 자신들의 표준조건을 참고할 경우, 당사자들은 일반적으로 서로의 표준조건들간에 충돌이 있음을 알지 못할 수 있다. 이런 경우라면 당사자들이 계약의 존재에 문제를 제기하거나 이행이 시작되었다면 최후에 발송되거나 언급한 조건 적용의 주장을 허용할 이유가 없다.

이런 이유에서 본 조항은 청약과 승낙에 관한 일반원칙에도 불구하고 당사자들이 자신들의 표준조건을 제외하기로 합의한 경우, 계약은 당사자들이 합의한 조건과 실제 흔히 사용되는 표준조건에 근거하여 체결된다는 이른바 충돌배제원칙을 채용하고 있다.

결국 서식전쟁과 청약과 승낙에 관한 일반원칙간의 관계에 있어 사전에 합의가 있거나 상식적으로 판단할 수 있는 경우에는 일반원칙이 그대로 적용된다. 그러나 당사자들이 사용하고 있고 표준조건의 적용을 제외키로 합의한 경우 당사자들이 합의한 조건과 해당 상거래에 흔히 사용되는 표준조건에 의해 계약은 체결된다고 제 원칙이 규정하고 있다. 이는 CISG의 최후발송자승리의 원칙도 합의조건과 충돌조건의 경우 UCC규정에 의해 해결된다는 UCC의 원칙도 제 원칙은 모두 배격하고 있다.

제 원칙상의 표준조건에 의한 계약 성립의 경우, 2.1.19조에 의하면 2.1.20,

2.1,21, 2.1.22조를 전제로 계약 성립의 일반원칙이 적용됨을 규정하고 있다. 그러나 이러한 일반원칙에도 불구하고 표준조건의 적용을 제외키로 한 경우 당사자들이 합의한 조건과 상거래에 흔히 사용되는 일종의 관습 또는 관행이라 할 수 있는 표준조건에 근거해서 계약이 성립된다고 하고 있다.

이러한 제 원칙의 서식전쟁에 관한 규정들을 결국 계약 성립의 일반원칙에 의하면 수정승낙, 즉 반대청약일 수밖에 없는 상이한 표준조건을 사용하고 있는 서식에 의한 계약 성립의 경우를 포함한 수정승낙, 즉 법적 효력에 관한 원칙을 규정한 CISG의 원칙과 비교해 볼 때, CISG 19조의 원칙과 일반원칙인 진술과 기타 행위에 관한 해석원칙 규정인 8조 그리고 적용할 수 있는 관행과 관습에 관한 해석규정인 9조를 종합하면, 제 원칙상의 서식전쟁의 경우 1장 제 원칙의 일반원칙 규정 그리고 4장 해석규정을 굳이 참고하지 아니해도 표준조건을 사용하고 있는 서식전쟁에 계약 성립에 관한 일반원칙의 적용을 대 전제로 제시한 2.1.19~22조의 규정의 내용이 일반 계약 성립은 물론이고 표준조건을 사용하고 있는 서식전쟁에도 그 적용을 전제한 해당 CISG의 제 규정과 상당부분 일치할 수 있어 CISG 19조가 제 원칙상의 서식전쟁을 커버할 수 있다고 생각할 수 있다.

그러나 엄격하게 보면, 일반 계약 성립원칙과 표준계약하의 계약 성립원칙을 구분하여 규정하고 있고, 표준조건하의 계약 성립의 경우 2.1.20~22조를 전제로 계약 성립에 관한 일반원칙의 적용을 2.1.19조가 인정하고 있다. 이는 CISG 19조가 제 원칙상의 수정승낙에 의한 계약 성립과 서식전쟁에 의한 계약 성립을 모두 커버하기엔 무리가 있다. 특히 충돌조항배제 원칙을 고수하고 있는 2.1.22조상의 서식전쟁에 관한 규정만을 두고 본다고 해도 반대청약, 즉 수정승낙임에도 불구하고 이에 대해 행위로 승낙을 하면 최후발송자승리의 원칙을 적용하고 있는 CISG 19조의 묵시적 원칙과는 차이가 있어 계약 성립에 관한 일반원칙으로 표준조건을 사용하고 있는 서식전쟁까지 커버하려는 CISG 19조상의 수정승낙에 관한 계약 성립의 일반원칙을 적용하는 데는 무리가 있다.

그러나 CISG상의 반대청약이자 수정승낙인 서식전쟁에 대비한 규정인 19조를 해석할 때, 제 원칙상의 계약성립에 관한 영미법의 원칙을 중심한 일반원칙규정과 사례들 그리고 표준조건에 따라 이루어지는 계약 성립에 관해 서식전쟁을 포함하고 있는 제 원칙 규정들과 그 사례들을 참고하면 매우 유익할 것이다.

(5) 협약상의 원칙

① 수정승낙의 효력에 대한 일반원칙/(1)항

청약에 대한 해답이 승낙이라고 하나 청약의 조항에 대해 그 내용을 추가 또는 제한하는 등 수정을 하고 있는 경우에 대비하여, 본 규정은 청약의 거절이자 새로운 청약의 성격을 지니는 반대청약92)(counter offer=rejection of original offer+new offer)을 구성한다고 규정하고 있다. 이는 각국법 특히 영미보통법에서 인정되고 있는 경상(鏡像)의 원칙(原則), 즉 승낙은 청약시 조항을 과부족(more or less)하지 아니하고 절대·무조건으로 받아들여야 한다는 승낙의 대원칙을 선언하고 있다.

그러나 이러한 원칙에도 불구하고 승낙에 사용된 용어의 상이가 당사자들의 의무를 변경하지 아니하는 한, 청약에 사용된 용어와 정확하게 똑같은 용어를 승낙에 사용할 필요가 없다. 그리고 회답, 즉 승낙이 조회를 하거나 추가내용의 가능성을 제의하고 있다면 본 규정에서 말하는 승낙이 되지 않지만, 최초 청약의 나중 승낙의 가능성을 남겨둔 채, 피청약자가 제공한 회답의 내용이 최초 청약과 상이한 내용에 대한 승낙가능성에 대해 청약인의 의중을 타진하기 위한 독립된 통신일 수 있다.

이런 경우 회답은 최초의 청약의 효력을 남겨둔 채 청약에 근거한 단순한 새로운 청약의 성격을 지니는 일종의 반대청약(counter offer=new offer)인바, 반대청약의 성격에 대한 전통적인 영미보통법의 원칙을 따르고 있다고 볼 수 있다.93) 이러한 사실은 청약이 취소불능이라도 거절의 통지가 청약인에게 도달한 때 청약은 그 효력을 상실한다는 17조의 규정에 비추어 볼 때 대단히 중요하다.

19조 (1)항이 광범위하게 인정되고 있는 계약성격의 입장을 지지하면서도, 역시 피청약인이 청약의 내용에 전반적으로 동의하였으나 청약상의 특정 분야에 관해 협상을 원하는, 흔히 있을 수 있는 실질적인 상황을 반영하고 있다고 볼 수 있다.

그러나 이러한 다소 확대해석에도 불구하고 본 규정에 명시되어 있는 전통적인 승낙의 대원칙이 실질적으로 흔히 있을 수 있는 현실거래에 바람직한 결과를 주지 못하는 경우들이 있다.

그리하여 19조 (2)항은 이러한 경우들 중 하나에 관해 (1)항의 예외를 규정하

---

92) Counter offer is a final rejection of original offer(M. P. Furmston, *op. cit.*, p.33).
93) L. Chorley and O. C. Giles, *Slater's Merchantile Law*, 17th ed., Pitman, 1977, p.15.

고 있다.

② 현실원칙: 예외원칙[94](실질적인 변경이 아닌 승낙의 효력)/(2)항

현실적으로 볼 때, 청약에 대해서 승낙의 통지가 도착한 경우 청약의 조항에 대한 추가, 변경이 있어도 사소한 것이라면 대개 청약자는 특별히 이의를 제기하지 아니하고 그 추가, 변경을 받아들여 그대로 계약을 이행하는 예가 흔하다. 이러한 현실을 법적으로 인정하기 위해 UCC가 2－207조를 규정한 것은 칭찬할 만한 일이나, 계약체결 과정에서 당사자들이 합의하지 아니한 경우에도 지나치게 양 당사자를 구속하는 법률에 따르도록 한 것은 바람직하지 못하다.

이러한 현실거래의 당면문제를 해결하는 하나의 방안으로 본 규정에서는 청약의 조항에 대한 추가, 변경이 있어도 청약의 조항을 실질적으로 변경하는(materially alter) 것이 아니라면 그 회답은 승낙을 구성하며, 23조에 따라 계약은 승낙의 수령 시에 체결되고 계약의 내용은 승낙상에 명시된 변경사항을 추가한 청약의 내용이 된다.[95]

단, 청약자가 부당한 지체없이 구두로서 조항의 상이(discrepancy)에 이의를 제기하든가, 아니면 그러한 취지의 통지를 발송하면 그러하지 아니하다. 만약 청약자가 이러한 이의를 제기하지 아니하면 계약은 청약의 조항과 승낙에 포함되어 있는 수정조항에 의해 성립한다. 물론 승낙이라고 하지만 담겨져 있는 내용, 즉 수정조항이 청약의 조항을 실질적으로 변경하는 중대한 것이라면, 이 승낙은 분명히 반대청약이 되고 계약은 성립하지 아니함을 규정함으로써 UCC 2－207조 (2)항을 참고하여 현실거래의 인정과 계약성립의 법원칙을 함께 규정하고 있다.

19조 (2)항에 대한 위원회의 의견과 논평은 다음과 같다.

동 규정에서의 "구두"라는 개념은 위에서 언급한 대로 전자로 전달된 육성 등을 포함한다. 다만 수신인이 명시적으로든 묵시적으로든 특정한 형식에 따라 합의한 수신인 앞으로 특정한 방법으로의 전자통신을 수신하기로 합의하여야 한다.

동 규정에서의 "통지"라는 개념은 전자통신을 포함한다. 다만 수신인이 명시적으로든 묵시적으로든 특정한 형식과 방법으로 전자통신을 수신하기로 사전에 합의해야 한다.[96]

---

94) PICC, 2.1.11., comment 2.
95) 이 경우 "the last shot doctrine"이 적용된다.
96) *Ibid.*

이러한 위원회의 의견에 대한 논평은 다음과 같다.

본 규정의 목적은 청약자가 수령한 승낙의 메시지가 승낙이 아니라는 즉각적인 통지를 제공하지 아니하는 한 승낙을 구성하지 못하는 것이라도 승낙으로서 유효하게 만들기 위함에 있다.

청약자에 의한 이러한 통지에는 채팅과 같은 전자육성이나 기타 전자문자나 메시지를 통해 전달될 수 있다. 구두로나 통지를 통한 통신의 도달의 효력에 관한 제한은 CISG 15조의 규정이 적용된다.[97]

MLEC와 달리 전자협약적용의 경우 실시간 전자통신의 인정과 관련한 문제가 위에서 언급한 대로 발생하지 아니하므로 별도의 인정조치가 필요없다.

③ 현실원칙의 한계(실질적인 변경을 한 승낙의 효력)/(3)항

19조 (3)항은 청약의 내용을 실질적으로 변경하는 추가 혹은 상이한 내용의 예로서 "특히[98] 대금지급, 품질과 수량, 인도장소와 시기, 상대방에 대한 일방의 책임범위 또는 분쟁해결"[99]을 들고 있는바, 청약의 회답이 이러한 내용을 변경하고 있다면 실질적인 변경[100]이 되고, 동 해답은 승낙을 구성하지 못하며 영미보통법의 경상의 원칙이 그대로 적용되는 반대청약을 구성하게 된다.

그러나 이러한 사실에도 불구하고 최초의 청약자가 물품의 발송이나 대금의 지급을 통해 실질적인 변경을 가한 회답에 응하면, 계약은 선적이나 대금지급 사실[101]을 최초의 피청약인에게 통지함으로써 실질적으로 성립된다. 이런 경우 계약의 내용은 실질적인 변경인 추가 또는 상이한 내용을 포함한 반대청약의 내용이 되며 현실성을 감안한 경상의 원칙인 최후 서식발송자 승리의 원칙이 그대로 적용된다.

이상의 사실을 통해 다음과 같은 결론을 내릴 수 있다. 당사자 가운데 일방에

---

97) http://www.cisg.law.pace.due/cisg-ac-op.1.html, p.7.

98) 19(3)상의 특히(among other things)의 의미는 예시적이지 전부를 망라한 것이 아니라는 의미이다(J. O. Honnold, *op. cit.*, p.169).

99) 책임담보조항(warranty clause), 보증배제조항(disclaimer clause), 불가항력조항(force majeure clause) 구제제한조항(limitation of remedies clause), 중재조항(arbitration clause) 등을 포함한다(A. H. Kritzer, *op. cit.*, p.182).

100) 실질적이지 아니한 변경을 회답상에 삽입하기란 힘들다. 왜냐하면 청약자에게 중요하지 아니한 것으로 간주되는 변경이 청약자에게 중요할 수 있으며, 그 반대도 마찬가지이기 때문이다.

101) 대금지급이 이루어지지 않아도 매수인이 물품을 수리하였다면, 승낙으로 간주할 수 있다(P. S. Atiyah, *op. cit.*, p.75).

의해 준비된 서류상에 추가되거나 상이한 내용이 있고 계약이 궁극적으로 체결된 경우, 계약은 추가 또는 상이한 내용 전부를 제외하거나 모두를 포함할 수 있는데, 이는 청약인에 의해 승낙된 것으로 간주되는 조건에 좌우된다. 따라서 자신의 행위가 타방의 의사에 대한 동의를 나타내는 것인지에 관한 분쟁을 제거하는 것이 아니라 오히려 이러한 분쟁에 패소한 당사자인 자신에게 부과된 타방의 조건을 부담해야 하기 때문에, 그는 UCC하에서 부과되는 부담보다 더 큰 부담이 되는 조건을 지켜야 한다. 따라서 서식전쟁으로 인한 저촉규정에도 불구하고 계약을 이행한 경우 매매에 관한 어떠한 법도 완벽한 해답을 제공하지 못한다고 볼 수 있다.

그러나 비엔나 협약의 접근방법은 상호 저촉하는 조건에도 불구하고 당사자들이 이행한 때 분쟁해결에 도움을 줄 수 있다. 따라서 서식전쟁에 있어 각자가 보내는 서식은 타방의 청약을 거절하는 반대청약이기 때문에 최종적인 계약은 타방의 이행에 의해 승낙되는 제일 마지막 반대청약을 발송한 당사자의 조건으로 구성된다는 것이다.

비엔나 협약 19조에 관한 몇 분의 논평을 보면 다음과 같다.

비엔나 협약의 이론은 서식의 전면 내용을 중시하는 UCC와는 달리, 서식 이면에 있는 대부분의 조건이 중요하다는 것이다. 따라서 이러한 이면조건이 서로 상이함에도 불구하고 계약이 존재해서는 아니 된다는 것이다. 이렇게 볼 때 비엔나 협약은 주관성이 강한 UCC보다는 주관적인 접근방법을 피하려 하고 있다.[102]

당사자들이 불일치한 서식의 일상교환에 근거하여 거래가 이루어져 있는 경우 당사자들이 합의한 것을 결정하기 위한 만족한 방법을 법 과학이 아직 발견하고 있지 아니하다는 인식에서 출발한 UCC 2-207조와는 달리, 비엔나 협약은 영미 보통법의 경상의 원칙과 유사한 원칙을 채택하였다. 따라서 협약하에서는 최후에 서식을 발송한 자가 아마 최상이 될 것이라는 게 비엔나 협약의 결론이다.[103]

결국 서식전쟁에 대한 본 협약의 대응은 19조 (1)항을 통해 승낙에 관한 영미 보통법의 대원칙인 경상의 원칙을 기본원칙으로 채용하고, 19조 (3)항을 통해 실질적인 변경을 가져오는 조항을 사실상 대부분의 계약조항으로 한다. 그러므로 수정조항을 포함한 회답이 반대청약이 되는 확률을 높이고 있기 때문에 최후에 서식을 발송한 자가 승리한다는 원칙을 인정하는 입장이라고 볼 때, 전체적으로 보아 서식

102) J. O. Honnold, *op. cit.*, p.168.
103) A. H. Kritzer, *op. cit.*, p.184.

전쟁에 관한 영미보통법의 접근방법에 가까운 것으로 생각된다. 따라서 당사자 간의 불안정요인을 제거하기 위하여 중요한 약관에 관해서 합의한 기본계약서(basic agreement)나 포괄계약서(master agreement)를 체결해 두는 것이 상책이다.[104]

실제에 있어 매수인의 구입주문에 따라 제일 마지막 통신, 즉 확인서를 보내는 자는 대개 매도인이다. 그러므로 매도인을 지지하는 경향이 있다.[105]

본인의 생각으로는 19조가 영미보통법, 대륙법, UCC, 그리고 현실거래를 참고하여 제정되었다 해도, 전통적인 영미보통법의 경상의 원칙과 현실성을 감안한 경상의 원칙인 최후 서식 발송자 승리의 원칙을 그대로 답습하고 있는 것 같다.

그리고 19조 (3)항은 UCC 2-207조 (2)항 (b)호상의 '실질적인 변경'(……materially alter……)의 내용을 구체적으로 나열하였으나, 본 규정상의 '특히'(……among other things)를 통해 중요한 내용의 전부가 아닌 예시적인 중요한 내용을 나열하고 있다. 따라서 이 외에도 당사자들 간에는 중요한 내용이 얼마든지 있을 수 있고, 예시적 내용도 당사자들 간에는 중요도가 달라질 수 있다.

이러한 사실은 마치 영국의 물품매매법상의 조건(condition)과 책임담보(warranty)의 규정에도 불구하고, 양자 간의 구분으로 인한 문제점 때문에 양자를 배격하여 'intermediate or innominate term'[106]을 개발하여 위반의 결과와 성격에 따라 선의의 당사자에게 계약의 소멸권을 부여할 수도 있고 아니할 수도 있게 한 것처럼, 19조 (3)항을 현재와 같이 규정할 것이 아니라 UCC 2-207조 (2)항, (3)항보다 강한 내용 예컨대, 비엔나 협약 25조(중대한 위반의 정의)에 준하는 개정이 바람직하다.

주의를 요할 것으로 (3)항의 규정을 보면 (2)항상의 현실원칙이 의미없어 보인다. 왜냐하면 반대청약이나 현실적으로 승낙으로 간주하여 이루어지는 반대청약의 대부분이 (3)항의 내용이기 때문이다. 그러나 (3)항의 내용이 매우 중요한 경우가 있을 수 있는데, 예컨대 배급사회의 수량의 경우나 X-Mas 물품의 경우 선적시기와 같은 경우이다. 이와 같이 현실적으로 중요하지 아니할 수도 있고 중요할 수 있는 내용을 실질변경의 예로 제시하는 것은 청약과 승낙의 근본정신의 중요성 강조에서 비롯된 것 같다.

---

104) 新 堀聰, 前揭書, p.41.
105) A. H. Kritzer, *op. cit.*, p.183.
106) A. G. Guest, *op. cit.*, p.361.

(6) 요 약

PICC 2.1.11조는 협약 19조와 실질적으로 같으나, 협약과 같이 구두통지와 서면통지로 구분하지 아니하고 통지에 구두를 포함시킴으로 규정을 단순화시켰다. 그리고 19조는 (3)항을 통해 UCC 2-207, ii, ii)에서의 "실질적인 변경"에 대한 예를 구체적으로 제시하고 있으나, 2.1.11조는 구체적인 예를 제시하고 있지 않는 점이 협약과의 차이점이다. 그 이유는 협약 (3)항에 제시된 "예"가 전부가 아니라 "특히……등"을 제시하여 이외도 당사자들에 따라서 또는 물품의 성격, 거래의 성격에 따라서 실질적인 것이 다양할 수 있기에 불필요한 오해를 없애기 위해서라고 추정할 수 있다.

더욱이 PICC는 2.1.22조를 통해 표준거래조건을 사용하는 청약과 승낙과정에서의 반대청약과 이로 인한 계약 성립여부에 관해 별도로 규정하므로 2.1.11조상의 수정승낙은 표준거래조건을 사용하지 아니한 청약과 승낙 과정에서의 반대청약과 이로 인한 계약 성립여부에 관한 규정으로 볼 수 있다. 따라서 포괄적으로 규정하고 있는 협약과는 구분하여 규정하므로 단순화시켰을 뿐만 아니라 거래를 잘 반영하고 있다고 볼 수 있다.

그리고 협약은 반대청약에도 불구하고 행위에 의한 승낙의 경우 영국이 개발한 현실성을 고려한 경상의 원칙인 최후 발포자(최후 서식 발송자) 승리의 원칙[107] (the last shot doctrine)이 그대로 적용된다.[108] 그러나 2.1.11조는 최후 발포자 승리의 원칙을 따르는 데 비하여, 2.1.22조는 합의를 전제한 충돌조항배제원칙(knock out rules)을 규정하므로 영미보통법의 최후 발포자 승리의 원칙도, UCC의 보충규정원칙도 모두 배제하고 있다.[109]

---

107) 이 원칙에는 침묵에 의한 최후 발포자 승리의 원칙과 묵시적 승낙에 의한 최후 발포자 승리의 원칙으로 나눌 수 있다(M. Chissick, *Electronic Commerce Law and Practice*, Sweet & Maxwell, 1999, p.78).

108) A. H. Kritzer, *op. cit.*, p.182.

109) http://www.unidroit.org/english/principles/chapter-2.ht, 2.1.11~2.1.22, comment.

【7】 20조 : 청약의 유효기간의 산정방법

Article 20

(1) A period of time for acceptance fixed by the offeror in a telegram or a letter begins to run from the moment the telegram is handed in for dispatch or from the date shown on the letter or if no such date is shown from the date shown on the envelope. A period of time for acceptance fixed by the offeror by telephone, telex or other means of instantaneous communication, begins to run from the moment that the offer reaches the offeree.

(2) Official holidays or non-business days occurring during the period for acceptance are included in calculating the period. However, if a notice of acceptance cannot be delivered at the address of the offeror on the last day of the period because that day falls on an official holiday or a non-business day at the place of business of the offeror, the period is extended until the first business day which follows.

(1) 청약자가 전보나 우편상에 지정한 승낙기간은 전보문이 발신을 위하여 교부된 때로부터 또는 우편상에 표시된 일자로부터 또는 이러한 우편상에 표시일자가 없으면 봉투에 명시된 일자로부터 시작된다. 전화, Telex 또는 동시적 수단을 통하여 청약자가 지정한 승낙기간은 청약이 피청약자에게 도착한 때로부터 시작된다.

(2) 승낙기간중에 들어 있는 공휴일이나 비영업일은 승낙기간에 산입된다. 그러나 승낙기간 마지막 날이 청약자의 영업 장소의 공휴일이나 비영업일에 해당하여 승낙의 통지가 승낙을 위한 마지막 날에 청약자의 주소에 도달될 수 없다면 승낙기간은 다음 첫 영업일까지 연장된다.

본 조항은 청약자가 청약의 유효기간을 구체적인 일시(日時)로 표시하지 아니하고 예컨대, 20일간 또는 10시간 등과 같이 기간을 표시하고 있지만 그 기간을 어떻게 계산해야 하는가에 관해서 특별한 규정을 하고 있지 아니하는 경우, 해석규정, 즉 청약인의 승낙기간 해석을 위한 규정이다. 다시 말해서 승낙을 위해 모호하게 명시된 기간의 해석을 돕기 위한 규정이다.

본 조항은 UNCITRAL의 중재규칙 2조 (2)항에 근거한 (2)항의 초안 변경과정에서의 변경 외에는 DCIS 18조와 똑같다. (1)항은 ULF 8조 (2)항과 유사하다.

1) 통신수단별 산정방법/(1)항

① 전보 : 발신을 위해 교부된 때로부터 계산한다.
② 편지 : 편지의 일부(日付), 일부가 없다면 봉투의 일부로부터 계산한다.
③ 전화, Telex, 기타 동시적인 통신 : 피청약자에게 도착한 때로부터 계산한다.

2) 공휴일이나 비영업일의 산정방법/(2)항

상기의 기간산정에 따른다 해도 각국의 경축일이나 공휴일을 고려하지 아니할 수 없고, 그렇다고 해서 국제거래의 입장에서 볼 때 각국의 경축일을 전부 고려해서 행동하는 것은 무리이다. 따라서 기간의 마지막 날이 가끔 휴일이나 비영업일에 해당되어 승낙의 통지가 배달될 수 없는 경우에는 청약의 유효기간은 다음 첫 영업일까지 연장된다.

본 조항과 관련하여 주의를 요하는 것으로 청약자가 이 규정과 다른 계산 방법을 지정하는 것이 가능하다는 것이다.

예컨대 편지를 통한 청약시에 이 편지가 당신에게 도착한 후 일주일 이내에 본 청약을 승낙할 수 있다(you may accept this offer within one week after this reaches you).110)

3) PICC의 원칙

1994년 제정된 제 원칙의 경우 확정기간내 승낙에 관한 2.8조를 통해 협약과 근본적으로 같은 취지로 규정하고 있었다. 그러나 협약은 동시성 통신수단으로 전화나 텔렉스 또는 기타 통신수단 등으로 예시하고 있어 동시성 통신수단의 대표적인 것을 전화와 텔렉스를 예시하고 있으나, PICC는 모든 동시성 통신수단을 인정하고 있다. 이는 규정 제정시기의 상황을 반영한 것으로 볼 수 있으나, 금후의 동시성 통신 기술의 개발에 대비하고 있는 규정이 PICC 규정이라 할 수 있었다.

그러나 2004년에 동 조항을 분리하여 (1)항의 내용을 단순화하여 동일한 제목하에 2.1.8조로, (2)항을 수정하여 당사자들에 의해 이루어지는 시간계산 방법이라

---

110) 新 堀聰, 前揭書, p.4; A/CONF.97/19, p.25.

는 제목하에 1.12조로 신설되어, 총칙에 규정되어 현재까지 이르고 있는데, 양 규정 역시 협약과 비교하여 볼 때 종이시대를 중심한 협약에 비해 전자시대에 대비한 1994년 규정은 협약에 비해 보다 현실화, 단순화, 분명화에 초점을 두고 있다.

규정과 논평을 보면 다음과 같다. 우선 1.12조의 경우 다음과 같이 규정되어 있다.

"(1) 이행되어야 할 행위를 위해 당사자들이 정한 기간 동안에 발생하는 공휴일이나 비영업일은 기간의 산정에 포함된다.

(2) 그러나 그 기간의 마지막날이 정해진 행위를 이행해야 할 당사자의 영업장소에서 공휴일이거나 비영업일인 경우 그 기간은 익일 첫 영업일까지 연장된다. 다만 상황이 달리 명시한 경우에는 그러하지 아니하다.

(3) 관련 표준시간은 시간을 정한 당사자의 영업장소의 표준시간이다. 다만 상황이 달리 명시한 경우에는 그러하지 아니한다."

이에 대한 논평은 다음과 같다.

일방 또는 합의에 의해 당사자들은 2.1.7조, 2.2.9조 (2)항, 2.2.10조 (3)항에서 알 수 있듯이 특정한 행위가 이루어져야 할 기간을 확정할 수 있다. 따라서 기간을 확정할 때에 당사자들은 예컨대 "인도 후 10일내에 물품의 하자통지가 주어져야 한다."(Notice of defects in the good must be given within ten days after delivery), 또는 "3월 1일까지 확정 청약을 한다."(offer firm until 1 March)와 같이 기간을 단순히 표시할 수 있다. 첫 번째 사례의 경우 동 기간내에 발생한 영업일이나 비영업일이 동 기간을 계산하는데 포함되는지 여부의 문제가 생기며, 이 경우 (1)항의 규정에 따라 그 기간은 포함된다.

그리고 두 번째 사례의 경우 특정행위를 이행하려는 당사자의 영업장소에서 이행을 위한 확정기간의 만기일에 해당하는 영업일이나 비영업일의 효과는 어떤가 하는 문제가 일어날 수 있으며, 본 조항의 (2)항에 의하면 이런 경우엔 이행기간은 달리 명시가 없는 한 익일 첫 영업일까지 연장된다.

끝으로 당사자들이 상이한 표준시간대에 위치하고 있는 경우 어떤 표준시간이 관련된 표준시간대인가 하는 문제가 생기며, 이런 경우 그 해답은 (3)항에 따라 달리 명시가 없는 한 기간을 정한 당사자의 영업장소의 표준시간이다.

다음으로 2.1.8조의 규정을 보면 다음과 같다.

"청약자에 의해 확정된 승낙을 위한 기간은 청약이 발송된 때로부터 시작한다. 청약상에 표시된 때를 별도의 사정이 없는 한 발송의 때로 한다."

이에 대한 논평은 다음과 같다.

1994년에 확정기간내 승낙에 관한 2.8조 (1)항의 규정과 논평, 그리고 조항을 변경하여 현재에 이르고 있다.

청약자가 승낙을 위한 기간을 확정한 경우 언제부터 기간이 시작하는가 하는 문제가 생긴다. 이 경우 본 조항에 의하면 청약이 발송된 때, 즉 청약자의 관리 영역을 떠난 때 발송의 때로부터 청약상에 승낙을 위한 기간은 시작하게 되어 있다.

그리고 이러한 사항이 일어나는 시기에 관해 발송의 때가 청약상에 명시된 때임을 전제하고 있다. 다시 말해서, 청약상에 승낙을 위한 확정기간이 명시된 경우 청약이 발송되는 때부터 확정기간이 산정되며, 특별한 사정이 없는 한 청약상에 명시된 때가 바로 청약 발송의 때가 된다.

예컨대 편지의 경우 발송날짜는 우편상에 명시된 날짜이며, 이메일의 경우 청약자의 서버에 의해 발신시기로 명시된 시간이 발신시기이다. 그러나 이러한 전제가 특수한 경우에는 거절될 수가 있다. 예컨대, 팩스 원문상에 명시된 날짜가 팩스 기계에 의해 인쇄된 발신날짜보다 빠를 경우 팩스 기계상에 발신 표시 날짜가 본 조항에서 말하는 발신의 때가 되어야 한다. 마찬가지로 우편상에 명시된 날짜가 우편의 인도날자보다 늦은 경우 우편의 인도 날짜는 착각으로 기록된 것으로 무시되어야 함이 분명하다.

이러한 사실은 승낙을 위한 확정기간이 정해져 있는 경우에 그 기간의 산정방법과 청약상의 청약의 작성 날짜와 발송시기가 다를 경우 승낙을 위한 확정기간 산정을 위한 청약의 발송시기에 관해 논란이 일어날 수 있는 경우를 대비하여 특수한 상황이 없는 한 발송의 때를 산정시점으로 하고, 청약상의 명시된 시기를 발송의 때로 통일시켜 악용과 오해의 소지를 없애는 데 있다.

이렇게 볼 때, CISG 20조 (1)항보다 그 내용은 단순화하고 명확화하였으며, 그리고 전자시대를 대비하고 있다고 볼 수 있다.

4) 전자협약의 원칙

청약의 유효기간 산정방법에 대한 전자협약상의 규정이 없는 상황하에서 AC의 의견은 다음과 같다.

전자적인 실시간 통신상에서 청약자에 의해 확정된 승낙의 기간은 청약이 피청약자의 서버에 입력된 때로부터 시작한다.[111] 왜냐하면 이때가 (1)항에서 말하는 동시적 수단을 통한 승낙의 효력발생시기가 되기 때문이다. 전자협약에 의하면 위에서 언급한 대로 형식적 요지주의 내지 실질적 요지주의 때가 (1)항에서 말하는 도달의 때가 된다.

이메일 통신상에 청약자에 의해 확정된 승낙기간은 이메일 통신의 발신 때로부터 시작 된다.[112] 왜냐하면 이메일은 전자통신이긴 하나 동시성 통신이 아니므로 이때가 (1)항에서 말하는 우편을 통한 승낙의 효력발생시기가 되기 때문이다. (1)항의 규정에 따른 이메일 통신의 효력발생시기에 대하여 전자협약에 의하면 작성자 또는 그를 대신하는 자의 관리시스템을 떠난 때이거나 떠나지 아니하였다면 전자통신의 수신 때가 떠난 때이다.

본 규정에서 말하는 동시적 성격을 띤 통신수단이란 위에서 언급한 대로 전자적 실시간 통신을 포함한다.[113] 전자통신이 동시적 성격을 지닌 통신에 포함될 경우 본 규정에서 도달의 개념은 전자통신이 피청약자의 서버에 입력된 시점에 해당한다고 해석할 수 있다.[114] 그러나 전자협약과 관련시켜 볼 때, 위에서 언급한 대로 형식적 요지주의와 실질적 요지주의의 시점이 본 규정에서 말하는 도달의 시점이 된다.

이러한 위원회의 의견에 대한 논평은 다음과 같다.

협약 20조 (1)항은 승낙을 위해 모호하게 명시된 승낙기간의 해석에 도움을 주기 위해 규정된 조항이다. 예컨대 언제부터 시작되는지에 대한 아무런 언급없이 4일간의 기간이 청약 상에 언급되어 있을 경우를 대비하여 (1)항은 청약을 발송한 수단에 따라 상이한 산정시점에 대해 규정하고 있다.

본 규정에 의하면, 전보의 경우 기간의 산정은 발송을 위해 교부된 때부터 시

---

111) *Ibid.*
112) *Ibid.*
113) *Ibid.*
114) *Ibid.*

작하며, 우편으로 발송된 경우 편지상에 명시된 날짜 또는 이런 날짜의 표시가 없으면 봉투의 소인 날짜로부터 시작된다. 그리고 전화나 Telex 기타 동시적 성격을 지니는 통신의 경우 승낙의 유효기간산정은 피청약자에게 청약이 도달한 때로부터 시작된다.

이렇게 할 경우, 고려해야 할 문제점은 청약이 전자수단에 의해 이루어진 경우에 기간의 산정시점을 어떻게 결정할 것인가이다. 주요한 전자통신 메시지 형태로서는 이메일 청약, 소극적인 웹사이트상의 청약, 통신이 실시간으로 일어나는 화상 내지 채팅사이트를 통한 청약 등이 있다. 이상의 세 가지 주요한 전자통신 형태에서 승낙유효기간의 산정에 대해 살펴보면 다음과 같다.

첫째, 이메일은 동시성 통신이 아니다. 그렇다고 해서 승낙유효기간의 날짜산정과 관련하여서는 봉투 안에 밀봉되어 발송된 편지와 전적으로 같은 것이 아니기에 편지의 산정방법과 같이 산정해서도 아니된다.

그러나 CISG는 이메일과 관련하여 일체의 해석상의 도움을 주고 있지 아니하고 있으므로 승낙의 유효기간과 관련하여 불확실한 경우 일방적으로 구속될 가능성이 있는 당사자인 청약자는 보다 많은 보호를 받을 입장에 있음을 고려하면서 CISG규정에서 말하는 우편의 경우 적용되는 통상의 해석수단을 통해 해결되어야 한다.

일반적으로 이메일은 발신된 시기와 수신된 시기에 관해 일반적으로 정보를 제공하고 있다. 그러나 CISG는 이메일의 경우 승낙유효기간이 발신 때인지 수신 때인지에 관해 직접적인 가이드라인을 제시하고 있지 아니하고 있음에도 불구하고, 또는 이메일의 경우 날짜산정에 있어 일반우편과는 전적으로 같은 성격은 아니라 해도 우편인 것만은 사실이기에, 이메일 통신상에 청약자가 승낙을 위한 기간을 확정하고 있을 경우 동 기간은 CISG 규정에 따라 이메일 통신의 발신시점부터 시작한다고 보아야 한다. 왜냐하면 전자통신의 발신시점은 쉽게 확인될 수 있고 이메일은 기능적으로 편지와 동등한 것으로 볼 수 있기 때문이다.

전자협약과 관련시켜 볼 때 위에서 언급한 내용이 발신시점으로 적용됨을 알 수 있다.

둘째, 청약이 웹사이트에 탑재되어 있으나 웹사이트가 법적인 의미에서 청약을 구성하는지가 불투명한 경우가 종종 있다. 그럼에도 불구하고 웹사이트 소지자가 자신의 청약이 명시된 기간 동안 구속력이 있음을 명시적으로 언급할 수 있다. 따

라서 이러한 웹사이트 소지자가 유효기간의 시작시점을 명시하지 아니하고, 3일간
유효함을 표시하고 있을 경우 CISG상에는 아무런 안내가 없다.

이와 같이 승낙의 유효기간에 대하여 불투명한 경우 일방적으로 구속력을 받
을 수 있는 당사자인 청약자를 보다 보호할 필요가 있음을 고려하면서 통신의 해석
수단(방법)을 통해 승낙의 유효기간 산정이 해결되어야 한다.[115] 따라서 소극적인
웹사이트를 통한 경우에도 위와 같은 경우엔 실시간으로 일어나는 화상이나 채팅
사이트 등을 통한 승낙의 유효기간 산정방법과 같이 해석되어야 한다. 그러나 이러
한 입장은 상기와 같은 소극적인 웹사이트상의 채팅과 같은 동시성을 지니는 실시
간 통신이 아닌 전자통신의 경우에는 해당하지 아니한다.

셋째, 당사자들은 실시간 통신을 통한 인터넷상에 통신을 할 수가 있다. 예컨
대 발신자가 "a"라는 문자를 쓰면 "a"라는 문자가 즉각적으로 수신인의 스크린에
나타나는 이와 같은 기술이 바로 실시간 채팅통신이라 할 수 있다. 이런 경우 당사
자들은 똑같은 시간에 둘 다 나타나 똑같은 방에 있거나 전화로 대화하고 있는 것
처럼 타방에게 구두로 대화하거나 편지를 할 수가 있다. 이런 경우의 통신 형태를
"동시성 통신"이라 한다.

이렇게 볼 때, CISG 20조 (1)항은 실시간으로 이루어지는 전자통신에도 역시
적용된다고 볼 수 있다. 예컨대 전자통신 발신자가 청약을 발신하면서 동 청약은 2
시간동안 유효함을 규정한 경우, 동 시간은 통신이 수신인에게 도달한 때, 즉 발신
즉시 시작된다. 이때 실시간 통신을 위한 전제조건은 수신인이 관계되는 전자메시
지를 수령한다는 자신의 의사를 표시해야 한다.[116]

전자협약의 경우 CISG에 그대로 적용되기에 전자협약에 가입하면 전자협약
10조 (2)항의 규정에 따라 전자통신이 지정된 전자주소로 전송될 경우 형식적 요지
주의, 비지정의 전자주소로 전송될 경우 실질적 요지주의가 CISG 21조 (1)항에서
말하는 도달의 시점이 된다. 그러나 실시간 전자통신의 경우는 전자협약의 수신원
칙이 아닌 전통적인 구두통신의 원칙이 그대로 적용된다고 보아야 한다.

---

115) http://www.cisg.law.pace.due/cisg-ac-op.1.html, p.8.
116) *Ibid.*

【8】 21조 : 지연승낙

<table>
<tr><td align="center">Article 21</td></tr>
<tr><td>

(1) A late acceptance is nevertheless effective as an acceptance if without delay the offeror orally so informs the offeree or dispatches a notice to that effect.

(2) If a letter or other writing containing late acceptance shows that it has been sent in such circumstances that if its transmission had been normal it would have reached the offeror in due time, the late acceptance is effective as an acceptance unless, without delay, the offeror orally informs the offeree that he considers his offer as having lapsed or dispatches a notice to that effect.

</td></tr>
<tr><td>

(1) 피청약자의 지연승낙은 그럼에도 불구하고 지체 없이 청약자가 구두로 지연승낙이 유효하다는 취지를 피청약자에게 통지하거나 그러한 취지를 피청약자에게 발송한 경우 승낙으로서 효력을 지닌다.

(2) 지연승낙이 포함되어 있는 서한이나 기타 문서가 전달이 정상적이었다면 적기에 청약자에게 도착할 수 있었을 그러한 상황하에서 발송되었음을 입증할 경우 피청약자의 지연된 승낙은 승낙으로서 효력을 지닌다. 다만, 지체 없이 청약자가 자신의 청약이 무효된 것으로 간주한다는 취지를 피청약자에게 구두로 통지하거나 그러한 취지의 통지를 피청약자에게 발송하지 아니하여야 한다.

</td></tr>
</table>

본 조항은 승낙기간 만기 후에 도착한 승낙을 다루고 있다. 다시 말해서 청약에 대한 승낙이 청약의 유효기간 내에 도착하지 아니하고 늦게 도착한 경우에 관해 규정하고 있다.

이런 경우 청약은 실효상태이기 때문에 본래 계약은 성립하지 않아야 하지만, 본 조항은 예외적으로 계약이 성립하는 경우에 관해 규정하고 있다. 본 조항은 DCIS 19조와 똑같고 ULF 9조와도 거의 같다.

1) 지연승낙에 대한 원칙/(1)항

본 규정은 승낙이 지연되어 도착해도 청약자가 승낙으로 인정한다는 취지를 지체 없이(without delay) 피청약자에게 구두로나 기타 통지서를 통해 발송하면 유효한 것으로 하고 있다.

각국법에서는 대개 연착한 승낙을 반대청약으로 간주하며 원청약자가 이것을 승낙하므로 계약이 성립하는 것으로 하고 있지만, 동 규정은 청약자가 그 취지를 통지한다면 연착한 승낙 그 자체가 유효한 것으로 하고 있어, 청약자가 지연승낙을 적기(適期)에 도착한 것으로 간주할 권한이 있음을 보여주고 있다.

그리고 본 규정에 의하면 지연된 승낙을 유효하게 하기 위해 후속 통지를 필요로 하고 있다 해도 수령시에 유효한 승낙이 되는데 반하여, 각국법의 반대청약이론에 의하면 승낙이 된다는 자신의 의사를 최초의 청약인이 통지하고, 이러한 통지가 최초의 피청약자에게 도착시 승낙으로서의 효력을 지닌다.

따라서 피청약자는 그 후의 시세의 변동 등에 의해 계약의 성립에 항의할 수 없다. 물론 피청약자는 22조에 따라 승낙을 보다 빠른 통신수단에 의해 당연히 철회할 수가 있는데도 철회는 아니하였기 때문에 자신이 발송한 승낙의 통지에 대해 책임을 져야 하며, 연착한 승낙을 청약자가 승낙으로 인정한다 해도 이의를 제기할 수 없다.

2) 수정원칙/(2)항

위와 같은 연착승낙에 대한 대원칙에도 불구하고 어떤 사정, 예컨대 우편국의 파업이나 피청약자의 서버상의 기술적인 문제 등으로 인해 승낙의 편지나 기타 서면이 지연되어 도착하였지만, 만약 의사의 전달이 통상적이라면 청약의 유효기간 내에 들어간 것으로 생각되는 경우에는 청약자가 지체없이 피청약자에게 구두로 청약은 실효된 것으로 간주한다고 통지하거나 그러한 취지의 통지를 발송하지 아니하는 한, 연착한 승낙이라도 승낙으로서 효력을 지님을 본 규정이 설명하고 있다.

이 경우 청약자가 피청약자에게 지체없이 연락하지 아니한다면 지연된 승낙은 기간 내에 도착한 것으로 간주되어 계약은 성립하게 된다. 이러한 사실은 청약자가 피청약자에게 연착된 사실의 통지를 제출하지 아니하면 당연히 계약은 성립하였다고 믿고 있는 피청약자의 손해를 막기 위해 필요하다.

문제는 이러한 연착된 사실의 통지가 피청약자에게 도착하지 아니한 경우에 계약의 성립여부인데, 21조 (2)항은 통지를 발송할 것을 요구하고 있기 때문에 발송시점이 계약의 성립시점이 아님이 분명하므로, 연착통지의 불착위험은 피청약자가 부담하는 것으로 생각된다.

이러한 원칙에 의한다면, 어떤 경우에도 청약자는 계약의 성립여부를 자유로이 결정할 수 있기 때문에 시세의 등락에 따라 상대를 희생시킬 염려가 있다는 비판이 있어 이를 방지하기 위해 7조의 신의준수조항을 원용해야 한다고 주장할 수 있으므로, 이상의 내용을 근거하여 청약의 유효기간 내에 도착하지 아니한 승낙을 청약자가 수령할 경우 취해야 할 행동원칙은 다음과 같다.

(1) 단순지연

편지나 전보가 도착할 때까지 어느 정도 시간이 걸렸는가는 편지나 전보상의 일부(日付)를 보면 알 수 있으므로, 특별한 사정이 없이 단순한 지연의 경우는 청약이 이미 실효상태이므로 그대로 방치해 두면 계약은 성립하지 아니한다. 만약 계약을 성립시킬 의사가 있다면 청약자는 그 취지의 통지를 즉시 피청약자에게 발송하든가, 아니면 구두로 연락해야 한다.

(2) 불합리한 지연

지연승낙의 통지가 일부(日付)를 보면 이상할 정도로 시간이 오래 걸려 통상적이라면 당연히 청약의 유효기간 내에 도착했어야 함을 알았을 경우는 위와는 반대로 그대로 방치해 두면 계약이 성립해 버린다. 만약 계약을 성립시키고 싶지 않다면 곧바로 청약자는 승낙의 유효기간을 경과하여 도착하였기에 계약은 성립하지 아니한다는 취지를 구두 또는 서면으로 해야 한다.[117]

3) PICC의 원칙

PICC 2.1.9조는 협약 21조 (1)항상의 "……구두로 지연승낙이 유효하다는 취지를 ……발송한 경우" 대신에 "……지연승낙이 유효하다는 취지를 발송한 경우"로 변경하고, 협약 21조 (2)항상의 "……구두로 통지하거나 그러한 취지의……" 대신에 "……그러한 취지의……"로 변경한 것을 제외하면 동일하게 규정하고 있는바, 규정상에 "구두로"를 제외한 것은 구두통지를 하나의 통지개념 안에 포함시켜서 통지방법의 제한을 없애기 위한 것이라 볼 수 있다.

---

117) 新 掘總, 前揭書, pp.43~4.

4) 전자협약의 원칙

지연승낙에 대한 통신과 관련한 AC의 의견과 논평은 다음과 같다.

CISG 21조 (1)항에서 "구두"란 전자로 전달된 화상채팅을 포함한다. 다만 피청약인이 명시적 또는 묵시적으로 합의한 형식에 따라 합의한 주소 앞으로 합의한 방법으로 된 전자통신의 수령을 동의하여야 한다.

그리고 본 규정에서 "통지"란 피청약인이 명시적 또는 묵시적으로 합의한 형식에 따라 합의한 주소 앞으로 합의한 방법으로의 전자통신의 수령을 동의하는 한 전자통신을 포함한다.

지연승낙에 대한 피청약인에게 정보는 전자통신으로 이루어질 수가 있다. 이런 경우 중요한 것은 동 정보가 형식에 관계없이 피청약인에게 전달되어야 한다는 것이다. 이런 경우 전자통신의 효력에 관해서는 CISG 15조상의 청약의 효력발생시기의 원칙과 이와 관련한 전자협약의 원칙이 그대로 적용되며[118] 구두에 관해서는 CISG 18조 (2)항과 20조 (1)항과 관련한 상기의 전자통신 원칙이 그대로 적용된다고 보아야 한다.

CISG 21조 (2)항에 대한 AC의 의견과 논평은 다음과 같다.

본 규정에서 서한(문서)이란 이미 CISG 13조에서 언급하였듯이 인지할 수 있는 형태로 검색할 수 있는 일체의 전자통신을 포함한다. 따라서 전자형태로 된 지연승낙 역시 본 규정에 따라 유효할 수 있다.

본 규정에서 "구두"와 "통지"란 (1)항에서의 의견이 그대로 적용된다.

본 규정에서 "발송"이란 통지가 청약인의 서버를 떠난 시점을 의미하며, 피청약인이 합의한 형식에 따라 합의한 주소 앞으로 합의한 방법으로 전자통신을 수령키로 명시적으로든 묵시적으로든 동의해야 함이 이러한 전자통신의 적용의 전제조건이다.

전자협약의 경우 작성자와 그를 대신하는 자의 정보시스템의 관리를 벗어나 떠난 때이거나 떠나지 아니한 경우 수신 때를 발신의 때로 함으로 전자통신의 발신의 개념을 MLEC보다 분명히 하고 있다고 볼 수 있다. 그러나 CISG와 관련하여 적용될 경우 동의가 필요없다.

이 조항의 목적은 청약자가 승낙이 지연되어 청약자에게 너무 늦게 도착하였

---

118) http://www.cisg.law.pace.due/cisg-ac-op.1.html, p.9.

음을 타방에게 통지하지 아니하였을 때 지연승낙을 유효하게 만드는 데 있다.

전자승낙이 지연되어 정상적인 도착시간 내에 청약자에게 도착하지 아니한 경우가 전형적인 경우이다.

동 조항은 승낙이 우편이나 기타 문서로 발송되는 경우에만 적용될 수 있다. 따라서 동 조항의 경우 전자통신이 문서의 두 가지 기능, 즉 인지할 수 있고, 저장될 수 있는 기능을 수행하는 한 승낙이 전자통신을 통해 발송된 때 적용됨을 유의해야 한다. 따라서 구두에 의한 승낙은 본 조항과 관계없음을 알아야 한다.

청약자가 승낙이 너무 늦게 도착하였다는 신속한 통지를 피청약자에게 한 경우, 지연승낙과 관련한 피청약자에게 하는 정보는 전자메시지에 의해 주어질 수도 있다. 이런 경우 중요한 요소는 그러한 정보가 전자통신이라도 형식에 관계없이 피청약자에게 도착되는 경우이다.

동 규정에 따른다면, 지연승낙과 관련한 통지는 구두나 서면 통지를 통해 이루어지게 되어 있다. 따라서 지연승낙의 발신인이 청약자가 이러한 전자메시지를 수령할 수 있음을 표시하고 사전에 합의되어 있다면 그는 전자로 전달된 육성이나 일반 전자메시지를 통해 정보를 줄 수 있다. 그러나 전자협약이 적용될 경우 사전합의 없이 그대로 적용이 가능하다.

지연승낙과 관련한 통지는 발송하는 것으로 충분하다. 다시 말해서 발송통지가 수신인에게 도착할 필요가 없다. 그러나 통지의 경우 정확하게 발송되어야 한다. 이러한 사실은 수신인의 주소가 정확하게 기술되어야 하며 통지 발신자는 수신인이 그러한 방법으로 이루어진 통신을 수령할 것을 명시한 컴퓨터 프로그램을 사용해야 함을 의미한다.

청약자는 통지를 발송함으로 지연승낙에 대하여 피청약자에게 통지해야 한다. 이런 경우 발신전자통신은 청약자의 서버를 떠난 때 효력을 발생한다. 그러나 피청약인이 통지를 발송하도록 한 전자통신의 종류를 사용하지 아니한 경우 청약자는 통지를 발송한 것으로 간주되지 아니한다. 그리고 피청약인은 청약자가 사용하는 방법과 형식의 전자승낙을 자신이 수령할 것임을 반드시 지시하여야 한다.

CISG 8조와 9조는 피청약인이 이러한 메시지를 수령하고자 함을 묵시적으로 나타내고 있는지 여부를 결정하는 데 활용될 수 있는 규정이다.[119]

그러나 전자협약이 CISG와 함께 적용될 경우 전자통신사용의 형식과 방식 등

---

119) http://www.cisg.law.pace.due/cisg−ac−op.1.html, pp.9~10.

에 대하여 합의할 필요가 없으며 발신의 효력 발생시기는 전자협약 10조 (1)항의 규정에 적용됨을 알아야 한다.

【9】 22조 : 승낙의 철회

Article 22

An acceptance may be withdrawn if the withdrawal reaches the offeror before or at the same time as the acceptance would have become effective.

승낙이 효력을 발생하기 이전에 혹은 그와 동시에 철회의 통지가 청약자에게 도달한다면 승낙은 철회될 수 있다.

본 조항은 승낙의 철회가능성에 대해 규정, 즉 승낙의 철회를 위한 최종시한 규정에 목적을 둔 규정이라 할 수 있다. 본 조항은 DCIS 20조와 똑같으며, ULF 10조와 유사하다.

1) 대원칙

승낙의 효력이 발생하기 전에 또는 효력이 발생함과 동시에 승낙철회의 통지가 청약자에게 도착한다면 승낙은 철회할 수 있다. 즉, 승낙이 일단 효력을 발생하여 계약이 성립하였다면 이미 철회할 수 없지만, 그때까지는 보다 빠른 통신수단을 사용해서 철회할 수 있음이 청약철회의 가능성에 대한 본 조항의 원칙이다. 따라서 이 규정은 승낙이 18조 (2)항에 따라 효력을 발생한 때에 매매계약은 체결된다는 23조의 원칙을 보완하는 규정이다.[120]

이러한 원칙에 따른다면 다음과 같은 문제점이 제기된다. 청약자는 피청약자가 승낙의 통지를 발송한 후는 청약을 철회할 수 없지만, 반면에 피청약자는 본 조항에 의해 승낙을 철회할 수 있다. 따라서 피청약자는 예컨대, 일단 승낙의 편지를 발송해서 청약자를 묶어두고 시차의 추이를 보아 가격이 유리하게 되면 그대로 계약을 성립시키지만, 역시 가격이 불리하면 승낙의 통지보다 빠른 통신수단인 전화로

---

120) A/CONF.97/19, p.25.

승낙을 철회할 수가 있다.

이런 경우 대륙법과 영미법, 그리고 협약상의 청약의 철회가능성에 따른 불공평의 문제와는 근본적으로 다른 불공평의 문제가 분명히 제기될 수 있으며, 경우에 따라서 피청약자의 투기를 가능하게 할지도 모른다.

2) 대　안

이러한 투기를 방지하기 위하여 7조 (1)항에서의 해석원칙인 본 협약의 해석에 있어 신의성실의 준수에 유의해야 함을 원용해서, 피청약자가 악의로 본 조항을 이용한 경우에는 승낙이 유효기간 내에 도착해도 무효라고 생각해야 하는 방향으로 나아가야 할 것이다.[121]

3) PICC의 원칙

협약 22조와 PICC 2.1.10조는 승낙의 철회에 대하여 일단 피청약자가 승낙을 발송하였다면 청약은 청약자를 구속하므로 더 이상 청약자는 자신의 심경을 변화시킬 수 없다. 반면에 피청약자 역시 나중에, 즉 승낙의 통지가 청약자에게 도착하게 되면 승낙을 철회할 선택의 자유를 상실하게 됨을 규정하므로 청약 철회에 대한 원칙과 같고 협약과 동일하게 규정하고 있다.[122]

4) 전자협약의 원칙

승낙의 철회와 관련한 전자협약의 명시적 규정이 있는 상황하에서 동 규정과 관련하여 사용되는 전자통신에 대한 AC의 22조에 대한 위원회의 의견은 다음과 같다.

본 규정에서 "도달"이란 전자통신을 인정할 경우 전자통신이 청약인의 서버에 입력완료된 때를 의미한다. 다만 청약인이 명시적 또는 묵시적으로 합의한 형식에 따라 합의한 주소 앞으로 합의한 방법으로 된 전자통신의 수령을 동의해야 한다.[123]

---

121) 新 掘聰, 前揭書, pp.44~5.

122) http://www.unidroit.org/english/principles/chapter－2.ht, 2.10, comment.

123) *Ibid.*

전자협약의 경우 이미 언급한 대로 도달의 개념을 형식적 요지주의와 실질적 요지주의가 적용됨을 유의해야 한다. 물론 전자통신의 형식, 방법 등에 합의할 필요가 없으며, 협약하에서 이루어지는 전자통신으로 전자협약상에 인정되는 일체의 전자통신에 자동적으로 적용된다.

이러한 AC의 의견에 대한 논평은 다음과 같다.

본 규정은 승낙의 철회를 위한 최종시한을 규정하는 데 목적이 있다. 전통적인 통신수단의 경우에 따른다면, 이 원칙은 승낙의 발신자로 하여금 승낙통신보다 빠른 통신수단을 통해 자신의 승낙을 철회하는 것을 가능케 할 수 있다. 예컨대 느린 우편인 일반우편을 통해 승낙을 발송하고 그 후에 우편보다 먼저 청약자에게 도착하는 fax를 발송함으로써 승낙을 철회할 수 있는 경우다.

그러나 전자통신과 관련한 철회의 경우 문제는 이미 15조 규정의 설명에서도 언급하였듯이 이메일이나 웹사이트 또는 EDI를 통해 발송되는 전자통신보다 더 빠른 실질적인 통신수단이 현재로서는 없다는 것이며, 이런 경우 전자통신을 통한 승낙을 하고 동 승낙의 철회는 사실상 어렵다는 것이다. 그러나 이러한 문제는 승낙은 전통적인 종이우편을 통해 발송하고 철회는 전자로 이루어지는 경우에는 발생하지 않는다.

본 조항의 기본적인 제정목적은 청약자가 그렇게 하기로 선택한 경우 철회사실을 읽을 기회를 가지는 것을 보증하는 데 있다. 여기서 철회사실을 읽을 기회의 보증이란 청약자가 철회 통신을 실질적으로 읽은 것을 요구하지 아니하고 철회사실을 인지할 수 있음을 요구하고 있다. 그리고 철회사실을 인지할 수 있는 상태란 실질도착(내용확인), 법적도착(형식적 도착)의 사이라 할 수 있다. 따라서 승낙의 철회가 청약자의 관리영역에 입력된 때를 청약자가 철회사실을 인지할 수 있는 상태, 즉 CISG 22조에서 말하는 도달로 볼 수 있으며 철회가 청약자에게 도착한 것으로 추정되어야 한다.

이상과 같이 철회는 청약자가 인지할 수 있는 상태만을 필요로 하지 실질적으로 확인을 필요로 하지는 않는다는 전제는 입증을 용이하게 하기 위해 의도된 것이다. 입증을 용이하게 하기 위한 의도라면 메시지가 접속할 수 있게 된 때를 입증해야 하는바, 이러한 시기를 입증하는 것은 다소 쉬우면서 적어도 개념적으로 가능한 것으로 생각할 수 있다. 그러나 누군가가 이러한 매시지를 실질적으로 인지한 시기를 입증하기란 어렵다.124)

이렇게 볼 때, 당사자들이 철회사실을 적어도 인지할 수 있는 상태로 합의한 경우엔 전통적인 종이통신의 경우와 마찬가지로 전자협약적용의 경우 역시 도달에 관해 형식적 요지주의와 실질적 요지주의를 적용하고 있으며, 요지주의의 기준을 검색할 수 있을 때로 하고 있어 위와 같은 경우가 전통적인 통신수단에 의한 철회보다 쉬울 것 같으나 여전히 검색할 수 있는 때의 시기의 입증의 문제는 쉬운 것이 아니다. 물론 당사자의 합의에 따라 MLEC를 적용한다 해도 여전히 입증시기의 문제는 마찬가지이다.

【10】 23조 : 승낙의 효과

Article 23

A contract is concluded at the moment when an acceptance of an offer becomes effective in accordance with the provisions of this Convention.

계약은 본 협약의 규정에 따라 청약에 대한 승낙의 효력이 발생하는 때에 성립한다.

본 조항은 매매계약의 성립시기에 관해 규정하고 있다. 본 조항은 DCIS 21조와 똑같다.

1) 대원칙

청약의 승낙은 본 협약의 규정에 따라 효력을 발생하는 때에 계약이 성립된다는 원칙을 본 조항이 특별히 규정하고 있는바, 계약체결 시기에 따라 좌우되는 본 협약상의 수많은 원칙들 때문에 이 원칙을 명시적으로 규정하는 것이 바람직하다.

이러한 원칙과 더불어 중요시될 수 있는 계약체결 장소에 관해서는 규정하고 있지 아니한바, 이는 본 협약의 규정 가운데 계약 성립지에 따라 좌우되는 규정이 없기 때문이다.

그러나 18조와 관련해서 본 조항이 계약의 성립 시기를 확정하고 있다는 사실은 계약이 체결된 장소의 결정적인 원인으로 해석될 수 있다.125)

---

124) http://www.cisg.law.pace.due/cisg-ac-op.1.html, p.11.

2) 관련 규정

본 조항과 관련이 있는 규정은 매수인에게 인정되는 구제에 관한 규정인 42조 (1)항, 대금미확정 계약에 관한 규정인 55조, 손해경감 의무규정인 74조, 손해배상 금액으로부터 당사자를 면책시키는 장애에 관한 규정인 79조 (1)항, 계약에 대한 적용일에 관한 규정인 100조 (2)항 등이 있다.[126]

PICC 2.10조의 규정은 23조에 상응하는 규정이다.

【11】 24조 : 통신이 수신인에게 도달되는 시기

Article 24

For the purposes of this Part of the Convention, an offer, declaration of acceptance or any other indication of intention "reaches" the addressee when it is made orally to him or delivered by any other means to him personally, to his place of business or mailing address or, if he does not have a place of business or mailing address, to his habitual residence.

이 협약의 제2부를 위하여 청약, 승낙의 선언이나 기타 의사표시는 그것이 구두로나 기타 수단으로 수신인에게 직접 전달되거나, 수신인의 영업소나 우편 주소에 전달되거나, 수신인이 영업소나 우편 주소를 가지지 아니한 경우 수신인의 일상적 거주지에 전달된 때, 수신인에게 도착한 것으로 한다.

본 조항은 의사표시는 상대방에게 도착한 시기에 효력을 발생한다는 협약 제2부의 규정에 대하여 수신인에게 도달하는 시점에 대한 정의를 하고 있다. 본 조항은 DCIS 22조와 똑같다. 그리고 "전달된"이라는 말은 관련 당사자의 주소에 도달된 때를 의미하는 ULF 12조 (1)항과 유사하다.

---

125) A/CONF.97/19, p.26.
126) A. H. Kritzer, *op. cit.*, p.194.

1) 의사표시 도착시기의 정의

본 조항에 의하면, 협약 제2부하의 의사표시가 도착한 것으로 인정되는 시기에 관해 다음과 같이 규정하고 있다.

① 의사표시가 구두로 수신인에게 도착된 때
② 기타 수단으로 개인적으로 수신인에게 배달된 때
③ 영업장소 또는 우편 송부장소(주소)에 배달된 때
④ 만약 영업장소도 우편 송부장소도 없는 경우에는 일상적인 거주지에 배달된 때

회사의 경우에는 우편, 전보에 관해서는 통상 ③이 적용되어 사무실에 배달된 때이며, 전화나 Telex에 관해서는 공간적으로는 우편 전보와 같으나 시간적으로는 동시적이기 때문에 ①에 의해 그 의사표시가 된 때에 각각 도착한 것으로 생각된다. 회사가 대규모인 경우에는 우편, 전보, Telex가 우편이나 전보를 취급하는 부서로부터 업무담당부서에 배포될 때까지의 시간이 걸리므로, 접수창구가 수령한 시점에서는 거래담당자는 역시 모를 수가 있음이 예상되지만, 이런 경우에도 의사표시는 접수창구에 도착한 때 효력이 발생한다.

이러한 사실은 UCC가 조직에 의해 수령되는 통지는 그 조직이 정당한 근면성을 가지고 행동한 경우에 해당거래를 담당하고 있는 사람의 주의를 끌었다고 생각되는 시점으로부터 특정거래에 관해 효력을 발생하는 것으로 하여 약간의 여유를 인정하고 있는 것과는 다르다. 이러한 여유를 인정한다면 끝이 없기 때문에 이러한 UCC의 여유를 협약이 인정하고 있지 아니하지만, 실질적으로는 UCC의 방법이 현실에 합치하고 있다고 생각된다.[127]

2) 관련규정

상기의 도착시기의 정의와 관련이 있는 협약 제2부의 규정은 다음과 같다.

청약에 관한 규정인 15조 (1)항, 청약의 피청약자에게 도착전의 철회에 관한 규정인 15조 (2)항, 청약이 피청약자에게 도착하여 효력을 발생한 후의 철회에 관한 규정인 16조 (1)항, 청약의 거절에 관한 규정인 17조, 승낙의 효력발생시기에

---

127) 新 掘總, 前揭書, p.46.

관한 규정인 18조 (2)항, 전화, Telex, 기타 동시적 통신수단에 의한 청약의 유효기간 산정 방법에 관한 규정인 20조 (1)항, 승낙의 철회에 관한 규정인 22조 등이다.

3) PICC의 원칙

PICC 1.10조는 협약과 같이 도달주의를 대원칙으로 하되 협약과 달리 총칙에 규정되어 PICC 전체의 통지에 관해 규정하고 있다. 그리고 1.10조는 CISG 24조의 통신도착시기를 보다 단순화하고 통지의 형태를 "선언"과 "기타의사표시"로 규정되어 있는 협약에 비하여 "요구"와 "요청"을 추가하므로 통지의 형태를 제한하지 아니하고 상황에 적합한 모든 통지로 확대하고 있다.

어떤 수단이 적합한 통지수단인지는 다양한 통신 방법의 이용가능성과 현실성 및 인도될 메시지의 중요성과 긴급성 등 매 건별 실질적인 상황에 좌우된다.

본 조항에서의 도달주의에 관한 논평을 보면 다음과 같다.

모든 종류의 통지에 관하여 제 원칙은 소위 "도달주의"원칙을 채용하고 있다. 즉, 모든 종류의 통지는 수신인에게 도달할 때까지 효력을 발생하지 못한다. 어떤 통신의 경우 이러한 원칙이 통신을 다루는 규정에 명시적으로 규정되어 있다. 예컨대 2.1.3조 (1)항, 2.1.3조 (2)항, 2.1.5조, 2.1.6조 (2)항, 2.1.8조 (1)항, 2.1.10조, 9.1.10조, 9.1.11조의 규정을 보면 이런 사실을 알 수 있다.

본 조항의 (2)항의 목적은 똑같은 원칙이 이러한 취지의 명시적 언급이 없을 경우에 역시 적용됨을 암시하고 있다. 예컨대 2.1.9조, 2.1.11조, 2.2.9조, 3.2.10조, 3.2.11조, 6.1.16조, 6.2.3조, 7.1.5조, 7.1.5조, 7.1.11조, 7.2.1조, 7.2.2조, 7.3.2조, 7.3.4조, 8.3조의 규정을 보면 이러한 사실을 알 수 있다.

모든 통지의 도달주의 원칙에도 불구하고 당사자들은 발신주의 적용을 항상 명시적으로 규정할 수 있다. 이러한 사실은 타방의 실질적이거나 예상되는 이행불이행의 경우로서 메시지의 전달에 멸실, 착각, 또는 지연의 위험을 일방 당사자에게 부담시키는 것이 부당한 경우 일방의 권리를 유보하기 위하여 일방이 해야 하는 통지에 관해 특별히 적합할 수 있다. 이러한 사실은 국제적인 수준에서 볼 때 통지의 유효한 수령을 입증함에 있어 생길 수 있는 어려움을 염두에 둔다면 매우 일리가 있다.

문제의 통신이 수신인에게 도달하는 시점을 정확하게 결정하는 것은 도달주의와 관련하여 중요하다.

도달의 개념을 분명히 하려는 뜻에서 본 조항의 (3)항은 구두와 기타 통신을 구분하고 있다. 구두는 구두라는 통신이 수신인에게 직접적으로 이루어지거나 구두 통신을 수령하도록 수신인에 의해 위임된 제3자에게 직접적으로 이루어진 경우 도달이 된다. 반면에 기타 통신은 통신이 수신인에게나 수신인의 영업장소 또는 그의 (전자)메일주소에 직접적으로 인도 즉시 수신인에게 도달이 된다. 따라서 문제의 특별 통신이 수신인의 수중에 들어오거나 수신인이 실질적으로 읽을 필요는 없다. 이런 경우 도달주의가 아닌 요지주의가 된다.

이 경우 인도 즉시라는 개념은 특별 통신이 통신을 수령하도록 위임받은 수신인의 고용인에 전달되거나 통신이 수신인의 우편함에 적치된 때 또는 수신인의 팩스나 텔렉스에 의해 수령되거나 전자통신의 경우 수신인에 의해 지정된 전자주소에서 수신인에 의해 검색할 수 있을 때(형식적 요지주의), 수신인에 의해 지정되지 아니한 경우 수신인의 미지정 전자주소에서 수신인에 의해 인지되고 검색할 수 있을 때(실질적 요지주의)가 정확한 도달의 시점이다.

4) 계약 성립에 관한 PICC상의 기타원칙

(1) 계약 성립과 관련한 규정

현실상거래를 수용하기 위한 PICC상의 계약성립과 관련하여 신설된 규정으로 2.1.12조, 2.1.13조, 2.1.14조, 2.1.15조, 2.1.16조, 2.1.17조항을 들 수 있는데, 그 개요를 보면 다음과 같다.

문서의 확인에 관해 규정하고 있는 2.1.12조는 계약이 구두 또는 필수적인 합의내용에 한정되는 서면통신의 교환을 통해 이미 체결된 후에 일방 당사자가 이미 합의한 것을 단순히 확인하려는 의도이나 실제에 있어 당사자들에 의해 종전에 합의한 내용과 다르거나 추가한 내용을 포함하고 있는 서류를 타방에게 발송한 경우를 다루고 있다.

이론적으로 보면, 이런 경우는 계약이 아직 체결되지 아니한 상태에서 수정내용이 피청약자의 승낙상에 포함되어 있는 경우를 위한 수정승낙에 관한 규정인 2.1.11조와는 분명히 다른 경우이다. 그러나 아직은 현실적으로 두 경우간에 구분하는 것이 불가능한 것은 아니라 해도 매우 어려울 수 있다.

본 조항은 확인서에 포함되어 있는 수정내용에 관해 2.1.11조에서 생각하는 해결방법과 똑같은 해결방법을 채용하고 있다. 다시 말해서, 주문확인서에 포함되어 있는 수정에 관해서와 똑같이 본 조항은 확인서에 포함되어 있는 당사자들에 의해 사전에 합의한 내용과는 다르거나 추가한 내용은 이들이 합의를 실질적으로 변경하지 아니하고 문서의 수령자가 부당한 지체없이 이들에 대하여 반대하지 아니하는 한 계약의 일부가 됨을 규정하고 있다.

물론 본 조항과 관련하여 유념해야 할 것은 확인문서와 관련하여 새로운 내용 가운데 어느 내용이 종전 합의한 내용을 실질적으로 변경하고 있는지의 문제는 매 건별 상황에 비추어서만이 명확하게 대답될 수 있음은 말할 것도 없다.

반면에 본 조항은 확인문서를 발송한 당사자가 승낙을 위해 정히 확인한 확인문서를 발송할 것을 타방에게 명시적으로 요청하고 있는 경우에는 분명히 적용되지 아니한다. 이런 경우에 문서가 수정을 포함하고 있는지 여부와 포함하고 있다면 이러한 수정이 실질적인지 여부는 관련이 없다. 왜냐하면 문서는 어떤 경우든 계약이 존재하려면 수신인에 의해 명시적으로 승낙되어야 하기 때문이다.

이렇게 볼 때, 본 규정에 의하면 확인서상에 합의한 내용과 다소 상이한 내용이 있어도 이러한 상이함이 합의를 실질적으로 변경하지 아니하거나 아무리 사소한 변경이라도 수령자가 반대하지 아니한다면, 또한 관련 거래분야의 표준관행으로 흔히 사용되고 있어 수령자에게 하등의 당혹감을 주지 아니한다면, 계약의 일부로 인정하는 점은 현실 상거래에 있어 청약과 승낙 후에 당사자들간에 작성되는 서류의 특징상 있을 수 있는 현실을 인정하는 규정이다. 이는 마치 현실 거래를 인정한 UCC 2-207조 (1)항의 내용을 따르고 있는 것 같다.

그러나 실질적인 변경이나 사소한 변경이라도 즉각 반대하면 계약은 성립하지 아니한다는 계약체결의 원칙을 존중하고 있다. 이 역시 UCC 2-207조 (2)항을 따르고 있는 듯하다. 본 규정에서 말하는 확인서란 광범위한 의미로 해석할 필요가 있는데, 구두로 또는 비공식 통신을 통해 체결된 계약의 조건을 명시하는 이행과 관련한 송장이나 이와 유사한 기타 서류를 사용한 경우도 확인서에 해당한다.

2.1.13조는 특정문제에 관한 합의 또는 특정서식상의 합의를 전제한 계약의 체결 여부에 관한 규정이다. 예컨대 특정문제에 관해 합의하는 경우에 계약은 체결되며 합의하지 못한 사소한 내용은 계약체결 후 법을 통해 또는 사실을 통해 묵시될 수 있다. 그러나 경우에 따라선 당사자들이 이러한 문제들이 만족할 만한 방법으로

해결되지 아니한다면 계약을 체결할 의사가 없는 것으로 간주할 수 있다. 따라서 당사자들이나 당사자들 가운데 오직 한 당사자만이 이러한 의사를 명시적으로 표시한 경우, 이러한 문제에 관해 합의가 없다면 이 계약은 존재하지 아니한다.

본 조항에서 "주장하다"(insist)라는 표현을 사용함으로써 본 조항은 단순히 지나가는 말로 이러한 취지의 의사를 명시하는 것은 충분하지 못하고 분명히 해야 함을 분명히 하고 있다. 그리고 상관행상 오랜 협상을 필요로 하는 복합적인 거래의 경우 기본 합의서(preliminary agreement)나 양해각서(memorandum of understanding) 또는 의향서(letter of intent)나 이와 유사한 비공식서류에 서명하는 경우가 흔하다. 이 경우 이들 서류상에 추후 공식문서, 즉 "계약서 작성조건"(subject to contract), 또는 "추후 공식합의서 조건"(formal agreement to contract)과 같은 문서의 작성을 요구하고 있을 경우 이들 서류가 초안되지 아니한다면 계약은 성립하지 아니한다.

경우에 따라서 당사자들은 자신들의 계약이 이미 체결된 것으로 간주하고 공식 문서의 작성을 이미 종결된 합의의 확인으로서의 기능만을 하는 것으로 간주하는 경우가 있다. 이런 경우도 공식 문서가 반드시 필요하나 계약성립과는 관계가 없고 추가 내용들은 계약의 내용이 될 수 없다. 그러나 양 당사자 또는 일방이 공식문서가 작성되지 아니한다면 구속될 의사가 없음을 분명히 한 경우 공식서류가 초안되어서 합의 후 교환될 때까지 계약은 성립하지 아니한다.

2.1.14조는 의도적으로 미해결로 남겨진 내용을 두고 있는 계약의 성립, 즉 효력문제에 관해 규정한 것으로 완전합의를 전제로 하되 계약체결의사가 분명한 경우 추후 협상을 통해 합의가 되거나 제3자에 의해 결정되어질 미해결로 남겨진 내용이 계약의 성립을 방해하지 못하게 하고 있다. 그러나 당사자들이 미해결 내용에 관해 합의에 도달할 수 없거나 제3자가 내용을 결정하지 못할 경우 계약의 존재는 당사자들의 의사를 고려한 상황에 합리적인 내용으로 분명하게 할 수 있는 대안적 수단[128]이 존재하는 한 영향을 받지 아니한다.

2.1.15조는 협상 자유의 원칙이 보장되나 불성실 협상의 책임과 불성실로 협상 취소에 대한 책임을 규정하고 있는데, 동 규정의 논평을 보면 다음과 같다.

원칙적으로 당사자들은 계약을 체결할 목적으로 협상할 시기와 상대를 결정할 자유가 있을 뿐만 아니라 방법과 시기에 있어서도 자유롭다. 이러한 사실은 1.1조

---

128) 대안적 수단은 누락된 내용에 관한 보완 규정인 4.8조, 묵시적 의무규정에 관한 5.1.2조, 청약의 정의에 관한 2.1.2조, 가격결정에 관한 5.1.7조의 규정을 통해 추정될 수 있다.

에서 선언하고 있는 계약자유의 기본원칙에 따른 것이며, 국제무역에 종사하는 기업인 가운데 건전한 경쟁을 보증하기 위하여 필수적이다. 그러나 협상을 자유롭게 체결하고 협상할 내용에 관해 자유롭게 결정할 일방 당사자의 권리는 무한정한 것이 아니고, 1.7조에서 규정하고 있는 신의성실과 공정거래 원칙에 위배되지 아니하여야 한다.

본 조항 (3)항에서 명시적으로 표시하고 있는 불성실 협상의 특수한 경우는 일방 당사자가 타방과 합의를 할 일체의 의사 없이 협상에 들어가거나 협상을 지속하는 경우이다.

기타 예는 일방 당사자가 의도적으로나 소홀히 하여 실질적으로 불성실 표시를 한 사실이나, 당사자들의 성격 및 계약의 성격이 주어지면 고지되어야 할 사실의 불고지 사실로 인해 계획한 계약의 성격이나 내용에 관해 타방으로 하여금 오해하게 한 경우이다. 이런 경우 비밀유지 의무에 관한 2.1.16조를 참고할 필요가 있다.

(2)항에 의하면, 불성실 협상에 대한 일방 당사자의 책임은 타방이 입은 손실에 한정된다. 다시 말해서 피해를 입은 당사자는 협상 과정에서 지급한 비용을 보상받을 수 있으며, 소위 신뢰 또는 소극적 이익이라 할 수 있는 제3자와의 또 다른 계약을 체결할 기회의 상실에 대하여 역시 보상받을 수 있다. 그러나 최초의 계약이 체결되었다면 일반적으로 그 결과로 얻을 수 있었을 소위 기대 또는 적극적 이익이라고 하는 이익을 보상받을 수 없다.

그러나 당사자들이 신의성실로 협상할 의무에 관해 명시적으로 합의한 경우에만 계약 위반에 대하여 이행에 대한 권리의 구제를 포함한 모든 구제가 당사자들에게 가능할 것이다.

협상을 취소할 권리도 물론 신의성실원칙을 전제로 한다. 따라서 일단 청약이 되면 청약은 청약의 취소에 관한 규정인 2.1.4조에서 규정하고 있는 범위내에서만 취소할 수 있다. 이러한 단계에 도달하기 전이라도 또는 청약과 승낙의 확신할 만한 결과없이 협상 진행중에라도 일방 당사자는 갑자기 아무런 정당한 이유없이 협상을 취소할 자유가 더 이상 없을 수 있다. 아무런 소득없이 협상을 취소할 수 있는 경우는 상황과 특별히 최초 당사자의 행동의 결과로서 타방이 협상의 긍정적인 결과와 당사자들이 이미 합의에 도달한 장래 계약에 관한 수많은 문제점들을 원용할 사유를 가진 정도에 좌우된다.

2.1.16조의 경우 제공되는 정보의 비밀 유지에 관해 원칙적으로 당사자들은 비

밀유지의 의무가 없으나 비밀유지를 공식적으로 선언한 경우 공개해서는 아니된다. 그러나 이러한 경우라도 공개금지의 기간이 너무 길면 제한적 무역관행을 금하는 준거법에 저촉할 수 있는 문제점이 있다.

그러나 명시적인 공개금지의 선언이 없다고 해도 정보의 특수성이나 당사자들의 전문성 등을 고려하여 볼 때, 정보의 공개나 협상 취소 후 자신의 목적을 위해 사용하는 것은 신의성실과 공정거래라는 일반원칙에 반할 수 있다.

비밀유지의 위반자에게 손해배상금에 대한 책임이 있음을 묵시하고, 그 한도는 다양하나 비밀유지 위반과 관련한 특별한 합의에 좌우된다. 그러나 피해입은 당사자가 아무런 손실을 입지 아니하였다 해도 그는 제3자에게 정보를 공개하거나 자신의 목적을 위해 정보를 활용함으로써 이행불이행자가 수령한 혜택을 그로부터 보상받을 수 있으며, 필요한 경우 아직 미공개 정보나 부분적인 공개의 경우 준거법에 따라 중지명령을 내릴 수도 있다.

당사자들이 합의한 내용을 서면이 완벽하게 명시하고 있음을 표시하는 조항을 포함하고 있는 서면계약서는 사전 진술이나 합의의 증거에 의해 부인되거나 보완되어질 수 없다. 그러나 이러한 진술이나 합의는 서면을 해석하는 데 활용될 수 있음을 규정한 PICC 2.1.17조는 완전합의조항(merger clause)의 효력에 관해 규정하고 있는데, 다소 연장된 계약체결에 선행하여 협상이 이루어질 경우 당사자들은 자신들의 합의를 서면으로 하길 원하고 그러한 서류가 자신들의 최종 합의를 구성함을 선언할 수 있음을 의미한다. 그러나 이러한 통합조항의 효과는 사전진술이나 합의와의 관련을 박탈하지는 아니한다. 이들은 4.3(a)조에 따라 서면을 해석하는 수단으로서 여전히 활용될 수 있다.

따라서 본 조항은 완전합의조항이 없을 경우에 서면계약은 사전진술이나 사전합의의 증거를 통해 부인되거나 보완될 수 있고, 서면계약서를 보완하거나 부인하는 외부증거까지 허용된다는 의미에서 1.2조의 원칙을 간접적으로 확인하고 있다.

(2) 계약의 효력

CISG는 4조를 통하여 계약의 효력에 관하여 규정하지 아니한다고 규정함으로써 계약의 효력은 CISG의 적용 밖이다. 그러나 제 원칙은 3장을 통하여 계약의 효력에 관하여 규정하고 있는데 규정과 논평을 보면 다음과 같다.

① 3.1.1조: 본 원칙이 취급하지 아니하는 문제

1994년에 제정된 이래 2004년 개정시 그대로 존속되다가 2010년 개정시 규정과 논평이 수정되었는데 먼저 규정을 보면 다음과 같다.

"본 장은 능력의 결여를 취급하지 아니한다."

본 규정에 관한 논평을 보면 다음과 같다.

본 조항은 다양한 국가의 법제도하에서 발견되는 계약무효에 해당하는 모든 사유가 본 원칙의 적용범위에 해당하지 아니함을 분명히 하고 있다. 이러한 사실은 행위능력의 결여의 경우 특별히 그러하다. 이렇게 본 원칙에서 이러한 문제들을 배제하는 이유는 신분문제의 고유한 복잡성과 이러한 문제들이 국내법에서 다루어짐에 있어 그 방법이 지극히 다양함에 있다.

결과적으로 이러한 월권적 문제들은 준거법에 의해 지배된다. 따라서 기관의 권한, 회사의 직원이나 조합원, 조합 또는 각자의 조직체를 구속하는 기타 조직체의 권한에 관해 2.2.1조의 논평 5.회사의 대리인을 참조할 필요가 있다.

② 3.1.2조: 단순한 합의 효력

1994년에 제정 이래 변경이 없는 규정과 논평을 보면 다음과 같다.

"계약은 일체의 추가 요건 없이 당사자들의 단순한 합의에 의해 체결, 수정 또는 종료된다."

본 조항의 목적은 당사자들의 단순한 합의가 특정 국내법에서 발견되는 일체의 추가 요건 없이 계약합의에 의한 유효한 체결, 수정 또는 종료하기에 충분함을 분명히 하는 데 있다.

〈1〉 약인의 불필요

보통법체제제하에서의 약인은 당사자들의 계약의 수정이나 종료뿐만 아니라 계약의 효력이나 집행을 위한 전제(선행) 조건으로 전통적으로 인정되어 왔다.

그러나 상사거래에 있어 이러한 요건은 실질적으로 중요하지 아니하다. 왜냐하면 상거래와 관련해서 의무란 양 당사자들에 의해 거의 항상 보증되고 있기 때문이다. 이런 이유에서 CISG 29조 계약 수정 규정 (1)항은 국제물품매매계약의 당사자들에 의한 계약의 수정과 종료에 관하여 약인의 요건을 면제시키고 있다.

본 조항이 약인 면제의 접근을 일반적인 국제상거래 계약의 당사자들에 의한 계약체결, 수정, 그리고 종료에까지 연장하고 있다는 사실은 약인 요건에 대한 명확성의 제고와 약인으로 인한 소송을 감소시킬 것이다.

〈2〉 동기(원인)의 불필요성

본 조항은 몇몇 대륙법체계하에서 존재하고 영미보통법과의 "약인"과 어떤 면에서는 기능적으로 유사한 "동기," 즉 원인의 요건을 역시 배제하고 있다.

〈3〉 본 규정의 대 전제는 낙성계약이다.

몇몇 대륙법체계에 의하면 관련된 물품을 실제 인도할 때만이 계약이 체결되는 이른바, 특정한 "실물(현물)계약" 행태를 인정하고 있다. 이들 거래와 관련한 규정들은 현대거래의 개념과 관례와 쉽게 조화될 수 없다. 따라서 본 조항에서는 이를 거래에 대하여 규정하고 있지 아니한다.

③ 3.1.3조: 원초적 불능

1994년에 제정 된 이래 변경이 없는 본 조항의 규정과 논평을 보면 다음과 같다.

"(1) 계약체결시에 예상한 의무의 이행이 불가능하게 되었다는 단순한 사실은 계약의 효력에 영향을 미치지 아니한다.

(2) 계약체결시에 일방 당사자가 계약이 관계하는 재산을 처분할 권리가 없다는 단순한 사실은 계약의 효력에 영향을 미치지 아니한다."

〈1〉 처음부터 불가능한 이행의 효과

매각된 특정물품이 계약체결 시에 이미 멸실되었다면 매매계약을 무효로 간주한다는 많은 법률체계와는 달리 본 조의 (1)항은 최근의 경향에 따라 계약체결 시에 예상한 의무의 이행이 불가능하게 되었다는 단순한 사실은 계약의 효력에 영향을 미치지 못한다는 일반적 의미로 규정하고 있다.

본 규정에 의하면, 계약이 관련하는 재산이 계약체결 시에 이미 멸실하였다 해도 이행 초기의 불가능은 계약체결 후에 일어난 불가능과 같다는 결과에 따라 계약은 유효하다. 따라서 일방 또는 쌍방의 이행불능으로 인해 일어나는 당사자들의 권리와 의무는 이행불이행(이행지체, 이행불능, 불완전이행)에 관한 규정에 따라 결정되어진다. 이행불이행에 관한 규정에 의하면, 예컨대 채무자나 채권자가 계약체결 시에 이행의 불가능을 이미 알았다는 사실에 적절한 비중이 주어질 수 있다. 즉, 이미 인지한 사실이 계약하의 당사자들의 권리와 의무에 많은 영향을 미친다. 이렇게 볼 때 (1)항에서 규정하고 원칙은 역시 선물인도를 위한 계약의 효력에 관해 있을 수 있는 의문을 역시 제거하고 있다.

그리고 이행의 초기 불가능이 예컨대 수출입 금지와 같은 법적금지에 기인한다면, 동 계약의 효력은 금지를 규정한 법에 따라 법적 금지가 계약을 무효시키려는 의도인지 아니면 이행을 단순히 금지하려는 것인지 여하에 좌우된다.

더욱이 (1)항은 계약의 목적이 가능해야 한다는 몇몇 대륙법체계에서 찾을 수 있는 원칙에서 출발하고 있다. 그래서 계약을 무효시키지 아니하고 있다. 예컨대 계약체결 시 원초적 불가능이 될 수 있는 그러한 경우 계약은 무효되지 아니한다. 따라서 이런 경우 불이행에 관한 원칙이 적용된다.

그리고 동 조항은 초기 불가능의 경우에 역이행(불이행)에 대한 동기(원인)가 결여되고 있기 때문에 동기(원인, 사유)의 존재를 요구하고 있는 몇몇 대륙법체계의 원칙에도 벗어나고 있다. 다시 말해서 다르다고 할 수 있다.

〈2〉 법적 권리나 권한의 결여 효과

(2)항은 재산의 양도나 인도를 약속한 당사자가 계약체결시에 처분권이나 법적권리를 결여한 사실 때문에 재산을 처분할 권리가 없는 경우를 다루고 있다. 이에 대하여 어떤 법률체계는 이런 경우 체결된 매매계약은 무효임을 선언하고 있다. 그러나 초기 불가능 경우에서와 같이 보다 그럴 만한 이유에도 불구하고 (2)항은 이런 경우에도 계약을 유효한 것으로 간주하고 있다. 사실 일방 계약 당사자는 계약체결 후에 문제가 된 재산에 대해 법적권리나 동 재산에 대한 처분권을 취득할 수 있고, 종종 취득하기도 한다. 따라서 이러한 일이 일어나지 아니한다면 불이행(역이행)에 대한 원칙이 적용될 것이다.

처분권이 결여되는 경우는 3.1.1조에서 말하고 행위능력 결여의 경우와는 다르다. 따라서 이 자체가 계약의 효력에 영향을 미치지 아니한다. 행위능력 결여의 경우는 특정인에 의해 체결된 계약의 유형, 전부 또는 적어도 일부에 영향을 줄 수 있는 특정인의 무자격(능력)과 관련이 있으므로 본 원칙의 적용영역 밖이다.

④ 3.1.4조: 규정의 강행성

1994년에 3.19조에 규정되어 2004년까지 유지되어 온 본 규정은 2010년 2차 개정시 본 규정과 논평이 수정되어 현재에 이르고 있는데 규정을 보면 다음과 같다.
"본 장에 규정된 사기, 협박, 중대한 불일치와 불법에 관한 규정들은 강제성을 지닌다."

사기, 협박, 중대한 불일치와 불법에 관한 본 장의 규정들은 강제적 성격을 지닌다. 따라서 당사자들이 자신들의 계약을 체결할 때 이들 규정들의 적용을 배제하거나 수정하는 것은 신의성실에 반한다. 그러나 사기, 협박 그리고 중대한 불일치를 이유로 무효시킬 권리를 가진 당사자에게 그가 진실을 알았거나 자유롭게 행동할 수 있는 한 그러한 권리를 포기하는 것을 방해하지 아니한다.

반면에 원초적 불가능이나 착각에 다른 단순한 합의의 구속력에 관한 본 장의 규정들은 강제성이 없다. 따라서 원초적 불가능이나 착각에 따른 단순한 합의의 경우 당사자들은 약인이나 동기와 같은 국내법상의 특별한 요건을 재도입할 수 있다.

그리고 당사자들은 자신들의 계약이 원초적 불가능의 경우에 무효임을 또는 당사자 중 일방의 착각은 무효시킬 사유가 아님을 합의할 수 있다.

⑤ 3.2.1조: 착각의 정의

1994년 이래 지금까지 조항 변경외는 변경이 없는 본 규정과 논평을 보면 다음과 같다.
"착각은 계약이 체결될 때 존재한 사실이나 법에 관한 잘못된 가정이다."

〈1〉 사실의 착각과 법의 착각

본 조항은 사실에 관한 착각을 법에 관한 착각과 동일시하고 있다. 이와 같이 착각의 두 형태에 대한 동일한 법적 대우는 현대 법체계의 점증하는 복잡성의 입장에서 볼 때 정당한 것으로 여겨진다. 특히 국경을 통과하는 무역의 경우 현대 법체계의 복잡성으로 인한 어려움은 개별 거래가 외국 법체계와 이로 인한 낯선 법률체계에 의해 영향을 받을 수 없다는 사실에 의해 더해지고 있다.

〈2〉 본 조항이 적용되는 착각의 결정적 시기와 그 전제

본 조항은 착각이 계약 체결 시에 존재하고 있는 사실적 또는 법적 상황에 관

한 잘못된 가정과 관련이 있어야 함을 지적하고 있다.

이러한 시간적 요소를 확정하는 목적은 사안별 특별한 구제가 따르는 착각에 관한 규정이 적용되는 사안과 이행불이행에 관한 사안과는 구별하려는 데 있다.

실제에 있어 보는 관점에 따라 좌우되나 전형적인 착각의 경우는 계약이행을 방해하거나 금지하는 장애와 관련한 경우와 같은 것으로 종종 볼 수 있다. 따라서 만약 일방 당사자가 사실적 또는 법적 관계에 관한 오해 하에 계약을 체결하고 동 계약하의 예상을 오판한 경우 착각에 관한 규정이 적용될 것이다.

반면에 일방 당사자가 주변 환경의 정확한 이해를 하였으나, 계약하의 예상에 관해 판단을 잘못하고 나중에 계약하의 이행을 거절한 경우, 이런 경우는 착각보다는 이행불이행의 경우다.

⑥ 3.2.2조: 계약 무효에 영향을 미치는 관련 착각의 상황

1994년 제정 당시와 비교해 규정과 논평에 변경이 없는 본 규정과 논평을 보면 다음과 같다.

"(1) 계약이 체결되었을 때, 착각한 당사자와 동일한 상황하에 있는 합리적인 사람이 실질적으로 상이한 내용으로 반드시 계약을 체결하였거나, 사안의 진정한 사정을 알았더라면 아예 계약을 체결하지 아니하였을 정도로 착각이 중요한 경우 그리고 (a)타방 당사자가 똑같은 착각을 저질렀거나 착각을 야기시켰거나 착각을 알았거나 당연히 알았어야 하였고, 착각한 당사자를 잘못된 상태로 내버려 두는 것이 공정거래라는 합리적인 상업적 표준에 반하는 경우 또는 (b)타방 당사자가 계약해제시에 계약을 신뢰하여 합리적으로 행동을 하지 아니하였을 경우만 일방당사자는 계약을 무효시킬 수 있다.

(2) 그러나 (a)일방 당사자는 자신이 착각을 저지를 때 중대하게 해태하였거나 (b)착각의 위험이 예상되거나 모든 상황을 고려해 볼 때 착각한 당사자가 착각의 위험을 부담해야 하는 문제와 착각이 관련이 있는 경우 일방 당사자는 계약을 해제할 수 없다."

본 조항은 계약의 해제와 관련이 있는 착각이 되기 위한 필요한 상황을 규정하고 있다. (1)항의 첫째 절은 계약해제를 검토할 정도로 착각이 매우 심각한 상황을 규정하고 있으며, (1)항의 (a)와 (b)의 규정은 착각한 당사자 이외에 당사자에 관한 상황을 추가하고 있다. (2)항은 착각한 당사자에 관한 상황을 취급하고 있다.

〈1〉 심각한 착각의 판단기준

착각이 해제와 관련이 있으려면 착각은 매우 심각해야 한다. 심각의 무게와 중요성은 주관적 표준과 객관적 표준, 즉 오류를 범한 당사자와 동일한 상황하에 있는 합리적 사람이 계약체결시에 진정한 상황을 알았다면 어떻게 하였을까 하는 주·객관적 기준을 참고하여 결정된다. 따라서 착각한 당사자와 동일한 상황하에 있는 합리적인 사람이 계약체결시에 진정한 상황을 알았다면 전혀 계약을 체결하지 아니하였거나 실질적으로 다른 내용으로 계약을 반드시 체결하였을 것이라면 그 착각은 심각한 착각으로 간주된다.

이와 관련하여 (1)항의 첫째 절은 착각이 반드시 관련해야 하는 계약의 특정한 필수 요소를 제시하기 보다는 개방형식을 채용하고 있다. 이러한 융통성 있는 접근방식, 즉 규정 방식은 당사자들의 의사와 건별 상황을 충분히 고려하도록 허용하는 접근방식이다. 이 경우 당사자들의 의사를 확정지을 때 4장에서 규정하고 있는 해석원칙이 반드시 적용되어야 한다. 따라서 일반적인 상업기준과 관련관행은 특별히 중요하다.

일반적으로 상거래에 있어 물품이나 서비스 가치 또는 선량한 당사자의 단순한 기대와 동기와 같은 것에 대한 착각은 이러한 착각을 이유로 계약을 해제할 수 있는 것으로 간주되지 아니한다. 비록 어떤 상황이, 예컨대 제공되어야 할 서비스가 특정한 사람의 자격을 요구할 때 또는 대여가 차용자의 지불능력에 근거할 때와 같은 착각을 불러일으키게 한다고 하더라도 타방의 신분이나 인격에 관한 착각의 경우도 이러한 착각을 이유로 계약을 해제할 만한 착각으로 간주되지 아니한다.

그러나 합리적인 사람이 오류로 어떤 상황을 필수적인 착각으로 간주한 사실만으로는 충분하지 못하다. 왜냐하면 착각이 계약 해제와 관련이 있으려면 착각한 당사자와 타방 당사자 모두에게 요구되는 추가 요건인 (1)항 (a, b)호가 충족되어야 하기 때문이다.

〈2〉 착각한 당사자 이외의 당사자에 관한 상황

착각에 따른 계약해제가 가능하기 위한 기본조건인 합리적인 사람의 판단 이외에 두 개의 추가요건이 충족되어야 착각을 이유로 계약을 해제할 수 있는바, 착각한 당사자 외의 당사자, 즉 일방 당사자와 관련한 상황을 보면 다음과 같다.

타방이 (1)항에서 규정하고 있는 4가지 상황 중 하나를 만족시키는 경우에만 착각한 당사자는 계약을 무효시킬 수 있다. (1)항 (a)호에서 제시하고 있는 3가지 상황, 즉 타방 당사자가 똑같은 착각을 저질렀거나 착각을 야기시켰거나 착각을 알았거나 당연히 알았어야 하는 상황은 타방이 착각한 당사자의 착각과 어떻게 해서라도 관련성이 있기 때문에 보호할 가치가 있다는 사실을 규정하고 있다.

(a)호 가운데 첫 번째 상황은 양 당사자들이 동일한 착각 하에 고민하고 있는 상황이다. 그러나 양 당사자들이 현실적으로 자동차가 이미 파손되었는데 계약체결 시에 계약의 목적물이 존재하고 있음을 착각으로 믿었다면, 원초적 불가능에 관한 3.1.3조의 규정이 고려되어야 한다.

(a)호의 두 번째 상황은 타방 당사자가 착각한 당사자의 착오를 야기할 경우이다. 예컨대 착오가 타방에 의해 이루어진 특별한 표현이 명시든, 묵시든, 소홀이건, 무지건 관계없이 타방에 의해 이루어진 특정한 표현이나 상황에 따라 표현에 해당하는 행위에 원인이 있을 수 있는 경우이다.

침묵은 오류를 일으킬 수 있으며, 광고나 협상상의 단순한 과장은 일반적으로 인정되고 있어 착오의 원인이 될 수 없다. 착오(실수)가 의도적으로 이루어졌다면 사기에 관한 3.2.5조의 규정이 적용된다.

(a)호의 세 번째 상황은 타방 당사자가 착각한 당사자의 착오를 알았거나 당연히 알았어야 하고 착각한 당사자를 착오 상태로 내버려 두는 것이 공정거래라는 합리적 상업적 표준에 반하는 경우이다.

타방 당사자가 당연히 알았어야 하는 것은 타방 당사자와 똑같은 상황하에 있는 합리적인 사람에게 알려져야 하는 것이다. 따라서 계약을 무효시키기 위하여 착각한 당사자는 타방 당사자가 자신의 착오를 자신에게 통지해야 할 의무하에 있음을 입증해야 한다.

(1)항 상의 착오를 이유로 계약을 무효시킬 수 있는 상황 중 4번째 상황은 (b)호에 규정되어 있는데, 착각한 당사자외의 당사자가 계약해제시까지 계약을 신뢰하여 합리적으로 행동하지 아니한 상황이다. 이런 경우 계약해제를 위해서는 3.1.12조의 시효와 1.10조의 통지의 규정에 따라야 한다.

〈3〉 착각을 이유로 계약을 해제할 수 없는 상황인 착각한 당사자에 관한 상황

본 조항의 (2)항은 착각한 당사자가 계약을 무효시킬 수 없는 두 가지 경우를

규정하고 있다.

그 첫 번째 경우는 (a)호가 취급하고 있는데, 착오가 착각한 당사자의 심각한 해태에 기인한 경우이다. 이런 경우 착각한 당사자에게 계약을 무효시키길 허용하는 것은 타방 당사자에게 불공평하다.

그리고 두 번째 경우를 (b)호가 규정하고 있는데, 착각한 당사자가 착각의 위험을 예상하였거나 이러한 위험이 상황에 따라 착각한 당사자의 부담이 되어야 하는 경우이다. 이 경우 착각의 위험의 예상은 투기계약에서 종종 일어나는 특징이다.

이런 경우 일방 당사자는 특정 사실의 존재에 대한 그의 예상이 정확하게 입증될 것이라는 희망하에 계약을 체결할 수 있으나, 그럼에도 불구하고 그러한 희망대로 되지 아니함에 따른 위험을 예상할 수도 있다. 따라서 이런 경우 착각한 당사자는 자신의 착각에 대하여 계약을 무효시킬 자격이 없다.

가끔 양 당사자들이 이러한 위험을 부담해야 하는 경우가 있다. 그러나 예컨대, 가격 및 환율과 관련한 투기적 계약과 같은 장래 전망이 불일치할 수 있는 투기계약은 착각을 이유로 무효가 될 수 없는 계약들이다. 왜냐하면 이런 경우의 착각은 계약체결시에 존재한 사실에 관한 착각이 아니기 때문이다.

⑦ 3.2.3조: 표현이나 전달 오류의 효과

1994년 제정된 이래 변경이 없는 본 규정과 논평을 보면 다음과 같다.

"선언상의 표현이나 전달상의 오류는 선언을 반송한 사람의 착각으로 간주한다."

본 조항은 선언상의 표현이나 전달상의 오류를 선언을 작성하거나 반송하는 사람의 통상의 착각과 같은 것으로 하고 있으며, 이런 경우 규정의 강행성에 관한 3.1.4조, 확인에 관한 3.2.9조, 이행불이행에 대한 구제에 관한 3.2.4조, 손해배상금에 관한 3.2.6조가 이러한 종류의 오류에 적용된다.

〈1〉 전달이나 표현상의 오류와 관련 있는 착각의 효과

표현이나 전달상의 오류가 충분히 중요한 경우 특별히 표현이나 전달상의 오류가 숫자의 실수에 기인한 경우, 수신인은 오류를 알거나 당연히 알았어야 한다. 이런 경우 본 원칙에 의하면, 오류로 표현되거나 전달된 청약을 수신인이나 피청약자가 승낙하는 것을 금하지 아니하기 때문에 계약해제에 영향을 미치는 관련 착각의 상황에 관한 규정인 3.2.2조에서 말하는 상황이 충족되는 한, 특히 수신인이나 피청약자가 오류의 발송자나 청약자에게 알리지 아니하는 것이 공정거래라는 합리적인 상거래표준에 반하는 한, 발신자나 청약자는 오류에 호소하여 계약을 무효시킬 수 있다.

경우에 따라서는 발송자가 해당사건의 일반적 상황이나 특수한 상황에 비추어 보아 전달 방법의 사용이 불안함을 알았거나 당연히 알았어야 하는 전달방법을 사용한 경우 발신자는 오류의 위험을 예견할 수 있거나 오류의 위험을 부담해야 할지 모른다.

〈2〉수신인 입장에서의 착각의 효과

전달은 통지에 관한 1.10조의 규정에 따라 메시지가 수신인에게 도착 즉시 종료된다. 따라서 메시지가 정확하게 수신인의 기계에 전달되었으나 수신인이 그 내용을 오해하였다면 이런 경우는 본 조항의 적용 밖이다.

그러나 기계의 결함으로 인해 불완전한 내용을 출력한 수신인의 기계에 메시지가 정확하게 전달된 경우 역시 본 규정의 적용 밖이다. 그리고 메시지를 오해하거나 잘못 전달한 수신인의 전달자에게 수신인의 요청에 따라 구두로 메시지가 전달된 경우도 본 규정의 적용 밖이다.

그러나 만약 수신인이 발신자에게 답변하고 그 답변이 발신자의 메시지에 대한 자신의 오해에 근거하였다면 그리고 3.2.2조상의 모든 상황을 만족시킨다면 위의 두 경우에 있어 수신인은 계약해제에 영향을 미치는 관련 착각의 상황에 관한 3.2.2조에 따라 자신의 착각을 호소할 권리가 있을 수 있다.

⑧ 3.2.4조: 이행불이행에 대한 구제

1994년 제정된 이래 변경이 없는 본 규정과 논평을 보면 다음과 같다.

"일방 당사자가 원용하는 상황이 이행불이행에 대한 구제를 허용하거나 허용할 수 있다면 일방 당사자는 착각을 이유로 계약을 무효시킬 권리가 없다."

〈1〉이행불이행에 대한 구제가 해제에 우선

본 조항은 착각을 이유로 한 계약해제 구제와 이행불이행을 이유로 한 구제간에 발생할 수 있는 충돌을 해결하는 데 제정의 목적이 있다. 따라서 이러한 충돌의 경우 이행불이행을 이유로 한 구제에 우선을 두고 있다. 왜냐하면 이러한 구제가 해제라는 극단적인 해결 방안보다 더 적합하고 융통성이 있어 보이기 때문이다.

〈2〉 현실적으로 가능성이 있는 충돌의 경우

착각을 이유로 한 계약해제 구제와 이행불이행을 이유로 한 구제간의 현실적인 충돌은 두 구제가 필수적으로 양 당사자에 의한 동일한 착각, 즉 반드시 동일한 사실과 관련해서 일어난다.

양 구제간의 충돌의 경우 본 규정에 따라 이행불이행을 이유로 한 구제를 청구하고 싶지만 가능성만 있을 뿐 실제는 불가능한 경우가 있을 수 있다. 왜냐하면 착각한 당사자가 이행불이행을 이유로 한 구제를 원용하였으나, 예컨대 법에 의한 시효가 경과한 경우와 같은 특수한 상황에 의해 실제적으로 그렇게 할 수 없기 때문이다. 이런 경우에도 본 규정은 착각을 이유로 한 계약해제라는 구제의 적용을 배제시키고 이행불이행을 이유로 한 구제원칙이 적용되게 하고 있다.

⑨ 3.2.5조: 사기

1994년 제정된 이래 변경이 없는 본 규정과 그 논평을 보면 다음과 같다.

"언어나 관행을 포함한 타방의 사기적 표현이나 합리적인 상거래표준인 공정거래원칙에 따라 타방이 고지해야 하는 상황의 사기적 불고지가 계약을 체결하도록 유인한 경우 일방 당사자는 그 계약을 무효시킬 수 있다."

〈1〉 사기와 착각의 유사성

사기를 이유로 일방 당사자에 의한 계약해제는 특정한 형태의 착각을 이유로 인한 계약해제와 다소 유사성을 가진다. 사기는 타방에 원인이 있는 착각의 특수한 경우로 간주될 수 있으며, 착각과 같이 사기는 명시든 묵시든 허위 사실의 표현이나 진실의 불고지와 관련할 수 있다.

〈2〉 사기의 의미

사기와 착각간의 결정적인 구분은 속이는 당사자의 표현이나 불고지의 성격에 목적이 있다. 따라서 사기당한 당사자에게 계약을 해제할 권리를 부여하는 것은 사기적 표현이나 관련 사실의 불고지이다.

이렇게 볼 때, 이러한 행위가 타방 당사자로 하여금 오류를 범하도록 유도하고 이로 인해 타방 당사자의 희생 아래 이득을 취득하게 한다면 이러한 행위는 사기적 행동이 된다.

계약해제에 영향을 미치는 관련 착각의 규정인 3.2.2조에서 규정한 추가 상황의 존재가 필요없을 정도로 계약을 해제하기에 충분한 이유가 될 정도의 성격이 바로 비난받을 만한 사기의 성격이다. 그러나 광고나 협상시의 단순한 과대광고(선전)는 사기가 아니다.

⑩ 3.2.6조: 협박

1994년 제정 이래 변경이 없는 본 규정과 그 논평을 보면 다음과 같다.

"상황을 고려해 볼 때 최초의 당사자로 하여금 합리적인 대안을 찾지 못하게 할 정도로 매우 긴박하고 심각한 타방 당사자의 부당한 협박이 계약을 체결하도록 유인한 경우 일방 당사자는 그 계약을 무효시킬 수 있다. 특히 일방 당사자가 협박당한 작위나 부작위가 그 자체만으로도 부당하거나 계약 체결을 득하기 위한 수단으로서 협박을 사용하는 것이 부당하다면 그 협박은 부당하다."

본 조항은 협박을 이유로 계약의 해제를 허용하고 있다.

〈1〉 계약을 해제할 수 있는 협박이 되기 위한 기본 조건 : 긴박하고 심각할 것

협박 자체만으로는 충분하지 못하다. 협박당한 사람이 합리적인 대안을 가지지 못하고 타방 당사자가 제의한 조건에 따라 계약을 체결할 정도로 협박은 긴박하고 심각한 성격을 가져야 한다.

여기에서 말하는 협박의 긴급성과 심각성은 개별 사건의 상황을 고려한 객관적 기준에 의해 평가되어야 한다.

〈2〉 계약을 해제할 수 있는 협박이 되기 위한 추가 조건 : 부당할 것

계약을 해제할 수 있는 협박이 되기 위한 두 번째, 즉 추가 조건은 부당해야 한다는 것이다. 본 조항의 두 번째 문단은 부당한 협박에 관해 두 개의 사례를 들고 있다.

첫 번째 사례는 예컨대 계약을 체결한 당사자가 물리적 공격과 같은 협박을 당한 작위나 부작위가 그 자체만으로 부당한 경우를 설명하고 있다.

두 번째 사례는 협박한 작위나 부작위가 그 자체만으로 불법적이고 성취하려는 목적이 예컨대 제의한 조건에 따라 계약을 체결하도록 타방 당사자를 유인하려는 유일한 목적으로 소송의 제기와 같은 부당한 경우이다.

〈3〉 명성이나 경제적 이해에 영향을 미치는 협박의 효력 : 계약을 해제할 수 있
　　는 협박의 유형 : 보완조건

본 조항의 적용을 위해 사람이나 소유권을 상대로 반드시 협박이 이루어질 필
요가 없다. 명성이나 순수하게 경제적 이해에 영향을 주어도 협박이 될 수 있다.

⑪ 3.2.7조: 심각한 불균형

1994년 제정 이래 변경이 없는 본 규정과 논평을 보면 다음과 같다.

"(1) 계약 체결시에 계약이나 조건이 부당하게 타방 당사자에게 지나친 혜택을
　　부여하고 있다면 일방 당사자는 그 계약이나 개별조건을 무효시킬 수 있
　　다. 이 경우 부당한 혜택 여부를 결정하기 위하여 여러 기타 요인 가운데
　　다음 사항을 고려해야 한다.
　　(a) 타방 당사자가 최초 당사자의 신뢰, 경제적 고통이나 긴급한 필요 또
　　　　는 경솔, 무지, 무경험 또는 협상기술의 결여에 따른 부당한 혜택을
　　　　취득한 사실
　　(b) 계약의 성격과 목적
　(2) 무효시킬 권리가 있는 당사자의 요청에 따라 법정은 합리적 상거래표준인
　　공정거래에 계약이나 조건을 조화시키기 위해 이들을 조정할 수 있다.
　(3) 법정은 무효 통지를 수령한 당사자의 요청에 따라 계약이나 조건을 역시
　　조정할 수 있다. 다만 무효 통지를 수령한 당사자는 이러한 통지를 수령
　　한 후 그리고 타방 당사자가 이를 신뢰하여 합리적으로 활동하기 전에 즉
　　각적으로 그러한 요청을 타방 당사자에게 통지하여야 한다. 이에 따라 권
　　한의 종료에 관한 3.2.10조 (2)항의 규정이 적용된다."

〈1〉 지나친 혜택(특혜)

본 규정은 일방 당사자에게 부당하게 지나친 특혜를 부여하는 당사자들의 의
무간에 심각한 불균형이 있는 경우에 일방 당사자에게 계약을 무효시킬 권한을 허
용하고 있다. 그러기 위해선 지나친 특혜가 계약 체결시에 반드시 존재해야 한다.
따라서 계약 체결시에 심각한 부당함이 없다 해도 나중에 결과적으로 그렇게 되어
버린 계약은 6장 2절에 규정된 이행곤란에 관한 규정에 따라 조정되거나 종료될 수
있다.

본 규정에서 말하는 "지나친" 특혜라는 말이 의미하듯이, 이행과 반대급부 이행의 균형을 뒤집는 가액과 가격 또는 기타 요인에 상당한 불균형은 본 조항하의 계약의 무효나 조정을 허용하기에 충분하지 못하다.

본 조항에서 무효나 조정을 위해 요구되는 것은 불균형 자체가 상황에 비추어 보아 합리적인 사람의 양심에 충격을 줄 정도로 매우 커야 함을 의미한다.

〈2〉 부당한 혜택(특혜)

혜택은 지나쳐서도 아니될 뿐만 아니라 부당해서도 아니된다. 이러한 요건의 충족 여부는 건별 모든 관련 상황의 평가에 좌우된다. 본 규정의 (1)항은 이와 관련하여 특별한 관심을 기울일 가치가 있는 두 요건을 (a), (b)호를 통해 특별히 언급하고 있다.

(a) 불공정한 협상 입장 : (a)호

부당한 특혜(혜택)가 되기 위한 첫 번째 평가요건은 일방 당사자가 타방 당사자의 의존, 경제적 고통이나 긴급한 필요, 또는 그의 미숙, 무지, 무경험 또는 협상력의 결여에 따른 부당한 혜택을 취득한 경우이다. 따라서 일방에 대한 타방 당사자의 의존에 관하여 시장 상황에 기인한 보다 나은 협상력은 부당한 특혜가 되기엔 충분하지 못하다.

(b) 계약의 성격과 목적 : (b)호

부당한 혜택 여부를 결정하기 위하여 특별히 고려해야 할 두 번째 요건은 계약의 성격과 목적이다. 다시 말해서 지나친 특혜로부터 수혜를 입은 당사자가 타방 당사자의 불리한 협상 입장을 남용하지 않았다 해도 지나친 특혜가 부당한 경우가 있다.

어떤 경우가 이런 경우인가의 기준은 계약의 성격과 목적에 종종 좌우된다. 예컨대, 공급되는 물품이나 서비스상에 하자가 있을 경우 하자 통지를 위해 지나치게 짧은 기간을 규정하고 있는 계약은 매도인이나 공급자에게 지나치게 특혜일 수도 있거나 그렇지 않을 수도 있는데, 이 경우 판단의 기준은 문제가 된 물품이나 서비스의 성격에 좌우된다.

또 다른 예를 든다면, 거래성사에 대리인의 상당한 기여의 경우에 그러한 수수료가 정당하거나 관련 물품이나 서비스의 가치가 매우 높지 않다고 해도 매각되거나 제공되는 물품이나 서비스 가격의 고정률로 명시되어 있는 대리인의 수수료는 대리인의 기여가 사소하거나 물품이나 서비스의 가치가 지나치게 높다면 대리인에게 지나친 특혜를 부여한 것으로 당연히 판명될 수 있다.

(c) 부당한 특혜 판단을 위한 기타 요건

부당한 특혜가 될 수 있어 계약을 무효시킬 수 있는 기타 요건은, 예컨대 업계나 거래를 지배하고 있는 윤리와 같은 것을 고려할 필요가 있다.

〈3〉 무효 또는 조정적용에 적용되는 원칙

부당하게 지나친 특혜, 즉 심각한 불균형은 계약을 무효시킬 수 도 있고 경우에 따라서 계약의 내용을 조정하여 적용할 수 있는데, 이런 경우에 적용되는 원칙을 보면 다음과 같다.

우선 본 조항하에서 계약의 무효나 개별 조건의 무효는 무효 통지에 관한 3.2.11조, 손해배상금에 관한 3.2.16조에 규정된 일반원칙을 전제로 한다. 그러나 본 조항의 (2)항에 따라 계약을 무효시킬 권한이 있는 당사자의 요청에 따라 법정은 합리적인 상거래표준인 공정거래에 보조를 맞추기 위해 계약을 조정할 수 있다.

이와 유사하게 본 조항의 (3)항에 따라 무효의 통지를 받은 당사자는 무효 통지를 수령한 후 그리고 무효시킬 권한이 있는 당사자가 이러한 통지를 신뢰하여 합리적으로 행동하기 전에 즉각적으로 무효시킬 권한이 있는 당사자에게 계약의 조정 요청을 통지하는 한 역시 이러한 조정을 요청할 수 있다.

타방 당사자에 의한 이러한 요청 후 계약을 무효시킬 권한이 있는 당사자는 무효시킬 권리의 상실에 관한 3.2.10조의 규정에 따라 계약을 무효시킬 수 있는 자신의 권리를 완화할 수 있으며, 무효의 통지는 무효가 된다.

만약 당사자들이 채용할 절차에 관해 합의하지 못한 경우 계약 무효냐 아니면 조정이냐의 여부의 결정과 조정된다면 어떤 조건에 따라야 할지의 결정은 법정의 몫이다.

⑫ 3.2.8조: 제3자

1994년 제정된 이래 변경이 없는 본 규정과 그 논평을 보면 다음과 같다.

"(1) 사기, 협박, 심각한 불균형이나 일방 당사자의 착각이 타방 당사자가 자신의 행위에 대하여 책임이 있는 제3자에게 책임이 있거나 제3자가 알았거나 당연히 알았어야 하는 경우 그러한 행위나 인지가 타방 당사자 자신의 행위나 인지였던 것과 똑같은 조건에 따라 계약은 무효로 될 수 있다.

(2) 사기, 협박이나 심각한 불균형이 타방 당사자가 자신의 행위에 대하여 책

임이 없는 제3자에게 책임이 있는 경우, 타방 당사자가 사기, 협박이나 불균형을 알았거나 당연히 알았어야 하였거나 무효시에 그 계약을 신뢰하여 합리적으로 협동하지 아니하였다면 계약은 무효로 될 수 있다."

본 조항은 제3자가 협상과정에 관계하였거나 개입하였고, 무효의 사유가 어찌하였건 제3자에게 착각이 있는 실제에 있어 흔한 경우를 다루고 있다.

〈1〉 일방당사자가 책임이 있는 제3자의 행위와 그 결과

(1)항은 사기, 협박, 심각한 불균형이나 일방 당사자의 착각이 타방 당사자자신의 행위에 대하여 책임이 있는 제3자에게 있는 경우 또는 착각함이 없이 제3자가 이를 알았거나 당연히 알았어야 하는 경우를 다루고 있다. 이런 경우 제3자가문제의 당사자의 대리인인 경우로부터 제3자가 자신의 주도하에 문제의 당사자를위해 행동하는 경우에 이르기까지 매우 다양한 제3자의 행위에 대하여 일방 당사자는 책임이 있다. 이런 경우에 문제의 당사자에게 제3자의 행위나 실질적이거나해석적이거나 특정상황의 인지에 대하여 책임을 부과하는 것은 당연한 것처럼 보이지만 이러한 사실은 문제의 당사자나 제3자의 행위의 인지 여부에 관계없이 당연히 그의 책임이다.

〈2〉 일방 당사자가 책임없는 제3자의 행위와 그 결과

(2)항은 타방 당사자가 책임이 없는 제3자에 의해 일방 당사자가 사기를 당하거나 협박을 당하거나 부당하게 영향을 입은 경우를 취급하고 있다. 이러한 행위는타방 당사자가 이들을 알았거나 당연히 알았어야 하는 경우에만 타방 당사자에게책임이 부과될 수 있다.

그러나 이러한 원칙이 하나의 예외가 존재하고 있다. 즉, 사기나 협박을 당하거나 달리 부당하게 영향을 받은 당사자는 타방 당사자가 계약을 무효시키기 전에계약을 신뢰하여 합리적으로 행동하지 아니하였을 경우에만 마치 타방 당사자가제3자의 행위를 몰랐던 것처럼 계약을 무효시킬 권리가 있다.

이러한 예외는 이러한 경우에 타방 당사자는 보호받을 필요성이 없기 때문에당연하다.

⑬ 3.2.9조: 확인

1994년 제정된 이래 변경이 없는 본 규정과 그 논평을 보면 다음과 같다.

"계약을 무효시킬 권리가 있는 당사자가 무효 통지를 위해 허용된 기간이 경과한 후에 명시적으로든 묵시적으로든 계약을 확인한 경우 계약의 무효는 배제된다."

본 조항은 계약을 무효시킬 권리가 있는 당사자가 명시든, 묵시든 계약의 존재를 확인할 수 있다는 원칙을 규정하고 있다.

묵시적 확인이 존재하기 위해선 예컨대 계약을 무효시킬 권리가 있는 당사자가 타방 당사자의 이행불이행에 근거하여 타방을 상대로 클레임을 제기하는 것만으로는 충분하지 못하다. 이렇게 볼 때, 타방 당사자가 일방의 클레임 제기를 확인하거나 법정 소송이 이루어진 경우에만 묵시적으로 확인이 존재할 수 있다. 물론 계약을 무효시킬 권리가 있는 당사자가 계약을 무효시킬 자신의 권리를 유보, 즉 연기하지 아니하고 계약의 이행을 지속한 경우 역시 계약 존재의 확인은 존재한다. 이런 경우 확인은 명시적 확인이다.

⑭ 3.2.10조: 착각을 이유로 계약을 무효시킬 권리의 상실

1994년 제정 이래 변경이 없는 본 규정과 그 논평을 보면 다음과 같다.

"(1) 일방 당사자가 착각을 이유로 계약을 무효시킬 권리를 갖고 있으나 타방 당사자가 계약을 무효시킬 권리가 있는 당사자가 계약을 이해한 대로 계약을 이행하려는 의지를 스스로 선언하거나 계약을 이행한 경우 그 계약은 계약을 무효시킬 권한이 있는 당사자가 계약을 이해한 대로 체결된 것처럼 간주된다.

　타방 당사자는 계약을 무효시킬 권리가 있는 당사자가 계약을 이행한 방법을 통지받은 후 그리고 그 당사자가 무효 통지를 신뢰하여 합리적으로 행동하기 전에 즉시 이러한 선언을 하거나 이러한 이행을 제공해야 한다.

(2) 이러한 선언이나 이행이 이루어진 후 계약을 무효시킬 권리는 상실하며, 무효를 위한 종전 통지는 무효이다."

〈1〉 착각한 당사자가 이해한 대로의 계약이행의 가능성과 그 전제

본 조항에 따라 착각한 당사자는 타방 당사자가 자신이 계약을 이해한 대로 계약을 이행할 의사를 스스로 선언하거나 실제로 이행한다면 계약을 무효시키는 것이 금지될 수 있다. 그렇게 하려는 타방 당사자의 관심은 자신의 계약 조정 형식에도 불구하고 계약으로부터 창출되는 혜택이 있을 수 있다.

타방 당사자의 관심에 대한 이러한 배려는 착각의 경우에만 정당화되며, 계약을 존속시키려는 당사자들의 기대를 지극히 어렵게 하는 협박과 사기와 같은 하자 동의와 같은 기타 경우에는 적용되지 아니한다.

〈2〉 신속한 결정의 필요성과 착각한 정보의 수령방법

타방 당사자는 착각한 당사자가 계약을 이해한 방법을 통보받은 후 즉각적으로 조정될 형식에 따라 계약을 이행하기로 한 자신의 결정을 선언하거나 실질적으로 이행해야 한다. 이 경우 타방이 계약 내용의 잘못된 이해에 대한 정보를 수령하는 방법은 건별 상황에 좌우된다.

〈3〉 계약을 무효시킬 권리의 상실

(2)항은 타방 당사자의 선언이나 이행 후에는 계약을 무효시키려는 착각한 당사자의 권리는 상실되며 이러한 선언이나 이행 이전에 이루어진 무효 통지는 무효의 효력을 인정함을 명시적으로 규정하고 있다.

역으로 타방은 착각한 당사자가 무효의 통지를 하였을 뿐만 아니라 역시 이러한 통지를 신뢰하여 합리적으로 행동한 경우 계약을 조정할 권리가 더 이상 없다.

〈4〉 손해배상금

타방 당사자에 의한 계약의 조정은 착각한 당사자가 계약의 조정에 의해 보상되지 아니하는 손실을 입었다면 3.2.16조에 따른 착각한 당사의 손해배상금 청구를 막지 못한다.

⑮ 3.2.11조: 무효 통지

1994년 제정된 이래 변경이 없는 본 규정과 그 논평을 보면 다음과 같다.
"계약을 무효시킬 일방 당사자의 권리는 타방 당사자에게 통지를 통해 실행된다."

〈1〉 통지의 요건

본 조항은 계약을 무효시킬 일방 당사자의 권리는 법정의 개입 필요성이 없이

타방 당사자에게 통지함으로써 실현됨을 규정하고 있다.

〈2〉 통지의 형식과 내용

무효 통지의 형식이나 내용에 관해 일체의 특수한 요건을 본 규정은 규정하고 있지 아니한다. 다만 통지에 관한 1.10조 (1)항에 규정된 상황에 적합한 수단을 통해 통지하면 된다는 일반 원칙에 따라 이루어지면 된다.

통지의 내용에 관해 "무효"라는 용어가 실질적으로 사용되거나 계약을 무효시키는 이유를 명시적으로 언급할 필요는 없다. 그러나 분명히 하기 위하여 일방 당사자는 사기나 심한 불균형의 경우에 자신이 무효시키는 이유를 타방 당사자가 이미 알고 있다면 생각할 수 있다 해도 통지상에 무효시키는 사유를 다소 언급하는 것이 바람직하다.

〈3〉 무효 통지의 수령의 필요성

계약을 무효시키려는 통지는 1.10조 (2)항의 규정에 따라 타방 당사자에게 도착한 때 효력을 발생한다.

⑯ 3.2.12조: 무효 시효

1994년 제정된 이래 변경이 없는 본 규정과 논평을 보면 다음과 같다.

"(1) 무효의 통지는 무효시킬 권한이 있는 당사자가 관련 사실을 알았거나 몰랐을 리가 없거나 자유롭게 행동할 수 있는 후 상황을 고려하여 합리적인 기간 내에 이루어져야 한다.

(2) 계약의 개별 조항이 심각한 불균형에 관한 규정인 3.2.7조에 따라 일방 당사자에 의해 무효될 수 있는 경우 무효 통지를 해야 하는 기간은 타방 당사자가 해당 조항을 주장한 때로부터 시작한다."

본 조 (1)항에 따라 무효의 통지는 무효시킬 권한이 있는 당사자가 관련 사실을 알았거나 몰랐을 리가 없거나 자유롭게 행동할 수 있는 후 합리적인 기간 내에 이루어져야 한다. 보다 정확히 말한다면 착각을 하였거나 사기를 당한 당사자는 착각이나 사기를 알았거나 더 이상 모를 리가 없이 된 후 합리적인 기간 내에 무효 통지가 이루어져야 한다.

선의의 당사자의 무지, 경솔, 미숙의 남용의 결과인 심각한 불균형의 경우에도 똑같은 원리가 적용되는데, 선의의 당사자의 의존성, 경제적 고통이나 긴급한 수요에 근거한 협박이나 남용의 경우에 시효는 협박당하거나 남용당한 당사자가 자유롭게 행동할 수 있게 된 때로부터 시작된다.

심각한 불균형에 관한 규정인 3.2.7조에 따라 계약의 개별 조항을 무효시킬 경우엔 (2)항은 이 경우 통지의 기간은 개별 조항이 당사자에 의해 주장된 때로부터 시작됨을 규정하고 있다.

⑰ 3.2.13조: 부분(일부) 무효

1994년에 규정되어 현재까지 변경이 없는 규정과 논평을 보면 다음과 같다.

"무효 사유가 계약의 개별 조항에만 영향을 미칠 경우 무효의 효과는 상황을 고려하여 기존 계약을 유지하는 것이 불합리하지 아니하는 한 개별 조항에 한정된다."

본 조항은 무효 사유가 계약 가운데 개별 조항에만 영향을 미칠 경우를 취급하고 있다. 이런 경우 무효의 효과는 기존 계약을 유지하는데 불합리하지 아니하는 한 영향을 받은 조항에 한정된다.

그러나 이러한 사실은 문제의 조항이 무효 사유에 의해 영향을 받는다면 일방 당사자의 계약체결 여부에 영향을 미친다.

⑱ 3.2.14조: 무효의 소급 효과

1994년에 3.17조로 제정되었으나 2004년 개정시에 3.17조 (1)항과 (2)항을 분리하여 3.2.14조와 3.2.15조로 분리 규정하였는데, 3.2.14조의 규정은 논평도 변경이 없이 현재까지 이르고 있다. 규정과 논평을 보면 다음과 같다.

"무효는 소급하여 효과를 가진다."

본 조항은 무효는 소급하여 효과를 가진다는 원칙을 규정하고 있다. 다시 말해서 계약은 무효가 됨으로써 존재하지 아니한 것으로 간주된다는 것이다. 3.2.13조 하의 일부 무효의 경우 동 원칙이 무효되는 계약 부분에만 적용된다.

그러나 계약 전체의 무효의 경우에도 유효할 수 있는 계약의 개별 조항이 있다. 중재조항, 재판관할조항, 준거법조항 등은 계약의 기타 조항들과 달리 간주되어 계약의 일부 또는 전부의 무효에도 불구하고 유지될 수 있다.

그럼에도 불구하고 실제 이런 조항들이 효력을 발휘할 수 있는지 여부는 적용되는 국내 준거법에 의해 결정된다.

⑲ 3.2.15조: 원상회복(반환)

1994년에 3.17조 (2)항으로 제정되었으나 2004년 개정시 3.2.15조로 분리 규정되어 오다가 2010년 개정시 원문과 논평을 수정한 본 규정의 내용과 그 논평을 보면 다음과 같다.

"(1) 무효시에 당사자 중 일방은 자신이 무효된 계약 또는 계약의 일부에 따라 제공한 것의 원상회복을 청구할 수 있다. 다만 자신도 무효된 계약이나 계약의 일부에 따라 수령한 것의 원상회복을 동시에 취하여야 한다.

(2) 물품의 원상회복이 불가능하거나 적절하지 아니하는 경우로서 그렇게 하는 것이 합리적일 때는 언제나 금전으로 급부가 이루어져야 한다.

(3) 이행의 수령자는 물품으로 원상회복을 하려는 불가능이 타방 당사자에게 기인한 경우 금전으로 급부하도록 해서는 아니된다.

(4) 수령한 이행을 보존하거나 유지하기 위해 합리적으로 소요된 비용은 구상 청구의 대상이 될 수 있다."

〈1〉 무효시 원상회복에 대한 당사들의 권리

본 조항의 (1)항에 따라 당사자 중 일방은 무효된 계약이나 계약 일부에 따라 이미 제공한 것의 원상회복을 청구할 수 있다. 이런 경우 유일한 전제조건은 당사자 각각 자신이 무효된 계약이나 계약의 일부에 따라 수령한 것이 있다면 원상회복을 해야 한다는 것이다.

〈2〉 물품으로 원상회복이 불가능하거나 적절하지 아니하는 경우의 원상회복 가능성

원상회복은 일반적으로 물품으로 이루어져야 한다. 그러나 물품으로 원상회복 대신에 금전으로 급부가 이루어지는 경우들이 있다.

예를 들면, 물품으로 원상회복이 불가능한 경우이다. 이런 경우 물품으로의 원상회복 대신 이미 수령한 이행 가치에 대한 원상회복이 일반적으로 대안 방법이 된다.

그리고 물품으로의 원상회복이 적절하지 아니한 경우에는 어느 때든 본 조항의 (2)항에 의해 금전급부를 생각할 수 있다. 이러한 경우는 특히 물품으로의 이행이 불합리한 노력이나 비용을 유발할 경우에 특히 그러하다. 이 경우에 적용되는

기준은 금전의무 이외의 의무이행에 관한 규정인 7.2.2조 (b)호하에서와 똑같다.

합리적이라고 여겨지는 때는 언제라도 급부가 금전으로 이루어져야 함을 명시하는 목적은 수령한 이행이 수령자에게 혜택을 구성하는 경우에만 그 범위까지 급부가 이루어져야 함을 분명히 하려는 데 있다.

〈3〉 위험의 분담

(2)항에 규정되어 있는 원칙은 위험의 분담을 묵시하고 있다. 동 규정에 의하면 물품으로 원상회복을 하는 것이 어려운 경우 수령자에게 자신이 수령한 이행가액을 보상할 의무를 부과하고 있다. 즉, 수령한 이행에 상당하는 금전급부를 하게 하고 있다.

이러한 (2)항에서의 원칙은 이행의 수령자가 자신이 수령한 것의 훼손이나 파손에 대한 책임 여부에 관계없이 적용된다. 이를 "위험의 분담"이라 한다. 훼손이나 파손에 따른 이러한 위험의 분담 원칙은 동 위험이 이행의 관리 책임이 있는 사람에게 있어야 하기 때문에 정당하다.

반대로 훼손이나 파손이 이행 당사자의 과실에 기인하였거나 이행 시 고유한 하자에 기인한다면 이행가액을 보상할 의무가 없다. 하지만, 수령 후 훼손이나 파손이 발생한 경우 수령한 이행을 반환해야 할 상황에서 수령한 이행의 반환이 불가능하다면 기수령한 이행의 가치를 지불해야 할 수령인의 의무는 면제되지 아니한다. 타방 당사자의 허위 진술이 계약을 체결하도록 유인한 경우라도 기 수령한 이행의 가치를 보상할 수령인의 책임은 면제되지 아니한다.

이와 연관하여 생각할 수 있는 문제로, 즉 수령한 이행의 가치를 지급해야 할 수령인의 의무에 관한 문제로 계약의 무효 전에 훼손이나 파손이 발생한 경우이다. 이런 경우 이미 이행한 것이 계약 무효 후에 훼손되었거나 파손되었다면 이행의 수령자는 자신이 수령한 것을 반환해야 할 의무가 있다. 그런데 이러한 의무의 이행불이행은 타방에게 불가항력의 규정인 7.1.7조에 따라 이행불이행이 면책되지 아니하는 한 손해배상청구에 관한 규정인 7.4.1조에 따라 손해배상금을 청구할 권리를 주게 된다.

〈4〉 비용의 구상(보상)

이미 이루어진 이행의 수령자가 이행 목적물의 보존이나 유지를 위해 비용을 지급한 경우 계약이 무효되고, 이로 인해 당사자들이 기 수령한 것을 반환해야 할 경우에 이러한 비용을 청구할 권리를 수령인에게 허용하는 것은 합리적이다.

기억할 것으로 (4)항에서 말하는 원칙은 합리적인 비용의 경우에만 적용된다는 것이다. 따라서 무엇이 합리적인가는 건별상황에 좌우된다.

〈5〉 이행으로부터 수혜에 대한 입장

제 원칙은 이행으로부터 발생한 수혜나 취득한 이익에 관해 특별한 입장을 취하고 있지 아니하다. 상관례상 이행의 결과로서 당사자들이 수취한 수혜의 가치를 확정하는 것이 어렵다. 더욱이 양 당사자들은 가끔 이러한 수혜를 수취할 것이다.

⑳ 3.2.16조: 손해배상금

1994년에 3.18조로 제정된 이래 변경이 없는 본 규정의 내용과 그 논평을 보면 다음과 같다.

"계약의 무효 여부에 관계없이 무효사유를 알았거나 당연히 알았어야 하는 당사자는 타방이 계약을 체결하지 아니하였다면 자신이 처했을 입장과 똑같은 입장에 타방을 처하게 하기 위하여 손해배상금에 대하여 책임을 져야 한다."

〈1〉 무효사유가 타방 당사자에게 알려진 경우의 손해배상금

본 조항은 계약의 무효사유를 알았거나 당연히 알았어야 하는 당사자는 타방 당사자에게 손해배상금을 지급해야 할 책임이 있음을 규정하고 있다. 이런 경우 손해배상금을 청구할 권리는 계약의 무효 여부에 관계없이 발생한다.

〈2〉 손해배상금 산정방법

7장 4절에 의한 이행불이행의 경우에 손해배상금과 달리 본 장에서 의도하고 있는 손해배상금은 타방 당사자가 계약을 체결하지 아니하였다면 처했을 입장에 타방 당사자를 처하게 단순히 의도하고 있다.

㉑ 3.2.17조: 일방적 선언

1994년에 3.20조로 규정된 본 규정은 변경 없이 지금까지 이르고 있는데 그 규정과 논평을 보면 다음과 같다.

"본 장의 규정은 적절한 조정을 통해 일방 당사자에 의해 타방 당사자에게 이루어진 일체의 의사 통신에도 적용된다."

본 조항은 계약 그 자체와는 별도로 계약 체결을 전후하여 양 당사자들이 무효가 될 수 있는 수많은 의사 통신을 교환하고 있다는 사실을 염두에 둔 규정이다.

일반적으로 상거래에서 계약과 직접적인 관계는 없으나 예비적 성격을 지니는 의사의 일방적인 통신 가운데 가장 중요한 예가 투자, 구직, 물품의 인도, 서비스의 제공 등에 대한 일방적 통신이다.

계약 체결 후에 이루어지는 의사의 통신은 통지, 선언, 요청, 요구 등 다양한 통신 등이 이루어지고 있다. 특별히 일방 당사자가 의무로 생각할 수 있는 포기와 선언은 동의의 하자 때문에 영향을 받을 수 있다.

㉒ 3.3.1조: 강제규정을 위반한 계약의 효력

2010년에 신설된 본 규정과 논평을 보면 다음과 같다.

"(1) 계약이 국내적, 국제적, 다국적 성격에 관계없이 제 원칙 1.4조에 의해 적용되는 강제규정을 위반한 경우, 계약상의 해당 위반의 효력은 해당 강제규정이 명시적으로 규정하고 있다면 동 규정이 적용된다.

(2) 강제규정이 계약상의 해당 위반의 효력에 관해 명시적으로 규정하고 있지 아니하는 경우, 당사자들은 상황에 비추어 합리적인 계약하의 그러한 구제권을 행사할 권리를 가진다.

(3) 무엇이 합리적인가를 결정할 때 특별히 다음 사항을 고려해야 한다.

  a) 위반한 강제규정의 목적;

  b) 강제규정이 보호를 위해 존재하는 사람의 범주;

  c) 위반한 강제규정에 따라 부과 될 수 있는 모든 제재조치;

  d) 위반의 심각성;

  e) 일방 또는 쌍방이 위반을 알았거나 당연히 알았어야 하는 여부;

  f) 계약의 이행이 위반을 필연적으로 수반하는지 여부; 그리고

  g) 당사자들의 합리적 기대"

〈1〉 본 절의 적용범위(목적)

제 원칙의 1.1조에서 규정하고 있는 매우 중요한 계약자유원칙 규정에도 불구하고 제 원칙하의 계약자유의 원칙은 아무런 제한이 없는 것이 아니다. 당사자들은 오류와 구속없이 계약을 체결해야 할 뿐만 아니라 계약은 적용되는 강제규정을 위반해서는 아니된다.

3장의 2절이 동의의 결함을 취급하고 있다면 본 절은 계약의 내용, 이행, 목적

이 어떠하든지 강제규정을 위반한 계약에 관한 규정이다. 보다 정확하게 말한다면, 본 절은 위반에도 불구하고 당사자들에게 구제가 여전히 허용되는지 여부, 그렇다면 계약하의 구제나 원상회복이 존재하는 것인지 여부를 결정함에 있어 준수되어야 할 기준을 규정함으로써 계약상의 해당위반의 효력을 다루고 있다.

〈2〉 1.4조에 따라 적용 가능한 관련 유일한 강제규정

본 절의 목적을 위해 강제규정이 국내적이건, 국제적이건, 다국적이건 관계없이 1.4에 따라 적용 가능한 유일한 강제규정들이 1.4조 논평 1.2에 언급되어 있다.

다시 말해서, 본 절은 강제규정들이 관련 국제사법의 원칙에 따라 적용될 수 있는 공서양속과 같은 불문 일반원칙이나 특별 제정규정들이라 해도 이들을 포함한 강제 규정을 위반한 계약에만 관계한다.

그렇다면 어떤 강제규정들이 주어진 사건에 적용되는가는 1.4조 논평 3.4.5에서 언급하고 있듯이, 기본적으로 분쟁이 국내법정이나 중재판정에서 미결인지 여부와 제 원칙의 적용에 대한 당사자들의 언급이 계약에 제 원칙을 삽입하기로 합의로 유일하게 간주할 수 있는지 여부 또는 제 원칙이 계약을 지배하는 법으로서 적용되는지, 즉 준거법으로 적용되는지 여부에 좌우된다.

〈3〉 계약이 강제규정을 위반하는 사례

계약이 무엇보다 계약 내용을 통해 강제규정을 위반할 수 있다. 따라서 부정과 담합입찰에 관한 사례들을 통해 알 수 있듯이, 강제규정들은 제정규정이나 공서양속인 일반원칙들일 수도 있다. 따라서 이들 강제규정을 계약 내용을 통해 위반해도 강제규정의 위반이 될 수 있다. 계약은 이행을 통해서도 강제규정을 위반할 수 있다. 더욱이 계약은 예컨대 계약성립이나 목적에 있어 위반하는 방법 등 다양한 방법으로 강제규정을 역시 위반할 수 있다.

〈4〉 명시적 강제규정의 위반 효과

가끔 강제규정 자체가 어떤 계약상의 구제나 원상회복의 구제가 규정위반의 경우에 당사자들에게 가능한 지를 명시적으로 규정하는 경우가 있다. 예컨대, EU 조약(로마조약) 101조 (2)항에 의하면, 101조 (1)항에서 금하는 EU 회원국간의 무역에 영향을 줄 수 있는 기업간의 비정상 합의는 "자동적으로 무효임"을 명시적으로 규정하고 있다.

이와 유사하게 불법 수출문화재에 관한 UNIDROIT협약은 "협약국은 요청하는 국가의 영토로부터 불법 수출된 문화재의 반환을 요청할 수 있음"(6조), 그리고 "불법으로 수출한 문화재를 취득한 문화재의 소유자는 요청하는 국가를 통해 공정하고 합리적인 보상의 지급을 청구할 권리가 있다. 다만 문화재가 불법으로 수출되었음을 문화재 취득시에 몰랐거나 당연히 합리적으로 몰랐어야 함"(6조)을 각각 규정하고 있다.

〈5〉 상황에 합리적인 것에 따라 결정되는 위반의 효과

강제규정이 계약상의 위반의 효과에 대한 명시적 규정을 하고 있지 않다면, (2)항은 당사자들이 상황에 비추어 합리적인 계약하의 그러한 구제권을 행사할 수 있음을 규정하고 있다. 동 규정하에서의 구제권이 행사될 수 있는 방법은 최대의 융통성을 허용할 만큼 충분히 광범위하다. 예컨대, 강제규정의 위반에도 불구하고 당사자들 가운데 일방 또는 쌍방은 건별 상황에 따라 이행권을 포함하여 유효한 계약하에서 가능한 통상적 구제권이나 계약을 효과가 없는 것으로 처리할 수 있는 권리, 계약의 조정, 또는 확정된 조건에 따라 계약의 종료와 같은 기타 구제권을 가질 수 있다.

상기의 구제권 가운데 후자와 같은 구제권은 위반의 결과로서 계약의 일부만이 무효가 되는 경우에 특별히 적절한 구제이다.

강제규정을 위반한 계약하에서 이미 제공된 이행의 원상회복의 허용에 관해선 원상회복에 관한 3.3.2를 참고할 필요가 있다.

〈6〉 상황에 무엇이 합리적인가를 결정하는 기준

단순한 기술적 성격의 규정에서부터 중대한 사회해악을 금지할 목적을 위한 규정에 이르기까지 동 조항하에서 관련이 있을 수 있는 강제규정이 매우 다양할 수 있음을 감안하여 (3)항은 상황에 따라 가능한 문화적 구제를 결정하기 위한 일련의 기준을 규정하고 있다. 따라서 본 규정에서의 기준은 전부가 아니다. 많은 사건에서 여기서 열거된 기준보다 더 많은 기준이 강제규정 위반과 관련이 있을 수 있지만, 위반의 기준에 대한 결정은 열거된 기준과 관련이 있다. 즉, 열거되어 있지 아니한 기준으로서 강제규정으로 간주할 수 있는 기준의 기준은 열거된 기준의 범주에 들어가야 한다.

(a) 위반한 강제규정의 목적

상황에 대한 합리적인 기준을 결정할 때 고려해야 할 가장 중요한 사항이 강제규정의 제정목적과 그 목적의 달성이 적어도 당사자들 가운데 한 사람에게 계약하의 구제권을 허용함으로써 계약에 영향을 미치는지 여부이다.

(b) 위반한 강제규정이 보호하려는 사람의 범주

상황에 대한 합리적인 기준을 결정할 때 고려해야 할 또 다른 중요한 요인은 위반한 강제규정이 일반 대중의 이해관계를 보호하려는 데 있는가 아니면 특정 분야의 사람의 이해관계를 보호하려는 데 있는가이다.

후자의 경우 자신들의 고객의 보호를 위해 일정한 행위를 수행하는 자들에게 법에 의해 부과되는 허가요건을 갖추게 하고 있다. 따라서 계약이 무허가 당사자에 의해 체결되었다면 자신들의 고객에게 적어도 손해배상금과 같은 계약하의 구제권을 허용하는 것이 합리적일지 모른다.

(c) 위반한 강제규정하에서 부과될 수 있는 모든 제재 조치

상황에 대한 합리적인 기준을 결정할 때 고려해야 할 또 하나의 요인은 특정 활동을 금하거나 특정활동에 제한을 가하는 규정이 가끔 형사 또는 행정적 제재를 규정하고 있다.

논평 4에서 알 수 있듯이 이러한 규정이 계약상의 권리나 구제권에 관한 위반의 결과에 대하여 명시적으로 규정하고 있을 경우 그 규정이 적용된다. 그러나 만약 규정에 그러한 결과에 대하여 침묵하고 있을 경우 형사적 또는 행정적 제재의 존재나 성격이 위반한 규정의 목적, 규정이 보호하려는 사람의 범주, 위반의 심각성과 같은 주요한 사항의 관찰을 제공할 수 있다. 따라서 이러한 제재의 존재와 성격이 계약상의 권리와 구제권에 관한 이러한 위반의 결과를 결정하는 데 반드시 고려되어야 한다.

(d) 위반의 심각성

상황에 대한 합리적인 기준을 결정할 때 고려되어야 할 또 다른 요인은 위반의 심각성이다. 따라서 강제규정이 순수하게 기술적인 성격이고 그 위반이 타방 당사자에게 아무런 영향을 미치지 아니할 경우 위반의 심각성이 성립되지 아니하므로 계약하의 구제가 허용될 수 있다.

(e) 쌍방 또는 일방 당사자가 위반을 알았거나 당연히 알았는지 여부

상황에 대한 합리적인 기준을 결정할 때 고려해야 할 또 하나의 요인은 계약하에서 인정되는 구제가 쌍방 또는 일방 당사자가 강제규정 또는 그 규정의 위반을 알았거나 당연히 알았는지 여부에 역시 좌우된다.

(f) 계약의 이행이 위반을 필수적으로 수반하는지 여부

상황에 대한 합리적인 기준을 결정할 때 고려해야 할 또 다른 요인은 계약의 이행이 위반을 필수적으로 수반하는지 여부이다.

예컨대, 계약의 내용을 보아 계약이 규정의 위반을 규정하고 있거나 유일하게 묵시적으로 규정의 위반을 수반한다면 당사자들에게 계약하의 일체의 구제권을 허용하지 아니하는 것이 합리적일지 모른다.

(g) 당사자들의 합리적인 기대

상황에 대한 합리적인 기준을 결정할 때 고려해야 할 또 하나의 요인은 상이한 법적 또는 상사적 문화 때문에 당사자들 가운데 일방이 합리적으로 강제규정의 위반을 알지 못하였을 수 있거나, 더 종종 상황에 따라 당사자들 가운데 일방이 계약이나 계약상의 개별조건들에 관해 법적인 기대를 부여하였다가 그 후에 그 기대를 무효화하기 위하여 자국의 법에 호소할 경우 타방 당사자에게 계약이나 계약의 개별규정하에서 가능한 구제권을 허용하는 것이 합리적일지 모른다는 요인이다. 왜냐하면 당사자들 가운데 일방이 타방으로 하여금 가질 수 있었던 합리적 기대를 위반하였기 때문이다.

(h) 기타 기준

상황에 대한 합리적인 기준을 결정할 때 고려해야 할 기타 요소로 본 조항의 (3)항에서 명시적으로 열거하고 있는 기준 외에 상황에 따라 이용 가능한 구제권이 있다면 결정하기 위하여 고려될 수 있는 기타 요인이 있을 수 있다.

예컨대, 하나의 기타 요인으로 든다면 계약이 강제규정을 위반한 범위이다. 만약 계약이 강제규정을 부분적으로만 위반한 경우 계약은 조정하여 당사자들에게 계약하의 구제권을 허용하는 것이 합리적일 수 있다.

상황에 대한 합리적인 기준을 결정할 때 고려해야 할 또 다른 기타 요인은 부적절한 거래로부터 적절한 시기에 철회이다. 예컨대 강제규정을 위반한 계약의 당사자가 자신의 행위를 후회할 경우 불법적인 계약 목적이 성취되기 전에 해당 당사자에게 자신이 이행한 것을 회복할 권리가 허용될 수 있다. 왜냐하면 처음에는 위반하였으나 나중에 후회하고 철회하였기에 강제규정 위반으로 볼 수 없기 때문이다.

㉓ 3.3.2조: 원상회복

1994년과 2004년에 제정되지 아니하였다가 2010년에 처음으로 제정된 본 규정과 그 논평을 보면 다음과 같다.

"(1) 3.3.1조하의 강제규정을 위반한 계약에 따라 이미 이행이 이루어진 경우 이렇게 하는 것이 상황에 합리적인 경우 원상회복이 허용될 수 있다.

(2) 무엇이 합리적이냐를 결정할 때 3.3.1조 (3)항에 언급된 기준의 적절한 조정을 통해 고려하여야 한다.

(3) 원상회복이 허용된 경우 원상회복에 관한 규정인 3.2.15조에서 규정하고 있는 규정이 적절한 조정을 통해 적용될 수 있다."

〈1〉 상황에 합리적인 경우에 허용되는 강제규정을 위반한 계약하의 원상회복

강제규정의 위반의 결과로서 당사자들이 계약하의 일체의 구제권이 거절된 경우에라도 그들이 계약을 이행함에 있어 제공한 것의 원상회복을 적어도 청구할 수 있는지 여부를 알아보는 것이 아직 남아 있다.

3.3.1조 (1)항 논평 4에 따라, 이런 경우 청구 여부의 첫번째 해답은 명시적으로 문제를 명시할 수 있거나 아니할 수도 있는 강제규정 자체에 좌우된다.

그러나 강제규정이 해당 문제에 관해 침묵하고 있을 경우 현대적 추세에 따라, 본 규정은 융통성이 있는 접근방법을 채용하여 강제규정을 위반한 계약하에서 이미 이행한 것이 있는 경우, (1)항에 따라 이렇게 하는 것이 합리적이라면 원상회복이 허용될 수 있음을 규정하고 있다. 즉, 다시 말하면 양 당사자들이 강제규정의 위반을 알았거나 당연히 알았어야 하는 경우, 적어도 그들은 수여된 혜택을 보상받을 권리가 인정되어서는 아니된다는 전통적인 법적 견해와 달리 제 원칙하에서는 이런 경우라도 원상회복의 인정 여부는 수취한 것을 수령자에게 보존하게 하는 것이 보다 적합한가 아니면 이행자에게 재청구를 허용하는 것이 보다 적합한지 여부에 좌우된다.

〈2〉 원상회복 허용이 합리적인지 여부를 결정하는 기준

계약상의 구제가 상황에 따라 가능한지 여부를 결정하기 위하여 강제규정을 위반한 계약의 효력에 관한 규정 3.3.1조 (3)항에서 규정하고 있는 합리적인 것을 결정할 때 고려해야 할 기준과 똑같은 기준이 본 조항 (1)항하의 원상회복의 허용이 합리적인지 여부를 결정하는 데 적용된다. 그러나 계약상의 구제와 원상회복의 구제가 상이하기 때문에 똑같은 기준이 똑같은 사실하에서 상이한 결과를 초래할 수도 있다.

〈3〉 원상회복이 허용된다면 원상회복을 지배하는 규정(원칙)

원상회복이 본 조항하에서 허용된다면 무효와 관련한 원상회복에 관한 3.2.15

조에서 규정한 원칙이 지배한다. 그러나 동 규정상의 (1)항에서 무효의 표현은 계약이 강제규정의 위반의 결과로서 무효인 경우에 대비한 표현으로 이해되어야 하고 계약의 부분 무효에 관한 표현은 계약의 일부만이 강제규정의 위반의 결과로서 무효가 된 경우에 대비한 표현으로 이해되어야 한다는 의미에서 3.2.15조의 규정은 어느 정도 조정을 필요로 한다.

따라서, 본 조항에서 언급하고 있는 원상회복에 관한 규정의 추가 설명을 위해선 이미 설명한 3.2.15조상의 논평을 참고하면 된다.

5) 전자협약의 원칙

먼저 통신이 수신인에게 도달되는 시기에 관한 AC의 의견과 논평은 다음과 같다.

동 규정에서 "도착"이란 전자통신이 수신인의 서버에 입력된 때를 의미한다. 다만 수신인이 명시적으로나 묵시적으로 합의한 형식에 따라 합의한 주소 앞으로 합의한 방법으로 된 전자통신의 수령을 동의해야 한다.[129] 전자 협약의 경우 위의 22조와 똑같다.

MLEC 규정이나 전자협약의 경우 수신시기에 관해 차이가 있으나 본 규정과 관련시켜 볼 때는 아무런 문제가 없다.

본 규정에서 "구두로"란 이미 언급한 바 있듯이 실시간 전자로 전달되는 화상 채팅과 기타 전화채팅(문자채팅)을 포함한다. 다만 수신인은 명시적 또는 묵시적으로 합의한 형식에 따라 합의한 주소 앞으로 합의한 방법으로 된 전자통신의 수령을 동의해야 한다.

그러나 전자협약이 적용될 경우 CISG 6, 8, 9조 등을 통해 실시간 통신을 구두로 인정하는 데 관해 명시적이든 묵시적이든 합의하거나 관행으로 인정되어야 할 필요는 없다. 왜냐하면 CISG 8조 (1)항과 9조 (2)항에 의해 실시간 통신을 구두로 인정이 가능하기 때문이다.

이미 CISG 18조 (2)항과 관련하여 설명하였듯이 실시간 통신의 경우 대면대화와 달리 전자협약 9조 (2)항에 따라 저장을 통해 재생자체가 가능함으로 직접대화시의 입증문제가 실시간 통신의 경우 발생하지 아니한다.

본 규정과 관련하여 발생할 수 있는 문제들은 15조, 16조 (1)항, 17조, 18조

---

129) *Ibid.*

(2)항, 20조 (1)항, 21조 (2)항, 22조상의 "도착"과 18조 (2)항, 21조 (2)항의 "구두"에 관한 관련조항하에서의 문제와 동일하기에 상기 해당조항을 참고하면 된다.[130]

---

130) *Ibid.*

제3부

물품의 매매

제1장 총 칙

---

1. 구 성

25조 주요한 위반의 정의
26조 해제의 통지
27조 통신의 지연과 오류
28조 특정이행과 국내법의 원칙
29조 계약의 수정

2. 개 요

25조는 주요한 위반이라는 용어의 정의를 하고 있다. 이러한 위반이 있는 경우 피해 당사자는 계약을 해제, 즉 취소할 수 있으며 이러한 기본적인, 즉 주요한 위반은 역시 기타 손해배상청구를 야기할 수 있다.

UCC에 의하면, 완벽한 제공(perfect tender)이 없는 경우 계약의 취소를 인정하고 있으나, 협약은 이러한 원칙을 거절하고 있다. 그러나 당사자들의 계약규정을 통해 이러한 원칙을 인정하고 있다. 그런데 계약을 해제, 즉 취소하기 위해서는 반드시 통지해야 한다.

26조에 의하면, 통지는 구두나 서면으로도 가능하다.

27조에 의하면, 상황에 적합한 통신 수단에 의하여 통지가 이루어졌다면 효력을 발휘하기 위하여 통지가 반드시 타방에게 도착할 필요는 없다. 27조의 이러한 입장은 역시 기타 통지에도 적용된다.

대륙법은 영미보통법보다 많은 경우에서 특정이행을 인정하고 있다. 특정이행에 관한 협약의 규정(46조와 62조)은 대륙법과 친자(親子)관계를 이루고 있다. 따라서 28조는 46조와 62조의 이행요구권의 범위에 대한 영미보통법의 반대에 대한 타협 규정으로 이행청구소송이 제기되는 법정의 원칙을 전제로 특정이행구제를 가능케 하고 있다.

협약이 사기방지법을 규정하고 있지 아니하다 해도 당사자들이 계약상에 사기방지법을 포함시키고자 한다면, 29조의 규정에 따라 계약상의 사기방지법의 규정이 가능하다.

3. 규정과 해설

【1】 25조 : 주요한 위반의 정의

Article 25

A breach of contract committed by one of the parties is fundamental if it results in such detriment to the other party as substantially to deprive him of what he is entitled to expect under the contract, unless the party in breach did not foresee and a reasonable person of the same kind in the same circumstances would not have foreseen such.

당사자의 일방이 저지른 계약 위반이 계약하에서 타방이 기대할 권리가 있는 것을 박탈할 정도로 실질적으로 타방에게 손해를 유발시킬 경우, 그 위반은 주요한 위반이 된다. 다만 위반한 일방이 그러한 손실을 예견하지 못하였고 동일한 상황하에서 동일한 종류에 속한 합리적인 사람이 이러한 결과를 예견할 수 없었을 경우에는 그러하지 아니하다.

본 조항은 피해 입은 당사자가 계약해제나 구제 또는 대체물의 인도를 요구할 수 있는 주요한 위반을 정의하고 있다. 본 조항은 ULIS 10조에 근거하여 제정된 DCIS 23조에 근거하여 초안시 약간 변경이 되었다.

1) 주요한 위반의 중요성

주요한 위반을 범한 경우 피해 입은 당사자에게 계약해제[1]를 선언할 수 있는 권한을 인정하는 규정으로는 49조 (1)항 (a)호, 49조 (2)항 (a)호 및 (b)호, 51조 (2)항, 64조 (1)항 (a)호, 64조 (1)항 (b)호, 72조 (1)항, 73조 (1)항, (2)항 및 (3)항 이 있으며, 매수인에게 구제권을 인정하고 있는 규정으로는 70조가 있고, 대체물의 인도를 요구할 권리를 매수인에게 인정하고 있는 규정으로는 46조 (2)항이 있다.

이렇게 볼 때, 주요한 위반에 관한 25조의 규정은 협약하의 매도인과 매수인의 구제가 위반의 성격에 좌우되기 때문에 주요한 규정이다.

2) 주요한 위반의 입증책임

주요한 위반의 입증책임은 그것을 주장하는 당사자의 몫이다.

3) 주요한 위반이 되기 위한 3대 요건

(1) 손실(detriment)

여기서의 손실이란 손해(damage)나 멸실(loss) 또는 이와 유사한 용어와 다르다. 본 조항에서 사용하고 있는 손실이란 대체물품 구입의 불가능과 같이 계약하에서 상대방이 기대할 권리를 실질적으로 박탈하고 위반한 당사자나 동일한 사정에서 동일한 종류에 속한 합리적인 사람이 예측할 수 있는 손실을 의미한다.

예컨대, 물품을 포장하고 보험에 부보할 자신의 기본적인 의무를 무시하였으나 무사히 도착하였고 매수인의 입장에선 재매각의 기회를 상실하지 아니한 경우, 본 조항에서 말하는 손실은 존재하지 아니하며 매도인의 주요한 의무위반에도 불구하고 주요한 위반은 성립하지 아니한다.

---

1) UCC, 2-328(4), 2-513(4), 2-613(a)(b)에 의하면, UCC 역시 "avoid"라는 말을 사용하고 있으나 위반에 대하여 책임없이 계약의 종료를 의미하는 뜻으로 사용되고 있다. 반면 협약의 경우, "avoidance"와 이와 유사한 변형은 "불이행 당사자가 책임이 있는 위반 때문에 당사자들의 계약의무를 종료"시키는 의미이다. 그러나 75, 76, 81조의 경우에는 그러하지 아니하다. UCC상의 취소(cancellation)와 협약상의 해제(avoidance)와 유사하다고 볼 수 있다.

(2) 실질적인 박탈(substantial detriment)

실질적인 박탈(detriment)의 표준기준은 계약하에서 나타나는 피해입은 당사자의 이해관계이다. 그러나 실질적인 박탈의 경우에도 불편을 주지 아니하고 적절한 기간 내에 보완할 수 있다면 기본적 위반이 되지 않는다.

(3) 예견(foreseeability)

주요한 위반이 되기 위한 구성요건의 하나로 이로 인한 손실이 피해입은 당사자가 계약하에 기대할 수 있는 권리의 실질적인 박탈뿐만 아니라, 이러한 결과가 역시 타방이나 동일한 사정하에서 동일한 종류에 속한 합리적인 사람에 의해 반드시 예견되어야 한다.

이 경우 동일한 사정하에서 동일한 종류의 합리적인 사람이란 동일한 직업, 예컨대, 동일한 거래활동에 관계하여 종사하고 있는 사람과 똑같은 배경을 가진 합리적인 사람을 의미한다.

이러한 예견의 적용시점에 관해 사무국은 분쟁의 경우 예견의 적용시기를 계약 체결시로 하느냐, 계약 위반시로 하느냐 하는 시기의 결정은 법정에 의해 이루어져야 함을 설명하고 있다.[2]

4) PICC의 정의

계약을 종료시키고 다양한 권리를 행사할 수 있는 주요한 위반에 대하여 규정하고 있는 7.3.1조의 규정을 요약하면 다음과 같다.

타방이 계약하에서 이행해야 할 의무의 해태가 중요한 이행불이행에 해당하는 경우 계약을 취소시킬 수 있으며, 의무이행 해태가 중요한 이행불이행에 해당하는지의 여부를 결정할 때의 고려사항으로는 다음의 5가지가 있다.

① 피해 입은 당사자가 이러한 결과를 예측하지 못하였고, 합리적으로 예측할 수 없었던 경우를 제외하고 계약하에서 기대할 권리를 실질적으로 박탈하였는지 여부

② 이행하지 아니한 의무가 법적으로 계약내용상 필수적인지 여부

---

2) A/CONF.97/19, p.26; A. H. Kritzer, *op. cit.,* pp.200~7.

③ 이행불이행이 고의적이거나 부주의한 것인지 여부

④ 피해 입은 당사자가 타방의 장래 이행을 신뢰할 수 없음을 믿을 만한 근거로 이행불이행 당사자에게 제공하였는지 여부

⑤ 계약이 종료될 경우 이행준비와 이행의 결과로서 이행불이행 당사자가 불균형한 손실을 입을지 여부

본 규정 자체를 보면 이행불이행의 귀착사유가 불가항력적인 면책의 경우 이행불이행이 당사자 중 일방에게의 귀속여부에 관계없이 종료됨을 규정하고 있다.

이행불이행이 불가항력적 면책사항으로 계약해제와 손해배상에서 제외되는 경우를 구체적으로 명시하고 있지 아니하여 논의의 대상이 되는 CISG와는 달리 분명하고 현실적이며 구체적이다.

계약이행불이행의 책임소재의 경중을 주요위반의 결정과 계약종료의 핵심으로 하는 CISG보다는 계약이행 자체의 불가능에 계약종료의 초점을 두고 있어 CISG가 이론적이라면 PICC는 현실적임을 입증하고 있다.

【2】 26조 : 해제의 통지

Article 26

A declaration of avoidance of the contract is effective only if made by notice to the other party.

계약해제의 선언은 상대방에게 통지된 경우에 한하여 효력을 갖는다.

본 조항은 협약상의 모든 해제의 규정과 관련된 규정으로 DCIS 24조와 똑같다.

1) 해제통지의 중요성

일방에 의한 계약해제는 타방에게 심각한 결과를 줄 수 있다. 따라서 타방은 물품의 제조, 포장, 선적의 중단 또는 물품이 이미 인도된 경우라면 물품의 지배권을 되찾아 물품을 처분하는 것과 같은 해제의 결과에 따른 손해를 최소화하기 위해 즉각적인 조치를 취할 필요가 있다.

이런 이유에서, 본 조항은 타방에게 통지가 이루어짐으로써 해제선언은 효력을 발휘함을 규정하고 있다. 따라서 해제선언의 통지가 타방에게 통지된 때 계약은 해제된다.

2) 해제통지의 요건

협약은 계약해제를 선언할 의사의 통지가 사전에 이루어지길 요구하고 있지 아니하고 해제의 선언에 대한 통지만을 요구하고 있다. 그리고 이러한 통지는 구두나 서면뿐만 아니라 어떤 통신수단을 통해서도 전달될 수 있다. 만약 선택한 수단이 상황에 적합하다면 통지전달의 지연이나 오류는 통지의 법적 효력을 방해하지 아니함을 27조가 규정하고 있다.3)

3) PICC의 원칙

7.3.2를 통해 계약을 종료시킬 일방의 권리는 타방에게 통지하므로 행사된다는 일반원칙을 재확인하고 있는바, 이러한 통지의 필요성은 피해입은 측보다는 이행불이행 당사자를 위한 것이다. 다시 말해서 이러한 통지는 이행지연제의나 불일치물품의 수령여부의 불확실성을 막아 더 큰 손실을 막고 피해입은 당사자로 하여금 가격의 등락을 이용한 투기와 이러한 투기에 따른 이행불이행 당사자의 손실과 피해입은 당사자의 수혜를 막는 데 근본 목적과 필요성이 있다.4)

4) 전자협약의 원칙

전자협약에 해제통지에 관한 규정이 없는 상황하에서 동 규정과 관련하여 사용되는 전자통신에 관한 AC의 의견과 논평은 다음과 같다.

동 규정하에서의 "통지"란 이미 위에서 언급한 대로 전자통신을 포함한다. 다만 수신인이 명시적으로나 묵시적으로 합의한 형식에 따라 합의한 주소 앞으로 합의한 방법으로 된 전자통신임을 동의해야 한다.5) 전자협약의 경우 이러한 동의가

---

3) 정당한 거절의 효과와 방법을 규정한 UCC, 2-602(1)과 전부 또는 일부 수령의 거절을 규정한 UCC, 2-608(2)와 유사하다.

4) http://www.unidroit.org/english/principles/chapter-7.ht, 7.3.2, comment.

필요없이 그대로 적용된다.

계약이 무효가 되었음을 타방에게 통지하는 것은 전자통신으로 이루어질 수 있다. 그러나 이 경우 중요한 사실은 동 정보(통신)가 형식에 관계없이 수신인에게 전달될 수 있어야 한다.

전자통지의 효력발생시기와 관련한 제반사항은 15조에서 논평한 것과 같다.[6]

【3】 27조 : 통신의 지연과 오류

Article 27

Unless otherwise expressly provided in this Part of the Convention, if any notice, request or other communication is given or made by a party in accordance with this part and by means appropriate in the circumstances, a delay or error in the transmission of the communication or its failure to arrive does not deprive that party of the right to rely on the communication.

협약 3부에 명시적으로 규정되어 있지 아니하는 한, 통지, 요청, 기타 통신이 3부의 규정에 따라서 적절한 통신수단을 통하여 일방에 의하여 이루어진 경우, 통신의 전달과정에서의 지연이나 오류 혹은 불착으로 인한 일방의 권리를 박탈하지 아니한다.

본 조항은 협약 3부하에서 이루어지는 통지, 요청이나 기타 통신의 지연이나 오류 또는 불착위험은 수신인 부담이라는 원칙을 규정하고 있으며,[7] DCIS 25조와 실질적으로 똑같다. ULIS는 본 조항과 같은 일반규정을 두고 있지 아니하나 물품의 부적합 통지에 대하여 발신주의 규정을 두고 있다.

1) 원칙의 적용 범위

상황에 적합한 통신수단이 여러 개 있을 수 있다. 이런 경우 통신발송자는 자

---

5) http://www.cisg.law.pace.due/cisg−ac−op.1.html, p.12.

6) *Ibid.*

7) 이에 비하여 협약 2부는 계약 성립과정에서 이루어진 통신과 기타 의사표시의 효력 발생 시기를 다루는 특별규정을 두고 있다.

신에게 가장 편리한 수단을 사용할 수 있다. 따라서 이렇게 하여 선택한 통신이 당사자들의 사정에 적합하다면 그 통신은 사정에 적합한 통신이라 말할 수 있다. 그러나 하나의 사정에 적합한 통신수단이 다른 사정에는 적합하지 아니할 수 있다. 예컨대, 특수한 통지양식은 보통 항공편으로 발송된다 해도 경우에 따라서는 신속한 통지의 요구가 전자통신, 전보, Telex 또는 전화만을 사정에 적합한 수단으로 만들 수 있다.

본 조항의 원칙은 가능한 한 전달의 유형을 지배하는 하나의 원칙을 가지는 것이 바람직하다는 생각에서 비롯되어 발신주의를 택하고 있다. 그런데 경우에 따라서는 필요에 따라 이러한 일반원칙 대신에 일반화되어 있는 도달주의를 인정하려면, 통지는 발송시에 효력을 발생한다는 발신주의를 채택하고 있는 나라에서는 이러한 보조절차 원칙을 두고 있지 아니하기 때문에, 수신인이 실제 통지를 수령하였는지 여부를 입증하기 위한 보조절차원칙을 협약이 규정하고 있어야 한다. 그러나 협약 3부는 통신이 효력을 발생하기 위하여 수령되어야 함이 요구되는 경우에 한해 본 원칙의 예외8)를 들어 수령을 요구하고 있다.

발신주의를 택한 또하나의 이유를 생각해 본다면, 계약체결은 상대방의 의사를 확인하는 과정이기에 의사표시의 효력에 관한 대원칙인 도달주의가 승낙에 관하여 적용되어야 함이 당연하다. 그러나 이행단계에서 이루어지는 통지는 주로 의무의 해태와 관련한 통신이기에 더 큰 피해의 위험을 방지하기 위해, 그리고 피해입은 자가 주로 통신을 하기 때문에 불이행자에게 지연이나 오류의 책임을 부담시키는 것은 신의성실의 원칙에서 볼 때 당연하다고 생각된다.

2) 원칙의 효과적인 활용 방법

예컨대, 특정기간 내에 매수인이 제공해야 하는 통지가 매도인에게는 계약상의 책임담보 의무를 종종 유발시킨다. 따라서 본 조항에 의해 이러한 통지의 지연이나 수취불능위험은 매도인 부담이다. 이러한 결과를 변경하고자 하는 수출자들은 자신들의 계약상에 그러한 취지를 규정해야 한다.9)

---

8) 본 원칙의 예외규정으로는 47(2), 48, 63(2), 65(1), 65(2), 79(4) 등이다.

9) A. H. Kritzer. *op. cit.,* p.212.

3) PICC의 원칙

이미 24조에서 설명하였듯이 제 원칙의 경우 통지에 관해 도달주의 원칙을 채용하고 있으나 모든 통지의 도달주의 원칙에도 불구하고 당사자들은 발신주의 적용을 항상 명시적으로 규정할 수 있다. 이러한 사실은 타방의 실질적이거나 예상되는 이행불이행의 경우로서 메시지의 전달에 멸실, 착각, 또는 지연의 위험을 일방 당사자에게 부담시키는 것이 부당한 경우 일방의 권리를 유보하기 위하여 일방이 해야 하는 통지에 관해 특별히 적합할 수 있다. 이러한 사실은 국제적인 수준에서 볼 때 통지의 유효한 수령을 입증함에 있어 생길 수 있는 어려움을 염두에 둔다면 매우 일리가 있다.

이렇게 볼 때, 모든 통지의 도달주의 원칙에도 불구하고 발신주의의 명시적 규정을 인정하므로 통신지연이나 오류 또는 불착의 책임은 통신자에게 있음을 계약을 통해 분명히 할 수 있다.

3.2.3조의 규정 역시 선언의 표현이나 전달에 있어 발생하는 오류의 효과에 대하여 "선언상의 표현이나 전달상의 오류는 선언을 발송한 사람의 착오로 간주한다."고 규정하고 있다.

동 규정에 대한 논평에 의하면, 표현이나 전달상의 오류가 충분히 중요한 경우, 특별히 표현이나 전달상의 오류가 숫자의 실수에 기인한 경우 수신인은 오류를 알았거나 당연히 알았어야 한다.

이런 경우 원칙에 의하면, 오류로 표현되거나 전달된 청약을 수신인이나 피청약자가 승낙하는 것을 금하지 아니하기 때문에 계약해제에 영향을 미치는 착오에 관한 규정인 3.2.2조에서 말하는 상황이 충족되는 한 특히 수신인이나 피청약자가 오류의 발송자나 청약자에게 알리지 아니하는 것이 공정거래라는 합리적인 상거래 표준에 반하는 한 발신자나 청약자는 오류에 호소하여 계약을 무효시킬 수 있다. 경우에 따라서 발송자가 해당 사건의 일반적 상황이나 특수한 상황에 미루어보아 전달방법의 사용이 불안함을 알았거나 당연히 알았어야 하는 전달 방법을 사용한 경우 발신자는 오류의 위험을 책임지거나 오류의 위험을 부담해야 할지 모른다.

그러나 수신인의 입장에서 잘못의 효과에 관한 논평은 다음과 같다. 전달은 통지에 관한 1.10조의 규정에 따라 메시지는 수신인에게 도착 즉시 종료된다. 따라서 메시지가 정확하게 수신인의 기계에 전달되었으나 수신인이 그 내용을 오해하였다면 이런 경우는 본 조항의 적용 밖이다. 그리고 기계의 결함으로 인해 불완전한 내용을 출력한 수신인의 기계에 메시지가 정확하게 전달된 경우도 본 규정의 적용 밖이다. 또한 메시지를 오해하거나 잘못 전달한 수신인의 전달자에게 수신인의 요청에 따라 구두로 메시지가 전달된 경우도 본 규정의 적용 밖이다.

그러나 만약 수신인이 발신자에게 회신하고, 그 회신이 발신자의 메시지에 대한 자신의 오해에 근거하였다면 그리고 3.2.2조상의 모든 상황을 만족시킨다면 위의 두 경우에 있어 수신인은 계약해제에 영향을 미치는 착오의 상황에 관한 3.2.2조에 따라 자신의 착오를 호소할 권리가 있을 수 있다.

4) 전자협약의 원칙

통신의 지연과 오류와 관련한 전자협약상의 규정이 없는 상황하에서 동 규정과 관련하여 사용되는 전자통신에 관한 AC의 의견과 논평은 다음과 같다.

본 규정에서 말하는 통지, 요청이나 기타 통신은 수신인이 명시적으로나 묵시적으로 합의한 형식과 방법에 따라 합의한 주소 앞으로 이루어진 전자통신의 수령에 대하여 동의한 경우라면 전신으로 주어지거나 이루어질 수가 있다.[10]

전자협약의 경우 3조의 규정에 따라 달리 합의가 없는 한 MLEC와 달리 이러한 동의가 필요없이 그대로 적용된다.

본 규정에서 말하는 통지, 요청이나 기타 통신은 전자메시지로 주어질 수 있다. 그러나 이 경우 중요한 사실은 정보가 형식에 관계없이 타방에게 전달될 수 있어야 한다. 이런 경우 전자통지, 요청이나 기타 통신의 효력발생시기와 관련한 제반사항은 15조의 논평과 같다.[11]

주의할 것은 동 규정은 통신의 경우 도착과 관계없이 통신의 발신만으로서 효력이 발생함을 알아야 하며 전자협약의 경우 10조 1항의 규정이 적용된다는 것이다.

---

10) http://www.cisg.law.pace.due/cisg-ac-op.1.html, p.12.

11) *Ibid.*

【4】 28조 : 특정이행과 국내법의 원칙

Article 28

If, in accordance with the provisions of this Convention one party is entitled to require performance of any obligation by the other party, a court is not bound to enter a judgement for specific performance unless the court would do so under its own law in respect of similar contracts of sale not governed by this Convention.

이 협약의 규정에 따라 일방이 타방의 의무이행을 요구할 권리를 가지고 있는 경우, 협약이 적용되지 아니하는 유사한 계약에 관하여 국내법에 따라 특정이행을 명할 의무가 없는 한, 법정은 특정이행을 위한 판결을 할 의무가 없다.

본 조항은 국내법정이 협약하에서 발생하는 의무의 특수이행에 대한 판결을 명령하기 위해 요구되는 범위를 규정하고 있다. 본 규정은 약간 그러나 중요한 변경, 즉 "could"에서 "would"로 변경된 것을 제외하면 DCIS 26조와 똑같다.

1) 적용원칙

만약 매도인이 매매계약이나 협약하의 자신의 의무를 이행하지 못한 경우 매수인은 매도인에 의한 이행을 요구할 수 있음을 46조가 규정하고 있다. 그리고 62조는 매수인에게 대금의 지급, 물품의 수령 또는 기타 자신의 의무를 이행하도록 매도인이 요구할 수 있음을 인정하고 있다.

그러나 어떤 법률체계(예컨대 대륙법체계)에 의하면 법정은 계약이행을 해태한 타방에게 자신의 의무를 피해입은 일방에게 이행하도록 명령할 권한을 갖고 있어, 피해입은 일방이 법정의 도움을 받을 수 있다.

반면에 어떤 법률체계(예컨대 영미법체계)에 의하면 명령이 이러한 특정이행을 명령할 권한이 원칙적으로 없다. 따라서 협약이 효력을 발생하기 위하여 후자에 속한 나라의 사법절차의 주요한 원칙을 변경하도록 기대할 수 없어 본 조항과 같이 규정되었다. 따라서 법정이 사정에 따라 예컨대, 물품의 인도나 대금지급과 같은 특정이행을 명령할 권한을 가진 경우, 본 조항은 46조(매수인의 이행요구권)와 62조

(매도인의 이행요구권)의 적용을 제한하지 아니하나 사정에 따라 이러한 특정이행을 명령할 수 없는 경우에만 양 규정들의 적용을 제한한다.

이렇게 볼 때, 본 조항이 양 규정의 적용을 제한하지 아니할 경우, 대개의 경우 법정의 재량에 따라 일방은 계약을 이행하라는 법정명령에 의해 취득되는 구제를 타방의 재량에 따라 가능한 구제로 변경시키는 효과를 46조와 62조가 가짐을 주의해야 한다.

2) 특정이행에 관한 영미법과 대륙법의 입장

모든 대륙법체계에 있어 원칙적으로 계약대로 이행을 요구할 권리가 당연한 구제이다. 특히, 서구 시장경제 법률체계에 의하면 일방이 이행을 하지 아니하면 다른 사람으로부터 물품이나 서비스를 확보하는 것이 보다 싸고, 쉽고, 빠를 수 있을 경우 일방에게 이행하도록 타방은 주장할 수 없다. 그리고 만약 그 결과로 인해 추가비용이 발생하면 추가비용은 손해배상으로 결국 보상받을 수 있다.

계약대로의 이행을 요구할 권리는 위반한 일방이 유일한 공급자이거나, 요구한 기간 내에 인도할 수 있는 유일한 공급자인 경우 실질적인 중요성을 지닌다. 특히 대륙법 계통의 국가에서 인정되고 있는 계약대로의 이행요구권은 과거 동구 사회주의 국가의 계획경제에 있어서는 매우 중요한 구제이다. 왜냐하면 자신에게 약속된 물품을 수령하지 못한 동구 사회주의 국가의 매수인은 계약위반으로 수령한 손해배상금이 대체물품을 구입하는 데 사용될 수 있는 경우, 다시는 서구 시장과의 거래를 하지 아니할 것이기 때문이다. 따라서 위반한 당사자는 가능한 빨리, 그리고 성실히 이행하는 것이 대단히 중요하다.

그러나 대륙법계통의 구 PICC와는 달리 영미보통법에 의하면 특정이행, 즉 계약대로의 이행요구가 가능하나 손해배상금이 적절한 구제가 되지 못할 경우에만 가능하다. 따라서 주문한 물품을 수령하지 못했거나 심각하게 하자가 있는 물품을 수령한 매수인은 계약을 종료시키고, 가능하다면 다른 공급선으로부터 물품의 구입이 가능하다.

이러한 양 주장은 경제자원의 합리적 사용을 조장하려는 인식의 차이에서 비롯되었다고 볼 수 있다.[12]

---

12) A. H. Kritzer, *op. cit.,* pp.213~5; A/CONF.97/19, p.27.

3) PICC의 원칙

1.4조의 규정을 통해 강제규정이 국가적, 국제적 또는 초국가적 성격을 가졌는지 여부에 관계없이 국제사법의 관련원칙에 따라 적용되는 강제규정의 적용을 제한하지 아니하고 있다. 따라서 국제사법이 원칙에 따라 적용되는 강제규정에 따라 특정이행 여부가 달라질 수 있음을 인정하므로 CISG와 근본적으로 같은 취지를 취하고 있다.

【5】 29조 : 계약의 수정

Article 29

(1) A contract may be modified or terminated by the mere agreement of the parties.

(2) A contract in writing which contains a provision requiring any modification or termination by agreement to be in writing may not be otherwise modified or terminated by agreement. However, a party may be precluded by his conduct from asserting such a provision to the extent that the other party has relied on that conduct.

(1) 계약은 당사자들의 단순한 합의만으로 수정되거나 종료될 수 있다.

(2) 서면합의에 의해서 수정이나 종료를 해야 한다는 규정을 표시하고 있는 서면계약은 다른 합의에 의하여 수정되거나 종료될 수 없다. 그러나 일방은 자신의 행위에 의하여 타방이 자신의 행위를 신뢰한 범위까지 상기의 규정을 주장하지 못한다.

본 조항은 계약의 수정과 합의에 의한 종료, 즉 취소를 다루고 있으며, DCIS 27조와 실질적으로 똑같다.

1) 일반원칙/(1)항

본 규정은 당사자들의 단순한 합의에 의해 계약이 수정되거나 취소, 즉 종료될 수 있다는 일반원칙을 규정하므로 기존 계약의 수정에 관한 영미법과 대륙법 간의 중요한 차이점을 제거하기 위한 의도에서 규정되었다.

대륙법에 의하면, 계약을 수정하려는 당사자들간의 합의는 그 수정이 당사자 중 일방만의 의무에 관한 것이라도 수정할 만한 충분한 원인만 존재한다면 약인없이 합의만으로 유효하다. 이에 반하여 영미법에 의하면, 당사자 중 일방만의 의무의 수정은 약인이 결여되어 있기 때문에 원칙적으로 유효하지 못하다.

본 규정이 생각하고 있는 수정의 형태는 상업계약의 이행과정에서 종종 일어나는 물품의 설명서, 인도날짜 또는 이와 유사한 것들에 있어 기술적인 수정을 의미한다. 따라서 이러한 계약상의 기술적인 수정(technical modifications)이 일방의 비용을 증가시키거나 타방에게 계약의 가액을 감소시킨다 해도 가격에 변경이 없을 것임을 당사자들은 합의할 수 있으며, 이러한 합의는 본 규정에 따라 유효하며 이로 인해 약인을 필요로 하는 영미법의 원칙을 극복할 수 있다.

계약체결 후 타방에게 발송한 일방의 송장이나 확인서상의 내용이 계약체결 때의 내용과 다르거나 추가된 경우, 계약의 수정여부에 관한 질문에도 본 규정이 적용된다. 따라서 당사자들이 추가하거나 다른 내용에 합의한 것이 확인된다면 이러한 내용이 계약의 일부가 됨을 본 규정이 묵시하고 있다. 그리고 수령자 입장에서의 침묵이 계약수정의 동의에 상당하는지 여부에 관해서는 이미 언급한 18조 (1)항을 참고하면 된다.

송장이나 확인서상의 상이한 내용을 본 규정이 포함함으로써 기존 계약의 내용을 수정하려는 제의와 승낙이나 추가 또는 다른 내용을 두고 있는 청약에 대한 회답(반대청약)과는 구분해야 한다. 후자의 경우는 이미 언급한 19조에 의해 지배된다.

2) 서면계약의 수정이나 취소(합의에 의한 종료)/(2)항

11조에 의하면, 계약은 서면에 의해 입증되거나 체결될 필요가 없음을 규정하고 있다 해도 당사자들은 이러한 요건을 재도입할 수 있다. 따라서 위에서와 유사한 문제라도 서면에 의하지 아니하는 한 수정이나 취소(합의에 의한 종료)를 불가능하도록 합의한 계약은 구두로 수정되거나 취소(종료)될 수 없다.

어떤 법률체계에 의하면 계약 그 자체의 반대규정에도 불구하고 구두로 계약

수정이 가능하다. 이러한 결과는 11조로부터 추정함이 가능하다. 그러나 여하한 수정이나 취소를 불허한다는 서면계약은 다른 방법으로는 수정이나 취소될 수 없음이 본 규정의 취지이다.

경우에 따라서는 타방으로 하여금 서면계약의 수정이나 취소를 주장할 수 있을 정도로 일방이 적절하지 아니한 행동을 할 수 있다. 이 경우 이러한 일방의 행위를 타방이 의존한 범위까지 일방은 본 규정을 원용할 수 없다는 일종의 금반언의 원칙을 역시 본 규정이 주장하고 있다.

따라서 서면으로 수정이나 취소가 되도록 요구한 계약상의 규정을 주장하길 원하는 당사자는 타방이 자신의 행위를 신뢰한 범위까지 그 규정의 원용이 금지됨을 주의해야 한다. 이러한 사실도 경우에 따라서는 최초의 계약 당사자가 서면외의 방법으로 된 수정의 유효성을 부정한다면, 최초의 계약내용이 재생될 수 있음을 의미할 수 있다.[13)]

본 규정 역시 11조와 같이 12조와 96조에 의해 적용이 배제될 수 있다.

3) PICC의 원칙

PICC는 1.3조를 통해 계약의 구속성, 즉 유효하게 체결된 계약은 당사자들을 구속하지만 계약의 내용이나 당사자들의 합의 또는 달리 명시한 규정이 없다면 본 원칙에 의해서만 수정되거나 종료될 수 있음을 규정하고 있다.

이러한 총칙에 따른 3.1.2조 단순한 합의의 효력에 관한 규정은 CISG 29조 (1)항과 유사하게 당사자들에 의한 계약의 수정과 종료에 관하여 약인의 요건을 면제시켜 일체의 추가요건 없이 단순한 합의에 의해 체결, 수정, 또는 종료됨을 규정하고 있다.

그러나 PICC 2.1.18조는 협약 29조 (2)항과 유사한 규정을 통해 협약상의 기술적인 수정을 배격하고 서면계약을 체결한 당사자들은 합의에 의한 수정이나 종료 역시 서면으로 되어야 함을 보증하고, 이를 위해 계약상에 특별조항을 포함하길 원할 수 있다. 이런 경우 동 조항은 일체의 구두 수정이나 종료는 효력이 없는 것으로 함을 규정하고 있다. 그러나 이런 경우라도 타방이 그러한 행위를 신뢰하여 행동한 범위까지의 일방행위는 자신으로 하여금 어떠한 서면 수정조항을 주장하지

---

13) A/CONF.97/19, p.28.

못하게 할 수 있음을 명시하므로 일반원칙에 대한 하나의 예외를 규정하고 있다.

그리고 3.2조에 의하면 계약은 일체의 추가요건 없이 당사자들의 단순한 합의만으로 체결과 수정 내지 종료가 될 수 있다. 동 규정에 따라 국제거래를 위한 계약은 그 체결과 수정 내지 종료에 있어 영미법에서의 약인이나 대륙법 계통에서의 약인요건 없이도 계약의 체결, 수정, 종료의 효과를 나타낼 수 있음을 의미한다. 주의를 요하는 것으로 모든 계약의 경우 낙성계약이 대전제임을 알아야 한다.14)

---

14) http://www.unidroit.org/english/principles/chapter−1.ht, 1.3, comment, chapter−2.ht, 2.18, comment, and chapter−3.ht, 3.2, comment.

제 2 장 매도인의 의무

1. 구 성

2. 개 요

본 장은 매도인의 의무 가운데 필수적인 의무에 관하여 30조에서 간략하게 진술함으로써 시작하고 있다. 그리고 나머지 규정들은 3절로 나누어 규정하고 있는데, 제1절과 제2절은 매수인의 가장 중요한 의무인 물품의 인도시기와 장소, 물품의 품질, 제3자의 청구권으로부터 물품의 자유 등에 관해 규정하고 있고, 제3절은 매도인이 계약하의 자신의 의무를 이행하지 못한 때, 매수인에게 주어지는 기본적인 구제를 각각 규정하고 있다.

3. 규정과 해설

【1】 30조 : 매도인 의무 요약

Article 30
The seller must deliver the goods, hand over any documents relating to them and transfer the property in the goods, as required by the contract and this Convention.
매도인은 계약과 이 협약의 요구에 따라 물품을 인도하고 물품에 관한 서류를 교부하며 물품의 소유권을 이전하여야 한다.15)

이미 4조에서 언급한 바와 같이 4조가 CISG는 국제무역실무의 원칙에 관한 규정이라면 본 조항은 원칙에 근거한 이행의 구체적인 규정이라 할 수 있는바, ULIS 18조에 근거한 DCIS 28조와 실질적으로 같으며, 매도인의 주요한 의무를 요약하고 있다. 즉, 제2장의 범위를 소개하고 본 장이 다루고 있는 주요한 의제(議題)와 의제의 순서에 관심을 기울이고 있다. 이러한 사실은 제3장인 매수인의 의무를 규정한

---

15) 인도, 서류제공, 소유권이전은 매도인의 인도이행의 다양한 국면일 뿐 동전의 양면성과 같다. 즉 인도는 실물의 인도이고, 서류인도는 물품이 상징적 인도이고, 소유권이전은 물품의 법적 인도로 볼 수 있으며, L/C의 등장으로 이 3가지 인도가 시차를 두고 이루어지고 있을 뿐이다. 이렇게 볼 때 이 3가지 인도는 동일한 의미의 상이한 표현으로 볼 수 있다. 물론 계약상의 인도방법의 내용에 따라 있을 수 있는 인도방법의 종류의 의미로 볼 수도 있으나 현실적으로는 위의 내용이 더 타당하다.

53조와 유사하다.

1) 매도인의 기본적인 의무

본 조항은 매도인의 기본적인 의무이자 주요한 의무로서 다음과 같은 3가지를 요약하고 있다.

① 물품을 인도하는 것
② 물품에 관한 서류를 인도(교부)하는 것
③ 물품의 소유권을 이전하는 것

매도인은 이러한 기본적인 의무를 계약 또는 협약이 정하는 바에 따라 이행해야 하지만, 만약 양자가 모순되는 경우 제6조의 규정에 따라 협약국이 제12조에 근거하여 제96조의 선언을 한 경우를 제외하고, 당사자들은 협약의 적용을 배제하거나 효과를 감쇄 또는 변경할 수 있게 되어 있기 때문에 계약이 우선한다.

그리고 소유권이전을 매도인의 의무로 하고 있지만, 4조 (b)에 의하면 매각될 물품의 소유권에 관해 가질 수 있는 효과에는 협약이 관여하지 아니한다고 규정하고 있기 때문에, 어떻게 해서 소유권이전 의무가 이행되는가에 관해서는 국제사법의 원칙에 따라 적용되는 국내법에 따르게 된다.[16]

청약서나 계약서상의 정형거래조건(가격조건)별 인도되는 물품과 관련한 청약상의 주요한 7대 거래조건을 정확하게 규정하고 있는 Incoterms 1990 제정 당시 약정된 장소에서 물품인도를 함으로써 위험이 이전하기 때문에 소유권도 동시에 이전한다는 결론을 기도하였으나 반드시 위험이전과 소유권이전이 연계되지도 않고, 될 필요도 없기 때문에 위험의 이전과 소유권의 이전을 별개로 취급하게 되었다.[17]

따라서 소유권이전에 관한 한 불명확하여 현실적으로 받아들이기 어려운 규정인 CIF 계약에 관한 와르소−옥스포드 규칙(Warsaw−Oxford Rules for CIF Contract) 6조[18]를 제외하고 소유권 이전은 통일된 국제규칙이나 협약의 적용대상

---

16) 新 掘聰, 前揭書. p.51.
17) ICC Commission Records 1990, p.55.
18) 동 규정에 의하면, "매도인이 매각된 물품에 관하여 법으로 행사할 권리가 있는 유치권이나 유보권 또는 운송정지권을 제외하고, 물품의 소유권이전 시기는 매도인이 매수인의 점유하에 서류를 인도한 때로 한다."고 규정되어 있다.

밖이다.

2) 물품의 인도

본 조항은 매도인이 물품을 인도해야 함을 규정하고 있다. 그러나 계약에 일치하는 물품(goods in conformity with the contract)의 인도는 규정하고 있지 아니하다. 따라서 계약에 일치하지 아니하는 물품이 인도될 경우에도 물품의 인도로서 여전히 간주되는 결과를 낳고 있다.[19)

이런 경우 매수인은 45조에 명시된 구제권을 갖는다. 이에 대한 사무국의 주석에 의하면, 특정물(specific goods)의 경우 계약에서 요구하는 정확한 물품(the exact goods called for in a contract)을 인도해야 하고 불특정물(unidentified or unascertained goods)의 경우 계약이 요구하는 물품의 설명서에 일반적으로 일치하는 물품(goods which generally conform to the description of the type of goods called for by the contract)을 인도해야 함을 규정하고 있다.

그러나 현실적으로 볼 때 계약서상 결제방법인 L/C상에 Incoterms가 명시되고 있으므로 협약이 물품의 인도를 규정하고 Incoterms가 매도인의 의무 A.1에서 그 물품이 특정물, 불특정물, 또는 확정물(ascertained goods)인 것과 관계없이 계약에 일치하는 물품(the goods … in conformity with the contract)의 인도를 규정하고 있기 때문에 계약규정이 협약에 우선하므로 협약상의 물품의 인도는 계약서상의 설명서에 일치하는 물품으로 이해되고 있다.

3) 물품의 소유권 이전

본 조항은 매도인에게 물품의 소유권을 이전시킬 의무를 부여하고 있다. 그러나 소유권을 이전해야 한다는 이러한 의무가 어떻게 정확하게 이루어져야 하는지는 협약에 규정이 없다. 따라서 국내법에 의해 지배되어야 하므로 국내법은 계약이 체결될 때 소유권이 이전하는지 여부, 어떤 서류가 소유권이전을 위해 필요한지 등을 결정해야 한다.

---

19) 이런 경우 매수인은 45조에 규정된 구제권을 가진다. Emmanuel 교수는 이런 경우 이행과 동시에 계약위반이 된다고 주장하고 있다(S. Emmanuel & S. Knowels, *op. cit.*, p.18).

사무국의 주석에 의하면, 4조 (b)항과 관련하여 매도인이 원한다면 자신의 계약서상에 준거법을 전제로 구입대금의 지급 후에 소유권을 이전하기로 합의한다는 권리유보조항의 삽입을 허용하고 있다.[20]

그리고 운송중인 물품의 위험이전에 관한 67조의 주석에 의하면, "지급받지 못한 매도인은 지급이 이루어질 때까지 담보의 형태로 운송서류를 유보하는 것이 관례이다"라고 언급하고 있다.[21]

선하증권에 의한 대금결제 방식의 국제물품매매거래는 전통적인 영미보통법과 UCC 2-401조 (1)항에 의한 소유권이전과 유보방법에 따른 것이다. 따라서 이러한 전통적인 영미보통법과 UCC를 전제로 하여 계약서상에 가격조건으로 Incoterms, 결제방법으로 L/C에 의한 대금결제를 등장시킴으로써 물품의 소유권 이전 문제가 현실적으로 해결될 수 있다.

그러나 운송수단의 발달로 인해 전통적인 선하증권 외에 복합운송서류(multimodal transport document : MTD), 전자기록이나 절차(an equivalent electronic record or procedure)의 활용 증대로 근본적으로 유통불능인 이들 서류들을 소유권이전과 관련시킬 때 문제가 있으나, 이들 서류를 유통가능으로 발급하여 매입을 가능케 하는 제도적 장치를 통해 보완하면 가능할 수도 있다. 그러나 국제간의 물품매매거래가 전통적인 담보권 유보와 연결되지 아니하고 단순한 대금결제만을 위해 유통가능 형식으로 발급되는 서류에 의해 이루어지는 추세에 있다. 따라서 현재와 같이 전통적인 방법과 현대적인 방법을 병행하든지, 아니면 전통적인 방법을 현대적인 방법에 흡수시켜 통일시키는 방법도 생각할 수 있다.[22]

국제상거래에 전자시스템의 도입으로 거래가 더욱 활성화되고 있는데, 현실적으로 통일된 소유권 이전에 관한 법이 없는 상황하에서 국제상거래에 있어 전통적인 종이서류에 의한 소유권이전과 전자기록이나 절차(an equivalent record or procedure)에 의한 소유권이전에 대해 살펴보면 다음과 같다.

(1) 권리유보조항

국제거래에 있어서 소유권의 이전은 계약서상의 권리유보조항(retention of title

---

20) 이렇게 되려면 매매계약에 협약의 적용에 대한 이의를 제기하지 아니해야 한다.

21) A. H. Kritzer, *op. cit.*, p.227.

22) 필자의 생각으로는 후자의 방법으로 나아가는 것이 국제물품거래의 원활화에 더욱 도움이 될 것 같다.

clause)을 통해 이루어지고 있다. 권리유보조항은 흔한 조항으로서 사실 권리유보와 소유권유보의 규정은 대개 묵시적으로 합의하고 있다. 대개 매도인은 물품의 구입대금 전액이 지급될 때까지 물품의 소유권을 유보함을 규정하고 있다. 권리유보조항이 없는 매매에 있어서의 권리는 구입대금의 지급과 별도로 매도인으로부터 매수인에게 이전하는데, 어떤 나라에 의하면 권리는 물품의 물리적 인도 시에 이전한다고 규정되어 있는가 하면, 어떤 나라에서는 권리는 당사자들 간에 이루어진 합의에 따라 이전한다고 규정되어 있다. 따라서 합의에 따라 물품을 수령한 매수인이 대금지급을 원하지 아니하거나 지급을 할 수 없다면, 매수인은 물품권리의 청구가 금지될 수 있다.

이렇게 볼 때 권리유보조항은 매수인이 지급불능이 되고, 다른 채권자들이 매수인의 잔여재산에 대해 경합할 경우 결정적 역할을 하게 된다. 따라서 효과적인 권리유보조항에 따라 매도인은 매수인이 파산이 되었다 해도 물품을 청구할 수 있다.

권리유보조항의 경우 다양한 형태가 있으나 다음과 같은 두 개의 주요한 형태로 요약된다.

① 단순권리유보조항 : 매도인이 대금지급을 받을 때까지 권리를 유보한다. 이미 언급한대로 대개 단순권리유보는 확대유보와 달리 명시적 합의 없이도 묵시적으로 계약서나 신용장을 통해 합의하고 있다.

② 확대권리유보조항 : 매도인이 다음과 같은 사항을 권리이전에 포함할 때이다.

　ⅰ) 물품의 계약대금

　ⅱ) 계약물품과 혼합되거나 동 물품으로부터 제조된 모든 물품

　ⅲ) 매수인이 매도인에게 지급의무가 있는 모든 부채

　ⅳ) ⅰ)~ⅲ)의 조합

상기 확대 권리유보조항의 원용가능성은 적용되는 국내법에 좌우된다. 따라서 매매계약 등의 초안자들은 권리이전에 관한 국내법에 보조를 맞추어 권리유보조항을 준비해야 한다.[23)]

(2) 권리유보와 소유권이전

현실적으로 대규모 프로젝트의 경우를 제외하고 국제간의 거래에는 계약서를 작성하지 아니하고 거래하거나 계약서를 작성한다 해도 권리유보와 소유권이전에

---

23) G. Jiménez, *op. cit.*, p.69.

대한 규정을 하고 있지 아니함이 일반적이다. 이러한 상황 하에서 국제거래의 권리유보와 소유권이전과의 관계가 어떻게 묵시적으로 이루어지고 있는가를 보면 다음과 같다.

가. 영 국

(가) 불특정물품(unascertained goods)[24]

물품이 특정(충당, 확정: identify, set aside, appropriate)될 때까지 소유권은 이전하지 아니한다.

(나) 특정물품(specific goods)

물품이 특정되어 있는 경우 소유권은 당사자들의 의사에 따라 이전한다.

(다) 해석원칙

이상의 소유권이전 2대 원칙에 대한 해석원칙으로서 소유권이전에 관한 당사자의 의사가 분명하지 아니한 경우의 원칙이다.

① 매매의 목적물이 특정물로서 인도할 상태에 있고, 매매계약이 무조건의 경우에는 매매계약 성립 시에 이전한다.

② 매매의 목적물이 특정물로서 인도할 상태로 하기 위하여 일정한 행위를 하고, 매수인이 그 통지를 받을 때 이전한다.

③ 매매의 목적물이 특정물로서 인도할 상태에 있고, 대금을 확립하기 위해 일정한 행위를 하고 매수인이 그 통지를 받은 때 이전한다.

④ 승인조건부 또는 반환권유보부매매 기타 이와 유사한 조건부 거래인 경우 물품이 매수인에게 인도되고, 매수인이 일정한 행위를 한 때 이전한다.

⑤ 불특정물매매의 경우에는 타방의 동의를 얻은 불특정물 또는 선물계약에의

---

24) 불특정물(unascertained goods)이란 매매계약의 목적물로서 미리 특정되어 있지 아니하는 물품으로 예컨대 철광석 10ton, 츄잉껌 10박스 등과 같이 표시될 때 산더미 같이 쌓여있는 철광석 중 어느 부분이 될지, 1분에 수천개 생산되는 껌 가운데 어느 부분이 될지는 모르는 상태의 매매대상물로서 종류매매의 경우 물품을 의미한다. 반면에 특정물(specific goods)이란 매매계약의 목적물로서 미리 특정되어 있는 것으로 대체의 여지가 없는 골동품 그림, 주문 상품 등을 의미한다. 확정물(ascertained goods)이란 계약체결 당시 불특정물이었으나 계약의 목적물로서 충당, 즉 확정된 때의 물품을 의미한다.

물품(goods)과 더불어 사용되는 화물(cargo)은 운송수단에 적재된 물품이 단일물품으로서 구성되어 있을 때 그 물품을 화물이라고 하는데, 그 대표적인 예가 철도하차나 선박상에 철광석을 적재한 경우 이때 물품을 화물이라 한다. 이 외의 모든 물품을 물품(goods)이라 한다.

Houtte는 불특정물품을 generic goods라 하고 있다(H. V. Houtte, *The Law of International Trade Law*, Sweet & Maxwell, 1995, p.145).

무조건 충당 또는 인도에 의한 계약에의 무조건 충당이 이루어진 때 이전한다.[25]

(라) 처분권유보원칙

이상과 같은 물품의 이전원칙에 일정한 조건, 즉 현금수령이 된 때나 선하증권이나 환어음을 개입시켜 이들이 지급될 때까지 물품의 처분권(담보권: the right of disposal of the goods)을 유보키로 한 경우, 이런 조건이 성취된 때 소유권은 이전한다.[26]

(마) 국제상거래에서의 소유권이전원칙

상기 ①~⑤의 원칙에 근거한 (라)의 원칙은 일종의 소유권 유보조항으로 볼 수 있으며, 이러한 원칙에 따라 오늘날 국제상거래 특히 물품거래에 있어 선하증권을 개입시켜 대금지급이 이루어질 때, 선하증권을 개입시키지 아니할 경우 선적 때에 각각 물품의 지배권(물품의 인도청구권)과 소유권이 이전한다는 전부 아니면 전무(all or nothing)의 물품의 지배권과 소유권이전원칙을 영국에서는 인정하고 있다.[27]

나. 미 국

(가) 국제상거래의 소유권이전원칙

영국 물품매매법을 그대로 반영한 미국 통일매매법(Uniform Sales Act: USA)[28] 역시 소유권이전원칙은 영국과 같다. 다만 이러한 이전원칙에 입각하여 미국에서 개발된 물품의 지배권과 소유권이전방법은 영국과 같이 전부가 아니면 전무라는 소유권이전방식이 아닌 소유권 분할이론을 개발하여 적용하고 있다. 이러한 소유권 분할이론에 의한 소유권이전방식은 오늘날의 국제상거래에 그대로 적용되고 있다고 볼 수 있으며, 영국의 소유권이전방법을 진일보시킨 방법이라 할 수 있다.

소유권 분할이론이란 대륙법에서는 소유권의 내용을 사용권, 수익권, 담보권으로 보고 있는 데 반해 미국에서는 소유권을 수익이익(beneficiary interest)과 담보이익(security interest)으로 나누어 이러한 소유권은 분할해서 가질 수 있음을 전제하고, 이러한 소유권분할소유에 근거한 소유권의 이전방식을 국제상거래의 대표적 물

---

25) SGA, 16, 17, 18.
26) SGA, 19.
27) SGA, 16, 17, 18, 19, 20.
28) USA, 20, USA에 근거해서 제정된 통일상법전, §2-205 역시 국제거래의 경우 분할이론에 의한 소유권이전을 규정하고 있다.

품의 인도요구권 서류인 선하증권에 적용시켜 활용하므로 오늘날 은행을 통해 이루어지는 신용장거래에 의한 소유권이전의 이론적 뒷받침을 묵시적으로 제공하고 있다.

국제상거래 특히 물품매매계약의 경우 이러한 소유권분할이론에 근거한 물품의 지배권과 소유권의 이전방식은 매매계약에 근거한 신용장 상의 대금지급규정과 동규정과 관련한 물품의 인도요구권인 선하증권규정에 전적으로 좌우된다. 이상의 내용을 예를 들어 설명해보자.

매매계약서 상에 "payment by L/C"로 되어 있을 경우 신용장 상에 대금지급 규정으로 예컨대, "… which is available by negotiation by your draft … accompanied by the following documents marked X"와 이 규정과 관련한 물품의 지배권(청구권)인 선하증권 규정으로 예컨대, "Full set of clean on board ocean bills of lading made out to _____ and endorsed in blank marked freight _____ and notify _____."와 같이 규정된다. 이처럼 신용장상에 지급조건과 이러한 지급에 결정적 역할, 즉 담보의 역할을 하는 선하증권에 관한 규정이 나와 있다.

(나) 소유권 이전 사례

선하증권을 중심해서 소유권이전에 대해 설명하면 다음과 같다.

① 일반적으로 선하증권은 특수한 경우를 제외하고 전통(full set)의 선하증권을 요구하고 있다.

이는 오늘날처럼 통신과 교통수단이 발달하지 못하던 시절의 무역거래에 있어서 오늘날과 달리 상대적으로 선하증권의 위치는 절대적이었다.

따라서 분실의 경우에 대비하여 전통(全通)인 3통을 발급하는 것이 관습으로 되어왔고, 이러한 분실에 대비한 선하증권의 발급통수에 따라 환어음을 비롯한 모든 서류들도 사실은 분실대비에 근본목적을 두고 복본으로 발급되고 있으며, 지금도 신용장개설시 개설은행이 매입은행에 지시하는 지시란을 보면 모든 서류는 2조 (set)로 나누어 발송하도록 하고 있다. 물론 2조(set)로 나누어 발송된 서류는 먼저 수입지에 도착하여 대금지급 등이 이루어지면 나머지 서류는 무효가 되게 하고 있는바, 특히 두통(set bill)으로 발급되고 있는 환어음상의 환어음이라는 문언 (First<or second> Bill of Exchange second<or first> of the same tenor and date being unpaid)과 선하증권상의 효력문언(one of these Combined Transport Bills of

Lading must be surrendered duly endorsed in exchange for the goods … one of which being accompanied the other(s) to be avoid ….) 등이 이를 입증하고 있다.

② 발행되는 선하증권은 무고장(clean)이라야 한다.

선하증권에는 통상 "shipped in apparent good order and condition"과 같이 "물품이 외견상 양호한 상태로 선적이 되었다"는 취지의 기재가 있는바, 이런 문언에 어떠한 제한도 수정도 가해져 있지 아니하는 경우 이 선하증권을 무고장(무사고) 선하증권(clean bill of lading)이라 부른다. 신용장통일규칙 규정 27조 a)에 의하면 무고장 운송서류(clean transport document)를 다음과 같이 규정하고 있다.

무고장 운송서류라 함은 화물 또는 그 포장에 하자가 있는 상태임을 명시하는 부가조항이나 단서가 기재되어 있지 아니하는 서류를 말한다. 무고장(clean)이라는 말은 비록 신용장에 요구된 경우에도 운송서류상에 명시할 필요가 없다(A clean transport document is one which bears no superimposed clause or notation which expressly declares a defective condition of the goods and/or the packing. The word "clean" need not appear on a transport, even if a credit has a requirement for that transport document to be "clean on board").

여기서 운송서류란 선하증권만이 아니고 항공화물운송장, 복합운송서류, 화물수취증 등을 포함하는 것으로 해석되지만, 이 정의로부터 알 수 있는 것은 고장부 선하증권(foul or dirty bill of lading)이란 물품 또는 그 포장에 하자 있음을 표시한 적요(摘要, remarks)가 있는 선하증권을 말하는 것이다.

선하증권을 고장부로 만드는 적요에는 상자파손(box broken), 2개 부족(2 pieces short)과 같이 선적 시에 물품 또는 포장에 문제가 있었음을 분명히 진술하고 있어야 한다.

따라서 ⓐ 물품 또는 포장이 불만족스럽다고 분명히 언급하고 있지 아니하는 주기(예컨대 중고상자, 중고드럼 등), ⓑ 물품 또는 포장의 성질에 따라 생길 장래의 위험에 관해 면책을 강조하는 주기, ⓒ 물품의 내용, 중량, 용적, 품질 등에 관해 모른다는 취지의 주기, ⓓ 선적 후에 일어난 사고에 의한 손상에 관한 주기 등의 불분명한 주기는 선하증권을 고장부로 하는 것이 아니다.[29]

그런데 무역실무자는 평상시 이러한 고장부 선하증권에 대한 실수를 하지 아

---

29) ⓐ~ⓒ에 관해서는 CIF계약에 관한 Incoterms 1980 참고, ⓓ에 관해서는 Golodetz & Co. Inc. v. Czarmikow-Rionda. Co. Inc. 사건을 통해 알 수 있다.

니하도록 조심해야 한다. 대개 "물건이 부패되어 있다"거나 "포장이 파손되어 있다"는 적요가 있는 선하증권을 발견하는 것은 거의 드물다. 이는 하송인인 매도인이 만약 선적 시에 현품의 파손 등을 발견한 경우 신속하게 물품을 교환한다든지 수리하는 등의 조치를 취하고 있기 때문이기도 하지만, 본선수취증에 이러한 주기가 있어 이것이 선하증권에 주기될 가능성이 있는 경우 그대로 두면 선하증권이 고장부로 되어 대금결제상 무고장 선하증권을 요구하고 있는 신용장의 요건을 충족할 수가 없기 때문에 하송인이 선박회사에 보상장(letter of indemnity: L/G)을 담보하고서 선하증권을 무사고로 발급받고 있기 때문이다. 이 보상장에는 무고장 선하증권 발행의 결과로서 선박회사가 입을 어떠한 손해도 보상한다는 기재가 되어 있지만 선박회사는 물품 또는 포장의 결함을 알고서도 무고장 선하증권을 발행하고 있기 때문에 여기에 따르는 어려운 법률문제가 생긴다. 즉 이 경우 선박회사도 하송인도 현품이 무고장 선하증권을 발행할 수 있는 그러한 상태가 아님을 알고 있으면서 공모해서 선의의 하수인 또는 피이서인을 속이는 것이 되어 엄격히 말해서 보상장은 무효라고 생각되기 때문이다. 따라서 무효라면 선박회사는 하송인에게 보상을 요구할 수 없기 때문에 선박회사의 입장에서 볼 때 보상장은 전혀 법률상의 가치가 없는 것이 된다.[30]

이 경우 선박회사는 무고장 선하증권을 발행한 이상 물품이 외견상 양호한 상태로 선적되었음을 부정할 수 없기 때문에 물품이나 포장상에 하자가 있다면 배상책임을 부담하지 아니할 수 없는 어려운 처지에 놓이게 된다.[31] 그러나 실제에 있어 포장이 파손되어도 내용물은 문제가 없는 경우도 있고 대부분의 경우 매도인과 매수인간의 대화를 통해 문제가 해결되므로 심각한 법률분쟁으로 발전하는 경우는 극히 드물다고 생각된다.

③ 발행되는 선하증권은 UCP 20조에 의하면 선적선하증권(on board or shipped B/L)이라야 한다.

선적선하증권으로 무역매매에서 흔히 사용되고 있는 선하증권으로서 증권면의 모두에 "shipped in apparent order and condition ⋯ on board the steam or motor vessel ⋯."로 기재되어 있다, 선적선하증권을 미국에서는 "on board bill of lading"이라 부르고 있다.

---

30) Clive M. Schmitthoff, *op. cit.*, p.511.
31) 단 헤이그규칙(Hague Rules)에 의하면 이론상 선박회사가 반증을 할 수가 있다.

이에 대해 수취선하증권으로 증권 면에 본선갑판선적을 위해 외관상 양호한 상태로 수령하였음(received in apparent good order and condition … for shipment on board the ship ….)으로 기재되어 있으며, 컨테이너의 경우 선박회사의 컨테이너 야드(container yard)에서 발행되는 선하증권은 이러한 수취증권형태이다.

양자의 차이는 대단히 크다. 선적선하증권의 경우 선박회사는 물품이 본선에 적재되었음을 확인하고 있지만, 수취선하증권의 경우는 단지 물품이 선박회사의 점유하에 인도하였음을 확인하는 데 지나지 아니하여, 그것만으로는 현품이 본선상에 있는지 아니면 육상의 창고에 있는지가 분명하지 아니하다.

일반적으로 대금결제가 신용장에 의해 이루어지고 있는 경우, 신용장상에 선하증권에 관해서 무고장, 선적필, 지시식과 백지이서(clean, on board, to order and blank indorsed)된 것으로 요구하고 있는 경우가 보통이지만, 수취선하증권은 선적을 입증하는 것이 아니기 때문에 이 요건을 충족시키지 못하고 있다. 따라서 실무적 요청에 따라 수취선하증권에 선적된 일부와 선박명을 기재하므로 ××날짜에 ××선박갑판에 적재필하였음(loaded or laden on board S/S …, dated …)과 같이 적재를 완료했다는 취지의 문언, 본선명 및 일부를 기입해서 발행자가 서명하므로 수취선하증권은 실질적으로 선적선하증권으로 전환된다. 이러한 수취선하증권에의 기입을 "선적증명부기"(on board notation or endorsement)라 한다. 선적증명부기의 선하증권을 적재표시가 추가된 선하증권(on board notation B/L)이라 한다. 컨테이너 선하증권으로 실제로 수취선하증권의 형식으로 인쇄되어 있지만 이러한 수속을 경유해서 선적선하증권과 동등한 것이 된다.

헤이그규칙(Hague Rules) 3조 (7)항은 선적증명부기에 의해 수취선하증권이 선적선하증권으로 전환됨을 분명히 규정하고 있다. 역시 신용장통일규칙도 19조 (a)(ⅱ)에서 선적증명부기가 있는 수취선하증권에 대해 선적선하증권과 동등한 자격을 인정하고 있다.

실제 수출자와 선박회사의 입장에서는 수취선하증권, 수입자의 입장에서는 선적선하증권을 선호하는 경향이 있다. 왜냐하면 수출자의 경우 ⓐ 조기 할인(nego)의 가능, ⓑ 창고보관에 따른 위험과 비용부담의 경감 때문이며, 선박회사의 경우 ⓐ 신속한 하역과 신속한 출항을 통한 해운경영의 합리화, ⓑ 사전물량확보, ⓒ 운송수단의 발달 등의 이유에서 수취선하증권을 선호하고 있다. 반면에 매수인의 경우에는 보다 안전하고 확실한 수입물품의 확보라는 차원에서 선적선하증권을 선호하기 때문이다. 이러한 3자의 선호가 운송수단의 발달로 인한 컨테이너 선하증권의 등장으로 해결되는 경향이다.

④ 발행되는 선하증권은 해상(ocean or marine)선하증권이라야 한다. 이는 주 운송수단이 해상운송수단이어야 함을 의미한다.

⑤ 발행되는 선하증권은 발행형식(… made out to …)이 명시되어야 하는바, 이하에서 다시 상술키로 한다.

⑥ 발행되는 선하증권은 유통을 전제로 하기에 유통가능방식으로 대개 백지이 서(endorsed in blank)를 요구하는 선하증권이어야 한다. 백지이서란 은행의 편의를 위한 것으로 매도인이 은행에 할인(nego)할 때 선하증권의 이면에 권리를 양도할 때 피이서인을 지명하지 아니하고 이서인인 매도인이 서명한 경우로서, 이 경우는 인도에 의해서만 유통이 된다.

반면에 신용장 상에 연속이서(special or full endorsement or endorsed in full) 의 지시가 있는 경우에는 반드시 매도인이 할인(nego)시 이서인과 피이서인란을 빠 짐없이 기재하므로 이서에 의해서만 유통되기에 은행의 입장에서는 업무상 불편이 있을 수 있다.

⑦ 발행되는 선하증권은 운임(freight)에 대해 가격조건인 인코텀즈에 따라 주 운임을 매도인이 지급해야 하는 경우에는 운임선급(prepaid)표시를, 매수인이 지급 해야 하는 경우에는 운임추심(collect)표시가 된 선하증권이라야 한다.

⑧ 발행되는 선하증권은 수입지에 화물이 도착한 사실을 수입자에게 알려야 하는바, 수입자가 도착항에 위치하고 있을 경우에는 수입자가, 내륙에 위치하고 있 고 대리점이 도착항에 위치하고 있을 경우에는 대리점을 착하통지처(notify)로 지정 하고 있는 선하증권이라야 한다.

기타서류의 경우에도 현실적으로 합의에 의한 유통성을 인정하고 있고, 신용장 통일규칙도 이를 인정하고 있기에 선하증권과 유사한 형태로 발급되고 있다고 볼 수 있다.

특히, 물품의 인도요구권의 상징인 선하증권 해당규정 가운데 소유권이전과 관 련하여 가장 중요한 내용이 선하증권의 발생형식인 "… made out to …"인바, 여 기에 들어가는 내용을 두고 선하증권의 발행형식이라 하며, 이러한 발행형식에 따 른 소유권이전방식을 보면 다음과 같다.

선하증권의 발행형식	선적지	대금지급시
① 매도인 지시식(to order of shipper) to order, to Mr. shipper	수익이익만 이전	담보이익소멸 (전 소유권매수인에게 이전)
② 제3자 지시식(to order of third party) to order of bank or seller's agent)	수익이익만 이전	담보이익소멸 (전 소유권매수인에게 이전)
③ 지참인식(to bearer or cash)	수익이익만 이전	담보이익소멸 (전 소유권매수인에게 이전)
④ A. 매수인 지시식＋매도인의 증권소유 (to order of buyer＋seller in possession of B/L)	수익이익만 이전	담보이익소멸 (전 소유권매수인에게 이전)
B. 매수인 지시식＋매수인에게 증권인도 (to order of buyer＋the sellers delivers to the buyer B/L)	전소유권 이전	_____
⑤ 매수인 기명식(to Mr. buyer)[32]	전소유권 이전	_____

　매도인의 입장에서는 대금지급을 받기 위한 수단이요, 은행의 입장에서는 대금지급에 대한 담보의 역할이요, 매수인의 입장에서는 소유권을 포함한 물품의 인도청구권수령의 기능을 하게 되는 선하증권을 통해 이상과 같이 소유권을 분할해서 이전하는 방법을 소유권분할이전이라 한다.

　주의를 요하는 것은 이미 언급한 대로 소유권과 권리유보에 관해서는 명시적 합의를 하지 않아도 계약서와 신용장상의 표시를 통해 묵시적으로 합의한 것으로 보고 있다. 그리고 선하증권의 발행형식에 따라 소유권이 이렇게 이전한다는 것이지, 선하증권 그 자체는 소유권이 아니며, 어디까지나 소유권을 이전시키는 수단으로 사용될 뿐이며, 목적지에서 운송인을 상대로 물품의 물리적 인도요구권임을 알아야 한다.

　그리고 신용장상에 대금지급과 지급에 대한 담보요구(선하증권)와 담보의 발행형식내용(기명식발행과 같은 특수한 경우는 예외)에 따른 대금지급이 물품의 지배권

---

32) 매수인 기명식의 경우 증권이 없어도 본인임이 입증만 되면 물품의 수령이 가능하며, 매수인 지시식으로 발급된 경우 매도인이 증권을 소지하고 있으면 증권없이 매수인이 물품을 수령할 수 없기 때문에 대금지급 시까지 담보이익은 매도인에게 있게 된다. 그러나 매수인 지시식으로 발급되고 매수인이 증권을 소지하게 되는 경우 선적시 모든 소유권이 매수인에게 이전하게 된다. 그리고 국제상거래에서 위험의 이전은 수익이익이 이전하는 선적 때임을 USA 22조 (1)항이 규정하고 있다(S. Williston, *op. cit.*, pp.106, 161).

(인도청구권)과 소유권이전방식을 묵시적으로 규정하고 있음을 알아야 한다.

이러한 현대국제상거래의 이론과 실제를 조화시킨 공적은 영국의 관습에 근거한 미국의 산물이라고 해도 과언이 아니다. 담보로서의 가치가 없는 기명식 선하증권으로 항공, 도로, 철도, 내수로 및 해상 화물운송장(air, road, rail, inland water, seaway document)과 같이 물품의 영수증과 운송계약의 증거로서의 역할만을 하므로 담보로서의 가치는 없으나, 신용장 상의 규정에 따라 대금지급이 이루어지고 있다. 그리고 물품의 인도에 관한 것은 신용장이나 계약서상의 내용 또는 국제규정에 따라 해결될 수 있다.

(3) 소유권이전에 관한 국제적 비교

소유권이전에 선하증권이 개입하는 경우와 개입하지 아니한 경우로 나누어 물품의 지배권과 소유권의 이전을 전부 아니면 전무로 다루고 있는 영국의 소유권이전방식과 소유권 분할이론에 의한 미국의 소유권이전방식간에는 얼핏 보면 차이가 있는 것 같지만 원리는 같다. 단지 방법론의 차이일 뿐이다.

영국의 경우, 물품의 지배권과 소유권유보방법으로 선하증권을 개입시킨 경우 대금지급 시 전소유권이 이전하고, 물품의 지배권을 포함한 소유권이전과 대금지급과를 선하증권을 통해 연계시키지 아니한 경우 선적 시 이전한다.

이에 반해 미국의 경우, 선하증권이 지시식, 지참인식, 매수인지시식으로 발행될 경우 선적 시 수익이익이 먼저 이전하고 대금지급 시 담보권인 처분권이 물품의 지배권과 함께 이전하므로 전소유권이 이전하고, 기명식으로 발행될 경우 소유권이전과 대금지급과를 연계시키지 아니한 경우로서 선하증권 개입여부와 관계없이 그리고 대금지급여부와 관계없이 선적 시 전소유권이 이전함을 알 수 있다.

그리고 국제매매계약모델 특별조건(MISC special condition) 7조에 의하면, 당사자들이 권리유보에 관해 유효하게 합의한 경우 물품은 대금이 완전히 지급될 때까지 또는 합의한 방법에 따라 여전히 매도인의 소유로 남게 됨을 규정하고 있다. 비엔나 협약이나 인코텀즈도 해결하지 못한 소유권문제를 언급한 것은 좋으나, 소유권이 서류에 의한 대금지급과 연계시킨 SGA 19조 및 20조와 이에 근거한 미국의 방법과 같은 소유권유보방법이 없음이 아쉽다. 이는 아마도 이미 물품매매법에 근거한 미국의 방법과 같은 소유권이전이 있는가 하면, 이와 달리 소유권이전 등에 관해 각국법의 규정이 다양하기 때문에 이들을 다 수용하는 원칙적인 규정을 하다

보니 이렇게 된 것 같다. 그러나 계약서의 중요한 내용인 권리유보와 소유권 이전에 관한 규정의 필요성 명시 자체에 큰 의미가 있다 하겠다.

끝으로 신용장에 대금결제를 위해 요구하고 있는 할인(nego)서류의 유통은 결국 운송서류의 유통이 중심이 되는바, 매수인 기명식으로 된 경우를 제외한 운송서류의 유통방식을 보면 다음과 같다.

① 인도에 의한 유통방법 : 운송서류가 지참인식인 경우, 혹은 특정인 지시식인 경우라도 그 특정인이 백지이서(blank endorsement; endorsement in blank) 혹은 지참인식이서(bearer endorsement)³³⁾를 한 경우는 인도에 의해 유통된다. 선하증권의 경우 지참인식은 바람직하지 않으며 실제 지참인식으로 발행되는 것은 거의 없다. 왜냐하면 분실의 위험이 있기 때문이다.

② 이서에 의한 유통방법 : 운송서류가 특정인 지시식으로 발행되는 경우, 특정인이서는 기명식이서에 따라 유통된다. 이서에는 ⅰ) 백지이서, ⅱ) 지참인(무기명)이서, ⅲ) 특정인(기명식)이서(special or full endorsement)의 3가지가 있다. ⅰ)과 ⅱ)의 경우에는 위에서 말했듯이 이서 후 인도에 의해 유통되지만, ⅲ)의 경우에는 보통 이서를 받은 특정인의 이서, 즉 연속이서(continuous chain of endorsement)³⁴⁾에 의해 유통된다.

인코텀즈 A.1에 의하면 온라인(on-line)운송서류, 즉 동등한 전자기록이나 절차를 인정하고 있다. 따라서 이들에 의한 운송서류 유통절차를 "전자선하증권에 관한 CMI규칙"(CMI Rules for Electronic Bills of Lading: REBL)에 근거하여 보면 다음과 같다.

① 하송인으로부터 물품을 수령할 때 운송인은 하송인이 명시한 전자주소에 따라 통신문을 통해 하송인에게 물품의 영수사실을 통지해야 하며, 이러한 물품의 영수사실을 알리는 전신문은

ⅰ) 하송인의 성명

ⅱ) 종이 선하증권의 발생시 요구될 수 있는 동일한 표현과 유보조항을 두고 있는 물품의 설명서

ⅲ) 물품의 수령날짜와 장소

---

33) 백지이서를 무기명식(지참인식)이서라 하는데, 예컨대 Busan Trading Co., Ltd.(signed)와 같다. 은행에서는 편리하게 지시식의 경우 백지이서를 요구하고 있다. 그 이유는 증권의 이전에 이서가 필요없고 단지 증권의 인도만으로 효력을 나타내기 때문이다.

34) 예를 들면, Deliver to ABC Co., Ltd. from Busan Industrial Co. Ltd.(signed)와 같다.

ⅳ) 운송인의 운송조건

ⅴ) 계속전신에 사용될 개인암호(private key)35)를 포함해야 하고, 하송인은 발송인에게 이러한 수취전신문에 대해 확인을 해야 하며, 이러한 확인에 따라 하송인은 소지인(holder)36)이 되며, 소지인의 요청에 따라 수취전신은 물품의 선적 즉시 선적날짜, 장소에 따라 갱신되고, 갱신된 선적날짜와 장소를 포함하여 상기의 ⅱ) ~ ⅳ)의 정보는 마치 수취전신이 종이선하증권에 명시된 것과 똑같은 효력을 지닌다(수취전신문의 형태와 내용).

② 운송인이 운송조건을 언급하고 있을 경우 이러한 조건은 운송계약의 일부를 구성하는 것으로 합의하고 이해하며, 이러한 조건은 운송계약의 당사자들에게 쉽게 가능해야 하고, 이러한 조건들과 본 규정간에 저촉하거나 양립할 경우 본 규정이 우선한다(운송계약의 조건).

③ 운송계약은 종이선하증권이 발급되었다면 강제적으로 적용되었을 국제협약이나 국내법에 의해 지배된다(준거법).

④ 소지인은 운송인을 상대로

ⅰ) 물품의 인도를 청구할 수 있고,

ⅱ) 하수인의 지명 또는 타방 대신 지정된 하수인을 쓸 수 있으며,

ⅲ) 물품의 지배권과 양도권을 타방에게 양도할 수 있고,

ⅳ) 소지인은 마치 종이선하증권의 소지인인 것처럼 운송계약의 조건에 따라 물품과 관련한 기타 문제에 관해 지시 등을 할 수 있는 유일한 당사자이다.

그리고 물품의 지배권과 양도권의 이전을

ⅰ) 현재의 소지인이 새로운 소지인에게 이러한 권리를 양도할 의사임을 운송인에게 통지하고,

ⅱ) 이러한 통지문의 수령에 따른 운송인의 확인에 의해 유효하며,

ⅲ) 이후부터 운송인은 새로운 소지인에게 개인암호를 제외하고는 상기 ⅰ)에서 언급한 정보를 전달해야 하고,

ⅳ) 새로운 소지인은 물품의 지배권과 양도권의 수령사실을 운송인에게 통지해야 하며,

---

35) 전신의 확실성과 완전성을 보장하기 위하여 당사자들이 협의할 수 있는 숫자와 문자의 기술적인 조합형태를 말함(REBL, 2(f)).

36) 소지인이란 유효한 개인암호를 점유하여 물품의 지배권과 지배권을 이전시킬 자격이 있는 자를 의미한다(REBL, 2(g)).

ⅴ) 운송인은 현 개인암호를 취소하고 새로운 개인암호를 새로운 소지인에게 발급해야 한다.

만약 새로운 소지인이 이러한 권리를 수령하지 아니하거나 합리적인 기간 내에 이러한 수령사실의 통지를 운송인에게 해태하였음을 운송인에 통지한 경우, 이러한 권리의 양도는 발생하지 아니하며, 운송인은 이에 따라 현 소지인에게 통지하고 현 개인암호는 그 효력을 보유하게 된다. 따라서 이러한 방법으로 이루어진 물품의 지배권과 양도권의 양도는 종이선하증권하의 이러한 권리의 양도와 똑같은 효과를 지닌다(지배와 양도권).

⑤ 개인암호는 소지인마다 달라야 하며, 소지인에 의해 양도될 수 없고, 운송인과 소지인은 각각 개인암호의 안전을 유지해야 한다. 그리고 최종 소지인이 개인암호의 사용에 의해 이러한 전자통신문이 내포하고 있는 전신을 확보한 때 그러한 개인암호를 발급받은 최종소지인에게 전자통신문 확인통신을 발송할 의무가 운송인에게 있다.

개인암호는 운송계약을 확인하기 위하여 사용되는 일체의 수단과 전자통신 네트워크에 접근하기 위하여 사용되는 보안단어와 별개로 구분되어야 한다.

⑥ 운송인은 물품의 인도예정 장소와 날짜를 소지인에게 통지해야 한다. 이러한 통지에 따라 소지인은 하수인을 지명하여 개인암호의 입증과 함께 운송인에게 적절한 인도지시를 해야 할 의무가 있다. 따라서 이러한 지명이 없는 경우 소지인은 그 자신이 하수인이 된다. 운송인은 이러한 인도지시에 따라 적법한 신분의 제시에 따라 하수인에게 물품을 인도해야 하며, 이러한 인도는 개인암호를 자동적으로 취소시킨다. 그리고 하수인으로 주장되는 당사자가 실제 그 사람인지를 확인하기 위하여 합리적인 주의를 기울였음이 입증될 수 있다면, 운송인은 부실인도에 대해 면책이 있다(인도).

⑦ 소지인은 물품의 인도전에 언제든지 운송인으로부터 종이선하증권을 요구할 선택권을 가지며, 이러한 서류는 소지인이 결정할 수 있는 장소에서 가능해야 한다.

단, 이러한 서류를 발급할 수 있는 시설을 갖추고 있지 아니하는 장소에서 이러한 서류를 발급할 의무가 운송인에게 없으며, 이런 경우 운송인인 소지인이 결정한 장소에 가장 가까이 있는 발급 가능한 장소에서 이러한 서류를 발급해야 한다.

운송인은 이러한 선택권 행사의 결과로 소지인에게 물품인도 지연에 대해 면책이다. 그리고 운송인은 이러한 선택권의 행사가 물품의 부당한 지연이나 방해를 초래하지 아니하는 한, 물품을 인도하기 전에 언제라도 소지인에게 종이선하증권을 발급할 선택권을 가진다.

이에 따라 발급되는 선하증권으로 개인암호를 제외하고 상기 ①에서 언급한 수취전신문상에 명시된 정보와 본 규정에 따른 전자문서 교환절차에 따라 선하증권이 발급되었다는 취지를 담고 있어야 하며, 동 선하증권으로 소지인의 선택에 따라 소지인 지시식 혹은 지참인식으로 발급되어야 한다.

종이 선하증권의 발급은 개인암호를 취소시킬 것이며, 본 규정하의 전자문서 교환발급절차를 종료시킨다. 그러나 소지인이나 운송인에 의한 이러한 절차의 종료는 본 규정하의 이행 동안 운송계약 당사자들로 하여금 그들의 권리·의무·책임을 면제하는 것은 아니며, 운송계약하의 당사자들의 권리·의무·책임을 면제하는 것도 아니다.

그리고 소지인은 개인암호를 제외하고 상기 ①에서 언급한 수취전신문을 출력(print-out)하여 '유통불능사본'으로 하여 제시하라고 요구할 수 있으며, 이러한 발급 혹은 출력(print-out)은 개인암호를 취소시키지도 전자문서 교환발급절차를 종료시키지도 아니한다(종이 선하증권을 수취할 선택권).

⑧ 운송계약이 서명된 서면으로 증거가 되도록 요구하는 국내법, 지방법, 관행이 컴퓨터 화면상에 언어로 혹은 컴퓨터의 출력(print-out)으로 표시될 수 있는 컴퓨터자료 저장소에 내재하고 있는 전자자료의 확인과 전달에 의해 만족될 수 있음을 이러한 절차를 유효화하는 운송인과 하송인 그리고 모든 후속 당사자들이 합의한다.

본 규정의 채용을 합의함에 있어 당사자들은 이 계약은 서면이 아니라는 항변을 제기하지 아니할 것을 합의한 것으로 간주한다(전자자료의 서면성 인정).

선하증권을 제외한 기타 운송계약에서 전자문서교환의 절차에 대하여 "운송중인 물품권리의 전자적 이전에 관한 CMI규칙"(CMI Rules for Electronic Transfer of Rights to Goods in Transit)에 규정하고 있는바, 동 규정에 의하면 선하증권을 제외한 기타 운송서류가 권리증권이 아닌 영수증과 운송계약의 증거로서의 기능을 가질 수 있음을 규정한 점을 제외하면 선하증권의 전자문서교환 절차와 원칙에 있어거의 같다.

이렇게 볼 때 전자기록이나 절차는 결국 모든 운송서류에 적용이 가능하며, 운송절차가 지니는 법적 성격을 그대로 유지하고 있다고 볼 수 있다. 이러한 CMI규칙에 근거한 볼레로(Bill of Lading Electronic Registry Organization: Bolero)시스템 등으로 선하증권 및 기타 선적서류의 전자화로 인해 유통이 보다 신속하게 이루어지게 되었다.

결국, 국제상거래에서 서류란 대금결제에 의한 소유권이전이 그 주된 목적이라 볼 수 있다.

4) 물품에 관한 서류인도

본 조항은 매도인에게 물품에 관한 서류를 인도할 것을 규정하고 있다. 그러나 구체적으로 어떤 서류를 인도해야 하는지에 관한 언급이 없다.

국제물품거래와 관련한 서류에 대해 계약서나 이에 근거한 L/C상에 특별히 명시가 없는 경우 계약서상의 Incoterms 조건의 종류와 L/C상에 일반적으로 명시되는 제공서류에 관해서는 전 Incoterms 조건상의 매도인의 의무 A.1, A.8, A.1항, 매수인의 의무 B.10에 규정되어 있어 물품에 관한 서류인도에 대한 현실적인 어려움은 없다.

UCC 2－301조(매도인의 의무), 2－501조(매도인의 의무의 이행방법), 2－401조(권리이전)상의 원칙은 본 조항의 규정에 상응하는 규정이면서 위에서 언급된 문제점 및 그 해결방안과 유사한 방법을 취하고 있어 반세기 전에 이미 오늘의 현실적인 거래를 예견한 그 독창성에 놀라울 뿐이다.

결국, 국제상거래에서 서류상 대금결제에 의한 소유권이전이 그 주된 목적이다.

제 1 절 물품의 인도와 서류의 인도

1. 구 성

31조	인도장소
32조	선적준비
33조	인도시기
34조	물품에 관한 서류

2. 개 요

제31조에서 제34조까지는 국제계약의 이행에 있어 중요한 내용, 즉 인도장소와 시기, 선적준비, 물품에 관한 서류등을 규정하고 있으면서도 실제 국제거래에 사용되고 있는 관례적인 거래조건인 FOB나 CIF와 같은 규정을 하고 있지 아니하다.

그 이유를 CISG와 Incoterms의 관계를 통해 알 수 있다.

양자의 관계는 매우 상이한 역할을 하면서 상호보완 관계에 있다. 즉, Incoterms는 CISG의 이행부분인 3부와 밀접한 관계에 있으며 국제거래에 있어 당사자들이 당연히 취해야 하는 중요한 조치인 물품의 인도, 허가, 운송, 보험, 위험과 비용의 이전, 물품과 관련한 서류의 인도, 수령, 검사, 통지 등을 중심으로 이들에 관해 거래 조건별로 구체적으로 규정하고 있다.

따라서 Incoterms를 적절하게 활용한다면 당사자들이 취해야 하는 중요한 조치를 정확하게 정의하는 데 매우 유용할 수 있다. 이에 반하여 CISG는 당사자들이 계약 규정이나 Incoterms의 삽입에 의해서도 해결되지 아니하는 문제에 관해 유용한 해답을 주고 있다고 볼 수 있다.

이들에 의해 해결되지 아니하는 기타 문제들에 관한 해답은 간격메우기 법에서 찾아야 한다. 특히 CISG는 일방이 계약하의 자신의 의무 이행을 해태할 때 Incoterms에서 규정하고 있지 아니하는 광범위한 범주의 상황에서 발생하는 분쟁을 해결하거나 피하는 방법을 규정하고 있다.

이렇게 볼 때, 계약규정이나 계약서상에 Incoterms의 삽입에 의해 해결되지 아니하는 문제에 관한 일반적인 그러면서 유용한 해답을 CISG가 제공하고 있다는 것이 바로 Incoterms와 CISG의 역할에 관한 차이점이다.

그리고 계약하의 자신의 의무이행을 위해 취해야 할 중요한 조치들에 관한 포괄적인 원칙의 설명이 CISG라면, 이들 중요한 조치들에 관해 다양한 거래형태별로 구체적인 내용을 규정하고 있는 것이 Incoterms이다. 이것이 바로 CISG와 Incoterms가 상호보완 관계에 있다고 할 수 있는 점이다.

따라서 이하에서는 상이한 역할과 상호 보완관계를 이해하는 데 도움을 주기 위하여 필요한 경우 매매(賣買)에 관한 국제통일관습 가운데 매(賣)의 핵심인 인도에 관한 대표적인 통일관습인 Incoterms와 관련시켜 설명한다.

3. 규정과 해설

【1】 31조 : 인도장소

Article 31

If the seller is not bound to deliver the goods at any other particular place, his obligation to deliver consists :

(a) if the contract of sale involves carriage of the goods — in handing the goods over to the first carrier for transmission to the buyer;

(b) if, in cases not within the preceding subparagraph, the contract relates to specific goods, or unidentified goods to be drawn from a specific stock or to be manufactured or produced, and at the time of the conclusion of the contract the parties knew that the goods were at, or were to be manufactured or produced at, a particular place — in placing the goods at the buyer's disposal at that place;

(c) in other cases — in placing the goods at the buyer's disposal at the place where the seller had his place of business at the time of the conclusion of the contract.

매도인이 물품을 특정장소에서 인도해야 할 의무가 없다면 매도인의 물품인도의무는 다음과 같다.

(a) 매매계약이 물품의 운송을 수반할 경우 매수인에게 전달하기 위하여 최초의 운송인에게 물품을 인도하는 것

(b) 전호의 규정에 해당하지 아니하는 경우로서 계약이 특정물품 혹은 특정재고로부터 추출될 예정이거나 제조나 생산될 예정인 불특정물품과 관련되고, 당사자들이 계약체결시에 물품이 특정장소에 있거나 특정장소에서 생산 혹은 제조될 예정임을 알았던 경우, 그 장소에서 물품을 매수인의 임의처분(任意處分) 상태로 두는 것

(c) 기타의 경우, 계약체결시 매도인의 영업장소에서 물품을 매수인의 임의처분 상태로 두는 것

매도인의 주요한 의무는 계약과 협약의 요구에 따라 물품을 인도하는 것이다. 이러한 주요한 의무를 수행하기 위하여 물품을 인도해야 할 매도인의 의무이행 방법과 장소를 본 조항이 규정하고 있으며, 매도인의 물품 인도시기에 관해서는 33조

가 규정하고 있고, 66조와 70조는 물품의 인도와 관련하여 물품의 멸실위험에 대한 이전과 관련한 문제를 규정하고 있다. 본 조항은 ULIS 23조에 근거한 DCIS 29조와 실질적으로 같다.

1) 물품인도의 필요성

계약과 본 협약이 요구하는 물품을 인도하는 것이 매도인의 제일의 의무인바, 본 규정은 매도인의 인도의무가 이루어져야 하는 인도장소와 방법을 규정하고 있다.

사무국의 주석에 의하면, 매도인은 물품을 인도하기 위하여 특정물의 경우 계약에서 요구하는 정확한 물품을 인도해야 하며, 불특정물의 경우 매도인은 계약이 요구하는 물품의 설명서에 일반적으로 일치하는 물품을 인도해야 한다. 따라서 계약이 옥수수의 인도를 요구하고 있는데 감자를 인도한다면 그는 물품을 인도하지 아니한 셈이다.

그러나 비록 계약에 일치하지 아니하거나 요구한 시기에 또는 특정한 운송수단에 의해 인도되지 아니하였다 해도, 계약서상에 설명되어 있는 특정물에 관해 또는 계약서상의 일반적인 설명서에 일치하는 불특정물에 관해 (a)(b)(c)호에서 요구하는 적절한 행동을 하였다면, 매도인은 인도해야 하는 물품을 인도한 셈이다. 그러나 이 경우 인도해야 할 물품이 인도되었다 해도 30조의 규정에 의한 계약과 협약의 요구에 따라 물품을 인도해야 할 매도인의 의무 해태에 따라 매수인이 가질 수 있는 일체의 권리를 매수인은 행사할 수 있다.[37]

2) 물품의 인도장소

(1) CISG의 원칙

① 명시적 합의의 경우

인도장소가 별도로 명시되어 있는 경우 명시된 장소에서 직접적으로 운송인 또는 복합운송의 경우 최초운송인에게 인도하면 된다.

---

37) A/CONF.97/19, p.29.

② 명시적 합의가 없는 경우

〈1〉 매매계약이 물품의 운송과 관련할 경우/(a)호

물품이 운송을 포함하는 경우 물품의 인도장소로서 매도인은 매수인에게의 운송을 위해 최초의 운송인에게 물품을 인도하면 된다.

특히 계약상에 인도장소가 특별히 정해져 있지 아니하면서 물품이 다수의 운송인에 의해 순차적으로 인계되어 운송되는 것으로 되어 있는 소위 통운송(through transport) 또는 복합운송(multimodal transport)의 경우에도 이 원칙이 적용되어 물품이 최초의 운송인에게 인도되는 장소가 바로 인도장소이며, 이 때에 매수인에게 인도가 이루어진 것으로 된다. 따라서 (a)호는 복수의 운송인이 순차적으로 운송하는 경우가 있는 것을 상상하여 인도장소를 정한 것이다.

UCC 2−504조(매도인에 의한 선적) (a)호의 경우도 이에 해당한다고 볼 수 있다.

〈2〉 물품이 특정장소에 있거나 동 장소에서 인출 또는 제조되거나 생산될 경우/(b)호

계약이 물품의 운송을 수반하지 아니하고 특정장소에 있거나 동 장소에서 인출 또는 제조되거나 생산될 경우, 매도인의 인도의무는 그러한 특정장소에서 물품을 매수인의 임의처분 상태로 두는 일[38]을 하므로 이행된 것으로 하고, 동 장소가 바로 인도장소임을 규정하고 있다.

UCC 2−308조(인도를 위한 특정장소의 결여) (b)호와 SGA 29조(인도에 관한 기준) (2)항이 이에 해당한다고 볼 수 있다. 그러나 예컨대 운송중에 있는 물품, 즉 기적품(또는 이미 확보된 물품; afloat goods or procured goods)을 CIF나 FOB 조건으로 매각한 경우 (a)호나 (b)호의 규정 적용이 어렵고 이에 따른 위험이전이 문제가 될 수 있다. 따라서 사전에 충분한 합의가 필요하다.

〈3〉 기타의 경우/(c)호

상기 (a), (b)호에 해당하지 아니하는 기타의 경우 매도인은 자신의 영업장소

---

38) "임의처분 상태로 두는 일(… placed at the disposal of the goods)"은 매수인이 점유를 취할 수 있도록 하기 위하여 필요한 조치를 매도인이 취한 때를 의미한다. 대개 이러한 때는 인도될 물품의 충당, 매도인에 의해 이루어지는 포장과 같은 사전 인도준비 완료, 매수인으로 하여금 점유를 취득할 수 있도록 하는 데 필요한 매수인에게의 통지 등을 포함한다. 만약 물품이 창고인이나 운송인과 같이 수탁인의 점유하에 있을 경우, 매수인을 위해 물품을 보유하도록 수탁인에게 매도인의 통지와 같은 수단이나 물품을 지배하는 서류를 적법한 형태로 해서 매도인이 매수인에게 교부하는 일 등에 의해서도 이루어질 수도 있다(A/CONF.97/19, p.30).

에서 물품을 매수인의 임의처분 상태로 둠으로써 자신의 인도의무를 이행한 것으로 되며, 동 장소가 바로 인도장소이다.

이런 경우 만약 매도인이 한 곳 이상의 영업장소를 두고 있다면, 10조 (a)호의 규정에 따라 인도하는 장소가 결정되어야 한다.

UCC 2-308조 (a)호와 SGA 29조 (2)항이 이에 해당한다고 볼 수 있다.

③ 현실(묵시적 합의의 경우)

'매도인이 물품을 특정한 장소에서 인도해야 할 의무가 없다면'이라는 단서가 있기 때문에 만약 매도인이 계약에 따라 다른 특정한 장소에서 물품을 인도할 의무가 있는 경우에는 계약의 규정이 우선하므로 계약서에서 명시한 장소에서 직접적으로 운송인 또는 최초의 운송인에게 물품을 인도해야 한다.

인도장소에 관한 별도의 명시가 없어도 일반적으로 국제간의 거래는 계약서상에 명시된 Incoterms에 의해 이루어지고 있다. 다시 말해서 Incoterms 다음에는 반드시 인도장소가 명시되거나 추후 별도연락 등에 의해 인도장소를 명시하게 되거나 계약서나 신용장상에 출발지 항명이나 지명을 명시하게 되어 있어 이런 경우 물품의 인도장소는 이러한 조건에 따라 명시된 장소가 인도장소가 됨을 묵시적으로 합의한 것으로 되는바, 국제무역은 대부분 단서의 규정이 적용된다고 보아야 한다.[39]

(2) PICC의 원칙

PICC는 CISG와 같이 물품의 인도장소나 대금지급장소 등 구체적인 이행장소를 규정하지 아니하고 6.1.6조를 통해 이행장소의 원칙을 규정하고 있고, 이러한 이행장소에서 이루어지는 지급방법에 관해 6.1.7조와 6.1.8조를 통해 규정하고 있다.

이행장소에 관한 원칙을 보면 대원칙은 계약에 의해 확정되거나 결정된 장소가 이행장소이다. 그리고 보완원칙으로서 이행장소에 관해 계약이 침묵하고 상황이 달리 표시하고 있지 아니하는 한 일방은 자신의 의무를 자신의 영업장소에서 이행해야 한다. 그리고 오늘날 대부분 신용장에 의해 이루어지고 있는 결제방식인 역환에 의해 지급이 이루어지는 경우에는 금전적 의무에 특유한 원칙, 즉 "자금이체에 의한 지급"에 관한 6.1.8조의 규정의 적용을 전제로 채무자는 채권자의 영업장소에

---

39) Incoterms 2010의 경우 해상전용 정형거래조건인 FAS, FOB, CFR, CIF의 경우, 물품의 인도에는 이미 확보되어 있는 물품의 인도도 물품의 인도의 개념에 포함시키고 있다.

서 자신의 금전적 의무를 수행하도록 하고 있다.

계약체결 후 일방의 영업장소 변경시 이로 인해 발생하는 비용은 변경한 자의 부담임을 규정하고 있다.[40]

【2】 32조 : 선적준비

Article 32

(1) If the seller, in accordance with the contract or this Convention, hands the goods over to a carrier and if the good are not clearly identified to the contract by markings on the goods, by shipping documents or otherwise, the seller must give the buyer notice of the consignment specifying the goods.

(2) If the seller is bound to arrange for carriage of the goods, he must make such contracts as are necessary for carriage to the place fixed by means of transportation, appropriate in the circumstances and according to the usual terms for such transportation.

(3) If the seller is not bound to effect insurance in respect of the carriage of the goods, he must, at the buyer's request, provide him with all available information necessary to enable him to effect such insurance.

---

(1) 계약이나 이 협약에 따라 매도인이 운송인에게 물품을 인도하는 경우 하인(荷印)에 의하거나 선적서류 또는, 기타 방법에 의하여 계약에 분명하게 충당되지 아니한 경우, 매도인은 물품을 설명한 물품의 적송통지서를 매수인에게 발송하여야 한다.

(2) 매도인이 물품의 운송을 준비해야 할 의무가 있는 경우 매도인은 거래의 상황에 적절한 운송수단에 의하여 이러한 운송을 위한 통상의 운송계약조건에 따라 지정된 장소까지 운송을 위하여 필요한 계약을 체결해야 한다.

(3) 매도인이 물품의 운송에 관하여 보험에 부보(付保)할 책임이 없는 경우라도 매도인은 매수인의 요청에 따라 매수인으로 하여금 보험에 부보할 수 있도록 하는 데 필요한 입수가능한 모든 정보를 매수인에게 제공해야 한다.

본 조항은 매매계약이 물품의 운송과 관련이 있는 경우 매도인의 추가의무를

---

40) http://www.unidroit.org/english/principles/chapter-6.ht, 6.1.6, comment.

규정하고 있으며, (1)항 초안시 변경을 제외하면 DCIS 30조와 똑같다. 본 조항의 (1)항은 ULIS 19조 (3)항에, (2), (3)항은 ULIS 54조 (1), (2)항에 근거하였다.

1) 물품의 충당(확정 또는 특정)/(1)항

물품의 충당, 즉 특정은 매도인이 선적시나 선적 전에 매수인의 주소와 이름을 하인에 포함시키거나, 매수인을 하수인이나 물품 도착시의 착하통지처(notify party)로서 명시한 선적서류를 확보하거나, 기타 유사한 방법에 의하여 물품을 계약에 확인시키는 행위이다.

그러나 매도인이 여러 명의 매수인 앞으로 동일한 물품을 선적할 경우, 물품의 도착 전에 물품을 충당하기 위하여 적송품(積送品) 명세서의 제공[41]을 매수인에게 하는 것이 물품을 계약에 확인시키는 충당행위이다. 따라서 매도인은 반드시 이러한 행위, 즉 충당행위를 해야 한다.

UCC 2-501(물품의 충당방법), 2-503(매도인의 인도 제공방법) (1)도 이와 유사하다.

PICC의 경우 6.1.1조의 이행시기에 따라 일방의 이행은 예컨대 단일 품목의 인도와 같이 가끔 일회에 제공될 필요가 있는 경우가 있을 수 있고, 건설공사와 같이 일정기간에 걸쳐 이루어져야 하는 경우가 있다. 그러나 수량인도의 경우에도 일회 또는 할부로 제공될 수 있는 경우가 있다. 그런데 이행방법에 관한 규정인 6.1.2조에 의하면, 물품의 수량의 경우 이행이 어떻게 이루어져야 하는지에 관해 계약상에 규정이 없는 경우나 계약으로부터 이러한 이행방법을 추정할 수밖에 없는 경우에 가능한 인도방법, 즉 물품의 수량인도에 관해 일회 또는 할부인도가 가능한 경우의 인도방법에 관해 규정하고 있다. 동 규정에 의하면, 상황이 달리 명시하고 있지 아니하는 한 일회에 이행이 이루어져야 한다는 것이다.

역시 이행방법에 관한 규정인 6.1.3조에 의하면, 일회 또는 할부이행에 관한 이행방법 규정인 6.1.2조가 특수한 경우에 가끔 있을 수 있는 잠정적인 문제의 해결차원의 규정보다 일반적인 적용범위를 위한 규정으로 이행이 이루어져야 하는 시기에 채권자는 채무자의 분할이행 제의를 원칙적으로 거절할 수 있음을 규정하

---

41) 제공시기에 관해 Incoterms, A.7에 의하면 충분한 통지(sufficient notice)로 표현하고 있는 바, 이는 시간적으로나 내용적으로나 충분해야 함을 의미한다.

고 있다.

이행이 전부이행이건 할부이행이건 이행만기에 이루어지는 이행은 완전이행이어야 하며, 이의 위반에 대하여 잔여분 이행 보증에 관계없이 계약에 규정된 대로 완전이행을 수령할 권리에 입각하여 분할이행을 채권자는 거절할 수 있다. 이행만기에 이루어지는 이행은 완전이행이어야 하며, 이의 위반에 대하여 잔여분 이행보증에 관계없이 계약에 규정된 대로 완전이행을 수행할 권리에 입각하여 분할이행에 대해 채권자는 거절할 수 있다. 만기에 분할이행에 대한 채권자의 이해없이 채무자에 의해 분할이행이 일방적으로 이루어질 경우 이는 당연히 계약위반이 된다. 완전이행을 받지 못한 채권자의 권리는 a) 법적으로 인정된 구제권 행사가능, b) 완전이행 요구권, c) 계약위반에 따른 채권자의 권리유보 조건으로 분할이행 제의를 수령하거나 일체의 유보조건 없이 분할이행을 수령할 수 있다. 통지한 경우 더 이상 분할이행은 이행불능으로 간주하지 아니한다. 부분이행 수령의 경우 영국의 이행상당금액(quanterm meruit)과 유사하고, 기타의 경우 영국의 이행받지 못한 당사자의 권리와 유사하며, CISG 28조의 특정이행과 기타 위반에 대한 타방의 구제권 규정과 유사하다.

그리고 분할이행에 대한 자신의 합법적인 권리를 가진 경우에만 채권자는 타방의 분할이행제의를 거절할 수 있으며, 이러한 분할이 허용되는 경우 분할이행에 수반하는 추가비용은 채무자 부담이다.

이러한 원칙은 UCP원칙이나 이에 따른 신용장 거래관행과 배치되는데, 이들에 의하면 인도수량에 관해 언급이 없으면 정해진 기간까지 일회 내지 수회 분할이 가능하게 되어 있다.

이행방법의 규정이자 이행순서의 규정인 6.1.4조에 의하면, 상황이 달리 표시하고 있지 아니하는 한 동시이행이 가능하다면 동시이행이 대원칙이고, 이행에 일정기간이 필요할 경우 상황에 의한 이행원칙이 적용되게 되어 있다.

이러한 이행순서는 오늘날 주로 계약의 내용과 계약내용에 근거하여 발행되는 신용장의 대금결제방식에 따라 구체적으로 이루어지고 있으나 대부분은 후자이다.

2) 운송계약/(2)항

매도인이 물품의 운송을 준비할 의무를 가지고 있는 경우 매도인은 상황에 적합한 운송수단에 따라 그리고 이러한 운송에 적용되는 통상의 조건에 따라 특정장소까지의 운송에 필요한 계약을 체결해야 함을 규정하고 있다. UCC 2-504조(매도인에 의한 선적)도 이와 유사하다.

국제무역거래에 빈번히 사용되고 있는 CIF, CFR의 경우 해상운송계약 체결은 매도인의 당연의무이지만, 원칙적으로 매수인의 의무로 되어 있는 FOB 계약의 경우도 사정에 따라서는 매수인의 책임하에 매도인의 협조의무로 매도인이 운송계약을 체결하는 경우가 많다.

매도인이 당연의무로 하든, 필수의무로 하든, 매도인이 운송계약을 체결할 때는 계약명세서의 물품을 운송하는 데 일반적으로 사용되는 형태의 항해가능 선박 또는 경우에 따라선 항해가능 내수로 선박에 통상의 항로로 지정된 목적항까지 통상의 조건으로 물품의 운송계약을 체결해야 한다.[42]

3) 보험부보에 필요한 정보제공/(3)항

국제간의 거래의 경우는 국내거래와는 달리 물품의 운송기간 동안 물품의 멸실, 손상의 위험에 대비하여 물품에 대하여 책임이 있는 자는 반드시 보험에 부보하게 된다.

따라서 Incoterms에 의해 국제물품거래가 이루어지고 있기에 CIF와 CIP의 경우는 매도인의 당연의무로 자신의 책임하에 보험에 부보하게 되어 있고, 기타 조건들의 경우는 인도지점이나 장소에서 물품에 대한 당사자들의 책임 한계를 분리하기에 상대방에 대한 부보의 의무는 없으나, 매수인의 필요에 따라 자신이 부보하고자 할 경우 매도인은 매수인의 요청에 따라 보험계약에 필요한 정보를 당연의무로 제공하여야 한다.[43]

---

42) Incoterms 2010, CIF, A.3(a).

43) Incoterms 2000, CIF, CIP, A.3(b)에 의하면, 매도인의 부보를 당연의무로 규정하고 있었고, A.10에 의하면 매도인의 부보의무 외 추가보험이 필요한 경우에 대비하여 매수인의 요청에 따라 보험정보를 매도인이 제공할 의무가 있음을 규정하고 있었다. 기타 Incoterms의 경우 A.10에 의하면 매수인의 요청에 따라 매도인의 부보의무가 없어도 보험부보에 필요한 정보를 제공할 의무를 규정하고 있었다. 그러나 Incoterms 2010의 경우 과거 A.10상의 부보의무와 관련한 협조 의무를 A.3(b)에 통과시켰다. 따라서 32조 (3)항의 규정은 Incoterms 가운데 CIF와 CIP를 제외한 모든 조건들의 A.10의 규정과 일치하고 있다.

4) 전자협약의 원칙

선적준비와 관련하여 사용되는 전자통신에 대하여 AC의 의견과 논평은 다음과 같다.

본 규정에서 말하는 "통지"란 이미 위에서 언급한 대로 전자통신을 포함한다. 다만 매수인이 명시적으로나 묵시적으로 합의한 형식과 방법에 따라 합의한 주소 앞으로 된 전자통신의 수령을 동의해야 한다.[44]

전자협약의 경우 협약이 아닌 MLEC와 달리 제3조의 규정에 따라 달리 합의가 없는 한 이러한 동의가 필요 없이 그대로 적용된다.

물품의 발송에 관하여 매수인에게 통지는 전자통신으로 할 수 있다. 이런 경우 중요한 것은 형식에 관계없이 그 정보가 매수인에게 전달될 수 있어야 한다.

매수인에게 통지된 정보의 효력 발생과 관련한 제반사항은 15조와 27조의 논평과 같다.[45]

【3】 33조 : 인도시기

Article 33
The seller must deliver the goods :   (a) if a date is fixed by or determinable from the contract, on that date;   (b) if a period of time is fixed by or determinable from the contract, at any time within that period unless circumstances indicate that the buyer is to choose a date; or   (c) in any other case, within a reasonable time after the conclusion of the contract.
매도인은 다음의 시기에 물품을 인도해야 한다.   (a) 인도일자가 계약에 의하여 확정되거나 결정할 수 있는 경우, 그 일자에,   (b) 인도기간이 계약에 의하여 확정되거나 결정할 수 있는 경우로서 매수인이 인도 일자를 선정할 수 있음을 상황이 명시하고 있지 아니하는 한, 동 기간 내의 임의

---

44) http://www.cisg.law.pace.due/cisg-ac-op.1.html, p.13.
45) *Ibid.*

> 일자에,
> (c) 기타의 경우, 계약체결 후 합리적인 기간 내[46]에

본 조항은 매도인이 물품을 인도해야 할 자신의 의무를 이행해야 하는 시기를 규정하고 있다. 매도인의 의무는 특정시기에 인도해야 하기 때문에 그는 물품을 운송인에게 교부해야 하며, 31조가 규정한 적절한 장소에서 매수인의 임의처분 상태로 물품을 두거나 계약내용에 따라 또는 규정된 시기까지 인도를 구성할 수 있는 행위를 해야 한다.

그러나 본 조항은 물품이 인도되어야 하는 날짜에 매수인이 물리적인 점유(physical possession)를 하거나, 인도가 운송인에게 물품을 교부함으로써 이루어진다면 물리적인 점유를 취한 상태에 있어야 함을 요구하고 있지 아니하다.[47] 본 조항은 ULIS 20조, 21조, 22조에 근거한 DCIS 31조와 실질적으로 같다.

1) 확정되거나 결정할 수 있는 날짜에 인도/(a)호

국제간의 무역거래가 계약상 또는 계약에 의한 L/C상에 선적해야 하는 날짜를 정하고 있는 경우에는 그 날짜에 인도(또는 선적)해야 한다.

그리고 9조에 따라 계약에 적용되는 거래관습에 의해 인도날짜가 확정되거나 결정할 수 있는 경우라면, 이에 따라 확정되거나 결정할 수 있는 날짜에 인도(또는 선적)해야 한다.

2) 일정기간 동안 인도/(b)호

국제간의 무역거래는 대개 인도날짜가 기간에 의하여 확정되는 것이 대부분이다. 이는 인도를 위해 물품을 준비하고 필요한 운송을 제공하는 과정에서 매도인에게 융통성을 주기 위한 것이다. 이런 경우 그 기간 내에라면 언제라도 물품의 인도를 허용하고 있다.

Incoterms도 A.4를 통해 합의한[48] 날짜 또는 합의한 기간 내(…on the agreed

---

46) 이 경우 무엇이 합리적이냐는 건별 상황에 좌우된다(PICC, 3.2.15., official comment 25, Illustration 9).
47) A/CONF.97/19, p.30.

date or within agreed the period)로 규정하고 있어 본 조항의 (a), (b)호와 그 맥을
같이하고 있다.

3) 기타의 경우/(c)호

상기 방법에 의해 지배되지 아니하는 기타의 경우 매도인은 계약체결 후 합리
적인 기간 내에 물품을 인도해야 한다.

UCC 2-309(특정시기 결여)조 (1)항, SGA 29조 (3)항도 동일하게 규정하고 있다.
Incoterms의 경우 인도기간에 관한 한 반드시 합의하도록 규정하고 있다.

문제는 합리적인 기간에 관한 문제인데 SGA 29조 (5)항에 의하면 사실의 문제
라고 정의하고 있고, UCC에 의하면 합리적인 기간은 1-203조(신의성실), 1-204
조(시기), 2-103조(정의) 등에 규정되어 있는 합리적 기간에 관한 기준과 신의성실
과 상업적 표준에 달려 있다[49]고 명시하고 있으나, case by case로 결정될 수 밖에
없어 실제 어렵다.

PICC에 의하면, 특수한 장비의 인도의 경우 "합리적인 기간 내"라는 의미는
즉각적인 인도시로 해석하고 있다.[50] 6.1.1조의 규정을 통해 본 규정과 유사하게
규정하고 있으며, 동 규정에 대한 일종의 보완규정이 이행시기에 따른 이행방법규
정인 6.1.2조, 6.1.3조, 6.1.4조라 할 수 있다.

CISG는 PICC와 같이 본 조항에 따른 보완규정이 없다.

【4】 34조 : 물품에 관한 서류

Article 34

If the seller is bound to hand over documents relating to the goods, he must
hand them over at the time and place and in the form required by the contract.
If the seller has handed over documents before that time, he may, up to that
time, cure any lack of conformity in the documents, if the exercise of this right

---

48) 특정거래나 특정항의 관습, 일반거래협정서 또는 계약이나 계약서에 근거한 L/C 상의 인
  도에 관한 규정을 의미한다.
49) UCC, the Official Commentary on Section 2-309(1).
50) http://www.unidroit.org/english/principles/6ht/6.1.1, comment.

does not cause the buyer unreasonable inconvenience or unreasonable expense. However, the buyer retains any right to claim damages as provided for in this Convention.

매도인이 물품에 관한 서류를 교부해야 할 의무가 있는 경우 매도인은 계약상에서 요구하고 있는 시기와 장소 및 방식에 따라 서류를 교부해야 한다. 만약 매도인이 정해진 기간 이전에 서류를 교부하였을 경우, 매도인은 정해진 기간까지 서류의 불일치를 보완할 수 있다. 이러한 권리의 행사는 매수인에게 부당한 불편이나 비용을 야기해서는 안 된다. 그러나 매수인은 협약에서 규정하고 있는 손해배상청구권을 가진다.

본 조항은 30조에서 설명한 매도인의 두번째 주요한 의무인 물품에 관한 서류를 매수인에게 교부하도록 규정하고 있다. 따라서 물품의 인도를 다루고 있는 규정들 가운데 물품에 관한 서류의 규정을 두고 있는 것은 서류교부와 물품의 인도간의 밀접한 관계를 강조하는 데 있다.

본 조항의 첫 문장은 DCIS 32조와 똑같으며, 둘째 및 셋째 문장은 외교위원회에서 추가되었다.

1) 서류교부의 원칙

30조에 규정되어 있는 매도인의 두 번째 기본적인 의무는 매수인에게 물품에 관한 서류를 인도하는 것이다. 본 조항에서는 이런 의무에 관해서 계약이 요구하고 있는 시기와 장소, 방식에 따라 서류를 교부해야 함을 규정하고 있다.

이 규정은 매도인이 구체적으로 어떠한 서류를 교부해야 하는지를 규정하고 있지 아니하지만, 매도인은 물품의 인도에 따라 이와 관련된 서류, 예컨대 선하증권(bill of lading), 부두수령증(dock receipt), 창고증권(warehouse receipt)과 같은 권리증권(documents of title)이나 해상화물운송장(sea waybill), 항공화물운송장(air waybill), 보험증권(insurance policy), 상업송장(commercial invoice), 영사송장(consular invoice), 원산지증명서(certificate of origin), 중량증명서(certificate of weight), 품질증명서(certificate of quality), 식품위생검사증명서(sanitary certificate) 등 계약에서 요구할 수 있는 서류를 매수인에게 인도해야 하는 것으로 생각할 수 있다.

그러나 이러한 본 조항의 규정은 물론이고 계약에 별도 규정이 없을 때 가격조건이나 UCP에 따라 제공되는 서류는 계약상 대금의 지불이 서류와 교환으로 이루어지도록 되어 있는 경우, 매수인의 지불시까지 서류를 유보하는 매도인의 권리를 제한하는 것은 아니다.

2) 불일치한 서류교부에 관한 원칙

매도인이 계약에 정해져 있는 시기보다 빨리 서류를 인도한 경우로서 서류가 계약에 일치하지 아니한다 해도 계약의 만기 이전이라면 매수인에게 불합리한 불편이나 비용을 초래하지 아니하는 한, 매도인은 정정할 수 있지만, 매수인은 본 협약에서 정하는 손해배상청구권을 유보한다는 취지를 규정하고 있다.

이는 다음에 설명할 37조에 규정되어 있는 결함이 있는 물품을 인도한 경우, 물품의 만기 전 이러한 인도를 치유할 매도인의 권리가 서류에도 적용됨을 명백히 한 것으로 볼 수 있다.

3) 서류교부에 관한 PICC원칙

본 조항에서 서류교부, 즉 서류인도에 관한 한 간결하게 규정하고 있지만 협약과 보완 관계에 있는 Incoterms에는 상세한 규정이 되어 있을 뿐만 아니라, 지불이 L/C에 의해 이루어지는 경우 UCP가 어떠한 서류가 L/C 거래에서 수리되어야 하는가를 상세하게 규정하고 있다.

따라서 당사자가 UCP를 수용하는 경우에는 Incoterms와 함께 동 규칙이 9조에 따라 본 협약을 보충 또는 보완하는 것으로 된다.[51]

이하에서 교부서류에 관한 PICC 원칙을 상술하고자 한다.

(1) 교부장소

① 명시적 합의의 경우

본 조항에 의하면, "매도인이 물품에 관한 서류를 교부해야 할 의무가 있는 경우 매도인은 계약상에서 요구하고 있는 장소에 따라 서류를 교부해야 한다"고 규정

---

51) 新 掘聰, 前揭書, p.56.

하고 있어 장소를 명시적으로 합의한 경우 합의된 장소가 서류의 인도장소이다.

② 묵시적 합의의 경우

별도의 명시적 합의가 없는 경우라도 물품 인도장소의 경우와 같이 Incoterms 나 계약서 또는 L/C를 통해 묵시적으로 물품의 인도장소가 정해질 수 있는데, 예컨 대 Incoterms는 A.1, A.8, A.10, B.10을 통해 C-terms가 원칙적으로 CAD거래이 고, 나머지 E.F.D-terms는 COD거래이지만 합의에 의해 CAD거래가 될 수 있음 을 묵시하고 있다고 볼 수 있다. 또한 이러한 거래는 A.4, A.8을 통해 물품의 인도 가 이루어지는 그 장소에서 A.1, A.8, A.10, B.10에서 규정한 서류를 제공해야 함 을 묵시하고 있다고 볼 수 있다.

③ 현실적 교부장소

현실적으로 대금지급에 관한 계약상의 합의에 따라 신용장을 통해 CAD거래가 이루어지고 있기 때문에 실제의 서류 교부장소는 특수한 경우를 제외하고는 은행 이다.

예컨대, 계약서상에 terms of payment; By an irrevocable L/C which is to be opened by October 30, 2014과 같이 되는 경우로서, L/C가 "We hereby issue in your favor this documentary credit which is available ...... drawn on us ...... accompanied by the following documents ......"와 "We hereby engage with drawers and/or bonafide holders that drafts drawn and negotiated in conformity with the terms of this credit will be duly honoured in presentation ......"처럼 표현하고 있으면, 이는 바로 은행을 통한 CAD거래를 의미하므로 은행이 서류 교부장소임을 명시하고 있다.

④ 합의가 없는 경우

인도 장소에 관해 명시든 묵시든 합의가 이루어지지 아니한 경우, 물품의 인도 장소가 바로 서류교부장소이다. 그러나 이미 물품의 인도장소에서 언급하였듯이 Incoterms나 계약서 또는 L/C에 의한 거래가 이루어지고 있으므로 서류교부장소 역시 이들을 통해 묵시되어 있다고 볼 수 있으며, 위에서 언급한 현실거래가 이루 어지고 있음을 알 수 있다.

(2) 서류교부의 시기

① 합의의 경우

본 조항에 의하면, "……계약상에서 요구하고 있는 시기……에 따라 서류를 교부해야 한다"고 규정하고 있어, 합의한 경우 합의한 시기가 서류의 인도, 즉 제공시기가 된다.

서류의 제공시기에 관한 한 Incoterms에 의해 거래가 이루어진다 해도 서류 인도시기에 관해 Incoterms가 묵시하고 있다고 추정할 수가 없다.

서류 교부시기에 관한 합의는 특별한 경우를 제외하고는 계약서상의 대금지급 방법과 이에 따라 발행되는 신용장의 경우 서류의 교부, 즉 인도시기에 관해 "Documents must be presented within xx days after date of issuance of the bills of ladings or other shipping documents"라 표시하고 있다.

이러한 제시기간을 명시하지 아니한 경우 선적 후 21일이 서류의 제시기한이다.[52] 그러나 어떠한 경우라도 신용장의 유효기간 이내라야 함을 주의해야 한다.

② 합의가 없는 경우

당사자간에 서류의 교부시기에 관해 합의가 없을 뿐만 아니라 현실적으로 신용장 거래를 하고 있지 아니할 경우, 서류 교부시기에 관해 Barber v. Taylor,[53] Landauer & CO. v. Craren,[54] Johnson v. Taylor Bros. & CO. Ltd[55]에서는 "서류수령 후 합리적인 기간 내," "화물을 발송한 후 할 수 있는 한 빨리 선적서류를 매수인 혹은 하수인에게 발송해야 한다," "선적 후 합리적인 시간," "모든 합리적인 발송" 등으로 주장하고 있으며, UCC 2−320조 (2)항 (e)호에 의하면, "상업적 신속"을 규정하고 있어 "발송, 인도 또는 선적 후 합리적 기간 내"에 제출해야 함을 알 수 있다.

그러나 경우에 따라서는 운송수단이 목적지에 도착하여 물품의 양하작업 전에 제출되어야 하는 것은 아님을 Sander v. Maclean[56] 사건이 입증해 주고 있다.

---

52) UCP, 14(c).
53) [1839] P.L. J. EX 21.
54) [1912] 2. K.B. 94.
55) [1920] A.C. 144.
56) [1883] 11 Q.B.D. 327.

(3) 교부서류의 종류와 일치의 정도

① 종 류

30조에 의하면 "……물품에 관한 서류를 교부해야 하며……"로 규정되고 있고, UCC 2-320조에 의하면 송장, 선하증권, 해상보험증권 등에 관해 규정하고 있으며, UCP 20조에서 38조가 CAD거래에 따른 제반서류의 수리조건 등에 관해 규정하고 있다. 그러나 Incoterms가 물품인도와 관련한 서류의 종류에 관해 그 어떤 규정보다 상세히 기술하고 있다. 따라서 여기서는 전 Incoterms에 관한 논의를 생략하고 전 Incoterms에 공히 적용되는 제공서류를 책임중심으로 대별하고 이와 관련한 규정을 제시하는 데 한정하고자 한다.

제공서류에는 자신의 위험과 비용부담으로 제공해야 하는 필수제공서류와 타방의 요청과 위험 및 비용부담으로 제공해야 하는 협조제공서류가 있으며, 이들 양 서류에 관해서 협조제공서류인 수출입허가서를 제외하면 A.1, A.8, A.10과 그리고 B.10에서 규정하고 있다.

A.1과 A.8에서 규정하고 있는 서류가 필수제공서류들이며, A.8, A.10에서 규정하고 있는 서류가 협조제공서류들이다. 필수제공서류의 경우로서 인도의 증거와 운송서류 등, 인도의 증거서류에 관해 A.8에서 규정함과 동시에 협조제공서류도 규정하고 있다.

현실적으로 L/C 등에 의한 CAD거래가 대부분이므로 특약에 의해 이들 규정에서 언급하고 있는 협조제공서류가 필수제공서류가 되고 있다. 이 경우 이들 서류교부에 따른 위험과 비용은 타방이 책임져야 함을 명심하여 위험에 관해서는 계약서상에 반영하여야 하고, 수수료에 관해서는 사전에 가격에 반영하든지 아니면 별도로 수수료를 징수하든지 해야 하나, 이를 무시하거나 소액금액을 이유로 무시하는 경향이 대부분이다.

예컨대, 계약서상의 가격조건이 "@U$ 200 per M/T FOB Busan"이고 지불조건이 "By an irrevocable L/C"인 경우, COD거래가 합의에 의해 L/C를 통한 CAD 거래가 된다. 이 경우 COD거래의 경우 매도인의 필수제공서류 가운데 A.8상의 인도의 증거서류인 본선수취증(Mate's Receipt: M/R)이 필요없고, A.8상의 협조제공서류인 B/L이 필수제공서류로 된다. 즉, 발행되는 L/C상에는 "……accompanied by the following documents marked X; Full set of clean on board ocean bills of lading……"과 같이 된다.

이 경우 협조제공서류인 B/L의 필수제공에 따라 위험과 비용에 대해 무시하는 경향이 있는바 주의를 요한다.

② 일치의 정도

일치하는 물품의 공급을 증거하는 서류로서 상업송장(commercial invoice) 혹은 그에 갈음하는 전자 상업송장과 기타 일치의 증거서류를 제공해야 하는데, 상업송장은 Walker, Rosenthal, Schmitthoff, Sasson 등의 주장과 UCP의 내용을 요약하면 다음과 같다.

상업송장은 선적된 물품의 명세서와 대금청구서이며, 매도인이 계약내용에 따라 제공하고 있는 물품에 대한 매도인에 의한 진술이고, 송장상에 명시된 물품의 이행의 증거로서 정확하고 진실하게 작성되어져야 하는 서류이다.[57] 결국 상업송장의 가장 중요한 기능이자 성격은 매도인이 매매계약에 따라 자신이 매수인에게 정히 이행한 사실의 결정적 입증서류라는 것이다. 따라서 계약서 특히 신용장상의 기재내용과 일치하게 작성하되 물품명세에 관한 사항은 엄밀히 일치해야 한다.

기타 일치의 증거서류인 포장명세서, 용적·중량증명서, 품질증명서, 분석증명서와 인도의 증거서류인 운송서류, 보험서류, 기타서류들은 계약서 특히 신용장상의 명세와 모순되지 아니하는 일반적인 용어로 물품의 명세를 표시할 수 있다.[58]

(4) 교부방법

본 조항에 의하면, "……계약상에서 요구하고 있는 방식(형식)에 따라 서류를 교부해야 한다"고 규정하고 있어 합의한 방식이 있으면, 그 합의한 방식에 따라 발급된 서류를 교부하여야 한다.

여기서 주의를 해야 하는 것은 제공서류의 발급방식이다. 이 방식에 대하여 UCC 2−503조 (5)항 (a)호에 의하면, 서류제공을 계약이 요구할 경우 정확한 방식으로 된 서류의 제공을 규정하고 있는데, 방식은 당사자들이 별도로 합의할 수도 있고 합의가 없으면 관련서류들에 대한 국제규칙에 따라야 한다.[59]

---

57) A. G. Walker, *Export Practice & Documentation* 2nd ed., News−Butterworths, 1977, p.171; M. S. Rosenthal, *Techniques of International Trade*, McGraw−Hill Book Co, 1910, p.140; C. M. Schmitthoff, *op. cit.*, p.66; D. M. Sasson, *CIF and FOB*, 2nd ed, Stevens & Sons, 1975, p.87.

58) UCP, 18(C).

예컨대, 선하증권의 경우 그 필요성에 따라 보다 많은 양을 필요로 할 경우 계약서상의 합의에 따라 L/C상의 표현은 다음과 같이 된다.

"quintuplicate of clean on board ocean bills of lading......"

4) 허가서 등에 관한 PICC의 원칙

계약서나 신용장 또는 Incoterms의 규정에 따라 수출입을 하기 위해 당사자들이 취득하거나 취득하여 제출해야 하는 서류 가운데 하나가 허가서나 승인서이다. 이에 대하여 본 규정은 침묵하고 있으나 PICC는 6.1.14조에서 6.1.17조까지 규정하고 있는데, 개요하면 다음과 같다.

6.1.14조의 규정에 따라 PICC는 허가요건의 범위를 결정하는 다양한 방법에 대하여 인정하며, 특수한 경우 공공허가 요건의 존재를 취득 책임자가 타방에게 통지할 의무가 있다. 공공허가 취득에 필요한 조치를 취함에 있어 허가 취득을 요구한 국가에 영업장소를 가진 당사자가 취득에 필요한 조치를 취할 우선 취득의무가 있으며, 다음으로 이행을 하는 데 공공허가가 필요한 경우 이행당사자가 공공허가를 취득해야 함을 차우선 취득원칙으로 하고 있다.

6.1.14조와 6.1.15조의 규정이 계약 당사자들의 의무에 관한 규정이라면 6.1.16조와 6.1.17조의 규정은 일정한 기간 내에 신청에 관한 결정이 없거나 공공허가가 거절된 경우에 계약 효력의 법적 결과에 대해 규정하고 있다.

공공허가 취득에 관해 특수한 경우를 제외하고 Incoterms A.2, B.2와 A.10, B.10에 요구와 취득과 비용 그리고 법적 결과에 대해 규정하고 있어 이에 따라 이루어지고 있으며, 특수한 경우 계약서나 신용장상에 별도로 이러한 사항에 관해 규정하여 이루어지고 있다.

6.1.14조의 후속 조치로 6.1.15조의 규정에 대해 허가신청 절차시기와 비용 및 통지의 책임 한계를 규정하고 있다.[60]

---

59) 예컨대, 운송서류에 관해 UCP 19조에서 25조에 의하면 발행방식에 대해 규정하고 있다.
60) http://www.unidroit.org/english/principles/chapter−6.ht, 6.1.14~15, comments.

제 2 절 물품의 일치와 제3자의 청구권

1. 구 성

2. 개 요

35조와 36조는 물품의 품질에 관한 매도인의 의무를 정의하고 있으며, 37조에서 40조까지는 물품이 하자품인 경우 적용되는 절차를 규정하고 있다. 즉, 37조는 물품의 하자를 보완할 매도인의 우선권을 다루고 있고, 38조에서 40조는 물품을 검사하고 매도인에게 물품의 불일치를 통지할 매수인의 의무를 규정하고 있다.

41조와 42조는 물품에 대한 제3자의 청구권, 즉 41조에서 소유권, 42조에서 특허, 상표, 기타 지적소유권에 대한 제3자의 청구권을 조건으로 할 때 매수인의 권리에 관해 규정하고 있다. 그리고 43조는 이러한 제3자의 청구권을 매도인에게 매수인이 통지하도록 규정하고 있으며, 44조는 매도인에게 통지의 불이행을 인정하는 규정이다.

3. 규정과 해설

【1】 35조 : 물품의 일치

Article 35

(1) The seller must deliver goods which are of the quantity, quality and description required by the contract and which are contained or packaged in the manner required by the contract.

(2) Except where the parties have agreed otherwise, the goods do not conform with the contract unless they :

  (a) are fit for the purposes for which goods of the same description would ordinarily be used;

  (b) are fit for any particular purpose expressly or impliedly made known to the seller at the time of the conclusion of the contract, except where the circumstances show that the buyer did not rely, or that it was unreasonable for him to rely, on the seller's skill and judgement;

  (c) possess the qualities of goods which the seller has held out to the buyer as a sample or model;

  (d) are contained or packaged in the manner usual for such goods or, where there is no such manner, in a manner adequate to preserve and protect the goods.

(3) The seller is not liable under subparagraphs (a) to (d) of the preceding paragraph for any lack of the goods if at the time of the conclusion of the contract the buyer knew or could not have been unaware of such lack of conformity.

(1) 매도인은 계약에서 요구하고 있는 품질, 수량, 명세에 일치하고 계약에서 요구하는 방법으로 담거나 포장된 물품을 인도해야 한다.

(2) 당사자들이 달리 합의한 경우를 제외하고, 물품이 다음의 조건에 해당하지 아니하는 한 계약에 일치하지 아니한 것으로 본다.

  (a) 동일한 설명서를 가진 물품이 통상으로 사용되는 목적에 적합할 것

  (b) 계약체결시에 매도인에게 명시적 혹은 묵시적으로 알려진 특수목적에 적합할 것. 다만, 매수인이 매도인의 기술과 판단에 의존하지 아니하였거나 매수

인이 매도인의 기술과 판단에 의존하는 것이 부당함을 상황이 입증하는 경우에는 제외한다.

(c) 매도인이 매수인에게 품질견본이나 모형견본으로서 제공한 물품의 품질을 보유할 것

(d) 이러한 물품을 위하여 통상의 방법으로, 혹은 이러한 방법이 없는 경우 물품을 보존하고 보호하기에 적절한 방법으로 포장되어 있거나 용기에 들어 있을 것

(3) 계약체결시에 매수인이 이러한 불일치를 알았거나 알 수 있었다면, 매도인은 물품의 불일치에 대하여 (a)~(d)호의 책임을 지지 아니한다.

본 조항은 인도하는 물품은 반드시 일치해야 함을 규정한 것이 아니고 품질에 관한 명시의 경우나 이러한 명시가 없는 경우, 인도하는 물품의 일치의 기준을 규정함으로써 계약에 일치한 물품을 인도해야 할 매도인의 의무의 범위에 관해 규정하고 있다.

본 조항은 매도인의 보증책임(warranty obligation)에 관한 UCC의 규정과 많은 점에서 유사하다. 본 조항은 ULIS 35조, 39조에 근거한 DCIS 33조의 규정을 거의 따르고 있으며, (2)항 (d)호에서 "or, where"가 외교회의에서 추가되었으며, 초안시 약간의 변경이 있었다.

1) 물품의 일치에 관한 매도인의 의무/(1)항 (2)항

(1) 계약상 명시의 경우/(1)항

본 규정은 계약에 일치하는 물품을 인도해야 할 매도인의 의무를 평가하는 기준을 규정하고 있다. 즉, 물품은 계약이 요구하는 수량, 품질 및 명세에 일치해야 하고, 계약이 요구하는 방법으로 용기에 넣거나 포장이 되어야 함을 강조하고 있다.

아울러 본 규정은 이러한 평가기준, 즉 일치기준을 위한 최우선 근거는 당사자들간의 계약임을 강조하고 있다. UCC 2−313조(명시보증) (1)항 (a)호, (b)호와 2−314조(적상성의 묵시보증) (2)항 (e)호, 그리고 SGA 13조(설명서에 의한 매매) (1)항도 이와 비슷하다.

(2) 계약상 명시가 없는 경우/(2)항

① 통상의 목적에 적합할 것(적상성[61])/(a)호

물품을 사용할 목적에 관해 매도인에게 어떠한 설명없이 일반적인 설명만으로 종종 물품을 주문한 경우, 매도인은 동일한 설명서의 물품이 통상적으로 사용되는 모든 목적에 적합한 물품을 제공할 의무가 있다. 이런 경우 계약이 묵시하는 품질의 기준은 이러한 계약 설명서의 물품을 구입하는 사람의 정상적인 기대에 비추어 확정되어야 한다. UCC 2-314조 (2)항 (c)호와 SGA 14조(품질 또는 적합성에 관한 묵시적 조건) (2)항도 이와 유사하다.

② 특수한 목적에 적합할 것(적합성)/(b)호

매수인들은 가끔 자신들이 어떤 특수한 목적을 이룩하기 위하여 일반적인 설명서의 물품을 필요로 함을 안다. 그러나 정확한 설명서를 보낼 정도로 물품에 대하여 충분하게 모를 수 있다.

이런 경우 매수인은 물품이 사용될 특정 용도를 설명함으로써 원하는 물품을 설명할 수 있다. 따라서 매수인이 이러한 목적을 명시든, 묵시든 매도인에게 알렸다면 매도인은 그러한 목적에 적합한 물품을 인도해야 한다.

특히 매도인이 그러한 목적에 적합한 물품을 공급할 수 없다면 매수인은 매도인이 계약 체결을 거절할 수 있도록 하기 위하여 이러한 목적을 계약 체결시까지 매도인에게 알려야 한다.

구입되는 물품의 특수한 목적이 묵시든, 명시든 매도인에게 알려져 있다 해도 매수인이 매도인의 기술과 판단에 신뢰하지 아니하였거나 신뢰하는 것이 부당함을 사정이 입증한다면, 매도인은 특수한 목적에 적합한 물품의 인도해태에 대해 책임이 없다.

예를 들면, 매수인이 상표를 통해 물품을 선택하였거나 고도의 기술적인 설명서에 따라 원하는 물품을 매수인이 기준하였음을 사정이 입증한 경우이다. 이런 경우 구입시에 매수인은 매도인의 기술과 판단을 신뢰하지 아니하였다고 주장할 수 있다.

---

61) 1979년 SGA는 1893년의 SGA상의 merchantable quality를 상업적 이해(commercial understanding)로 볼 수 있는 satisfactory quality로 대체하였다. 그러나 성립배경을 보면 같다. 오히려 처음으로 되돌아갔다고 할 수 있다.

그리고 만약 매수인이 주문한 물품이 주문한 특수목적에 만족하지 못함을 매도인이 알았다면, 매수인에게 이러한 사실을 매도인이 고지해야 한다. 그럼에도 불구하고 매수인이 계속해서 물품을 구입하였다면 그는 매도인의 기술과 판단을 신뢰하지 아니하였음이 분명하다.

그리고 매도인이 문제의 물품에 관해 어떤 특별한 지식을 가지지 아니하였다면, 매수인이 매도인의 기술과 판단을 신뢰한다는 것은 역시 부당하다.[62] UCC 2-315조(특정 목적에의 적합의 묵시적 보증)와 SGA 14조 (3)항과 유사하다.

③ 견본 또는 모형견본에 일치할 것/(c)호

계약이 견본이나 모형에 근거하여 거래될 경우 매도인은 인도될 물품이 견본 또는 모형으로 제출한 물품의 품질을 만족시켜야 한다. 물론 견본이나 모형이 어떤 면에서 인도될 물품과 다름을 매도인이 언급하였다면, 견본이나 모형의 품질에는 구속되지 아니하나, 자신의 언급에 따라 인도된 물품이 가지는 품질에 구속된다. UCC 2-313조 (1)항 (c)호와 SGA 15조(견본에 의한 매매)에 유사하다.

④ 통상적인 방법 또는 적절한 방법으로 포장하거나 용기에 넣을 것/(d)호

본 규정은 물품의 일치에 관한 매도인의 의무 가운데 하나를 규정하고 있는데, 최소기준만을 설명하고 있는 본 규정은 통상의 포장방법보다 손해로부터 보호할 수 있는 보다 나은 방법으로 포장해야 함을 매도인에게 설득하는 것이 아니다.

따라서 본 규정에 의한다면 운송을 수반하는 물품의 경우, 운송에 적합한 포장의 책임에 대하여 책임한계가 모호하기에 계약상에 명시가 필요하다. UCC 2-314조 (2)항 (e)호도 이와 유사하다.

그러나 Incoterms A.9에 의하면 운송과 관련이 있건 없건, 물품의 운송에 필요한 포장과 적절한 화인을 요구하고 있다.

⑤ 매수인이 물품의 불일치에 대한 사전인지의 경우 매도인의 면책/(3)항

상기 (2)항 (a)호~(d)호에 언급한 품질에 관한 의무를 매도인에게 부과하고 있다. 왜냐하면 통상적인 매매에서 이러한 의무가 계약상에 명시적으로 규정되지 아니한다 해도, 매수인은 이러한 품질을 가지는 물품을 합법적으로 기대하기 때문이다. 그러나 계약체결시에 매수인이 이러한 의무들 가운데 하나에 관해 불일치를 알았거나 모를 리가 없었다면, 그는 이 점에 관해 일치하는 물품을 기대하였음을

---

62) 이러한 사실은 7조상의 신의성실의 준수규정을 통해 추정될 수 있다.

나중에 말할 수 없다.

주의를 요하는 것으로 (2)항은 계약이 명시적으로 요구한 물품의 특성에 관한 것이 아니다. 따라서 (1)항을 전제로 함을 알아야 한다. 그리고 계약체결시에 매도인이 계약에 일치하지 아니하는 물품을 인도할 것임을 매수인이 알았다 해도 매수인은 매도인으로부터 완전한 이행을 위한 계약상의 권리를 가진다. 만약 매도인이 합의한 대로 이행하지 아니하면 매수인은 이에 대하여 적절한 구제권을 호소할 수 있다.63)

주의할 것으로 (1)항의 기준은 주관적 기준이고, (2)항은 명시가 없는 경우의 객관적 기준이다. 따라서 (1)항과 (2)항은 경우에 따라서는 같을 수 있으나, (1)항의 내용에 대한 상세한 표현이 (2)항인 것으로 착각하면 아니된다. 그리고 (3)항의 규정에도 불구하고 완전이행요구권의 행사가 매수인에게 가능하다.

2) PICC의 원칙

CISG상의 규정은 일치하는 물품의 인도기준에 대하여 설명하고 있다. 이에 비하여 이행물품의 품질수준의 결정에 관한 규정인 PICC 5.6조에 의하면, 이행수준(질)이 정해져 있지 아니하거나 정할 수 없는 경우의 이행수준을 규정하고 있는데, 이행수준의 결정기준으로 합리적이면서, 상황에 따른 평균을 들고 있다. 예컨대 곡물거래의 경우 이행품질수준을 실질적으로 사전에 명시하기가 어려운데, 이런 경우에 FAQ가 적용된다.

5.6조의 규정을 분석하여 상세히 설명하면 다음과 같다.

계약의무 가운데 최대노력의무의 행사에 관해서는 5.4조에서 그 이행의 표준을 규정하고 있으나 5.6조에서 규정하고 있는 이행물품의 품질은 5.4조의 규정보다 더 중요한 문제이다. 물품이 공급되거나 서비스가 제공될 경우, 이러한 물품을 공급하거나 서비스를 제공하는 것만으로는 충분하지 아니하고 이들은 그 나름대로 일정한 품질을 역시 지켜야 한다.

경우에 따라서 계약이 정당한 품질에 관해, 예컨대 "Grade one oil"과 같이 가끔 명시하거나 품질을 결정할 수 있는 요소를 규정할 수 있다. 그렇지 아니한 경우에 대비하여 품질은 합리적이어야 하고 상황에 중등품질이어야 한다는 것이 품질

---

63) A/CONF.97/19, p.31; A. H. Kritzer, *op. cit.*, pp.281~3; 新 掘聰, 前揭書, p.61.

에 관해 계약상에 명시가 없을 경우에 대비한 5.6조의 원칙이다. 따라서 이행해야 할 품질은 이상의 두 가지 기준을 모두 만족시켜야 함이 원칙이다.

•• 사 례

① A는 복잡한 철도역 옆에 호텔을 건축하기로 약속하였다.
② 그런데 계약상에는 "적절하게 견고하며, 격리된 호텔"을 규정하고 있었으나, 동 호텔의 견본품질에 대해서는 매우 상세하게 결정되어 있지 아니하였다.
③ 그러나 견고하며, 격리된 호텔은 철도역에서 인정한 호텔이라는 입장에서 볼 때 필요한 높은 표준을 만족시켜야 한다는 것이 계약으로부터 결정될 수 있다.

본 규정에서 이행품질에 대한 최소한의 요건은 중등품질을 제공해야 한다는 것이다. 따라서 공급자는 계약이 특정한 품질을 요구하고 있지 아니하다면 보다 우수한 품질의 물품이나 서비스를 제공할 의무는 없다. 그러나 공급자는 열위의 품질을 지닌 물품이나 서비스를 인도할 수는 없다. 이와 같은 중등품질조건은 상황에 따라 결정되나, 중등품질조건은 이행시의 관련시장에서 보급되고 있는 품질을 대개 의미한다. 다른 상황으로서는 이행당사자가 선택한 특수한 요건과 같은 것도 상황과 관련이 있을 수 있다.

•• 사 례

① A는 B로부터 오렌지 500Kg을 구입하기로 하였다.
② 그런데 계약은 품질에 대해서 보다 상세한 언급이 없었고, 기타 상황도 특별한 해결방안을 요구하고 있지 아니하였다면, 구입한 오렌지의 품질은 중등품질이면 된다.
③ 이 경우 중등품질 조건은 불합리하게 하자가 없는 한 충분하다.

본 규정에서 이행품질에 관해 합리성이 추가된 것은 중등품질이 매우 불만족스러운 시장에서의 평균이행품질을 일방이 제공한다면 만족스러운 이행을 일방이 주장하지 못하게 하고, 법관이나 중재인에게 불충분한 표준을 제기할 수 있는 기회를 주려는 의도이다.

> ◆◆ 사 례
>
> ① X나라에서 설립된 A회사가 50주년 축하를 위한 연회를 가지고자 하였다.
> ② 그런데 X나라에서의 요리는 평범한 것이어서 A사는 파리에 있는 유명한 음식점으로 부터 음식을 주문하였다.
> ③ 이런 상황하에서 제공되는 음식의 품질은 파리 레스토랑의 평균표준이어야 한다. 즉, X국의 평균표준 요건을 단순히 만족시키는 것만으로는 분명히 만족스럽지 못한 것이 다.[64]

【2】 36조 : 물품의 손해와 일치의 효력

Article 36

(1) The seller is liable in accordance with the contract and this Convention for any lack of conformity which exists at the time when the risk passes to the buyer, even though the lack of conformity becomes apparent only after that time.

(2) The seller is also liable for any lack of conformity which occurs after the time indicated in the preceding paragraph and which is due to a breach of any of his obligations, including a breach of any guarantee that for a period of time the goods will remain fit for their ordinary purpose or for some particular purpose or will retain specified qualities or characteristics.

(1) 물품의 불일치가 매수인에게 위험이 이전한 후에 나타났다 해도 매도인은 위험이 매수인에게 이전한 때 존재한 불일치에 대하여 계약과 본 협약에 따라 책임이 있다.

(2) 매도인은 전항에서 명시한 기간 후에 일어났다 해도, 매도인 자신의 의무의 위반에 기인한 불일치에 대하여 역시 책임이 있다. 이러한 의무위반에는 일정기간 동안 물품이 특수목적 혹은 통상의 목적에 적합하거나 특수한 품질, 혹은 특성을 가질 것을 보증한 위반을 포함한다.

본 조항은 운송 중 손상으로 인해 저질상태로 도착될 경우 물품을 계약에 일치

---

64) http://www.unidroit.org/english/principles/chapter−5. ht., 5.6, comment.

한 것으로 볼 수 있는가, 불일치의 위험은 누구에게 있는가에 대하여 규정하고 있다. 다른 말로 하면 계약과 협약의 요구에 따른 물품의 일치를 판단하는 시기를 다루고 있으며, (2)항에 대한 약간의 초안수정 외엔 ULIS 35조에 근거한 DCIS 34조와 같다.

1) 기본원칙/(1)항

계약에 따른 물품의 일치는 위험이 이전하는 때에 측정되어야 한다는 기본원칙은 멸실 또는 손상위험에 관해 필요한 묵시적 원칙이다. 그러나 사실 물품의 일치가 위험이전시를 기준으로 한다 해도 매수인은 그 이후에도 불일치를 모를 수 있다. 이런 경우는 물품이 이미 사용된 후에 불일치가 나타나기 때문이다.

그리고 계약이 물품의 운송과 관련이 있는 경우에도 역시 불일치를 모르는 수가 일어날 수 있는데, 이런 경우 물품이 매수인에게 운송하기 위해 운송인에게 인도된 때 위험은 이전한다.[65] 이런 경우도 물품이 지정된 목적지에서 운송인에 의해 매수인에게 인도된 후에도 매수인은 일반적으로 물품의 불일치를 모를 수가 있다.

어떤 경우든 불일치가 위험이전시에 존재하였다면 매도인은 불일치에 대한 책임이 있다는 것이 본 규정의 기본원칙이다.

2) 위험이전 후에 발생한 손해의 책임/(2)항

(2)항은 상기 기본원칙의 완화규정으로 위험이 이전한 후라도 자신의 의무들 가운데 하나의 위반으로 발생한 일체의 손해에 대하여 매도인은 책임을 져야 함을 규정하고 있다.

따라서 매도인측의 적극적인 행위 때문에 손해가 발생한 때 매도인이 책임져야 함은 당연하고 위반한 의무가 멸실위험이 이전한 후 특정기간 동안 특수한 성격을 유지한다는 매도인의 명백한 보증이 있을 때에도 그 손해에 대해 매도인은 책임을 져야 한다.

사실 기본원칙에 따라 (2)항과 같은 매도인이 품질의 명시적 보증위반에 대해 책임이 있음을 명시적으로 규정하는 것이 필요한 것으로 생각된다.[66]

---

65) 이런 경우도 67조 (2)항의 원칙이 적용된다.

UCC 2-725조(매매계약의 시효) (2)항의 규정과 유사하나 이 규정보다는 본 항의 규정이 광범위하다.

【3】 37조 : 인도만기까지의 보완권(補完權)

Article 37

If the seller has delivered goods before the date for delivery, he may, up to that date, deliver any missing part or make up any deficiency in the quantity of the goods delivered, or deliver goods in replacement of any non-conforming goods delivered or remedy any lack of conformity in the goods delivered, provided that the exercise of this right does not cause the buyer unreasonable inconvenience or unreasonable expense. However, the buyer retains any right to claim damages as provided for in this Convention.

매도인이 인도만기 전에 물품을 인도한 경우 동 기간 동안까지 매도인은 분실된 부품을 인도하거나 인도한 수량의 부족을 보충하거나 인도한 불일치 물품을 대체하기 위하여, 새로운 물품을 인도하거나 인도한 물품의 불일치를 보수할 수 있다. 단, 이러한 권리의 행사가 매수인에게 부당한 불편을 주거나 부당한 비용을 초래하게 해서는 아니 된다. 그러나 매수인은 상기의 경우에도 협약에서 규정하고 있는 손해배상금을 청구할 모든 권리를 보유한다.

본 조항은 계약의 보완대상과 방법에 관한 규정으로 인도를 위해 명시한 만기일 전에 매도인은 물품을 인도해야 하나, 자신의 이행이 계약에 일치하지 못한 경우를 규정하고 있다. 다시 말해서 대개 매도인의 이행이 계약요건에 일치하는지 여부의 결정은 인도가 이루어진 때에 단 한번 이루어져야 한다고 말할 수 있다. 그러나 본 조항은 매도인이 부품을 인도하거나 수량의 부족을 보충하거나 계약에 일치한 대체물품의 인도 또는 물품의 불일치 보완을 통해 불일치를 구제할 수 있음을 규정하고 있다.[67] 본 조항은 ULIS 37조에 근거한 DCIS 35조와 같다. 주의를 요할

---

66) A/CONF.97/19, p.32.

67) 매도인이 자신의 구제권을 효과적으로 행사할 수 있도록 그에게 물품의 불일치를 알게 하기 위하여 38조는 상황에 합리적인 짧은 기간 내에 물품을 검사하도록 매수인에게 요구하고 있고, 44조를 전제로 한 39조는 매수인에 불일치의 통지를 하도록 매수인에게 요구하고 있다

것은 2차 보완에 대한 규정이 없으나 단서 규정에 따른다면 문제가 안될 것 같다.

1) 보완의 만기일

매도인은 인도만기까지만 본 조항에 따라 물품의 불일치를 구제할 권리를 가진다. 따라서 인도만기 후 자신의 구제권은 48조(인도만기 후의 보완 : 청산을 위한 요청)에 근거해야 한다.

물품의 운송과 관계가 있는 국제매매에 있어서 계약이 달리 규정하고 있지 아니하는 한 인도는 최초의 운송인에게 물품을 인도함으로써 완료된다. 따라서 이러한 국제매매계약의 경우 본 조항에 따라 매도인이 물품의 수량이나 품질의 불일치를 구제할 수 있는 날짜는 계약에서 물품을 운송인에게 인도하도록 매도인에게 요구한 날짜, 즉 계약상이나 L/C상의 선적만기일이다.

2) 보완권행사의 한계

불일치를 보완할 수 있는 매도인의 권리는 이러한 권리의 행사가 매수인에게 부당한 불편이나 비용을 초래해서는 아니된다는 요건에 제한을 받는다.

예컨대, 계약이 매도인에게 6월 1일까지 100개의 공구를 인도하도록 요구하였다. 매도인은 5월 1일자로 운송인을 통해 75개를 선적하였으며, 동 선박은 6월 15일 도착하였다. 그리고 매도인은 역시 5월 30일자로 추가로 25개의 공구를 선적하였고 7월 15일자로 도착하였다. 따라서 매도인은 100개의 공구를 인도만기 일자인 6월 1일 전에 운송인에게 인도하였으므로 불일치는 보완되었다.

그러나 계약이 분할선적에 대한 언급이 없거나 허용하고 있다면 아무런 문제가 없지만, 분할선적을 허용하지 않았다면 비록 2차 선적분(보완분)이 인도만기 전에 이루어졌다 해도, 매수인에게 불편이나 비용을 초래하지 아니한 경우에만 매도인의 보완은 인정된다.

UCC 2-508조(부적절한 제공이나 인도에 대한 매도인의 보완) (1)항의 규정과 유사하나 37조는 매수인에게 매도인의 보완 의사를 통지하도록 매도인에게 특별히 요구하고 있지 아니하다.

(A. H. Kritzer, *op. cit.*, p.297).

그러나 사전 통지가 매수인에게 중요하다면 통지없는 보완 기도는 매수인에게 부당한 불편이나 비용을 초래케 할 수 있기 때문에 금지될 수 있다.[68] 따라서 37조도 규정의 근본 취지에 따라 UCC와 유사하게 제한될 것으로 보인다.[69]

3) PICC의 원칙

PICC 7.1.4조는 이행불이행 당사자가 보완하는 데 필요한 전제조건과 보완에 따른 피해입은 당사자의 권리 그리고 보완권리의 효과에 대해 규정하므로, CISG규정보다 실질적이고 상세하며 다양하고, 보완과 관련한 당사자들의 권한을 균형되게 규정하고 있는데 규정과 논평을 보면 다음과 같다.

"(1) 이행불이행 당사자는 다음 사항에 해당하는 경우 자신의 비용으로 일체의 이행불이행을 보완할 수 있다.
　　① 지체 없이 보완을 위한 이행방법과 시기를 표시하고 있는 통지를 한 경우
　　② 피해입은 당사자가 그러한 보완을 거절할 합법적인 권한을 가지고 있지 아니한 경우
　　③ 그리고 보완이 신속하게 이루어진 경우
(2) 종료통지가 보완할 권리를 방해하지 아니한다.
(3) 피해입은 당사자는 보완할 때까지 자신의 이행을 보류(유보)할 수 있다.
(4) 보완에도 불구하고, 피해입은 당사자가 보완을 이유로 발생한 또는 보완에 의해 방해되지 아니하는 일체의 손해에 대하여 뿐만 아니라 지연동안 손해배상금을 청구할 권리를 유보한다."

(1) 일반원칙

이행불이행에는 이행불능 등 다양한 내용으로 구성되는데, (1)항은 (a), (b), (c)호가 만족되는 한 이행불이행 당사자는 이행불능을 제외한 이행불이행을 보완할 수 있음을 규정하고 있다. 따라서 기간연장의 전제조건은 (a), (b), (c)호의 조건 충족이 필요하다. CISG상의 보완규정은 보완과 관련한 국내법 규정과 관련이 있으

---

68) J. O. Honnold, *op. cit.*, p.273.
69) A. H. Kritzer, *op. cit.*, p.297.

므로 동 규정들의 해석원칙으로서 역할을 할 수가 있다.

(2) 보완통지의 요건

이행불이행 당사자가 보완통지를 해야지만 보완을 위한 이행을 할 수 있다. 따라서 보완통지는 통지방법뿐만 아니라 통지시기와 통지내용에 관해 합리적이어야 한다. 이행불이행 당사자는 이행불이행을 안 후 지체없이 보완통지를 해야 한다. 그리고 가능하다면, 통지는 보완방법과 보완시기를 명시해야 한다. 그리고 상황에 따라 합리적인 방법으로 피해입은 당사자에게 보완통지가 통신되어야 한다. 보완의 통지는 (1)항 (a), (b), (c)호의 요건이 충족된 때 유효한 통지로 간주된다.

(3) 보완의 적합성

이행해태의 법적 성격이 어떠하든 관계없이 이행해태가 보완을 방해해서는 아니된다. 보완의 적합성 결정시에 고려되는 요소에는 제의된 보완이 문제해결에 성공을 약속하고 있는지 여부와 보완이행에 따라 일어날 수 있는 지연이나 필요한 지연이 불합리하거나 이러한 지연이 주요한 이행불이행을 구성하는지 여부 등이 포함된다. 따라서 성공을 약속하고 있지 아니하거나 보완 이행에 따른 지연 등이 불합리하거나 주요한 이행불이행을 초래할 수 있을 경우에는 보완이 적합하지 아니하다고 볼 수 있다. 보완권리는 피해입은 당사자의 신분의 변경에 관계없이 보완할 수 있다. 피해입은 당사자는 신분을 변경할 수 없다.

(4) 피해입은 당사자의 보완에 대한 권리의 한계

피해입은 당사자가 합리적인 보완거절권리를 행사할 수 있는 경우 이행불이행 당사자는 보완이 어렵다. 그러나 피해입은 당사자가 이행불이행을 사유로 단순히 계약관계를 단절하기로 결정한다면 이는 허용되지 아니한다. 왜냐하면 이행불이행에도 불구하고 보완자체가 적절하고 상황에 적절할 수도 있기 때문이다.

··사 례

A는 B의 소유지에 도로를 건설하기로 합의하였다. 도로건설이 완성된 때, B는 도로의 등급이 계약서상에 허용한 등급보다 가파름을 발견하였다. 그리고 B는 건설기간중에 A의 트럭이 자신의 수목에 손해를 입혔음을 역시 발견하였다. 이에 따라 A는 도로의 경

사를 조정하려는 보완통지를 B에게 하였다. 이러한 보완이 상황에 적절한 것이었음에도 불구하고, 자신의 수목에 추가 손해를 방지하려는 B의 욕심은 보완을 거절할 합리적인 권리를 행사하게 할 수 없다.

(5) 보완시기

보완은 보완통지 후 즉시 이루어져야 하며, 이러한 시기는 이행불이행 당사자의 보완권 행사의 필수조건이다. 따라서 이행불이행 당사자에게는 보완통지 후에 즉시가 아닌 연장 기간 내에 보완 이행은 허용되지 아니한다. 특히 지연 보완에 따라 피해입은 당사자의 입장에서 불편이 전혀 없었다 해도 이행불이행 당사자에게는 적절한 시기에 보완의 정당성을 인정받지 못한다.

(6) 적절한 보완의 형태

보완은 이행불이행을 구제하고, 계약하에서 기대할 권리가 있는 모든 것을 피해입은 당사자에게 부여하는 기타 일체의 구제와 수선, 그리고 대체를 포함할 수 있다. 수선은 사전 이행불이행의 증거를 남기지 아니하고 전체로서 제품의 가치나 품질을 위협하지 아니하는 경우에만 보완을 구성할 수 있다. 이행불이행 당사자가 보완을 기도할 수 있는 회수의 결정권은 법정에 있다.

∙∙ **사 례**

A는 B의 공장에서 고온에나멜 페인팅을 위한 장비를 설치하기로 합의하였다. 모터는 불충분한 윤활유 때문에 결국 작동 몇 시간 후 정지해 버렸다. A는 적기에 모터를 대체하였으나 라인정지로 인해 공정라인의 다른 부분들은 손상되지 아니하였음을 보증하기 위해 조립공정장비의 나머지를 테스트해 달라는 B의 요청을 거절했다.
이 경우 A의 대체보완은 유효하지 못하다.

(7) 기타구제권 행사의 정지조건과 정지내용

이행불이행 당사자가 유효한 보완통지를 한 경우, (4)항의 규정에 따라 피해입은 당사자는 자신의 구제권 이행을 보류할 수 있으며, (3)항에 따라 시의적절한 보완이 이루어지지 아니하였거나 이루어지지 아니할 것임이 분명할 때까지 이행불이행 당사자의 보완권과 모순되는 구제권을 행사할 수 없다. 모순되는 구제권에는 계약의 종료통지, 대체거래 이행, 손해배상금 또는 원상회복 모색 등을 포함한다.

(8) 계약종료 통지의 효과

피해입은 당사자가 7.3.1조 (1)항과 7.3.2조 (1)항에 따라 계약을 적법하게 종료하였다면, 7.3.5조에서 규정한 종료의 효과는 유효한 보완통지에 의해 정지된다. 그리고 이행불이행이 보완되면, 종료의 통지는 효과가 없다. 반면에 보완기간이 만료되고 중요한 이행불이행이 보완되지 아니한다면 종료는 효력을 가진다.

(9) 피해입은 당사자의 손해배상금 청구권에 관한 원칙

7.3.4조 (5)항의 규정에 따라 성공적으로 보완한 이행불이행 당사자라도 보완 전에 이행불이행에 의해 발생한 손해와 보완 그 자체나 지연에 대한 추가손해 또는 보완이 막지 못한 손해에 대하여 책임이 있다. 7.4.2조의 규정에 따라 입은 손해에 대한 전액 보상의 원칙은 피해입은 당사자의 손해배상금 청구에 관해 주요한 기본원칙이다.[70]

(10) 피해입은 당사자의 의무

이 조항에 호소하려 할 경우 그 결정권은 이행불이행 당사자에게 있다. 일단 피해입은 당사자가 유효한 보완통지를 수령하면 그는 보완을 허용하고, 5.3조의 규정에 따라 이행불이행 당사자에게 협력해야 된다. 예컨대 피해입은 당사자는 이행불이행 당사자가 보완을 하는 데 합리적으로 필요한 조사를 허용해야 한다. 따라서 조사가 필요함을 요청할 때 피해입은 당사자가 보완을 허용하길 거절한다면, 계약 종료의 통지는 무효이다. 더욱이 피해입은 당사자는 보완할 수 없었던 이행불이행에 대하여 구제권에 호소할 수 있다.

•• 사 례

A는 날씨로 인한 B의 기구류 보호를 위해 B의 소유지에 창고를 짓기로 합의하였다. 그런데 지붕이 하자 지붕이었다. 이로 인해 태풍기간에 물이 창고로 흘러들어 B의 기구가 손상을 입었다. B는 계약종료의 통지를 A에게 하였다. A는 시의적절한 보완통지를 하

---

70) http://www.unidroit.org/english/principles/chapter-7.ht, 7.1.4, comment.

였다. B는 더 이상 A와의 거래를 원치 아니하였고, 하자 건축에 대하여 보완을 거절하였다. 따라서 보완이 상황에 맞게 이루어지고, 보완에 필요한 기타 조건들이 충족되었다면, B는 하자 건축에 대하여 구제권에 호소할 수 없으나, 보완이 이루어지기 전에 기계류에 입은 손해에 대하여 보상을 받을 수 있다. 그러나 만약 보완이 상황에 비추어 부적합하거나 제의한 보완이 문제의 해결을 할 수 없다면 계약은 B의 통지에 의해 종료된다.71)

【4】 38조 : 물품의 검사시기

Article 38
(1) The buyer must examine the goods, or cause them to be examined, within as show a period as practicable in the circumstances.
(2) If the contract involves carriage of the goods, examination may be deferred until after the goods have arrived at their destination.
(3) If the goods are redirected in transit or redispatched by the buyer without a reasonable opportunity for examination by him and at the time of the conclusion of the contract the seller knew or ought to have known of the possibility of such redirection or redispatch, examination may be deferred until after the goods have arrived at the new destination.
(1) 매수인은 상황에 따라 실시할 수 있는 최단기일 내에 물품을 검사하거나 물품을 검사받도록 해야 한다.
(2) 계약이 물품의 운송을 수반하는 경우 물품이 도착지에 도착한 후까지 검사는 연장될 수 있다.
(3) 매수인이 물품을 검사할 합리적인 기회도 없이 물품이 운송중에 변경되거나, 매수인에 의하여 재발송되고, 계약체결시에 매도인이 이러한 변경이나 재발송의 가능성을 알았거나 당연히 알았어야 하는 경우, 검사는 물품이 새로운 목적지에 도착한 후까지 연장될 수 있다.

본 조항은 매수인에 의한 물품의 검사시기에 관해서 규정하고 있다. 즉, 매수

---

71) http://www.unidroit.org/english/principles/chapter−7.ht, 7.4, comment.

인이 어느 시점에서 물품을 검사해야 하는가에 관해서 규정하고 있으며, "운송 중인 물품의 변경"에 관한 내용을 (3)항에 추가한 것 외에는 ULIS 38조에 근거한 DCIS 36조와 같다. 본 규정은 39조 (1)항의 불일치 발견시기와 관련하여 중요하며, 19조 (1)항에 의한 합리적 통지기간 산정의 기준에 기여할 수 있는 규정이다.

1) 기본원칙/(1)항

매수인은 주위의 사정에 비추어 보아 실행 가능한 짧은 기간 내에 물품을 검사하든가 아니면 검사받도록 해야 한다.

2) 특수원칙/(2)항, (3)항

다음과 같은 두 개의 특수한 경우 기본원칙의 특별적용을 허용하고 있다. 즉, 다음과 같은 두 개의 특수한 경우에도 기본원칙이 적용된다는 것이다.

첫째, 계약이 물품의 운송을 포함하는 경우, 물품의 검사는 목적지에 도착한 후까지 연장될 수 있다. 이 원칙은 물품이 매수인에게 운송을 위해 최초 운송인에게 인도된 때 인도가 완료되고, 손실위험 역시 이때에 이전한다 해도 매수인은 물품이 목적지에 도착할 때까지 물품을 검사할 물리적 입장에 일반적으로 있지 아니하기 때문에 필요하다.

둘째, 매수인이 자신에 의한 합리적인 검사기회를 가지지 아니한 채 물품을 재발송하거나 운송 중에 물품의 목적지를 변경한 경우, 물품의 검사는 물품이 새로운 도착지에 도착한 후까지 연기될 수 있다. 물품의 재발송이나 운송 중인 물품의 목적지 변경 전에 물품을 검사할 합리적인 기회를 매수인이 가지지 못하는 경우는 최종 목적지에 물품이 도착하기 전에 물품을 검사하기 위해 물품을 개방하는 것이 불가능하거나, 실용적이지 못한 방법으로 물품이 포장된 경우이다. 이런 경우 물품의 재발송이나 운송 중 물품의 목적지 변경은 매수인이 운송계약상의 목적지 이외의 장소에서 물품을 자신이 사용하고자 하기 때문에 필요할 수 있다. 그러나 물품이 포장된 수량과 적어도 똑같은 수량으로 물품을 재매각하는 중간 상인이 매수인이기 때문에 이러한 경우가 더 빈번히 생길 수 있다.[72]

---

72) A/CONF.97/19, p.34.

상기의 두 특수원칙은 서류거래가 가능한 F-group에 적용될 수 있는 규정이나, (3)항은 특히 CIF나 CIP 거래에 적합한 규정이다.

3) 검사범위

본 조항에서 매수인에게 요구하는 검사는 상황에 합리적인 검사이다. 따라서 가능한 모든 하자를 발견하는 검사를 매수인에게 하도록 본 조항이 요구하고 있지 아니하다는 것이다.

상황에 합리적인 검사는 개별 계약에 의해 그리고 거래관습에 의해 결정되기도 하며, 물품의 종류와 당사자들의 성격과 같은 요인에도 좌우되기도 한다.[73] SGA 34조(매수인의 물품검사권)와 이에 근거한 USA 47조(물품의 검사권)를 모법으로 하여 제정된 것 같다.

현실적으로 필요한 경우 검사시기와 방법 등은 계약서나 L/C 등에 반영되고 있고 구체적인 명시가 없더라도 Incoterms의 각 정형거래유형 자체가 선적지 품질이나 수량조건 또는 도착지 품질이나 수량조건임을 A.5, A.6, B.5, B.6 상에 묵시하고 있으며, A.9, B.9를 통해 검사에 관해 포괄적으로 명시하고 있다.

【5】 39조, 44조 : 불일치의 통지와 통지해태(通知懈怠)의 면책(免責)

Article 39
(1) The buyer loss the right to rely on a lack of conformity of the good if he does not give notice to the seller specifying the nature of the lack of conformity within a reasonable time after he has discovered it or ought to have discovered it.
(2) In any event, the buyer loses the right to rely on a lack of conformity of the goods if he does not give the seller notice thereof at the latest within a period of two years from the date on which the goods were actually handed over to the buyer, unless this time-limit is inconsistent with a contractual period of guarantee.

---

73) *Ibid.*

(1) 매수인이 물품의 불일치를 발견하였거나 당연히 발견했어야 한 후 합리적인 기간내에 매도인에게 불일치의 성격을 명시하여 통지하지 아니한 경우, 매수인은 불일치를 주장할 권리를 상실한다.

(2) 여하한 경우에도 매수인은 자신에게 물품이 실질적으로 인도된 날로부터 늦어도 2년 이내에 매도인에게 불일치의 성격을 명시한 통지를 하지 아니한 경우, 매수인은 물품의 불일치를 주장할 권리를 상실한다. 단, 이러한 기간제한은 계약상의 보증기간과 양립하지 아니하여야 한다.

Article 44

Notwithstanding the provisions of paragraph (1) of article 39 and paragraph (1) of article 43, the buyer may reduce the price in accordance with article 50 or claim damages, except for loss of profit, if he has a reasonable excuse for his failure to give the required notice.

39조 (1)항과 43조 (1)항의 규정에도 불구하고 매수인이 필요한 통지를 못한 합리적인 면책 사유를 가진 경우, 매수인은 50조의 규정에 따른 대금감액이나 이익의 손실을 제외한 손해배상청구를 할 수 있다.

39조는 합리적인 기간 내에 매도인에게 물품의 불일치를 통지해야 할 매수인의 의무해태의 결과를 규정하고 있고, 44조는 통지요건 완화에 대한 개발도상국과 선진국 간의 첨예한 대립의 절충안으로 제안된 통지해태에 대한 면책규정이다.

39조는 ULIS 39조에 근거한 DCIS 37조와 똑같고, 44조는 외교위원회에서 추가된 것이다.

1) 불일치의 통지의무/(1)항

매수인이 합리적인 기간[74] 내에 불일치의 통지를 하지 아니하면 매수인은 물

---

74) 이러한 통지시기에 관해 각국마다 다양한바, 예컨대 영국은 "합리적인 기간"(within a reasonable time), 스위스와 스칸디나비아는 "즉시"(at once), 독일은 "지체없이"(without delay), 스페인은 "4일 이내"(within 4 days), 이태리는 포장 물품의 경우 "8일 이내"(within 8 days), 숨은 하자의 경우 "30일 이내"(within 30 days), 프랑스는 "짧은 기간내"(within a short time), 유엔소멸시효법은 "4년" 등으로 되어 있다(Clive M. Schmitthoff, *op. cit.*, p.76).

품의 불일치를 주장할 자신의 권리를 상실한다.

불일치의 통지의 목적은 매도인이 불일치를 구제하기 위해 무엇을 해야 하는지를 매도인에게 통지하는 데 있고, 물품검사를 수행한 근거를 그에게 주기 위한 것이며, 일반적으로 주장하는 불일치에 대해 매수인과 분쟁시에 사용하기 위해 증거를 수집하는 데 있다. 따라서 통지는 매수인이 불일치를 발견하였거나 당연히 발견했어야 한 후 합리적인 기간 내에 매도인에게 이루어질 뿐만 아니라 불일치의 성격을 명시해야 한다.[75]

따라서 이러한 통지가 그 기간 내에 이루어지지 아니하면 매수인은 45조 (1)항 (b)호하의 손해배상금을 청구할 수 없으며, 46조하의 불일치 보완을 매도인에게 요구할 수 없고, 49조에 따라 계약을 해제할 수 없으며, 50조하의 대금감액을 선언할 수 없다.

2) 불일치에 대한 합리적 기간 내에 통지해태의 면책/(44)조

그러나 39조 (1)항의 규정에도 불구하고 매수인이 합리적인 기간 내에 통지를 하지 못한 데 대한 합리적인 면책사유를 가진 경우, 44조는 오직 50조에 따라 하자로 인해 좌절된 대금감액이나, 74조 규정상의 이익손실을 제외한 손해배상청구만을 허용하고 있다.

이렇게 볼 때, 44조는 39조 (2)항의 2년이라는 권리를 행사할 수 있는 기간인 제척기간(除斥期間)을 제외하고는 39조의 송곳니(the sharpest teeth)를 제거한 셈[76]이며, 39조의 일반규칙에 대한 특별 예외규정이라 할 수 있다.

3) 불일치를 주장할 권리의 종료/(2)항

기간이 경과한 후에야 입증되는 숨은 하자를 주장할 매수인의 권리를 보호하는 것이 중요하다고 해도, 물품이 인도된 후 오랜 기간에 걸쳐 제기되는 청구에 대해 매도인을 보호하는 것도 역시 중요하다.

일반적으로 물품이 인도된 후 오랜 기간 후에 이루어지는 청구는 종종 타당

---

75) A/CONF.97/19, p.35.

76) J. O. Honnold, *op. cit.*, p.284.

성이 의심스러우며, 매도인이 훗날에 이러한 청구에 대한 최초의 통지를 수령한 때 매도인은 인도시에 물품의 상태에 관한 증거를 준비하거나, 물품이나 물품의 제조에 필요한 원료를 공급한 공급자의 책임에 호소하는 것이 어려울 수 있다. 본 규정은 실질적으로 자신에게 인도된 날로부터 늦어도 2년 내에 물품의 불일치 통지를 매도인에게 하도록 매수인에게 요구함으로써 이러한 이해관계를 인정하고 있다.

따라서 합리적인 통지기간의 최대기간이 물품의 인도 후 2년이며, 이 기간은 UN 소멸시효법(CLPISG) 상의 시효의 경우와 같이 매도인이 물품을 수선하고 있을 때에도 중단되지 아니하며, 물품의 불일치가 하자품을 대체함으로써 보완된 후에는 새로 시작되지 아니한다. 그러나 이러한 경우라도 2년 이내에 통지해야 할 의무는 동 기간이 계약상의 보증기간과 불일치한다면, 적용되지 아니함을 주의해야 한다.

따라서 불일치 통지시효와 관련된 문제의 실질적인 해답은 매각되는 물품에 가장 적절한 제척기간을 계약상에 분명히 명시하는 것이다.

동 규정은 UCC 2-607조(위반의 통지) (3)항과 유사하나 동 규정상에는 제척기간을 명시하고 있지 않다. 따라서 숨은 하자의 경우 협약상의 제척기간은 UCC보다 더 엄격한 결과를 낳을 수 있다.[77]

4) 전자협약의 원칙

불일치 통지와 관련하여 사용되는 전자통신에 관해 전자협약이 침묵하고 있으나, 동 규정과 관련하여 사용되는 전자통신의 사용가능성에 대한 AC의 의견과 논평은 다음과 같다.

본 규정에서 "통지"란 전자통신을 포함한다. 다만 매도인은 명시적으로나 묵시적으로 합의한 형식과 방법에 따라 합의한 주소로 전자통신의 수령을 동의해야 한다.[78]

전자협약의 경우 3조의 규정에 따라 달리 합의가 없는 한 MLEC와 달리 이러한 동의가 필요없이 그대로 적용된다.

---

77) A. H. Kritzer, *op. cit.*, pp.301~7.

78) *Ibid.*

물품의 불일치에 대한 통지는 전자통신으로 주어질 수 있다. 이런 경우 중요한 사항은 형식에 관계없이 그 정보가 매도인에게 전달될 수 있어야 한다. 매도인에게 이루어진 통지의 효력발생시기와 관련한 제반사항은 CISG 15조와 27조의 논평과 같다.[79]

【6】 40조 : 매도인의 불일치의 인지(認知)

Article 40

The seller is not entitled to rely on the provisions of articles 38 and 39 if the lack of conformity relates to facts of which he knew or could not have been unaware and which he did not disclose to the buyer.

물품의 불일치가 매도인이 알았거나 모를 리가 없었던 사실과 매수인에게 고지하지 아니하였던 사실과 관련이 있다면, 매도인은 38조와 39조의 규정을 주장할 권리가 없다.

본 조항은 불일치의 사실을 매도인이 안 경우에 매도인의 권리주장의 제한을 규정하고 있으며, ULIS 40조에 근거한 DCIS 38조와 똑같다.

불일치가 매도인이 알았거나 모를 리가 없었을 사실과 매도인이 고지하지 아니한 사실과 관련이 있을 경우, 38조와 39조상의 통지요건을 본 조항이 완화시키고 있다. 이럴 경우 매도인은 불일치를 자신에게 통지할 것을 매수인에게 요구할 합리적인 근거를 상실하게 된다.

이렇게 볼 때, 40조 역시 44조와 더불어 39조의 일반규칙에 대한 특별 예외규정이라 할 수 있으며, 38조에 대해서도 마찬가지이다. 본 조항을 어떤 의미에서는 금반언규정이라 할 수 있다.

---

79) *Ibid*.

【7】 41조 : 물품에 대한 제3자의 청구권

Article 41

The seller must deliver goods which are free from any right or claim of a third party, unless the buyer agreed to take the goods subject to that right or claim. However, if such right or claim is based on industrial property or other intellectual property, the seller's obligation is governed by article 42.

매수인이 제3자의 권리나 청구권을 조건으로 하는 물품을 수령하기로 합의하지 않은 한, 매도인은 제3자의 권리나 청구권에 구속되지 아니하는 물품을 인도해야 한다. 그러나 이러한 권리나 청구권이 공업소유권이나 기타 지적소유권에 기초를 두고 있다면 매도인의 의무는 42조에 의하여 규제된다.

본 조항은 산업 또는 지적소유권(산업소유권 또는 기타 지적소유권)에 근거한 권리나 청구권 이외의 제3자의 권리나 청구권으로부터 자유로운 물품을 인도해야 할 매도인의 의무를 규정하고 있다.

본 규정은 ULIS 52조에 근거한 DCIS 39조 (1)항과 실질적으로 같다.

1) 당사자들의 의무

매도인은 매수인이 제3자의 권리 또는 청구권이란 부담을 주는 물품을 인취할 것에 동의하지 아니하는 한, 예컨대 매수인이 제3자의 권리 또는 청구권을 알고 있었거나 당연히 알았어야 한 경우에도 책임을 부담한다.

그러나 매수인은 제3자의 권리 또는 청구권을 알았거나 당연히 알았어야 한 때로부터 합리적인 기간 내에 이러한 권리나 청구권의 성질에 대한 설명을 표시함으로써 매도인에게 통지하지 아니한다면 본 조항의 규정을 원용할 권리를 상실한다(43조 (1)항).

다만 매도인은 제3자의 권리나 청구권과 그 성질을 알고 있었던 경우에는 합리적인 기간 내의 통지를 매수인에게 요구할 수 없다(43조 (2)항).

역시 매수인은 합리적인 기간 내에 통지를 하지 아니한 경우에도 합리적인 이유만 있다면 50조에 근거한 대금감액을 제외한 74조에 근거한 손해배상(이 경우 이익의 손실분은 제외됨)을 요구할 수 있다(44조).

2) 제3자의 권리 또는 청구권의 정의

본 조항에서 말하는 제3자의 권리 또는 청구권이란 공업소유권, 기타 지적소유권에 근거한 권리나 청구권 이외의 제3자의 권리 또는 청구권을 의미하는 것으로 소유권, 담보권 등에 근거한 것이다.

예컨대, Incoterms D조건의 경우 매도인은 목적지에 도착한 물품을 인도할 의무를 부담하지만, 이 경우 제3자인 운송회사가 운임의 지불 등과 같은 이유로 물품상의 유치권(lien)을 가지고 있다면 매수인은 물품을 수령할 수가 없다. 이 경우 매도인은 책임을 지고 있는 이러한 유치권을 해제시켜 물품을 운송회사의 권리로부터 자유롭게 해야 한다.[80]

UCC 2-322조(착선인도) (2)항 (a)호도 이러한 취지를 규정하고 있다. UCC 2-312조(권리와 침해에 대한 책임담보) (1), (2)항도 이와 유사하다.

【8】 42조 : 특허나 기타 지적소유권에 근거한 제3자의 청구권

Article 42
(1) The seller must deliver goods which are free from any right or claim of a third party based on industrial property or other intellectual property, of which at the time of the conclusion of the contract the seller knew or could not have been unaware, provided that the right or claim is based on industrial property or other intellectual property :   (a) under the law of the State where the goods will be resold or otherwise used, if it was contemplated by the parties at the time of the conclusion of the contract that the goods would be resold or otherwise used in that State; or   (b) in any other case, under the law of the State where the buyer has his place of business.   (2) The obligation of the seller under the preceding paragraph does not extend

---

80) 新 掘聰 前揭書, p.68.

to cases where :

(a) at the time of the conclusion of the contract the buyer knew or could not have been unaware of the right or claim; or

(b) the right or claim results from the seller's compliance with technical drawings, designs, formula or other such specifications furnished by the buyer.

---

(1) 매도인은 계약체결시에 자신이 알았거나 알지 못하였을 리가 없는 공업소유권이나, 기타 지적소유권에 기초한 제3자의 권리나 청구에 구속되지 아니하는 물품을 인도하여야 한다. 단, 제3자의 권리나 청구가 다음과 같은 국내 법률에 근거한 공업소유권이나 기타 지적소유권에 기초한 경우에 한한다.

  (a) 물품이 어느 국가에서 재매각되거나 사용될 것을 계약체결시에 당사자들이 예상한 경우 물품이 재매각되거나 사용되는 국가의 법

  (b) 기타의 경우 매수인이 자신의 영업소를 둔 국가의 법

(2) 전항에 의한 매도인의 의무는 다음의 경우에는 적용되지 아니한다.

  (a) 계약체결시에 매수인이 이러한 제3자의 권리나 청구를 알았거나 모를 리가 없었을 경우

  (b) 제3자의 권리나 청구가 매수인이 제공한 기술도면, 도안, 양식 또는 기타 명세서에 입각한 매수인의 요청에 따라 매도인이 이행하고 그 결과 제3자의 침해를 받은 경우

본 조항은 특허나 기타 지적소유권에 기초한 제3자의 청구권에 관계없는 물품을 매도인이 매수인에게 인도해야 함을 규정하고 있다. 왜냐하면 하나의 특허에 관하여 여러 나라에서 침해 청구가 제기될 수 있기 때문이다. 즉, 국제거래에 있어 특허, 저작권, 상표 등에 기초한 청구권은 복잡한 문제를 낳을 수 있기 때문이다. 본 규정은 DCIS 40조 (3)항에 근거하고 있다.

1) 매도인에게 책임이 있는 청구권/(1)항

산업재산권이나 지적소유권에 근거한 물품에 관해 제3자가 권리나 청구권을 가진 경우 매도인은 매수인에게 책임이 있음을 규정하고 있다. 매도인에게 이러한 책임부과의 원칙은 궁극적으로 생산자에게 이러한 책임이 부과됨을 의미한다. 만약

매도인이 제3자의 권리나 청구권의 존재를 몰랐던 경우와 모를 리가 없었다고 말할 수 없는 경우엔 매도인은 책임을 지지 아니한다. UCC 2-312조 (3)항과 유사하다. 이러한 일반원칙은 대부분의 법률하에서도 인정하고 있다.

2) 매도인 책임의 제한/(1)항 (a, b)호, (2)항

그러나 국제무역거래에 있어 물품의 매도인은 산업재산권이나 기타 지적소유권의 모든 침해에 대해 (1)항과 똑같이 매수인에게 책임이 있다는 것은 아니다. 왜냐하면 침해는 매도인의 국가 밖에서 거의 일어나고 있고, 매수인의 고객들이 사용을 위해 제3국에서 수령할 수 있는 경우가 있기 때문이다.[81]

따라서 제3자의 권리나 청구권은 다음과 같은 나라의 법률하에서의 공업소유권이나 기타 지적소유권에 근거한 것에 제한된다.

① 계약 체결시에 물품이 그 국내에서 전매(轉賣), 즉 재매각되거나 기타 방법으로 사용될 것이 당사자들에 의해 예견된 경우에는 물품이 전매 또는 기타 방법으로 사용될 나라의 법률

② 기타의 경우엔 매수인이 영업장소를 갖고 있는 나라의 법률

역시 다음과 같은 경우엔 매도인은 (1)항에 근거한 의무를 부담하지 아니한다.

① 계약 체결시에 매수인이 제3자의 권리나 청구권을 알았거나 모를 리가 없었을 경우

② 제3자의 권리나 청구권이 매수인에 의해 제공된 기술도면, 디자인, 공식이나 기타 명세에 매도인이 따른 결과로 생긴 경우

이미 위에서 언급한 합리적인 기간 내에 통지에 관한 43조와 44조의 규정은 공업소유권이나 기타 지적소유권에도 적용된다.[82]

---

81) A/CONF.97/19, p.37.
82) 新 掘聰, 前揭書, pp.68~9.

【9】 43조 : 제3자의 청구권 통지

Article 43

(1) The buyer loses the right to rely on the provisions of article 41 or article 42 if he does not give notice to the seller specifying the nature of the right or claim of the third party within a reasonable time after he has become aware or ought to have become aware of the right or claim.

(2) The seller is not entitled to rely on the provisions of the preceding paragraph if he knew of the right or claim of the third party and the nature of it.

---

(1) 매수인은 제3자의 권리나 청구를 알거나 당연히 알았어야 하는 때로부터 합리적인 기간 내에 제3자의 권리나 청구의 성질을 명시하여 매도인에게 통지하지 아니하면, 매수인은 41조나 42조에 따라 주장할 수 있는 권리를 상실한다.

(2) 매도인이 제3자의 권리나 청구권 및 그 성질을 알았던 경우, 그는 전항의 규정에 따라 주장할 권리가 없다.

본 조항은 제3자의 청구권에 관해 매수인의 매도인에 대한 통지에 관한 규정이다. 즉, 39조는 매수인에게 물품의 불일치를 매도인에게 통지하도록 요구하고 있는 반면에, 매수인은 매도인이 41조와 42조에 따라 책임이 있을 수 있는 제3자의 청구권을 매도인에게 역시 통지해야 하는데, 이 사실을 본 조항이 규정하고 있다.

본 조항은 ULIS 52조 (1)항에 근거한 DCIS 39조 (2)항과 40조 (3)항에 근거하고 있다.

1) 통지의무/(1)항

계약에 불일치한 물품에 관해 39조 (1)항에서 매수인에게 요구하고 있는 통지와 유사한 '합리적인 기간 내 통지'를 본 규정이 매수인에게 요구하고 있다. 따라서 만약 이러한 통지가 매수인이 제3자의 권리나 청구를 알았거나 당연히 알았어야 한 후 합리적인 기간 내에 이루어지지 아니한다면, 매수인은 41조와 42조를 주장할 권리를 갖지 못한다.

그러나 이런 경우에도 매수인이 해당 문제를 알았거나 당연히 알았어야 한 후 합리적인 기간 내에 필요한 통지를 해태한 데 대한 합리적인 면책사유를 가진 경우, 그는 39조 (1)항에서와 같이 특별한 구제를 44조에 따라 유보한다.

그러나 39조 (1)항의 불일치 통지의 경우와 43조 (1)항의 제3자의 청구통지 간에는 다음과 같은 차이가 있다.

① 불일치 통지는 39조 (2)항에 의해 2년의 재청기간을 두고 있는 데 반해, 제3자 청구의 통지는 39조 (2)항에 상당하는 규정이 없다.

② 44조에서 인정하는 두 개의 구제(대금감액과 이익손실을 제외한 손해배상)가 39조 (1)항에 공히 적용되나, 43조 (1)항의 경우 두 개의 구제 중 이익손실을 제외한 손해배상만 적용된다. 왜냐하면 대금감액은 불일치의 경우에만 적용됨을 50조가 명시적으로 규정하고 있으나, 제3자의 청구에도 적용된다는 규정이 없기 때문이다. UCC 2−607조 (3)항은 43조 (1)항과 유사하다.

2) 통지요건의 완화/(2)항

이미 설명한 불일치 통지의 완화규정인 40조의 금반언규정과 본 규정은 역시 유사하며, UCC 2−312조에 관한 공식 주석의 내용과도 유사하다.

그러나 양자 간에는 차이가 있다. 본 규정에 의하면 제3자의 권리의 분명한 인지가 매도인에 대한 요구사항이나, 40조에 의하면 물품의 불일치에 관해서는 매도인이 알았거나 모를 리가 없었을 사실이면 충분하다.[83]

3) 전자협약의 원칙

제3자의 청구권 통지와 관련하여 사용되는 전자통신에 대한 AC의 의견과 논평은 다음과 같다.

본 규정에서 "통지"란 상기 39조상의 내용과 동일한 의견이며 동 규정에 대한 위원회의 논평을 보면 다음과 같다.

제3자의 권리나 청구권의 성격에 대하여 매수인이 매도인에게 통지하는 정보는 전자통신으로 주어질 수 있다. 이런 경우 중요한 사항은 형식에 관계없이 그 정보가 매도인에게 전달될 수 있어야 한다.

---

83) A. H. Kritzer, *op. cit.*, pp.324~5.

그러나 매도인이 인정하기로 한 전자통신의 수령형식에 대하여 자신의 의도를 분명히 하지 아니할 경우에도, 그럼에도 불구하고 43조 (2)항에 따라 매도인이 제3자의 청구 사실의 사전인지 사실의 경우에는 인정할 수 있는 전자통신에 관한 동의 여부가 의미가 없어 (1)항의 규정이 적용되지 아니한다. 따라서 매수인에 의한 전자통신의 청구사실에 대한 통지가 필요없다.

매도인에게 통지와 관련한 전자통신의 효력 발생과 관련한 제반사항은 이미 언급한바 있는 15조와 27조의 논평이 그대로 적용된다.[84]

제 3 절   매도인에 의한 계약위반에 대한 구제

1. 구   성

45조   매수인에게 인정되는 구제
46조   매수인의 이행 요구권
47조   이행을 위한 추가 최종기간을 확정한 매수인의 통지
48조   인도만기 후의 보완
49조   매수인의 계약 해제권
50조   대금감액
51조   물품의 부분 불일치
52조   조기인도(早期引渡)와 초과수량(超過數量)

2. 개   요

매도인이 계약을 위반한 경우 협약에서 매수인에게 부여되는 구제방법 가운데 주요한 것은 ① 특정이행(수행)(specific performance)(46조) ② 계약해제(avoidance of the contract)(49조) ③ 손해배상(damages)(45조, 74~77조) ④ 대금감액(reduction of the price)(50조) 등이다.

본 절은 주요 구제방법에 관해서 규정함과 동시에 이와 관련한 약간의 보조적인 구제에 관한 규정(47조, 48조, 51조, 52조)을 하고 있다.

---

84) http://www.cisg.law.pace.due/cisg-ac-op.1.html, p.14.

3. 규정과 해설

【1】 45조 : 매수인에게 인정되는 구제

Article 45
(1) If the seller fails to perform any of his obligations under the contract or this Convention, the buyer may : 　(a) exercise the rights provided in articles 46 to 52; 　(b) claim damages as provided in articles 74 to 77. (2) The buyer is not deprived of any right he may have to claim damages by exercising his right to other remedies. (3) No period of grace may be granted to the seller by a court or arbitral tribunal When the buyer resorts to a remedy for breach of contract.
(1) 매도인이 계약이나 본 협약에 따라 자신의 의무를 이행하지 못한 경우 매수인은 다음의 권리를 행사할 수 있다. 　(a) 46조~52조에 규정되어 있는 권리의 행사 　(b) 74조~77조에 규정된 손해배상의 청구 (2) 매수인은 자신이 행사할 수 있는 다른 구제권을 행사함으로써 손해배상을 청구할 수 있는 권리를 박탈당하지 아니한다. (3) 매수인이 계약위반에 대하여 구제를 청구할 경우, 법정이나 중재법정은 매도인에게 유예기간을 허용해서는 아니 된다.

　　본 조항은 매도인이 계약서나 협약하의 자신의 의무이행을 해태한 경우 매수인에게 가능한 구제의 방법에 관한 색인(索引)으로서, 그리고 손해배상을 청구할 매수인의 권리에 대한 근거로서 기여하고 있다.

　　본 규정은 ULIS 24조, 41조, 51조, 52조, 55조에 근거한 DCIS 41조와 똑같다.

1) 구제범위/(1)항 (a, b)호

　　(1)항 (a)호는 매도인이 위반한 경우 매수인은 46조에서 52조에 규정된 권리를

행사할 수 있음을 규정하고 있으며, 이러한 권리를 행사할 수 있는 실질적인 조건
은 인용된 각 조항에 설명되어 있다.

그리고 (1)항 (b)호는 매도인이 계약서나 협약하의 자신의 의무를 해태한 경우
매수인은 74조에서 77조에 규정된 손해배상금을 청구할 수 있음을 규정하고 있다.

손해배상금을 청구하기 위하여 특정법률제도에서 요구하는 과실 또는 신의성
실의 결여, 명시적 약속의 위반을 입증할 필요가 없다.

이렇게 볼 때, 손해배상청구를 과실과 별개로 하므로 협약은 대륙법의 전통보
다는 영미보통법을 따르고 있다. 따라서 손해배상은 매도인의 의무이행의 객관적
해태에 기인한 손실에 대해 가능하다. 특히, 본 규정이 인용하고 있는 74조~77조
의 규정은 손해배상청구를 행사할 수 있는지 여부에 관한 실질적인 조건을 규정하
고 있지 아니하고 손해배상금액의 산정원칙을 규정하고 있다.

2) 누적(累積) 구제의 원칙/(2)항

계약서나 본 협약에서 자신에게 이용 가능한 구제에 호소하는 당사자는 이 호
소 때문에 자신이 손해배상을 청구할 권리를 박탈당하지 아니함을 규정하고 있다.

이러한 원칙은 UCC 2−720조(종전 위반에 대한 청구권에 대한 취소나 해제에 관
한 효과)와 유사하다.

3) 이행 유예기간의 허용금지/(3)항

본 규정은 매수인이 매도인의 계약위반에 따라 구제를 호소한 경우 법정이나
중재법정은 매수인이 그 구제를 호소한 전후 또는 동시에 유예기간을 매도인에게
허용함으로써 그 구제의 행사를 지연시킬 수 없음을 규정하고 있다.[85]

UCC 2−711조(매수인의 구제)는 많은 면에서 협약과 차이가 있다.

---

85) A/CONF.97/19, p.38.

4) PICC의 원칙

(1) 계약의 해제권

① 계약해제 사유

해제란 계약위반에 대한 손해배상금 청구를 전제로 추가이행을 진행할 당사자들의 권리와 의무를 종료시키는 것이며, 지급해야 할 일체의 손해배상금을 전제로 계약하의 당사자들의 의무로부터 일방에 의한 해제선언과 동시에 당사자들을 해방시키는 행위이다.

3.4조의 규정에 의한 계약 체결시에 존재한 사실이나 법에 관한 잘못된 가정을 한 착각이나, 3.8조의 규정에 의한 타방에 의해 야기된 착각의 특수한 경우로 타방으로 하여금 오류를 낳게 하고 이로 인해 타방에게 손해를 주고 자신이 이익을 취하려는 의도인 사기나, 3.9조의 규정에 의한 합리적인 대안을 찾지 못하게 할 정도로 긴박하고 부당한 협박, 그리고 3.10조의 규정에 따라 계약이나 조건이 타방에게 부당하게 지나친 혜택을 주는 총체적인 불균형이나, 3.11조의 규정에 따라 일방이 책임져야 하는 제3자가 협상과정에 개입하거나 관련이 있고 계약해제 사유가 제3자에게 있는 경우 제3자의 행위에 의해 계약이 체결된 경우 각각 계약을 해제할 수 있다.

② 해제권의 상실

3.13조의 규정에 따라 일방이 타방의 착각에 대하여 계약을 해제할 권리를 갖고 있으나 일방이 착각을 이해하는 대로 타방 스스로 계약을 이행하려는 의지를 선언하거나 이행을 할 경우 일방이 착각을 이해한 대로 계약은 체결된 것으로 간주된다.

그러나 착각을 일으킨 당사자가 계약의 존속으로도 보상되지 아니하는 손실을 입은 경우 3.18조(손해배상금)에 따라 손해배상금 청구가 가능하다.

③ 해제의 통지와 시효

3.14조의 규정에 따라 계약을 해제하려는 일방의 권리는 타방에게 통지함으로써 행사된다. 3.15조의 규정에 따라 이러한 해제의 통지시효는 해제하려는 일방이 관련 사실을 알았거나 알았어야 하거나 또는 자유롭게 행동할 수 있게 된 후 상황을 고려하여 합리적인 기간 내에 이루어져야 한다.

그러나 3.5조의 규정에 따라 해제사유가 계약의 개별조건에만 영향을 줄 경우 해제의 효과는 이러한 조건에 한정된다. 다만 모든 상황을 고려하여 남은 계약을 유지하는 것이 불합리한 경우에는 그러하지 아니한다.

④ 계약해제의 소급효과

3.17조의 규정에 의해 해제에 따라 이미 공급된 것에 대한 원상회복의 청구가 가능하며, 이러한 조치가 불가능한 경우 이미 제공된 것에 대하여 할인하여 금전지급이 이루어져야 한다.

⑤ 손해배상금

3.18조의 규정에 따라 계약의 해제여부와 관계없이 해제사유를 알았거나 당연히 알았어야 하는 당사자는 타방이 계약을 체결하지 않았을 경우와 동일한 상태로 회복하기 위한 손해배상금에 대한 책임이 있다.

(2) 이행불이행에 따라 인정되는 구제

① 이행불이행과 이행곤란의 관계

7.1.1조의 규정에 의하면, 하자이행이나 지연이행을 포함하여 일방이 계약상의 의무를 해태한 경우 이행불이행으로 하고 있다.

이러한 규정은 두 개의 주요한 특징을 갖고 있는데, 이행불이행은 일체의 하자이행과 완전한 이행해태(이행지연)를 포함함이 첫째 특징이요, 7.1.2조에서 규정하고 있는 타방에 의한 이행방해, 7.1.3조에서 규정하고 있는 이행유보, 7.1.7조에서 규정하고 있는 불가항력과 같은 면책되는 불이행과 면책되지 아니하는 불이행을 모두 포함하고 있음이 두 번째 특징이다.

그러나 6.2.2조에서 규정하고 있듯이, 일방의 이행비용이 증가하거나 일방이 수령한 이행가치가 감소되는 사건이 발생하여 근본적으로 계약의 균형이 유지될 수 없는 경우로서 계약체결 후에 사건이 발생하였거나 불리한 일방에게 알려진 경우, 사건이 계약체결시에 일방에 의해 합리적으로 생각할 수 없는 경우, 사건이 불리한 당사자의 불가항력적인 경우, 사건의 위험이 불리한 당사자에 의해 예상되지 못한 경우, 각각 이행곤란(hardship)이 존재하게 된다.

이행곤란의 경우, 6.2.3조의 규정에 따라 이 자체가 계약의 균형이 근본적으로 변형되어 불리한 당사자는 재협상 요청이나 법정에 호소하는 것이 가능하고, 이렇게 하는 것이 합리적인 경우 법정은 계약의 종료나 조정을 명할 수 있다.

그러나 이행곤란은 불가항력에 관한 7.1.7조의 규정에 따라 경우에 따라서 불가항력으로 간주되거나 6.2.3조의 규정에 따라 계약을 종료시킬 수 있다. 그러나 이행이 면책되는 경우로서 7.4.1조상에서 규정하고 있는 손해배상금 청구권 원칙규정에 따라 원칙적으로 손해배상금을 청구할 수 없으나 경우에 따라서는 가능할 수도 있다.

결과적으로 불가항력과 이행곤란은 같을 수 있으나 불가항력은 자신의 힘으로 어찌할 수 없는 것이 이행불이행사유가 되나, 이행곤란은 예컨대 재협상 결과에 따라 이행이 가능할 수 있으므로 근본적으로 출발점이 다르다.

② 이행불이행에 대한 일반원칙

7.1.1조상의 이행불이행의 정의에 따라 이행불이행과 관련한 일반원칙으로서 7.1.2조를 통한 타방의 이행방해, 7.1.3조를 통한 이행유보, 7.1.4조를 통한 이행불이행 당사자에 의한 보완, 7.1.5조를 통한 이행을 위한 추가기간, 7.1.6조를 통한 면책조항, 7.1.7조를 통한 불가항력 등 다양한 일반원칙을 규정하고 있다.

③ 이행불이행에 따른 구제

〈1〉 이행요구권

이행불이행 당사자에게 요구할 수 있는 첫번째 구제권으로 이행요구권을 주장할 수 있는데, 7.2.1조를 통한 대금지급의무의 이행요구권, 7.2.2조를 통한 대금지급의무 불이행의 이행요구권, 7.2.3조를 통한 하자이행의 수선과 대체요구권, 7.2.4조를 통한 벌금, 7.2.5조를 통한 구제의 변경요구권 등을 인정하고 있다.

이들에 관하여는 CISG 해당 규정에서 설명하기로 한다.

〈2〉 계약의 종료권

이행해야 할 의무의 이행해태가 중요한 이행불이행에 해당할 경우에 계약을 종료시킬 권리의 인정에 대해 PICC에서는 종료의 통지(7.3.2조), 사전불이행(7.3.3조), 미이행의 적절한 보수요구권(7.3.4조), 계약종료의 일반적인 효과(7.3.5조), 원상회복(7.3.6조) 등을 규정하고 있는데, 개요하면 다음과 같다.

이미 CISG상의 계약해제의 통지에서 설명한 바와 같이, 7.3.2조에 의하면 계약을 종료시킬 일방의 권리는 타방에게 통지함으로써 행사되며, 이는 이행불이행 당사자에게 불확실성에 따라 일어날 수 있는 일체의 손실을 막아 주고, 피해입은 당사자에겐 이행불이행 당사자에게 손실을 가져다 줄 수 있는 투기를 막는 효과가 있다.

　계약의 종료통지는 7.3.5조의 규정에 의하면, 양 당사자들로 하여금 장래이행을 실시하고 수령해야 할 자신들의 의무를 면제시키며, 종료에 따라 이행불이행에 대한 손해배상금 청구가 가능하다. 그러나 종료 당시의 분쟁해결을 위한 계약상의 규정이나 종료 후에도 효력이 있는 계약상의 기타 조건의 효력에 종료는 영향을 미치지 못하게 되어 있다.

　7.3.4조의 규정에 따라, 중요한 위반의 존재가능성이 있을 경우 미이행의 보증 요구권과 이의 미실시의 경우 계약해제권을 인정한다. 단 중요한 위반의 존재 가능성을 입증할 책임은 이행보증 요구권과 종료권을 행사하는 자에게 있다. 적절한 보증을 요구한 당사자는 보증요구 기간 동안 자신의 이행을 보류시킬 수 있다. 따라서 본 규정은 미이행의 확실한 근거에 의한 계약종료권을 인정한 7.3.3조와 달리 미이행의 합리적인 근거가 있거나 이행의 가능성이 있을 경우에 대비한 규정이다. 일반적으로 미이행될 것이라고 확실한 증거는 없으나 추정적으로 미이행될 합리적 근거가 있음에도 불구하고 이런 경우를 대비한 계약종료권이 없다면 이행만기까지 기다릴 수밖에 없고, 기다렸으나 이행이 이루어지지 아니한 경우 그는 손실을 입게 될지 모른다. 반면에 의심이 가나 확신이 없는 상황이거나 의심이 현실로 될 것으로 믿고 7.3.3조에 준거하여 계약을 종료시켰으나 예상 밖으로 타방이 계약을 이행하면 자신의 종료통지 행위는 통지에 따라 자신의 의무를 이행하지 아니하였으므로 오히려 자신이 의무의 미이행에 해당하여 타방에 대하여 손해배상금의 책임을 면하기 어렵게 되는 수가 있다.

　이러한 경우를 대비한 규정이 본 규정이며, 본 규정이 있으므로 7.3.3조에 호소하여 계약을 종료시키지 못한 그러나 타방의 이행불이행에 합리적 근거를 가진 자의 이해관계를 보호할 수 있기에 대단히 유용한 규정이라 할 수 있다. 합리적인 불이행의 믿음을 가진 경우 타방에게 적절한 이행보증을 요구할 수 있으며, 타방으로부터 합리적인 기간 내에 이행보증이 있을 때까지 자신의 이행을 유보할 수 있다. 이 경우 무엇이 합리적이고 적절한 보증인가는 역시 상황에 좌우되는데, 가장 흔한 보증은 타방에 의한 이행약속의 선언이며, 제3자의 보증이나 담보도 가능하다. 만약 합리적인 기간 내에 미이행에 대한 적절한 보증이 주어지지 아니한다면, 일방은 계약을 종료시킬 수 있다.

　7.3.3조의 규정은 CISG 49조 (1)항과 유사한 규정으로 당사자 일방에 의하여 이행기일 이전에 주요한 이행불이행이 있을 것이 분명한 경우, 타방은 계약을 종료

시킬 수 있다.

7.3.6조의 원상회복규정에 의하면 계약의 종료에 따라 당사자들은 자신이 수령할 것의 원상회복을 동시에 실시할 수 있는 한 계약에 규정된 원상회복을 청구할 수 있다. 다만 물품으로의 원상회복이 불가능하거나 적절하지 아니하는 경우 합리적인 금전으로의 대체가 인정되어야 한다. 그러나 계약의 이행이 일정한 기간에 걸쳐 이루어지고 가분계약인 경우, 원상회복은 종료가 이루어진 후 해당 기간 동안에만 청구될 수 있다.

〈3〉 손해배상금 청구권

종료에 따라 인정되는 손해배상금 청구권에 관하여 7.4.1조에서 7.4.13조까지 규정되어 있는데, 개요를 보면 다음과 같다.

7.4.1조는 손해배상금에 관한 일반원칙, 7.4.2조는 완전 손해배상금 청구권과 산정에 관한 원칙, 7.4.3조는 피해의 명확성의 중요성, 7.4.4조는 피해의 예측가능성의 한계, 7.4.5조는 대체거래의 경우 피해의 입증에 따른 보상방법, 7.4.6조는 대체거래가 없는 경우 시가(current price)에 의한 피해입증에 따른 보상방법과 시가의 정의, 7.4.7조는 피해입은 당사자에게 부분적인 책임이 있는 피해에 대한 책임한계, 7.4.8조는 손해경감조치 불이행에 대한 책임관계, 7.4.9조는 금전지급 해태에 대한 이자지급에 관한 규정, 7.4.10조는 금전외 의무불이행에 대한 손해배상금에 관한 이자, 7.4.11조는 손해배상으로서의 금전보상방법, 7.4.12조는 손해배상금이 지급되는 통화조건, 7.4.13조는 이행불이행에 대하여 합의한 금액의 지급요구권의 한계를 각각 규정하고 있다.

손해배상금청구와 관련한 규정은 CISG와 유사한 규정이 많아 CISG와 유사한 규정 해설시에 상술하기로 한다.

이상과 같이 볼 때, CISG에서 중요한 위반과 관련한 해제와 손해배상금을 포함한 기타 구제와는 달리 PICC의 경우 어떤 의미에서는 해제를 취소사유에 의한 법률행위이고, 종료는 중요한 이행불이행에 의한 법률행위로 이분하여 보고 있는 것 같으며, 종료부분이 CISG의 해제와 같은 의미로 이해된다.

어떤 의미에서는 CISG의 구제권 규정은 계약 이행불이행의 책임소재의 경중을 주요위반의 결정과 계약해제를 결정하는 핵심으로 보고 있는 것 같다. 이에 반해 PICC는 계약이행 자체의 불가능을 중심으로 중요한 구제권을 이해하려고 하고 있는 것 같다.

따라서 PICC가 법적 의미에 따른 분류와 이에 따른 규정으로 이해하기가 쉬운 반면에, CISG는 협약으로서 기능을 위한 양 법률체계의 조화적인 측면의 규정으로 나름대로 의의를 찾을 수 있다.[86]

【2】46조 : 매수인의 이행요구권

Article 46

(1) The buyer may require performance by the seller of his obligations unless the buyer has resorted to a remedy which is inconsistent with this requirement.

(2) If the goods do not conform with the contract, the buyer may require delivery of substitute goods only if the lack of conformity constitutes a fundamental breach of contract and a request for substitute goods is made either in conjunction with notice given under article 39 or within a reasonable time thereafter.

(3) If the goods do not conform with the contract, the buyer may require the seller to remedy the lack of conformity by repair, unless this is un-reasonable having regard to all the circumstances. A request for repair must be made either in conjunction with notice given under article 39 or within a reasonable time thereafter.

---

(1) 매수인은 매도인에게 자신의 의무의 이행을 요구할 수 있다. 다만, 매수인이 이러한 이행요구와 모순되는 구제를 청구한 경우에는 그러하지 아니하다.

(2) 물품이 계약에 일치하지 아니한 경우, 매수인은 대체물의 인도를 요구할 수 있다. 다만 불일치가 계약의 주요한 위반을 이루고 대체물의 요구가 39조에 따라 이루어진 통지와 함께, 혹은 그 후 합리적인 기간 내에 이루어진 경우에 한한다.

(3) 물품이 계약에 일치하지 아니하는 경우 매수인은 수선을 통하여 불일치를 보완하도록 매도인에게 요구할 수 있다. 단, 이러한 사실은 모든 여건을 고려해 볼 때 부당하지 않아야 한다. 이러한 수선 요구는 39조에 따라 이루어진 통지와 함께, 혹은 그 후 합리적인 기간 내에 이루어져야만 한다.

---

86) http://www.unidroit.org/english/principles/chapter-7.ht, 7.1.4-6, comments.

본 조항은 매도인이 합의한 방법으로 이행을 해태한 경우 그에게 계약을 이행할 것을 요구하는 매수인의 권리를 규정하고 있다. 본 조항의 (1)항과 (2)항은 ULIS 24조-27조, 30조-31조, 42조, 51조에 근거한 DCIS 42조와 똑같으며 (3)항은 외교회의에서 추가되었다.

1) 일반원칙으로서 특정이행요구권/(1)항

본 규정은 일반적인 표현으로서 매수인이 매도인에게 계약대로 이행할 것을 요구할 권리, 즉 특정이행을 요구할 권리를 규정하고 있다. 그 이유는 다음과 같다.
① 법적 손해배상 청구소송은 비용을 초래하고 오랜 시간이 소요된다.
② 매수인이 주문한 수량의 물품과 품질을 갖춘 물품을 필요로 할 경우 그는 필요한 시기에 대체구입을 할 수 없다. 대체공급원이 국외에 있을 경우 이러한 현상은 더욱 분명하다.
그러나 매수인이 매도인에게 특정이행을 요구한 상태에서 이러한 요구와 모순되는 구제를 청구할 경우 매수인의 특정이행요구 권리는 상실된다.

(1) 특정이행의 정의

① 영미법

특정이행이란 매도인에게 계약상의 의무를 약속대로 이행할 것을 법정이 명하는 구제방법으로서 원래 영미보통법상의 용어이다. 영미법에 의하면 매도인이 계약을 이행하지 아니한 경우 매수인에게 부여되는 구제는 전통적으로 손해배상이며, 특정이행은 물품이 특이하여 금전에 의한 손해배상으로는 충분한 구제가 될 수 없는 경우에만 인정된다. 특정이행의 대표적인 예로서 자주 열거되는 것으로 선조 대대로 내려오는 가보(家宝)라든가 유명한 화가가 그린 회화 등이다.
따라서 법정이 특정이행을 명하면 매수인은 매도인의 운송정지권이 매도인에게 물품의 점유권을 회복할 수 있는 권리를 주는 것과 똑같은 방법으로 물품을 수령할 수 있다.
이렇게 볼 때, 특정이행의 명령은 매매계약의 타방에게 계약상의 조건대로 자신의 약속을 이행할 것을 명한다는 의미에서 매도인의 대금청구권 판정에 대한 매수인 측의 대응규정이라 할 수 있다.[87]

SGA 52조(특정이행)에 근거한 USA 68조(특정이행), 이에 근거한 UCC 2-716
조(매수인의 특정이행 또는 물건회복권) 등이 특정이행에 관한 대표적 규정이다.

② 대륙법

대륙법에 의하면, 일반적으로 특정이행이 자연적인 구제방법으로 되어 있다.

실무적으로 볼 때, 매도인이 이행하지 아니하면 매수인은 특정이행을 고집하지
아니하고 다른 사람으로부터 물품을 충당하고, 여분으로 지급한 비용을 매도인에게
손해배상으로 청구하는 것으로 되지만, 어디까지나 약정한 대로의 계약이행이 주
(主)고 손해배상은 종(從)으로 되어 있다.

(2) 특정이행 요구 권리의 중요성

특정이행을 요구할 권리는 매도인이 대상 물품의 유일한 공급자인 경우로, 납
기 내에 물품 인도가 가능한 유일한 공급자인 경우에 특히 중요한 것으로 된다.

과거 사회주의 국가의 법률하에서도 매도인에 의한 특정이행이 가장 중요한
구제방법이다. 왜냐하면 계획경제하에서는 손해배상금으로서 대체품을 구입할 시
장이 없기 때문이다. 다만 최근 사회주의 제국은 시장경제로의 이행을 추진하고 있
기 때문에 서서히 대체품을 충당하는 시장이 형성되는 것 같은 생각이 든다.

이상과 같이, 특정이행에 대한 각국의 법의 태도가 다양하기에 협약은 본 조를
통해 매수인이 매도인에게 특정이행을 요구할 권리를 인정함과 동시에, 28조를 통
해 특정이행의 인정여부의 재량권을 국내 법정에서 인정하는 형태를 취하고 있
다.[88]

2) 대체물품의 요구/(2)항

인도된 물품이 계약에 일치하지 아니한다면 매수인은 일치하는 대체물품을 매
도인에게 인도하길 요구할 수 있다. 그러나 대체물품을 매수인 앞으로 발송하거나
이미 인도된 불일치 물품의 처분에 따른 매도인의 비용이 불일치 물품을 취득함에
따른 매수인의 손실보다 상당히 클 수 있음을 예상할 수 있다.

따라서 이런 경우를 대비하여 본 규정과 같이 규정하여 물품이 계약에 적합하

---

87) A. G. Guest. *Benjamin's Sale of Goods*, 2nd ed., London: Sweet & Maxwell, 1981, p.748.
88) 新 掘聰, 前揭書, p.71.

지 아니한 경우로서, 이러한 불일치가 25조에서 말하는 계약의 주요한 위반을 구성하는 경우에만 대체물품의 인도를 매수인이 요구할 수 있게 하고, 이러한 대체물품의 요구는 39조에서 규정하고 있는 매도인에게 통지와 함께 또는 그 후 합리적인 기간 내에 이루어지도록 제한하고 있다.

이러한 제한사항에 입각하여 매수인이 대체물품의 인도를 매도인에게 요구한다면 그는 매도인에게 불일치 물품의 반환을 준비해야 한다. 따라서 82조 (1)항은 동조 (2)항에 규정된 3가지의 예외를 전제로 매수인이 물품을 수령한 상태와 실질적으로 동등한 물품을 반환하는 것이 불가능한 경우, 주요한 위반을 이유로 매수인은 계약을 해제하거나 또는 매도인에게 대체물의 인도를 요구할 권리를 상실함을 규정하고 있다.[89]

3) 수선보완요구/(3)항

매도인에게 적절한 통지, 즉 39조에서 규정하고 있는 매도인에게 통지와 함께 또는 그 후 합리적인 기간 내에 보완통지가 이루어지고, 모든 사정을 감안해서 불합리하지 아니함을 전제로 매수인은 수선에 의한 불일치의 구제를 매도인에게 요구할 수 있다.

UCC 2-508조(보완과 대체)에도 본 조 (2)항과 (3)항에서와 같이 보완이나 대체물품을 인정하고 있으나, 매도인이 스스로 자원한 것이지 매수인에게 일반적으로 가능한 구제가 아닌 점이 다르다.

4) PICC의 원칙

7.2.3조의 규정은 특수한 그러나 매우 흔한 하자이행에 따른 수선과 대체를 요구하고 있는데, 상술하면 다음과 같다.

특수한 그러나 매우 흔한 이행불능의 경우인 하자이행의 경우에 피해입은 당사자는 7.2.1조와 7.2.2조에서 규정한 원칙을 원용할 수 있으며, 본 규정 역시 7.2.1조, 7.2.2조의 규정에 적용될 수 있다. 그리고 피해 입은 당사자의 하자이행요구권의 한계를 분명히 하기 위해 하자의 보완을 포함시키고 있다. 7.2.1조, 7.2.2조와

---

89) A. H. Kritzer, *op. cit.*, p.350.

더불어 볼 때 PICC 역시 다양한 이행방법을 강구하고 있음을 알 수 있다. 하자이행은 특수하면서도 여전히 매우 흔한 이행불이행의 경우임을 알 수 있다. PICC하의 보완권은 이행불이행 당사자의 하자이행 정정권(7.1.4조)과 피해 입은 당사자의 하자이행 정정요구권(7.2.3조)을 말하며, 본 규정은 후자의 권리에 관한 규정이다.

대표적인 보완의 범위로 수선과 대체를 들 수 있으며 전자가 후자보다 빈도가 크다. 수선이나 대체를 요구할 수 있는 권리의 구체적인 사례, 즉 형태로는 불충분한 지급, 부당한 통화로의 지급과 같은 금전지급, 합의와 다른 계정비용, 제3자에게 물품의 권리이전, 공적 허가 취득 등이 있다.

이렇게 볼 때 본 규정은 7.2.1조, 7.2.2조에도 적용함을 알 수 있다.

7.2.2조의 전제조건이 대체나 보완의 경우에도 그대로 적용될 수 있으나, 7.2.2조(b)호 상의 "부당한 부담이나 비용"이란 표현은 보완이나 대체의 경우 "부당한 노력이나 비용"으로 하는 것이 더 적합한바, 이러한 표현으로 대체하여 생각하여 하자이행에 따른 보완이나 대체가 이행불이행 당사자에게 이러한 결과를 가져올 경우 피해입은 당사자는 보완이나 대체를 요구할 수 없다.[90]

【3】 47조 : 이행을 위한 추가 최종기간을 확정한 매수인의 통지

Article 47
(1) The buyer may fix an additional period of time of reasonable length for performance by the seller of his obligations.
(2) Unless the buyer has received notice from the seller that he will not perform within the period so fixed, the buyer may not, during that period, resort to any remedy for breach of contract, However, the buyer is not deprived thereby of any right he may have to claim damages for delay in performance.
(1) 매수인은 매도인에 의한 의무이행을 위하여 합리적인 추가기간을 정할 수 있다.
(2) 매수인은 이러한 추가기간 내에 이행하지 아니하겠다는 취지의 통지를 매도인으로부터 받지 아니하는 한, 매수인은 그 기간동안 계약위반에 대한 여하한 구제도 청구할 수 없다. 그러나 이러한 사실 때문에 매수인은 자신이 매도인의 이행지연

---

90) http://www.unidroit.org/english/principles/chapter—7.ht, 7.2.3—4, comments.

에 대한 손해배상을 청구할 여하한 권리도 박탈당하지 아니한다.

본 조항은 매도인의 불이행에 대하여 매수인이 매도인에게 해야 하는 통지와 관련한 규정으로 매도인에게 자신의 의무이행을 위한 합리적인 추가기간을 정할 매수인의 권리를 규정하고 있으며, 이러한 기간을 확정한 결과 가운데 하나를 규정하고 있다.

본 조항은 ULIS 27조 (2)항, 31조 (2)항, 44조 (2)항, 51조에 근거한 DCIS 43조와 똑같다.

1) 추가기간 확정/(1)항

본 조항은 매수인에게 매도인에 의한 이행을 요구할 권리를 인정하고 그러한 권리를 집행함에 있어 법정이나 중재법정의 도움을 기대하고 있는 46조와 동반 관계에 있는 조항으로, 매도인에 의한 인도불이행을 막기 위하여 매수인에게 추가기간을 정하여 통지하길 요구하고 있다.

국제물품매매계약에 있어 일반원칙으로서 매수인이 계약상의 인도날짜가 지났고 매도인이 물품을 아직 인도하지 아니하였다는 이유만으로 계약을 해제할 수 있다는 생각을 25조와 49조 (1)항 (a)호를 통해 거절하고 있다. 왜냐하면 25조에 따른 49조 (1)항 (a)호상의 해제사유가 되는 주요위반도 아니고 추가기간을 허용하면 매수인이 꼭 필요한 때 매도인이 이행할 수 있는 경우 매도인에게 이행기회를 주어 해제를 하지 못하게 할 필요가 있기 때문이다.

이들 규정에 의하면 계약인도일의 인도해태가 매수인에게 실질적인 손해를 야기하고, 이러한 결과가 계약하에서 자신이 기대할 권리가 있는 것을 실질적으로 박탈할 정도로 타방에게 손해를 야기하며, 매도인이 이러한 결과를 예측하였거나 예측할 만한 사유를 가진 경우에만 매수인은 계약의 해제를 선언할 수 있다.

또 사실 인도의 지연이 기본적인 중요한 위반을 구성하여 매수인은 계약을 해제할 수 있다 해도 이러한 선언이 자신에게 항상 만족스런 해결책이 아닐 수도 있고, 매도인에게 이행의 지연을 허용하면 매수인이 꼭 필요한 때까지 매도인이 이행을 할 수 있을 수도 있다.

이상과 같은 이유에서 본 규정은 매수인으로 하여금 매도인에게 자신의 의무이행을 위한 합리적인 추가기간을 정할 수 있음을 허용하고 있다. 그리고 49조 (1)항 (b)호는 매도인이 47조 (1)항에 따른 추가이행기간 내에 물품을 인도하지 아니하거나, 그 기간 내에 인도하지 아니하겠다는 선언을 한 경우에만 계약을 해제할 수 있음을 규정하고 있다.

그러나 물품이 인도되지 아니한다면 매수인은 계약의 해제를 선언할 수 있는 추가기간을 정하는 조치가 49조 (1)항 (a)호에 따라 계약해제선언을 정당화하지 못하게 하는 불합리한 지연을 49조 (1)항 (b)호에 따른 계약해제선언의 기초가 되게 할 수 있는 위험을 가질 수 있다. 따라서 매수인이 정하는 추가기간은 합리적 기간이어야 함을 47조 (1)항이 규정하고 있다. 다시 말해서 추가기간내에 인도가 불가능한 경우 해제선언이 가능하다. 그러나 지나친 추가이행기간 허용은 최초 인도기간내 불이행에 근거하여 49조 (1)항 (a)호에 따라 해제선언을 못하게 하고 추가기간내의 이행 불가능에 대해서만 49조 (1)항 (b)호에 의해 계약해제 선언을 하게 할 우려가 있기 때문에 합리적인 기간이라야 한다. 이럴 경우 합리적인 기간에 대한 논란이 발생될 수 있기에 계약서 상에 명시가 필요하다. 이 경우 합리적인 추가기간은 날짜를 명시하거나 기간을 명시함으로 확정될 수 있으며, 막연하게 매도인이 이행하거나 즉시 또는 이와 유사한 표현으로 이행하라는 일반적인 표현은 본 규정이 말하는 기간을 정하는 것이 아니다.

무엇이 합리적인 추가기간인가 하는 문제는 매 건마다의 특수한 사정에 좌우되나, 합리적인 기간을 정할 때 고려해야 할 요소는 ① 지연의 성격, 범위, 결과, ② 매도인의 인도의 가능성과 인도를 위해 필요한 기간, ③ 신속한 이행에 따른 매수인의 특수한 이해관계 등이다.[91]

2) 매수인의 기타구제/(2)항

매수인의 요청에 따라 합리적인 추가기간 동안 상당한 비용을 들여가면서 계약이행을 준비하고 있는 매도인을 보호하기 위하여 매수인은 계약위반에 대해 일체의 구제를 청구할 수 없다. 단, 매수인의 요청에 따를 수 없다는 매도인으로부터의 통지를 받은 경우에는 그러하지 아니하다.

일단 추가기간이 매도인에 의한 이행없이 만료되면, 매수인은 49조 (1)항 (b)

---

91) A/CONF.97/19, p.39.

호에 따라 계약해제를 선언할 수 있을 뿐만 아니라, 자신이 할 수 있는 일체의 기타 구제를 구할 수 있다.

특별히 매수인은 이행지연 때문에 자신이 입을 수 있는 일체의 손해에 대한 손해배상금을 청구할 수 있다. 이러한 손해배상금은 매수인이 정한 추가기간 내에 매도인이 자신의 의무를 이행하였다 해도 제기될 수 있다.

본 조항에 상응하는 UCC의 규정은 없으나 UCC 2–309조(특정기간 규정의 부재와 종료의 통지)와 2–609조(적절한 이행보장권)는 47조와 유사하다 할 수 있다.

3) PICC의 원칙

(1) 이행을 위한 추가기간 인정

7.1.5조의 규정은 이행을 위한 추가기간 허용 가능성과 허용에 따라 피해입은 당사자의 권리에 대하여 규정하고 있는데, 그 내용을 보면 다음과 같다.

이 조항은 하자이행의 형태와는 실질적으로 다른 지연이행을 인정하고 있다. 지연이행은 이행날짜가 일단 경과하면 이행이 다시 이루어질 수 없기 때문에 구제되어질 수 없다. 그럼에도 불구하고 많은 경우에 이행을 요구할 권리가 있는 당사자는 이행불이행보다 지연이행을 선호한다. 그리고 일방이 적기에 이행을 해태한 경우에 실제 이행이 얼마나 지연될 수 있는지가 가끔 불분명하다. 따라서 이행을 수령하는 당사자의 상업적 관심은 합리적이고 신속한 완성(이행)을 전적으로 받아들일 수 있으나, 지나치게 지연된 완성(이행)은 받아들이지 아니하고 있다. 전자의 경우 일반적인 절차는 이행을 수령하는 당사자로 하여금 이행하는 당사자에게 자신이 행사할 수 있는 기타 구제권의 방해없이 기회를 줄 수 있게 하고 있다.

(2) 피해입은 당사자의 권리와 의무

기간연장을 허용한 당사자는 연장기간 동안 특정이행을 종료시키거나 종료를 모색할 수는 없으나, 지연이행으로 인해 발생하는 손해배상금을 보상받을 권리에는 영향을 미치지 아니한다. 연장기간 만기일자의 당사자들의 법적 신분은 이행연장이 증명된 당시에 지연이행이 이미 근본적인 위반인지 여부에 좌우된다.

a) 이런 경우에 계약이 연장동안에 완전하게 이행되지 아니하였다면, 근본적인 이행불이행에 대하여 계약을 종료시킬 권리는 연장기간의 종료 즉시 단순히 발생

한다.

b) 반면에 지연이행이 근본적인 위반이 아니라면 계약을 종료시킬 권리는 연장의 기간이 합리적일 경우 연장기간 만기일에만 가능하다.

c) a, b의 경우 손해배상금 청구는 가능하다.[92]

4) 전자협약의 원칙

이행을 위한 추가 최종기간을 확정한 매수인의 통지와 관련하여 사용되는 전자통신에 관한 전자협약상의 규정은 없으나 동 규정과 관련하여 사용되는 전자통신에 관한 AC의 의견과 논평은 다음과 같다.

본 규정에서 "통지"란 상기 39조상의 내용과 동일한 의견이며, 동 규정에 대한 위원회의 논평을 보면 다음과 같다.

본 규정과 관련하여 매도인은 확정된 추가기간 내에 이행하지 않겠다는 통지를 매수인에게 전자통신수단을 통해 할 수 있다. 따라서 매수인이 이러한 전자통신을 수령한 경우 그는 계약위반에 대한 구제권에 호소할 수 있다. 다만 매수인은 형식에 관계없이 전자통신을 반드시 수령하는 것이 중요하나 전자통신의 통지와 관련한 효력발생시기와 관련한 제반사항은 이미 언급한바 있는 15조와 27조의 논평이 그대로 적용된다.[93]

【4】 48조 : 인도만기 후의 보완

Article 48

(1) Subject to article 49, the seller may, even after the date for delivery, remedy at his own expense any failure to perform his obligations, if he can do so without unreasonable delay and without causing the buyer unreasonable inconvenience or uncertainty of reimbursement by the seller of expenses advanced by the buyer. However, the buyer retains any right to claim damages as provided for in this Convention.

---

92) http://www.unidroit.org/english/principles/chapter−7.ht, 7.1.5, comment.

93) *Ibid.*

(2) If the seller requests the buyer to make known whether he will accept performance and the buyer does not comply with the request within a reasonable time, the seller may perform within the time indicated in his request. The buyer may not, during that period of time, resort to any remedy which is inconsistent with performance by the seller.

(3) A notice by the seller that he will perform within a specified period of time is assumed to include a request, under the preceding paragraph, that the buyer make known his decision.

(4) A request or notice by the seller under paragraph (2) or (3) of this article is not effective unless received by the buyer.

---

(1) 49조가 적용되는 경우를 제외하고 부당한 지연없이, 그리고 매수인에게 부당한 불편을 주거나 매수인이 선급(先給)한 비용을 매도인으로부터 상환 받는 데 불확실성이 없이 매도인이 수행할 수 있다면, 인도기간 후라 할지라도 매도인은 자신의 일체의 의무의 불이행을 자신의 비용으로 보완할 수 있다. 그러나 매수인은 본 협약에서 규정하고 있는 여하한 손해배상청구권을 가진다.

(2) 매도인이 매수인에게 인도기간 후의 이행을 수락할 것인지 여부를 자신에게 알려주도록 요구하고 매수인이 합리적인 기간 내에 이러한 매도인의 요구에 따르지 아니한 경우, 매도인은 그 요구서상에 명시된 이행기간 내에 이행을 할 수 있다. 매수인은 그 기간 동안 매도인에 의한 이행과 모순되는 여하한 구제도 청구할 수 없다.

(3) 그 특정기간 내에 이행하겠다는 매도인의 통지는 매수인이 매도인의 인도기간 후 이행에 대한 자신의 수락 여부의 결정을 매도인에게 알려야 한다는 전항의 요구조건을 포함한 것으로 추정된다.

(4) (2)항 또는 (3)항에 따른 매도인의 요구 또는 통지는 매수인이 수락하지 아니하는 한 효력을 갖지 못한다.

본 조항은 계약이나 협약하의 자신의 의무의 이행해태를 보완할 매도인의 권리를 규정하고 있다. 따라서 본 조항은 인도기일 전에 자신의 이행해태를 보완할 수 있는 매도인의 권리를 규정한 37조와 이행을 요구할 매수인의 권리를 규정한 46조, 47조와 관련이 있다.

본 조항은 ULIS 44조 (1)항에 근거한 DCIS 44조에 근거하여 제정되었다.

1) 일반원칙/(1)항

매도인에게 다른 3가지 조건을 전제로 인도기일 후에라도 자신의 의무이행 해태를 보완할 수 있음을 허용하고 있다.

① 매도인은 주요한 계약위반에 해당할 만한 지연 없이(부당한 지연 없이) 이행을 할 수 있어야 한다.

② 매도인은 매수인이 선급한 비용을 자신으로부터 상환 받는데 불합리한 불편이나 불확실성을 매수인에게 주는 일 없이 이행할 수 있어야 한다.

③ 매도인은 매수인이 계약의 해제를 선언하기 전에 이행해태를 자신의 비용으로 보완할 수 있어야 한다.

이행해태가 주요한 위반에 해당된다고 해도 그러한 주요한 위반이 이행상의 지연이 아닌 한 매도인은 본 규정하의 자신의 이행해태를 보완할 수 있다. 따라서 인도시에 물품의 작동불능이 계약의 주요한 위반을 구성한다 해도 매수인이 계약 해제를 선언함으로써 매도인의 권리를 종료시키지 아니하는 한, 매도인은 물품을 대체하거나 수리함으로써 물품의 불일치를 보완할 권리를 가진다. 이 경우 단서규정인 "subject to article 49"에 주의해야 한다. 즉 49조의 규정에 따라 해제를 선언한 경우에는 보완이 어렵다.

일단 매도인이 이행해태를 구제하였거나 이행해태가 더 이상 중요한 계약위반을 구성하지 아니할 만큼 보완하였다면, 매수인은 더 이상 계약해제를 선언할 수 없다.

경우에 따라서는 계약설명서에 따른 물품의 작동불능은 적절한 기간 내에 보완되지 아니하는 경우에만 주요한 위반을 구성한다. 따라서 이러한 적절한 기간이 경과할 때까지 매수인은 계약해제를 선언함으로써 매도인의 불일치 보완을 방해할 수 없다.

물론 매도인이 본 조항하에서 더 이상 자신의 이행해태를 보완할 권리를 가지지 아니한다 해도, 당사자들은 이러한 권리를 가질 수 있음을 합의할 수 있다.

만약 매도인이 물품의 적은 부분만 인도를 해태했거나 매도인의 해태가 주요한 위반에 해당하지 아니할 정도로 사소한 물품 불일치의 경우, 매도인의 보완권리는 보완하는 것이 매수인에게 불합리한 불편을 주거나 매수인이 선급한 비용을 매도인으로부터 상환의 불확실성을 준 경우 보완할 수 없다는 규정에 의해서만 제한된다.

경우에 따라서 매수인이 대금감액을 선언하거나 손해배상을 청구한 단순한 사실이 매도인의 이행해태를 보완할 권리를 중단시키지 못함이 본 규정으로부터의 추정이다. 그러나 대금감액의 선언이나 손해배상금 청구 사실 자체는 매도인의 보완이 매수인에게 부당하게 불편을 주는지 여부를 결정하는 데 한 요소가 될 수 있다.

본 규정은 UCC, 2-508조 (2)항과 유사하나 엄격한 이행보다 실질적인 이행이 원칙인 제도하에서는 그렇게 중요한 규정이 아니다.[94]

2) 매도인에 의한 통지의 필요성과 중요성/(2)항, (3)항

매도인이 불일치를 보완할 의도라면 그는 대게 매수인에게 통지할 것이다. 이 경우 매수인이 계약해제나 대금감액 선언을 통한 자신의 구제권을 행사할 것인지 여부 또는 매도인에 의한 보완을 매수인이 원하거나 승낙할 것인지 여부를 매도인은 조회할 것이다.

이런 경우를 대비하여 본 규정들은 계획한 보완이 실시되는 기간과 수락여부를 명시해야 함을 분명히 하고 있다. 따라서 이러한 기간의 명시가 없거나 단순한 보완 신청의 경우 매도인은 본 규정을 원용할 수 없으며, 매수인에 의한 회신 해태로부터 어떠한 권리도 취득할 수 없다. 그러므로 이행해태를 보완하려는 매도인은 반드시 보완기간과 보완의 수락여부 등의 내용을 매수인에게 통지해야 한다.

3) 통신전달상의 멸실이나 오류의 위험 책임한계/(4)항

본 규정의 취지는 다음과 같다.

위반한 매도인은 (2)항, (3)항의 규정에 따라 요청이나 통지의 전달상에 멸실이나 오류의 위험을 부담해야 한다. 그러나 매수인에 의한 대답은 27조의 원칙, 즉 상황에 적합한 수단에 의해 이루어진 경우로서 이들이 도착하지 아니하거나 지연되거나 전달상에 오류가 발생한 경우라 해도 이들은 유효하다는 원칙인 발신주의를 택하고 있다.[95]

---

94) A. H. kritzer. *op. cit.*, p.363.
95) A/CONF.97/19, pp.361~2.

이렇게 왜 본 규정은 (2)항, (3)항하에서 매도인에 의해 이루어진 통신에 대하여 27조의 원칙, 즉 협약 제3부의 통신의 경우에 적용되는 대원칙인 발신주의를 거절하여 발신자인 매도인에게 책임을 전가시키는 도달주의를 택하면서, 매수인의 통신에 대하여는 발신주의를 택하고 있는가?

위반한 사람은 매도인 자신이기 때문에 수령하지 아니한 자신의 조회에 대한 회답의무를 매수인에게 부과시킬 수 없다. 따라서 피해자인 매수인은 보완제의에 대한 반대의사를 밝혔으나 회답이 매도인에게 도착하지 아니한 경우 27조에서 규정한대로 매수인의 권리를 박탈하지 아니한다.[96]

【5】 49조 : 매수인의 계약해제권

Article 49

(1) The buyer may declare the contract avoided :

    (a) if the failure by the seller to perform any of his obligations under the contract or this Convention amounts to a fundamental breach of contract; or

    (b) in case of non-delivery, if the seller does not deliver the goods within the additional period of time fixed by the buyer in accordance with paragraph (1) of article 47 or declares that he will not deliver within the period so fixed.

(2) However, in cases where the seller has delivered the goods, the buyer loses the right to declare the contract avoided unless he does so :

    (a) in respect of late delivery, within a reasonable time after he has become aware that delivery has been made;

    (b) in respect of any breach other than late delivery, within a reasonable time :

        (i) after he knew or ought to have known of the breach;

        (ii) after the expiration of any additional period of time fixed by the buyer in accordance with paragraph (1) of article 47, or after the seller has declared that he will not perform his obligations within such an additional period; or

---

96) J. O. Honnold, *op. cit.*, p.314.

(ⅲ) after the expiration of any additional period of time indicated by the seller in accordance with paragraph (2) of article 48, or after the buyer has declared that he will not accept performance.

(1) 매수인은 다음의 경우에 계약의 해제를 선언할 수 있다.

(a) 계약이나 이 협약에 따라 자신이 수행해야 할 여하한 의무의 불이행이 계약의 주요위반에 해당할 경우 또는,

(b) 인도 불이행의 경우 47조 (1)항에 따라 매수인이 정한 추가기간 내에 매도인이 물품을 인도하지 못하거나 그러한 기간 내에 인도할 수 없음을 선언한 경우

(2) 그러나 매도인이 물품을 인도한 경우에는 매수인은 다음과 같은 기간 내에 계약해제를 선언하지 아니하는 한, 계약해제를 선언할 권리를 상실한다.

(a) 지연인도의 경우 인도가 이루어졌음을 매수인이 안 후 합리적인 기간 내

(b) 지연인도 이외의 위반에 대하여는 다음의 때로부터 합리적인 기간 내

(ⅰ) 매수인이 위반을 알았거나 당연히 알았어야 하는 때

(ⅱ) 47조 (1)항에 따라 매수인이 정한 추가기간 만기 후, 혹은 이러한 추가기간 내에 매도인이 자신의 의무를 이행할 수 없음을 선언한 때, 혹은

(ⅲ) 48조 (2)항에 따라 매도인이 표시한 추가기간이 만기된 때 혹은 매수인이 이행을 수령하지 아니할 것을 선언한 때

본 조항은 매수인의 계약해제권을 규정하고 있다.

26조의 규정에 따라 매도인의 위반의 결과로서 매수인이 계약해제를 선언한 경우에만 계약은 해제된다. 따라서 매수인이 계약해제를 분명하게 선언하지 아니하는 한 계약은 여전히 유효하다.

물론 상황이 매수인으로 하여금 계약해제의 선언을 할 수 있는지 여부에 관해 불확실성이 여전히 존재하고 있다. 만약 26조에 의한 해제통지가 도착하지 아니하거나 해제통지의 내용이 부정확하게 전달된 경우의 결과는 27조에 의해 지배된다.

본 조항은 ULIS 26조, 43조, 44조 (2)항에 근거한 DCIS 45조를 거의 따르고 있다.

1) 주요한 위반/(1)항 (a)호

매수인이 계약을 해제할 수 있는 전형적인 경우는 매도인의 의무이행해태가

주요한 위반에 상당하는 경우이며, 주요한 위반의 개념은 이미 25조에서 논의된 바 있다. 주요한 계약위반이 존재할 경우 매수인은 계약해제의 즉각적인 선언권을 가진다. 따라서 그는 자신의 계약해제선언 의사의 사전통지를 매도인에게 함으로써 48조에 따라 위반을 보완할 기회를 매도인에게 줄 필요가 없다.

그러나 물품의 인도시에 주요한 위반이 존재하였지만 매도인이 이러한 위반을 매수인에게 불편을 주지 아니하고 신속하게 보완하려고 할 때 49조와 48조 가운데 어느 규정이 우선하는가 하는 문제가 생길 수 있으나, 48조 (1)항이 3가지를 전제로 보완을 인정하고 있으므로 합리적인 기간이 종료될 때까지는 49조에 따라 매수인에 의한 해제선언은 인정되지 아니하는 것으로 해석할 수 있다.

일반적으로 계약의 주요한 위반이 존재하는 경우에만 매수인은 계약해제선언이 가능하다는 원칙이 서류거래인 C-Group의 경우에도 적용되기 위해서는 제공서류의 불일치가 주요한 위반을 구성하는지 여부를 계약서상에 명시할 필요가 있다.

2) 매도인의 이행지연/(1)항 (b)호

만약 매도인이 물품을 인도하지 아니하였고 매수인이 47조의 규정에 따라 이행을 위해 매도인에게 추가로 합리적인 기간을 정한 경우, 매도인이 47조 (1)항에 따라 매수인이 정한 추가기간 내에 물품을 인도하지 아니하거나 그 기간 내에 인도할 수 없음을 선언한 경우 계약을 해제할 수 있다. 따라서 합리적 기간인 유예기간(猶豫期間)을 정하므로 매수인은 자신의 청구권을 강조할 수 있으며 해태한 매도인에게 압력을 가할 수 있다.

일반적으로 대륙법에 의하면, 채무자의 이행이 지연된 경우에도 바로 계약을 해제하는 것은 인정되지 아니하고, 상당한 기간을 지정하여 그 기간 내에 채무자가 이행하지 아니한 경우에 비로소 계약을 해제할 수 있다. 즉, [이행지체 → 최고(催告) → 불이행 → 계약해제]라는 순서[97]를 밟고 있다.

본 규정은 이러한 대륙법의 사고를 채용하고 있다. 본 규정 (a)호와 비교해 볼 때 수입물품의 가격이 급락할 경우 불이행을 주요한 위반으로 간주하여 (b)호를 인정하지 아니하고, 바로 계약해제를 선언하는 경우가 있을 수 있다.

---

97) 新 掘聰, 前揭書, p.74.

3) 계약 해제권의 상실 또는 중지/(2)항

매도인이 물품을 인도하였지만 그 인도가 주요한 위반에 상당하는 결함이 있는 경우 매수인은 계약해제를 선언할 수 있지만, 다음과 같은 일정한 기간 내에 선언을 하지 아니하면 해제권을 상실한다.

① 매수인이 계약해제를 선언할 수 있는 주요한 위반이 지연인도의 경우 매도인이 일단 인도하면 인도가 완료되었음을 매수인이 안 후 합리적인 기간 내에 매수인이 계약해제를 선언하지 아니하면, 매수인은 자신의 계약해제 선언권을 상실한다.[98]

② 만약 매도인이 인도를 하였으나 물품의 불일치와 같은 지연인도 이외의 의무에 관해 주요한 계약위반이 존재한다면, ⓐ 매수인이 이러한 위반을 알았거나 당연히 알았어야 한 때로부터 합리적인 기간 내에, ⓑ 47조 (1)항에 따라 추가이행기간을 정한 경우 매도인이 그 기간 내에 인도하지 아니하거나 인도의 의사가 없음을 선언한 경우 추가이행기간의 경과 후 또는 매도인의 인도의사가 없다는 선언이 있은 후 합리적인 기간 내에, ⓒ 48조 (2)항에 따라 정해진 기간이 경과해도 보완이 실행되지 아니하거나 보완요청을 수락하지 아니한다는 매수인의 선언이 있었던 때로부터 합리적인 기간 내에, 계약해제를 선언하지 아니하면 매수인은 계약해제를 선언할 권리를 상실한다.[99]

해제와 관련한 UCC 2-328조(경매) (4)항, 2-513조(매수인의 물품검사권) (4)항, 2-613조(특정물의 재난) (a), (b)호, 2-106조(정의) (3), (4)항 규정들과 비교해 볼 때, 주요한 차이는 ① 일반원칙으로서 특히 물품이 수령되기 전에 계약을 취소하거나 불일치 제품을 거절할 권리에 대한 제한이 UCC보다 협약이 더 강하다는 것과, ② UCC에 의하면 여러 곳에서 '해제한다(avoid)'가 언급되고 있으며 그 뜻은 다양하나 UCC에 사용되는 그 자체의 의미는 위반에 대해 책임이 없는 계약의 종료를 의미하며, 협약상의 해제(avoidance)와 유사한 UCC의 용어는 바로 취소(cancellation)이다.[100]

---

98) CISG 49조 (2)항 (a)호.

99) CISG 49조 (2)항 (b)호; A/CONF.97/19, pp.41~2.

100) A. H. Kritzer, *op. cit.,* pp.371~2.

4) PICC의 원칙

CISG 25조상의 주요한 위반에 따른 계약해제권과 유사한 PICC하의 주요한 위반에 해당하는 행위에 따른 계약종료권에 대한 7.3.1조상의 규정을 보면 다음과 같다.

(1) 이행불이행의 면책과 계약종료와의 관계

본 규정 자체를 보면 불이행의 귀책사유가 불가항력적인 면책의 경우 불이행이 당사자 중 일방에게 귀속여부에 관계없이 종료됨을 규정하고 있다.

(2) 계약종료권은 주요한 이행불이행에 좌우됨

(2)항에서 규정한 수많은 고려사항을 고려한 후, 이러한 사항에 이행불이행이 해당하는 경우, 그 위반은 주요한 위반이 되어 계약을 종료시킬 수 있다. 계약종료권의 중요한 조건으로 주요한 위반을 들고 주요한 위반의 결정을 위한 구성요소를 구체적으로 규정하고 있는 (2)항을 참고하도록 규정하고 있다.

이행불이행의 중요성을 예측하지 못하였고 합리적으로 예측할 수 없었음을 이행불이행 당사자가 입증했을 경우 피해입은 당사자는 계약종료권을 행사할 수 없다.

(3) 이행불이행의 중요한 위반 여부 결정시 중요한 고려사항

규정에 따라 중요하게 고려해야 할 사항은 다음과 같다.

① 엄격한 이행불이행의 경우, 계약의무의 성격, 즉 이해정도에 비중을 둔 경우, 이러한 의무의 이행불이행은 이행자체보다는 이행의무의 수행정도가 중요한 바, 이의 위반은 중요한 위반이 되어 피해입은 당사자는 계약을 종료시킬 수 있다.

② 고의적인 이행불이행의 경우, 중요한 이행불이행으로 간주하여 계약을 종료시킬 수 있다. 그러나 이행불이행에 의한 계약종료권을 제한할 수 있는 조건으로 고의적인 이행불이행이라 해도, 그 위반자체, 즉 이행불이행의 정도가 사소한 경우 1.7조의 신의성실 규정에 따라 계약의 종료권이 제한될 수도 있다. a)호의 제한조건은 무조건이나 c)호의 제한조건은 무조건이 아니다.

③ 타방의 장래이행에 믿음을 가질 수 없는 사유가 분명한 경우, 계약을 종료시킬 수 있는 중요한 위반으로 간주하여 계약을 종료시킬 수 있다. 예컨대 할부계

약의 경우 초기 몇 회의 분할분의 하자나 고의적인 위반 등은 장래이행의 불투명 내지 하자이행의 지속을 예측 가능하게 하는 것으로 이러한 이행은 중요한 이행불이행으로 간주하여 계약을 종료시킬 수 있다. 비록 위반이 사소해도 가능하다.

④ 어떤 사유에 의해서건 이행을 해태한 일방이 그래도 계약을 신뢰하여 이행을 준비하거나 이행을 제공하였음에도 불구하고 미이행한 사실을 중요한 위반으로 간주하면 이행을 준비하거나 이행을 제공한 자신에게는 대단한 손실이 될 수 있다. 이런 경우 이행불이행, 즉 미이행이 이행준비 전보다 준비 후에 일어날 경우로서 중요한 위반으로 간주되는 경우와 간주될 수 없는 경우를 본 규정이 규정하고 있다. 미이행 당사자에 의해 제공된 이행이 거절되어 자신에게 반송 조치된 경우로서, 제공된 이행이 자신에게 이익이 된다면 미이행 자체가 중요위반이 된다. 그러나 지나친 손실을 초래한다면 준비하여 제공한 이행 전에 미이행 사실은 중요위반이 되지 아니한다. 따라서 준비하여 제공된 이행이 거절되어 반송된 사실이 미이행 당사자에게 수혜가 있느냐 없느냐, 즉 이익여부가 중요위반 결정과 계약종료에 결정적 고려대상이 된다.

(4) 유예기간 인정 후 종료권 행사여부

PICC 7.3.1조 (3)항은 피해입은 당사자가 계약을 종료시키기 위해 유예기간 절차를 활용할 수 있음을 규정한 7.1.5조 (3)항을 중요한 위반에 따라 계약을 종료시킬 때에도 시행되도록 규정하고 있는데, 이행지연의 경우 이 방법 외에는 계약을 종료시킬 방법이 없다.101)

【6】 50조 : 대금감액

Article 50

If the goods do not conform with the contract and whether or not the price has already been paid, the buyer may reduce the price in the same proportion as the value that the goods actually delivered had at the time of the delivery bears to the value that conforming goods would have had at that time. However, if the seller remedies any failure to perform his obligations in accordance with

---

101) http://www.unidroit.org/english/principles/chapter—7.ht, 7.1.5, 7.3.1, comments.

article 37 or article 48 or if the buyer refuses to accept performance by the seller in accordance with those articles the buyer may not reduce the price.

물품이 계약에 일치하지 아니하는 경우에는 대금의 기(既)지급 여부에 관계없이, 매수인은 실질적으로 인도된 물품이 인도시에 가졌던 가치가 계약에 일치하는 물품이 인도시에 가질 수 있었던 가치에 대하여 가지는 동일한 비율에 따라 대금을 감액할 수 있다. 그러나 매도인이 37조나 48조에 따라 자신의 의무의 불이행을 보완하거나 매수인이 37조와 48조에 따라 매도인의 이행을 수락하길 거절한 경우 매수인은 대금을 감액할 수 없다.

본 조항은 물품이 계약에 일치하지 아니하는 경우 계약에 일치된 물품이 인도되었더라면 가능하였을 가격의 비율에 따라 물품대금의 감액을 할 수 있음을 규정하고 있다.

따라서 특수한 경우가 손해배상을 해야 할 매도인의 책임을 면제시킬 때 매수인이 불일치 물품에 대하여 매도인에게 어느 정도 지급해야 하는지를 결정하는 데 유용한 기능을 본 조항이 한다고 볼 수 있다.

본 조항은 ULIS 46조에 근거한 DCIS 46조를 재초안한 규정이다.

1) 특 징

본 조항은 다음과 같은 특징이 있다.

① 50조 이 자체는 매수인이 이미 대금을 지급하였다 해도 대금을 감액할 수 있음을 분명히 하고 있다.

② 매도인이 79조에 따라 자신의 계약이행 해태에 대한 손해배상금의 지급으로부터 면제된다고 해도 물품이 계약에 일치하지 아니하다면 매수인은 여전히 대금을 감액할 수 있다.

③ 매수인의 대금감액권은 74조에서 규정한 손해배상 청구금액은 계약체결시에 계약을 위반한 당사자가 그 위반의 결과로서 예견하였거나 당연히 예견했어야 하는 손실을 초과할 수 없다는 제한에 영향을 받지 아니한다.

④ 매수인에게 허용되는 금전구제액은 다양한 방법으로 산정된다.[102]

---

102) A/CONF.97/19, p.42.

2) 적용원칙

본 조항의 적용원칙은 다음과 같다.

① 대금감액은 매수인의 일방적인 선언으로 유효하다.

② 이러한 선언은 손해배상청구에 적용될 수 있는 다양한 방어, 즉 예견 (foreseeability), 불가항력(force majeure) 등을 전제로 하지 아니한다.

③ 더욱이 본 조항에 의한 매수인의 회복은 손해배상 청구소송에 따라 법정에 의해 회복하는 것과는 다르다.

④ 매수인은 손해배상 청구소송과 본 조항에 따른 대금감액의 혼합을 모색할 수 있다.

3) 대금감액 공식

본 조항에 따라 대금감액의 결과 매수인에게 지불해야 하는 금액은 다음과 같은 공식으로 표시할 수 있다.

$$\text{감액가격 (지불해야 하는 금액)} = \frac{\text{인도시의 현물가치}}{\text{인도시 계약에 적합한 물품의 가격}} \times \text{계약가격}$$

UCC에는 본 조항과 동일한 규정은 없으나 특수한 경우에 대금조정을 허용하고 있는 2-613과 매수인에게 아직 지급하지 아니한 구입가격으로부터 자신의 손해배상금액의 전부 또는 일부를 감할 것을 허용하는 UCC 2-717조(가격으로부터 손해배상금 감액)을 참고할 수 있다.[103]

SGA 53조(책임담보 위반에 대한 구제) (1)항 (a)호에 의하면, 책임담보의 위반을 이유로 대금의 감액 또는 소멸로서 매도인에게 대항할 수 있게 규정되어 있다.

---

103) A. H. Kritzer, *op. cit.*, pp.376~7; 新 掘聰, 前揭書, p.76.

【7】 51조 : 물품의 부분 불일치

> ### Article 51
>
> (1) If the seller delivers only a part of the goods or if only a part of the goods delivered is in conformity with the contract, articles 46 to 50 apply in respect of the part which is missing or which does not conform.
> (2) The buyer may declare the contract avoided in its entirety only if the failure to make delivery completely or in conformity with the contract amounts to a fundamental breach of the contract.
>
> ---
>
> (1) 매도인이 물품의 일부만을 인도한 경우나 인도된 물품의 일부만이 계약에 적합한 경우 46~50조의 규정들은 부족하거나 적합하지 아니하는 부분에 관하여 적용된다.
> (2) 매수인은 완전하게 또는 계약에 일치하게 인도되지 아니한 것이 계약의 주요한 위반에 해당할 경우에만 계약의 완전한 해제를 선언할 수 있다.

본 조항은 매도인이 자신의 의무의 일부만을 이행해태한 때 매수인의 구제를 규정하고 있으며, ULIS 45조와 이에 근거한 DCIS 47조와 똑같다.

1) 불일치 부분에 관한 구제방법/(1)항

본 규정은 만약 매도인이 계약에 일치하지 아니하는 일부 물품을 인도하거나 물품의 일부만을 인도함으로써 계약하의 자신의 의무 가운데 일부만을 이행하지 못한 경우, 46조에서 50조의 규정이 부족하거나 불일치한 수량에 관해 적용됨을 규정하고 있다.

사실 본 규정은 매수인이 49조에 따라 계약의 일부를 해제할 수 있음을 규정하고 있으며, 이러한 원칙은 필요하다. 왜냐하면 어떤 법률제도에 의하면 일방은 계약의 일부만을 해제할 수 없게 되어 있는가 하면, 어떤 법률제도에 의하면 계약을 해제할 수 있는지 여부를 결정하기 위한 조건은 전체 계약을 참고하여 결정되어야 하기 때문이다.

그러나 본 규정에 의하면, 협약하에서 매수인은 해제의 기준이 일부에 관해 충족된다면 계약의 일부를 해제할 수 있음을 분명히 하고 있다.

UCC 2-601조(부적절한 인도에 대한 매수인의 권리)의 규정은 본 규정과 관련이 있다.

SGA 30조(약정수량 이외의 인도) (1)항에 의하면, 약정수량 이하의 물품을 매수인에게 인도한 경우 매수인은 이를 거절할 수 있으나, 수령한 때는 약정수량의 비율에 따라 대금을 지급해야 한다고 규정하고 있어 본 규정과 관련이 있다.

2) 전체 계약에 관한 구제/(2)항

본 규정은 완전한 인도해태 또는 계약에 일치하는 인도의 해태, 즉 일부인도 또는 일부일치의 인도가 계약의 주요한 위반에 해당할 경우에 한하여 매수인은 전체 계약을 해제할 수 있음을 규정하고 있다.

이 규정은 49조 (1)항 (a)호에 따라 적용되는 원칙을 되풀이하고 있음에도 불구하고, 물품의 일부 불일치와 관련하여서도 적용됨을 분명히 하고 있는 점은 유용하다.

즉, 본 규정 가운데 "……경우에만"이라는 표현의 사용은 이러한 완전한 인도해태 또는 계약에 일치하는 인도의 해태가 전체 계약의 주요한 위반에 본질적으로 해당하지 아니한다 해도, 47조에 따라 매수인이 정한 추가기간 내에 물품의 일부의 인도를 매도인이 해태하였다는 이유로 49조 (1)항 (b)호에 따라 전체 계약을 해제할 수 있다고 생각할지 모르는 묵시를 없애는 효과를 가진다.

UCC 2-711조 (c)호는 본 규정과 유사하다.[104]

【8】 52조 : 조기인도(早期引渡)와 초과수량(超過數量)

Article 52
(1) If the seller delivers the goods before the date fixed, the buyer may take delivery or refuse to take delivery.
(2) If the seller delivers a quantity of goods greater than that provided for in the contract, the buyer may take delivery or refuse to take delivery of the excess quantity. If the buyer takes delivery of all or part of the excess

---

104) A. H. Kritzer, *op. cit.,* pp.380~1.

quantity, he must pay for it at the contract rate.

---

(1) 매도인이 약정된 기일 이전에 물품을 인도할 경우 매수인은 인도를 수령하거나 거절할 수 있다.
(2) 매도인이 계약에 규정된 것보다 많은 수량을 인도한 경우 매수인은 초과수량의 인도를 수령하거나 거절할 수 있다. 만약 매수인이 초과수량의 전부나 일부의 인도를 수령한 경우 매수인은 계약상의 비율에 따라 대금을 지급해야 한다.[105]

본 조항은 매수인이 자신의 임의처분 상태로 인도된 물품의 수령을 거절할 수 있는 두 가지 경우를 규정하고 있으며, ULIS 29조, 47조에 근거한 DCIS 48조와 똑같다.

1) 조기인도/(1)항

본 규정은 33조에 따라 확정된 인도기일 전에 물품이 매수인에게 인도될 경우를 규정하고 있다. 만약 매수인에게 이러한 물품을 억지로 수령하게 한다면 이는 매수인에게 불편을 주게 되고, 예상보다 오랜 기간 물품을 저장하는데 따른 비용을 증대시킬지 모른다. 더욱이 계약이 지급기일과 인도기일이 연계되어 있다면 조기인도는 이로 인한 이자비용에 따르는 조기지급을 강요할 것이다.

따라서 매도인이 인도기일 이전에 물품을 인도할 때 매수인은 물품을 수령하거나 수령을 거절할 선택권을 가져야 한다. 수령 또는 수령을 거절할 매수인의 권리는 조기인도 사실에 따라 행사할 수 있는바, 이러한 권리는 조기인도가 매수인에게 추가비용이나 불편을 야기하는지 여부에 좌우되지 아니한다.

그러나 매수인이 본 규정에 따라 물품의 수령을 거절할 경우 86조 (2)항에 따라 매수인은 다음의 4가지 조건이 만족된다면 매도인을 위해 물품을 점유해야 할 의무가 있다.

① 물품의 목적지 장소에서 자신의 임의처분 상태로 물품이 인도되어 있을 것
② 그는 대금지급 없이 점유를 할 수 있을 것. 예컨대, 계약이 물품을 대표하는 서류를 점유한 매수인에 대하여 그 대가로 대금지급을 요구하고 있지 않을 것

---

105) 이를 이행상당금액지급(qutum meruit)이라 한다.

③ 점유 자체가 매수인에게 불합리한 불편이나 비용을 초래하지 아니할 것
④ 매도인이나 그를 대신해서 물품을 점유하도록 위임받은 자가 물품의 목적
   지에 거주할 것

매수인이 조기인도를 거절할 경우 매도인은 당연히 계약에 따라 인도기일에
물품을 인도해야 할 의무가 있다. 그러나 매수인이 물품의 조기인도를 수령할 경우
사정에 따라 조기인도 수령이 29조에 따른 합의한 계약수정에 해당하지 아니하는
한, 자신이 입을지도 모르는 일체의 손해에 대해 매도인에게 청구할 수 있다.

그리고 36조에 따라 물품을 검사할 매수인의 의무가 관련이 있는 한 조기인도
의 경우 매수인은 검사할 준비가 되어 있지 아니함을 고려해야 하며, 이러한 사정
때문에 38조에 규정된 실행 가능한 짧은 기간이 다소 길어야 할지도 모름을 고려해
야 한다.

오늘날의 국제거래는 대부분 L/C에 의해 이루어지고 있기 때문에 원칙적으로
본 규정의 적용이 어렵다고 볼 수 있다.

2) 초과수량/(2)항

본 규정은 물품의 초과수량이 인도된 경우를 다루고 있다.

일반적으로 매수인의 수령거절을 입증할 만한 다른 이유가 없는 한, 매수인은
적어도 계약에 명시된 수량을 수령해야 한다. 그리고 초과수량에 관해 매수인은 수
령을 거절하거나 전부 또는 일부를 수령할 수 있다. 만약, 매수인이 초과수량의 수
령을 거절한 경우 매도인은 매수인이 입은 손실에 대해 책임이 있으며, 매수인이
초과수량의 전부 또는 일부를 수령한 경우 그는 계약비율에 따라 대금을 지급해야
한다.

반면에 매도인이 선적물품 전량에 대한 지급과 교환으로 전량을 대표하는 B/L
을 제공하는 경우와 같이 매수인이 초과수량만을 거절하는 것이 어려운 경우, 매수
인은 이러한 초과수량의 인도가 주요한 위반을 구성할 경우, 계약을 해제할 수 있
다. 그리고 만약 초과수량의 인도가 계약의 주요한 위반을 구성하지 아니하거나 상
업적인 이유로 매수인에게 선적품의 수령을 강요할 경우, 그는 그 결과로서 자신이
입은 손해를 매도인에게 청구할 수 있다.[106]

---

106) A/CONF.97/19, p.44.

SGA 30조 (2)항, (3)항은 본 규정과 일치하며, UCC 2-601조, 2-508조 (1) 항, 2-607조 (1)항은 본 규정과 부분적으로 유사하거나 관련이 있다.

그러나 SGA 30조와 관련하여 영국에서는 "법은 사소한 일에 관여하지 아니한다(the law does not notice or concern itself with trifling matters)"는 "deminimis rule(deminimis non curat lex)" 원칙이 적용되고 있다. 즉, 계약 내용과의 이탈이 극히 경미하다면, 매도인은 이러한 원칙에 호소하여 구제될 수 있다.107)

3) PICC의 원칙

PICC 6.1.5조에 규정하고 있는 조기이행에 관한 규정을 설명하면 다음과 같다.

계약의 이행불이행을 원칙적으로 구성하는 조기인도에 대한 채권자의 권리로서 채권자는 원칙적으로 조기이행을 거절할 권리가 있다. 그러나 조기이행을 거절할 합법적인 권리를 가지지 아니한 경우 채권자는 조기이행을 거절할 수가 없다. 타방의무의 조기이행에 대한 채권자의 수락이 자신의 의무이행시기에 영양을 미치는지 여부에 대하여는 타방의 이행시기에 영향을 받지 아니한다.

조기이행이 인정될 경우, 조기이행은 채권자에게 추가비용을 수반하게 할 수 있다. 어떤 경우든지 이런 비용은 타방, 즉 채무자 부담이다. 그러나 조기이행은 적기에 이행불능을 의미하기에 조기이행이 이행불능에 해당할 경우(원칙적으로 조기이행은 이행불능임) 이러한 비용은 이용 가능한 기타 구제권에 구애됨이 없이 손해배상금의 일부가 된다. 따라서 이런 비용은 본 규정에서 말하는 채무자가 부담해야 할 비용이 아닌 채무자의 계약위반에 따라, 즉 적기에 이행할 수 없거나 이행불능에 따라 채무자가 책임져야 할 손해배상금의 성격을 지닌다.

그러나 예컨대 채권자가 조기이행제의를 거절할 합법적인 권리를 가지고 있지 아니함이 입증되거나 아무런 유보조건 없이 제의를 승낙할 경우에서의 조기이행은 이행불능에 해당하지 아니하기에, 이런 경우 채권자는 조기이행에 따라 지급된 비용만을 청구할 수 있는데, 이때의 비용이 본 규정에서 말하는 채무자가 부담해야 할 비용이다.108)

---

107) A. G. Guest, *op. cit.,* p.298.

108) http://www.unidroit.org/english/principles/chapter-6.ht, 6.1.5, comment.

제 3 장   매수인의 의무

1. 구 성

2. 개 요

제3장의 구성은 매도인의 의무에 관한 제2장과 유사하다.

3절로 구성되어 있는 본 장의 두 절은 매수인의 의무를 규정하고 있는바, 매수인의 의무요약인 53조에 이어 1절은 54조에서 59조를 통하여 대금지급의무를, 2절은 60조를 통하여 물품의 수령의무를 각각 규정하고 있고, 3절은 1절과 2절상의 의무를 이행하지 아니한 때 매도인에게 부여되는 구제를 61조에서 65조를 통하여 규정하고 있다.

3. 규정과 해설

【1】 53조 : 매수인의 의무 요약

> #### Article 53
>
> The buyer must pay the price for the goods and take delivery of them as required by the contract and this Convention.
>
> ---
>
> 매수인은 계약과 이 협약의 규정에 따라 물품의 대금을 지급하고 물품의 인도를 수령해야 한다.

본 조항은 제2장 매도인의 의무에서와 같이 매수인의 기본적인 의무, 즉 매수인의 의무의 개요를 규정함으로써 제3장을 요약하고 있다.

본 규정은 ULIS 56조에 근거한 DCIS 49조와 똑같다.

1) 기본의무

협약하의 매수인의 기본의무는 다음과 같다.
① 물품의 대금을 지급하는 것
② 물품의 인도를 수령하는 것

2) 용어의 정의

Incoterms에서도 A.4(delivery)와 B.1(general obligation of the buyer), B.4 (taking delivery)를 통해 매도인에게는 물품의 인도 의무를 매수인에게는 지급과 수령109)의 의무를 부과하고 있다. 이렇게 볼 때 각국법이나 협약이 공히 매수인의 주요한 의무로 본 조항과 같은 두 가지를 들고 있다.

해석상의 차이로 오해의 소지가 있는 인도(delivery)와 수령(acceptance)에 대해

---

109) SGA상의 수령(accept and acceptance)은 그 의미가 다양함을 1983년 SGA 4(1)(3)과 1979년 SGA 11(4), 35, 27 등을 통해 알 수 있다. A. G. Guest, *op. cit.*, p.320.

협약과 Incoterms를 중심으로 상술해 보고자 한다.

협약 67조와 68조, 30~34조, 58조, 71조 등에서 인도(delivery)라는 표현으로 교부로 볼 수 있는 "hand over"와 "……in placing the goods at the buyer's disposal……"을 사용하고 있다. Honnold 교수는 전자의 경우, 즉 "hand over"란 점유를 이전하는 물리적 행위를 표시하기 위해 사용되고 있으며, 역시 매도인이 인도를 행한 경우에만 사용되어 최초의 운송인이 제2의 운송인에게 물품을 인계한 경우에는 사용되지 아니하며, 이에 대응되는 개념으로 수령, 즉 인취로 볼 수 있는 "take delivery(take over)"110)를 들고 있다.

서류인도에 관해 "hand over"로 표현하고 있는 Incoterms에는 물품에 관한 서류의 경우와 물품의 경우를 나누고 있다. 물품에 관한 서류의 경우 A.8을 보면, 당연의무와 협조의무를 구분하는 표현으로 "provide" 또는 "render"로 되어 있어, 인도(delivery)의 개념을 제시의 뜻이 강한 "presentation"으로 해석해야 한다. 물론 "provide"의 경우는 법적·물리적 의무인 필수적 제시의무를 나타낼 때, 그리고 "render"는 대리인적·물리적 의무인 협조적 제시의무를 나타낼 때 사용되는 인도의 개념이다.

그러나 Incoterms® 2010의 경우, A.10의 규정을 종전 Incoterms 2000의 경우 상대방의 요청과 위험 그리고 비용으로 제공해야 하는 협조의무를 "render"로 표현하고, 자신의 비용 또는 자신의 비용과 위험으로 제공해야 하는 필수제공의무를 "provide"로 표현하여 서로 구분하여 사용하였다. 그 대표적 규정으로 A.1, A.2, A.3, A.8, A.10의 규정이었다. 그러나 Incoterms® 2010의 경우 A.10의 규정을 제외하고 전부 "provide"로 대체하였다. 이는 자기 책임하에 필수적으로 제공해야 하는 경우 외에 결과의 책임은 요청한 자에 있으므로 협조의무인 경우에도 반드시 자신의 비용으로 또는 위험과 비용으로, 즉 자신의 책임하에 반드시 제공해야 하는 경우와 같이 서류나 협조의 제공은 반드시 제공해야 한다는 의미의 "provide"로 통일한 것 같다. 그러나 상대방의 요청에 따른 상대방의 책임하에 협조의무로 제공해야 하는가 아니면 자신의 책임하에 필수의무로 반드시 제공해야 하는가 하는 책임한계에는 변화가 없다.

그러나 A.10의 경우 상대방의 책임하에 타방이 제공하려해도 국가정책 등에 의하여 취득하여 제공할 수 없는 경우가 있고, 요청만 있으면 요청자의 위험과 비

---

110) J. O. Honnold, *op. cit.*, pp.341, 376.

용부담으로 제공할 수 있는 경우가 있을 수 있기에 반드시 협조나 취득이 가능한 경우로 필수제공의무 표시의 표현이 가능한 A.1, A.2, A.3, A.8과 달리 "provide or render" 또는 "in providing or rending"으로 표현하고 있다.

특히 서류인도와 관련이 있는 A.8의 규정은 C terms는 CAD거래임을, 나머지 terms는 합의에 의해 CAD거래가 가능하나 원칙은 COD거래임을 대전제로 규정되어 있다. 이에 비하여 물품의 경우, 인도(delivery)의 개념으로 다음과 같은 3가지로 표현하고 있다.

① 주로 E와 D terms에 사용되는 인도의 개념으로 "..... the goods by placing them at the disposal of the buyer .... at the agreed place ......"를 사용하고 있는데, 이 경우의 인도란 지정된 장소와 시기에 법적·물리적 물품의 처분 책임자인 매수인에게 그의 임의처분 상태로 인도하는 마치 바톤터치 개념으로서의 인도이다.

② 주로 복합운송에 사용되는, 즉 FCA와 CIP, CPT에 사용되는 인도의 개념으로 ".... deliver the goods to the carrier .... at the agreed point ....." 또는 "..... deliver the goods by handing them over to the carrier ....."를 사용하고 있는바, 이 경우의 인도의 개념은 지정된 장소와 합의한 시기에 운송 책임만이 있는, 즉 물리적 임의처분권이 있는 사람에게 인도하는 바통터치의 개념으로서의 인도이다.

③ 주로 해상운송에 관련되는 인도의 개념으로 "..... deliver the goods either by placing them alongside the ship .... or by procuring the goods so delivered." (FAS의 경우), 또는 ".... deliver the goods either by placing them on board the vessel .... or by procuring the goods so delivered."(FOB, CFR, CIF 경우)를 사용하고 있는데, 이 경우의 인도의 개념은 목적지까지 물품을 해상운송하기 위해 매수인이 지정한 운송수단에 물리적 인도의 개념으로서의 인도이다.

이러한 인도의 개념에 비하여 매수인의 경우 E·F·D terms의 경우 인취(take delivery)를 수령이라는 표현 대신으로 사용하고 있고, C terms의 경우 인취(take delivery)와 수리(receive)를 수령이라는 표현 대신으로 사용하고 있다. 그 이유는 다음과 같다.

전자는 외관상으로 보아 즉각적인 물품의 거절이 원칙적으로 가능한 COD[111] 거래인 반면에, C terms는 CAD거래이므로 물품을 대표하는 서류가 외관상 하자가

---

111) Williston은 이러한 거래를 Cash Sales라 부르고 있다(S. Williston, *op. cit.,* p.666).

없으면 반드시 선적(인도)서류를 인취하고 수리하여야 하며, 수리 후 물품을 검사하여 하자가 없으면 수령하고 하자가 있으면 물품의 거절이 가능하기 때문이다.

이렇게 볼 때, Incoterms나 Vienna협약상의 인도의 개념은 크게 두 가지, 즉 물품의 물리적 인도를 의미하는 "hand over"와 법적·물리적 인도를 의미하는 "...... place the goods at the buyer's disposal ......"로 보고 있다. 따라서 양자가 공히 인도의 개념을 같이 하고 있다고 볼 수 있고, 서류의 경우 Incoterms는 A.10과 B.10에서 provide와 render의 용어를 사용하여 구분하고 기타의 경우 provide로 통일시키고 있으나, 그 내용은 provide와 render를 구분하고 있으며, 물리적 인도라는 공통개념을 두고 있는 데 비하여, Vienna협약은 57조 (1)항 (b)호에서 "hand over"를 사용하고 있어 양자간에 차이가 있는 듯하나, Incoterms의 경우 "provide"나 "render"는 제시의 개념, 즉 물리적 인도의 개념인 "presentation"으로 보아야 한다는 입장에서 볼 때 양자는 같다고 볼 수 있다.

그리고 수령의 경우도 양자간에 표현상의 차이가 있는 것처럼 보이나 Incoterms가 세분하고 있는 데 불과하다.

이렇게 볼 때, 물품이든 서류든 관계없이 당사자들간의 약속에 따라 외관상 하자가 없는 한 법적·물리적 수령을 전제로 하고 있으며, 물품과 서류의 인도와 수령의 개념에 있어 Incoterms와 협약이 같다고 볼 수 있다.

실무적으로 볼 때, 물품의 인도와 이에 따른 수령과 대금지급에 대한 실례를 보면 다음과 같다.

계약서상에 물품의 인도에 관해 예컨대, "Shipment to be made by Oct. 20, 2014"와 같이 선적의 규정을 통해 표시하고 있으며, 수령과 대금지급에 관해서는 특수한 경우를 제외하고 COD 거래가 아닌 CAD 거래가 대부분이므로 예컨대, "by an irrevocable L/C which is to be opened by Oct. 30, 2014"와 같은 지불조건 규정을 통해 대금지급은 물론이고 수령을 묵시[112]하고 있다.

이러한 계약서의 규정에 따라 L/C상에 인도와 수령, 그리고 지급에 대한 표현을 보면 다음과 같다.

인도에 관해서는 예컨대, "Shipment from S. Korean port, latest shipment Oct. 20, 2014," "partial shipments permitted" 등과 같이 명시하고 있고, 수령과

---

112) Implied terms에는 관습(custom)에 의한 것과 법(statute)에 의한 것과 법정(the courts)에 의한 것이 있다(M. P. Furmston, *op. cit.,* pp.116~23).

지급에 관해서는 예컨대, "We hereby issues in your favour this documentary credit which is available with any bank by negotiation of your drafts drawn on us at 180 days after sight bearing the clause : ," "Drawn under documentary credit number 2AQQC 200 844-3003 of Chang Hwa Commercial Bank Ltd. for full invoice value accompanied by the followings documents : "와 같이 명시하고 있다. 특히 후자의 경우 계약서상의 L/C 개설 규정에 따라 수입자의 요구에 의해 Chang Hwa Commercial Bank가 이러한 신용장을 개설하였으므로, 신용장을 통한 CAD 거래이기에 선적을 입증하는 서류가 반드시 제시되어야 한다. 이는 물품이 규정된 인도기간 내에 매수인을 대신하여 물품의 물리적 임의처분권을 가진 운송인에게 인도, 즉 운송인에 의한 수령을 의미하며, 이러한 인도와 수령의 입증서류가 규정된 기간 내에 은행에 제시되면 매수인을 대신하여 은행이 수리하여 대금을 지급한다. 그리고 은행이 수리한 서류를 매수인에게 제공하면 매수인은 이를 수리하며, 물품의 도착 후에 검사하여 이상이 없으면 물품을 수령하겠다는 내용이다.

3) 협약과 계약과의 관계

매수인은 이러한 기본적인 의무를 계약 또는 협약의 규정에 따라 이행해야 하지만, 만약 양자가 서로 모순되는 경우에는 6조의 규정에 따라 당사자들이 12조에 근거하여 96조의 선언을 한 경우를 제외하고는 협약의 적용을 배제하거나 효과의 감쇠나 변경을 할 수 있기에 계약이 우선한다.

본 조항은 UCC 2-301조의 매수인의 의무규정과 유사하다.

4) PICC의 원칙

대금지급 의무와 관련한 PICC 6.1.7조에서 6.1.13조까지 내용을 요약하면 다음과 같다.

6.1.7조 규정에 의하면 지급의 형식은 대금지급장소에서 통상의 영업과정에서 활용되고 있는 형식이면 어떤 형식이건 관계없다. 따라서 지급형식의 전제조건은 지급을 위한 영업장소에서 통상의 영업과정에서 이루어져야 한다. 규정에 따라 또

는 자진해서 수표, 기타지급지시나 지급약속 등을 지급수단으로 채권자가 수리한 경우 이러한 인정의 대전제 조건은 이러한 지급수단이 정히 지급될 것이라는 전제 하에서 수리된다. CISG는 지급수단의 종류와 수리조건 등에 대한 규정이 없다.

6.1.8조 규정에 의하면, 자금이체에 의한 지급방법에 대하여 채권자의 거래은 행 앞으로 자금이체에 의한 지급방법의 인정과 자금이체에 의한 지급, 즉 자금이체 의 효력발생에 대하여는 이체가 유효하게 이루어진 때로 규정하고 있다.

6.1.9조 규정에 의하면, 당사자간 지급통화에 대한 합의없이 일방적으로 지급 장소의 통화와 다른 통화로 표시된 경우 통화가 자유롭게 교환될 수 있는 한 명시 와 관계없이 지급장소의 통화로 지급 가능함을 규정하고 있다. 그리고 명시된 통화 가 해당통화 국가의 정변으로 외환통제가 이루어져 지급이 불가능한 경우, 지급장 소의 통화로 지급 가능함과 지급장소의 통화로의 지급시의 채무자가 선택할 수 있 는 환율에 따라 지급이 이루어져야 함을 규정하고 있다. 또한 지급장소의 통화로 지급시 채권자의 지급요구권의 행사시에 채권자가 선택할 수 있는 환율에 따라 지 급을 요구할 수 있음을 규정하고 있다.

6.1.10조의 규정은 금전지급의무가 특정통화로 명시되어 있지 아니할 경우 지 급이 이루어져야 하는 장소의 통화로 지급이 되어야 함을 규정하고 있다.

6.1.11조의 규정은 이행비용부담에 관한 규정으로 당사자들은 자신들의 의무 이행에 따른 비용을 부담해야 함을 규정하고 있는데, Incoterms A.6과 B.6은 이들 에 대해 분명히 하고 있다. 즉 Incoterms A.6과 B.6은 달리 합의가 없는 한 비용 부담자와 지급자가 같을 경우와 다른 경우에 대비하여 이행에 따른 비용 지급자를 명시하고 있다.

6.1.12조의 규정은 한 채권자에게 다양한 채무를 지고 있는 채무자의 지급시 동 지급의 귀속방법에 관한 규정으로 다음과 같은 귀속의 순서를 규정하고 있다.

  (a) 동일 채권자에게 다양한 금전의무를 지고 있는 채무자의 지급시 지급귀속 의 최우선 순위는 명시이며, 명시상의 상환순서는 명시된 채무 가운데 비 용, 이자, 원금 순서로 지급이 충당되어야 한다.

  (b) 지급채무에 대하여 명시가 없을 경우 지급받은 후 합리적인 기간 내에 지 급귀속의 최우선순위는 채권자가 귀속대상을 명시하여 채무자에게 선언할 수 있다. 단, 귀속되는 채무는 당연하고 분명해야 한다.

  (c) 상기와 같은 방법에 따라 귀속이 이루어지지 아니할 경우, 지급은 다음의

기준 가운데 하나를 명시된 순서에 따라 충족시키는 의무에 귀속된다.

ⓐ 만기가 되거나 제일 먼저 만기된 의무

ⓑ 채권자가 최소한의 담보권을 가진 채무

ⓒ 채무자에게 가장 부담이 큰 채무

ⓓ 먼저 발생한 의무

(d) 상기 기준이 적용되지 아니하는 경우, 지급은 모든 의무에 비례적으로 귀속된다.

6.1.13조의 규정은 비금전 지급의무의 귀속에 관한 규정으로 비금전 지급의무의 귀속에 6.1.12조의 규정적용이 가능하되 특이한 것은 적절한 조정을 하여 적용하도록 하고 있어 귀속순위가 사정에 따라 조정될 수 있다.[113]

제 1 절 대금지급

1. 구 성

2. 개 요

54조에서 59조까지는 53조에서 규정하고 있는 매수인의 기본의무 가운데 대금지급의무와 관련하여 상세한 내용을 규정하고 있다.

---

113) http://www.unidroit.org/english/principles/chapter-6.ht, 6.1.1~13, comments.

3. 규정과 해설

【1】 54조 : 대금지급을 위한 필요한 조치

> **Article 54**
>
> The buyer's obligation to pay the price includes taking such steps and complying with such formalities as may be required under the contract or any laws and regulations to enable payment to be made.
>
> 대금을 지급해야 할 매수인의 의무는 대금지급을 가능케 하기 위한 계약이나 어떠한 법률 및 규정에 따라 요구되는 그러한 조치를 취하고 그러한 절차에 따르는 것을 포함한다.

본 조항은 대금지급을 가능하게 하기 위하여 많은 예비조치(a number of pre-liminary actions)를 취할 의무를 매수인의 대금지급의무의 일부로서 규정하고 있다.

본 조항은 ULIS 69조에 근거한 DCIS 50조와 똑같다.

이러한 조치에는 L/C 개설의뢰나 은행 지급보증 신청, 정부당국이나 은행에 계약서의 등록, 필요한 외환확보, 외환송금을 위한 공식승인신청 등이 포함될 수 있다.

만약 계약이 이들 의무들 가운데 하나를 매도인에게 특별히 부과하지 아니하는 한, 이러한 조치를 취해야 할 사람은 매수인이다.[114]

1) 의무의 한계

본 조항하의 매수인의 의무는 사무국의 주석에 의하면 그러한 조치를 취하고 그러한 절차에 따르는 데 한정된다. 따라서 본 조항은 매수인으로 하여금 상기에서 열거한 조치나 수속들을 취득할 것을 보증하거나 대금이 지급될 것을 보증하도록 요구하고 있지 아니하다는 것이다. 즉, 매수인이 그러한 조치나 수속 등을 취할 뿐만 아니라 실제로 목적을 달성할 의무를 부과하고 있지는 아니하다는 것이다.

---

114) A/CONF.97/19, p.45.

그러나 정부허가의 취득에 관해서는 최선의 노력을 해도 허가를 취득할 수 없는 경우 매수인의 취득의무는 정지될 수밖에 없지만, 엄격히 말해서 상업적 성질(a strictly commercial nature)[115]을 가진 L/C 개설 등에 관해서는 매수인의 의무로 해야 한다는 것이 Honnold나 Schlechtrien, Maskow 등 많은 학자들의 주장이다.[116] 이러한 주장이 현실적이고 실무적인 경향이라고 볼 수 있다.

Incoterms에 의하면, 각 거래조건마다 당연의무와 협조의무로 구분하고 있는데, 예컨대 대금지급은 해당 거래의 당사자의 당연의무이며, 이러한 의무를 수행함에 있어 타방의 협조가 필요한 경우 협조를 요청하는 측의 책임[117]하에 타방이 협조할 수 있으나, 지급과 관련한 모든 책임은 대개 협조를 요청한 매수인의 책임, 즉 의무로 하고 있다. 따라서 매수인은 거래조건을 선정할 때마다 해당 조건에 따른 대금지급 관계를 사전에 분명히 이해해 두어야 한다.

이렇게 볼 때, 협약의 규정과 이에 대한 사무국의 주석과 여러 학자들의 현실적이고 실질적인 주장 등은 Incoterms와는 거리가 있다고 볼 수 있다.

2) 본 조항에 대한 대안

현실적인 대안은 계약체결 전에 Incoterms에 대한 충분한 이해와 Incoterms의 수행에 따른 여러 조치, 예컨대 대금지급 등에 관해서는 UCP와 이에 근거한 실무를 사전에 숙지하여 계약체결에 임하되, 본 조항의 규정을 고려하여 ① L/C의 개설은 의무이며, ② L/C 개설의 위반은 주요한 계약위반이고, ③ 지급통화는 ××(예, U$, USD)로 한다 등을 명시할 필요가 있으며, 이에 따라 L/C가 개설되어야 한다.

UCC 2-614조(대체이행) (2)항과 2-325조(신용장 조건) (1)항의 규정은 대금지급과 관련하여 협약과는 달리 구체적으로 규정하고 있다.

---

115) 엄격히 말해서, 상업적 성질이란 매수인이라면 당연히 할 수 있는 성질의 것을 말한다.
116) A. H. Kritzer, *op. cit.,* p.389.
117) 책임이란 요청과 그 결과에 대한 위험과 비용부담을 의미한다.

【2】 55조 : 대금 미확정 계약

> ### Article 55
>
> Where a contract has been validly concluded but does not expressly or implicitly fix or make provision for determining the price, the parties are considered, in the absence of any indication to the contrary, to have impliedly made reference to the price generally charged at the time of the conclusion of the contract for such goods sold under comparable circumstances in the trade concerned.
>
> 계약이 유효하게 체결되었으나 대금을 명시적으로나 묵시적으로 정하지 아니하였거나 대금을 결정하기 위한 규정을 명시적으로나 묵시적으로 두지 아니한 경우, 달리 반대의사가 없는 한 당사자들은 관련거래와 유사한 상황하에서 매각되는 물품에 대하여 계약체결시에 일반적으로 부과되는 대금을 묵시적으로 참고한 것으로 간주한다.

본 조항은 대금에 대한 명시적으로나 묵시적으로 규정이 없거나 대금을 정하지 아니한 경우에 적용되며, ULIS 57조에 근거한 DCIS 51조를 실질적으로 개정한 규정이다. 대금의 결정없이 계약이 체결될 수 있는지 여부에 관한 협약상의 규정은 본 조항과 14조 (1)항이다. 이하에서 대금지급에 관한 양 규정의 관계를 설명함으로써 본 조항의 해설에 갈음하고자 한다.

1) 기본적인 관계

(1) 14조 (1)항의 기본정신

우선 14조 (1)항을 보면, "제의가 물품을 표시하고 명시적으로나 묵시적으로 수량과 가격을 확정하고 있거나 수량과 가격을 결정하는 규정을 하고 있다면 충분하게 명확하다"고 규정하고 있다. 따라서 청약이 되기 위해서는 청약서상에 가격이 명시적이든 묵시적이든 정해져 있든가 아니면 가격 결정을 위한 기구 또는 공식이 언급되어 있어야 한다.

이렇게 볼 때, 가격은 계약체결시 확정될 수 없어도 지장이 없다. 예컨대, 청약시에 "가격은 인도시의 시장가격에 따름"으로 되어 있다면, 실제 거래가 몇 개월

일찍 이루어진 경우에도 가격결정을 위한 명시적 조항이 존재하는 것으로 되어 청약으로서 충분하다고 볼 수 있다.

(2) 14조 (1)항에 의한 제의의 최소한의 요건

14조 (1)항하에서는 청약은 최소한 가격 결정을 위한 묵시적 조항을 두고 있어야 한다. 만약 이러한 묵시적 조항도 없다면 이미 청약이라 말할 수 없으며, 이를 승낙해도 계약은 성립하지 아니한다.

(3) 55조의 기본정신

14조 (1)항의 규정에 비하여 55조에 의하면, 계약이 유효하게 성립하였지만 명시적으로든 묵시적으로든 가격을 정하지 아니하였거나 혹은 가격결정을 위한 조항을 두고 있지 아니한 경우, 당사자들은 달리 합의가 없는 한 관련거래와 유사한 상황하에서 매각된 물품의 계약 체결시에 일반적으로 부과되는 가격을 묵시적으로 언급한 것으로 간주한다고 규정하고 있다.

이렇게 볼 때 양자의 관계는 다음과 같다.

14조 (1)항의 경우 명시적이든 묵시적이든 가격이 청약상에 정해져 있지 아니하거나 가격 결정을 위한 조항도 없다면 청약이 아니고, 이에 대한 승낙이 있어도 계약은 성립하지 아니한다는 것이 기본적인 정신이다. 반면에 55조는 계약은 성립하였지만 명시적이든 묵시적이든 가격결정이 없거나 가격결정을 위한 조항이 없는 경우의 가격결정 방법에 대해 규정하고 있다.

2) 실질적인 관계

이 양 규정의 관계가 법률가의 입장에서 볼 때는 난해한 관계이나, 실무가의 입장이나 실무상에 있을 수 있는 문제 예컨대, ① 승낙이 청약한 내용과 다르거나 추가적인 내용에 대하여 청약인의 동의를 조건으로 함을 명시하고 있는 경우, ② 승낙이 특수한 문제를 다루고 있고, 이 문제에 관해 청약이 침묵하고 있는 경우, 즉 승낙이 추가내용을 다루고 있는 경우, ③ 청약이 특수한 문제를 다루고 있고, 승낙이 이 문제에 관해 침묵하고 있는 경우, ④ 특수한 문제에 대한 승낙상의 취급이 상이한 내용이 되게 하므로 승낙과 청약이 서로 충돌하는 방법으로 특수한 문제를 다루고 있는 경우, ⑤ 의도하는 승낙이 서류교환에 의하여 실제 성립되지 못할 정도로 계약이 청약서상에 표시된 내용과 너무 상이한 내용을 되풀이하고 있는 경우, ⑥ 당사자들이 구두합의를 하고 일방 또는 쌍방이 구두합의와 저촉하거나 구두합의를 추가한 확인서를 발송한 경우, ⑦ 당사자들이 전혀 양식을 사용하지 아니하고 오히려 완전히 관습적으로 된 서식을 교환하는 경우118) 등을 고려하여 제정된 UCC 2－207조의 입장에서 보면 간단히 생각이 될 수 있다.

14조 (1)항 가격결정에 관해 아무런 청약서상에 규정도 없기 때문에 계약이 성립할 수 없는 경우에도 당사자들은 계약이 성립하였다고 볼 수 있는 경우가 많이 있을 수가 있으며, 이 경우에 가격을 결정하는 방법을 UCC 2－207조 (3)항과 같이 55조가 규정하고 있다고 생각하면 양자간에는 실무적으로 볼 때 문제가 없다.

즉, 14조 (1)항에 의하면 가격 결정을 위한 묵시적인 조항까지도 존재하지 아니한다면 청약이라 말할 수 없으므로 이러한 청약을 승낙한다 해도 계약은 성립하지 아니한다. 그럼에도 불구하고 이에 구애됨이 없이 계약의 존재를 당연한 것으로 해서 매도인이 물품을 인도하고 매수인이 이를 수령하면 법적으로 실무적으로 계약의 존재를 추인할 수밖에 없다. 따라서 이와 같이 특수한 경우로서 추인한 경우 당사자들이 별도의 가격결정 방법을 가지고 있지 아니하므로 55조가 가격결정을 돕는 역할을 한다는 것이다.119)

이러한 상황은 현실적으로 있을 수 있으며, 이러한 현실적인 실무를 인정하여 제정한 양 규정은 이러한 상황을 인정하여 규정한 UCC 2－207조 (3)항의 규정과 이론구성이 거의 같다고 볼 수 있다. 즉, 동 규정에 의하면 서면상으로는 계약의 성립이 인정되지 아니한다 해도 당사자들이 계약의 존재를 인정하는 행동, 예컨대 선적과 같은 행동을 취하고 매수인이 이러한 선적물품을 수령한다면, 계약의 성립을 입증하는데 충분한 것으로 간주하며, 이 경우 계약의 내용은 당사자들이 상호 합의한 내용과 UCC상의 "gap－filler" 규정으로 구성되어 계약상의 문제가 해결될 수 있음을 규정하고 있다.

따라서 UCC 2－207조 (3)항과 이 양 규정을 비교하면 다음과 같다.

UCC상의 당사자들이 상호 합의한 사항은, ① 14조 (1)항에서의 청약이 되기 위한 최소한의 요건을 제외한 나머지 내용을 기재한 청약과 이에 대한 승낙의 경

---

118) S. Emanuel and S. Knowls, *op. cit.*, p.25.

119) Emanuel 교수에 의하면 55조를 "gap－filler"라 할 수 있다. *Ibid.*

우, ② 최소한의 요건이 기재된 청약이었으나 가격 요건에 대해서만 합의가 되지 아니하고 나머지 내용에 대해 승낙하므로 결국 최소한의 요건을 제외한 내용을 기재한 청약과 이에 대한 승낙의 경우와 같다고 볼 수 있다. 이러한 상황, 즉 계약이 성립할 수 없는 상황하에서 물품을 매도인이 선적하고 매수인이 이를 수령한 경우 가격에 대해 UCC상의 "gap-filler" 규정의 역할을 하는 것이 제55조이다.

그러므로 UCC 2-207조 (3)항의 규정, 즉 "Conducts by both parties which recognize the existence of a contract is sufficient to establish a contract for sale although the writings of the parties do not otherwise establish a contract. In such case the terms of the particular contract consist of those terms on which the writings of the parties agree, together with any supplementary terms incorporated under any other provisions of this Act ......"와 비슷하게 55조에도 "...... Where a contract has been validly concluded ......"로 하지 아니하고, "Where conducts by both parties recognize the existence of a valid contract although it does not expressly or implicitly fix of make provisions for determining the price generally charged at the time of conclusion of the contract for such goods sold under comparable circumstances in the trade concerned"와 같이 왜 규정하지 아니하였나 생각된다.

이렇게 볼 때, UCC 2-207조는 오늘날의 국제거래에서 있을 수 있는 실무를 잘 반영하고 있으며, 새로이 제정되는 관련법의 모형으로서의 역할을 하고 있다고 볼 수 있다. 이러한 UCC의 역할을 두고 Emmanuel[120] 교수와 Satoshi Nibori[121] 교수 등의 높은 평가에도 불구하고 UCC 2-207조 (3)항이 폐지되었다.

아마도 Honnold 교수의 강도 높은 비판, 즉 당사자들이 계약체결 과정에서 합의하지 아니한 경우에도 양 당사자를 구속하는 법률에 따르도록 한 동조 (3)항의 규정은 통탄할 일로[122] 비판한 Honnold 교수의 주장이 반영되었는지 모른다. 그러나 이 규정의 현실성은 오늘날의 국제거래에는 물론이고 국제거래를 효율적으로 규제하기 위해 제정된 협약에조차 반영되어 있다.

따라서 55조는 14조 (1)항의 규정에 따라 원래 계약의 성립을 인정할 수 없지만, 당사자들이 그럼에도 불구하고 이행 행위를 하였기에 인정하지 아니할 수 없는

---

120) S. Emmanuel and S. Knowls, *op. cit.*, pp.23~5.
121) 新 掘聰, 前揭書 p.42.
122) J. O. Honnold, *op. cit.*, p.165.

경우의 가격결정 방법을 규정하고 있는 것으로 해석해야 한다.

3) 법률적인 관계

(1) 사무국의 해석

14조 (1)항은 본 협약 제2부에 있는 규정으로서 청약이 충분히 명확한지 여부에 관한 문제를 취급하고 있는 데 대해서 55조는 제3부에 있는 규정으로 유효하게 성립한 계약이 가격에 관해서 어떠한 규정도 두고 있지 아니한 경우에 관한 규정이다.

55조는 협약국이 제2부를 채용하지 아니하고 제3부를 채용한 경우에 협약국의 법률에 의하면, 가격에 관해서 명시적으로도 묵시적으로도 아무런 규정이 없이도 계약의 성립을 인정하고 있는 경우에 있어 가격결정 방법을 규정한 것이라고 설명하고 있다.[123]

(2) Honnold의 해석

Honnold 교수는 14조 (1)항과 55조는 모순되지 아니하는 것이라고 다음과 같이 주장하고 있다.

14조 (1)항의 규정에만 의한다면, 청약이 명시적이든 묵시적이든 가격을 정하지 아니하고 있거나 가격결정을 위한 조항을 두고 있지 아니한 경우, 그 청약은 승낙과 계약 성립에 충분할 정도로 명확하지 아니함을 제시하고 있다. 그러나 이러한 해석도 거절되어야 한다. 왜냐하면 55조가 명시적이든 묵시적이든 가격을 정하고 있지 아니하거나 가격결정을 위한 조항을 두고 있지 아니할 경우에도, 계약은 유효하게 성립할 수 있음을 자명한 일로서 간주하고 있기 때문이다.

따라서 55조는 당사자들이 묵시적으로 언급하고 있는 것으로 간주되는 가격결정 방법을 규정하고 있다.[124]

(3) Farnsworth의 해석

Farnsworth는 양 규정의 모순이 존재함을 다음과 같이 주장하고 있다.

---

123) Albert H. Kritzer, *op. cit.*, p.155.
124) J. O. Honnold, *op. cit.*, pp.337~8.

55조는 계약이 유효하게 체결된 경우에만 적용된다. 만약 미국이 협약을 비준은 하였지만 계약 성립에 관한 제2부를 제외한 경우 명시되지 아니한 가격 규정을 둔 계약이라도 유효하게 성립할 수 있다. 왜냐하면 가격이 명시되지 아니한 조건(open price terms)에 대한 "gap-filler"의 역할을 하고 있는 UCC 2-305조가 적용될 수 있기 때문이다. 그러나 미국이 협약 제2부를 포함해서 전 협약을 비준한 경우 제14조는 명시되지 아니한 가격을 지닌 계약의 유효성을 금할 것이며, 이 경우 55조가 영향을 미칠 수 없다.125)

(4) Kritzer의 해석

Kritzer에 의하면 본 협약하에서는 6조가 "당사자들은 …… 협약규정의 효과를 감쇄시키거나 변경시킬 수 있다"고 규정하고 있기 때문에 14조 (1)항에도 이 규정이 적용되어 만약 당사자들이 가격의 결정에 관해서 계약서상에 아무런 규정이 없어도 계약에 구속될 의사를 지니고 있는 경우에는 당사자들이 별도의 공식을 선택하지 아니하는 한, 가격은 55조에 따라 결정되는 것으로 생각해도 좋다.126)

(5) Eörsi, Khoo, Tallon의 해석

14조 (1)항은 청약에 관한 규정인 데 반해, 55조는 계약에 관한 규정이다. 따라서 일단 계약이 성립하면 청약은 아무런 관련이 없으며, 계약의 성립 그 자체가 가격결정을 위한 규정을 두고 있는지 여부에 관계없이 청약이 충분히 명확한 것을 입증한다. 따라서 청약에 비중을 두는 접근방법은 계약이 성립한 후에는 이미 적절하지 아니하다. 다른 사람도 이런 모순에 대해 언급한 바 있으며 이들의 결론은 55조는 14조 (1)항에 우선한다는 것이다.127)

(6) Nibori의 해석

이상의 주장들은 억지스럽고 분명치 아니함을 주장하고 있다. 특히 Honnold의 주장에 대해 그렇게 명료하지는 아니하지만 주석을 통해 "국가들이 본 협약의 제2부 또는 제3부의 적용만을 할 수가 있다는 사실이 양부(兩部)를 상호관련시켜 해석할 필요성에 영향을 미치는 것은 아니다"라고 주장하고 있는 점에서 볼 때 얼

---

125) A. H. Kritzer, *op. cit.*, p.156.
126) *Ibid.*
127) *Ibid.* pp.157~8; 新 掘聰, 前揭書, pp.86~7.

핏 보면 모순인 것 같이 보일 수 있는 양 규정을 협약 전체 가운데 일체화시켜 해석할 것을 주장함과 동시에 사무국의 해석을 적절치 아니한 것으로 생각하고 있는 것으로 평가하고 있다. Kritzer의 주장에 대해서는 청약이 14조 (1)항의 요건을 결여해도 계약체결의사, 즉 구속의 의사가 분명하다면 제6조의 규정에 따라 제55조가 적용됨을 주장하고 있는 것으로 평가하고 있다.

또한 이 양 규정이 아무런 부자연스런 느낌을 받지 아니하는 것은 14조 (1)항에 따라 계약의 성립을 인정하는 것이 어려운 경우에 대비하여, 55조가 갑작스런 계약의 성립을 당연한 것으로 하여 가격결정 방법을 규정하고 있기 때문이라고 주장하고 있다. 즉, 이미 설명한 실무적인 관계에서 양 규정을 이해하려고 하고 있다. 따라서 양 규정 간에는 모순이 있는 것이 명백한데, 위의 주장들처럼 모순이 없다고 설명하는 데는 무리가 있다는 것이다.[128]

논자의 입장에서 볼 때, 양 규정이 모순되지 아니하다는 사무국의 주장과 Eörsi의 주장은 그 맥락을 같이함과 동시에, 55조가 14조 (1)항에 우선한다는 입장이라 여겨진다. Honnold의 주장에 따른다면, 14조 (1)항과 55조는 상호관련이 있는 것으로 14조 (1)항이 적용되지 아니할 경우 55조가 적용됨을 주장하므로 양 규정 간에 모순이 없음을 주장하고 있다고 여겨지고, Kritzer의 주장에 의하면, 궁극적으로는 Honnold와 같은 사고이면서 접근방법, 즉 해석상에 차이를 보이고 있는 것으로 여겨진다. 또한 Farnsworth의 주장에 의하면, 협약 제2부를 채용하지 아니한 경우에만 제55조가 적용되며, 전 협약비준의 경우 양 규정간에는 모순이 있다는 주장으로 각각 여겨진다.

따라서, 이미 위에서 언급한 바 있는 실무적인 관계에서 양 규정을 해석하려는 Nibori의 주장이 가장 현실적이고 이상적이라고 생각된다.

4) PICC의 원칙

(1) 가격결정을 지배하는 일반원칙

CISG 55조에 의한 계약 성립에 대한 찬반의 논란이 많은 것을 염두에 두고 대금결정에 필요한 모든 사항을 5.7조를 통해 규정하므로 대금미확정계약으로 인한 계약 성립 여부의 논란을 없애고 있다.

---

128) 新 掘聰, 前揭書, p.87.

계약은 대개 지급되어야 할 가격을 확정하거나 가격결정을 위한 규정을 두고 있다. 그러나 그렇지 못한 경우에 대비하여 5.7조 (1)항은 관련 거래와 비교할 만한 상황하에서 이러한 이행을 위해 계약 체결시에 일반적으로 부과되는 가격을 당사자들이 참고한 것으로 전제하고 있다.

주의를 요할 것은 이 경우에 제시된 모든 조건들이 중요하나 이러한 원칙에 반대하는 표시가 있다면 동 규정은 이러한 전제(원칙)의 거절을 역시 인정하고 있다.

(1)항은 CISG 55조에 영향을 받았다고 볼 수 있으며, 동 조항의 원칙은 국제거래의 필요를 충족시킬 수 있을 만큼 필요한 융통성을 지니고 있다. 경우에 따라서는 본 조항의 규정에 따라 적용할 수 있는 가격으로 시장에서 대개 부과되는 가격이 이 조항에서 언급하고 있는 합리성 기준을 만족시킬 수 없음이 사실이다. 이런 경우 (1)에서 말하는 가격을 찾기 위해 당사자들은 1.7조에서 규정하고 있는 신의성실과 공정거래에 관한 총칙규정이나 3항에서 규정하고 있는 착각, 사기 그리고 총체적 불균형에 관한 규정들을 참고해서 가격을 정해야 한다. 어떤 국제계약은 유사한 상황에서 유사한 이행을 위해 부과되는 가격을 참고하는 것이 불가능할 정도로 특이하거나 매우 특별한 활동과 관련이 있을 수 있다. 이런 경우에도 (1)의 규정에 따라 당사자들은 합리적인 가격을 참고해야 하므로 문제의 당사자는 법정이나 중재법정에 의해 검토가 이루어질 수 있고 이를 전제로 합리적인 수준 내지 가격을 확정해야 한다.

이렇게 결정된 가격에 대하여 합리성에 대한 논란이 제기될 수 있으며, 이런 경우 법정이나 중재법정이 가격의 합리성을 검토할 수 있음이 대전제이다.

(2) 일방에 의한 가격 결정

계약에 의해 일방이 가격을 결정할 수 있으며, 그 가격이 합리적이라면 그대로 확정되나, 지나치게 부당한 경우 법관이나 중재인에 의한 합리적인 가격으로 일방에 의한 가격이 대체될 수 있다. 따라서 일방에 의해 가격이 결정되어 집행되기 위한 대전제는 합리적인 가격이다.

(3) 제3자에 의한 가격결정

법관이나 중재인 같은 제3자에 의한 가격결정이 불합리한 경우가 없어야 하며 제3자에 의한 가격결정은 합리적이어야 한다. 따라서 불합리하다면 적용되지 아니한다.

그러나 제3자에 의한 가격의 합리·불합리를 떠나 사기와 관련한 상황에서 이루어졌을 경우, "사기, 협박, 총체적 불균형 또는 일방 당사자의 착각이 그 행위에 대하여 타방이 책임없는 제3자에게 있는 경우로서 타방이 사기, 협박이나 불균형을 알았거나 당연히 알았어야 할 경우 또는 계약 해제시에 계약을 신뢰하여 행동하지 아니한 경우 계약은 해제되지 아니한다"는 3.11조 (2)항의 규정이 가격결정에 적용될 수 있다.

(4) 외부요인에 의한 가격결정

경우에 따라서는 가격이 전형적으로 고시된 지표나 상거래소의 의견서와 같은 외부요인을 참고로 해서 확정될 수도 있다. 그러나 이러한 외부요인으로 참고할 수 있는 요인이 존재하길 중단하거나 입수할 수 없는 경우에 대비하여 (4)항은 이들 요인과 가장 가까운 동등한 요인이 이들 요인을 대체하여 적용될 수 있음을 규정하고 있다.[129]

【3】 56조 : 순중량(純重量)

Article 56
If the price is fixed according to the weight of the goods, in case of doubt it is to be determined by the net weight.
대금이 물품의 중량에 따라 정해지는 경우로서 대금에 의문이 있을 경우 대금은 순중량에 의하여 결정된다.

본 조항은 대금이 중량에 따라 확정되는 경우로서 대금에 의문의 여지가 있을 경우 대금은 순중량에 따라 결정됨을 규정하고 있으며, ULIS 58조와 이에 근거한 DCIS 52조와 똑같다.

---

129) http://www.unidroit.org/english/principles/chapter−5.ht, 5.7, comment.

대금이 중량에 의해 정해지도록 되어 있는 경우 그 중량이 순량(net weight)인가 아니면 포장을 포함한 총중량(gross weight)인가가 문제가 될 수 있다.

대개 계약상에 분명하게 어느 것에 의한다는 것이 정해지지만, 만약 계약에 규정이 없어 의심이 되는 경우에는 순량을 적용하도록 하고 있다. 따라서 당사자들이 달리 그렇게 하기로 정하지 아니하는 한, 매수인은 포장을 포함한 총중량에 따라 지불할 필요가 없다.[130]

【4】 57조 : 대금지급장소

<table>
<tr><td colspan="1" align="center">Article 57</td></tr>
</table>

(1) If the buyer is not bound to pay the price at any other particular place, he must pay it to the seller :

    (a) at the seller's place of business; or

    (b) if the payment is to be made against the handing over of the goods or of documents, at the place where the handing over takes place.

(2) The seller must bear any increase in the expenses incidental to payment which is caused by a change in his place of business subsequent to the conclusion of the contract.

---

(1) 매수인이 다른 특수한 장소에서 대금을 지급할 의무가 없다면 매수인은 다음의 장소에서 매도인에게 대금을 지급해야 한다.

    (a) 매도인의 영업 장소 혹은,

    (b) 지급이 물품의 인도나 서류의 인도와 교환으로 이루어질 경우에는 동 인도가 이루어지는 장소

(2) 계약이 체결된 후에 영업장소의 변경으로 인하여 야기된 대금지급에 부수하여 생긴 비용의 증가는 매도인이 부담해야 한다.

본 조항은 대금지급에 관하여 규정하고 있는 협약상의 세 규정 가운데 첫 번째 규정으로 대금지급 장소에 관해 규정하고 있으며, ULIS 55조와 실질적으로 같은 DCIS 53조와 똑같다.

---

130) A/CONF.97/19, p.45.

1) 합의의 경우

(1) 대금지급장소 ① (1)항

SGA 27조와 UCC 2-301조, 협약 53조, Incoterms B.1과 B.4에 의하면, 매매계약의 내용에 따라 물품을 수령하고 대금을 지급해야 할 매수인의 중요한 두 가지 의무를 규정하고 있다. 따라서 본 규정에 따라 대금지급장소에 관해 당사자들이 합의하고 있다면 당연히 합의한 장소에서 대금을 지급해야 한다.

Anderson은 UCC가 Incoterms를 가격조건으로 명시적으로 선언하고 있기에 대금지급장소를 다루고 있지 아니하다고 주장[131]하고 있지만, Incoterms의 경우 대금지급장소에 관해 당사자들이 명시적으로 합의하지 아니하였다 해도 A.1, A.4와 B.1, B.4, 그리고 A.8을 통해 COD와 CAD의 장소를 대급지급 장소로 묵시하고 있으며, 현실적으로 신용장에 의한 CAD 거래가 은행을 통해 이루어지고 있기 때문에 CISG 57조 (1)항에 따라 지급장소는 은행이라고 볼 수 있다.

2) 합의가 없는 경우

(1) 대금지급장소 ② (1)항 (a, b)호

Anderson은 대금지급장소에 관해 합의가 없는 경우 매수인의 거소, 사무소 또는 영업장소이며, 거래 또는 당사자들간에 이미 확립되어 있는 관행이나 관습의 입증이 물품의 대금지급장소를 결정함에 있어 인정된다고 주장하고 있다.[132]

CISG 57조 (1)항 (a), (b)호에 의하면, 매도인의 영업장소 또는 지불이 물품이나 서류의 인도와 교환으로 이루어지도록 되어 있는 경우에는 그 인도장소로 규정하고 있다.

합의가 없는 경우 매도인의 영업장소를 원칙적으로 지급장소로 하는 것은 매수인의 영업장소에서 지불을 수령해도 외환관리법에 따라 송금이 이루어질 수 없다면 매도인의 입장에서는 아무런 의미가 없기 때문에 매도인을 보호하는 차원에서이다. 따라서 만약 매도인이 둘 이상의 영업장소를 가지고 있는 경우 지급이 이

---

131) R. A. Anderson, *Anderson on the UCC*, 3rd ed., The Lawyers Co-operative Publishing Co., 1981, p.396.

132) *Ibid.*

루어져야 하는 장소는 계약이행과 가장 가까운 관계를 가진 영업장소이다.[133] 예외
로서 대금이 물품이나 서류와 교환으로 지불하도록 되어 있는 경우에는 물품이나
서류교환장소가 지불의 장소가 된다. 따라서 당사자들이 특약하지 아니한 경우에는
매도인의 영업장소를 지급장소로 하는 것은 국제적인 표준약관으로서 널리 이루어
지고 있다.[134]

우리 민법 586조와 일본 민법 574조에 의하면, 매매의 목적물의 인도와 동시
에 대금을 지급할 경우에는 그 인도장소가 지급장소임을 규정하고 있다. 영미보통
법에 의하면, 대금지급장소에 관해 명시규정은 없으나 SGA 29조, USA 43조를 통
해 추정할 수 있는 대금지급장소는 매도인의 거소 또는 영업장소이다.[135]

이에 비하여, UCC 2-310조 (a)호에 의하면, 선적지가 인도장소라 해도 매수
인이 물품을 수령하는 장소를 지급장소로, 그리고 UCC 2-310조 (c)호에 의하면,
인도가 권리증권에 의해 이루어질 경우 물품의 인도장소와 관계없이 서류 인도장
소를 지급장소로 각각 규정하고 있다.

이렇게 볼 때, 본 규정 (1)항 (a)호와 UCC 2-310조 (a)호는 정확하게 정반대
임을 알 수 있다. UCC 2-310조 (c)호와 본 규정(b)호는 신용장에 의한 CAD 거
래가 은행을 통해 현실적으로 이루어지고 있는 점을 제외하면, Incoterms상의 인도
장소에서 A.4의 인도방법에 따라 인도가 이루어지면 B.1에 의한 대금지급이 A.8에
따라 이루어지게 되어 있는 바로 Incoterms상의 대금지급장소를 그대로 반영하고
있다고 볼 수 있으나, 이미 언급한 대로 오늘날의 국제거래는 Incoterms에 의한 거
래가 이루어지고 있기에 지급장소에 관해 묵시적으로 합의하고 있다고 보아야 하
므로 규정 자체는 큰 의미가 없다고 여겨진다.

따라서 각국마다 외환의 규제가 있는 현실에서 볼 때, 당사자들간의 합의가 없
는 경우 매도인의 영업장소를 지급장소로 한 본 규정 (a)호의 규정이 UCC 2-310
조 (a)호보다 현실적이라 할 수 있다.[136]

---

133) CISG 10조 (a)호.
134) J. O. Honnold, *op. cit.*, p.342.
135) Williston은 물품의 인도와 대금지급이 동시적이 아니라면 대급지급이 이루어져야 하는 장
　　소에 관해 별도의 문제가 적용된다고 주장하고 있다(S. Williston, *op. cit.*, p.684).
136) A. H. Kritzer, *op. cit.*, p.396.

(2) 대금지급장소 ③ (2)항

57조 (1)항 (c)호에 의하면 매도인이 계약체결 후에 자신의 영업장소를 변경한 경우 매수인은 매도인의 새로운 영업장소에서 지급을 해야 한다. 그러나 이러한 지급에 따른 비용의 증가는 매도인 부담이다.137) 독일 민법 270조 (3)항도 이와 똑같은 규정을 두고 있다.138)

현실적으로 국제거래는 본 조항 (1)항 (b)호, 58조 (2)항, 58조 (3)항의 단서, UCC 2－310조 (c)호에 근거하나 협약에 더 가깝다. 왜냐하면 58조 (3)항의 단서에 따라 국제거래는 지급이 되어야 검사권이 생기기 때문이다.

그러나 UCC의 경우도 일단 선적지에서 서류와 교환으로 대금이 지급되었다면, 최종 채무자로서 은행에 대금을 지급하기 전에 검사권이 있다고 볼 때 협약과 같은 효과를 가진다고 볼 수 있다.

3) PICC의 원칙

이미 31조 이행장소에서 언급하였듯이 6.1.6조의 규정에 따라 물품의 인도에 따른 금전지급 의무는 채권자의 영업장소에서 이루어져야 함이 원칙이다. 그러나 오늘날 대부분 신용장에 의해 대금지급이 이루어지고 있음에 대비하여 6.1.8조를 통하여 채권자가 계정을 가지고 있는 것으로 알려진 금융기관 가운데 한 기관 앞으로 채무자에 의해 지급이 역시 이루어질 수 있음을 규정하고 있어, 지급장소는 채권자가 계정을 가진 은행이 대금지급장소가 된다.

현실적으로 채무자가 신용장 개설은행에 지급하고, 개설은행은 채권자가 있는 지역의 거래은행에 지급하며, 거래은행은 신용장에 일치한 서류를 제출하는 채권자에게 대금을 지급하기에 역환(draft)에 의해 대금지급이 이루어지고 있는 오늘날의 경우 대금지급장소는 수출지에 있는 채권자의 거래은행 내지 채무자의 거래은행 또는 제3의 은행이 되고 있다.139)

---

137) A/CONF.97/19, p.46.
138) 新 掘聰, 前揭書, p.89.
139) http://www.unidroit.org/english/principles/chapter－6.ht, 6.1.6, 8, comments.

【5】 58조 : 대금지급시기와 물품의 검사

Article 58

(1) If the buyer is not bound to pay the price at any other specific time he must pay it when the seller place either the goods or documents controlling their disposition at the buyer's disposal in accordance with the contract and this Convention. The seller may make such payment a condition for handing over the goods or documents.

(2) If the contract involves carriage of the goods, the seller may dispatch the goods on terms whereby the goods, or documents controlling their disposition, will not be handed over to the buyer except against payment of the price.

(3) The buyer is not bound to pay the price until he has had an opportunity to examine the goods, unless the procedures for delivery or payment agreed upon by the parties are inconsistent with his having such an opportunity.

(1) 매수인이 다른 특정기일에 대금을 지급할 의무가 없다면 매도인은 매매계약과 협약에 따라 매수인의 임의처분 상태로 물품이나 물품의 처분을 지배하는 서류를 인도할 때 매수인은 대금을 지급해야 한다. 매도인은 이러한 지급을 물품이나 서류의 인도를 위한 조건으로 할 수 있다.

(2) 계약이 물품의 운송을 수반할 경우 매도인은 물품이나 물품의 처분을 지배하는 서류와 대금지급과의 교환이 동시이행이 아닌 한, 매수인에게 인도되지 아니한다는 조건으로 물품을 발송할 수 있다.

(3) 매수인은 물품을 검사할 기회를 가질 때까지 대금을 지급할 의무가 없다. 다만, 당사자들간에 합의한 인도나 대금지급 절차가 매수인이 검사기회를 가지는 것과 모순되는 경우에는 그러하지 아니하다.

본 조항은 매도인의 이행과 관련하여 매수인의 지급시기와 이와 관련한 물품의 검사기회를 규정하고 있으며, ULIS 71조, 72조와 유사한 DCIS 54조와 실질적으로 같다.

1) 대금지급시기

(1) 합의의 경우/(1)항

대금지급 장소에서와 같이 본 규정에 따라 합의한 경우 합의한 시기에 대금을 지급해야 한다. 그러나 별도의 명시적 합의가 없다 해도 Incoterms A.1, A.4와 B.1, B.4에 의해 대금지급시기 역시 묵시되어 있음을 알 수 있어 COD와 CAD가 이루어지는 장소에서 물품이나 서류인도시가 대금지급시기임이 원칙이다. 그러나 이미 언급하였듯이 현실적으로 신용장에 의한 CAD 거래가 은행을 통해 이루어지므로 실제 대금지급시기는 서류제공시기 내에 서류가 제공된다면 신용장의 유효기간까지가 대금지급시기임을 알 수 있다.

(2) 합의가 없는 경우

① 일반원칙 ① (1)항

SGA 28조[140]와 USA 42조에는 다음과 같이 규정되어 있다.

"당사자 간에 달리 합의가 없는 한 물품의 인도와 대금의 지급은 동시이행조건이다. 즉, 매도인은 대금 상환으로 물품의 점유를 매수인에게 이전할 수 있어야 하고, 매수인은 물품의 점유와 상환으로 대금을 지급할 수 있어야 한다."

이렇게 볼 때, 영미보통법의 경우 물품의 인도와 대금지급을 동시에 실시하는 "cash on delivery"인 동시이행조건(on concurrent conditions), 즉 cash sales로 보고 있다.[141]

그러나 당사자들간의 이행에 관해 묵시적으로 인도와 대금지급을 연결시키는 동시이행조건의 원칙이 아니라, 소유권과 지급의 관계로 연결시키는 방법 등을 통해 위에서 언급한 영미보통법의 지급시기에 관한 원칙이 대부분의 경우에는 계약서를 통해 변형[142]되어 운영되고 있다.

이에 비하여 대륙법 계통인 우리나라 민법 585조에 의하면, "매매의 당사자 일방에 대한 의무이행의 기한이 있는 때에는 상대방의 의무이행에 대하여도 동일한

---

140) Atiyah는 매도인이 물품을 인도할 준비가 되어 있고 대금지급시기가 확정되어 있지 아니할 경우, 대금지급시기를 동시이행이 아닌 계약체결 즉시로 보고 있다(P. S. Atiyah, *op. cit.*, p.136).

141) Williston은 이러한 관계를 보다 현대적인 견해로 보고 있다(S. Williston, *op. cit.*, p.666).

142) M. P. Furmston, *op. cit.*, p.515.

기한이 있는 것으로 추정된다"고 규정되어 있고, 일본 민법 573조 역시 우리나라와 같이 규정되어 있다. 이러한 대륙법 계통의 지급시기의 원칙은 영미보통법의 원칙과는 달리 동시이행조건도 당사자들간의 지급에 관한 계약서상의 합의에 따르도록 하고 있다.

본 규정에 의하면, 운송을 수반하지 아니하는 COD와 CAD를 전제하여 매도인이 매수인에게 신용을 제공하지 아니할 경우, 즉 달리 합의가 없는 한 매수인은 매도인이 계약과 협약에 따라 물품이나 물품의 처분을 지배하는 서류를 자신의 임의처분에 맡긴 때에 대금을 지급해야 함을 규정하고 있다. 다시 말해서 물품이나 서류를 대금과 교환하도록 하고 있는바, 이는 이미 언급한 SGA 28조과 같다.

그러나 엄격히 말해서 매도인이 현실적으로 물품이나 서류를 매수인의 임의처분에 맡긴 때와 매도인이 그 취지를 매수인에게 통지하고 매수인이 이 사실을 안 때 사이에는 약간의 시차가 있으므로, 매수인은 매도인의 통지 없이는 물품이나 서류가 자신의 임의처분 상태로 맡겨진 사실을 모를 수 있기 때문에 매수인이 그 사실을 안 때 비로소 대금을 지급해야 한다고 해석해야 한다.

Incoterms상의 E·D terms가 여기에 해당한다.

② 특별원칙 ② (2)항

본 규정은 매매계약이 물품의 운송을 수반하는 경우 상기 일반원칙을 보충하는 특별원칙을 규정하고 있다. 이런 경우 매도인은 물품이나 이들의 처분권을 지배하는 서류가 대금지급과 교환되지 아니하고는 매수인에게 교부되지 아니한다는 조건으로 물품을 발송할 수 있다. 따라서 특별히 신용제공과 같은 계약상 달리 조항이 없는 한, 물품은 그런 조건으로 발송될 수 있다. 따라서 운송을 수반하는 COD와 CAD를 전제한 규정으로 운송을 포함하는 계약의 경우 상기 일반원칙을 그대로 적용할 수 있음을 규정하고 있다.

Incoterms의 경우 F·D terms가 여기에 해당한다.

2) 지급과 물품의 검사/(3)항

본 규정은 운송을 수반하는 국제거래 가운데 Incoterms의 C terms를 전제한 규정이다. 다시 말해서 대금의 지불에 선행해서 매수인에게 검사의 기회를 부여하는 것은 매도인의 의무이지만, CIF 계약처럼 선적된 물품의 대금지불이 선적서류와 상환으로 이루어질 경우, 대금지급이 이루어지는 시점에는 일반적으로 본선이 항해 중이므로 매수인이 물품을 검사할 수 없는 경우가 있을 수 있는데, 이 경우 매수인은 지불 전에 검사할 권리를 가지지 아니한다.[143]

협약은 어떠한 형태의 인도나 지불수속이 지불 전에 물품을 검사할 매수인의 권리와 모순되는가를 규정하고 있지 아니하지만, 물품의 목적지 도착여부에 관계없이 대금의 지불이 선적서류의 인도에 따라 이루어지는 계약이 그 전형적인 예인바, 무역계약의 표준거래조건 가운데 CIF와 CFR 계약, 수출 FOB 계약 등이 여기에 해당하는 것으로 생각된다.[144]

규정을 면밀히 보면, 대금지급을 함으로써 검사권이 발생함을 의미하는 COD 거래이므로 오늘날의 L/C에 의한 현실거래를 고려한 CAD거래를 전제한 53조의 규정과 모순한 것처럼 보인다. 그러나 단서규정을 통해 CAD거래를 허용하고 있고 현실적으로 이런 합의가 대부분이기에 53조와 모순하지 아니한다고 볼 수 있다. 그러나 대금지급과 물품의 검사와의 관계는 본 규정과 같이 규정하는 것이 법 및 거래의 형식상 논리적이다.

이렇게 볼 때, Incoterms의 채용 그 자체가 본 조항을 묵시적으로 채용하고 있음을 알 수 있으나, 이미 위에서 언급한 대로 현실적으로 신용장에 의해 신용장상의 유효기간까지가 대금지급시기임을 알 수 있다.[145]

그리고 UCC 2-310조 (a)호, 2-507조 (1), (2)항과 협약 58조 (1)항, UCC 2-310조 (b)호와 협약 58조 (2)항, UCC 2-310조 (c)호와 협약 58조 (3)항이 각각 유사함을 알 수 있다.

대금지급과 검사에 관한 기타 UCC 규정으로는 UCC 2-511조, 2-512조, 5-114조 (2)항, 2-513조, 2-321조 (3)항, 2-514조 등이다.

---

143) Schmitthoff 교수는 CIF 계약의 경우 서류의 거절권과 물품의 거절권의 구분을 주장하고 있는데, 이는 의뢰한 은행의 대금지급으로 인해 매수인의 서류거절권은 종료되고 매수인이 그 은행에 대금지급을 함으로써 물품의 검사권이 생겨 물품을 검사하여 하자가 있으면, 물품을 거절할 수 있음을 의미하는 것으로, 오늘날 CAD 거래에 널리 인정되고 있을 뿐만 아니라 이 규정과의 해석에도 도움을 주는 주장이다(C. M. Schmitthoff, *op. cit.*, p.32).

144) 新 掘聰, 前揭書, pp.89~90; A/CONF.97/19, p.46.

145) UCC 2-31(a, b, c)와 UCC 2-507(1)(2)의 규정과 유사하다.

【6】 59조 : 대금지급요청이 없는 경우의 대금지급의무

Article 59

The buyer must pay the price on the date fixed by or determinable from the contract and this Convention without the need for any request or compliance with any formality on the part of the seller.

매수인은 매도인측의 어떠한 요구와 그에 따른 어떤 절차를 준수할 필요 없이, 계약과 협약에 의하여 정해진 날짜나 확인될 수 있는 날짜에 대금을 지급해야 한다.

본 조항은 지급이 이루어지기 위하여 매도인은 매수인으로부터 지급을 위한 정식 요청을 해야 함을 규정한 법률제도원칙의 적용을 부인하려는 의도에서 제정되었다.

따라서 매수인은 매도인의 지급요청여부에 관계없이 계약과 본 협약146)으로부터 확정되거나 확정될 수 있는 날짜에 지급을 해야 한다.

UCC 2-703조도 본 조항과 같이 정당한 지급을 규정하고 있다.

1) 대륙법하의 대금지급 최고(催告)제도의 폐지

매수인이 계약상의 지불기일에 대금을 지급할 의무를 부담한다는 것은 당연한 일인데 협약이 이 같은 규정을 한 것에 대하여 이상하게 생각할 수 있다. 하지만 본 협약은 대륙법 계통의 일부 국가에서 지불기한이 도래(到來)해도 지급이 지체되기 때문에 매도인이 매수인에게 정식으로 지불요구를 반드시 해야 한다는 규정을 부정하기 위한 규정으로서 ULIS 60조147)를 그대로 답습하고 있다.

따라서 본 협약하에서는 매도인으로부터 지불요구 유무에 관계없이 매수인은 협약이나 계약에 의해 확정되거나 이들로부터 확정할 수 있는 기일에 대금을 지급해야 한다.

---

146) 예컨대, 지급일자는 9조에 따라 관습에 의해 확정될 수 있거나 58조 (1)항의 원칙을 통해 정해질 수 있다.

147) Where the parties have agreed upon a date for the payment of the price or where such date is fixed by usage, the buyer shall, without the need for any other formality, pay the price at that date.

2) 최고제도의 기원

대륙법 계통의 일부 국가에서 활용되고 있는 최고제도는 프랑스 민법 1139조에서 유래하는 것으로, "지연상태로 둔다(mise en demeure)"는 법제도인데, 이는 "기한은 사람을 대신해서 최고하지 아니한다(dies non interpellat pro homine)," 즉 "기한 도래만으로는 지체가 아니 된다"는 중세 로마법의 격언에 따른 것이다.

3) 최고제도 폐지 이유

최고제도에 따른다면, 나태한 사람을 보호하는 결과가 될지 모른다는 것이 최고제도의 폐지 이유이다.[148]

제 2 절 물품의 수령

1. 구 성

60조 매수인의 물품 수령의무

2. 개 요

인도수령의 의무를 규정하고 있다.

3. 규정과 해설

【1】 60조 : 매수인의 물품 수령의무

Article 60
The buyer's obligation to take delivery consists :

148) 新 掘聰, 前揭書, p.91.

(a) in doing all the acts which could reasonably be expected of him in order to enable the seller to make delivery; and

(b) in taking over the goods

매수인의 인도수령의무는 다음과 같다.

(a) 매도인이 인도를 가능하게 하기 위하여 합리적으로 매수인에게 기대할 수 있는 모든 행위를 하는 일

(b) 물품을 수령하는 일

본 조항은 53조에서 설명한 매수인의 제2의 의무, 즉 물품의 수령의무를 규정하고 있으며, ULIS 65조에 근거한 DCIS 56조와 똑같다.

1) 수령의무의 구성요소/(a, b)호

물품을 수령할 매수인의 의무는 다음과 같은 두 개의 요소로 구성된다.

① 첫째 구성요소는 매도인이 물품을 인도할 수 있도록 하기 위하여 매수인에게 합리적으로 기대될 수 있는 모든 행위를 하는 것이다.

예컨대, FOB 매매계약에 따라 매수인이 물품의 운송준비를 해야 한다면 그는 자신 앞으로 운송을 위해 최초의 운송인에게 물품을 인도하는 것을 매도인에게 허용하기 위해 필요한 운송계약을 체결해야 한다.

이 경우 주의를 요하는 것으로 매수인의 의무는 자신에게 합리적으로 기대될 수 있는 행위를 하는 것에 한정된다. 따라서 UCLS 65조하의 경우와 같이 매도인이 물품을 인도할 수 있도록 하기 위해 필요한 모든 행위를 할 의무는 없다.

② 두 번째 구성요소는 물품을 수령(인취)하는 것이다

이러한 물품의 수령의무는 매매계약에서 매도인이 자신의 영업장소 또는 특정 장소에서 매수인의 임의처분상태로 물품을 인도하도록 요구하고 있는 경우 중요하다. 이런 경우 매수인은 수령해야 할 자신의 의무를 수행하기 위하여 그 장소로부터 물품을 물리적으로 이동시켜야 한다.[149)]

---

149) 그러나 86조 (2)항에 의하면, 발송되어 목적지에서 매수인의 임의처분 상태로 인도되고, 매수인이 자신의 거절권을 행사한 물품을 매도인을 대신해서 점유해야 할 의무가 매수인에게 역시 있다.

2) 모든 행위의 의미

매도인으로 하여금 인도를 가능하게 하기 위하여 합리적으로 매수인에게 기대할 수 있는 모든 행위를 하도록 (a)호가 규정하고 있는데, 여기서 행위의 의미에 대해 몇몇 학자들의 주장을 소개하면 다음과 같다.

(1) Tallon의 주장

명시된 운송수단에 따른 운송, 양하, 컨테이너 준비와 이러한 것이 매수인의 책임인 경우 수입승인서(Import License: I / L) 취득과 같은 정부의 수입절차를 준수하는 것을 의미한다.

(2) Maskow의 주장

매도인이 인도를 할 수 있게 하는 데 필요한 조치로서, 매수인에게 합리적으로 기대되는 모든 조치로 볼 수 있다. 전자의 경우는 인도 자체에 영향을 미치는 그러한 행위를 분명히 의미하고 있으므로 매도인에 의한 생산을 가능하게 할 수 있는 매수인의 의무는 포함되지 아니한다.

(3) Honnold의 주장

국제매매거래의 연결 단계를 수행함에 있어 협력의 중요성을 인정하고 있는 수많은 협약 가운데 하나가 바로 (a)호이다.

(4) Sevon의 주장

본 조항에 의하면 물품을 수령할 매수인의 의무의 범위가 그렇게 상세하게 정의되어 있지 아니하다. 그런데 물품을 수령할 의무는 매도인으로부터 매수인에게 물품의 전달과 관련된 의무를 포함하는 것이 분명하다. 그러나 이러한 물품의 전달과 관련된 의무가 물품의 생산과 관련한 정보를 제공할 의무도 역시 포함하는지 여부는 그렇게 분명하지 아니하다.150)

---

150) A. H. Kritzer, *op. cit.*, p.407.

제3절 매수인에 의한 계약위반에 대한 구제

1. 구 성

61조 매도인에게 인정되는 구제
62조 매도인의 이행요구권
63조 이행을 위한 추가기간을 확정한 매도인의 통지
64조 매도인의 계약해제권
65조 누락(漏落)된 설명의 제공을 요구하는 매도인의 통지

2. 개 요

3절은 하나의 제목하에 다음과 같은 3개의 연결된 구제권을 실제 다루고 있다.

① 매도인은 매수인에 의한 이행요구나 매수인에 의한 위반이 주요한 위반인 경우 계약해제를 선언함으로써 선택할 수 있다. 이 양자간에 어디에 해당하는지가 분명하지 아니할 경우 매도인은 매수인에 의한 추가이행 기간을 정하고, 동 기간 내에 이행이 제공되지 아니한다면 계약해제를 선언할 수 있다. 경우에 따라서 이러한 선택은 제한된 기간 동안만 매도인에게 유효하다.

② 매도인은 계약해제를 선언할 수 없으나 이행요구를 고수해야 하는 경우가 있을 수 있다. 따라서 이러한 구제는 매도인이 이행요구와 모순되는 구제를 구한 경우에는 불가능하다. 일단 매도인이 계약해제를 선언한다면 그는 자신의 태도를 변경하여 이행을 요구할 수 없다.

③ 매도인의 계약해제 선언이나 이행요구에 관계없이 매도인은 손해배상을 청구할 수 있다.

대금지급의무의 위반의 경우 매도인은 매수인에 의한 이행을 요구할 수 있고, 계약을 해제할 수 있으며, 손해배상을 청구할 수 있다.

매수인이 명세서를 제공할 권리를 가졌거나 제공할 의무가 있는 경우, 매수인이 적기에 제공하지 못한 경우 명세서를 제공할 수 있는 절차가 규정되어 있다.

3. 규정과 해설

【1】 61조 : 매도인에게 인정되는 구제

Article 61

(1) If the buyer fails to perform any of his obligations under the contract or this Convention, the seller may :
  (a) exercise the rights provided in articles 62 to 65;
  (b) claim damages as provided in articles 74 to 77.
(2) The seller is not deprived of any right he may have to claim damages, by exercising his right to other remedies.
(3) No period of grace may be granted to the buyer by a court or arbitral tribunal when the seller resorts to a remedy for breach of contract.

---

(1) 매수인이 계약과 이 협약에 따라 자신의 의무를 이행하지 아니한 경우 매도인은 다음의 권리를 행사할 수 있다.
  (a) 62조에서 65조에 규정된 권리의 행사
  (b) 74조에서 77조에 규정된 손해배상의 청구
(2) 매도인은 자신이 행사할 수 있는 다른 구제권을 행사함으로써 손해배상을 청구할 수 있는 권리를 박탈당하지 아니한다.
(3) 매도인이 계약위반에 대한 구제를 청구할 경우 법정이나 중재법정은 매수인에게 유예기간을 허용해서는 안된다.

본 조항은 계약이나 본 협약하의 자신의 의무이행을 매수인이 해태한 경우 매도인에게 가능한 구제의 색인(索引)으로서, 손해배상을 청구할 매도인의 권리에 대한 법원(法源)으로서의 역할을 한다.

따라서 본 조항은 매수인에게 가능한 구제에 관한 45조의 대응규정으로, ULIS 61조, 64조, 66조, 68조, 70조에 근거한 DCIS 57조와 똑같다.

1) 인정되는 구제 ①/(1)항 (a)호

본 규정은 매수인의 위반의 경우에 매도인이 62조에서 65조에 규정되어 있는 권리를 행사할 수 있음을 규정하고 있다.

62조에서 65조까지 매도인에게 가능한 구제에 관한 규정들이 46조에서 52조에 규정되어 있는 매수인에게 가능한 구제에 대응하는 내용으로 규정되어 있다. 이 규정들은 매수인에 인정되는 구제보다 비교적 단순한데, 매수인의 두 가지 주요한 의무인 대금지급과 물품의 수령를 규정하고 있다.

따라서 매도인은 매수인에게 가능한 다음의 구제권을 가지지 아니한다.

① 물품의 불일치로 인한 대금감액권(50조)

② 물품의 일부 인도의 경우에 자신의 구제권을 부분적으로 행사할 수 있는 권리151)(51조)

③ 확정된 기일 전의 인도나 물품의 초과수량 인도의 경우에 인취를 거절할 권리(52조)

2) 인정되는 구제 ②/(1)항 (b)호

이미 45조 (1)항에서 언급한 바와 같이, 본 규정은 매수인이 매매계약이나 협약하의 자신의 의무이행을 해태하면 매도인은 74조에서 77조의 규정에 따라 손해배상을 청구할 수 있음을 규정하고 있다.

손해배상을 청구하기 위하여 법률제도에 따라서는 인정되고 있는 과실이나 신의성실의 결여 또는 명시적 약속의 위반을 입증할 필요가 없다. 따라서 과실에 관계없이 손해배상을 청구함으로써, 협약은 대륙법의 전통보다 영미보통법을 따르고 있다. 손해배상은 매수인의 이행의 객관적 해태에 기인한 손실에 대해서만 가능하다.

본 규정에서 언급하고 있는 74조에서 77조는 손해배상 청구권 행사를 위한 실질적인 조건을 규정한 것이 아니라 손해배상 금액의 계산원칙을 규정하고 있다.

3) 인정되는 구제 ③/(2)항

이미 45조 (2)항에서 언급한 바와 같이, 계약과 협약에 따라 매도인에게 가능

---

151) 그러나 73조 (1)항은 그 분할분에 관한 매수인의 이행해태가 주요한 위반에 해당할 경우에 그 분할분에 관해 계약해제권을 매도인에게 허용하고 있다.

한 구제에 호소한 매도인은 이 때문에 자신이 입을 수 있는 손해배상을 청구할 권리를 박탈당하지 아니함을 규정하고 있다.

4) 인정되는 구제 ④/(3)항

이미 45조 (3)항에서 언급한 바와 같이, 본 규정은 매도인이 계약위반에 대한 구제에 호소할 경우 법정이나 중재법정은 매도인이 구제에 호소하기 전이나 동시에 또는 후에 유예기간을 허용함으로써, 구제권의 행사를 지연시킬 수 없음을 규정하고 있다. 이러한 규정은 국제무역에서 바람직한 것처럼 보인다.

5) 매도인과 매수인의 구제방법 비교

매수인의 구제방법	매도인의 구제방법
45조	61조
(1)	(1)
(a) 인용된 조항	(a) 인용된 조항
46조	62조
47조	63조
48조	
49조	64조
50조	
51조	
52조	65조
(b) 인용된 조항	(b) 인용된 조항
74조	74조
75조	75조
76조	76조
77조	77조
(2)	(2)
(3)	(3)

6) PICC의 원칙

매도인의 위반에 따른 매수인의 구제의 색인 역할을 하는 45조 규정의 대응규정으로 동 규정에서 언급한 내용 가운데 동일한 내용이 매수인의 위반에 대한 매도인의 구제에 그대로 적용된다고 볼 수 있다.

【2】 62조 : 매도인의 이행요구권

Article 62

The seller may require the buyer to pay the price, take delivery or perform his other obligations, unless the seller has resorted to a remedy which is inconsistent with this requirement.

매도인은 매수인으로 하여금 대금지급, 인도의 수령이나 기타 매수인의 의무를 이행하도록 요구할 수 있다. 단, 매도인은 이러한 요구와 모순되는 구제를 매수인에게 청구한 경우에는 그러하지 아니하다.

본 조항은 계약과 협약에 따라 매수인에게 자신의 의무이행을 요구할 매도인의 권리를 규정하고 있으며, ULIS 61조, 64조, 70조 (2)항에 근거한 DCIS 58조와 똑같다. 동 규정에서의 require의 의미는 타방에 대한 이행요구와 법정에 의한 이행요구가 인정되는 경우에 사용되는 용어이다.[152]

1) 대금지급 해태

매도인의 주요한 관심은 만기가 된 때에 매수인이 대금을 지급하는 것임을 본 조항이 인정하고 있다. 따라서 대금이 58조나 59조의 규정에 따라 지급이 되어야 하는데 만약 매수인이 지급을 하지 아니하면 매도인에게 매수인으로 하여금 대금지급을 요구할 권리를 본 조항이 인정하고 있다.

본 조항은 계약에 따라 매수인이 실질적인 지급의무가 있다 해도 일반원칙으

---

152) PICC, 7.2.1 comment.

로 매도인이 제3자에게 재매각의 노력을 기울여야 하고, 계약대금과 대체거래에 따라 수취한 금액간의 차액을 손해배상금액으로 청구해야 하며, 제3자에게 재매각이 합리적으로 불가능한 경우에만 매도인은 대금을 보상받을 수 있다는 이른바, 대금에 관한 매도인의 구제권이 제한되어 있는 영미법과는 다르다.

본 조항에 의하면, 매수인이 58조와 59조에 따라 대금을 지급해야 할 실질적인 의무를 가진 때 매도인은 매수인에게 대금지급을 요구할 구제권을 가진다.

2) 물품의 수령의무 또는 기타 의무이행 해태

본 조항은 계속해서 매수인에게 물품의 수령의무나 기타 의무를 이행하도록 매도인이 청구할 수 있음을 인정하고 있다. 그러나 경우에 따라서는 기타 의무이행 해태의 경우 특정이행 요구 대신 매도인은 자신의 이행으로 이를 대체할 수 있다.

예컨대, 65조에 의하면 명세서 매매의 경우 매수인이 요구된 날짜 또는 매도인의 요청을 받은 후 합리적인 기간 내에 요청한 명세서를 작성하지 못한 경우 매도인은 스스로 명세서를 작성할 수 있다.

마찬가지로 물품을 선적할 선박을 매수인이 지명하도록 계약이 요구하고 있으나 적절한 시기까지 하지 못한 경우, 계약위반을 주장하는 당사자에게 손해경감의무를 요구하고 있는 77조에 따라 매수인의 손실을 최소화하기 위하여 매도인이 선박을 지명함으로써 매수인에 의한 특정이행을 대체할 수 있다.

3) 매도인에 의한 모순된 행위

본 조항은 역시 계약의 이행을 요구할 권리를 매도인이 행사하기 위하여 그러한 권리와 모순되는 행위 예컨대, 64조에 의한 계약해제와 같은 행위를 해서는 아니 됨을 규정하고 있다.

4) 문제점

매도인이 62조에 근거해서 매수인의 이행을 요구할 경우에 제약요인으로 작용하는 것이 28조이다. 28조의 규정에 의하면 국내법에서 특정이행을 인정하지 아니하는 경우 매도인은 다른 국제수단에 의존해야 한다. 특히 대금지급 해태에 따라 62조에 근거한 대금지급 청구소송에 28조의 적용여부에 관한 Farnsworth 교수와 Honnold 교수의 주장을 보면 다음과 같다.

(1) Farnsworth의 주장

매도인이 매수인에게 물품을 제공한 후 대금을 청구하는 소송은 전통적으로 형평법(衡平法 ; Equity)에 근거한 것이 아닌 보통법153)에 따른 것으로, 28조상에 설사 당연히 "특정한(specific)"으로 표현할 수 있는 구제를 매수인에게 부여하고 있다 해도 통상 "특정이행"을 구하는 소송을 염두에 두고 있는 것이 아니기 때문에 28조가 "특정이행을 위한 판결(a judgement for specific performance)"이라는 표현을 사용하고 있어도 28조는 대금의 지불을 요구하는 소송에는 적용되지 아니한다.

이러한 주장에 따른다면, 본 조항에 근거한 매도인의 이행요구 가운데 대금지불의 요구만은 28조의 제약을 받지 아니하기 때문에 법정은 국내법에서는 인정되지 아니하는 경우라도 매수인에게 대금지불을 명해야 하는 것으로 된다.

(2) Honnold의 주장

영미보통법상의 "특정이행을 위한 판결"이라는 말은 대금지급을 위한 소송을 물품의 인도를 요구하는 소송에 필적하는 것으로 생각지 아니하나 협약을 해석함에 있어 국내법상의 용어에 얽매일 수는 없다.

이러한 주장에 따른다면 대금청구 소송에 28조의 적용이 가능하다는 것이다. 필자의 생각으로도 용어의 유래에 얽매이지 말고 협약의 보편성 정신에 입각하여 Honnold와 같이 생각함이 좋을 듯하다.

실제적인 문제로서 매수인에게 물품을 인도 완료한 경우, 이상의 양 주장 가운데 어느 것을 취한다 해도 결론에는 차이가 나지 아니한다. 왜냐하면 물품의 인도를 수령하였다면 대금을 지급하지 아니한 매수인을 상대로 한 소송에 대하여 매도인의 대금지불요구를 인정하지 아니하는 나라는 없기 때문이다.

그러나 매도인이 물품을 매수인에게 인도하지 아니한 경우에 대금지불요구의 인정 여부에 관해서는 나라마다 다양하다. 따라서 물품의 인도가 이루어지지 아니한 경우에 국내법에서 대금의 지불을 명하는 것이 인정되는 경우에만 법정은 이를

---

153) SGA, 52.

인정할 것이다.[154)]

　　UCC 2-709조(대금청구소송)에 의하면, 매수인의 물품수령 여부에 관계없이 매도인에게 대금청구 소송이 가능함을 알 수 있다.

5) PICC의 원칙

　　7.2.2조의 규정을 통해 다양한 계약의무 이행방법을 요구할 수 있음을 규정하고 있는데, 상술하면 다음과 같다.

　　PICC는 계약이행방법에 있어 예컨대, CISG 28조와 같이 특정이행에 관해 구분하지 아니하고, CISG 46조와 같이 다양한 계약이행방법을 채용하고 있다. CISG 28조의 근본정신은 특정이행이 원칙이다. 그러나 영미·대륙법 수용차원에서 예컨대, 이행방법 가운데 하나인 특정이행방법에 관해 구분하고 있다. 그러나 PICC는 다양한 이행방법을 강구하고 있는 CISG 46조의 기본정신(원칙)상의 제한조건을 전제로 따르고 있다.

　　법적으로나 현실적으로 금전 외의 의무의 특정이행이 불가능한 경우 그 이행을 요구할 수 없으나, 계약자체는 유효하므로 피해입은 당사자는 자신에게 허용된 다른 구제방법들 가운데 하나를 선택하여 요구할 수가 있다. 따라서 계약체결시에 의무이행이 불가능하였다는 단순한 사실 내지는 계약체결시 계약과 관련한 재산의 처분권이 없었다는 단순한 사실은 계약 효력에 영양을 미치지 아니하므로 이러한 사유를 들어 이행요구를 거절할 수가 없다(3.3조).

　　불가항력에 의한 의무불이행은 이행을 거절할 수 없으나, 일시적인 불가항력의 경우 7.1.7조의 규정에 따라 그 기간 동안만 이행이 면책됨을 주의해야 한다.

　　공공허가의 거절과 같은 계약의 효력에 영향을 미치는 것은 계약상의 의무이행을 불가능하게 하므로 (a)호가 적용되어 면책된다. 그러나 일시적인 공적 거절과 같은 경우, 6.1.7조 (2)항에 따라 일시적인 불가능의 경우 그 기간 동안에는 (a)호가 적용되어 이행이 면책되나 이행 그 자체를 면책시키지는 아니한다. 따라서 계약자유의 원칙에 의해 계약 체결시에 이러한 사실(불가능 여부)을 알고 체결해야 하는데, 이런 경우에는 이행이 면책되지 아니한다고 볼 수 있으며, 계약체결 후 예컨대, 공공허가 거절과 같은 불가능의 경우에 대비하여 계약서상에 불가항력에 관한 면

---

154) A. H. Kritzer, *op. cit.*, pp.420~1; A/CONF.97/19, pp.48~9; 新 掘聰, 前揭書, pp. 94~5.

책규정의 삽입여부와 그 내용에 따라 면책범위가 좌우된다고 보아야 한다. 따라서 이 규정들(6.1.7조 (2)항, 7.1.7조 (2)항)은 계약자유의 원칙에서 볼 때 문제가 있으며, 어떤 의미에서는 계약서 자체의 의미를 무색하게 할 수도 있다.

아무리 계약을 이행할 수 있다 해도 상황의 철저한 변화로 인해 그 이행이 너무 무리여서 결국 신의성실과 공정거래라는 PICC의 중요한 원칙에 반할 경우, 금전 외의 의무이행을 요구할 수가 없다.

상황의 심각한 변화로 이행이나 불합리한 부담을 주는 경우에 대금지급 불이행의무의 이행이 특수이행을 요구할 수 없고, 이행이나 집행이 면책된다. 이런 경우에 동 규정상의 "이행과 관련한 경우로서 그 집행"이라는 용어에 주의할 필요가 있다. 이런 내용이 추가된 연유는 다음과 같다.

주지하다시피 영미법 계통은 대륙법과 달리 특수한 경우를 제외하고는 "특수이행"을 법정이 명할 의무가 없으며, 특정이행을 명할 경우 특정이행명령의 준수 여부의 감독권이 채권자가 아닌 법정에 있다.

이런 경우 특정이행명령이 그 명령의 감독권자인 법정에게 부당한 부담을 준다면 법정은 그 이행 명령을 거절할 수가 있기에 그러한 거절의 가행을 인정하기 위한 규정에 붙은 용어이다. 이렇게 볼 때, 계약대로의 이행을 의미하는 특수이행에 대하여 영미·대륙법 할 것 없이 특정이행을 명할 수 있다는 특정이행명령에 법체계간의 구분을 두고 있지 아니한다는 상기 원칙에 역행하는 용어의 삽입으로 볼 수 있다. 그러나 특정이행에 대하여 양 법체계간의 구분을 두지 아니하고 특정이행명령에 부담을 주지 아니하는 규정을 함으로써 특정이행명령의 준수를 오히려 촉진하려는 목적이 있는 것 같다.

이행을 어렵게 하는 상황의 심각한 변화에 대처하는 대체이행 가능방법에 관해 계약준수 규정인 6.2.1조를 참고해야 한다. 공급자에 의한 이행이 불가능한 경우로서 고객이 대체거래가 현실적으로 가능한 경우, 손해배상금을 전제로 매도인의 이행을 요구할 수 없다. 동일한 물품이나 서비스가 대량 생산되는 오늘의 시대에는 계약대로의 이행인 특정이행이 이루어지지 아니할 경우, 시간적 여건 등을 고려하여 다른 공급자로부터 계약 물품을 취득하길 원할 수 있다. 이런 경우를 대비하여 (c)호는 대체거래를 인정하되, 대체거래에 따른 손해배상은 7.4.5조에 따라 할 수 있음을 허용하고 있다.

주의를 요할 것은 대량생산 시대에 대체거래의 단순한 가능성만으로 부족하고 현실적으로 가능한 경우에만 특정이행을 규정한 계약을 종료시키고 대체거래를 인정하고 있다는 것이다. 7.2.2조의 대전제인 계약대로의 이행 원칙을 본 규정의 경우 상황에 따라서는 경솔하게 종료시킬 수 있는 인상을 줄 수 있으나, 전혀 불가능한 경우를 생각하면 이해될 수 있다.

배타적, 즉 대체 불가능한 성격을 가지는 이행이 계약의 중요한 내용일 경우 이행해태에 따른 특정이행에 대한 요구를 할 경우 a) 채무자의 개인자유 침해의 가능성, b) 기대한 개인기의 이행 평가[155]가 실질적으로 해결할 수 없는 어려움을 야기시킬 가능성, c) 배타적인 성격의 집행(특정이행요구)이 오히려 이행의 질을 저하시킬 가능성 등이 있기에 배타적인 성격을 주요 내용으로 하는 계약의 경우 특정이행을 요구할 수 없게 하고 있다(배타적, 즉 대체불가능한 특수성을 필요로 하는 이행의 특정이행요구 제외 사유).

계약내용대로의 이행 해태시에 특정이행 제외 대상이 되는 "배타적 개성을 필요로 하는 이행(exclusively personal character)의 정확한 개념은 "a unique character(특수성을 필요로 하는 이행)"의 개념으로 이해할 수 있다. 이러한 성격에 해당하는 사례로는 a) 이행자체가 위임될 수 없거나, b) 이행이 예술적 또는 과학적 성격을 지닌 개인능력에 좌우되거나, c) 이행 자체가 은밀하고 개인적인 성격이 있는 것일 경우이다. 이렇게 볼 때, 이들은 대체가 전혀 불가능한 것으로 마치 SGA상에서 말하는 특정물품(specified goods)과 같은 성격이라 할 수 있다. 그러나 동일한 훈련과 경험을 가진 사람들에 의해 이행될 수 있는 것이나 특정회사에 의해 보증된 의무 등은 이 개념의 적용대상이 아니다. 따라서 주의를 요하는 것으로 어떤 행위를 삼가야 할 의무의 이행은 7.2.2조 (d)호에서 조정하고 있는 배타적 특수성에 해당되지 아니하기 때문에 적용되지 아니한다.

물품수출과 같은 대개의 국제거래는 대금지급에 있어 매도인이 채권자이고, 매수인이 채무자가 된다. 그러나 물품인도와 관련해서는 그 위치가 정반대일 수 있다. 후자의 경우 매도인은 채무자로서 계약이행을 위한 특별한 준비와 노력이 필요하다. 그러나 매도인의 이행기간이 경과된 후 합리적인 기간 내에 채권자인 매수인이 이행을 요청하지 아니하면 채무자인 매도인은 채권자가 물품의 인도 요구권을 포기한 것으로 간주할 수 있기 때문에, 이와 같은 상황에서는 채권자인 매수인은

---

155) 특정 개인만의 독특한 개인기를 전제로 한 계약내용의 경우에 특정이행 강요의 문제점을 지적한 내용임.

금전 외 이행, 즉 특정이행을 요구할 수 없다. 그리고 합리적인 기간 내에 이행요청 여부의 불확실성은 채권자인 매수인에게는 부당한 투기를 조장하고 채무자인 매도 인에게는 손해를 조장할 위험이 있다. 이상과 같은 이유에서 PICC는 (d)호를 통해 채권자가 불이행 사실을 안 후 합리적인 기간 내에 그 이행을 요청하지 아니하면 특정이행요구권을 배제시키고 있다.[156]

【3】 63조 : 이행을 위한 추가기간을 확정한 매도인의 통지

Article 63

(1) The seller may fix an additional period of time of reasonable length for performance by the buyer of his obligations.

(2) Unless the seller has received notice from the buyer that he will not perform within the period so fixed, the seller may not, during that period, resort to any remedy for breach of contract. However, the seller is not deprived thereby of any right he may have to claim damages for delay in performance.

---

(1) 매도인은 매수인의 의무이행을 위하여 합리적인 추가기간을 정할 수 있다.

(2) 매도인은 매수인으로부터 이러한 추가기간 내에 이행하지 아니하겠다는 취지의 통지를 수령하지 아니하는 한, 그 기간 동안 매도인은 계약위반에 대한 여하한 구제도 청구할 수 없다. 그러나 이러한 사실 때문에 매도인은 자신이 매수인의 이행지연에 대한 손해배상을 청구할 여하한 권리를 박탈당하지 아니한다.

본 조항은 매수인의 불이행에 대하여 매도인이 매수인에게 해야 할 통지에 관한 규정으로 매수인의 의무이행을 위한 합리적인 추가기간을 정할 매도인의 권리와 그 결과를 규정하고 있으며, ULIS 62조 (2)항, 66조 (2)항에 근거한 DCIS 59조와 똑같다.

---

156) http://www.unidroit.org/english/principles/chapter−7.ht, 7.2.2, comment.

1) 추가기간의 확정/(1)항

이행지연이 주요한 위반을 구성하는 경우에 매도인이 계약해제를 선언할 수 있다 해도 이러한 사실 자체가 항상 매도인에게 만족할 만한 해결책이 못될 것이다. 물론 매수인이 일단 이행을 지연하면 매도인은 이행이 자신에게 필요한 시기까지 매수인이 이행할 수 있는지를 합법적으로 의심할 수 있다. 더욱이 대부분의 물품매매계약에서는 매도인에게 손해가 주요한 위반을 구성하기에 실질적으로 충분하게 되는 시점이 정확하지 아니할 수 있다.

이러한 이유에서 물품의 인도를 수령하지 아니하거나 대금을 지급하지 아니한 매수인에게 의무이행을 하도록 하기 위하여 본 규정은 매도인이 매수인으로 하여금 자신의 의무이행을 할 수 있도록 합리적인 추가기간을 정할 것을 인정하고 있다.

64조 (1)항 (b)호에 의하면, 매수인이 대금을 지급할 자신의 의무를 이행하지 아니하였다거나 물품을 수령하지 아니하겠다고 하는 경우 또는 매수인이 추가기간 내에 이행하지 아니할 것을 선언한 경우에만 매도인은 계약해제를 선언할 수 있다.

이렇게 볼 때, 매수인이 대금을 지급할 자신의 의무를 이행하지 아니하거나 물품을 수령하지 아니한 경우 이행을 위한 추가기간을 정하고, 그 기간 후엔 64조 (1)항 (b)호에 따라 매도인이 계약해제를 선언할 수 있는 추가기간을 인정한 본 규정은 64조 (1)항 (a)호에 따라 주요한 위반을 이유로 계약해제 선언이 정당화되지 못하는 부당한 의무이행 지연을 64조 (1)항 (b)호에 의해 계약해제 선언을 위한 근거로 매도인이 전환시킬 수 있는 위험이 있다. 따라서 본 규정에 의하면, 추가기간은 합리적인 기간이어야 함을 규정하고 있다.

2) 매도인의 기타 구제/(2)항

매도인의 요청에 따라 상당한 비용을 들여 합리적인 추가기간 동안 계약이행을 준비하고 있을지 모르는 매수인을 보호하기 위하여 매도인은 계약위반에 대한 다른 구제를 청구할 수 없다. 단, 매수인이 매도인의 요청에 따르지 아니하겠다는 통보를 받은 때는 그러하지 아니하다.

일단 추가기간이 매수인에 의한 이행없이 종료되면 매도인은 64조 (1)항 (b)호에 따라 계약을 해제할 수 있을 뿐만 아니라, 가질 수 있는 모든 구제권을 청구할 수 있다. 특별히 매도인은 매수인의 이행지연 때문에 자신이 입은 일체의 손해배상금을 청구할 수 있다. 사실 이러한 손해배상금은 매도인이 확정한 추가기간 내에 매수인의 의무를 이행하였다 해도 발생한다.[157]

이미 언급하였지만 협약과는 달리 UCC는 매수인에 의한 모든 계약위반을 필수적으로 주요한 위반으로 정의하고 있다. 따라서 UCC에 의하면, 매수인이 계약을 위반한 사실이 분명한 경우 (1)항에 명시되어 있는 기준에 따른 통지는 더 이상 협상의 도구가 되지 아니한다.[158]

3) PICC의 원칙

47조의 규정에서 언급한 대로 여기도 PICC의 원칙이 그대로 적용된다.

4) CUECIC의 원칙

동 규정과 관련하여 사용되는 전자통신에 관한 AC의 의견과 논평은 47조와 동일하다.

【4】 64조 : 매도인의 계약해제권

Article 64

(1) The seller may declare the contract avoided :
  (a) if the failure by the buyer to perform any of his obligations under the contract or this Convention amounts to a fundamental breach of contract; or
  (b) if the buyer does not, within the additional period of time fixed by the seller in accordance with paragraph (1) of article 63, perform his obligation to pay the price or take delivery of the goods, or if he declares that he will not do so within the period so fixed.
(2) However, in cases where the buyer has paid the price, the seller loses the

---

157) A/CONF.97/19, pp.49~50.
158) A. H. Kritzer, *op. cit.*, p.426.

right to declare the contract avoided unless he does so :

(a) in respect of late performance by the buyer, before the seller has become aware that performance has been rendered; or

(b) in respect of any breach other than late performance by the buyer, within a reasonable time :

(i) after the seller knew or ought to have known of the breach; or

(ii) after the expiration of any additional period of time fixed by the seller in accordance with paragraph (1) of article 63, or after the buyer has declared that he will not perform his obligations within such an additional period.

---

(1) 매도인은 다음과 같은 경우에 계약의 해제를 선언할 수 있다.

(a) 계약이나 본 협약에 따라 자신이 수행해야 할 여하한 의무의 불이행이 계약의 주요 위반에 해당할 경우 또는,

(b) 63조 (1)의 규정에 따라 매도인이 정한 추가기간 내에 매수인이 대금을 지급하거나 물품의 인도를 수령해야 할 자신의 의무를 이행하지 아니한 경우 혹은 매수인이 이러한 기간 내에 이행하지 아니할 의사를 선언한 경우

(2) 그러나 매수인이 대금을 이미 지급한 경우에 매도인은 다음의 시기에 계약을 해제하지 아니하는 한 매도인은 계약을 해제할 권리를 상실한다.

(a) 매수인의 지연이행에 대해서 매도인이 이행이 이루어진 사실을 알기 전에 혹은,

(b) 매수인에 의한 지연이행 이외의 위반에 대해서 다음의 시기 후 합리적인 기간 내에

(i) 매도인이 위반을 알았거나 당연히 알았어야 한 후

(ii) 63조 (1)에 따라 매도인이 정한 추가기간 만기 후 혹은 이러한 추가기간 내에 매수인이 자신의 의무를 이행하지 아니할 의사를 매수인이 선언한 후

본 조항은 계약을 해제할 매도인의 권리를 규정하고 있으며, ULIS 61조 (2)항, 62조, 66조, 70조 (1)항 (a)호에 근거한 DCIS 60조와 실질적으로 똑같다. 반면에 계약을 해제할 매수인의 권리는 49조에 규정되어 있다.

1) 일반원칙/(1)항

매수인이 계약을 위반한 경우 매도인은 일정한 조건하에서 계약을 해제할 수 있다. 계약을 해제하기 위해선 해제의 선언(declaration)이 필요하며, 이 선언은 26조에 따라 상대방에게 통지될 경우에만 유효하므로 이 통지의 지연, 착오 또는 불착의 위험은 27조에 따라 발신인이 부담한다.

2) 해제조건/(1)항 (a, b)호

(1) 주요한 위반/(1)항 (a)호

매도인이 계약해제를 선언할 수 있는 전형적인 경우는 매수인의 이행의무 해태가 주요한 위반에 해당하는 경우임을 본 규정이 정하고 있다.

주요한 위반의 개념은 25조에 정의되어 있다. 만약 주요한 계약위반이 존재할 경우 매도인은 계약해제를 선언할 즉각적인 권리를 가지는바, 계약해제를 선언하려는 자신의 의사를 매수인에게 사전 통지할 필요가 없다.

그러나 계약과 본 협약에 따라 대금지급의무, 물품수령의무, 기타 자신의 의무 등의 이행이 만기된 때에 이행되지 아니한다면, 즉각적으로 주요한 위반으로 선언할 수 있는지 여부가 문제이다. 그러나 대부분의 경우 기간 경과 후여야만 25조에 정의되어 있는 대로 매수인의 이행해태는 주요한 위반이 된다.

(2) 매수인의 이행지연/(1)항 (b)호

매수인이 대금의 지불이나 물품의 수령을 해태하여 매도인이 추가적인 최종이행기간을 정하여 매수인에게 통지한 경우 매수인이 그 기간 내에 의무를 이행하지 아니하였거나 이행하지 아니한다고 선언한 경우, 매도인은 계약해제를 선언할 수 있음을 본 규정이 정하고 있다.

이런 경우 매수인에게 주요한 위반이 없어도 매도인은 계약해제를 선언할 수 있다. 추가적인 최종이행기간에 관해서는 63조에서 언급하였다.

3) 계약해제권의 상실 또는 중지/(2)항 (a, b)호

매수인이 대금지급을 이행한 경우 매도인이 다음과 같은 명시된 기간 내에 계약해제를 선언하지 아니하면 그는 계약을 해제할 권리를 상실함을 (2)항이 규정하고 있다. 따라서 대금전액지급이 될 때까지 매도인은 계약을 해제할 권리를 상실하지 아니한다.

① 매도인이 계약해제를 주장할 수 있는 주요한 위반이 의무의 지연이행이고 대금이 지급된 경우 매도인은 매수인의 대금지급이행 사실을 알기 전에는 계약해제가 가능하지만 (a)호에 따라서 이행이 제공된 사실을 알게 된 때 매도인은 계약해제권을 상실한다.

② 매수인에 의한 이행지연 이외의 위반이 주요한 위반이고 대금이 지급된 경우 매도인이 이러한 위반을 알았거나 당연히 알았어야 한 후 합리적인 기간 내에 계약해제를 선언해야 하거나, 또는 63조 (1)항에 따라 매도인이 매도인에게 추가이행 기간을 정한 경우 그 기간이 경과한 때 또는 그 기간 내에 매수인이 의무를 이행하지 아니한다는 취지를 선언한 때로부터 합리적인 기간 내에 계약해제를 선언하여야 한다.

따라서 만약 매수인이 63조 (1)항에 따라 정해진 추가이행기간 후 또는 추가이행기간 내에 이행하지 아니하겠다는 뜻을 매수인이 선언한 후에 그가 이행을 한 경우, 추가이행기간 내에 이행하지 아니하겠다는 선언 후 합리적인 기간 내 또는 추가이행기간 만료 후 합리적인 기간 내에 매도인이 계약해제를 선언하지 아니하면 그는 계약해제권을 상실한다.[159]

매도인의 경우 UCC 2-703조에 따라 계약을 취소하는 것이 본 협약에 따라 계약을 해제하는 것보다 훨씬 쉽다.[160]

4) PICC의 원칙

49조의 규정해설에서 설명한 PICC의 원칙이 여기에도 그대로 적용된다.

---

159) A/CONF.97/19, pp.50~1.
160) A. H. Kritzer, *op. cit.*, p.431.

5) 전자협약의 원칙

본 규정과 관련하여 사용되는 전자통신에 관한 전자협약의 규정은 없으나 AC 의 의견과 논평은 다음과 같다.

물품의 명세와 통신은 수신인이 이러한 통신을 수령하기로 명시적이든 묵시적 이든 합의한 경우 전자통신으로 할 수 있다. 명세서에 관한 통신이나 명세서에 관해 타방에게 주어지는 정보는 전자메시지로 할 수 있으며, 이 경우 중요한 것은 전 달되는 형식에 관계없이 타방에게 그 정보가 전달되어야 한다. 타방에게 명세서와 통신의 효력발생시기와 관련한 제반사항은 15조와 27조의 논평과 같다.161)

【5】65조 : 누락(漏落)된 설명서 제공을 요구하는 매도인의 통지

Article 65
(1) If under the contract the buyer is to specify the form, measurement or other features of the goods and he fails to make such specificaion either on the data agreed upon or within a reasonable time after receipt of a request from the seller, the seller may, without prejudice to any other rights he may have, make the specification himself in accordance with the requirements of the buyer that may be known to him.
(2) If the seller makes the specification himself, he must inform the buyer of the details thereof and must fix a reasonable time within which the buyer may make a different specification. If, after receipt of such a communication, the buyer fails to do so within the time so fixed, the specification made by the seller is binding.
(1) 계약에 따라 매수인이 물품의 형태, 용적 또는 기타 특징을 명세하도록 되어 있고, 매수인이 매도인으로부터의 요구를 수령한 후 합의한 기일 혹은 합리적인 기간 내에 이러한 물품의 명세를 작성하지 못한 경우, 매도인은 자신이 가진 일체의 권리를 침해당함 없이 자신이 매수인의 요구로 알 수 있는 범위 내에서 스스로 명세서를 작성할 수 있다.

---

161) http://www.cisg.law.pace.due/cisg−ac−op.1.html, p.15.

(2) 만약 매도인이 스스로 명세서를 작성한 경우, 매도인은 명세서를 매수인에게 통지해야 하고, 이러한 통지를 접수한 매수인이 상이한 명세서를 작성할 수 있는 합리적인 기간을 정해야 한다. 이러한 성격을 지닌 통지를 수령한 후 매수인이 통지상에 정해진 기간 내에 매도인의 명세와 상이한 명세를 작성하지 못한 경우 매도인이 작성한 명세서가 구속력을 지닌다.

본 조항은 매수인이 정해진 날짜까지 주문한 물품의 성질이나 품질을 명시하지 아니한 경우의 매도인의 권리를 규정하고 있으며, ULIS 67조에 근거한 DCIS 61조와 실질적으로 똑같다.

1) 원칙 ①/(1)항

계약상 매수인이 물품의 형식, 길이, 기타 특징을 지정하도록 되어 있음에도 불구하고 합의한 기일 또는 매도인으로부터 요청을 받은 후 합리적인 기간 내에 매수인이 이런 명세서를 작성하지 아니한 경우에는 매도인은 자신이 가지고 있는 기타 권리를 상실함이 없이 자신이 알고 있는 매수인의 필요조건에 따라 스스로 명세서를 작성할 수가 있다.

따라서 매도인 스스로 명세서를 작성하는 경우에는 매도인은 매수인에게 그 명세서를 통지하는 한편, 매수인이 다른 명세서를 작성할 수 있는 합리적인 기간을 정해 주어야 한다.

2) 원칙 ②/(2)항

만약 이러한 연락을 받은 후에 매수인이 정해진 기간 내에 다른 명세서를 작성하지 아니한 경우 매도인이 작성한 명세서가 구속력을 지닌다.

물론 매도인은 매수인을 대신해서 명세서를 작성하는 방법을 선택하지 아니하고 61조 (1)항 (b)호에 따라 손해배상을 청구하거나, 주요한 위반에 해당하는 경우에는 64조 (1)항 (a)호에 따라 계약해제를 선언하거나, 63조 (1)항에 따라 추가이행기간을 정한 후 그 기간 내에 매수인이 이행하지 아니하면 64조 (1)항 (b)호에 따라 계약해제선언 등을 행할 수가 있다.

명세서를 제출할 매수인의 의무는 64조 (1)항 (b)호에 규정된 물품의 인도를 수령할 의무에 포함된다고 생각된다.[162]

UCC 2-311조(이행에 관한 선택과 협력) (3)항의 규정이 본 조항과 유사하다.[163]

3) PICC의 원칙

이미 9조 설명시에 누락된 조건의 해석원칙에서 PICC의 부수 해석원칙으로 설명한 바 있으나, 이하에서 4.8조를 중심으로 상세하게 설명하면 다음과 같다.

(1) 누락된 조건의 해석원칙

4.1조에서 4.7조까지가 엄격한 의미에서 계약해석, 즉 불분명한 계약 내용에 주어져야 하는 의미의 해석을 취급한 규정이라면, 4.8조 규정은 이들 규정과 관련된 문제라 해도 이들과 상이한 문제, 즉 누락된 조건의 보충에 관한 문제를 취급한 규정이다. 자신들의 계약에서 취급하고 싶지 아니하는 이유로, 또는 당사자들이 이러한 사실을 단순히 예측하지 못한 이유로 해서 당사자들이 자신들의 계약서에 전혀 규정하지 아니한 문제가 계약체결 후 일어날 때, 누락된 조건의 문제나 간격의 문제가 발생하게 된다. 이 때 계약의 해석을 위해 본 규정이 필요하다.

(2) 누락된 조건들이 제공되는 시기

계약서상에 누락된 조건의 문제나 간격의 문제가 제기되는 대부분의 경우, 5.2조(묵시적 의무), 5.6조(이행수준의 결정), 5.7조(대금결정), 6.1.1조(이행시기), 6.1.4조(이행방법), 6.1.6조(이행장소) 그리고 6.1.10조(명시가 없는 경우의 지급통화)등의 원칙들이 문제의 해결방법을 제공할 수 있다. 그러나 이런 경우를 대비하여 이러한 일반적인 성격을 지닌 보완적 또는 미봉책의 원칙들이 있다 해도, 주어진 사건에 이들이 적용되지 아니할 수도 있다. 왜냐하면 이들은 당사자들의 기대나 계약의 특수한 성격의 입장에서 볼 때 상황에 적절한 해결방안을 제공할 수 없을 지도 모르기 때문이다. 이러한 경우에 4.8조 규정이 적용된다.

---

162) 新 掘聰, 前揭書, p.99.
163) A. H. Kritzer, *op. cit.*, p.436.

(3) 누락된 조건의 보완기준

제공 또는 보완되는 조건의 대전제 조건으로 현 조항하에서 추가되는 조건은 주어진 사건의 상황에 적절한 조건이어야 한다. 그리고 무엇이 주어진 상황에 적절한 조건인가를 결정하기 위하여 다른 고려사항 가운데에서도 특히 계약에 명시적으로 언급된 조건들과 사전협상이나 계약체결 후의 일체의 행동 등을 통해 추정되는 당사자들의 의사를 우선적으로 고려해야 한다.

위와 같은 방법으로 당사자들의 의사가 확정될 수 없다면, 보완되는 조건은 계약의 성격과 목적, 신의성실과 공정거래 그리고 합리성의 원칙에 따라 결정될 수 있다.

이렇게 볼 때, 중요한 그러면서도 합의하지 못하여 누락된 조건의 보완방법으로 상황에 적합한 내용(조건)이 추가되어 해석하도록 하되, 상황에 적당한 조건의 선정시 고려해야 할 요소로 a) 당사자들의 의사, b) 계약의 성격과 목적, c) 신의성실과 공정거래, d) 합리성을 들고 있다. 상황에 적합한 조건 선정시 고려해야 할 4가지 요소는 그것이 전부가 아니라 하나의 예시에 불과하다. 그러나 이 4가지 요소가 공통적이면서 대표적인 성격을 지닌다고 볼 수 있다. 계약의 성격과 목적에 따라서는 다른 요소가 이 4가지 요소보다 더 중요하게 고려되어야 할 수도 있다.[164]

4) 전자협약의 원칙

본 규정과 관련하여 사용되는 전자통신에 관한 전자협약의 규정은 없으나 AC의 의견과 논평은 다음과 같다.

물품의 명세와 통신은 수신인이 이러한 통신을 수령키로 명시적이든 묵시적이든 합의한 경우 전자통신으로 할 수 있다. 명세서에 관한 통신이나 명세서에 관해 타방에게 주어지는 정보는 전자메시지로 할 수 있으며, 이 경우 중요한 것은 전달되는 형식에 관계없이 타방에게 그 정보가 전달되어야 한다. 타방에게 명세서와 통신의 효력발생시기와 관련한 제반사항은 15조와 27조의 논평과 같다.[165]

---

164) http://www.unidroit.org/english/principles/chapter-4.ht, 4.8, comment.

165) http://www.cisg.law.pace.due/cisg-ac-op.1.html, p.15.

제 4 장 위험(危險)의 이전(移轉)

1. 구 성

2. 개 요

본 장은 66조에서부터 70조까지 위험이전에 관해 규정하고 있다.

국제간의 매매거래에는 반드시 위험이 수반하게 되어 있다. 즉, 본선의 침몰, 하역중의 사고 등 다양한 이유로 물품이 멸실 또는 손상(loss or damage)을 입는 일이 허다하다. 이러한 경우에 손해를 매도인과 매수인 가운데 누가 부담하느냐에 대한 것이 위험부담의 문제이다.

본 장은 6조의 위험이전시기에 관한 대원칙과 더불어 66조가 일반원칙을 67조에서 70조가 개별원칙을 규정하고 있다.

3. 규정과 해설

【1】 66조 : 위험이 매수인에게 이전한 후 멸실 혹은 손상

Article 66
Loss of or the damage to the goods after the risk has passed to the buyer does not discharge him from his obligation to pay the price, unless the loss or

damage is due to an act or omission of the seller.

위험이 매수인에게 이전한 후 물품의 멸실이나 손실은 매수인으로 하여금 대금을 지급해야 할 자신의 의무로부터 면제시키지 아니한다. 단, 그 멸실이나 손실이 매도인의 작위 또는 부작위에 기인하지 아니한 경우에는 그렇지 아니하다.

본 조항은 위험이 매수인에게 이전한 후의 멸실이나 손상의 경우 위험의 책임한계인 일반원칙을 규정하고 있으며, UCC 96조에 근거한 DCIS 78조와 똑같다.

【2】 67조 : 계약이 운송을 포함할 경우의 위험

Article 67

(1) If the contract of sale involves carriage of the goods and the seller is not bound to hand them over at a particular place, the risk passes to the buyer when the goods are handed over to the first carrier for transmission to the buyer in accordance with the contract of sale. If the seller is bound to hand the goods over to a carrier at a particular place, the risk does not pass to the buyer until the goods are handed over to the carrier at that place. The fact that the seller is authorized to retain documents controlling the disposition of the goods does not affect the passage of the risk.

(2) Nevertheless, the risk does not pass to the buyer until the goods are clearly identified to the contract, whether by markings on the goods, by shipping documents, by notice given to the buyer or otherwise

(1) 매매계약이 물품의 운송을 수반하고 매도인이 특정한 장소에서 물품을 양도할 의무가 없는 경우, 매매계약에 따라 매수인에게 송부하기 위하여 최초의 운송인에게 물품을 교부한 때 위험은 매수인에게 이전한다. 만약 매도인이 특정장소에서 운송인에게 물품을 교부해야 할 의무가 있는 경우, 물품이 그 장소에서 운송인에게 교부될 때까지 위험은 매수인에게 이전하지 아니한다. 매도인이 물품을 처분할 수 있는 서류를 유보할 권리가 있다는 사실이 상기의 위험이전에 영향을 미치지 아니한다.

(2) 그럼에도 불구하고 물품상에 하인, 선적서류, 매수인에 대한 통지, 기타 방법에

의하여 물품이 계약에 분명하게 충당될 때까지 위험은 매수인에게 이전하지 아니한다.

본 조항은 위험이전에 관한 기존의 국내법과 국제통일 상관습 등의 훌륭한 접근방법을 반영하여 운송을 수반하는 물품매매계약에서 위험이전의 원칙, 즉 이행시 이전, 이행 전 이전, 대전제 조건을 규정하고 있으며, ULIS 19조에 근거한 DCIS 79조에 근거하고 있으나 (1), (2)항은 새롭게 제정되었다.

동 규정과 관련하여 사용되는 전자통신에 관한 전자협약의 규정은 없으나, AC의 의견은 32조 1항의 내용과 동일하나 논평은 다음과 같다.

계약에 정히 충당된 물품에 대한 매도인으로부터 매수인에게의 정보는 전자통신으로 주어질 수 있다. 이런 경우 중요한 것은 형식에 관계없이 그 정보가 매수인에게 전달될 수 있어야 한다.

주의를 요하는 것으로 매수인은 67(2)에 따라 이루어지는 전자통지가 유효하도록 하기 위해 전자통신에 대하여 동의할 필요가 없다는 것이다. 왜냐하면 계약에 정히 충당되는 물품의 하인과 같은 충당방법에 대하여 매수인의 동의가 필요 없기 때문이다.

매도인이 충당에 대하여 매수인에게 전자통신으로 통지하는 것의 효력발생과 관련한 제반사항은 15조와 27조의 논평과 같다.166)

【3】 68조 : 운송중 물품 매각시의 위험

Article 68

The risk in respect of goods sold in transit passes to the buyer from the time of the conclusion of the contract. However, if the circumstances so indicate, the risk is assumed by the buyer from the time the goods were handed over to the carrier who issued the documents embodying the contract of carriage. Nevertheless, if at the time of the conclusion of the contract of sale the seller knew or ought to have known that the goods had been lost or damaged and did not disclose this to the buyer, the loss or damage is at the risk of the

---

166) http://www.cisg.law.pace.due/cisg−ac−op.1.html, p.16.

seller.

운송중에 매각된 물품에 관한 위험은 계약체결시에 매수인에게 이전한다. 그러나 상황이 분명한 경우 운송계약을 구체화한 서류를 발급한 운송인에게 물품이 교부된 때 위험은 매수인에게 있다. 그럼에도 불구하고 매매계약체결시에 매도인이 물품이 멸실이나 손상을 알았거나 당연히 알았으면서도 매수인에게 이러한 사실을 고지하지 아니하였다면 손실이나 멸실위험은 매도인의 부담이 된다.

본 조항은 운송과정에 있는 물품[167])의 매매의 경우 위험이전의 원칙을 규정하고 있으며, ULIS 99조에 근거한 DCIS 80조를 수정한 것이다.

【4】 69조 : 위험에 관한 기타 일반원칙

Article 69

(1) In cases not within articles 67 and 68, the risk passes to the buyer when he takes over the goods or, if he does not do so in due time, from the time when the goods are placed at his disposal and he commits a breach of contract by failing to take delivery.

(2) However, if the buyer is bound to take over the goods at a place other than a place of business of the seller, the risk passes when delivery is due and the buyer is aware of the fact that the goods are placed at his disposal at that place.

(3) If the contract relates to goods not then identified, the goods are considered no to be placed at the disposal of the buyer until they are clearly identified to the contract.

---

167) 기적품(旣積品; afloat goods)이라 한다. 기적품매매는 ① 매매계약이 체결되기 전 운송사정 등으로 인해 불가피하게 사전에 선적되는 경우가 그 효시이나, ② 수요자의 요구에 즉각적인 인도를 위해 용선하에 물품을 적재하여 해상에 띄워 놓고 계약에 따라 처리하는 경향이 최근에 늘고 있으며, ③ ①에 따라 선적하였으나 여러 가지 사정으로 계약이 성립하지 아니한 경우에 매각되는 경우도 이에 해당된다. 이러한 협약상의 기적품 인정에 따라 Incoterms 1990에도 기적품 매매의 인정과 위험이전시기에 관해 규정하고 있다(Incoterms 1990, Introduction, 14). 그러나 규정에 구체적으로 반영되지 아니하였다. Incoterms 2010에서는 해상전용조건에 전통적인 기적품에 해당하는 표현으로 "procured goods or procuring goods"를 규정하고 있다.

(1) 67조와 68조에 해당하지 아니하는 경우에 위험은 매수인이 물품을 수령한 때 혹은 물품이 매수인의 임의처분 상태로 놓여 있으나 그가 상당한 기간 내에 인도의 수령을 하지 아니함으로써 계약의 위반을 저지른 때로부터 매수인에게 이전한다.
(2) 그러나 매수인이 매도인의 영업장소 이외의 장소에서 물품을 수령해야 할 의무가 있는 경우, 인도기일이 도래되어 물품이 그 장소에서 자신의 임의처분 상태로 놓인 사실을 매수인이 안 때 위험은 매수인에게 이전한다.
(3) 계약이 충당되지 아니한 물품에 관한 것인 경우 물품이 계약에 분명하게 충당될 때까지 물품은 매수인의 임의처분 상태에 있지 아니한 것으로 간주된다.

본 조항은 위험이전에 관하여 67조와 68조의 규정에 해당되지 아니하는 잔여규정을 정하고 있으며, ULIS 19조 (3)항, 97조, 98조에 근거한 DCIS 81조와 똑같다.

【5】 70조 : 매도인의 위반시 위험

Article 70

If the seller had committed a fundamental breach of contract, articles 67, 68 and 69 do not impair the remedies available to the buyer on account of the breach.

매도인이 주요한 계약위반을 저지른 경우 67조, 68조, 69조는 당해 위반을 이유로 매수인에게 주어지는 각종 구제를 방해하지 아니한다.

본 조항은 67조, 68조, 69조상의 규정위반의 경우는 매수인이 위험을 부담해야 하나, 매도인이 주요한 위반을 저지른 경우 위험부담은 매도인에게 있음을 규정하고 있으며, ULIS 97조 (2)항에 근거한 DCIS 82조와 실질적으로 같다.

4. 국제물품거래에 있어 위험이전 시기

상기의 협약규정과 기타 위험이전에 관한 국내법과 국제통일상관습에 근거하여 국제물품거래에 있어 위험이전 시기에 관해 상술하면 다음과 같다.

1) 법률상의 접근방법

(1) 영미보통법(SGA, USA)[168]

영미보통법에 의하면, 소유권의 이전 전에는 위험에 관한 토의가 이상하리만큼 거의 없다. 일찍부터 아무런 이의없이 "물품이 멸실되었을 때 그 손해는 소유자에 귀속한다(res periit domino suo; the destruction of the thing is the loss of its owner)"는 로마법의 원칙이 보편적으로 적용되어 위험이 소유권에 수반되는 것이 법제화되었는바,[169] 일반적으로 영미보통법(common law)이라 볼 수 있는 SGA 16 조에서 20조와 USA, 17조에서 22조에 근거한 위험이전 시기에 관한 원칙을 보면 다음과 같다.

① 특정물품(ascertained goods)

〈1〉 대원칙

물품이 특정되어 있는 경우에 소유권은 당사자의 의사에 따라 이전한다.

〈2〉 추정원칙

당사자들 간에 소유권이전에 관해 달리 의사나 합의가 없는 경우 소유권이전 시기에 관한 당사자들의 의사에 대한 추정원칙은 다음과 같다.

① 매매의 목적물이 특정물로서 인도할 상태에 있고 매매계약이 무조건계약 (unconditional contract)[170]의 경우 매매계약 성립시에 이전한다.

② 매매의 목적물이 특정물로서 인도할 상태로 만들기 위하여 일정한 행위[171] 를 해야 하는 경우 그 행위를 하고 매수인이 그 통지를 받은 때 이전한다.

③ 매매의 목적물이 특정물로서 인도할 상태에 있고 대금을 확정하기 위하여 일정한 행위를 해야 할 경우, 이러한 행위, 예컨대, 검량, 검측, 실험, 검수 등을 하고 매수인이 그 통지를 받은 때 이전한다.[172]

---

168) Common Law에 근거해서 SGA가 제정되었고 SGA에 근거하여 USA가 제정되었으나 양법은 Common Law에 비하면 빙산의 일각이라 볼 수 있다. 그러나 본서에서는 양법을 편의상 영미보통법이라는 제목하에서 다루고자 한다.

169) S. Williston, *op. cit.*, p.214.

170) 무조건계약이란 ① 계약이 이행정지조건(a condition precedent) 또는 이행해제조건(a condition subsequent)으로 되어 있지 아니하거나, ② 필수규정에 해당하는 것으로서 이의 위반은 매수인에게 계약이행 거절로 취급할 수 있는 권리를 부여하는 일체의 조건을 명시하고 있지 아니하는 계약을 의미한다(P. S. Atiyah, *op. cit.*, p.146).

171) 예컨대 포장 또는 적재 등의 행위를 의미한다(S. Williston, *op. cit.*, p.17).

④ 승인조건(on approval) 또는 반환권유보매매(on sale or return), 기타 이와 유사한 조건부 거래173)인 경우 물품이 매수인에게 인도되고 매수인이 일정한 행위를 한 때 이전174)한다.

⑤ 상기 ①에서 말하는 무조건계약이 아닌 조건부계약이 있을 수 있으며, 조건부계약은 예컨대 대금지급을 위해 선화증권이나 환어음을 개입시킬 수 있으며, 이러한 개입에 따라 대금지급이 이루어질 때까지 물품에 대한 처분권(a jus disponendi)을 유보하며 소유권은 이러한 조건이 성취될 때 이전한다.

② 불특정 물품(unascertained goods)

〈1〉 대원칙

불특정 물품의 매매에 있어서는 물품이 특정될 때까지 그 물품의 소유권은 이전하지 아니한다. 따라서 불특정 물품이 특정(확정, 충당)되면, 즉 불특정 물품이 계약체결 후 합의에 따라 충당(확정)된다면 특정물이 되고 당사자들이 소유권이전을 의도한 때 소유권은 이전하며, 이러한 당사자들의 합의를 확정하기 위하여 계약의 내용, 당사자들의 행위, 여건들을 고려해야 함이 불특정물의 매매에 있어서 소유권이전의 대원칙이다.

〈2〉 추정원칙

따라서 불특정물의 경우 소유권 이전의 필수요건인 충당이 중요한바, 불특정물의 경우 당사자간에 달리 합의가 없는 한 충당과 소유권이전을 추정하면 다음과 같다.

① 설명서에 의한 불특정 혹은 선물 매매계약에 있어 설명서에 일치하고 인도할 상태에 있는 물품이 매수인의 동의를 얻어 매도인에 의하여, 혹은 매도인의 동의를 얻어 매수인에 의하여 계약에 무조건으로 충당된 경우, 물품의 소유권은 매수인에게 이전하며, 동의는 명시, 혹은 묵시적으로 가능하고 충당 전후에도 할 수 있다.

이러한 추정원칙과 관련하여 다음의 사항을 이해하여야 한다.

첫째, 무조건 충당의 의미이다. 충당(appropriation)은 물품을 계약에 소속시키

---

172) USA 19조 (2)항에 의하면 상기 ②, ③의 경우 행위를 할 때 이전한다고 되어 있다.

173) 예컨대, "...... until invoiced" or "...... terms net cash"와 같은 표현의 경우는 소유권 이전에 대한 이행정지 조건이 된다(A. G. Guest, op. cit., p.166).

174) 이 때의 행위는 재매각, 사용, 질권 같은 행위이다(P. S. Atiyah, op. cit., p.152). USA는 승인조건부와 반환권 유보매매를 구분하여 후자의 경우는 SGA와 같으나 전자의 경우 인도시 이전하나 반환하므로 소유권을 매도인에게 이전시킬 수 있음을 규정하고 있다.

는 행위로서 Williston 교수가 지적한 바와 같이 다른 것을 배제하는 것과 특수한 목적을 위하여 따로 떼어두는 것 등의 2가지의 의미를 가지는 것으로,[175] 일방만의 행동이며 계약의 이행을 위하여 공급해야 할 물품을 선택하여야 할 경우, 다른 물품과의 구분을 의미하는 선택의 뜻을 지니는 것으로 충당의 목적은 물품이 매각되었음을 확정하는 것으로 이해된다. 따라서 이러한 사실과 관련해서 충당은 당사자들의 상호합의에 의한 소유권이전과 관련하기 때문에 타방의 사전 혹은 사후 동의에 의하여 충당행위가 매수인에게 소유권을 이전시킴이 합의된 경우 충당은 소유권 이전의 효력을 지닌다. 따라서 이렇게 볼 때 충당행위는 충당에 의하여 소유권 이전이 가능할 정도로 물품을 확정(충당)해야 함을 알 수 있으며, 충당은 문제의 물품을 계약에 최종적이고 취소불능으로 귀속시킨 경우에만 일어난다고 볼 수 있다.

무조건이라는 말은 충당이 소유권의 이전을 연기하는 명시, 혹은 묵시적 조건에 좌우되지 아니한다는 것이다. 따라서 달리 합의표시가 없는 경우 충당=소유권 이전이 되기 위하여 충당은 무조건 충당이어야 한다. 그러나 조건부 충당은 동 조건이 만족되어야 소유권이 이전하게 된다.

둘째, 무조건 충당이라도 충당을 전후하여 명시, 혹은 묵시적으로 타방의 동의가 있어야 한다는 것이다.

Williston 교수는 다음과 같이 말하고 있다.

"충당의 행위는 사전, 혹은 사후 타방에 의하여 동의되지 아니한다면, 법적 효과를 갖지 못한다. 만약 매수인이 사전에 매도인에 의한 충당에 동의한 경우, 매수인은 실제 신청인이 되며 매수인이 인정한 충당은 승낙(acceptance)이 된다. 만약 매수인의 동의가 충당 후에 이루어진 경우 매도인이 신청인이 되며, 매수인은 물품의 설명서에 대한 합의의 승낙자가 된다."[176]

따라서 충당을 전후하여 명시적이든 묵시적이든 대리의 동의가 아닌 타방의 충당 동의가 있어야 소유권이전 결과를 가짐을 알아야 한다.

셋째, 매매계약에 있어서의 설명서와 합치하는 물품이 충당되어야 한다는 것이다. 즉, 매도인은 타방에 의하여 매매계약에 일치하게 충당하도록 위임받고 있기 때문에 계약된 수량보다 많은 양을 혹은 적은 양을 충당할 수 없으며 충당을 위한

---

175) S. Williston, *op. cit.*, p.40. 그러나 그 정도면에서 보면 구분보다는 포장, 포장보다는 운송, 운송보다는 적재 또는 인도, 적재보다는 적재와 아울러 매수인에게 통지가 완벽한 충당이라 볼 수 있다. 이러한 취지를 협약 67조 (2)항이 인정하고 있다.

176) S. Williston, *op. cit.*, p.273.

선택권을 매수인에게 전가시킬 수도 없다. 따라서 보다 많은 양의 충당, 혹은 보다 적은 양의 충당은 최종적이면서 취소불가능적인 물품의 충당이 되지 아니하기 때문에 물품의 소유권은 이전하지 아니한다고 보아야 한다. 특히 주의를 요하는 것으로 물품이 일정량으로 단순하게 계약되었으나 분할로 충당된 경우, 일반적인 충당의 규칙이 적용되어 충당된 양의 소유권만이 매수인에게 이전함이 추정적이다. 그러나 예컨대, 일정량의 단순한 계약이라도 한 선박상에 완전적재와 같이 물품의 수량을 분리하지 못하는 경우 이러한 원칙은 적용하지 아니하며, 물품의 소유권은 완전적재가 이루어져 충당될 때까지 이전하지 아니한다.

넷째, 물품의 매매장소의 문제이다. 물품이 타방의 동의를 얻어 일방에 의하여 계약에 충당될 경우 소유권이전에 의하여 매매가 종결되는 장소는 동의가 주어진, 혹은 물품이 인도된 장소가 아닌 물품이 충당되는 때의 장소이다.[177] 이러한 원칙은 달리 의사가 없다면 타방의 동의를 얻은 선물의 무조건 충당의 경우에도 같다.

② 계약에 따라 매도인이 매수인에게 발송할 목적으로 물품을 매수인 혹은 운송인 또는 기타 수탁인(또는 보관자, 매수인의 지명여부에 관계없이)에게 인도하고 처분권을 유보하지 아니한 경우, 매도인은 물품계약에 무조건 충당한 것으로 본다.

이러한 추정원칙과 관련하여 다음 사항을 주의해야 한다.

첫째, 동 추정원칙을 보면 다른 추정원칙과 달리 특정물 혹은 불특정물 등에 관한 표시가 없다. 따라서 불특정물의 경우에 적용되는가, 아니면 특정물의 경우에 적용되는가, 아니면 양자에 공히 적용되는가 하는 문제가 제기된다. Atiyah는 동 추정원칙을 무조건 충당(unconditional appropriation)을 설명하는 하나의 규칙으로 전제하면서 동 규칙은 매도인이 다른 물품과 혼합된 물품을 운송인에게 인도할 경우, 무조건 충당이 아닐 수 있기에 동 물품의 소유권은 이전하지 아니할 것이 분명하기 때문에 SGA 16조에 따라 해석해야 한다고 주장하고 있다.[178] 따라서 동 규칙은 불특정물로서 충당된 때 소유권 이전에 달리 의사표시가 없는 한 불특정물의 소유권이전의 한 추정원칙을 제시하고 있는 규정으로 보아야 한다.

둘째, 매수인 혹은 운송인에게 인도는 소유권이전의 효과를 가져온다는 것이다. 즉, 달리 의사가 없는 한 물품의 소유권은 인도에 의하여 매수인 혹은 그의 대리인에게 이전한다는 것이다. 따라서 물품이 제3자 예컨대, 창고인의 점유하에 있

---

177) 충당이 매수인 혹은 운송인에게 물품을 인도하므로 이루어질 경우 매매장소는 인도장소이다. 기타 충당에 관한 사항은 오세창, 「무역실무론」, 박영사, 1985, p.317 참조할 것.

178) P. S. Atiyah, *op. cit.*, p.194.

을 경우 창고인이 매수인을 위하여 물품을 점유하고 있음을 매수인에게 통지한 때 인도와 소유권이전이 일어나며 그 전에는 일어나지 아니한다.

그리고 매매계약에 따라 매도인이 매수인에게 물품을 발송하도록 위임받았거나 요구받은 경우, 매수인에 의한 지명여부에 관계없이 매수인에게 운송할 목적으로 운송인에게 물품을 인도한 것은 매수인에게 물품을 인도한 것으로 간주함이 추정적이고, 소유권은 이때 이전한다.

셋째, 인도에 의한 충당으로 소유권이전이 되기 위한 충당 조건의 문제이다. 인도에 의한 충당의 경우, 충당은 누구의 물품이라는 확인이 있어야 한다. 즉, 인도에 의한 충당으로 소유권이 이전하기 위한 충당의 전제조건으로서 물품이 누구에게 충당되는지가 분명할 것과 분명하지 아니할 경우 적어도 수하인 표시라도 되어 있어야 한다.

그리고 인도에 의한 충당은 충당에 의하여 소유권이 이전됨이 매도인에게 위임되어 있어야 하고, 이러한 위임된 범위 내에서 무조건으로 이루어져야 한다. 따라서 운송인에게 인도는 계약에 따라야 한다. 즉, 인정된 운송방법과 인정된 운송인에 의하여 확정된 기간 내, 계약명세에 일치하는 물품을 운송인에게 인도해야 한다.

넷째, 다른 의사표시가 있을 경우의 충당과 소유권과의 관계이다. 다른 의사표시가 있는 경우 인도에 의한 충당은 소유권을 이전시킬 수 없으며, 동 의사가 이행될 때까지 물품의 처분권이 유보된다고 보아야 한다.

다섯째, 물품의 처분권을 유보한다는 다른 의사표시가 없다면 동 추정원칙이 그대로 무역조건에도 적용될 수 있다는 것이다. 이렇게 볼 때, 불특정 물품의 소유권은 원칙적으로 매수인 또는 운송인에게 인도할 때 매도인으로부터 매수인에게 이전한다고 볼 수 있다.

③ 특정 물품의 추정원칙 ⑤의 경우가 불특정 물품에도 그대로 적용된다고 보아야 한다. 주의를 요하는 것으로 유보권의 조건이 성취될 때 전 소유권이 이전한다는 전부 아니면 전무(all or nothing)에 다소의 문제가 있을 수 있다.

일반적으로 소유권의 내용은 물품에 대한 전면적인 지배권을 의미하는 사용·수익·처분 등의 권리를 포함한 광범위한 것이지만, 그 가운데서 일부를 어떤 사람이 가지고 나머지 권리를 타인이 가지는 경우가 많이 있다. 예컨대, 일반적으로 물품에 대한 담보권을 가진 자가 있는 경우, 그는 자기의 채권이 약속대로 만족되지 아니할 경우에 물품을 처분하여 채권의 변제에 충당할 권리를 가지지만, 그 외의 소유권의 내용은 당연히 소유자가 가지고 있다고 생각된다.[179] 이 때 담보권자가 가진 채권이 변제되지 아니할 경우 물품을 처분할 권리를 담보이익이라 하고, 소유권중에서 담보이익을 제외한 나머지 권리를 수익이익이라 하며 담보이익은 바로 처분권을 의미한다. 따라서 소유권의 내용이 물품에 대하여 담보권을 갖는 자가 있을 경우에는 이와 같이 담보이익과 수익이익으로 분할되어 두 사람에 의해 양분할 수 있음을 알 수 있다.

따라서 매도인은 매수인에게 운송을 위하여 선박회사에 물품을 인도할 때, 즉 선적할 때에 처분권 유보방법 예컨대, 선하증권의 발급과 같은 방법의 강구여하에 따라 소유권의 전 내용, 혹은 적어도 소유권의 내용 중 수익이익을 매수인에게 이전하는데, 선적시 혹은 충당시 이전하는 경우는 처분권 유보를 강구하지 아니하여 그 때에 전 소유권이 이전한 경우를 의미한다. 그리고 대금지급시 또는 운송서류 상환시 이전하는 경우는 처분권 유보를 강구하여 그 때에 소유권 중 담보이익(담보권)은 조건이 만족될 때까지 매도인에게 유보되고, 수익이익은 매수인에게 이전한 경우를 의미한다.[180]

이렇게 볼 때 ③의 원칙과 관련한 영미의 판례들, 특히 영국의 판례들은 하나 하나의 사건에 대해서는 정확한 해답을 하였지만, 매도인이 담보이익을 유보하는 경우와 그렇지 아니하는 경우를 체계적으로 파악하는 데에는 실패하였기 때문에 결과적으로 소유권이 어떤 사건에서는 선적 때에 또 어떤 사건에서는 대금지불시에 이전하는 것으로 모순되는 인상을 주었다. 그러나 상기와 같은 법 이론에 근거한 소유권분할을 이해할 때 모순이 아님을 알 수 있다.

이상과 같이 영미보통법에 의하면 원칙적으로 소유권이 이전하는 때에 위험도 이전한다. 즉, 위험은 소유권이전과 연계되어 있음이 추정적이며, 소유권이전 여부의 문제는 물품의 멸실, 손상, 파손, 품질저하인 경우와 매수인이 이러한 사건들이 발생한 때에 물품에 대한 피보험이익을 청구할 경우에 관계가 깊다.[181] 즉, 소유권이전과 피보험이익과의 관계가 깊다.

그러나 담보권 유보의 경우 SGA에 의하면 유보조건이 성취된 때 위험이 이전

---

179) 이를 소유권의 특질인 탄력성이라 한다(김용한, 「물권법론」, 서울: 박영사, 1980, p.253).
180) 그러나 선하증권이 기명식인 경우와 매수인 지시식의 선하증권을 발급받아 이를 매수인이 점유하는 경우는 올바른 처분권 유보방법이 되지 못하므로 선적시에 전 소유권이 매수인에게 이전한다(C.M. Schmitthoff, *op. cit.*, p.78).
181) A. G. Guest, *op. cit.*, p.155.

한다고 추정되나, USA 22조 (a)호는 이런 경우에도 수익이익에 수반, 즉 선적 때에 이전한다고 규정하고 있는 점이 다르다.[182]

(2) 통일상법전(UCC)

UCC 2-509조 (1)항에 의하면, 계약에서 매도인이 운송인에게 물품의 인도를 요구하거나 그 권한을 부여하고 있는 경우, 즉 계약이 운송인에 의한 물품의 운송을 전제하고 있는 경우로서,

① 계약이 매도인에게 특정 목적지에서 물품을 인도할 것을 요구하고 있지 아니하는 경우, 손실의 위험은 선적이 유보조건하에 이루어져도 물품이 운송인에게 정당히 인도된 때 매수인에게 이전한다.

② 계약이 매도인에게 특정 목적지에서 물품을 인도할 것을 요구하고 있고 물품이 운송인의 점유하에 있는 동안에 목적지에서 정히 인도하도록 되어 있는 경우, 위험은 물품이 목적지에서 매수인이 인취할 수 있도록 정히 제공된 때에 매수인에게 이전한다.

2-509조 (2)항에 의하면, 물품이 이동없이 인도를 위해 수탁인(bailee)[183]이 유보하고 있는 경우, 위험은 다음의 때에 매수인에게 이전한다.

① 물품을 대표하는 유통가능 권리증권을 수령한 때 또는

② 물품에 대한 매수인의 점유권을 수취인 매도인이 확인한 때 또는

③ 유통불능 권리증권 또는 기타 서면 인도지시서를 수령한 때

2-509조 (3)항에 의하면, 상기 (1), (2)항에 해당하지 아니하는 경우로서 매도인이 상인인 경우, 물품의 수령시에 위험은 매수인에게 이전한다. 그렇지 아니할 경우 위험은 인도 제공시에 매수인에게 이전한다.[184]

2-509조 (4)항에 의하면, 본 규정은 당사자들이 달리 합의할 경우 그에 따라 변경될 수 있다.

UCC가 위험이전에 대하여 영미보통법의 소유자주의 원칙과 다르게 제정한 이유는 다음과 같다.

① 물품의 소유권에 따른 위험의 임의변경보다는 계약내용에 따른 개별접근

---

182) 新 掘聰은 이러한 위험이전방법을 구접근방법 또는 일괄처리 접근방법(lump-title approach)이라 하고 있다(新 掘聰, 前揭書, p.90).

183) 이 때의 수취인은 바로 매도인 자신이다.

184) 2-509조 (2)항과 (3)항은 대개 무역매매의 경우에 해당하지 아니한다.

방법(the contractual approach)[185]의 필요성 때문이다.

② 계약체결 후 선적이 이루어져야 할 필요가 없는 경우가 있다. 예컨대, 매도인이 기적품을 구입한 후 매수인에게 이를 매도할 경우 매도인은 위험을 이전하기 전에 계약에 물품을 충당시켜야 한다. 그러나 기적품의 경우에 별도 합의가 없는 한 선적시로 소급하여 위험이 이전하지 아니한다 해도 위험을 이전하기 위한 적법한 선적과 충당이 기적품에 이루어진 것으로 하기에 충분하다.

③ 계약이 매도인의 영업장소에서의 인도와 관련이 있건 물품의 소재지에서의 인도와 관련이 있건 관계없이, 전 대금이 지급되고 자신의 임의처분 상태로 물품이 인도되었음을 통지받았다 해도, 매수인이 실질적으로 물품을 수령할 때까지 상인인 매도인은 위험을 이전시킬 수 없고 자신의 위험하에 있게 된다. 이러한 사실은 자신의 장소에서 물리적 인도를 할 예정인 상인인 매도인은 그 동안 물품의 관리를 계속할 수 있고 부보할 수 있는 반면에, 매수인은 물품을 관리할 수도 없고 극단적으로 자신의 점유하에 있지 아니하는 물품에 대하여 부보할 것 같지도 아니한 데 있다.

④ 당사자들간의 합의가 수탁인의 물리적인 점유로부터 이동 없이 매수인과 매도인 간에 물품의 인도를 규정할 경우, 인도 제공방법에 관한 규정들이 위험이전 시점에 적용된다. 따라서 물품을 대표하는 유통가능 권리증권이나 매수인을 위해 보유하고 있다는 수탁인의 확인서 등의 정당한 인도는 인도를 완료하고 위험을 이전시킨다.[186]

이상의 내용을 통해 볼 때, 결국 UCC는 개개의 거래형태와 계약내용에 따라 위험이전에 관해 개별적으로 규정을 하는 문제해결형 접근방법을 채용하고 있다고 볼 수 있다.

(3) 협약(CISG)

① 대원칙(6조)

협약 6조에 의하여 당사자들의 합의가 있으면 합의한 시점에 위험은 이전한다.

---

185) 新 掘聰은 이러한 접근방법을 문제해결형 접근방법(narrow issue approach) 또는 신 접근방법이라 하고 있다(新 掘聰, 前揭書, p.90).

186) R. A. Anderson, *op. cit.*, pp.672~3.

② 일반원칙(66조)

66조에 의하면, 물품의 멸실 또는 손상이 당사자 일방의 작위 또는 부작위(act or omission)에 기인한 경우에는 이런 작위 또는 부작위에 책임이 있는 당사자가 손해를 부담한다.

66조의 경우 다음과 같은 문제점이 발생한다.

① 물품의 멸실 또는 손상은 계약상의 의무위반이라고 말할 수 없는 매도인의 작위 또는 부작위에 의해서도 생긴다. 예컨대, FOB 계약하에서는 통상 위험은 본선적재 완료시에 이전되지만 매도인이 목적지 항에서 컨테이너를 회수하려고 할 때 물품을 손상시킬 수가 있다. 이 경우 위험은 누가 부담하는가이다.

② 종종 손실위험은 계약에 따라 결정될 수 있다. 특히 FOB, CIF와 같은 거래조건은 손실위험이 매도인으로부터 매수인에게 이전하는 시기를 명시하고 있다. 만약 계약이 Incoterms와 같은 거래조건이나 기타 조건의 사용을 통해 손실 위험의 결정에 대한 원칙을 설명하고 있을 경우, 이러한 원칙과 66조에서 말하는 위험이전 일반원칙과의 우선순위는 어떻게 되는가이다.

③ 66조는 위험이전의 주요한 결과를 규정하고 있다. 따라서 일단 위험이 매수인에게 이전하였다면 매수인은 그 후의 물품의 멸실 또는 손상에도 불구하고 물품의 대금을 지급해야 한다. 이러한 사실은 물품의 불일치에 관한 36조 (1)항의 원칙과 모순되지 아니하는가이다.

이에 대한 해결방안은 다음과 같다.

① 계약상의 의무위반이라고 말할 수 없는 매도인의 작위 또는 부작위에 의한 멸실 또는 손상의 경우 매수인은 대금의 전액을 지불할 의무는 없고 불법행위법에 따라 계산되는 손해배상액을 대금으로부터 공제할 수 있다.[187]

② 66조의 위험이전에 관한 일반원칙과 계약상의 Incoterms 원칙이 저촉할 경우 CISG 6조에 따라 Incoterms의 규정이 우선한다.

③ 66조의 근본 제정 취지는 매수인에게 계약규정에 따라 대금을 지급해야 할 의무를 부과하지 아니하나 손해배상액이 불법행위에 관한 준거법에 따라 계산되는 한 손해액을 공제할 권리를 가짐을 규정하는 데 있다.[188]

---

187) 新 掘聰, 前揭書, p.104.
188) A. H. Kritzer, *op. cit.*, p.439.

③ 개별원칙(67조~70조)

당사자들의 합의가 존재하지 아니하고 역시 멸실이나 손상이 당사자 가운데 일방의 책임에 기인한 것이 아닌 경우에는 법률의 규정으로서 손해를 어느 당사자에게 부담시키는 것으로 하는가에 대하여는 67조에서 70조까지 규정되어 있다.

〈1〉 계약이 운송을 수반할 때 물품의 위험이전시기(67조)

운송을 수반하는 물품매매계약으로서 매도인으로부터 매수인에게 위험이 이전하는 시점을 결정할 경우 협약하에서는 다음과 같은 3가지의 범주로 나누어진다.

(a) 특정 장소에서 물품을 인도할 필요가 없는 경우

매도인이 발송지 이외의 특정장소에서 매수인이나 운송인에게 물품을 인도할 의무를 부담하고 있지 아니할 경우, 위험은 매매계약에 따라서 매수인에게 수송을 위해 최초의 운송인에게 물품이 인도된 때에 매수인에게 이전한다.

(b) 물품이 운송을 포함하되 특정장소에서 물품을 인도할 경우

매도인이 최초의 발송지 또는 최종 목적지 이외의 예컨대, 중간지점인 특정장소에서 운송인에게 인도될 때까지 위험은 매수인에게 이전하지 아니한다.

(c) 물품이 운송을 포함하되 특정 목적지에서 물품을 인도할 경우

이런 경우 협약 69조 (2)항에 따라 위험은 물품이 목적지에 도착한 후 인도기일이 도래하여 물품이 그 장소에서 매수인의 임의처분 상태로 맡겨졌다는 사실을 매수인이 안 때 매수인에게 이전한다.

주의를 요할 것으로, 이상과 같이 물품의 운송을 포함하는 경우에 적용되는 위험이전시기에도 불구하고 물품이 하인, 선적서류, 매수인에게 통지, 기타 방법에 의해서 계약의 목적물로서 분명하게 식별될 때까지는 매수인에게 이전하지 아니한다.

그리고 이러한 위험이전시기에 관한 원칙의 경우 물품의 처분권을 지배하는 서류를 유보하도록 수권되어 있다는 사실이나, 자신이 이러한 권한에 따라 행동한 사실이 위험이전에 영향을 미치지 아니한다.[189]

67조의 경우 다음과 같은 문제점이 발생한다.

① 위험은 물품이 최초의 운송인에게 인도된 때 이전하는 것으로 되어 있어 Incoterms에 따라 실제 운송수단에 적재하는 것, 선측에 놓아두는 것 등이 필요로

---

189) 준거법에 따라 위험이전이 권리나 소유권의 이전에 영향을 미칠 수 있다 해도 별개임을 규정하고 있고, 이러한 규정에 따라 소유권과 관련한 규정의 효과는 아무런 영향을 미치지 못함을 4조 (b)항을 통해 알 수 있다.

하지 아니하다는 문제가 제기된다.

② 위험은 물품이 최초의 운송인에게 인도된 때에 이전하는 것으로 되어 있지만, 이는 매수인에게의 수송이 복수 운송인에 의해서 순차적으로 연계되어 이루어질 것을 예상한 것으로 동종 또는 이종의 운송수단을 사용해서 복수의 운송인이 행하는 통용운송(through transport; through carriage)에 대응하고 있다. 그리고 통용운송의 경우 각 운송구간에 동일의 운송수단을 사용하는 단순통용운송(unimodal through transport)과 각 운송구간의 수송수단의 종류가 다른 복합운송(combined or intermodal or multimodal transport)이 있는데, 어떤 운송형태에도 이 원칙이 그대로 적용되는지가 문제이다.

③ 매도인이 자신의 트럭으로 철도나 해상 운송인에게까지 운송하기 위해 자신의 트럭 편에 물품을 적재할 때 손실 위험은 이전하지 아니한다. 그러나 매도인이 이러한 목적으로 트럭회사를 고용한 경우 그 결과가 분명하지 아니할 수 있다.

④ (1)항에 의하면 예컨대, "CIF 매수인의 도시" 조건으로 되어 있는 경우 위험은 매수인의 도시에서 물품이 인도될 때까지 이전하지 아니한다. 이러한 사실은 CIF 계약에 있어 운송의 위험은 매수인에게 있다는 일반적인 원칙에 반하고 있다.

⑤ 국제매매에 있어선 매도인은 계약상 매수인에게 신용을 부여하고 있지 아니하는 한 매수인이 대금에 관해서 환어음의 지불 또는 인수를 할 때까지 선적서류를 유보하는 수가 많다. 이런 경우에도 위험이전에는 아무런 영향이 없는바, 이렇게 제정한 동기는 무엇인가이다.

⑥ (1)항의 규정에도 불구하고 계약의 목적물로서 분명하게 식별될 때까지 위험은 매수인에게 이전하지 아니한다는 (2)항의 규정의 제정 동기는 어디에 있는가이다.

이에 대한 해결방안은 다음과 같다.

① 최초의 운송인에게 인도된 때 위험이 이전하는 것으로 규정한 것은 최근의 무역거래가 곡물, 광석, 석탄 등의 무포장하물인 산적하물(balk cargo)을 제외하고는 컨테이너에 의한 운송이 다수로 되어 있고, 이런 경우 육해공 어느 운송수단에 따라 운송된다 해도 적재에 앞서 화물터미널에서 물품을 운송인에게 인도하는 것을 보통으로 하고 있는 현실 운송방법을 반영한 결과일 뿐이며,[190] 개별계약에 따라 위험의 이전은 당연히 달라질 수 있다.

---

190) 新 掘聰, 前揭書, p.106.

② 운송이 단독 운송인에 의해 이루어지는 경우든, 복수 운송인에 의해 이루어지는 경우든 관계없이, 최초의 운송인에게 인도시 위험을 이전한다.

③ 필요에 따라 매도인이 예비운송을 사용할 경우 이러한 운송기간 동안 손실의 위험은 계약[191]을 통해 분명히 해야 하나 달리 합의가 없는 한 Incoterms에 의하면 매도인 부담으로 되어 있다.

④ CIF 계약의 경우 매수인에 의해 지급되는 대금이 보험비용을 포함한다는 사실은 매수인에게 운송위험을 부담시키려는 당사자들의 의사를 나타내기에 충분하다. 이러한 사실은 영미보통법하에서도 그렇고, 협약 6조에 의해서도 적절한 것처럼 보인다. 그럼에도 불구하고 Incoterms의 삽입 또는 기타 방법에 의해서 계약당사자들이 이러한 원칙을 규정하는 것이 바람직하다.

⑤ 영미보통법 계통의 국가에서는 위험과 운송서류 유보를 연계시키고 있기에 위험은 운송서류의 유보여하에 관계없이 이전함을 분명히 하기 위해서 동 규정이 제정되었다.[192]

⑥ (2)항의 충당요건의 목적은 물품이 재난을 입은 후 재난받은 물품이 매수인이 구입한 물품이었음을 거짓으로 매도인이 청구하는 것을 방지하기 위한 것이다.[193] 이러한 남용의 의도를 제거하기 위해서는 물품이 계약에 정히 충당되어야 한다.

〈2〉 운송중 매매된 물품의 위험 이전시기(68조)

운송중에 매매된 물품의 위험은 계약 체결시로부터 매수인에게 이전한다는 대원칙은 다음과 같은 2개의 예외를 인정하고 있다.

① 운송계약을 포함하고 있는 경우 운송서류를 발행한 운송인에게 물품이 인도될 때로부터 매수인이 위험을 부담해야 하는 상황이 있을 경우에는 그 때에 위험은 이전된다.

② 만약 매도인이 계약 체결시에 물품이 멸실 또는 손상을 입은 사실을 알고 있거나, 당연히 알았지만 이러한 사실을 매수인에게 분명하게 고지하지 아니한 경우 멸실 또는 손상은 매도인의 위험하에 있다.

68조의 경우 다음과 같은 문제점이 발생한다.

---

191) 이 경우의 계약은 매도인과 운송회사와의 계약과 매도인과 매수인과의 계약을 공히 의미한다.

192) 新 掘聰, 前揭書, p.108.

193) A. H. Krritzer, *op. cit.*, p.444.

① 운송 중 매매물의 위험이전에 관한 68조의 규정에 따라 물품이 운송인에게 인도된 때부터 위험을 매수인이 부담함을 나타내는 주위의 상황이란 구체적으로 어떠한 상황을 가르치고 있는가이다.

② 위험이전에 관한 규정은 순수하게 실질적인 고려에 근거해야 하며 특별히 위험이전이 물품의 운송 중에 일어나서는 아니된다. 이런 경우 법관은 자신의 일시적인 생각에 따라 주요한 원칙이나 예외원칙을 선택할 권한을 가지고 있기 때문에 협약취지의 원만한 수행이 어려울 수 있다.

이에 대한 해결방안은 다음과 같다.

① Honnold에 의하면 예컨대, 당사자들이 피보험자 지시식으로 발행되고 매수인 앞으로 이서된 보험증권을 포함한 표준 운송서류를 매수인에게 양도하므로 거래가 종료된 경우가 68조에서 말하는 "그러나 상황이 분명한 경우……"의 적절한 예이다.194)

② 기적품의 위험이전에 관해서는 Incoterms에서 설명하기로 한다.

〈3〉 기타원칙(69조)

① 상기 (1), (2)에 해당하지 아니하는 경우에 위험은 매수인이 물품을 인취, 즉 수령한 때 매수인에게 이전한다.

이런 경우는 매수인이 자신의 운송수단이나 기타 공공 운송인을 통해 물품의 점유를 취득하고 필요한 운송을 준비하는 것을 예상한 경우를 위한 규정이다.195)

따라서 매수인이 매도인의 영업장소에서 물품을 인취하는 경우 위험은 물품의 인취시에 이전한다. 만약 매수인이 매도인의 영업장소에서 물품을 인취할 의무가 있고, 매도인이 매수인의 임의처분 상태로 물품을 인도하였으나 매수인이 기간 내에 물품을 인취하길 해태한 경우, 매수인이 물품의 인취 실패로 계약위반을 했을 때 위험은 이전한다.

② 매도인의 영업장소 이외의 장소에서 물품을 매수인이 인취하여야 할 경우에 위험은 인도의 기일이 도래하고, 또 물품이 그러한 장소에서 매수인의 임의처분 하에 인도된 사실을 매수인이 알게 된 때 위험은 이전한다.

③ 주의를 요하는 것으로 물품이 계약의 대상으로서 구별(충당)되어 있지 아니한 경우, 분명한 구분이 될 때까지는 매수인의 임의처분상태로는 보지 아니하므로

---

194) J. O. Honnold, *op. cit.*, p.380.
195) A. H. Kritzer, *op. cit.*, p.450.

위험도 매수인에게 이전하지 아니한다.

69조의 경우 다음과 같은 문제점이 발생한다.

① 매수인이 매도인의 영업장소 이외의 장소에서 물품을 인수해야 하는 경우, 인도의 기일이 도래하지 아니한 때 위험은 누가 부담하는가이다.

② 임의처분 상태와 충분한 충당(명확히 확정)의 올바른 정의는 무엇인가이다.

이에 대한 해결 방안은 다음과 같다.

① 물품이 매도인의 실질적인 점유하에 있는 한, 그리고 매수인이 물품을 인취해야 하는 기간의 종료일이 아직 경과하지 않은 한, 매도인이 손실위험을 부담해야 함이 원칙이다. 이는 물품을 멸실 또는 손상으로부터 보호하는 데 있어, 그리고 물품의 멸실 또는 손상이 발생한 경우 손실을 발생시킨 사람이나 보험업자를 상대로 클레임을 제기할 수 있기에 가장 유리한 입장에 있는 자는 바로 매도인이기 때문이다.

② 본 조항에서 말하는 임의처분 상태란 물품을 매수인이 인취하는 데 물리적으로나 법적으로 하등의 지장을 주지 아니하는 상태를 의미하며, 물품이 이러한 상태에 놓였을 때, 즉 매수인이 물품을 인취할 수 있도록 필요한 것을 매도인이 할 때 물품은 매수인의 점유하에 있게 된다. 일반적으로 인도될 물품의 충당, 포장과 같은 사전 인도준비 완료, 인취할 수 있도록 필요한 통지 등이 포함된다고 보아야 한다.

그리고 충분한 충당이란 협약이나 Incoterms에서도 명시적으로 해결하지 못하는 부분이지만 가장 적합한 해답은 98조 (3)항이다. 즉, 동 규정에 의하면 충당이 실질적인 목적 때문에 인취시에 분리할 수 없는 경우, 매도인이 매수인으로 하여금 물품을 인취할 수 있도록 필요한 모든 것을 할 때 충분하게 충당되었음을 규정하고 있다.[196]

특수한 경우 9조 (1)항에 따라 당사자들간에 이미 확립되어 있는 관행이나 9조 (2)항에 따라 특정거래에 관련 있는 형식의 계약 당사자들에게 널리 알려져 있고, 그들에 의해 정규적으로 준수되고 있는 관습은 이상과 같은 결과를 낳게 된다.

〈4〉 우선원칙(70조)

손실위험의 이전이 67조, 68조, 69조에 따라 이전한 후에 물품이 멸실하거나 손상되었다 해도 매도인이 기본적인 위반을 저지른 경우, 매수인이 46조(매수인의

---

196) ULIS의 규정에 의하면 매수인의 임의처분 상태가 완전한 충당 상태의 일종임을 알 수 있다.

구제방법)나 47조(매수인의 이행청구권)에 따라 대체물의 인도를 주장하거나 49조
(1)항 (a), (b)호에 따라 계약을 해제할 수 있다는 것이다.

(4) 한국법과 일본법

① 한국법
〈1〉채무자 위험주의

쌍무계약의 당사자 일방의 채무가 당사자 쌍방의 책임없는 사유로 이행할 수
없게 된 때에는 채무자는 상대방의 이행을 청구하지 못한다.[197]

〈2〉채권자 위험주의

쌍무계약의 당사자 일방의 채무가 채권자의 책임 있는 사유로 이행할 수 없게
된 때에는 채무자는 상대방의 이행을 청구할 수 있다. 채권자의 수령 지체중에 당
사자 쌍방의 책임 없는 사유로 행사할 수 없게 된 때에도 같다.[198]

② 일본법

일본 민법 596조에 의하면, 원칙적으로 채무자주의를 채택하고 있다. 그러나
534조 (1)항에 의하면, 특정물에 관해서는 채권자주의를 규정하고 있어 우리나라와
비슷하나, (2)항에 의하면 불특정물매매에 관해서는 우리나라의 규정과는 달리 구
체적으로 목적물이 확정된 때로부터 매수인이 위험을 부담하는 것으로 되어 있다.
불특정물매매에서 목적물의 확정은 매수인에게 물품을 인도한 때 또는 매수인에게
운송을 위해 운송인에게 인도한 때 발생하는 것으로 생각된다.

따라서 일본의 경우 위험의 이전 시기는 물품을 매수인 또는 운송인에게 인도
한 때로 해석되며, 우리나라의 경우도 일본처럼 구체적이 아닌 포괄적 규정으로 해
석상의 여지는 크나 일본과 같이 해석할 수 있는 것으로 생각된다.

(5) 관습상의 접근방법

① 정형거래조건의 국내·외 사용에 관한 ICC규정(Incoterms)

Incoterms에 규정되어 있는 11개의 표준적 거래조건은 인도, 선적, 손실위험,
비용, 수령, 대금지급, 기타 관련문제에 관해 제목별로 다양하게 규정하고 있다. 국
제무역에 있어 이러한 문제에 관해 규정하고 있는 유일한 거래조건일 뿐만 아니라

---

197) 민법 537조.
198) 민법 538조.

가장 사용 빈도가 높다.[199] 따라서 전 Incoterms 조건의 A.5, B.5를 통해 알 수 있는 위험이전 시기는 다음과 같다.

① EXW : 지정된 장소에서 물품이 인도를 위해 충당이 완료된 때 ; 출발지에서 매수인의 임의처분 상태로 적치된 때

② FCA : 지정된 지점에서 운송인에게 인도된 때

③ FAS : 선적항에서의 본선의 선측에 적치하거나 조달된 때

④ FOB : 선적항에서의 본선에 적재한 때

⑤ CFR : 선적항에서의 본선에 적재한 때

⑥ CIF : 선적항에서의 본선에 적재한 때

⑦ CPT : 지정된 지점에서 운송인에게 인도된 때

⑧ CIP : 지정된 지점에서 운송인에게 인도된 때

⑨ DAT : 도착지의 항구나 장소의 지정된 터미널에서 매수인의 임의처분 상태로 적치된 때

⑩ DAP : 도착지의 지정장소에서 도착한 운송수단상에서 매수인의 임의처분 상태로 적치된 때

⑪ DDP : 목적지의 지정된 지점에서 매수인의 임의처분 상태로 인도된 때

② Incoterms상의 위험이전원칙

이상과 같은 시기에 위험이 이전하지만 위험이전에는 다음과 같은 세 가지의 원칙이 적용된다.

① 위험이전의 대원칙

② 조기 또는 사전 위험이전원칙(위험이전의 대원칙의 예외 : 예외원칙)

③ 위험이전의 대원칙과 예외원칙 적용의 대전제 조건원칙[200]

Incoterms의 경우 다음과 같은 문제점이 발생한다.

① 기적품(afloat goods)과 관련한 문제

Incoterms에 의하면 FAS, FOB, CFR과 CIF조건은 기적품의 거래를 인정하고 있다. 기적품이 인정되는 경우는 예컨대, 유조선, 광물선, 용선이나 원양어업 또는 원거리 거래로서 부정기선에 의한 거래 등의 경우이다.

---

199) A. H. Kritzer, *op. cit.*, p.444.
200) 전 Incoterms 조건의 A.5, B.5의 규정을 통한 추정임.

그러나 이 경우 위험이전시기에 관해 두 가지의 가능성 제시와 CISG 68조의 내용 소개와 당사자간 합의의 필요성만을 규정하고 있어 기적품의 거래를 FAS, FOB, CFR과 CIF에 연계시킬 경우 위험의 문제는 계속 남게 되기 때문에 기적품 거래를 인정하면서 위험문제를 해결할 수 있게끔 규정 개정의 필요성이 제기된다.

② 규정과 관행과의 관계의 문제

전 Incoterms 조건의 A.5와 B.5를 통해 위험이전의 3원칙에 따라 위험이 이전함을 알 수 있다. 그러나 실제에 있어 이러한 3원칙과 현실적으로 인도장소의 관행이나 관습과의 충돌이 있을 수 있는데, 이 경우 어느 것이 우선하는가에 관한 문제가 있을 수 있다.

이에 대한 해결방안은 다음과 같다.

① 적용 거래조건의 변경

기적품의 경우 Honnold의 주장[201]처럼 당사자들의 합의만으로는 위험문제의 해결이 어렵기 때문에 기적품을 FAS, FOB, CFR과 CIF와 연결시키지 않고 DAT나 DAP에 연결시키면, 현실적으로나 이론적으로 어려움을 제거할 수 있다.

② 항구 또는 특정거래 관행의 우선

전 Incoterms 조건의 A.5와 B.5를 통해 위험이전의 3대원칙을 설명하여 위험이전의 문제를 현실적으로 잘 처리하고 있으나 실제에 있어 이러한 원칙과 항구나 특정거래의 관행이나 관습이 서로 저촉하는 경우가 있을 수 있는데, 이 경우의 우선은 Incoterms 2000 서문 6에서 규정하였듯이 항구 또는 특정거래의 관행이나 관습이 어느 정도[202] 인정되고 있으므로 동 서문의 내용이 Incoterms의 규정에 우선한다고 볼 수 있다.

---

201) J. O. Honnold, *op. cit.*, p.450.

202) 이 때의 어느 정도는 절대 최소를 의미한다. 그렇지 아니하면 Incoterms 자체가 필요 없고, 상이한 해석으로 인한 거래의 불확실성과 이로 인한 여러 가지 파생되는 문제는 끝이 없기 때문이다.

제 5 장   매도인과 매수인의 공통의무규정

1. 구 성

2. 개 요

본 장은 결론의 장으로서 계약위반에 따른 구제에 관한 특별한 문제를 규정하고 있다.

1절인 사전위반(anticipatory breach)과 분할계약(installment contract) 규정은 71조에서 73조까지이며, 대응이행의 불이행이 명백할 경우에 보호와 주로 관련이 있는 규정으로서, 이런 경우에 직면한 일방은 경우에 따라서 이행을 정지하거나 계약을 해제할 수 있다. 73조는 물품 분할인도 계약에 따라 일어나는 위와 유사한 문제를 다루고 있다.

2절인 74조에서 77조의 규정은 손해배상금 측정을 위한 규정을 하고 있다.

3절인 78조는 연체금에 대한 이자에 관한 간략한 규정을 다루고 있다.

4절인 면책규정은 79조와 80조이며, 불가항력과 같이 이행이 장애에 의하여 방해된 때 의무로부터 면제라는 어려운 문제를 규정하고 있다.

5절인 해제의 효과규정은 81조에서 84조이며, 해제된 계약에 따라 수령한 이익의 반환에 관해 규정하고 있다.

끝으로 6절인 물품의 보존규정은 85조에서 88조이며, 거절한 물품의 훼손이나 낭비를 방지하기 위한 규정이다.[203]

제 1 절   사전위반(事前違反)과 분할계약(分割契約)

1. 구 성

71조   이행정지(履行停止)
72조   이행만기 전 계약해제
73조   분할계약의 해제

2. 개 요

71조상의 이행정지를 위한 일반적인 권리의 규정에 의하면, 이행정지의 기준 (불안의 표준)은 "……이행하지 아니할 것이 분명한 경우……"이다.

반면에 이행기일 전에 해제에 관한 72조상의 계약해제의 기준(불안의 표준)은 "……계약위반을 범할 것이 분명한 경우……"이다.

203) J. O. Honnold, *op. cit.*, p.391.

73조상의 분할계약의 경우 해제의 표준, 즉 불안의 표준은 "……결론을 내릴 만한 충분한 사유……"이다.

3. 규정과 해설

【1】71조 : 이행정지(履行停止)

Article 71
(1) A party may suspend the performance of his obligations if, after the conclusion of the contract, it becomes apparent that the other party will not perform a substantial part of his obligations as a result of : (a) a serious deficiency in his ability to perform or in his credit worthiness; or (b) his conduct in preparing to perform or in performing to contract. (2) If the seller has already dispatched the goods before the ground described in the preceding paragraph become evident, he may prevent the handing over of the goods to the buyer even though the buyer holds a document which entitles him to obtain them. The present paragraph relates only to the rights in the goods as between the buyer and the seller. (3) A party suspending performance, whether before or after dispatch of the goods, must immediately give notice of the suspens to the other party and must continue with performance if the other party provides adequate assurance of his performance.

(1) 계약을 체결한 후 타방이 다음과 같은 결과로서 자신의 의무의 중요한 부분을 이행하지 아니할 것이 분명한 경우 일방은 자신의 의무의 이행을 정지할 수 있다.
  (a) 상대방의 이행능력이나 신뢰성에 중대한 결함
  (b) 이행준비나 계약이행에 있어 타방의 행위
(2) 전 항에 규정된 사유가 명백해지기 전에 매도인이 이미 물품을 발송하였을 경우 매수인이 물품을 취득할 수 있는 권리가 있는 서류를 보유하였더라도 매도인은 매수인에게 물품의 교부를 중지시킬 수 있다. 본 항은 매도인과 매수인 간에서의 물품에 관한 권리에만 적용된다.

(3) 물품의 발송 전후에 관계없이 이행을 정지한 일방은 타방에게 정지의 통지를 즉
각적으로 해야 하며, 타방이 자신의 이행에 적절한 보장을 제공한다면 이행을 계
속해야 한다.

본 조항은 당사자들의 이행정지에 관해 규정하고 있으며, ULIS 73조에 근거한
DCIS 62조에 근거하여 수정된 것이다.

1) 이행정지권/(1)항(a, b)호

당사자들은 계약체결 후 타방이 다음의 사유로 인해 그 의무의 실질적인(중요
한)[204] 부분을 이행할 수 없음이 분명한 경우에는 자신의 의무이행을 정지할 수
있다.

① 이행능력이나 신용의 중대한 결함((a)호)

② 계약이행의 준비행위나 이행행위((b)호)

(a)호에 해당하는 사례로서 일방에 의한 계약이행의 우려가 객관적으로 분명한
경우의 사례를 들면 다음과 같다.

① 매도인이 후불조건으로 매수인에게 물품을 인도할 것에 동의하였지만, 물품
의 인도 전에 매수인이 지불불능상태에 빠져 지불능력이 없음이 분명한 경우 매도
인은 물품의 인도를 정지할 수 있다.

② 매도인의 공장에서 파업에 의해 생산이 정지되어 파업이 오랜 기간 동안 계
속될 것으로 예상되는 경우, 매수인은 선금의 지불이나 신용장 개설과 같은 의무를
정지할 수 있다.

③ 매수인이 선금을 지불할 것에 동의하였지만 매도인이 생산 또는 구매 불능
에 빠진다든가, 기타 사정으로 해서 물품을 인도할 수 없게 된 경우, 매수인은 지불
을 정지할 수 있다.

④ 매도인에 대한 지불이 매수인의 다른 계약 때문에 지연되고 있는 경우, 매
수인의 신용에 중대한 결함을 나타내는 것으로 볼 수 있다. 이러한 결함의 결과 매

---

204) 주요한 위반을 범한 것이 객관적으로 분명한 경우 이행기간 전이라도 계약해제 선언을 인
정하고 있는 72조와 비교해 볼 때, 본 71조 (1)항에서의 실질적인 부분이란 중요한 부분이
지만, 그 위반이 주요한 위반(25조)을 구성할 정도로 중요한 것이 아니라도 충분하다고 해석된
다(新 掘聰, 前揭書, p.135).

도인이 계약에 따라 다른 사람으로부터 물품을 구입해서 공급해야 하는 경우에 물품에 대한 대금을 매수인이 지불할 수 없음이 분명하다면 매도인은 물품의 구입이나 공급을 정지할 수 있다.

(a)호의 경우 위와 같이 객관적으로 이행의 우려가 분명한 경우에 물품인도나 대금지불의 정지를 인정할 뿐만 아니라, (b)호의 경우와 같이 물품의 인도나 대금지불을 가능하게 하는 준비행위의 정지도 인정하고 있는 것으로 해석된다. 예를 들면 다음과 같다.

① 계약을 이행하기 위하여 매도인이 물품의 구입이나 생산을 할 필요가 있는 경우에 매수인이 대금을 지불할 수 없음이 분명한 경우 매도인은 물품의 구입이나 생산을 정지할 수 있다.

② 매도인이 물품의 인도를 실행할 수 없음이 분명한 경우 매수인은 신용장의 개설 등의 지불준비 등을 정지할 수 있다.

(b)호에 대한 또 다른 사례로서 일방에 의한 계약이행의 우려가 객관적으로 분명한 경우의 사례를 들면 다음과 같다.

③ 매도인이 최근에 다른 고객에게 공급한 제품에 결함이 있고, 그것이 매도인이 사용하고 있는 원료에 기인한 경우에 매도인이 만약 그 원료를 사용한 제품을 매수인에게도 공급할 경우, 매수인은 자신의 의무이행을 정지할 수 있다.[205)]

2) 매도인의 물품 운송정지권/(2)항

매수인의 신뢰성의 결함으로 인해 매수인이 물품의 대금을 지급하지 아니할 것이 분명한 것과 같은 경우, 매수인에게 물품을 취득할 권리를 주는 서류, 예컨대 B/L 등을 매수인이 보유하고 있고, 물품의 수령 후 매수인에게 신용을 허용하는 조건으로 처음부터 물품이 매각되었다 해도, 매도인은 매수인에게 물품을 인도하지 못하도록 운송인에게 명할 권리를 가진다.

그러나 매수인이 대가를 지불하고 신의성실로 서류를 취득한 제3자에게 서류를 양도하였다면 매도인은 운송인에게 물품을 인도하지 못하도록 할 수 있는 자신의 권한을 상실한다.

협약은 매도인과 매수인간의 물품에 관한 권리만을 지배하기 때문에[206)] 매수

---

205) 新 掘聰, 前揭書, pp.133~5.

인에게 물품을 취득할 권리를 부여하는 서류를 매수인이 가지고 있는 경우, 운송인
은 매도인의 지시에 따라야 하는지 아니면 따르도록 허용되어 있는지의 여부에 대
한 문제는 문제된 거래에 적용되는 준거법에 의해 지배된다.[207]

본 규정의 적용은 ① 대금지불을 받지 못할 염려가 있음이 물품의 발송 후 물
품이 매수인에게 인도되기 전에 판명되고, ② 매도인이 유통가능 B/L의 보유 등에
의해 물품의 지배권을 유보하고 있지 아니하는 경우에 한정된다.

따라서 매도인이 매수인을 신뢰하여 대금 후불로서 B/L을 인도하였지만 물품
이 목적지 항에 도착하기 전에 매수인의 지불정지 상태를 알게 된 경우가 전형적인
예로 볼 수 있다. 이 경우 매수인이 B/L을 소지하고 있고 역시 처음에 매수인에게
후불을 인정한 경우라도, 매도인은 매수인에게 물품을 인도하지 말도록 운송인에게
지시할 수가 있다.[208]

3) 이행정지의 통지와 통지에 따른 이행의 적절한 보장/(3)항

본 규정에 의하면 물품의 발송 전후를 불문하고, 이행을 정지한 당사자는 즉시
상대방에게 그 취지를 통지해야 한다.

이러한 사실은 (1)항에 따라 이행을 정지한 당사자나 (2)항에 따라 운송중의
물품을 중지한 당사자, 모두 즉시 상대방에게 통지해야 함을 의미한다. 그런데 이
러한 통지에 대해 상대방이 의무이행을 위한 적절한 확약(보증)을 한 경우에는 이
행을 정지한 당사자는 이행을 계속해야 한다.

이 때 어떠한 확약이 적절할 지에 대한 문제가 제기되는데, ① 상대방이 실제
의무를 이행할 것에 관해, ② 이행을 정지한 당사자가 이행을 진행함에 따라 입은
전 손해의 보상에 관해 합리적인 보장을 줄 수 있는 확약이라야 한다.

예를 들어 설명하면 다음과 같다. 매매계약에 의하면, 매수인은 물품이 자신의
영업장소에 도착한 후 30일째 되는 날에 대금을 지급하도록 되어 있었다. 계약체결

---

206) 본 규정은 매도인과 매수인 간의 물품의 권리에만 관련됨을 명시적으로 규정하고 있다. 이
러한 사실은 4조에 명시된 일반원칙을 반영한 것이다.

207) 수하인(consignee)에게 인도를 못하게 하는 하송인(shipper)의 명령에 따라야 할 운송인의
의무를 지배하는 규칙은 운송방식, 그리고 다양한 국제협약과 국내법에 따라 다르다
(A/CONF.97/19, p.53).

208) 新 掘聰, 前揭書, p.136.

후 매도인은 매수인의 신용상태에 관해 정보를 입수하였다. 그 정보에 따르면 매도인에게 (1)항의 규정에 따라 이행정지를 허용할 수 있는 것이었다. 매도인이 이행을 정지하고 매수인에게 그 취지를 통지한 경우 매수인은 ① 서류와 교환으로 지불하겠다는 새로운 지급조건이나, ② 신용이 있는 은행이 개설하는 신용장이나, ③ 매수인이 지불하지 아니하는 경우에는 대신 지불하겠다는 취지의 신용이 있는 은행 또는 기타 기관의 보증이나, ④ 매도인에게 상환을 확실히 하는 매수인 소유의 충분한 물품의 담보이익 가운데 무언가를 제공하였다.

이상의 네 가지 방안은 어느 하나라도 매도인에게 적절한 보증을 줄 수 있기 때문에 매도인은 이행을 계속할 의무가 있다.[209]

본 항의 경우 협약 전체의 흐름 자체가 그러하지만 어떻게 하든지 계약의 해제를 피하고 성사시키려는 협약의 제정목적이 담겨 있다고 여겨진다.

4) 이행정지의 시효

당사자 일방이 의무이행의 정지를 한 경우 다음과 같은 네 가지 가운데 하나가 일어날 때까지는 이행정지의 상태가 계속된다.

① 타방이 자신의 의무를 이행하거나,

② 적절한 보증이 이루어지거나,

③ 이행을 정지한 당사자가 계약해제를 선언하거나,

④ 계약에 적용되는 시효가 종료된 때[210]

본 조항은 UCC 2−609조(적절한 이행보증권)에 영향을 받은 것처럼 보이나 UCC보다는 협약이 이행정지에 대해 까다롭다.

본 조항은 "……타방이 ……자신의 의무의 중요한 부분을 이행하지 아니할 것이 분명한 경우……"에 적용되는데 반하여, UCC 2−609조는 "……합리적인 불안근거……"만을 이행정지의 요건으로 하고 있다.[211]

---

209) A/CONF.97/19, p.53.

210) *Ibid.*

211) A. H. Kritzer, *op. cit.*, p.462.

5) 전자협약의 원칙

이행정지와 관련하여 사용되는 전자통신에 대한 전자협약상의 규정은 없으나 AC의 의견은 32조 1항의 의견 가운데 매수인 대신 수신인으로 변경하면 그 내용은 동일하나 논평을 보면 다음과 같다.

이행정지에 대하여 타방에게 주어지는 정보, 즉 통지는 전자통신으로 주어질 수 있다. 이런 경우 중요한 것은 형식에 관계없이 그 정보가 매수인에게 전달될 수 있어야 한다.

이행정지에 대하여 타방에게 이루어지는 전자통신의 효력발생과 관련한 제반 사항은 15조와 27조의 논평과 같다.[212)]

【2】 72조 : 이행만기전 계약해제

Article 72
(1) If prior to the date for performance of the contract it is clear that one of the parties will commit a fundamental breach of contract, other party may declare the contract avoided.
(2) If time allows, the party intending to declare the contract avoided must give reasonable notice to the other party in order permit him to provide adequate assurance of his performance.
(3) The requirements of the preceding paragraph do not apply if the other party has declared that he will not perform his obligations.
(1) 계약이행기간 전에 당사자 중 일방이 주요한 계약위반을 범할 것이 분명한 경우 타방은 계약의 해제를 선언할 수 있다.
(2) 시간이 허용하는 한 계약의 해제를 선언하고자 하는 당사자는 타방에게 적절한 이행 보장을 제공하도록 하기 위하여 타방에게 합리적인 통지를 하여야 한다.
(3) 전 항의 요구는 타방이 그 의무를 이행하지 아니할 것임을 분명히 한 경우엔 적용되지 아니한다.

---

212) http://www.cisg.law.pace.due/cisg-ac-op.1.html, p.17.

본 조항은 이행기간 이전에 계약을 해제할 수 있음을 규정하고 있는데, 71조와 같이 본 조항도 이행일 이전에 위반의 위험이 있을 경우에 이행기간 이전에 불만이 있는 당사자에게 계약해제를 허용하고 있다.

본 조항은 ULIS 76조와 이에 근거한 DCIS 63조와 실질적으로 똑같다.

1) 해제선언의 요건/(1)항

계약 이행기일에 앞서 당사자 가운데 일방이 계약의 주요한 위반을 범할 것이 명백한 경우에는 타방은 즉각적으로 계약의 무효를 선언할 수 있다.

따라서 장래의 주요한 위반은 계약의 이행거절(repudiation)을 구성하는 당사자의 발언이나 행위에 의해 명백하게 되는 것도 있고, 역시 장래의 이행을 불가능하게 하는 화재에 의한 매도인의 공장소실, 국가에서의 수출금지 또는 통화관리를 위한 금융제한의 실시 등 객관적인 사실에 의해 명백한 것도 있다.

이행정지의 통지를 받은 당사자가 71조 (3)항에 따라 적절한 이행확약을 주지 아니하면 주요한 위반을 범한 것이 명백한 것으로 해석된다.

2) 주의와 통지/(2), (3)항

계약의 해제를 선언하고자 하는 당사자는 신중하게 행동해야 한다. 즉, 기일이 된 때에 사실로서 주요한 위반이 존재하지 아니한다면 처음의 우려가 명백하지 아니한 것으로 되어 해제선언 그 자체가 무효가 되며, 이런 경우 계약을 해제하려는 당사자는 그 자신의 불이행에 관해 계약위반으로 처해질지 모른다.

그리고 시간이 허용한다면 계약해제를 선언하려는 당사자는 타방이 이행에 관해 적절한 보장을 할 수 있도록 하기 위해 타방에게 합리적인 통지를 해야 한다. 단, 이러한 요구는 타방이 자신의 의무를 이행하지 못한다고 선언한 경우에는 적용되지 아니하고 바로 해제 선언이 가능하다.213) UCC 2-610조(사전이행거절)와는 많은 차이가 있다.

---

213) 新 掘聰, 前揭書, pp.139~40.

3) 전자협약의 원칙

이행만기 전 계약해제와 관련한 전자통신에 대한 전자협약의 규정은 없으나 AC의 의견은 71조와 동일하나 논평을 보면 다음과 같다.

계약의 해제를 선언하려는 의사를 갖고 타방에게 이루어지는 정보, 즉 통지는 전자통신으로 이루어질 수 있다. 이런 경우 중요한 것은 형식에 관계없이 그 정보가 매수인에게 전달될 수 있어야 한다.

이행정지에 대하여 타방에게 이루어지는 전자통신의 효력발생과 관련한 제반 사항은 15조와 27조의 논평과 같다.[214]

【3】 73조 : 할부계약의 해제

Article 73

(1) In the case of a contract for delivery of goods by installments, if the failure of one party to perform any of his obligations in respect of any installment constitutes a fundamental breach of contract with respect to that installment, the other party may declare the contract avoided with respect to that installment.

(2) If one party's failure to perform any of his obligations in respect of any installment gives the other party good grounds to conclude that a fundamental breach of contract will occur with respect to future installments, he may declare the contract avoided for the future, provided that he does so within a reasonable time.

(3) A buyer who declares the contract avoided in respect of any delivery may, at the same time, declare it avoided in respect of deliveries already made or of future deliveries if, by reason of their interdependence, those deliveries could not be used for the purpose contemplated by the parties at the time of the conclusion of the contract.

(1) 할부 물품인도계약의 경우 어느 할부분에 관한 일방의 의무의 불이행이 당해 분할분에 대하여 주요한 계약위반을 구성할 경우, 타방은 당해 할부분에 대하여 계

---

214) http://www.cisg.law.pace.due/cisg-ac-op.1.html, p.18.

약이 해제되었음을 선언할 수 있다.

(2) 어느 할부분에 관한 자신의 의무의 불이행이 타방에게 주요한 계약위반이 장래 분할분에 관하여 일어날 것이라는 결론을 내릴 만한 충분한 사유를 줄 경우, 타방은 장래 할부분에 대하여 계약의 해제를 선언할 수 있다. 단, 타방은 합리적인 기간 내에 해제를 선언해야 한다.

(3) 어느 인도부분에 관하여 계약해제를 선언한 매수인은 이들이 상호 의존관계에 있으므로 이러한 인도들이 계약체결시에 당사자들에 의하여 의도된 목적에 사용될 수 없는 경우, 이미 이루어진 인도나 장래 이루어질 인도에 관하여 동시에 해제를 선언할 수 있다.

본 조항은 ULIS 75조에 근거한 DCIS 64조와 똑같은 규정으로 계약이 할부로 물품의 인도를 요구한 경우 계약 해제권을 규정하고 있다.

일반적으로 계약이 물품의 인도를 별도의 양(量)으로 인도하길 요구하거나 수권하고 있는 계약은 할부인도를 요구하고 있다고 보아야 한다. 물품의 할부인도계약의 경우, 일회 이상의 할부분에 관해 일방의 위반은 타방에게 당해 할부분, 장래 할부분, 이미 인도된 분할분에 관해 영향을 미칠 수 있다.

1) 당해 할부분의 해제방법/(1)항

당사자들이 당해 분할분에 관해 주요한 위반을 범한 경우 당해분에 관해 계약해제를 선언할 수 있다.[215]

예컨대, 계약이 옥수수 1,000톤을 10회 할부해서 인도할 것을 요구하고 있었다. 그런데 5회분이 인도된 때 그 옥수수는 식용으로 적합하지 아니하였다. 이 경우 계약전체의 입장에서 본다면 일회 인도에 이러한 결함이 있는 것이 전 계약에 관해서 주요한 위반을 구성하지 아니한다 해도, 매수인은 제5회 할부분에 관해 계약을 해제할 수 있다. 따라서 계약은 사실상 900톤의 인도계약으로 수정되며 대금도 이에 비례해서 감액되는 것으로 된다.

예에서와 같이 다음 할부분과 독립해서 사용이 가능하거나 전매될 수 있는 경우에는 일회분에 관해서의 위반이 주요한 것인지 여부를 결정하는 데 특별한 어려

---

[215] 유사한 결과가 51조에 의해 가능하다. 그러나 매도인이 위반한 경우에만 가능하다. 이에 비하여 73조 (1)항은 매수인과 매도인에 의해 공히 가능하다.

움은 없다. 그러나 개별 할부분이 전체의 일부인 경우 어려움이 클 수 있다.

예컨대, 대규모 기계매매의 경우 어느 정도 분해해서 출하하게 되며 매수인의 영업장소에서 조립하게 되는 경우가 이에 해당된다. 이런 경우 어느 인도분의 위반이 주요한 위반인지 여부의 결정은 개개의 인도분의 결함이 수리 또는 교환에 의해 쉽게 구제될 수 있는지 여부를 포함해서 계약 전체의 입장에서 보아 매수인이 입을 손해에 비추어서 해야 한다.

만약 위반이 주요하면서 상호의존적 관계(interdependence) 때문에 기인도된 부분이나 금후 인도될 부분이 계약체결 당시에 당사자들이 생각했던 목적에 사용될 수 없다면, (3)항에 따라 매수인은 이러한 인도분에 관해 계약해제를 선언할 수 있다.

2) 장래 할부분의 해제방법/(2)항

본 규정은 할부분에 관한 계약상의 의무를 이행해야 할 일방의 해태가 장래 할부분에 관해 주요한 위반이 발생할 것이라는 결론을 내리기에 충분한 근거를 타방에게 줄 경우를 대비하여 규정하고 있다.

이런 경우 매수인은 장래 할부분에 대하여 계약해제를 선언할 수 있다. 다만, 이행해태의 합리적인 기간 내에 장래이행의 해제를 매수인이 선언한 경우에 한한다.

본 규정은 72조가 요구하고 있는 바와 같이 장래에 주요한 계약위반이 존재할 것이 분명하지 않아도 할부계약의 장래이행에 관해 계약의 해제를 허용하고 있다는 것이다. 즉 본 규정하에서 계약을 해제할 권리의 기준은 할부분에 관한 이행해태가 장래 할부분에 관해 주요한 위반이 존재할 것이라는 염려를 줄 만한 충분한 근거를 제공하는지 여부에 좌우된다.

따라서 이러한 기준은 현 위반의 심각성에 의지해서는 안되며, 일련의 위반 중 어느 것도 본질적으로 주요한 위반이 아니거나 장래 주요한 위반을 염려할 정도로 충분한 근거를 주지 아니하는 일련의 위반이 전체적으로 보아 장래 주요한 위반을 초래할 만한 충분한 근거를 줄 경우 특별히 중요하다.

3) 과거 또는 장래 할부분의 해제방법/(3)항

계약에 따라서는 전량인도가 의도한 목적에 사용될 수 없는 한 인도분 가운데 어느 하나도 계약 당사자들이 의도한 목적에 사용될 수 없는 경우가 있을 수 있다.

예컨대, 위에서 설명한 바와 같이 거대한 기계 제품이 매수인의 장소에서 조립하기 위해 분해되어 인도된 경우가 이에 해당한다. 이런 경우 어느 인도부분에 관해 73조 (1)항에 따라 취할 수 있는 조치인 계약을 해제한 매수인은 상호의존관계로 인해 그러한 인도분들이 계약체결시에 당사자들이 의도한 목적에 사용될 수 없다면, 이미 이루어진 인도분이나 장래 인도분에 관해 역시 계약을 해제할 수 있다. 따라서 과거나 장래 인도에 관한 계약의 해제는 현재 인도분의 계약해제선언과 동시에 이루어져야 한다.

상호의존관계에 있는 물품의 경우, 상기 기계의 예에서와 같이 반드시 전체의 일부일 필요가 없다. 예컨대, 매수인에게 인도된 전 원료가 동일한 공급처로부터 제공된 경우라야만 성취될 수 있는 동일 품질조건이라야 할 필요가 있을 수 있다. 이런 경우 다양한 인도는 상호의존관계에 있으며 본 규정이 적용된다.[216]

UCC 2−612조(할부계약과 위반)는 73조와 유사한 면이 있으나 기능면에서 차이가 있다.

제 2 절 손해배상금(損害賠償金)

1. 구 성

74조 손해배상금 산정을 위한 일반원칙
75조와 76조 계약 해제시 손해배상금의 산정
77조 손해경감(損害輕減) 의무

2. 개 요

74조는 1854년 Hadley v. Baxendele[217] 사건을 통한 보통법 원칙인 "예측가

---

216) A/CONF.97/19, pp.469~70.

능원칙"에서 유래한 손해배상금 산정의 일반원칙, 75조와 76조는 대체거래와 현시가에 의한 손해배상금 산정을 위한 원칙을 각각 규정하고 있다. 77조는 손해배상에 수반하는 경고사항을 규정하고 있다.

3. 규정과 해설

【1】 74조 : 손해배상금 산정을 위한 일반원칙

> #### Article 74
>
> Damages for breach of contract by one party consist of a sum equal to the loss, including loss of profit, suffered by the other party as a consequence of the breach. Such damages may not exceed the loss which the party in breach foresaw or ought to have foreseen at the time of the conclusion of the contract, in the light of the facts and matters of which he then knew or ought to have known, as a possible consequence of the breach of contract.
>
> ---
>
> 일방의 계약위반에 대한 손해배상금은 희망이익의 손실을 포함하여 이러한 위반으로 인하여 타방이 입은 손실과 동등한 금액으로 한다. 이러한 손해배상금은 위반한 일방이 알았거나 당연히 알았어야 하는 사실에 비추어 계약 체결시에 계약위반의 가능한 결과로서 예측하였거나 당연히 예측하였어야 하는 손실액을 초과할 수 없다.

본 조항은 손해배상금 산정에 대한 상세한 규정보다는 계약위반에 대한 보상을 지배하는 기본 원칙을 규정하고 있으며, ULIS 82조에 근거한 DCIS 70조와 똑같다.

1) 일반원칙

74조는 하자물품과 인도지연[218]으로 생긴, 즉 계약해제 전 계약위반[219]에 대

---

217) (1854) 9 Exch, 341; 156, E.R. 145.

218) J. O. Honnold, *op, cit.,* p.405.

219) 아무리 사소한 위반이라도 모든 위반은 손해배상금을 청구할 수 있다. 따라서 해제사유를 결정할 때 자신의 이행이 사소한 하자인 일방은 의무를 면할 수 있는지 여부는 문제가 아니

한 손해배상금의 기준이 되는 일반원칙을 규정하고 있다. 즉, 본 조항은 위반을 주장하는 당사자가 이익손실[220]을 포함하여 상대방의 위반으로 인해 입은 손실과 동등액을 손해배상금으로 보상받을 수 있음을 규정하고 있다.

이는 손해배상 청구소송의 기본 철학이 계약이 이행되었다면 자신이 처해졌을 경제적인 상태와 똑같은 상태로 위반을 주장하는 자를 두려는 것임을 분명히 하는 내용이다.[221]

물론 하자물품의 인도가 주요한 계약위반을 구성할 경우 매수인은 계약을 해제할 수 있으며, 이 경우 75조, 76조에 따라 손해배상금액을 산정할 수 있다.

2) 일반원칙의 제한

위의 일반원칙은 중요한 제한을 전제하고 있다. 즉, 본 조항의 제2문단은 예측할 수 없는 간접손해배상금의 산정기준을 규정하고 있다.

이 제한규정에 의하면, 계약 체결시에 위반한 당사자가 알았거나 당연히 알았어야 하는 사실과 사정에 비추어 보아 위반한 당사자가 계약 체결시에 위반의 가능한 결과로서 예측하였거나 예측했어야 하는 손실을 본 조항의 보상원칙이 초과할 수 없다.

따라서 계약 체결시에 일방이 타방에 의한 계약위반이 자신에게 예외적으로 무거운 손실 또는 특수한 성격의 손실을 야기할 것임을 생각하였다면 이러한 손실을 실제 입었을 경우, 이러한 손해는 보상되어야 한다는 결과와 함께 타방에게 이러한 사실을 알릴 수 있다. 이런 경우 예측된 손실액이 본 조항에서 말하는 손해배상금이 될 것이다.

예측불가능 손실에 대한 손해배상금 보상을 제외하는 이러한 제한원칙은 1854년 영국의 Hadley v. Baxendele[222] 사건에서 개발된 "예측 가능(foreseeability or improbability)"이론,[223] 즉 "where two parties have made a contract which one

---

된다(J. O. Honnold, *op. cit.*, p.254).

220) 이익손실을 특별히 언급한 것은 손실의 개념이 이익의 손실을 포함하지 아니할 수 있기 때문이다.

221) A. H. Kritzer, p.475.

222) (1854) 9 Exch. 341; 156, E.R. 145.

223) J. O. Honnold, *op. cit.*, p.406.

of them has broken, the damages which the other party ought to receive in respect of such breach of contract should be such as may fairly and reasonably be considered either as arising naturally, i. e. according to the usual course of things, from such breach of contract itself, or such as may reasonably be supposed to have been in the contemplation of both parties, at the time the contract made, as the probable result of the breach of it"[224]에 근거한 것이다.

이 이론은 SGA 50조 (2)항에 반영되었고, 그 후 Rictoria Laundry(windsor) Ltd. v. Newman Industries Ltd[225] 사건과 Kautos v. C. Czarnikow Ltd[226] 사건에서 인정된 것으로 영미보통법계에 널리 알려져 있다.

이 이론은 이미 언급한 미국의 UCC 2-714조 (1)항과 2-715조 (2)항, Rest. 351조,[227] 우리 민법 392조와 398조, 프랑스 민법 1150조 등에 반영되어 있다.

이렇게 볼 때, 74조의 근본적인 취지는 위반을 주장하는 당사자의 과다한 손해배상청구를 방지하는 데 있다고 볼 수 있다.[228]

본 조항과 관련한 문제점은 다음과 같다.

① 본 조항은 매도인과 매수인에 의한 손해배상청구에 적용할 수 있으며, 이러한 청구는 위반한 당사자가 계약을 이행하라는 요청이나 계약해제 선언에 부수하는 손해배상금 청구를 포함하여 다양한 영역에서 발생할 수 있기 때문에 본 규정상에 "……이러한 위반으로 인하여 ……입은 ……손실(…… the loss …… suffered …… as a consequence of the breach)"을 결정하는 적절한 방법을 본 조항에 규정한 특별한 규칙에는 없다.

② 본 조항은 위반을 주장하는 당사자에 대한 손실이 산정되어야 하는 시기와 장소에 대한 규정이 없다.

③ 위반한 당사자가 계약체결시에 예측하였거나 당연히 예측했어야 하는 손해배상금액에 대한 제한을 계약의 이행불능이 불이행 당사자의 사기에 기인한 경우

---

224) D. R. Harris. *Chitty on Contracts*, 24th ed., London: Sweet & Maxwell, 1977, p.739.

225) [1944] 2. K.B. 528.

226) [1969] 1. A.C. 350.

227) A.L.I., *op. cit.*, p.135.

228) Glower W. Jones, "Warranties in International Sales : UN Convention on Contracts for the International Sale of Goods Compared to the US UCC on Sales", *17 Int'l Business Lawyer*, 1989, p.499.

에 적용되어서는 아니된다. 그러나 이러한 원칙이 본 조항의 예측 가능성과 관련하여 규정되어 있지 아니하다.

④ 본 조항의 기준은 위반한 당사자가 위반을 주장하는 당사자가 입은 손실을 계약위반의 가능한 결과로서 예견하였거나 당연히 예견했어야 하는지 여부다. 그런데 사실 "가능한(possible)"이라는 말은 매우 광범위한 단어이다. 따라서 주요한 기준에 대한 모호성의 문제가 있다.

⑤ 물품이 계약에의 일치여부에 관계없이 하자인 경우로서 상해를 일으킨 경우의 손해, 즉 불법행위에 의한 손해배상청구와 인과응보적인 손해배상 금액에 대한 협약의 적용여부에 대한 규정이 본 조항에는 없다.

이에 대한 대안은 다음과 같다.

① 본 조항에는 손실을 결정하는 적절한 방법을 특별히 규정하고 있지 아니하는바, 법정이나 중재법정이 사정에 가장 적합한 방법으로 그 손실을 계산할 수밖에 없다.

② 본 조항과 관련한 문제로서 손실 산정을 위한 시기와 장소에 관한 문제, 예측 가능성과 관련하여 이행 불이행이 불이행 당사자의 사기에 기인한 경우에 관한 문제, 불법행위에 의한 손해배상청구와 인과응보적인 손해배상금액에 대한 협약의 적용여부의 문제, 76조와 관련한 문제로서 계약해제권을 가진 때의 시가 적용상의 어려움의 문제, 매수인의 완전이행으로부터 취득할 수 있었던 합리적인 경상비를 포함한 이익에 근거한 손해배상금액 허용의 문제 등은 국제성과 그 적용상의 통일성을 염두에 두고 해석해야 하며, 국제무역의 신의성실(good faith)[229]을 촉진하는

---

229) 신의성실의 원칙은 우리나라 민법 2조의 "권리의 행사와 의무의 이행은 신의에 쫓아 성실히 하여야 한다"는 규정에도 도입되어 있으며, 오늘날 거의 모든 문명국의 판례나 학설에서 먼저 인정되고 있는 사법상의 원칙이다. 다만 우리나라의 민법이나 협약에서는 "신의성실"(good faith)의 정의에 관해서는 하등의 언급이 없다. 그러나 일반적으로 말하면(신의 또는 성실이라는 것은), 사회에 살고 사회적 인간관계의 테두리 안에서 생활하는 사람은 상호적 신뢰에 의존하여서 비로소 그 인간의 가치 있는 생활이 보장되는 것이고, 사적 거래관계에 있어서도 그의 상호적 신뢰를 계속하도록 행위해야 할 것이 기대되고 또 요청된다. 이러한 윤리적인 상호신뢰는 나아가서 법적인 의미에서 상호신뢰에 대한 요청을 가져오게 하고, 이것이 소위 신의성실의 원칙을 형성하게 되는 것이다.

영미법상에서는 "good faith"(신의)란 라틴어의 "bona fide"(선의)와 동의어로 사용되기도 하며, 참고로 UCC 1-201조에서는 "good faith란 당해 행동 또는 거래에 있어 사실상 정직한 것"(honesty in fact)을 의미한다고 규정하고 있다. 그 밖에 UCC 2-103조에서는 신의란 상인의 경우에 있어서는 사실상 정직할 것과, 교역에 있어서 공정거래(fair dealing)에 대한 합리적인 상업상의 기준(reasonable commercial standard)을 준수하는 것을 의미한다고 이를 더욱

데 목적이 있음을 염두에 두고 해석해야 한다. 이러한 해석원칙에 의하여 해결되지 아니할 경우 그 간격(gap)을 메우기 위해 일반원칙과 국제사법원칙을 원용하여 해석하도록 규정한 협약의 해석원칙규정인 7조의 활용을 통해 해결될 수 있다.

③ 본 조항의 예측 가능성과 관련한 문제로서 "가능한……"에 대한 의미를 제한하기 위하여 계약서상에 통상적으로 포함되는 형태인 책임제한조항의 삽입이 그 대안이며, 사실 이러한 책임조항의 삽입은 본 조항과 관련하여 일어날 수 있는 문제점들에 대한 대안이 될 수도 있다.

3) PICC의 원칙

(1) 손해배상에 관한 원칙

① 손해배상금에 관한 원칙

7.4.1조의 규정은 손해배상금 청구권에 관한 일반원칙을 규정하고 있는바, 7.1.7조에서 인정하는 불가항력, 7.1.6조에서 인정하는 면책조항, 6.2.1조에서 인정하는 이행곤란의 경우를 제외하고 이행불이행의 경우에 손해배상금 청구가 가능함을 원칙으로 하고 있다. 손해배상금 청구는 이행불이행이라는 단순한 하나의 사실만으로 가능하며, 이러한 사실의 입증방법은 단순한 입증, 즉 약속한 것을 수행하지 못하였음을 입증하는 것으로 충분하므로 추가로 이행불이행 당사자의 과실의 존재에 대해 함께 입증할 필요는 없다. 입증내용은 의무의 내용과 그 의무 가운데 5.4조의 규정에 따라 특수한 결과를 성취하기 위해 최대 노력을 기울여야 할 의무인지 그렇지 아니하면 특수한 결과를 이룩하기 위해 기울여야 할 의무인지 여부의 존재를 입증하면 된다.

주의를 요할 것은 손해배상금 청구는 계약상의 모든 의무의 형태, 즉 이행불이행의 경우에 가능하지 의무의 경중에 좌우되지 아니한다.

강하게 정의하고 있으며, 더 나아가서 UCC 1-102조에서는 당사자는 본 법에 별도의 규정이 없는 한, 본 법의 제규정의 취지를 합의에 의하여 변경할 수 있으나, 이 법이 규정하는 신의(good faith), 성실(diligence), 합리성(reasonableness), 그리고 주의(care)의 제의무는 합의에 의해서도 이를 배제해서는 아니된다. 다만 당사자는 합의에 의하여 이들의 의무이행의 기준을 구체적으로 정할 수 있으나, 그러한 기준이 명백하게 불합리한 것이어서는 아니 된다고 명시함으로써, 매매계약의 이행상 신의성실의 원칙의 준수가 차지하는 비중이 얼마나 큰 것인가를 재삼 강조하고 있음을 볼 수 있다(고범준, "국제물품매매계약에 관한 유엔협약과 한국법", 「중재」, 대한상사중재원, 1984, pp.10~1).

② 다른 구제와 연계나 별개로 손해배상금 청구가능

7.3.1조의 규정에 따라 계약을 종료할 수 있는 경우에 인정되거나 7.4.1조의 규정에 따라 계약의 종료 대신 인정되는 손해배상금은 당해 사건과 직접 관련한 손해배상금만을 자신에게 인정된 구제로 요청할 수 있고, 직접적인 손해배상금은 당해 사건과 관련하여 자신에게 인정될 수 있는 구제와 함께 요청할 수 있다. CISG도 마찬가지이다.

③ 손해배상금과 계약 전 의무와의 관계

손해배상금 청구권리에 관한 규정은 이행불이행의 경우뿐만 아니라 계약 전 의무인 예컨대, 불성실한 행상, 착각, 사기, 위협, 총체적 불균형과 같은 경우에도 적용된다. CISG상의 손해배상금 청구권의 범위보다 확대 적용되며 계약체결 전후의 내용과 행동이 모두 중요하므로 신중을 기할 것을 규정을 통해 경고하고 있다.

(2) 완전 손해배상금 청구권과 산정에 관한 원칙

7.4.2조의 규정은 이행불이행에 대한 손해배상금 청구권 인정과 전액 손해배상금 산정시의 고려사항, 즉 구성내용을 상세히 제시하고 있다. CISG 74조와 비교하여 양 규정 모두 산정에 어려움이 있다. PICC는 손해배상금 산정 구성요소인 육체적·정신적 고통 산정에 어려움이 있고, CISG의 경우 예측 손실의 산정이 어렵다. 그러나 CISG 74조보다 구체적이고 실질적인 점이 특징이다.

① 완전보상의 청구

본 규정은 이행불이행에 따라 입을 수 있는 피해에 대하여 일체의 보상제도를 추구하고 있다. 7.4.3조를 통해서도 알 수 있듯이 본 규정은 이행불이행과 피해간의 인과관계 성립을 강조하고 있다. 이러한 사실은 이행불이행이 피해입은 당사자에게 이익 또는 소득의 원천이 되어서는 아니된다는 취지에서이다. 법률체제에 따라서는 손해배상금의 감액권을 법정이 인정하고 있는바, PICC는 이러한 원칙을 포기하고 전액 보상원칙을 택하고 있다. 왜냐하면 국제 환경하에서 이행불이행의 이러한 해결원칙은 상당한 불확실성을 낳을 위협이 있고, 이러한 해결원칙이 나라마다 다양하기 때문이다.

② 손해배상금의 한도

손해배상금청구의 한도는 구체적이고 실질적인 면에서는 차이가 있으나 크게 보면 일치한다고 볼 수 있는 CISG 94조의 원칙과 같이 실제 입은 손실과 이행불이행의 결과로서 박탈당한 이익을 포함해야 한다. 이때의 이익의 개념은 광범위한 해석이 필요한바, 예컨대 피해입은 당사자의 자산의 감소, 채무자의 불이행으로 채권자가 이행을 위해 금전차입의무 등도 포함된다. 사실 이익의 손실 또는 간접 손실은 어떤 의미에서는 계약이 적절히 이행이 되면 피해입은 당사자에게 일반적으로 발생하는 이익이다. 그러나 이익이란 기회의 상실 보상 형태를 취할 수 있을 정도로 불확실한 점이 있다. PICC가 CISG 74조의 원칙과 크게 보면 일치하나 예를 들어 구체적으로 들어가 보면, 기회의 상실 등을 이익에 포함될 정도로 PICC상의 이익의 개념이 넓고 불확실하여 거래에 따라 다양한 형태를 취할 수 있다. 그러나 용어 해석상의 어려움에도 불구하고 추상적인 CISG 개념보다 PICC의 구체적이고 현실적인 예시가 이행불이행의 사전예방에 효과가 있을 수 있다.

③ 손해배상금의 목적

피해입은 당사자는 이행불이행에 대한 손해배상금을 통해 이익을 가져서는 아니된다. 이 때문에 (1)항은 그러한 이익이 예컨대, 투숙하지 아니한 예술가를 위해 예약한 호텔방 값을 지급하지 아니한 경우와 같이 지급하지 아니한 비용형태이건, 이익이 되지 못하는 거래의 이행불이행의 경우에서와 같이 피해를 입지 아니한 손실의 형태이건 관계없이 이행불이행으로 인해 피해입은 당사자에게 결과물로 생긴 일체의 이익을 고려해야 함을 규정하고 있다.

④ 피해의 변경

본 규정의 적용에 있어 주의를 요하는 것으로, 이행불이행시기와 전액보상 판결시기간에 통화조건에 관한 표현을 포함해서 피해의 변경을 고려하여 적용해야 한다. 그러나 피해를 입은 당사자가 자신의 비용으로 보상하였다면 손해배상금은 지급된 금액을 대체할 수 있다.

⑤ 비물질 보상

본 규정의 보상원칙은 금전적인 피해에 대한 손해배상금 외에 육체적이거나 정신적인 피해의 보상에도 적용된다. 이러한 피해에는 정신적·육체적 고통, 즐거운 삶의 향유 상실, 심미적 손해, 명예나 평판의 침해로 인한 피해, 기회의 상실 등이 있으며, 이러한 피해의 대상으로는 예술가, 스포츠인, 자문위원 등이 있을 수 있다.

주의를 요하는 것으로 정신적·육체적 피해보상 요구시에는 이에 필요한 손해배상청구권을 위한 기타조건과 함께 피해에 대한 명확성 요건이 충족되어야 한다.

비물질 피해의 보상형태는 원칙적으로 본 규정에 따른 전액보상(완전보상)을 최대한으로 보증하는 방법인가의 결정에 따라 다양할 수 있다. 법정은 물질적인 손해배상금판정 외에 위반사항에 대해 신문지상 사과 공고를 명하는 배상형태를 명할 수도 있다.

(3) 피해의 명확성에 관한 원칙

7.4.3조에서 보상은 손해의 명확성에 좌우됨을 (1)항과 (2)항이 강조하고, 명확성이 미흡한 경우 법정이 정한 명확성의 정도에 따라 보상됨을 규정하고 있다.

① 피해보상의 필수요건

본 조항은 현재와 장래 피해에 대하여 보상해야 함을 규정하고 있는 조항이자 보상의 전제조건(필수조건)을 규정하고 있다. 장래 발생하지 아니할 수도 있고 결코 발생할 수 없는 장래 피해는 보상대상이 아니다. 보상이 이루어져야 하는 피해로서 현재 발생한 피해의 보상은 그 전제로 피해보상에 대하여 잘 알려진 명확성이 입증되어야 한다. 보상이 이루어져야 하고 피해로서 장래 발생할 피해의 보상은 그 전제로 발생에 따른 피해가 충분하게 명확함이 입증되어야 한다. 장래 발생할 가능이 있는 피해 보상의 경우 그 보상은 발생가능성에 비례한 기회상실보상, 즉 발생하지 아니하므로 취득할 수 있는 피해금액의 전액보상이 아닌 발생가능성에 비례하여 취득기회의 상실에 대하여만 보상해야 한다.

② 피해정도 결정의 필수요건

피해보상의 필요요건이자 피해정도의 결정에 필수적 요건인 명확성의 입증은 그 자체가 피해의 존재뿐만 아니라 피해정도의 결정에 필수적인 요건이다. 그러나 문제는 현재나 미래에 발생할 피해의 존재에 대하여는 의심의 여지가 없으나 피해를 계량화하는 데 어려움이 있을 수 있다. 예컨대 공무원시험 준비생이나 경주에 출전할 말이 합격이나 우승의 가능성은 있으나 합격이나 우승의 승산이 늘 있지 아니한 경우의 기회의 상실을 위한 보상의 경우, 그리고 특정인의 명예훼손이나 정신적 고통과 같은 정신적 피해를 위한 보상의 경우 이러한 피해의 계량화는 쉬운 것이 아니다. 그러나 가능성 비율과 성공에 따른 수익을 근거해서 계산되어야 함은 분명하다.

손해배상금의 산정에 필수요건인 명확성이 분명함에도 손해배상금의 정도가 산정되지 아니하고 보상거절이나 명목상의 손해배상금에 머문 경우, (3)항의 규정에 따라 법정의 재량권으로 배상금의 정도가 결정되나 법정은 형평의 원칙에 입각한 계량화를 통해 배상금액이 결정될 공산이 크다.

③ 이행불이행과 피해와의 관계

피해의 명확성과 피해의 직접적인 성격간에는 분명 상호관계가 있으나, 규정에는 피해의 직접적인 성격의 요건에 관한 규정이 없다. 그러나 7.4.2조 (1)항의 규정과 그 논평 1)을 통해 이행불이행과 피해간에는 충분한 인과관계를 전제하고 있음을 알 수 있다. 그러나 정신적 피해에서 흔히 볼 수 있는 너무 간접적인 피해는 예측도 어렵고 그 투명성도 불투명함이 일반적이다.

(4) 피해에 관한 원칙

손해배상금 산정을 위한 일반원칙인 CISG 74조의 채용방식과 같은 방식을 PICC 7.4.4조가 채용하고 있는데, 그 내용은 다음과 같다.

예측 가능한 피해를 보상 가능한 피해의 한계로 한다는 본 규정은 CISG 74조에서 채용하고 있는 원칙과 유사하다. 특히 본 규정에서 말하는 보상 가능한 피해의 한계는 계약의 성격과 직접 관계가 있다. 즉 피해 입은 당사자가 계약을 통해 취득할 수 있는 모든 혜택의 박탈은 계약의 범위에 해당하는 것이 아니다. 따라서 이행불이행 당사자가 계약 체결시에 결코 예측할 수 없었던 피해와 보험을 통해 커버될 수 없는 위험은 보상대상이 아니다. 이렇게 볼 때, 7.4.3조에서의 피해의 명확성요건과 본 규정에서의 피해의 예측가능요건은 서로 배제할 수 없는 연계선상에서 이해되어야 할 요건들이다.

본 규정에서 말하는 예측가능성의 개념은 CISG 74조나 고의적인 부정행위 또는 총체적 해태에 기인한 예측불가능 피해까지 포함하는 특정국내법 체계와 다른 개념이다. 따라서 본 규정에서 말하는 예측가능성 개념은 협의로 해석할 필요가 있는데, 피해의 정도가 피해를 다른 종류의 피해로 전환할 수 있는 피해의 정도가 아니라면 피해의 성격이나 형태와 관련이 있는 개념이지 피해의 정도와 관련이 있는 개념이 아니다. 따라서 이러한 본 규정상의 예측가능성의 개념에 따라 정확한 해석은 법정에 의존할 수밖에 없으므로, 법정에 넓은 재량권을 줄 정도로 융통성이 있는 개념임이 또 하나의 특징이다.

본 규정에서 말하는 "무엇이 예측 가능한 것인가"는 계약체결시기와 종이나 대리인을 포함해서 이행불이행 당사자 자체를 참고로 해서 결정해야 할 사항이다. 이를 참고로 해서 결정할 때의 판단기준은 일반적으로 근면한 사람이 통상적인 업무의 추진과정에서 이행불이행과 당사자들에 의해 제공된 정보나 그들의 사전거래와 같은 계약의 특수한 상황의 결과로서 예측할 수 있는 객관적인 기준을 가지고 판단해야 한다.

본 논평은 수많은 법규에서 해결할 수 없는 용어에 대한 논평을 하고 있다는 점에서 큰 의미가 있다고 하겠다.

운송분야의 국제협약과 달리 PICC는 7.4.2조의 규정에 따라 이행불이행으로 인한 손해에 대하여 전액 보상제도를 원칙적으로 채용하고 있음에도 불구하고, 고의적인 이행불이행의 경우에는 예측 불가능에도 불구하고 CISG 74조와 같이 전액 피해보상제도를 채용하고 있지 아니하다.

(5) 금전보상방법에 관한 원칙

① 일괄 또는 할부로 지급가능

7.4.11조의 규정은 손해배상으로서의 금전보상방법에 관해 규정하고 있는바, 변동불가능의 지급원칙을 부과하지 아니함이 본 규정의 기본정신이다. 그러나 본 규정을 통해 두 가지의 가장 적합하다고 생각하는 지급방법을 규정하고 있는데, 그 첫째가 일괄 손해배상금 지급으로 국제무역에 있어 가장 적합한 것으로 생각하고 있다. 그러나 피해가 계속되고 있는 경우와 같이 피해의 성격에 따라서는 일괄보다는 할부로 지급하는 것이 보다 적합한 경우가 두 번째 지급방법이다.

② 연동제

할부로 지급하도록 한 경우 인플레에 따라 법정의 복잡한 재심절차가 필요할 수 있다. 이를 피하기 위하여 할부로 지급되는 금액을 물가에 연동시킬 수 있다. 그러나 이러한 연동제가 나라의 법에 따라 금지될 수도 있다.

(6) 지급통화조건에 관한 원칙

7.4.12조의 규정은 손해배상금이 지급되는 통화조건이나 기준을 규정하고 있다. 국제거래에 있어 이행불이행으로 인한 피해는 상이한 장소에서 일어날 수 있으며, 이에 따라 피해가 부과되어져야 하는 통화의 문제가 발생할 수 있다. 이 문제를 본 규정에서 따로 취급하고 있는 이유는 6.1.9조에서 규정하고 있는 지급통화에 대하여 합의가 없는 경우에 적용되는 지급통화의 결정방법에서 규정하고 있는 손해배상금의 지급통화문제와는 다르기 때문이다.

본 규정은 계약서상의 금전의무가 명시된 통화와 피해를 입어 지급받고자 하는 통화중 피해 입은 당사자는 상황에 적합한 통화를 선택할 수 있음을 규정하고 있다. 전자의 경우 아무런 논평이 필요 없으나, 후자의 경우 피해 입은 손해를 회복하기 위하여 특별한 통화로 피해 입은 당사자가 지급받고자 하는 경우를 위한 표현이다. 후자의 경우 피해 입은 당사자는 계약상의 금전의무 통화와 관계없이 자신이 피해를 위해 지급받고자 하는 통화로 손해배상금을 청구할 권리가 있다. 경우에 따라서는 이윤이 발생되는 통화로 지급을 요구할 수 있음이 본 규정상의 후자 표현의 취지이다.

피해발생의 경우 피해 입은 당사자가 지급을 요구할 수 있는 두 통화, 즉 이윤발생통화와 피해수선을 위해 지급하는 통화 가운데 선택할 권리가 있으며, 달리 반대의사가 없다면 그는 주된 의무, 즉 계약통화와 똑같은 통화로 이자와 확정 손해배상금과 벌칙을 청구할 권리가 있다.

(7) 지급 요구권에 관한 원칙

7.4.13조의 규정은 이행불이행에 대하여 합의한 금액과 지급요건의 관계에 관해 규정하고 있다.

① 합의한 특정금액의 지급

본 규정은 비록 이행불이행시의 지급을 위한 합의가 경우에 따라서는 손해배상금의 보상을 원활히 하거나 이행불이행 억지책의 기능을 할 수 있다 해도 이행불이행의 경우에 특정금액을 지급하도록 하기 위한 의도적인 합의를 규정하고 있다.

② 지급의 효과

이행불이행에 대하여 특정금액을 지급하기로 한 규정에 대한 유효성을 영미법에서는 명백히 반대하고 있고, 대륙법에서는 인정하고 있는 등 매우 다양하다. 그러나 국제계약관계에서는 이러한 조항이 상용되고 있어 이러한 조항에 대하여 그 유효성을 인정하고 있다. 따라서 피해가 발생하였다면 정도에 관계없이 지급해야 하므로 이행불이행 당사자는 피해입은 당사자가 피해를 적게 입었거나 거의 입지 아니하였음을 주장할 수가 없다.

③ 특정금액의 감액

이행불이행의 결과로 발생한 피해와 기타상황을 고려해 볼 때 특정 금액의 지급이 너무 지나친 경우 특정금액지급의 남용가능성을 방지하기 위하여 동 금액은 합리적인 금액까지 감액할 수 있다. 그러나 감액의 가능성을 어떤 경우라도 배제할 수 없음이 묵시적 내용이다.

주의할 것으로, 합의한 금액이 합리적인 사람이 보기에 너무 지나칠 경우 합의한 금액과 실제 입은 피해간의 관계를 고려하여 합리적인 금액까지 감액할 수 있으며, 정확한 피해금액에 일치한 손해배상금이 법정에 의해 판정된 경우에 합의한 지급금액이 완전히 무시될 수 있다는 것이다. 그리고 합의한 지급금액이 실제 입은 피해액보다 적을 경우 증액되지 아니한다.

④ 추징금과 특정금액의 구분

본 조항에서 다루고 있는 이행불이행에 대하여 특별히 지급하고자 합의한 지급조항은 일방에게 특정금액지급이나 이미 지급한 예치금의 상실 등을 통해 계약으로부터 철회를 허용하는 추징금과 이와 유사한 조항과는 구분이 되어야 한다. 반면에 피해입은 당사자가 대금의 일부로서 이미 지급한 금액을 유치할 수 있다는 조항은 이 조항의 적용범위에 해당한다.[230]

---

230) http://www.unidroit.org/english/principles/chapter−7.ht, 7.4.1~4, 7.4.11~13, comments.

【2】 75조, 76조 : 계약 해제시 손해배상금의 산정

Article 75

If the contract is avoided and if, in a reasonable manner and within a reasonable time after avoidance, the buyer has bought goods in replacement or the seller has resold the goods, the party claiming damages may recover the difference between the contract price and the price in the substitute transaction as well as any further damages recoverable under article 74.

계약이 해제된 후 합리적인 방법과 합리적인 기간 내에 매수인이 대체품을 구입하였거나 매도인이 물품을 재매각한 경우, 손해배상금을 청구하는 일방은 74조에 따라 보상받을 수 있는 추가 손해배상금뿐만 아니라 계약가격과 대체거래가격 간의 차액을 보상받을 수 있다.

Article 76

(1) If the contract is avoided and there is a current price for the goods, the party claiming damages may, if he has not made a purchase or resale under article 75, recover the difference between the price fixed by the contract and the current price at the time of avoidance as well as any further damages recoverable under article 74. If, however, the party claiming damages has avoided the contract after taking over the goods, the current price at the time of such taking over shall be applied instead of the current price at the time of avoidance.

(2) For the purpose of the preceding paragraph, the current price is the price prevailing at the place where delivery of the goods should have been made or, if there is no current price at that place, the price at such other place as serves as a reasonable substitute, making due allowance for differences in the cost of transporting the goods.

(1) 계약이 해제되고 물품에 대한 시가(時價)가 있는 경우로서 손해배상을 청구하는 일방이 75조에 따라 재구입하거나 재매각을 하지 아니하였을 경우, 손해배상금을 청구하는 일방은 74조에 따라 보상받을 수 있는 기타 추가 손해배상금뿐만 아니라, 해제시의 계약가격과 시가 간의 차액을 보상받을 수 있다. 그러나 손해

배상금을 청구하는 일방이 물품을 수령한 후에 계약을 해제한 경우, 이러한 수령시에 시가가 해제시의 시가 대신에 적용된다.

(2) 전 항의 규정을 위하여 시가는 물품의 인도가 이루어진 장소에서 지배적인 가격이나, 동 장소에 시가가 없는 경우에는 합리적인 대체로서 기여할 수 있는 다른 장소에의 시가이다. 이 경우 시가는 물품의 운송비의 차이에 대하여 충분한 고려가 이루어져야 한다.

본 조항들은 계약이 해제된 때에 손해배상금 산정방법에 관한 대안을 규정하고 있으며, 75조는 ULIS 85조와 이에 근거한 DCIS 71조와 똑같고, 76조는 ULIS 84조에 근거한 DCIS 72조에 근거하여 규정되었다.

1) 대체거래시(代替去來時)

(1) 기본공식

본 조항은 계약이 해제되고 대체품이 실제 구입되었거나 매도인이 실제 제품을 재매각한 때 손해배상금액의 산정방법을 규정하고 있는데, 기본적인 공식을 소개하면 다음과 같다.

① 위반을 주장하는 당사자는 계약가격과 대체거래 가격, 즉 대체로 구입한 제품에 대해 지급한 가격 또는 재매각하여 취득한 가격간의 차액을 회수할 수 있다. 물론 그는 이외 74조에 따라 회수 가능한 기타 손해배상금액을 회수할 수 있다.

② 만약 계약이 해제되었다면 상기의 기본공식은 상업적 입장에서 볼 때 대체거래가 이루어질 수 있기 때문에 위반을 주장하는 당사자에게 책임져야 하는 손해배상금액을 계산하기 위해 사용되는 공식이 될 것이다. 그러나 만약 대체거래가 최초의 거래장소와는 다른 장소 또는 다른 조건으로 이루어지는 경우, 손해배상금액은 위반의 결과로서 절약된 일체의 비용을 차감한 후 수송비와 같은 비용 증가분을 인정하기 위하여 조정되어야 한다.

③ 대체거래, 즉 재매각 또는 대체구입이 계약해제 후 합리적인 방법 또는 합리적인 기간 내에 이루어지지 아니한 경우, 손해배상금액은 마치 대체거래가 이루어진 것처럼 계산되어야 한다. 따라서 이런 경우 76조와 적용 가능하다면 74조에 따라 손해배상금액이 산정되어야 한다.

④ 손해배상금 주장이 상기 ③의 공식에 따라 76조에 의해 이루어질 경우, 계약가격과 시가231) 간의 차액은 먼저 손해배상금을 청구한 당사자가 계약해제를 선언할 권리를 가진 때를 기준으로 산정되어야 한다. 이 시기가 계약가격과 재매각에 따라 수령한 또는 대체구입에 대해 지급한 가격간의 차액이 75조에 따라 계산될 수 있는 가장 빠른 시간이다. 그러나 손해배상금을 청구한 당사자가 물품을 인취한 후 계약을 해제한 경우, 이러한 인취시의 시가가 해제시의 시가를 대신해서 적용된다.

(2) 기본공식의 제한

계약해제 후 대체거래시에 적용되는 이러한 기본공식에는 다음과 같은 제한이 따른다.

① 매도인에 의한 재매각 또는 매수인에 의한 대체구입이 합리적인 방법으로 이루어진 경우에만 위반한 당사자가 계약가격과 대체거래가격간의 차액을 원용할 수 있다. 따라서 대체거래, 즉 재매각 또는 대체구입이 본 조항의 방법에 따라 합리적인 방법으로 이루어지기 위하여 대체거래는 사정에 합리적으로 가능한 최고가격에 재매각이 이루어지거나, 사정에 합리적으로 가능한 최저가격에 대체구입이 각각 이루어진 것처럼 보여야 한다. 이렇게 볼 때, 대체거래는 해제된 거래를 대체하는 한 품질, 신용 또는 인도시기와 같은 문제에 관해 동일한 매매조건일 필요가 없다.

② 재매각이나 대체구입이 본 조항하의 손해배상금을 계산하기 위한 기초가 되기 위하여 이루어져야 하는 시효는 계약해제 후 합리적인 기간임을 주의해야 한다. 따라서 이러한 시효는 위반을 주장하는 당사자가 실제 계약해제를 선언할 때까지 시작되지 아니한다.

(3) 추가 손해배상금 산정공식

본 조항은 위반을 주장하는 당사자가 위와 같은 기본공식에 의해 보상받지 못하는 추가 손해232)를 입을 수 있음을 인정하고 있으며, 이러한 추가 손해는 74조에

---

231) Harris는 시가(時價)에 대하여, "매도인의 계약위반에 직면한 매수인의 입장에서 볼 때, 관련된 시장 가격은 일반적으로 시장에서의 매수인의 구입가격이다. 따라서 매도인의 입장에서 보면, 동 관련 시장가격은 시장에서의 판매가격이다"라고 정의하고 있다(D. R. Harris, *op. cit.*, p.671).

232) 왜냐하면 PICC 7.4.1조와 7.4.5조에서 7.4.6조까지의 해설에 의하면 손해배상금은 피해입은 당사자를 치부하게 해서는 아니된다는 전 PICC에 따라 71조와 76조에 의한 기본공식은 최저보상권으로 하고 있기 때문이다. 따라서 7.4.2조의 해설에 의하면 불이행시기와 재판시기간

따라 회수할 수 있다.

일반적으로 74조에 따라 회수할 수 있는 추가 손해배상금액의 가장 보편적인 산정공식은 불일치한 물품의 수령 또는 대체물품구입 필요성의 결과에 따른 추가 비용과 물품이 계약날짜까지 인도될 수 없는 대체거래를 통해 구입되었다면 발생할 수 있는 손실 등이다.

그러나 이러한 형태의 회수 가능한 손해배상금액은 74조에 명시된 예측 가능성에 의해 종종 제한됨을 알아야 한다.[233]

본 조항과 관련한 문제점은 다음과 같다.

위반을 주장하는 당사자가 본 조항에 따라 사전에 위반한 당사자에게 자신의 선택을 통지할 의무가 없기 때문에 위반을 주장하는 당사자가 실질적인 구제를 선택한 것을 위반한 당사자가 어떻게 알 것인가에 대해 문제점이 제기된다.

즉, 위반을 주장하는 당사자가 동일한 종류의 물품을 매입하거나 판매하는데 정규적으로 종사하고, 그가 위반 후의 구입이나 판매와 위반한 계약간의 분명한 연계가 없을 경우, 구제의 선택에 대한 통지가 문제될 수 있다.

이러한 구제의 선택에 관한 문제점은 관습과 관행[234]의 구속력을 인정하고 있는 9조 (2)항에 따라 해결할 수 있다.

(4) PICC의 원칙

CISG 75조와 거의 같은 7.4.5조의 규정은 대체거래의 경우 피해입증에 따른 보상방법을 규정하고 있다.

① 대체거래시의 보상방법

피해가 발생한 경우 피해존재의 입증과 피해금액의 입증에 적용되는 일반원칙에 따라 피해입은 당사자는 자신이 해야 할 일을 해야 하는데, 해야 할 일 가운데 가장 첫번째로 해야 할 일을 CISG 75조와 그 내용에 있어 실질적으로 같은 규정인 본 규정이 규정하고 있는바, 그 일이 바로 대체거래이다. 사실 대체거래는 피해를 경감시킬 의무와 관행에 따라야 할 의무의 일환이기에, 즉 더 큰 피해를 막기 위해

에 일어나는 손해의 변화도 고려하게 되어 있다.

233) UCC 2-712조(매수인의 대체물품의 확보)의 규정은 75조와 거의 분간이 없을 정도로 같다.

234) 국제거래에 있어 국제기관에 의한 제도적인 관행 또는 관습과 거래 당사자들간의 거래관행 또는 관습이 있을 수 있다.

가장 유리한 입장에 있는 당사자에게 요구되는 일 가운데 하나이기에 당연히 피해
입은 당사자는 이를 수행해야 한다. 이런 경우 피해금액은 양 거래의 차액이 됨을
대체거래의 필요성과 함께 규정하고 있다.

  주의를 요하는 것은 본 규정에서 말하는 대체거래와 이에 따른 차액을 청구하
는 일은 손해경감의무와 거래관행 준수의무 차원에서 대체거래가 이루어질 경우에
적용된다. 따라서 피해입은 당사자가 자신에 부여된 의무수행을 자진해서 수행한
경우, 예컨대 선주가 수선을 조선소에 부탁하였으나 조선소의 해태로 제때에 이루
어지지 아니하므로 선주가 스스로 수선한 경우에는 적용되지 아니한다. 왜냐하면 이
는 자신에게 부여된 계약상의 의무수행이기 때문이다. 본 규정에 입각한 해당 계약
하의 대체거래를 하지 아니하고 계약종료 후 종료된 계약에 대하여 자신이 할 수 있
었던 똑같은 시기에 대체거래와 같은 행위를 다른 계약에 행한 경우에는 본 규정의
원칙이 적용되지 아니하고 본 원칙상의 일반원칙이 적용된다. 이를 두고 상실된 거
래라 한다. 피해입은 당사자에 의해 이루어지는 대체거래와 같은 일이 조급하게 이
루어지거나 부당한 행위에 의해 이루어지므로 타방에게 불이익(즉 피해)을 주는 일
을 막기 위해 대체거래는 합리적인 기간 내에 합리적인 방법으로 이루어져야 한다.

② 최소한의 보상

  본 규정의 보상원칙은 최소한의 보상권(a minimum right of recovery)이다. 따
라서 이외에도 피해입은 당사자가 종료와 대체거래에 수반하여 발생할 수 있는 추
가 피해에 대하여 손해배상금을 역시 청구하여 취득할 수 있다.[235]

2) 시가거래시(市價去來時)

(1) 기본공식/(1),(2)항

  본 조항은 계약이 해제되었으나 대체거래가 75조하에서 이루어지지 아니한 경
우 손해배상금액을 산정하는 대안방안을 규정하고 있다. 이렇게 볼 때, 위반을 주
장하는 당사자는 계약을 해제하고 75조나 76조 중 하나를 택하여 손해배상금액을
주장할 수 있다.

  따라서 손해배상금을 위한 기본공식은 다음과 같다.

---

235) http://www.unidroit.org/english/principles/chapter-7.ht, 7.4.5, comment.

계약이 해제된 경우 당사자들은 81조 (1)항에 따라 자신들의 의무의 추가이행으로부터 면제된다. 그리고 81조 (2)항에 따라 이미 인도된 것의 원상회복(restitution)을 청구할 수 있다.236)

이렇게 함으로써 매수인은 대체물품의 구입을, 또는 매도인은 다른 구매자에게 물품의 재매각을 일반적으로 기대할 수 있다. 이런 경우 손해배상금의 산정은 75조의 규정에 따라 계약가격과 재매각 또는 대체구입가격간의 차액을 일반적으로 기대할 수 있다.

반면에 재매각 또는 대체거래가 이루어지지 아니하였거나 이 위반한 계약의 대안으로 재매각 또는 대체거래의 결정이 불가능하거나, 재매각 또는 대체가 75조의 규정에 따라 해제 후 합리적인 기간 내에 합리적인 방법으로 이루어지지 아니한 경우에, 76조는 이러한 공식의 사용을 허용하고 있다.

이 경우 적용되는 가격은 물품의 인도가 이루어졌어야 하는 장소에서 적용되는 시가(時價)이다. 그리고 시가를 결정하기 위한 날짜는 계약의 해제를 처음으로 선언한 날짜임을 규정하고 있다. 즉, 시가의 결정을 위한 날짜를 계약이 해제된 날짜임을 규정하고 있는데, 이 날짜가 바로 처음으로 해제선언이 가능한 날짜를 의미한다.

그러나 만약 손해배상금을 청구하는 일방이 물품의 인취 후에 계약을 해제한 경우, 이러한 인취시의 시가가 해제시의 시가를 대신하여 적용된다. 그리고 인도가 이루어졌어야 하는 장소의 결정은 31조에 의해 결정된다.

동 규정에 의하면, 특히 매매계약이 물품의 운송이 수반되는 경우, 인도는 매수인에게 운송을 위해 최초의 운송인에게 물품이 인도된 장소에서 이루어진다.

반면에 목적지 인도계약의 경우 인도는 지정된 목적지에서 이루어진다. 시가(時價)란 계약금액으로 계약명세서상의 물품을 위한 시가(時價)이다. 따라서 시가(時價)의 개념이 공식적이든, 비공식적이든, 시가(市價)237)의 존재를 필요로 하지 아니한다 해도, 이러한 시가(市價)가 존재하지 아니함은 물품의 시가(時價)가 있는

---

236) 만약 계약이 분할분을 요구하고 있는 경우, 73조 (3)항은 계약의 해제를 허용하고 이미 인도된 인도분에 관한 반환요구를 허용하고 있다. 단, 이미 인도된 분이 상호의존관계로 인해 이러한 인도분이 계약체결시 당사자들에 의해 의도된 목적에 사용될 수 없을 경우에 한한다.

237) 엄격한 의미에서 시가(市價)란 계약위반이 발생하면 매도인과 매수인이 합리적인 거리의 장소에서 즉각적으로 만나 관련물품을 쉽게 흡수하거나 충분히 공급할 수 있는 시장(available market)에서 형성되는 가격이다(A. G. Guest, *op. cit.*, p.666).

지 여부의 문제를 제기한다.

만약 물품의 인도가 이루어졌어야 하는 장소에 시가가 존재하지 아니한다면 적용되는 가격은 물품의 운송비의 차이를 고려하여 합리적인 대체로서 기여할 수 있는 다른 장소의 가격이 된다.[238]

(2) 추가 손해배상금 산정공식/(1)항

본 규정은 75조와 마찬가지로 위반을 주장하는 당사자가 위의 기본공식에 의해 보상되지 아니하는 이익손실을 포함하여 추가적인 손실을 입을 수 있음을 인정하고 있다.

이런 경우 추가손실은 74조에 따라 보상받을 수 있다. 단, 74조의 조건이 충족되어야 한다.[239] 예컨대, 계약가격이 CIP U$80,000이었다. 매도인은 매수인의 기본적인 위반, 즉 주요한 위반(fundamental breach)으로 계약을 해제하였다. 계약을 처음으로 해제할 수 있었던 날짜에 물품이 최초의 운송인에게 인도되었던 장소에서의 계약명세서상의 물품의 시가(時價)는 U$75,000이었다. 이런 경우 본 조항상의 매도인의 손해배상금액은 U$5,000이다.

또 다른 예를 든다면, 계약가격이 CPT U$60,000이었다. 매도인의 인도불이행 때문에 매수인이 계약을 해제하였다. 계약이 처음으로 해제될 수 있었던 날짜에 물품이 최초의 운송인에게 인도되었던 장소에서 계약설명서의 물품을 위한 시가(時價)는 U$63,000이었다. 그리고 매도인의 위반으로 인한 매수인의 추가비용은 U$2,500이었다. 이 경우 74조와 76조에 의한 매수인의 손해배상금은 U$5,500이다.[240]

본 조항과 관련한 문제는 다음과 같다.

① 본 조항의 주요한 목적은 본 조항에 따라 부가되어야 하는 가격은 계약해제를 선언한 당사자가 처음 계약해제권을 가진 때의 시가이어야 함에 있다. 그러나

---

238) A. H. Kritzer, *op. cit.*, p.489.

239) UCC 2-713조(인도불이행 또는 이행거절에 대한 매수인의 손해배상금액), 2-708조(인수불이행 또는 이행거절로 인한 매도인의 손해배상금액)와 76조를 비교해 보면, 타방이 완전히 이행한 것과 똑같은 상태로 타방을 두려고 하고 있는 점은 양법 모두 같다. 그러나 2-713조의 경우 "시가(時價)의 적용시기를 매수인이 위반을 안 때의 시가(市價)"로, 2-708조의 경우 "제공시의 장소의 가격"으로 각각 규정하고 있다. 이는 시가(時價)의 적용시기를 "해제시"나 "물품의 인취시"의 시가(時價)로 규정하고 있는 76조와는 거리가 있다(A. H. Kritzer, *op. cit.*, p.491).

240) A. H. Kritzer. *op. cit.*, pp.483~92.

그렇게 함에 있어 적용상의 어려움이 있을 수 있고, 그러한 추상적인 손해배상금을 규정함으로써 본 조항이 진정 피하려는 목적인 소송사태의 여지는 남아 있다. 대개 일방은 계약해제권이 존재하는지가 분명하기 전에 가끔 계약해제권을 가지려 하며, 이는 사전 계약위반이 되는 상황에 특별한 어려움을 일으킬 수 있다. 이런 경우 본 조항에서 말하는 시가의 적용은 더욱 어려울 수 있다.

② 만약 매도인이 문제 물품의 한정된 공급량을 가지고 있거나 매수인이 이러한 물품에 대한 한정된 수요를 가진 경우, 상황에 따라서 매도인이 재매각을 하였거나 매수인이 대체구입을 할 것이 분명해질 수 있다. 그러나 위반을 주장하는 당사자가 문제의 물품에 대한 시장을 항구적으로 가지고 있다면 수많은 구입 또는 매매계약 가운데 어느 것이 위반한 계약을 대체하는 계약인지를 결정하는 것이 어렵거나 불가능할 수 있다. 이런 경우 본 조항의 규정에도 불구하고 75조의 활용이 불가능한 경우가 있을 수 있다.

③ (1)항에 의하면, "해제시의 시가"와 "물품의 수령시의 시가"가 있는데, 특별히 물품의 수령시의 시가로 규정한 데 대한 특별한 동기가 있는가이다.

④ UCC 2－708조 (2)항에 의하면, 시가공식이 매도인에게 이행이 이루어졌을 상태로 적용하기에 부적합한 경우에, 매도인이 매수인의 완전 이행으로부터 취득할 수 있었던 합리적인 경상비를 포함한 이익에 근거한 손해배상금액을 그에게 허용하고 있는데, 76조의 규정에 의하면 이에 상응하는 규정을 두고 있지 아니하다.

이에 대한 해결방안은 다음과 같다.

① 상기 ②의 경우, 즉 위반을 주장하는 당사자가 문제의 물품에 대한 시장을 항구적으로 가지고 있는 경우, 75조의 활용상의 어려운 문제는 손해배상금 추정에 관한 일반원칙을 규정하고 있는 74조에 의해 보상될 수 있다.

② "해제시의 시가"와 "물품의 수령시의 시가" 제도를 둔데 대한 동기, 특히 "물품의 수령시의 시가"로 한 것은 매수인의 인도 후의 투기를 방지하기 위한 것이다. 즉, 매수인이 시세하락 후에 매도인의 희생 상태에서 계약을 해제하는 것을 막는 데 있다. 또한 이러한 "물품의 수령시의 시가" 원칙은 물품을 인도하였으나, 매수인이 부당하게 물품을 거절하므로 물품을 수령하고 계약해제를 선언하는 매도인에게도 적용된다고 보아야 한다.[241]

---

241) *Ibid*, pp.486, 491~2.

(3) PICC의 원칙

CISG 76조에 유사한 7.4.6조의 규정은 대체거래가 없을 경우 시가(current price)에 의한 피해입증에 따른 보상방법과 시가의 정의를 하고 있다.

① 피해금액의 산정방법

CISG 76조와 내용면에서 실제 일치한 본 규정은 대체거래가 어떤 이유에서든 이루어지지 아니하였으나, 대체거래가 이루어졌다면 적용될 수 있는 시가가 존재하는 경우 피해액의 입증과 상황을 용이하게 하기 위한 규정이다. 따라서 이런 경우 정상적인 대체거래가 이루어진 경우와 같이 피해금액이 입증되므로 보상받을 수 있는 피해금액의 산정은 계약가격과 종료시의 시가간의 차액이다.

② 시가(current price)의 결정방법

흔히 동일시하고 있으나 엄격하게 보면 구분되는 時價와 市價의 정리와 결정방법을 (2)항이 규정하고 있다. 시가는 문제의 제공이나 서비스에 대하여 일반적으로 현재 부과되는 가격이며, 동 가격은 동일한 또는 유사한 물품이나 서비스에 대하여 부과되는 가격과 비교하여 결정된다. 위와 같이 시가가 결정되는 것이 일반적이지만 반드시는 아니고 경우에 따라서는 조직시장의 市價일 수도 있다. 이렇게 볼 때, 時價와 市價는 반드시 일치하지는 않지만 가끔 일치하기도 한다. 市價는 조직된 시장에서 형성되는 時價[242]이며, 時價는 동일한 또는 유사한 물품이나 서비스에 대하여 부과되고 있는 市價나 時價를 비교하여 결정되므로 이들과 같을 수도 있고 다를 수도 있다. 이렇게 볼 때 원칙적으로 時價가 市價에 영향을 준다고 볼 수 있으나 상호 영향을 준다고 볼 수도 있다. 가끔 時價는 상공회의소나 전문 기관을 통해 주어질 수도 있다. 이 조항에서 말하는 時價를 결정하기 위해 참고되는 장소는 계약이 이행되는 장소이며 그 장소의 時價가 되나 동 장소에 時價가 없다면 참고하는 것이 합리적인 것으로 보이는 장소와 그 장소의 時價이다.

③ 추가배상금 산정방법

본 규정은 원칙적으로 보상받을 수 있는 최소한의 권리로 계약종료시의 時價와 계약가격간의 차액을 인정하고 있다. 그러나 규정에는 없는 계약종료에 따라 자신이 입을 수 있는 추가 피해가 있는 경우 입증에 따라 손해배상금으로 추가 청구

---

242) ULIS, 12.

가 가능하다.243)

【3】 77조 : 손해경감(損害輕減) 의무

Article 77

A party who relies on a breach of contract must take such measures as are reasonable in the circumstances to mitigate the loss, including loss of profit, resulting from the breach. If he fails to take such measures, the party in breach may claim a reduction in the damages in the amount by which the loss should have been mitigated.

계약위반을 주장하는 당사자는 위반으로 인하여 생긴 희망이익의 손실을 포함하여 손실을 경감하기 위해 상황에 합리적인 조치를 취해야 한다. 만약 일방이 그러한 조치를 취하지 아니한 경우, 위반한 당사자는 손실이 경감되어야 하는 금액만큼 손해배상금의 감액을 주장할 수 있다.

본 조항은 ULIS 88조와 이와 실질적으로 같게 규정된 DCIS 73조와 똑같다. 계약위반을 주장하는 당사자는 손해를 경감하기 위하여 필요한 조치를 취해야 함을 규정하고 있다.

많은 경우에 있어, 본 조항은 앞의 세 규정의 일반규칙에 따라 인정될 수 있는 보상을 줄일 수 있음을 역시 규정하고 있다.

1) 손해경감의무

본 조항은 계약위반을 주장하는 일방에게 경우에 따라 위반으로 인하여 생긴 이익의 손실을 포함하여 손실을 경감하기 위하여 책임 있는 조치를 취할 것을 요구하고 있다. 즉, 77조는 위반한 일방에게 피해입은 당사자가 져야 하는 의무를 규정한 몇몇 협약 규정 가운데 하나이다.244)

---

243) http://www.unidroit.org/english/principles/chapter−7.ht, 7.4.6, comment; A. H. Kritzer, *op. cit.*, pp.487~92.

244) 협약 85조에서 88조에 의하면, 물품을 점유하고 있는 일방은 특수한 사정하에서는, 비록

이런 경우 위반을 주장하는 당사자가 책임져야 할 의무는 74조 내지 77조에 규정된데로 손해배상을 청구할 것을 규정한 45조 (1)항 (b)호 또는 61조 (1)항 (b)호에 따른 자신의 손해배상금 청구를 줄이기 위하여, 또한 위반으로 인해 자신이 입을 손해를 줄이기 위한 조치를 취하는 것이다.

2) 간접 손해보상금 산정공식

본 조항의 규정에 따라 손해경감을 위해 필요한 조치를 취해야 할 의무가 있는 위반을 주장하는 자가 이를 해태할 경우 위반한 일방은 손해배상금액에서 손실이 경감되어져야 하는 금액만큼 차감을 청구할 수 있다.

그러나 주의를 요하는 것으로 자신의 손실을 경감시킬 의무를 해태한 일방에 대한 본 조항이 규정하고 있는 제재는 위반한 당사자가 손해배상금액에서 감액을 청구할 수 있게 하는 것뿐이다. 따라서 62조에 따른 매도인에 의한 대금청구 또는 50조에 따른 매수인에 의한 대금감액에 본 조항이 영향을 미치지 아니한다.[245]

반면에 73조하의 사전계약위반과 현재 책임이 있는 이행의무에 관한 위반 등에 본 조항의 손해경감의무가 적용된다.

이러한 손해경감의무에 관해 Furmston 교수는 계약위반으로 인한 손실을 경감하기 위하여 모든 합리적인 조치를 위반당사자가 취해야 할 의무를 법이 부과하고 있으며, 이러한 의무해태에 기인한 여하한 손실에 대해 보상을 청구할 수 없다고 주장하고 있다.[246] 또한 손해경감의 합리적인 조치를 취할 것을 해태했는지 여부는 매 건마다 특수한 사정에 좌우되는 사실의 문제이며, 이러한 해태의 입증책임은 위반을 한 당사자에게 있음을 주장하였다.[247]

결국 본 조항은 손해경감과 간접 손해배상금의 기준을 분명하게 규정하는 데

위반한 당사자에게 손실위험이 있다 해도, 이러한 물품을 보존하고 계약을 위반한 일방을 위해 물품을 매각할 의무를 가진다.

245) 예컨대, 매수인이 계약하의 자신의 일체의 의무에 관해 자신의 입장에서 해야 할 의무해태에 대한 구제권을 매도인에게 허용하지 아니한다면, 대금감액권이 매수인에게 허용되지 아니한다는 손실경감원칙을 50조가 규정하고 있다. 따라서 77조의 손해경감원칙과 62조의 대금보상원칙은 별개이다(J. O. Honnold, *op. cit.*, p.420).

246) British Westinghouse Electric and Manufacturing Co. v. Underground Electric Rly Co. of London [1912] A. 673; M. P. Furmston, *op. cit.*, p.552.

247) Payzu. Ltd v. Saunders [1919] 2KB 581; M. P. Furmston, *op. cit.*, p.598.

목적이 있다고 볼 수 있다.

3) 사 례

이상과 같은 본 조항의 기준에 입각한 구체적인 두 사례를 들어 보면, 다음과
같다.

1월 1일에 체결된 계약은 매도인에게 2월 1일자로 매수인에게 물품을 발송하
도록 요구하였다. 그런데 매수인의 영업장소는 매도인으로부터 먼 나라에 있었다.
그리고 매수인이 있는 지역에서는 매도인의 생산물에 대한 다른 매수인이 없었다.
1월 15일자로 매수인은 자신이 매도인의 물품을 사용할 수 없음을 발견하였다. 그
리하여 매수인은 즉각적으로 매도인에게 그러한 입장을 설명하고 물품을 선적하지
못하도록 하였다. 그럼에도 불구하고 매도인은 물품을 선적하였다. 그런데 매수인
은 선적물품을 수령하지 아니하였다. 이로 인하여 매도인은 목적지에서 물품을 매
각하였다. 그러나 목적지에서의 물품에 대한 수요의 부족 때문에 매도인은 재매각
에 따라 손해를 보았다. 그런데 이러한 손해는 물품의 시장이 있는 매도인의 영업
장소에까지 물품을 송부하는 비용과 맞먹는 손해였다.

이런 경우 본 조항은 매수인의 취소 후 매도인의 선적으로부터 생긴 손해배상
금의 감액을 매수인은 매도인을 상대로 요구할 수 있는가에 대하여 77조상의 손해
경감의 원칙이 적용될 수 있는 것처럼 보이는바, 그 이유는 다음과 같다.

① 매도인은 매수인이 동 물품을 사용할 수 없음을 알았고 역시 만약의 경우 재
매각 시장이 없는 경우, 먼 지역까지의 선적은 손해배상금을 제고할 것임을 알았다.

② 본 조항의 규정에 의하면, 선적하지 말라는 매수인의 지시에 따름으로써 손
실을 경감시키는 것이 경우에 따라서는 합리적인 것처럼 보인다.

상기 예와 다소 유사한 다른 문제를 검토한 후, 상기 예로 되돌아가 보기로 하자.

예컨대, 6월 1일자의 매매계약은 매도인(건축자재 생산자)에게 소유자(건물구입
자)를 위한 건물 건축에 있어 매수인(건축가)이 사용하기 위하여 매수인이 요구한
특수한 크기로 "steel girder"를 자르도록 요구되어 있었다. 그런데 7월 1일자, 즉
매도인이 계약에 따라 작업을 시작하기 전에 소유자는 매수인과의 건축계약을 취
소하였다. 그리하여 매수인은 즉각적으로 매도인에게 사정을 통보하고, 그에게
girder를 생산하지 못하도록 요구하였다. 그럼에도 불구하고 매도인은 계약에 명시

된 명세서에 따라 girder를 잘랐다. 매수인은 동 물품을 수령하길 거절하므로, 매도인은 동 물품을 재매각하려 하였으나 매수인을 위한 girder의 특수한 길이로 인해 다른 사람이 사용하기 어려웠기 때문에 재매각이 거의 이루어지지 아니하였다.

이런 경우에도 손해경감의 원칙은 매도인의 girder의 재매각에 입각한 손해배상금의 감액을 요구하고 있는 점에 대해, 처음 사례에서와 같이 본 조항의 내용과 그 근본 취지가 본 사례의 경우에도 적용될 수 있는 것처럼 보인다. 따라서 상기 두 사례의 경우 본 조항에 따라 손해배상금 감액이 가능하다.

만약 상기와 같은 두 사례에 대하여 적절한 해답을 찾기가 의심스럽다면, 협약 9조 (2)항에 따라 계약에 적용이 가능한 거래관습에 입각한 해답이 가능하다.

일반적으로 국제거래에 종사하는 당사자들은 상기 두 사례의 경우에 매도인이 한 행동을 이해할 수 없을 것이다. 즉, 단순한 이기적인 이유 때문에 매도인은 처음 사례와 같은 비생산적인 운송비용이나, 두 번째 사례와 같은 낭비적인 생산비를 초래케 해서는 아니됨이 국제거래 종사자들의 생각일 것이다. 다시 말해서 영업에 종사하는 사람이라면 자신의 비용이 소송의 결과로서 보상될 것이라는 기대하에서 낭비적인 활동에 많은 금액을 합리적으로 투자하지 아니할 것이다. 왜냐하면 승소와 집행의 지연 및 불확실성이 너무 높기 때문이다.

일반적으로 본 조항과 같은 손해경감을 요구하고 있는 규칙은 위와 같은 일반적인 상관행과 일치하며, 낭비와 비효율을 저지함으로써 상업계의 광범위한 이익을 부여하고 있다. 결국 본 조항의 기준에 입각한 상기 두 사례의 해답과 9조 (2)항에 의한 상관행에 입각한 해답이 똑같다.

따라서 9조 (2)항의 상관행과 본 조항의 정신에 입각하여 상기 두 사례의 경우, 매도인은 손해배상금을 감액해야 한다.[248]

본 조항과 관련한 문제는 다음과 같다.

① 대부분의 국내법은 위반하지 아니한 일방이 발생한 손실에 대해 부당한 결과를 주지 아니하고, 경감할 수 있는 한 위반한 당사자에게 벌금을 부과해서는 아니된다는 취지이다.[249] 그런데 본 조항은 이에 대한 명확한 규정이 없다.

② 손해경감 개념을 표시하기 위하여 본 조항에 사용된 용어들은 많은 나라의 국내 손실경감 원리만큼 포괄적이지 못하며, 앞서 언급한 대로 본 조항은 74조에서

---

248) J. O. Honnold, *op. cit.,* pp.418~9.

249) A. H. Kritzer, *op. cit.,* p.494; UCC 2−715(2), 2−704(2) and 1−203; Rest. 350.

77조까지의 손해배상금 청구에만 분명히 사용된다고 볼 수 있다. 그러나 예컨대, 물품의 계약불일치 때 대금감액권을 매수인에게 부여하는 50조와 매도인과 매수인에게 이행요구권을 허용하는 46조와 62조의 경우, 본 조항의 원칙 적용은 불가능하다는 사무국의 주장은 너무 제한적이다.

본 조항의 손해경감의무와 관련한 문제에 대해서는 추후, 충분한 토의를 거쳐 필요한 경우 개정의 필요성이 제기된다.

4) PICC의 원칙

CISG 77조는 손해경감의무를 불이행한 피해입은 당사자에게 그에 의해 경감될 수 있었을 부분만큼 손해배상금 감액을 이행불이행 당사자는 주장하고 있는바, 이 부분은 본 PICC 7.4.8조 (1)항과 같다. 그러나 피해입은 당사자가 감소를 위해 지급한 비용을 청구할 수 있다는 규정은 CISG가 두고 있지 아니하다. PICC 7.4.8조의 규정은 손해경감조치 불이행에 대한 책임한계를 보다 분명히 그리고 피해를 줄일 수 있는 가장 유리한 입장에 있는 피해입은 당사자의 적극적인 조치를 권장하고 있음이 특색이다.

(1) 피해경감조치의무와 효과

피해를 줄이거나 피할 수 있는 가장 가까운 위치에 있는 자는 대체로 수입자로 볼 수 있다. 이 경우 그는 줄이거나 피하게 할 수 있었던 피해에 대하여 소극적인 자세를 취하고 보상만을 기다리는 행위는 경제적 입장에서 보나 신의성실의 입장에서 보나 바람직하지 아니하다. 따라서 본 규정의 목적은 이러한 행위를 방지하는 것이다.

그러나 분명히 알아야 하는 것은 이미 이행불이행의 결과로 자신이 손을 쓸 수 없이 이미 발생한 피해에 대하여 조치를 취하게 하므로 그에게 시간적으로 비용적으로 피해를 입게 하지는 아니한다는 것이다. 이러한 모든 상황을 미루어 볼 때, 필요한 조치들이 취해지지 아니한다면 오랜 시간 동안 지속되는 피해의 위험이 따를 경우 무엇보다 피해입은 당사자는 피해의 정도를 제한하거나 초기에 피해의 증가를 피하도록 지시, 즉 조치를 취하는 것이 필요하며 당연하다. 경우에 따라서 이런 규정의 취지에 따라 계약서상에 필요한 조치에 관해 합의하는 것도 필요하다.

(2) 비용변상의 전제

피해입은 당사자가 자신의 책임이 아님에도 불구하고, (1)항의 규정에 따라 피해경감을 위해 상황에 합리적인 필요한 조치를 취하고 이에 따라 비용이 발생한 경우 이행불이행 당사자로부터 손해배상금 외 별도로 보상을 받을 수 있다. 만약에 상황에 합리적인 조치를 취하지 아니한 경우 동 비용만큼은 자신이 받을 손해배상금에서 삭감되어야 한다.250)

제3절 이 자

1. 구 성

78조 연체금액(延滯金額)에 관한 이자

2. 개 요

본 절은 78조만으로 구성되어 있고 연체금리에 관해서 규정하고 있다.

3. 규정과 해설

【1】 78조 : 연체금액(延滯金額)에 관한 이자

Article 78
If a party fails to pay the price or any other sum that is in arrears the other party is entitled to interest on it, without prejudice to any claim for damages recoverable under article 74.
일방이 대금, 기타 연체금액의 지급을 하지 못한 경우, 타방은 74조에 따라 보상받을

---

250) http://www.unidroit.org/english/principles/chapter-7.ht, 7.4.8, comment.

수 있는 손해배상청구권의 침해를 받지 아니하고 해당 금액에 대한 이자를 청구할
권리가 있다.

본 조항은 ULIS 83조에 근거하여 규정된 것으로 피해입은 당사자에게 지급연
체에 대하여 이자를 받을 권리를 인정하고 있다.

1) 일반원칙

금리에 관해서는 종교상의 이유 등으로 각국의 법률의 차이가 있기 때문에 협
약의 초안 단계에서 다양한 논의가 있었지만, 결국 타협의 산물로서 채용된 것이
본 조항이며, 대금, 기타 연체금액에 관해서 연체가 발생하면, 그것이 79조에 따라
손해배상책임을 면제시키는 자신의 지배를 초월한 장애에 의한 경우에도 연체분의
금리는 지급해야 함을 분명히 하기 위하여 일반원칙으로서 금리지불 의무를 부과
하고 있다.

2) 문제점

본 조항 후반 부분에 의하면, 금리의 청구는 74조에 의한 손해배상청구와는 별
도로 가능하다고 되어 있지만, 양자를 중복해서 청구할 수는 없음을 알 수 있다. 따
라서 본 조항과 74조를 연관시켜 볼 때, 금리로는 보상되지 아니하는 손실만을 손
해배상으로 청구할 수 있다고 해석해야 할 것이다.

그런데 본 조항은 이율계산의 개시 등에 관해서는 전혀 언급하고 있지 아니하
는바, 이 점에 관해서는 7조 (2)항에 근거해서 국제사법의 원칙에 따라 적용되는
국내법의 규정에 따르지만, 당사자들은 계약서상에 분명히 정해 두는 것이 바람직
하다.

3) PICC의 원칙

(1) 금전지급 해태에 대한 이자지급

금전지급해태에 대한 이자지급에 관한 규정인 7.4.9조는 이자에 관한 CISG 74

조, 78조, 79조 규정보다 간결하다.

① 일괄보상원칙

본 규정은 약정된 금액의 지급이 지연된 경우, 이로 인해 입은 피해는 특별규정에 따라 지급만기시와 실제지급시간에 약정금액에 대한 이자를 일괄 계산하여 지급해야 한다는 널리 고정된 원칙의 재확인 규정이다.

지급지연이 이행불이행 당사자에게 기인한 경우에는 언제든지 이자의 지급이 이루어져야 하며, 이러한 일은 피해입은 당사자가 지급해태 사실을 그에게 통지할 필요 없이 지급이 만기된 때로부터 이루어져야 한다. 이를 지연지급에 대한 이자지급에 관한 일반원칙이라 한다.

지급지연이 외환거래법상의 제한규정 등으로 인한 불가항력적인 사실에 기인한 경우, 지급되는 이자는 손해배상금이라 하기보다 지급의무가 있는 채무자의 지급지연에 따른 이자로 채무자가 은행으로부터 계속 수령하게 되는 것 같이 되나, 지급이 여전히 안 되면 이는 마치 채무자의 치부(致富)의 결과를 가져오기에 치부에 대한 변상으로 보아야 한다. 불가항력의 경우, 지연금에 대하여 지급되는 이자에 대하여 이러한 원칙이 적용되는 이유는 피해입은 당사자는 자신이 높은 이자율을 수령할 수 있었음을 입증할 수 없거나, 이행불이행 당사자는 피해입은 당사자가 (2)항에 규정한 평균여신율보다 낮은 율의 이자를 취득할 수 있었는지를 알지 못하기 때문이다.

이 경우 일정금액의 지급지연으로 입은 손해의 보상이 이자인바, 지연으로 입은 피해는 일괄로 계산되어야 한다.

당사자들은 본 규정에 그대로 따를 수 있고 또는 7.4.13조의 규정을 전제로 이자율에 관해 사전에 합의할 수 있으며, 이런 경우 계약자유의 원칙이 적용되어 합의가 우선하여 적용된다.

② 이자율 결정원칙

지급이행해태에 적용되는 이자율의 원칙을 (2)항이 규정하고 있는데, 우대 수신자에게 적용되는 보통은행 단기여신율을 우선하고 있다. 동 이자율은 국제무역에서 요구되고, 지급지연으로 입은 피해의 적절한 보상에도 적합한 이자율로 인정되고 있다. 그리고 이 이자율은 지급받지 못한 자가 은행을 통해 빌릴 때 적용되는 이자로 생각할 수 있으며, 지급통화에 대한 지급장소에 적용되는 보통은행 단기여

신율로 볼 수도 있다.

지급장소에서 우대 수신자에게 적용되는 보통은행 단기대여율을 적용할 수 없는 경우, 지급해야 하는 통화국의 보통은행 단기대여율을 적용할 수 있음이 차선의 이자율 지급원칙이다.

이상과 같은 이자율이 없을 경우, 이자율은 지급통화국의 법이 정하는 이자율이라야 하며, 이렇게 결정되는 이자율을 법정이자율이라 한다. 법정이자율을 국제거래를 위해 가장 적절한 이자율이라 부르기도 한다.

이 이자율마저 없다면 가장 적절하다고 생각되는 은행의 이자율이 지급이자율이 됨이 이자율 지급에 관한 (2)항의 원칙이다.

③ 추가손해배상금

이자는 일정금액의 지급지연의 결과로서 입는 피해보상이다. 그런데 이러한 지급지연이 피해입은 당사자에게 더 큰 피해를 줄 경우 이러한 사실이 입증되고, 명확성과 예측가능성의 요건이 충족된다면 추가피해로 간주하여 추가피해에 대한 추가이자를 배상받을 수 있다.

(2) 금전 외 지급해태에 대한 이자지급

달리 합의가 없는 한, 금전의무외 의무해태에 대한 손해배상금에 대한 이자는 해태시점으로부터 발생함을 7.4.10조가 규정하고 있다.

본 규정은 금전의무 외의 의무의 이행불이행으로 인한 피해에 대하여 손해배상금이 판정되고, 판정된 손해배상금이 지급되지 아니한 경우, 손해배상금에 대한 이자를 지급해야 하는데, 이 때의 손해배상금에 대한 이자가 발생하는 시기에 관한 규정이다.

특히 주의를 요하는 것으로, 시기는 이렇게 해서 이루어진다 해도 금전의무 외의 의무불이행 시기에 발생하는 손해배상금의 금액에 대하여는 금전에 관한 계약조건에 따라 평가되고 있지 아니하다. 따라서 이런 경우의 손해배상금의 금액평가는 결국 당사자들간의 합의나 법정의 판결에 따르는 수밖에 없는데, 이런 경우에 피해의 발생일자, 즉 이행불이행 시점을 손해배상금 금액의 판정에 따른 손해배상금 이자발생의 출발점으로 하고 있다.

이러한 해결방법은 기업인이라면 자신의 지급의무에 대한 지급해태는 기업인이 취할 태도가 아니라는 국제무역 관례에서 볼 때 가장 적합한 방법이다. 또 이러한 방법을 택한 것은 피해입은 당사자의 자산은 피해발생시로부터 감소하나 이행불이행 당사자는 손해배상금이 지급되지 아니하는 한 자신이 지급해야 할 금액에 대한 이자수익의 혜택을 누릴 수 있기에 이러한 수익은 당연히 피해입은 당사자에게 전가하는 것이 필요하다는 차원에서 볼 때 적합한 해결방법이다.

그러나 금전외 의무불이행에 대한 손해배상금은 피해 최종 판정시, 예컨대, 통화의 평가절하의 경우에 있을 수 있는 이중보상을 피하기 위해 발생일자, 즉 이행불이행시점을 고려해서 판정해야 한다.

본 규정의 단점이라면, 이행불이행 당사자보호의 차원에서 복식이자의 지급을 제한하는 것을 공공정책으로 하고 있는 나라들이 있는 데 비해, 본 규정은 이 점에 관해서는 침묵하고 있다는 것이다.[251]

제 4 절 면 책(免責)

1. 구 성

| 79조 | 손해배상금으로부터 당사자를 면책시키는 장애(障碍) 혹은 불가항력(不可抗力) |
| 80조 | 타방에 기인한 이행의 해태 |

2. 개 요

79조의 목적은 당사자들이 예기치 못했던 사태에 대한 적절한 대응규정이며, 80조는 일방으로 하여금 자신의 불법행위에 근거한 권리를 취득해서는 아니된다는 협약의 일반원칙을 수용하고 있다.

---

251) http://www.unidroit.org/english/principles/chapter−7.ht, 7.4.9~10, comments.

3. 규정과 해설

【1】 79조 : 손해배상금으로부터 당사자를 면책시키는 장애 혹은 불가항력

Article 79

(1) A party is not liable for a failure to perform any of his obligations if he proves that the failure was due to an impediment beyond his control and that he could not reasonably be expected to have taken the impediment into account at the time of the conclusion of the contract or to have avoided or overcome it or its consequences.

(2) If the party's failure is due to the failure by a third person whom he has engaged to perform the whole or a part of the contract, that party is exempt from liability only if :

   (a) he is exempt under the preceding paragraph; and

   (b) the person whom he has so engaged would be exempt if the provisions of that paragraph were applied to him.

(3) The exemption provided by this article has effect for the period during which the impediment exists.

(4) The party who fails to perform must give notice to the other party of the impediment and this effects on his ability to perform. If the notice is not received by the other party within a reasonable time after the party who fails to perform knew or ought to have known of the impediment, he is liable for damages resulting from such non−receipt.

(5) Nothing in this article prevents either party from exercising any right other than to claim damages under this Convention.

(1) 불이행이 불가항력적인 장애에 기인하였고 자신이 계약체결시에 그러한 장애를 고려하였거나 체결 후에 그러한 장애나 장애의 결과를 극복하거나 피할 수 있음을 합리적으로 기대할 수 없음을 불이행한 일방이 입증한다면, 일방은 자신의 의무의 불이행에 대하여 책임을 지지 아니한다.

(2) 일방의 불이행이 계약의 전부 혹은 일부를 이행하기 위하여 자신이 고용한 제3자의 불이행에 기인한 경우, 불이행 당사자는 다음의 경우에 한하여 면책이 된다.

   (a) 자신이 전 항의 규정에 의하여 면책되는 경우

> (b) 자신이 고용한 자가 전 항의 규정이 그에게 적용된다면 면제되는 경우
>
> (3) 이 조항에 규정하고 있는 면책은 장애가 존재하는 기간 동안 효력을 갖는다.
>
> (4) 불이행의 당사자는 타방에게 장애와 자신의 이행능력에 동 장애가 미치는 효과를 통지해야 한다. 불이행한 당사자가 장애를 알았거나 당연히 알았어야 하는 시기로부터 합리적인 기간 내에 통지가 타방에게 도달하지 아니한 경우, 불이행한 당사자는 이러한 불수령으로 인하여 생긴 손해배상금에 대하여 책임이 있다.
>
> (5) 이 조항의 규정은 어느 일방이 협약하의 손해배상금을 청구하는 이외의 여타 권리의 행사를 방해하지 아니한다.

본 조항은 불가항력적인 장애로 인해 의무이행을 하지 못한 일방에 대한 의무면책 범위를 규정하고 있으며, ULIS 74조에 근거한 DCIS 65조와 실질적으로 똑같다.

1) 일반원칙/(1), (5)항

당사자들이 다음의 사항을 입증하면 그 의무 가운데 어떠한 불이행에 관해서도 책임을 지지 아니한다.

① 불이행이 자신의 지배를 초월하는, 즉 불가항력적인 장애(impediment beyond his control)에 의한 것

② 계약 체결시에 그 장애를 생각하는 것이 합리적으로 기대될 수 없는 것

③ 계약 체결 후에 그 장애 또는 그 결과를 피하거나 극복하는 것이 합리적으로 기대될 수 없는 것

단, 이러한 면책은 불이행에 의한 손해배상책임에만 한정되며, 상대방의 계약불이행에 대한 구제로서 협약이 인정하고 있는 기타 권리, 예컨대 이행요구, 대금감액, 계약해제와 같은 기타 구제권의 행사를 방해하지 아니한다.

이 가운데 특히 계약을 해제할 권리가 있다는 것은 중요하다. 만약 계약의 상대방이 불가항력적인 장애에 의해 계약을 이행할 수 없는 경우에는 손해배상의 청구는 할 수 없어도 주요한 위반을 구성하면 계약을 해제해서라도 계약상의 의무를 면제시켜 전매 또는 대체구입 등의 차선책을 강구할 필요가 있기 때문이다. 물론 이런 경우에도 계약의 전부 또는 일부가 이행되었다면 81조 (2)항에 의해 반환을 청구할 수 있다.

상거래에 있어 계약체결 후 생각지도 아니한 사태가 생겨 계약의 이행이 불가

능하게 되는 경우가 적지 아니하다. 예컨대 전쟁, 수출입 금지, 운하의 폐쇄, 파업, 화재 등 다양한 원인이 생각되지만, 이런 경우 각국법은 당사자에게 일정한 요건하에서 계약상의 의무이행을 면제시키기 위해 이행불능(impossibility), 불가항력(act of god; force majeure), 계약목적의 달성불능(frustration) 등의 이론을 발전시켜 왔다.

반면에 협약하에서는 불이행이 자신의 지배를 능가하는 경우에 면책되는 것으로 되어 있지만, 표현 자체가 애매하고 부정확(vague and imprecise)하다는 비판이 있어, 손해배상금으로부터 당사자를 면책시키는 장애 혹은 불가항력에 적용되는 일반원칙의 경우 각국의 법체계하에서와 같은 방법으로 해석될 우려가 있다고 말할 수 있다.

이런 경우 협약을 제정한 목적이 달성될 수 없지만, 현재로서는 금후 협약하에서 비판이 누적되어 이루어지는 것을 지켜볼 수밖에 없다.[252] 이에 관한 사례는 다음과 같다.

① 계약은 특유한 물품(unique goods)의 인도를 요구하고 있었다. 그런데 물품의 멸실 위험이 67조나 68조에 따라 이전하기 전에 물품이 화재에 의해 파괴되어 버렸다. 이 화재는 매도인의 불가항력적인 사건에 의해 일어난 것이었다.

이런 경우 매수인은 위험이 이전하지 아니한 물품의 대금을 지불할 필요가 없지만, 매도인도 물품의 인도를 할 수 없기 때문에 생긴 손해배상 책임을 면제받게 된다.

② 계약이 500개의 공구인도를 요구하고 있고, 위험이전 전에 공구는 상기 예와 유사한 상황에서 파손되었다.

이런 경우 매도인은 500개 공구의 손실을 책임져야 하므로 그 대신에 500개의 공구를 매수인 앞으로 발송할 책임이 있다. 이런 경우 상기 ①의 예와 차이점은 상기 예에서는 매도인은 계약에 규정한 물품을 제공할 수 없으나, 본 건에 의하면 매도인이 대체물품을 선적함으로써 공구의 파손효과를 극복할 수 있다는 것이다.

③ 만약 상기 예 ②에서 파손된 공구를 대체하여 선적된 공구가 적기(適期)에 도착하지 아니한 경우, 매도인은 지연인도에 대해 손해배상금으로부터 면책된다.

④ 계약이 플라스틱 용기에 포장된 물품을 요구하고 있고 포장을 해야 할 즈음에, 플라스틱 용기가 매도인의 불가항력적 이유로 이용할 수 없게 되었다. 그러나 상업적으로 다른 합리적인 포장 재료가 가능하다면 매도인은 물품의 인도를 거절

---

252) 新 掘聰, 前揭書, pp.152~3.

하기보다는 이러한 재료를 사용함으로써 장애를 극복해야 한다. 그리고 매도인이 상업적으로 합리적인 대체 포장재료를 사용하였다면, 그는 손해배상금에 대한 책임이 없다. 반면에 매수인은 계약을 해제할 수 없다. 왜냐하면 중요한 계약위반이 없었기 때문이다. 그러나 매수인은 물품의 가액이 불이행 포장재료 때문에 감소되었다면, 50조에 의한 대금감액을 할 수 있다.

⑤ 계약이 특정 선박상에 물품의 선적을 요구하고 있었다. 그러나 선적계획이 당사자들의 불가항력적인 사건 때문에 변경되어 선적기간 내에 명시된 항구에 도착하지 못하였다. 이러한 상황하에서는 물품의 운송에 책임이 있는 당사자는 대체선을 제공함으로써 장애극복을 기도해야 한다.

⑥ 매수인의 지급불능은 자동적으로 대금지급 불이행에 대한 책임을 면책시키는 장애가 되지 아니한다 해도, 예측불허의 외환관리나 기타 유사한 규제는 합의한 시기에, 합의한 방법으로 대금을 지급해야 할 의무이행을 불가능하게 만든다.

물론 매수인은 예컨대, 계약상의 지급방법으로 지급이 불가능할 경우로서 상업적으로 합리적인 지급 대체 형태를 준비하여서라도 장애를 극복할 수 없는 경우와 같은 특수한 문제로서 지급하지 못한 금액에 대한 이자로 일반적으로 정의될 수 있는 지급 불이행에 대한 손해배상금 책임으로부터 면제될 수 있다.

2) 제3자[253)]의 불이행에 의한 면책원칙/(2)항

일방의 불이행이 제3자의 불이행에 기인하는 경우가 가끔 일어날 수 있다. 본 규정은 이런 경우 자신이 (1)항의 규정에 따라 면책되는 경우와 그가 고용한 자가 (1)항의 규정이 적용되어 면책되는 경우에만 면책됨을 규정하고 있다.

제3자는 전부 또는 일부를 이행하기 위하여 고용된 사람이어야 하며, 매도인에게 원료나 물품을 공급하는 자는 포함되지 아니한다.[254)] 이에 관한 사례를 보면 다음과 같다.

① 어떤 기계를 수주한 매도인이 전기계통 부분만 하청을 주었다. 그런데 이 하청업자는 평판이 좋은 업자였지만, 이 계약하에서는 생산에 착오가 있어 매도인

---

253) 당사자로부터 계약의 일부 또는 전부의 이행을 위임받은 자로서 매도인에게 물품 또는 원료의 단순한 공급자(suppliers)는 포함하지 아니한다. 이는 일반적으로 대체 공급원으로부터 구입을 할 수 있기 때문이다.

254) A/CONF.97/19, pp.55~6.

에게 전기계통 부분을 인도할 수가 없게 되었다. 매도인은 이 부분을 다른 업자로부터 준비할 수가 없어, 결국 매수인과의 계약을 이행할 수 없게 되었다.

이 경우 (1)항의 일반원칙에 따른다면, 하청업자의 불이행은 매도인의 불가항력적 장애를 가져왔으므로 매도인은 매수인에게 면책될 가능성이 있지만, 불이행이 하청업자인 제3자의 불이행에 기인하는 것이기 때문에 (2)항이 적용되어 매도인은 면책되지 아니한다. 왜냐하면 하청업자는 (1)항에 따라 면책되지 아니하기 때문에 (2)항 (b)호의 요건을 만족시킬 수가 없기 때문이다.

그러나 매도인이 매수인에게 손해배상을 할 수 없다면, 당연히 매수인은 하청업자에게 보상을 청구할 수 있다.

② 반면에 매도인과 하청업자와의 계약이 하청업자의 특정공장에서 물품을 제조할 것을 요구하고 있고, 그 공장에서의 생산이 화재, 홍수 또는 정부의 규제 때문에 불가능한 경우에는 하청업자는 매도인에 대해서 면책되기 때문에, (2)항에서도 매도인은 매수인에 대한 책임을 면제받게 된다.

③ 상기 예들과 똑같은 예가 Incoterms® 2010의 DAT 조건처럼 매도인이 물품을 목적지 터미널에서 인도할 의무를 지고 있고, 그 인도를 위해 운송을 운송인에게 의뢰한 경우에도 적용된다. 이 경우 운송인은 (2)항의 제3자에 해당하여 물품이 누수(漏水) 등 통상의 사고로 인해 수송중에 손상을 입은 경우에는 운송인은 면책되지 아니하기 때문에, 매도인은 손해에 관해 매수인에게 책임을 부담하고, 나중에 운송인이나 보험회사에 보상을 청구하게 된다. 반면에 물품이 폭풍, 수출입금지 등의 불가항력적인 장애에 기인하여 손상을 입은 경우에는 운송인과 매도인은 면책이 된다.[255]

3) 일시적 장애에 대한 면책원칙/(3)항

일정기간 동안만 일방의 이행을 방해하는 장애는 장애가 존재하는 기간 동안만 손해배상금 책임을 불이행 당사자에게 면책시킴이 본 규정의 취지이다.

따라서 손해배상금의 면책이 종료되는 날짜는 계약이행일자 또는 장애가 제거된 날짜 중 시간적으로 나중인 것을 기준으로 한다. 이에 관한 사례를 들면 다음과 같다.

---

255) 新 掘聰, 前揭書, p.154.

물품이 2월 1일자로 인도될 예정이었으나 1월 1일자로 매도인으로 하여금 물품의 인도를 방해하는 장애가 발생하였다. 그런데 이러한 장애가 3월 1일자로 제거되어 3월 15일자로 인도하였다. 이런 경우 매도인은 장애가 제거된 3월 1일까지 인도지연 때문에 일어날 수 있는 손해배상금에 대해 면책이다. 그러나 장애가 인도를 위한 계약일자 후에 제거되었기 때문에 3월 1일과 3월 15일 간에 인도지연의 결과로 발생한 손해배상금에 대해 매도인은 책임이 있다.

4) 통지할 의무에 관한 원칙/(4)항

불가항력적인 장애 때문에 손해배상금의 지급이 면제된 불이행 당사자는 타방에게 장애와 이것이 자신의 이행능력에 미치는 영향을 통지해야 한다. 따라서 이행을 해태한 일방이 장애를 알았거나 당연히 알았어야 한 후, 합리적인 기간 내에 타방이 이러한 통지를 수령하지 못한 경우, 불이행 당사자는 타방이 수령해야 할 통지해태의 결과에 대한 손해배상금을 지급할 책임이 있다.

결국 이러한 경우에서의 불이행 당사자에게 책임이 있는 손해배상금은 타방의 통지수령 실패로부터 일어나는 것이며, 불이행으로부터 일어나는 것이 아님을 명심해야 한다.

통지의 의무는 전혀 예측불허의 장애 때문에 일방이 이행할 수 없는 경우뿐만 아니라, 상업적으로 합리적인 대체를 제공함으로써 이행할 의사를 가진 경우에까지 연장된다.

따라서 상기 1)의 사례 ④상의 매도인과 ⑤상의 물품의 운송을 준비할 책임이 있는 당사자는 타방에게 계획하고 있는 대체이행을 통지해야 한다. 만약 통지하지 아니할 경우, 그는 통지해태에 기인한 일체의 손해배상금에 대해 책임이 있다. 또한 통지를 하였으나 통지가 도달하지 아니한 경우, 그는 타방이 통지를 수령하지 못함으로 인한 손해배상금에 대해서도 역시 책임이 있다.[256]

UCC는 면책과 관련하여 2-613조(충당된 물품의 재난), 2-614조(대체이행), 2-615조(예상된 조건해태에 의한 면책), 2-616조(면책을 청구하는 통지절차)의 규정을 두고 있으나 협약상의 면책규정과 차이가 많다.

---

256) A/CONF.97/19, p.56.

5) 면책약관의 규정필요

본 조항의 표현은 상당히 유연한 구조로 되어 있기 때문에 판례에 의해 그 해석이 고정될 때까지는 법정이 어떠한 판단을 내릴지 예측할 수 없다. 따라서 실무가로서의 정확한 대응은 당사자들에게 불가항력적인 예측할 수 없는 사태가 발생한 경우의 면책약관을 논의해서 계약에 삽입해 두는 것이다. 이를 불가항력조항(force majeure clause)이나 지연허용조항(excusable delays clause) 등으로 부르지만, 다음의 세 가지 조항을 포함하는 것이 바람직하다.

① 어떠한 사태가 일어날 경우에 매도인은 인도의 지연 또는 불이행에 관해서 면책되는가를 분명히 하는 조항, 예컨대 불가항력, 정부의 행위, 전쟁, 항만의 정체, 폭동, 혁명, 파업, 화재, 홍수, 근무이탈, 원자력 사고, 지진, 폭풍, 전염병 등과 같은 것을 면책사유로 한다.

② 소정의 면책사유에 의해 인도가 지연되거나 불이행이 일어난 경우에 매도인이 매수인에게 통지의무와 새로운 인도 계획을 연락할 의무를 규정하는 조항

③ 만약 지연이 일정기간 이상(예컨대 60일 이상)에 이르러도 그 기간에 면책사유가 종료된 후의 새로운 이행 조건에 관해서 당사자들이 합의에 이르지 못한 경우, 당사자중 일방은 미이행부분에 관해서 계약을 해제할 수 있다는 취지의 조항

따라서 계약 초안자는 예기치 못한 사태에 의해 인도가 지연되거나 불이행이 발생한 후에 그 사태가 오래 갈 경우에 계약은 어떻게 되는가, 어떠한 조건으로 해제할 수 있는가를 분명히 규정하도록 주의해야 한다.[257]

6) PICC의 원칙

PICC의 경우 6.2.1조에서 규정하고 있는 이행곤란(hardship), 7.1.6조에서 규정하고 있는 면책조항(exemption clause), 7.1.7조에서 규정하고 있는 불가항력에 따라 이행불이행의 경우 이행불이행 당사자는 손해배상금 지급의무에서 제외된다.

(1) 이행곤란

6.2.1조 규정에 의하면, 이행곤란이 있는 경우를 제외하고 계약의 이행은 준수

---

257) 新 掘聰, 前揭書, pp.158~9.

되어야 함을 규정하고, 6.2.2조에서 이행곤란의 정의를 다음과 같이 하고 있다.

일방의 이행비용이 증가하였거나 일방이 수령한 이행가치가 감소함으로 인해 사건의 발생이 근본적으로 계약의 균형을 변경시킬 경우로서

(a) 계약체결 후에 사건이 발생하였거나 불리한 일방에게 알려진 경우

(b) 사건이 계약 체결시에 일방에 의해 합리적으로 생각할 수 없었을 경우

(c) 사건이 불리한 당사자의 불가항력인 경우

(d) 사건의 위험이 불리한 당사자에 의해 상상되지 못한 경우

이행곤란이 존재한다.

여기서 중요한 것은 (a)~(d)까지의 경우가 근본적으로 계약의 균형을 변경시켜야 이행 곤란이 성립한다는 것이다.

이에 대하여 PICC에 의하면, 상황의 변경이 주어진 사건(경우)에 있어 주요한 것인지 근본적인 것인지 여부는 상황에 좌우되며, 이러한 여부에 따라 계약의 균형이 변경되어야 함이 이행곤란성립의 대 전제로 하고 있다. 그러나 이행이 금전적으로 정확히 측정할 수 있다면, 이행 비용이나 가치의 50% 이상에 상당하는 변경은 계약의 균형을 변경할 수 있는 근본적인 변경에 해당할 수 있다고 논평하고 있었다. 그러나 2010년 논평에 의하면 "50%" 기준을 삭제하고 있다. 이는 근본적인 계약의 균형을 변경시킬 수 있는 변경의 기준을 단순한 수치기준, 즉 변경정도로 정하는 것이 상당히 참고가 되고 편리할 수 있다. 그러나 근본적으로 계약의 균형을 변경시키는 상황기준의 절대적인 기준이 될 수 없기 때문이 아닌가 생각된다.

(2) 면책조항

7.1.6조 규정에 의하면, 다음과 같이 면책조항의 한계를 구정하고 있다.

이행불이행에 대한 일방 당사자의 의무를 제한하거나 제외하는 또는 타방이 합리적으로 기대한 것과는 실질적으로 다른 이행을 제공하는 것을 일방에게 허용하는 조항(약관)은 계약의 목적을 고려하여 그렇게 하는 것이 총체적으로 부당하다면 인정될 수 없다.

(3) 불가항력

7.1.7조 규정에 의하면 다음과 같이 불가항력에 대해 규정하고 있다.

이행불이행이 불가항력적인 장애에 기인하였음과 계약 체결시에 그러한 장애

를 고려하거나 장애를 피하거나 장애나 장애의 결과를 극복할 수 있음을 합리적으로 기대할 수 없었음을 일방이 입증한다면 일방에 의한 이행불이행은 면제된다.

장애가 일시적일 뿐인 경우, 계약이행에 관한 장애의 영향을 고려하여 합리적인 기간 동안만 이행불이행에 대한 별개의 효과를 가진다.

이행을 해태한 당사자는 반드시 장애와 장애로 인한 자신의 이행에 미치는 영향을 타방에게 통지해야 한다. 만약 이행을 해태한 일방이 장애를 알았거나 당연히 알았어야 한 후 합리적인 기간 내에 타방이 이러한 통지를 수령하지 못한다면, 이러한 통지수령불능에 따른 손해배상금에 대해 이행을 해태한 당사자는 책임져야 한다.

그러나 이 조항의 어떤 경우에도 당사자로 하여금 계약을 종료시키거나 이행을 보류하거나 당연히 지급해야 할 원금에 대한 이자를 요청할 권리를 방해하지 아니한다.

7) 전자협약의 원칙

불가항력적인 장애로 이행을 해태한 일방의 통지와 관련하여 사용되는 전자통신에 대한 전자협약의 규정은 없으나, AC의 의견은 72조와 동일하나 논평을 보면 다음과 같다.

불가항력적인 이행장애에 대하여 타방에게 이루어지는 정보, 즉 통지는 전자통신으로 이루어질 수 있다. 이런 경우 중요한 것은 형식에 관계없이 그 정보가 매수인에게 전달될 수 있어야 한다.

불가항력인 이행장애에 대하여 타방에게 이루어지는 전자통신의 효력발생과 관련한 제반사항은 15조와 27조의 논평과 같다.[258]

【2】 80조 : 타방에 기인한 이행의 해태

Article 80

A party may not rely on a failure of the other party to perform, to the extent

---

258) *Ibid.*

that such failure was caused by the first party's act or omission.

일방은 타방의 불이행이 자신의 작위나 부작위에 기인한 경우, 그는 그 한도까지 타방의 불이행을 원용할 수 없다.

본 조항은 ULIS 74조에 근거하여 제정되었으며, 타방에 의하여 야기된 불이행이 일방의 작위나 부작위에 따라 일어난 경우의 일방의 책임한계를 규정한 것으로, 79조의 구성상의 약간의 갭(gap)을 좁히기 위하여 제정된 것이다.[259]

1) 일반 원칙

일방이 상대방의 불이행의 원인이 되는 행위를 한 후에 그 불이행의 책임을 추궁할 수 없다는 원칙을 규정하고 있는데, 이는 당연하다. 예컨대, FOB 계약에서 매수인이 본선을 준비할 의무가 있는 경우에 매수인은 그러한 준비를 하지 아니하고서 매도인이 선적하지 못한 것을 비난할 수가 없다. 이러한 사실은 Incoterms상의 위험과 비용이전에 관한 3대 원칙인 이전의 대원칙, 이행전(사전) 이전원칙, 후자원칙의 대전제 원칙과 같다.

본 조항의 신설에 대한 논의가 많았다. 왜냐하면 7조 (1)항이 신의성실의 준수를 촉진하는 방향으로 해석해야 함을 규정하고 있기에 본 조항의 신설은 필요 없다는 주장 때문이었다. 그러나 분명해야 한다는 생각 때문에 신설된 조항이다.

2) 작위(作爲) 또는 부작위(不作爲)의 범위

자신의 작위(作爲) 또는 부작위(不作爲)에는 계약의 이행을 위해 고용된 자의 작위 또는 부작위를 포함한다.[260]

UCC 2-609조 (1)항의 규정은 본 조항과 유사하다고 볼 수 있다.

---

259) J. O. Honnold, *op. cit.*, p.444.
260) A. H. Kritzer, *op. cit.*, p.524.

3) PICC의 원칙

(1) 피해입은 당사자의 피해 기여에 대한 책임

7.4.7조의 규정은 피해가 피해입은 당사자의 작위나 부작위 또는 자신의 위험을 부담해야하는 다른 사안에 부분적으로 원인이 있는 경우 피해에 대한 책임한계에 대하여 규정하고 있다. 따라서 이행불이행이 피해입은 당사자의 행위에 부분적으로 원인이 있는 경우 7.1.2조의 규정이 적용되어 구제권행사에 제한이 불가피한 바, 본 규정은 손해배상금 청구시에 자신의 책임부분만큼 감하고 청구해야 함을 규정하고 있다. 이러한 사실은 국제거래의 원활을 도모하는데 PICC가 기여하되, 책임의 소재에 따라 책임을 분명히 부과하고 있음을, 즉 계약자유의 원칙준수에 기여하나 자유에 수반하는 책임을 강조하고 있다.

(2) 피해 기여의 종류

피해 발생에 피해입은 당사자의 기여 형태는 자신의 행동이나 자신의 책임하에 있는 대리의 행위에 있을 수 있는바, 이러한 형태 가운데 자신의 행동 형태는 예컨대, 피해입은 당사자가 운송인에게 잘못된 주소를 주는 작위형태와 하자기계 제조자에게 지시한 모든 지시를 해태한 부작위 형태일 수 있다. 이러한 형태가 가장 흔한 형태로 계약상의 자신의 의무이행 해태가 대부분이다. 그리고 사건형태는 자신의 책임이 될 수밖에 없는 자신의 대리인 등에 의해 이루어진 작위 내지 부작위 형태를 말한다.

피해입은 당사자의 작위와 부작위 형태를 내부행동(행위)형태라 할 수 있고, 자신의 대리인에 의해 이루어진 작위와 부작위 형태는 외부행동(행위)형태라 할 수 있다.

(3) 피해 기여시의 손해배상금 배당방법

피해입은 당사자의 작위나 부작위 또는 자신이 책임을 져야 하는 자의 작위나 부작위가 이행불이행 당사자의 이행을 절대적으로 불가능하게 만들 수 있는바, 이런 경우 7.1.7조에서 규정하고 있는 불가항력의 효과 요건이 충족된다면, 이행불이행 당사자는 전적으로 면책된다. 이렇게 볼 때, 피해입은 당사자의 피해 기여 정도에 따라 이행불이행 당사자의 면책은 부분적일 수도 있다. 그러나 피해 기여에 대한 입증의 어려움으로 법정의 재량에 맡길 수밖에 없는바, 이런 경우 법정에 도움을 주기 위해 본 규정이 있다고 볼 수 있다. 본 규정에 따른다면, 다소 추상적이나 일방의 해태의 심각함에 따라 피해의 기여 정도가 좌우됨을 규정하고 있다.

(4) 피해 기여와 피해의 경감

본 규정이 최초 피해의 기여자인 피해 입은 당사자의 행위에 관한 규정이라면, 7.4.8조의 규정은 그럼에도 불구하고 그가 그 후에 손해경감을 위해 취한 행위에 대한 책임에 관해 규정하고 있다. 따라서 본 규정은 7.4.8조와 함께 이해해야 할 필요가 있다.[261]

제 5 절 계약해제의 효과

1. 구 성

81조 계약해제의 효과
82조 원상태로 물품 반환의 불가능
83조 기타 구제보유권(救濟保有權)
84조 이익의 원상회복(반환)

2. 개 요

81조에서 84조까지 4개의 조로 되어 있는 5절은 계약이 해제된 경우의 효과에 관해 규정하고 있는데, 81조는 계약해제 선언에 수반하는 효과에 관해 규정하고 있고, 82조에서 84조까지의 규정은 81조의 규정을 실행하기 위한 세칙을 규정하고 있다.

---

261) http://www.unidroit.org/english/principles/chapter−7.ht, 7.4.7, comment.

3. 규정과 해설

【1】 81조 : 계약해제의 효과

Article 81
(1) Avoidance of the contract releases both parties from their obligations under it, subject to any damages which may be due. Avoidance does not affect any provision of the contract for the settlement of disputes or any other provision of the contract governing the rights and obligations of the parties consequent upon the avoidance of the contract.
(2) A party who has performed the contract either wholly or in part may claim restitution from the other party of whatever the first party has supplied or paid under the contract. If both parties are bound to make restitution, they must do so concurrently.

(1) 계약의 해제는 정당한 손해배상금을 지급할 조건으로 계약하의 당사자들의 의무로부터 양당사자들을 면제시킨다. 해제는 분쟁해결을 위한 계약의 규정이나, 계약해제에 따른 당사자들의 권리와 의무를 지배하는 계약의 여타 규정에 영향을 미치지 아니한다.

(2) 계약의 전부나 일부를 이행한 일방은 자신이 계약에 따라 이미 지급하였거나 공급한 것을 타방으로부터 반환을 청구할 수 있다. 만약, 양당사자들이 반환을 해야 하는 경우 양 당사자들은 동시에 이를 이행해야 한다.

본 조항은 ULIS 78조와 이에 근거한 DCIS 66조와 실질적으로 같은 규정으로 계약의무, 중재, 반환에 대한 해제의 효과를 규정하고 있다.

1) 해제의 효과/(1)항

① 계약해제의 일차적인 효과는 양 당사자들이 계약을 수행할 그들의 의무로부터 면제되는 것이다. 이에 따라 매도인은 물품을 인도할 필요가 없으며, 매수인은 물품을 수령하고 대금을 지급할 필요가 없다.

② 51조나 73조하의 계약 부분해제는 해제된 계약의 부분에 관해 양당사자들에게 그들의 의무를 면제시키며, 그 부분에 관해 (2)항에 따라 원상회복, 즉 반환(restitution)을 요구할 수 있다.

③ 법체계에 따라 계약의 해제는 계약으로부터 생기는 모든 권리와 의무를 소멸시킨다. 따라서 일단 계약이 해제되면 계약위반에 대한 손해배상금을 청구할수 없으며, 중재, 준거법, 법정 등에 관한 규정을 포함한 분쟁해결에 관한 계약조항과 책임을 배제하거나, 계약위반에 대한 위약금(penalty)이나 확정 손해배상금(liquidated damages)을 정하는 조항 등은 계약의 나머지 조항과 함께 소멸한다.

그러나 본 규정에 의하면, 계약의 해제는 지급해야 할 손해배상금 지급을 전제로 하며, 계약해제의 귀결인 당사자들이 관련된 권리와 의무를 지배하는 계약규정이나 분쟁해결을 위한 여하한 규정에 영향을 미치지 아니함을 규정함으로써, 위와같은 결과를 피하는 제도적인 장치를 마련하고 있다.

본 규정은 중재조항, 벌금조항 등이 적용되는 국내법하에서 유효하지 아니한경우, 분쟁해결에 관한 기타 규정을 유효한 것으로 인정하고 있지 아니함을 주의해야 한다. 본 규정에 의하면 이러한 조항들은 계약해제에 따라 종료되지 아니하는것만을 규정하고 있다.

그러나 유효한 중재조항이 있는 경우, 분쟁해결을 위한 계약의 여하한 규정에해제가 영향을 미치지 아니한다는 본 규정의 취지에 의해, 중재조항의 효과가 강화된다고 보아야 한다.

④ 계약해제에 의해 종료되지 아니하는 계약존재로 인해 생기는 두 개의 특수한 의무를 본 규정에 열거한 것이 전부가 아니며, 계약해제에도 불구하고 지속되는의무가 협약의 다른 규정에 열거되어 있는데, 예컨대 후술할 (2)항의 반환의무나85조에서 88조상의 의무 역시 계약해제 후에도 계속해서 당사자를 구속한다.

이 외에도 해제에도 불구하고 지속되는 의무를 계약 그 자체에서 찾아볼 수 있거나, 정의(正義)의 필요성에서도 찾을 수 있다.

2) 원상회복(반환)/(2)항

계약 해제시에 당사자들은 자신들의 의무의 일부 또는 전부를 이미 이행한 경우가 있을 수 있다. 이런 경우 가끔 당사자들은 이미 이루어진 인도에 대한 대금조정 공식에 합의할 수 있으나, 당사자들은 계약에 따라 이미 공급하였거나 지급한 것의 반환을 요구할 수 있다.

후자의 경우 본 규정은 계약에 따라 공급 또는 지급한 것의 반환을 청구할 권리를 전부 또는 일부 이행한 당사자에게 허용하고 있다. 이 경우 대전제는 반환을 요구한 일방은 역시, 자신이 타방으로부터 수령한 것의 반환을 해야 한다는 것이다. 만약 양당사자들이 반환을 요구한 경우 달리 합의가 없는 한, 그들은 동시이행262)으로 이행해야 한다.

그러나 이러한 반환청구 권리도 국제물품매매의 범위를 초월하는 국내법의 규정에 따라 거절되는 수가 있을 수 있다.263)

계약해제를 야기한 계약을 위반한 당사자는 물품이나 화폐의 반환에 따른 자신의 비용지급에 책임이 있을 뿐만 아니라, 타방이 지출한 비용에 대해서도 책임이 있다. 이러한 비용은 위반한 당사자가 책임이 있는 손해배상금을 구성한다고 말할 수 있다.

그러나 손실을 경감시키기 위하여 상황에 합리적인 조치를 취해야 할 의무를 계약위반을 주장하는 일방에게 부과하고 있는 77조상의 의무는 보다 낮은 순수비용으로 매도인을 적절하게 보호해 줄 국내시장에서의 물품의 재매각보다 손해배상금이라는 수단에 의해 회복될 수 있는 반환경비를 제한할 수 있다.

---

262) 계약상에 의무의 이행방법에는 세 가지가 있다. 즉, 이행정지조건, 동시이행조건, 후발조건(이행해제조건)이 그것이다. 이행정지조건(conditions precedent) 혹은 선행조건이란 어떤 사건이 계약에 있어서 즉시이행의무 개시에 선행해야 하는 실지의 조건이다. 이행을 위한 일방의 즉시의무가 어떤 사건이 먼저 일어나야 한다는 조건이라면, 이러한 사건이 이행정지조건이다. 즉, 매수인에게 이전시키기 전에 전제가 있어야 함을 의미한다. 이에 비하여 동시이행조건(concurrent conditions)은 상호 합의한 계약내용의 이행이 동시에 일어나는 것을 말하는 것으로 이러한 이행이 동시이행조건이다. 그리고 해제조건 혹은 후발조건(conditions subsequent), 즉 해제조건(resolutive conditions)은 계약하에서 현재의 즉시이행의무를 종료시키는 실지의 조건이다. 즉, 어떤 사건이 발생할 때 당사자의 의무를 해제시키는 조건을 의미하는 것으로 이미 주어진 권리를 사건 발생에 의하여 박탈하는 경우를 말한다. 예컨대, 물품이 "on sale or return" 조건으로 판매된 경우, 매수인이 규정된 기간 내에 매도인에게 물품을 반환할 권리를 갖고 있다. 그러나 외상이 허용되지 않는 한 대금을 지급해야 할 즉시의무 하에 있다. 대금지급의무는 후발조건으로서 역할하는 물품의 반환에 의하여 종료된다. 이렇게 볼 때 계약상의 여러 조건은 계약하에서 즉시 이행의 의무를 제한, 수정, 정지하거나, 즉시이행의무에 선행하거나, 아니면 계약하에서의 현 의무를 종료시키는 역할을 한다(L. Y. Smith & G. G. Roberson, *op. cit.*, pp.251, 253~4; C. M. Schmitthoff, *op. cit.*, p.90; S. Williston, *op. cit.*, p.16).

263) CISG, 28.

UCC 2-106조(정의) (4)항, 9-203조(담보이익의 집행) (1)항 (a)호, 2-702조 (매수인의 지급 불능시 매도인의 반환구제) (2)항 등이 81조와 관련이 있으나 많은 차이점이 있다.[264]

3) PICC의 원칙

이미 매수인에게 인정되는 구제에서 개요한 바 있는 해제와 종료의 효과를 다시 요약·재언급하면 다음과 같다.

(1) 해제의 효과

계약의 효력에 관해 이미 언급하였지만 3.2.15조의 규정에 의해 해제에 따라 이미 공급된 것의 원상회복 청구가 가능하며, 이러한 조치가 불가능한 경우, 즉 이미 제공된 것에 대하여 물품의 원상회복이 불가능하거나 적절하지 아니하는 경우로서 금전급부가 합리적일 때는 언제나 그렇게 해야 한다. 이런 경우에도 물품으로의 원상회복의 불가능이 타방 당사자에게 그 원인이 있을 경우 금전급부를 허용해서는 아니됨을 규정하고 이미 수령한 이행을 보존하거나 유지를 하는데 합리적으로 소요된 비용은 구상청구의 대상이 될 수 있다.

(2) 종료의 효과

이미 CISG 해제의 통지에서 설명한 바와 같이 7.3.2조에 의하면, 계약을 종료시킬 일방의 권리는 타방에게 통지하므로 행사되며, 이는 이행불이행 당사자에게 불확실성에 따라 일어날 수 있는 일체의 손실을 막아 주고, 피해입은 당사자에겐 이행불이행 당사자에게 손실을 가져다 줄 수 있는 투기를 막는 효과가 있다.

【2】 82조 : 원상태로 물품 반환의 불가능

Article 82

(1) The buyer loses the right to declare the contract avoided or to require the

---

264) A/CONF.97/19, p.57; A. H. Kritzer, *op. cit.*, pp.527~9.

seller to deliver substitute goods if it impossible for him to make restitution of the goods substantially in the condition in which he received them.

(2) The preceding paragraph does not apply :

(a) if the impossibility of making restitution of the goods or of making restitution of the goods substantially in the condition in which the buyer received them is not due to his act or omission;

(b) if the goods or part of the goods have perished or deteriorated as a result of the examination provided for in article 38; or

(c) if the goods or part of the goods have been sold in the normal course of business or have been consumed or transformed by the buyer in the course of normal use before he discovered or ought to have discovered the lack of conformity.

---

(1) 매수인은 물품을 수령할 때의 조건과 실질적으로 같은 물품을 반환하는 것이 불가능한 경우, 매수인은 계약을 해제할 권리나 매도인에게 대체물의 인도를 요구할 권리를 상실한다.

(2) 전 항의 규정은 다음의 경우에 적용되지 아니한다.

(a) 물품의 반환이 불가능하거나, 매수인이 물품을 수령한 때와 실질적으로 동일한 물품을 반환하는 것이 불가능함이, 매수인의 작위나 부작위에 기인하지 아니한 경우

(b) 38조에서 규정하고 있는 검사의 결과로써 물품의 전부나 일부가 멸실되었거나 훼손된 경우

(c) 매수인이 불일치를 발견하였거나 당연히 발견하였어야 하기 전에 물품의 일부나 전부가 통상의 영업과정에서 매각되었거나, 통상의 사용과정에서 매수인에 의하여 소비나 변형된 경우

본 조항은 수령당시의 물품과 동일한 조건으로 물품을 매수인이 반환할 수 없는 경우의 매수인의 권리의 효과에 대하여 규정하고 있으며, ULIS 79조와 이에 근거한 DCIS 67조와 똑같다.

1) 해제나 대체물(代替物)을 요구할 매수인의 권리상실/(1)항

계약이 무효되거나 대체품의 인도가 요구되는 경우 이미 인도된 물품은 당연

히 매도인에게 반환해야 함을 대전제로 하고, 만약 매수인이 물품을 반환할 수 없거나 수령시와 실질적으로 똑같은 상태로 반환할 수 없다면, 49조에 의한 계약해제 선언권이나 46조에 의한 대체물의 인도를 요구할 권리를 매수인은 상실하는 것으로 본 규정이 규정하고 있다. 물론 수령한 상태와 완전하게 똑같은 상태(identical condition)의 물품이어야 할 필요는 없다. 즉, 물품은 실질적으로 똑같은 상태 (substantially same condition)면 된다.

협약에서의 실질적이라는 말은 명확하게 정의된 것은 없지만 매도인이 주요한 계약위반을 저질렀다 해도 매수인에게 인도된 상태와 똑같은 물품을 매도인에게 반환한다는 것이 매수인에게 더 이상 적절하지 아니할 만큼 물품 상태의 변화가 중요함을 나타내는 말로써 이런 경우 동 물품은 실질적으로 똑같다고 말할 수 있다.

2) 예외/(2)항

본 규정은 상기 원칙에 대한 세 가지의 예외를 규정하고 있다. 즉, 매수인은 물품을 수령한 상태로 실질적으로 반환할 수 없다 해도 다음과 같은 세 가지의 경우, 계약을 해제할 수 있거나 대체물을 요구할 수 있어야 한다.[265]

① 반환 불가능이 자신의 작위(作爲) 또는 부작위(不作爲)에 기인하지 아니한 경우

② 물품의 전부 또는 일부가 38조에 규정한 매수인에 의한 물품의 정상적인 검사의 결과로써 멸실 또는 손상된 경우

③ 물품의 일부가 계약에 불일치여부가 발견되었거나 당연히 발견되었어야 하기 전에 정상적인 영업과정에서 이미 매각되었거나, 정상적인 사용과정에서 매수인에 의해 소모되었거나 변경이 된 경우

상기의 예외원칙 외에 제4원칙의 추정이 70조에 의해 가능한바, 다음과 같다.

④ 매도인이 주요한 계약위반을 저지른 경우 67조, 68조, 69조에 의한 멸실 위험의 이전은 이러한 위반 때문에 매수인에게 이용 가능한 구제들을 침해하지 아니한다는 것이다.

따라서 이런 경우 실질적으로 동일한 상대로 물품을 반환한다는 것은 기대할 수 없기 때문에 (1)항에 대한 예외원칙이라 할 수 있다.

---

265) A/CONF.97/19, p.58.

UCC 2−608조(전부 또는 일부의 수령취소) (2)항과 본 조항과 유사하나 가장 중요한 차이점은 본 조 (2)항 (c)호이다. 본 규정은 하자 물품에 관해 영미보통법[266]과 상기 UCC의 규정을 훨씬 능가한다.[267] 왜냐하면 영미법과 UCC에 의하면 본 조 (2)항 (c)호의 경우 취소와 이에 따른 거절이 불가능하나, 본 조 (2)항 (c)호의 경우 해제나 대체물의 요구가 가능하기 때문이다.

3) PICC의 원칙

1994년 7.3.6조 (1)항과 (2)항이 2010년 개정시 7.3.6조 (1)항이 7.3.6조로, 7.3.6조 (2)항이 7.3.7조로 개편되면서 규정과 논평이 수정되었는데, 한번에 이행되어야 할 계약에서의 원상회복에 관한 규정인 7.3.6조, 일정한 기간에 걸쳐 이행되는 계약에서의 원상회복에 관한 규정인 7.3.7조에서 규정하고 있는 원상회복 규정에 따른 원상회복에 관한 당사자의 권리에 대해 규정과 논평을 보면 다음과 같다.

> "(1) 한 번에 이행되는 계약의 종료시에 각 당사자는 자신이 계약에 따라 이미 공급한 것은 무엇이든지 원상회복을 청구할 수 있다. 다만 자신이 계약에 따라 이미 수령한 것은 무엇이든지 원상회복을 동시에 시행해야 한다.
>
> (2) 물품으로의 원상회복이 가능하지 아니하거나 적절하지 못한 경우 그렇게 하는 것이 합리적이라면 금전급부가 이루어질 수 있다.
>
> (3) 이행의 수령자는 물품으로 원상회복의 불가능이 타방 당사자에게 기인하는 경우 금전급부를 할 필요가 없다.
>
> (4) 수령한 이행을 보존하거나 유지하는 데 합리적으로 요구되는 비용에 대한 보상청구가 가능할 수 있다."

(1) 한번에 이루어져야 한다는 계약의 의미

본 규정은 한번에 이행되는 계약에 대해서만 규정하고 있다. 따라서 특수한 이행이 일정기간에 걸쳐 이루어지는 계약에는 다른 규정, 즉 7.3.7조의 규정이 적용된다.

본 규정과 관련한 가장 흔한 계약의 예는 매매의 완전한 목적이 특정시기에 이

---

266) SGA, 35, 11(5).
267) A. H Kritzer, *op. cit.*, p.533.

전되어야 하는 정상적인 매매계약이다. 그러나 본 조항은 예컨대 특정시기에 고객에 의해 승낙되는 완벽한 공사를 마무리 할 의무가 시공사에게 있는 건설계약에도 역시 참고할 수 있다. 이에 해당하는 중요한 예로서 "Turnkey base" 계약을 들 수 있다.

상거래계약에 의하면, 일방 당사자는 이미 수령한 이행에 대하여 금전으로 대게 지급할 것이다. 이 경우 이러한 지급의무는 계약의 특징에 따른 의무가 아니다. 따라서 구입 대금은 할부로 지급되어야 하는 매매계약 역시 본 규정의 적용 대상이다. 다만 매도인의 이행은 한번에 이루어져야 한다.

(2) 종료시에 원상회복에 관한 당사자들의 권리

(1)항은 각 당사자에게 자신이 계약하에 이미 공급한 것은 무엇이든지 반환을 청구 할 권리를 허용하고 있다. 다만 자신 역시 이미 수령한 것은 무엇이든지 원상회복을 동시에 시행해야 함이 대전제이다.

이러한 원칙은 피해 입은 당사자가 불성실한 계약을 체결한 경우에도 역시 적용된다.

본 조항은 피해 입은 당사자가 아직 수령하지 아니하였거나 하자가 있는 소유권, 서비스 또는 기타 이행과 교환으로 금전을 제공한 경우에도 역시 적용된다.

(3) 물품으로 원상회복이 불가능하거나 적합하지 아니한 경우 금전급부의 가능성

원상회복은 일반적으로 물품으로 이루어져야 한다. 그러나 물품으로의 원상회복 대신에 금전급부가 이루어져야 하는 경우가 있다. 이런 경우에 이루어지는 금전급부는 대게 이미 수령한 이행가치에 상당한 것이라야 한다.

물품으로 원상회복이 적합하지 아니한 경우는 언제든지 본 조 (2)항에 의해 금전 급부를 생각할 수 있다. 그러나 이러한 경우는 물품으로의 이행의 반환이 불합리한 노력이나 비용을 발생시킬 경우 특별히 가능하다.

(2)항의 규정상에 합리적이라면 언제든지 금전급부가 이루어져야 함을 명시한 목적은 이행이 이행의 수취인에게 혜택을 부여하였다면 그 부분만큼 금전급부가 이루어져야 함을 분명히 하기 위함이다. 따라서, 예컨대 이행의 수취인에게 계약을 종료시킬 권리를 부여할만한 하자가 이행 목적을 진행하는 과정에서 외관상 분명

한 경우에는 (2)항이 적용되지 아니한다.

(4) 위험의 분담

(2)항이 담고 있는 원칙은 위험의 분담을 묵시하고 있다. 다시 말해서, (2)항은 물품으로 원상회복을 하는 것이 불가능하다면 이행된 가치를 유지할 의무를 이행의 수령인에게 부여하고 있다. 이러한 (2)항의 원칙은 이행의 수령인이 기 수령한 것의 훼손이나 파손에 대해 책임이 있다 해도 적용된다.

이러한 훼손이나 파손위험의 분담원칙은 특별히 위험이 이행을 관리하는 위치에 있는 사람의 의무여야 하기 때문에 정당하다. 반대로 훼손이나 파손이 타방 당사자의 책임인 경우에는 이행가치를 유지할 책임이 없다. 그 이유는 타방 당사자의 과실에 기인하거나 이행에 있어 고유하자에 기인할 수 있기 때문이다. 따라서 이런 경우에는 (3)항의 원칙이 적용된다.

수령한 이행의 가치를 유지할 수취인의 의무는 이행이 제공되지 아니하였더라도 훼손이나 파손이 발생할 수 있었던 경우에는 면책된다.

이행된 가치를 제공해야 할 수령인의 의무상의 문제는 훼손이나 파손이 계약의 종료전에 발생한 경우이다. 계약종료 후에 이행된 것이 훼손되거나 파손이 되었다면 이행불이행에 관한 일반적인 원칙이 적용된다. 왜냐하면 계약종료 후에 이행의 수령인은 자신이 수령한 것을 반환해야 할 의무하에 있기 때문이다.

그러한 의무의 이행불이행은 타방 당사자에게 손해배상 청구권에 관한 규정인 7.4.1조에 따라 손해배상금을 청구할 권리를 부여한다. 다만 이행불이행이 이행불이행 당사자에 의한 보완규정인 7.1.7조에 따라 면책되지 아니하여야 한다.

(5) 비용보상 청구가능

이행의 수령인은 이행 목적물의 유지 또는 보존을 위해 비용을 지급할 수 있다. 이런 경우 계약이 종료되고 이로 인해 당사자들이 수령한 것을 반환해야 할 경우 이러한 비용의 보상을 청구할 권리를 수령인에게 허용하는 것은 합리적이다.

이러한 원칙은 합리적인 비용인 경우에만 적용된다. 이 경우 무엇이 합리적이냐는 기준은 건별 상황에 좌우된다. 예컨대 "말"의 경우 말이 경주말로서 매각되었는가 아니면 일반 농장용 말로서 매각되었는지가 문제이다. 어느 경우냐에 따라 합리적 비용이 달라질 수 있기 때문이다. 그리고 보상은 비용이 합리적이라 해도 수령한 이행과 연관된 기타 비용에 대하여는 청구할 수 없다.

(6) 수 혜

PICC는 이행으로 인해 발생한 수혜 또는 취득한 이익에 관하여 어떠한 입장도 취하지 아니하고 있다. 상관례에 의하면 이행의 결과로서 당사자들이 수령한 수혜의 가치를 정한다는 것은 종종 어렵다. 더욱이 양 당사자들은 종종 이러한 수혜를 취득하고 있다. 따라서 이행과 관련하여 발생한 수혜, 즉 혜택에 관하여 PICC에서 침묵하고 있기 때문에 당사자들이 사전에 계약서상에 명시할 필요가 있다.

(7) 본 원칙의 제3자의 권리에 관여 여부

PICC의 다른 조항들과 같이, 본 조항은 당사자들의 관계를 다루고 있지 제3자가 취득 할 수 있는 관련 물품에 관해 그 어떠한 권리도 다루고 있지 아니하다. 예컨대 매수인의 채권자, 파산시 매수인의 관재인 또는 신의성실의 구입자 등이 매각된 물품의 원상회복을 반대할 수 있는지 여부는 준거법에 의해 결정될 사안이지 PICC에 의해 결정될 사안이 아니다.

다음은 2010년도에 개정되면서 신설된 PICC 7.3.7조의 규정이다.

"(1) 일정기간에 걸쳐 이행되는 계약의 종료시에 원상회복은 종료가 이루어진 후 일정 기간 동안만 청구 되어질 수 있다. 다만 계약은 가분계약이라야 한다.

(2) 원상회복이 이루어져야 하는 한 7.3.6조의 규정이 적용된다."

① 일정기간에 걸쳐 이행되는 계약

일정기간에 걸쳐 이행이 되는 계약들은 적어도 매매의 목적이 특정시기에 이루어져야 하는 매매계약과 같은 한번에 이행되는 계약들만큼 상업적으로 볼 때 중요하다.

이러한 계약들은 장비 대여와 같은 대여, 대형유통 대리점, 아웃소싱 대리점, 연쇄 대리점, 허가 대리점, 상사 대리점과 관련한 계약, 일반적인 서비스 계약을 포함한다.

본 조항은 역시 물품이 할부로 인도되어야 하는 매매계약에도 역시 적용된다. 이런 계약들 하에서 이루어지는 이행은 계약이 종료되기 전에 긴 기간에 걸쳐 이루어질 수 있으며, 이런 계약하의 이행을 하는 것이 불편할 수도 있다. 더욱이 종료는 예상되는 효과를 가지는 경우에만 인정되는 구제방법이다. 따라서 원상회복은 종료 후의 기간에 관해서만 청구될 수 있다.

계약들이 미이행 장래계약에 대해서만 종료되기 때문에 이미 이루어진 이행을 위한 잔금은 청구될 수 있으며, 본 조항은 이행된 기간 동안 발생한 손해배상금에 대한 청구를 방해하지 아니한다.

원상회복은 종료된 후의 기간 동안에 이루어진 이행에 대하여서만 청구될 수 있다는 본 규정의 원칙은 계약이 불가분계약인 경우엔 적용되지 아니한다.

② 본 규정하의 원상회복 원칙

본 조항은 일정기간에 걸쳐 이행되는 계약에 대하여 이미 이루어진 이행에 대한 원상회복을 제외한다는 특수한 원칙 규정이다. 따라서 본 조항에 따라 원상회복이 존재하는 한 7.3.6조하의 규정이 원상회복을 지배한다.

【3】 83조 : 기타 구제보유권(救濟保有權)

> #### Article 83
>
> A buyer who has lost the right to declare the contract avoided or to require the seller to deliver substitute goods in accordance with article 82 retains all other remedies under the contract and this Convention.
>
> ---
>
> 82조에 따라 계약의 해제를 선언할, 혹은 매도인에게 대체물을 인도하도록 요구할 권리를 상실한 매수인은 계약과 협약하의 모든 기타 구제를 취득한다.

본 조항은 ULIS 80조와 이에 근거한 DCIS 68조와 실질적으로 똑같은 규정으로 기타 구제수단의 보유를 규정한 81조 (1)항과 같이 해제의 결과를 제한하기 위해 규정되었다.

1) 구제범위 ①

매수인이 물품을 수령한 상태로 실질적으로 물품을 반환할 수 없기 때문에 계약해제 선언권이나 대체물을 매도인에게 인도하도록 요구하는 권리의 상실은 45조 (a), (b)호에 의한 손해배상청구권, 46조에 의한 하자보완 청구권, 50조에 의한 대금감액 청구권 등을 매수인에게 허용함을 본 조항이 분명히 하고 있다.[268]

2) 구제범위 ②

만약 계약이 벌금조항(위약금조항)을 두고 있다면, "…… 계약 …… 하의 모든 기타 구제……"를 매수인이 보유한다는 본 조항의 규정은 매수인이 계약해제권을 상실한다 해도 간격 메우기법이 허용하는 한, 계약상의 벌금조항에 규정된 구제를 매수인이 이용할 권리를 가짐을 분명히 하는 것이다.[269]

3) PICC의 원칙

원상회복의 불가능에 따라 계약해제나 종료권, 또는 대체물의 인도요구권을 상실한 자는 지금까지 언급한 제 원칙하의 기타 구제권의 행사가 가능하다. 그러나 여기에서는 아직 설명되지 아니한 제 원칙하의 구제권의 하나로서 7.3.4조에서 규정하고 있는 미이행의 적절한 보증요구권을 요약하여 설명하면 다음과 같다.

(1) 이행미이행의 합리적인 예상

미이행의 확실한 근거에 의한 계약종료권을 인정한 7.3.3조와 달리 7.3.4조의 규정은 미이행의 합리적인 근거가 있거나 이행의 가능성도 있을 경우에 대비한 규정이다.

타방의 이행이 미이행될 것이라는 확실한 증거는 없으나 미이행될 합리적 근거가 있는 경우를 대비한 계약종료권이 없다면 이행만기까지 기다릴 수밖에 없다. 만약 기다렸으나 이행이 이루어지지 아니한 경우 자신은 손실을 입게 될지 모르며, 반면에 의심은 가나 확신이 없는 상황하에서 의심이 현실로 될 것으로 믿고 7.3.3조에 준거하여 계약을 종료시켰으나 예상 밖으로 타방이 계약을 이행할 경우 자신의 종료통지행위는 경우에 따라 의무를 이행하지 아니한 것이 된다. 그러므로 일방

---

268) A/CONF.97/19, p.58.
269) A. H. Kritzer, *op. cit.*, p.535.

은 자신의 의무의 미이행에 해당하여 타방에 대하여 손해배상금의 책임을 면하기 어렵게 되는 수가 있다.

이러한 경우를 대비하여 본 규정이 있으며, 본 규정이 있으므로 7.3.3조에 호소하여 계약을 종료시키지 못했지만 타방의 이행에 근거 있는 회의를 가진 자의 이해관계를 보호할 수 있기에 대단히 유용한 규정이라 할 수 있다.

(2) 이행유보권

합리적인 불이행의 믿음을 가진 경우 타방에게 적절한 이행보증을 요구할 수 있으며, 타방으로부터 합리적인 기간 내에 이행보증이 있을 때까지 자신의 이행을 유보할 수 있다. 이 경우 무엇이 합리적인 적절한 보증인가는 역시 상황에 좌우되는데, 가장 흔한 보증은 타방에 의한 이행약속의 선언이며, 제3자의 보증이나 담보도 가능하다.

(3) 계약의 종료권

만약 미이행에 대한 적절한 보증이 주어지지 아니한다면, 일방은 계약을 종료시킬 수 있다.[270]

【4】 84조 : 이익의 원상회복(반환)

Article 84

(1) If the seller is bound to refund the price, he must also pay interest on it, from the date on which the price was paid.
(2) The buyer must account to the seller for all benefits which he has derived from the goods or part of them :
 (a) if he must make restitution of the goods or part of them; or
 (b) if it is impossible for him to make restitution of all or part of the goods or to make restitution of all or part of the goods substantially in the condition in which he received them, but he has nevertheless declared the contract avoided or required the seller to deliver substitute goods.

270) http://www.unidroit.org/english/principles/chapter—7.ht, 7.3.4, comment.

> (1) 매도인이 대금을 반환할 의무가 있는 경우, 그는 대금이 지급된 날로부터 계산하여 대금에 대한 이자도 지급해야 한다.
> (2) 매수인은 다음과 같은 경우 물품의 전부 혹은 일부로부터 취득한 모든 수혜에 대하여 매도인에게 반환하여야 한다.
> (a) 매수인이 물품의 전부나 일부의 반환을 해야 하는 경우 또는
> (b) 매수인이 물품의 전부나 일부의 반환을 하는 것이, 혹은 매수인이 물품을 수령한 때와 실질적으로 동일한 상태로 물품의 전부나 일부를 반환하는 것이 불가능함에도 불구하고, 매수인이 계약의 해제를 선언하였거나 매도인에게 대체품의 인도를 요구하였는 경우

본 조항은 반환의 경우, 이미 취득한 수혜의 반환을 규정하고 있으며, ULIS 81조와 이에 근거한 DCIS 69조와 실질적으로 똑같다.

1) 취득한 수혜의 반환/(1), (2)항

계약이 해제되거나 대체물의 인도가 요청된 경우 당사자들에게 대금이나 물품을 반환할 의무가 생기는데, 당사자들은 반환 전에 대금이나 물품을 점유하고 있는 사이에 취득한 일체의 수혜(benefit)를 반환해야 한다.

(1) 매도인의 경우

매도인이 대금을 반환할 의무를 질 경우 대금지급을 받은 날로부터의 금리를 매수인에게 지불해야 한다.

(2) 매수인의 경우

매수인은 다음과 같은 경우 물품이나 물품의 일부로부터 취득한 수혜를 매도인에게 반환해야 한다.

① 매수인이 물품이나 그 일부를 반환해야 하는 경우
② 매수인이 물품의 전부 또는 일부를 반환하거나 실질적으로 매수인이 수령한 상태와 동일한 물품의 전부 또는 일부를 반환하는 것이 불가능함에도 불구하고 계약해제를 선언하거나 매도인에게 대체품의 인도를 요구한 경우
②의 경우는 82조 (2)항에 따라, 예컨대 매수인이 물품을 소비하거나 전매를

하였기 때문에 실질적으로 수령시와 똑같은 상태로 반환할 수 없음에도 불구하고 계약을 해제하거나 대체품의 인도를 요구하는 것이 인정되는 경우에는 그러한 소비나 전매로부터 취득한 수혜를 매도인에게 반환해야 함을 규정하기 위한 것이다. 계약이 해제되면 매수인은 대금의 지불의무가 면제되고 대금이 이미 지급되었다면 반환을 받을 수 있기 때문에, 소비나 전매에 의한 수혜를 매도인에게 반환시키지 아니하면 형평에 반하기 때문이다.271)

수혜의 반환원칙에 관한 UCC 2-711조(매도인의 재매각) (3)항이나 2-706조(매수인의 구제) (6)항의 원칙은 협약의 원칙과는 다르다.

UCC 2-711조 (3)항에 의하면, 수령의 정당한 거절이나 합법적인 취소에 따라 매수인도 가격에 따라 이루어진 지급과 합리적으로 지급한 여하한 비용에 대해 점유하거나 관리하에 있는 물품의 담보이익을 가지며, 2-706조에 따라 피해입은 매도인과 똑같은 방법으로 물품을 유보하거나 재매각할 수 있다.

그리고 2-706조에 의하면, 매수인이 지급하지 아니한 개별 물품을 재매각할 권리를 매도인에게 부여하며, 매도인은 재매각에 따른 일체의 경제적 이익에 대해 매수인에게 책임이 없다고 규정되어 있다.

2) PICC의 원칙

7.3.6조 원상회복에서 설명한 원칙이 83조에 원용이 가능하다.

제 6 절 물품의 보존

1. 구 성

---

271) 新 掘聰, 前揭書, p.163.

2. 개 요

본 협약 제3부의 최종적인 제5장 제6절(85조-88조)은 매수인에 의한 물품의 수령이나 지급이 지연되거나, 매수인이 일단 수령하였으나 매수인의 처분에 위임된 물품을 거절하려고 할 경우에, 물품의 멸실이나 감가(減價)를 방지하는 것을 목적으로 해서 물품의 보존에 관해서 규정하고 있다.

그런데 물품을 관리하는데 가장 적합한 입장에 있는 사람이 계약위반 유무를 불문하고 물품을 보존할 책임을 부여하고 있다.

3. 규정과 해설

【1】 85조 : 물품을 보존할 매도인의 의무

Article 85
If the buyer is in delay in taking delivery of the goods or, where payment of the price and delivery of the goods are to be made concurrently, if he fails to pay the price, and the seller is either in possession of the goods or otherwise able to control their disposition, the seller must take such steps as are reasonable in the circumstances to preserve them. He is entitled to retain them until he has been reimbursed his reasonable expenses by the buyer.
매수인이 물품의 수령을 지체하거나, 대금의 지급과 물품의 인도가 동시적으로 이루어지는 경우, 매수인이 대금지급을 아니하고, 매도인이 물품을 점유하고 있거나 달리 물품의 처분을 지배할 수 있다면, 매도인은 물품을 보존하기 위하여 상황에 합리적인 조치를 취해야 한다. 매도인은 자신이 합리적으로 지출한 비용을 매수인으로부터 상환받을 때까지 물품을 보유할 권리를 가진다.

본 조항은 매수인의 수령지체나 동시이행에 따른 대금지급 연체의 경우, 물품을 보존할 유리한 입장에 있는 매도인에게 물품을 보존할 의무를 규정하고 있으며, ULIS 91조에 근거한 DCIS 74조와 실질적으로 같다.

1) 원 칙

매수인이 물품의 수령을 지체하고 매도인이 물품을 물리적으로 점유하고 있거나 제3자의 점유하에 있는 물품의 처분을 관리할 입장에 있을 경우, 매수인을 위해 물품을 보존할 수 있는 합리적인 조치를 취하도록 매도인에게 요구하는 것은 적절하다. 그리고 매도인이 지출한 합리적인 비용을 매수인이 지급할 때까지 매도인은 물품을 점유할 권리를 가진다.

2) 사 례

① 계약은 매수인이 10월중에 매도인의 창고에서 물품을 수령할 것을 규정하고 있었다. 매도인은 10월 1일자로 매수인의 임의처분 상태로 물품을 인도하였다. 매수인이 물품의 수령의무를 위반한 날짜이며, 손실위험이 매수인에게 이전하는 날짜인 11월 1일자로 매도인은 이러한 물품을 저장하기에 적합하지 아니하는 창고에 물품을 이동하였다. 매수인은 물품을 이동시킨 창고의 부적합 때문에 물품이 손상되어 있는 시기인 11월 15일자로 물품을 수령하였다.

이런 경우, 손실위험이 11월 1일자로 매수인에게 이전한 사실에도 불구하고 매도인은 물품을 보존할 자신의 의무위반 때문에 11월 1일과 11월 15일 간에 일어난 물품에 대한 손상에 책임이 있다.

② 계약은 CIF 조건으로 인도를 요구하고 있었다. 그런데 매수인은 환어음이 자신에게 제시된 때 고의로 지급거절을 하였다. 그 결과 B/L과 물품에 관한 기타 서류가 매수인에게 교부되지 아니하였다.

이 경우, 본 조항은 B/L의 점유를 통해 물품의 처분을 관리할 수 있는 입장에 있는 매도인이 물품이 목적지 항에서 양화(揚貨)될 때 물품을 보존할 책임이 있음을 규정하고 있다.

본 조항에 명시된 상황하에서 물품을 보존할 합리적인 조치를 취할 것을 매도인에게 부과하는 의무는 61조에 의해 전액을 보상받을 수 있는 매도인의 광범위한 권리 때문에 협약하에서는 특별히 중요하다고 말할 수 있다. 이러한 의무는 손해배상금에 대한 책임과는 매우 다른, 실질적인 결과를 갖는 매수인 측의 구제이다.

이에 비하여, SGA에 의하면 매도인이 물품을 점유하고 있을 때, 그는 전계약

대금을 보상받을 때까지 매수인에게 물품을 강요할 권리가 거의 없다. 물론 매도인은 계약위반에 대하여 손해배상금을 보상받을 수 있으나, 이러한 구제는 매도인에게 재처분을 요구하고 있다.[272)]

【2】86조 : 물품을 보존할 매수인의 의무

Article 86

(1) If the buyer has received the goods and intends to exercise any right under the contract or this Convention to reject them, he must take such steps to preserve them as are reasonable in the circumstances. He is entitled to retain them until he has been reimbursed his reasonable expenses by the seller.

(2) If goods dispatched to the buyer have been placed at his disposal at their destination and he exercises the right to reject them, he must take possession of them on behalf of the seller, provided that this can be done without payment of the price and without unreasonable inconvenience or unreasonable expense. This provision does not apply if the seller or a person authorized to take charge of the goods on his behalf is present at the destination. If the buyer takes possession of the goods under this paragraph, his rights and obligations are governed by the preceding paragraph.

(1) 매수인이 물품을 수령하였으나 계약이나 이 협약에 따라 물품을 거절할 권리를 행사하고자 할 경우, 매수인은 물품을 보존하기 위하여 상황에 합리적인 조치를 취해야 한다. 매수인은 자신이 지출한 합리적인 비용을 매도인으로부터 상환받을 때까지 물품을 유보할 권리를 가진다.

(2) 물품이 목적지에서 매수인의 임의처분 상태로 매수인에게 인도되었으나 매수인이 물품의 거절권을 행사할 경우, 매수인은 매도인을 대신하여 물품을 점유해야 한다. 단, 대금지급이 없이도, 불합리한 불편이나 불합리한 비용 없이도, 이런 일을 할 수 있는 경우에 한한다. 본 규정은 매도인이나 매도인을 대신하여 물품을 돌보도록 위임받은 사람이 목적지에 있는 경우에는 적용되지 아니한다. 만약 매

---

272) A. H. Kritzer, *op. cit.*, p.539.

수인이 본 항에 따라 물품을 점유한 경우, 매수인의 권리와 의무는 전 항에 의하
여 지배된다.

본 조항은 매수인이 물품을 수령하였으나 그 물품을 거절하기 위하여 계약 또
는 협약의 규정에 의한 권리를 행사하고자 할 경우에 물품을 보존할 매수인의 의무
에 관해 규정하고 있으며, ULIS 92조에 근거한 DCIS 75조와 실질적으로 똑같다.

1) 일반원칙/(1)항

본 규정은 매수인이 물품을 수령하고서 물품을 거절할 의사를 밝힌 경우, 그는
물품을 보존하기 위한 합리적인 조치를 취해야 함을 규정하고 있다. 매수인은 자신
이 매도인으로부터 자신의 합리적인 비용을 지급받을 때까지 이러한 물품을 유치
할 수 있다.

매수인이 물품을 수령한 후 계약에 일치하지 아니하기 때문에 매수인은 물품
을 거절하였다. 이 때 본 규정은 매수인에게 매도인을 위해 물품을 보존하도록 요
구하고 있다.

2) 특수원칙/(2)항

본 규정은 매수인 앞으로 발송된 물품이 목적지에서 자신의 임의처분 상태로
인도되고 물품을 거절할 자신의 권리를 매수인이 행사한 경우에 전 항과 똑같이 물
품의 보존의무를 규정하고 있다.

그러나 매수인이 물품을 거절할 자신의 권리를 행사한 때에 물품이 자신의 물
리적인 점유하에 있지 아니할 경우, 매도인을 위해 매수인은 물품을 점유하여 보존
해야 하는 시기가 분명하지 아니하다. 예컨대, CIF 계약하에서 본선의 항해중에 대
금결제를 위해 제시된 환어음의 지불을 운송서류에 기재되어 있는 물품이 계약에
불일치하다는 이유로 매수인이 거절할 수 있다. 이 경우엔 본 규정이 적용되지 아
니하며 매수인은 물품을 점유하여 보존할 의무가 없다.

이런 경우를 대비하여, 본 규정은 대금지급 없이 그리고 불합리한 불편이나 불
합리한 비용을 발생시키는 일이 없이 매수인이 물품을 점유하여 보존할 수 있고 매

도인이나 그를 위한 대리인이 목적지에 없는 경우에만 매수인은 매도인을 위해 물품을 점유하여 보존할 의무가 있음을 규정하고 있다.

UCC 2-603조(정당하게 거절된 물품에 관한 상인인 매수인의 의무)의 규정은 본 조항과 비슷하다.[273]

물품이 철도편으로 매수인 앞으로 선적되었다. 점유 전에 매수인은 물품의 품질에 관해 주요한 계약위반이 있음을 물품의 검사를 통해 알았다. 49조 (1)항 (a)호에 의해 매수인은 계약을 해제할 권리를 가졌다 해도, 86조 (2)항에 의해 그는 물품을 점유하고 보존해야 할 의무가 있다. 단, 이러한 의무는 대금지급 없이 그리고 부당한 불편이나 부당한 비용을 발생시킴이 없이 가능해야 하고, 매도인이나 그를 대신해서 점유를 위임받은 자가 목적지에 없어야 한다.

【3】 87조 : 창고에의 예치

Article 87

A party who is bound to take steps to preserve the goods may deposit them in a warehouse of a third person at the expense of the other party provided that the expenses incurred is not unreasonable.

물품을 보존하기 위한 조치를 취할 의무가 있는 일방은 관련 비용이 불합리하지 아니하는 한, 타방의 비용으로 제3자의 창고에 동 물품을 예치할 수 있다.

본 조항은 물품의 보존을 위하여 창고에 물품을 예치할 수 있음을 규정하고 있으며, ULIS 93조에 근거한 DCIS 76조와 똑같다.

본 조항은 물품을 보존하기 위해 합리적인 조치를 취할 의무가 있는 일방에게 제3자의 창고에 물품을 예치함으로써 자신의 의무를 면할 수 있음을 허용하고 있다. 여기서의 창고란 문제된 물품을 저장하기에 적합한 어떠한 장소도 가능한 것으로 광범위하게 해석된다.

UCC 2-604조(적법하게 거절한 물품의 구조에 관한 매수인의 선택권)에 의하면, "변질에 관한 즉각적인 조치를 취하도록 규정하고 있는 2-603조의 규정에 따라

---

273) A. H. Kritzer. *op. cit.*, pp.541~2.

거절 통지 후 합리적인 기간 내에 매도인이 지시를 하지 아니한 경우, 전 조에 규정된 상환조치에 따라 매수인은 매도인의 부담으로 거절된 물품을 저장하거나, 매도인 앞으로 물품을 재선적하거나 재매각할 수 있다. 이러한 조치는 인수나 횡령이 아니다"와 같이 규정되어 있다.

본 조항과 일부 비슷하나 UCC의 규정이 보다 상세하게 규정되어 있다.[274]

【4】 88조 : 물품의 매각

Article 88

(1) A party who is bound to preserve the goods in accordance with article 85 or 86 may sell them by any appropriate means if there has been an unreasonable delay by the other party in taking possession of the goods or in taking them back or in paying the price or the cost of preservation, provided that resonable notice of the intention to sell has been given to the other party.

(2) If the goods are subject to rapid deterioration or their preservation would involve unreasonable expense, a party who is bound to preserve the goods in accordance with article 85 or 86 must take reasonable measures to sell them. To the extent possible he must give notice to the other party of his intention to sell.

(3) A party selling the goods has the right to retain out of the proceeds of sale an amount equal to the reasonable expenses of preserving the goods and of selling them. He must account to the other party for the balance.

---

(1) 85조나 86조에 따라 물품을 보존할 의무가 있는 일방은, 타방이 물품의 점유취득이나 물품의 반환조치, 혹은 대금 및 보존비용의 지급에 있어 부당하게 지연할 경우, 적법한 방법으로 물품을 매각할 수 있다. 단, 매각하려는 의도에 대한 합리적인 통지가 타방에게 주어져야 한다.

(2) 물품이 신속하게 훼손되기 쉽거나 이러한 물품의 보존이 불합리한 비용을 수반할 경우, 85조와 86조에 따라 물품을 보존할 의무가 있는 일방은 물품을 매각할 합리적인 조치를 취해야 한다. 이런 경우 가능한 한 그는 매각하려는 자신의 의

---

274) A. H. kritzer, *op. cit.*, p.543.

사를 타방에게 통지해야 한다.

(3) 물품을 매각하는 일방은 물품을 보존하고 물품을 매각하는데 소요된 합리적인 비용과 동등한 금액을 매각대금으로부터 취득할 권리를 가진다. 그는 잔액을 타방에게 정산(精算)해야 한다.

본 조항은 물품을 보존할 책임이 있는 당사자에 의한 물품의 매각권리를 규정하고 있으며, ULIS 94조와 95조에 근거한 DCIS 77조에 많이 근거하고 있다.

1) 매각권리/(1)항

본 규정에 따라 물품을 매각할 권리는 물품을 점유하는데 있어서나 회수하는데 있어 또는 물품의 보존비용을 지급함에 있어 타방의 불합리한 지체가 있을 경우에 발생한다. 합리적인 매각의사의 통지가 주어진 후 매각은 적절한 방법으로 이루어질 수 있다.

그런데 협약은 무엇이 적절한 방법인지를 명시하고 있지 아니하다. 이는 사정이 나라마다 다르기 때문이다. 따라서 사용되는 방법의 적절성 여부를 결정하기 위하여 매각이 이루어지는 나라의 법상에 이와 유사한 사정에 따라, 매각을 위해 필요한 방법에 관한 언급이 있어야 한다.

특히, 물품을 매각하는 일방이 본 규정의 요건에 따르지 아니한다면 국제사법의 규정을 포함하여 본 규정에 의해 매각이 이루어지는 나라의 법에 의해서 구입자에게 매각이 정당한 권리를 이전시키는지 여부를 결정할 것이다.

2) 매각의무/(2)항

본 규정에 의하면 물품을 보존할 의무가 있는 일방은 물품이 급속히 변질되기 쉽거나 물품의 보존이 부당한 비용을 요구할 경우, 물품을 매각하기 위한 합리적인 노력을 기울여야 한다. 물품이 급속히 변질될 가능성이 있기 때문에 매각해야 하는 물품의 가장 분명한 예는 과일과 채소류이다.

본 규정만이 물품을 매각하기 위한 합리적인 노력을 기울여야 함을 요구하고 있는바, 이는 급속하게 변질되기 쉬운 물품은 매각하기 어렵거나 불가능할 가능성이 높기 때문이다. 마찬가지로 매각의사의 합리적인 통지의무는 매각 가능한 범위 내에서만 이러한 통지가 필요하다. 경우에 따라서는 물품이 급속하게 변질되는 경우 매각 전에 통지할 충분한 시간이 없을 수 있으며, 이런 경우 매각할 수 있다면 통지없이 매각이 가능하다.

본 규정에 따라 물품을 매각할 의무가 있는 일방이 의무를 수행하지 아니한 경우, 그는 그러한 행위의 해태로부터 발생하는 여하한 변질에 대해 책임이 있다.

3) 매각대금/(3)항

물품을 매각하는 일방은 물품의 보존과 물품의 매각에 따른 모든 합리적인 비용에 대해 매각대금으로부터 변상조치를 취할 수 있으며, 그는 그 잔액을 타방에게 지급해야 한다. 그리고 물품을 매각하는 일방은 계약이나 계약위반으로 인해 가지는 기타 청구권을 가질 경우, 적용되는 국내법에 따라 그는 이러한 청구가 해결될 때까지 잔액의 송금을 지연할 권리를 가진다.

UCC 2-603조, 2-706조에서 711조 (3)항의 규정이 협약의 규정과 유사하나 협약의 규정보다 상세하다.[275]

4) CUECIC의 원칙

물품의 매각과 관련하여 사용되는 전자통신에 대하여 전자협약에는 규정이 없으나 AC의 의견은 79조와 동일하나 논평을 보면 다음과 같다.

동 규정에 따라 물품을 매각하려는 의사에 대하여 타방에게 주어지는 정보, 즉 통지는 전자통신으로 이루어질 수 있다. 이런 경우 중요한 것은 형식에 관계없이 그 정보가 매수인에게 전달될 수 있어야 한다.

동 규정에 따라 물품을 매각하려는 의사에 대하여 타방에게 이루어지는 전자통신의 효력발생과 관련한 제반사항은 15조와 27조의 논평과 같다.[276]

---

275) A. H. kritzer, *op. cit.*, pp.546~7.

276) http://www.cisg.law.pace.due/cisg-ac-op.1.html, p.19.

제 7 절 상계 의무

CISG의 5장의 규정과 직접적인 관계는 없으나 양 당사자들이 국제거래의 과정에서 쌍방 간에 가질 수 있는 의무, 예컨대 그 의무가 지급의무이건 이행의무이건 간에 의무가 존재할 경우 이를 상계할 수 있는데, 제 원칙상의 상계의 규정이 2004년에 제정되어 현재에 이르고 있는 5개의 규정과 해설을 구성과 개요와 함께 보면 다음과 같다.

1. 구 성

8.1조 상계의 조건
8.2조 외환상계의 조건
8.3조 통지에 의한 상계권 행사 가능
8.4조 상계통지의 내용
8.5조 상계의 효과

2. 개 요

PICC에 의하면, 계약으로부터 발생하는 의무에 관해 책임이 있는 경우 각 당사자는 타방 당사자의 의무와 교환으로 자신의 의무를 상계시킬 수 있음을 규정하고 상계의 조건, 금전상계의 방법, 상계권 행사의 전제조건, 상계의 내용, 상계의 효과 등에 관해 규정하고 있다.

3. 규정과 해설

【1】 8.1조 : 상계의 조건

(1) 양 당사자들이 서로 간에 금전이나 동일한 종류의 다른 이행에 의무를 가지고 있는 경우 양 당사자들 가운데 어느 한쪽(최초의 당사자)은 상계시에 다음과 같은 경우에 자신의 채권자(타방 당사자)의 의무와 교환으로 자신의 의무를 상계할 수

있다.

ⓐ 최초의 당사자가 자신의 의무를 이행할 권리를 가진 경우;

ⓑ 타방 당사자의 의무가 의무의 존재와 금액에 관하여 확정되고 이행이 만기된 경우.

(2) 양 당사자들의 의무가 동일한 계약으로부터 발생하는 경우 최초의 당사자는 타방 당사자의 의무의 존재와 금액에 관해 확정되지 아니한 그의 의무와 자신의 의무를 역시 상계할 수 있다.

1) 상계의 활동

PICC에 의하면, 양 당사자들이 서로에게 계약으로부터 또는 소인(訴因)으로부터 발생하는 의무에 관해 책임이 있을 경우 각 당사자는 타방 당사자의 의무와 교환으로 자신의 의무를 상계시킬 수 있다.

그리고 상호공제에 의해 양 당사자들의 의무는 상계의 효과에 관한 8.5조의 규정에 따라 작은 의무의 금액까지 소멸할 수 있다.

상계는 각 당사자가 자신의 의무를 별도로 이행해야 할 필요성을 피하는 효과가 있다.

상계에 있어 지급을 요청받고 자신이 지고 있는 의무를 상계한 채무자를 "최초의 당사자"라 부르며, 자신의 채무자에게 지급을 먼저 요청하고 지급과 교환으로 상계권을 행사한 채권자를 타방 당사자가 부른다.

일방 당사자가 타방 당사자의 의무와 교환으로 자신이 지고 있는 의무를 상계하도록 허용하기 위해서는 본 조항에서 규정하고 있는 조건을 충족시켜야 한다.

2) 서로 간에 지고 있는 의무

본 조항이 적용되기 위한 첫 번째 조건은 각 당사자가 타방의 채무자와 채권자여야 한다. 이 경우 주의할 것은 당사자들은 똑같은 자격에서 그렇게 되어야 한다는 것이다. 따라서 최초의 당사자가 자신의 이름으로 타방 당사자에게 의무를 가지고 있으나 예컨대, 재산 관재인(수탁인)으로서 또는 회사의 절대 소유자로서와 같은 다른 자격으로 타방 당사자의 채권자라면 상계는 불가능하다.

서로간에 채권자와 채무자의 의무를 가져야 한다는 조건은 타방 당사자가 최초의 당사자에 의해 제3의 당사자에게 자신에게 지고 있는 의무를 양도한 경우에 문제가 생길 수 있다. 그럼에도 불구하고 양도가 채무자에게 통지되기 전에 양도자의 의무와 교환으로 상계권이 존재하였다면 최초의 당사자는 타방 당사자의 의무와 교환으로 자신의 의무를 상계할 수 있다.

3) 동일한 종류의 의무 개념

(1)항에 의하면 양 당사자들의 의무는 동일한 종류여야 한다. 이에 대하여 어떤 법률체계에 의하면 이러한 의무들은 대체 가능한 의무여야 한다고 하고 있다.

그리고 금전적 의무는 금전적 의무와 교환으로만 상계할 수 있게 되어 있다. 그리고 곡물의 인도는 동일한 종류의 곡물 인도와 교환으로만 상계할 수 있게 그 의미를 제한하고 있다.

그러나 본 규정에서의 "동일한 종류의 의무"란 개념은 "대체가능 의무"의 개념보다 넓다. 예컨대 비금전적 의무의 이행은 본 규정에서 말하는 동일한 종류의 이행일수 있으나 동시에 다른 법률체계에서 말하는 대체가능 이행이 아닐 수 있다.

예컨대, 동일한 포도원산지 와인을 인도해야 하나 동일한 해에 생산된 와인이 아닌 와인을 인도해야 한다는 두 가지 의무는 본 규정에 말하는 동일한 의무일 수 있으나, 대체 가능 의무는 아니다.

그리고 현금과 증권은 본 규정에서 말하는 동일한 종류의 이행이 아니다. 그럼에도 불구하고 상이한 외환으로 표시되는 경우 증권이 쉽게 환금되고 특수한 통화나 증권의 지급만이 가능하다는 취지의 합의가 없다면 상계가 실현될 수 있다.

대인적 의무는 다른 형태의 의무와 똑같은 종류의 의무로 간주될 수 없다. 의무 가운데 하나가 대인적 성격을 지니고 있다면 상계가 될 수 없다.

4) 최초 당사자의 이행가능한 의무의 대 전제

최초의 당사자는 (1)항 (a)호에 따라 자신의 의무를 이행할 권리를 가지고 있어야 한다. 그러나 이는 양 당사자 중 어느 한쪽이 아직 확정되지 아니하였거나 아직 만기가 되지 아니한 이행을 타방 당사자에게 부과할 수 없음을 의미한다.

5) 타방 당사자의 확정된 의무의 중요성

(1)항 (b)호에 따라 상계는 타방 당사자의 의무가 존재와 금액에 관해 모두 확정된 경우에만 행사될 수 있다. 여기서 말하는 의무의 존재란, 예컨대 의무 자체가 유효하고, 이행계약 또는 조사 대상이 아닌 최종 판정이나 판결 등에 근거하였을 때 의심의 의지가 없을 경우의 확정된 의무를 말한다.

반대로 손해배상금을 지급해야 할 의무는 동 의무가 타방 당사자에 의해 의심될 수 있는 경우에는 확정된 지급할 의무라 할 수 없다. 따라서 타방 당사자의 의무의 존재는 의심의 여지가 없어도 동 의무가 금액에 관해 확정되지 아니한다면 상계권을 행사하는 것은 불가능하다. 따라서 손해의 존재에 대하여 논쟁의 여지가 없으나 구상금액이 아직 확정되지 아니하였다면 상계는 불가능하다.

PICC는 상계를 행사할 권리에 따른 파산권자의 영향에 관해 취급하고 있지 아니다. 따라서 이는 준거법에 의해 결정되어져야 한다. 이에 대하여 대부분의 국내법은 타방 당사자가 지급불능(파산) 절차와 관련이 있고, 이로 인하여 파산절차상의 채권자들 동등의 원칙으로 인해 손해를 입은 후에라도 최초의 당사자에게 상계를 행사할 수 있는 권리를 부여하고 있다.

6) 타방 당사자의 상계를 위한 이행만기 의무의 중요성

타방 당사자의 의무는 (1)항 (b)호에 따라 추가로 이행이 만기가 되어야 한다. 따라서 채권자가 채무자에 의한 이행을 요청할 권리를 가지고 있고, 채무자가 그러한 요청에 대하여 가능한 항변권을 갖고 있지 아니한 경우에 타방 당사자인 채권자의 의무는 이행이 만기되었다고 할 수 있다. 예컨대 지급 시기가 아직 도래되지 아니한 경우 채무자는 지급요청에 대하여 항변권 행사가 가능할 수가 있다.

주의할 것으로 자연적이거나 도덕적 의무는 집행할 수 없기 때문에 최초의 당사자는 타방 당사자가 지고 있는 이러한 의무와 교환으로 자신의 의무를 상계할 수 없다. 일반적으로 집행 가능한 의무냐 아니면 집행이 불가능한 의무냐는 달리 준거법에 좌우될 수 있는바, 결국 경우에 따라서는 상계권을 행사할 수 있는 가능성은 준거법에 좌우될 수 있다.

이 경우 소멸시효의 만기는 이행의 집행을 방해(금지)하나 소멸시효에 의한 소멸권리 자체를 소멸시키지는 아니하기 때문에 소멸시효에 따라 의무를 행사할 수 없는 최초의 당사자는 그럼에도 불구하고 10.10조상의 상계권의 규정에 따라 그 규정의 소멸시효에 의한 자신의 의무를 상계하고 상호간에 상계하는 일을 할 수 있다.

7) 동일한 계약으로부터 발생하는 상계의무

상계는 의무를 즉시로 그러면서 동시에 소멸시키는 편리한 수단이다. 따라서 두 의무가 동일 계약으로부터 발생할 경우 상계의 조건은 다음과 같이 수정된다.

양 당사자의 의무가 동일한 계약으로부터 발생할 경우 최초의 당사자는 (2)항의 규정에 따라 타방 당사자의 의무가 존재 또는 금액에 관해 확정되지 아니한 경우라도 타방의 의무와 교환으로 자신의 의무를 상계할 수 있다.

손해배상금을 지급해야 할 의무는 금액에 의해서가 아니라 존재에 의해서 확정될 수 있다. 이러한 방법에 따라 정해질 수 있는 지급해야 할 최소한의 금액이 논의의 여지가 있을 수 없다면, 최초의 당사자는 타방 당사자의 의무의 총액을 모른다 해도 최소한의 금액까지 자신의 의무를 상계할 수 있다.

의무 가운데 하나가 논의의 여지가 된다 하여도 상계권은 이행될 수 있다. 왜냐하면 상계할 수 있는 관련 의무가 동일한 계약으로부터 발생하고 이에 따라 쉽게 확정될 수 있기 때문이다. 이러한 사실은 신속한 클레임 해결을 촉진하려는 거래관계에 있는 당사자들에게는 유용할 수 있다.

그러나 상계조건이 실제 충족되었는지 여부를 결정하기 위하여 사법적 개입이 필요할 수 있다. 그러나 국제상거래에 있어서 양 당사자들의 의무가 동일 계약으로부터 종종 발생할 수 있다.

8) 합의에 의한 상계

본 조항의 조건이 충족되지 못하더라도 당사자들은 상호 합의에 의해 상계의 효과를 성취할 수 있다. 따라서 당사자들은 자신들의 상호 의무가 특정 일자 또는 주기적으로 자동적으로 상계됨을 합의할 수 있다.

두 사람 이상의 당사자들이라도 자신들의 각자의 의무를 예컨대, 전산망을 통해 소멸시킬 수 있음을 합의할 수 있다.

【2】 8.2조 : 외환상계의 조건

> 의무가 상이한 통화로 된 금전을 지급해야 하는 경우에도 상계권은 행사될 수 있다. 다만 양 통화가 쉽게 교환될 수 있고 최초의 당사자가 명시된 통화로만 지급해야 함을 당사자들이 합의하지 아니하여야 한다.

1) 상계에 사용되는 통화의 전제 조건: 교환 가능한 통화

상이한 통화로의 지급은 8.1조가 요구하는 동일한 종류의 이행은 아니다. 그러나 지급이 교환성을 가진 통화로 이루어진다면 상계는 이루어질 수 있다. 지급통화에 관한 규정인 6.1.9조에 따라 지급통화에 관해 합의가 없다면, 이러한 통화가 교환성을 가진다면, 지급은 지급이 이루어지는 장소의 통화로 채무자에 의해 이루어질 수 있다.

반면에 쉽게 교환될 수 없는 통화의 상대적 가치는 상계를 위해 쉽게 확정될 수 없기 때문에 타방 당사자에게 이런 통화로 지급을 하는 데 상계가 활용될 수 없다.

2) 계약상에 명시된 통화의 상계통화로의 활용 가능성

만약 계약이 명시된 통화로 지급을 하도록 최초 당사자에게 명시적으로 요구한 경우로서, 타방 당사자가 명시된 통화와는 다른 통화로 자신이 지고 있는 의무를 이행해야 한다면, 최초 당사자는 타방 당사자의 의무와 교환으로 자신이 지고 있는 의무를 상계할 수가 없다.

【3】 8.3조 : 통지에 의한 상계권 행사 가능

> 상계권은 타방 당사자에게 통지를 통해 행사된다.

상계권은 타방 당사자에게 통지를 함으로써 행사할 수 있다. 따라서 상계권은 자동적으로 또는 법정의 선언을 통해서는 행사되지 못한다. 따라서 최초의 당사자는 타방 당사자에게 자신이 상계를 통해 자신이 지고 있는 의무를 소멸할 것임을 반드시 통지해야 한다. 통지는 조건이 되어서는 아니된다. 통지가 효력을 지니기 위해서는 상계를 위한 조건이 충족된 후에 발송되어야 한다.

통지는 통지에 관한 규정인 1.10조의 규정에 따라 상황에 적합한 수단에 의해 이루어질 수 있으며 통지는 수신인에게 도착한 때 효력을 발생한다.

【4】 8.4조 : 상계통지의 내용

> (1) 통지는 통지와 관계가 있는 의무를 명시하여야 한다.
> (2) 통지가 상계가 이루어지는 의무를 명시하지 아니한 경우 합리적인 기간 내에 타방 당사자는 최초의 당사자에게 상계가 관련하는 의무를 선언할 수 있다. 이러한 선언이 이루어지지 아니한다면 상계는 모든 의무에 비례적으로 적용된다.

1) 상계내용을 명시한 통지의 필요성

(1)항에 따라 상계통지는 상계시키고자 하는 양 당사자의 의무를 명시해야 한다. 이러한 통지를 수령한 타방 당사자는 상계하려는 분야와 상계 금액을 알아야 한다.

2) 타방 당사자에 의한 선언

최초의 당사자가 타방 당사자를 상대로 둘 이상의 의무를 가지고 있고 그가 상계를 통해 지급하길 원하는 의무를 명시하지 아니한 경우, (2)항 첫째 규정에 따라 타방 당사자는 최초 당사자의 의무 가운데 자신이 소멸시키고자 하는 의무를 자유롭게 선정하여 선언할 수 있다.

3) 타방 당사자의 선언의 결여의 경우

상계통지가 최초 당사자가 상계하고자 하는 의무를 명시하고 있지 아니하고, 타방 당사자 역시 상계가 어떤 의무와 관련이 있음에 관한 선언이 합리적 기간내에 하지 아니한 경우 (2)항 둘째 규정에 따라 타방 당사자의 모든 의무는 최초 당사자의 요구금액까지 비례하여 상계되어 소멸된다.

【5】 8.5조 : 상계의 효과

> (1) 상계는 의무를 소멸시킨다.
> (2) 상계되는 의무가 금액에 있어 차이가 있을 경우 상계로 정한 의무의 금액까지만 의무를 소멸시킨다.
> (3) 상계는 통지시점으로부터 효력을 발생한다.

1) 상계에 의한 소멸

8.1조에 명시된 상계의 조건이 충족되는 경우 양 당사자들의 의무는 마치 상호 지급이 이루어진 것처럼 상계범위까지 소멸된다.

양 당사자들의 의무가 금액에 있어 차이가 있을 경우 상계는 의무를 소멸할 수 있으나 정한 의무의 금액을 한도로 상계할 수 있다.

2) 상계는 통지하여 효력 발생

상계를 위한 통지 때에 상계에 필요한 조건이 이행된다면 의무는 통지 때에 소멸된다. 상계는 소급해서 효력을 발휘하지 아니한다. 상계는 장래에만 효과를 가진다. 상계의 효력발생 날자는 통지를 통해 상계를 선언할 필요성과 양립하며, 실제에 있어 상계가 효력을 발생하는 날짜는 쉽게 알 수 있어야 한다.

마치 양 의무가 통지 시에 지급된 것처럼 상황은 평가되어야 한다. 따라서 이러한 원칙을 통해 다음과 같은 두 가지 결과가 파생된다.

첫째, 의무에 관한 이자는 통지 시까지 계속된다. 다시 말해서 자신의 의무를 상계할 수 있고 상계를 원하는 당사자는 이자의 발생을 정지하길 원할 경우 가능한 빨리 상계를 선언해야 한다.

둘째, 상계가 선언된 후 지급이 만기까지 이루어지지 않는다면 지급이 합법적 근거를 가지지 못하기 때문에 원상회복이 이루어져야 한다. 그리고 지급이 통지 전에 이루어졌다면, 그 지급은 유효한 지급이며, 원상회복을 요구할 수 없다.

상계를 위한 조건이 충족되고 상계통지가 이루어진 때에 중요한 의무는 소멸될 뿐만 아니라 예컨대, 의무를 보증하는 권리와 같은 관계되는 권리도 상계에 따라 소멸한다.

제4부　최종규정

1. 구 성

2. 개 요

　제4부의 최종규정(89조~101조)이 있지만, 이러한 규정들은 선언, 협약의 효력 발생시기 등 절차에 관한 것이기 때문에 거의 해설을 필요로 하지 아니하지만, 그 중에서 특별히 중요한 것, 즉 92조와 96조, 99조 (1)항에 관해서는 이미 관련된 조항에서 설명하였기 때문에 생략한다.

　단지, 99조 (2)항은 협약이 발효한 후에 가입한 국가에 관해서 발효일을 가입서의 기탁일로부터 12개월을 경과한 후, 그 다음달 초일로 정하고 있음을 부언해 두고 있을 따름이다.

제 5 부

권리의 양도, 의무의 이전, 계약의 양도에 관한 법적 이해

권리의 양도와 의무의 이전, 그리고 계약의 양도에 관한 법적 의미에 관해 제원칙(PICC)은 2004년부터 제정되어 현재에 이르고 있는데, 그 규정과 논평을 구성 및 개요와 함께 보면 다음과 같다.

1. 구 성

2. 개   요

합의에 의해 양도인으로부터 양수인에게 보증방법에 의한 이전을 포함하여 일정 금액의 지급이나 기타 이행에 대한 제3자로부터 양도인의 권리에 관해 9.1조에서, 그리고 합의에 의해 최초 채무자로부터 새로운 채무자에게 이전하는 의무의 이전에 관해 9.2조에서, 합의에 의해 양도인으로부터 양수인에게 계약으로부터 발생하는 양도인의 권리와 의무의 이전에 관해 9.3조에서 각각 방법과 적용범위, 조건, 효과 등에 관해 규정하고 있다.

3. 규정과 해설

【1】 9.1.1조: 정의

> 권리의 양도란 합의에 의해 한 사람(양도인)으로부터 다른 사람(양수인)에게 보증 방법에 의한 이전을 포함하며, 일정 금액의 지급이나 기타 이행에 대한 제3자(채무자)로부터 양도인의 권리의 이전을 의미한다.

여러 상황에서 채무자로부터 일정금액의 지급이나 기타 이행에 대한 권리를 가진 채권자는 제3자에게 자신의 권리를 양도하는 것이 유용함을 발견할 수 있다. 예컨대 은행권리의 양도의 흔한 예는 고객에게 일정한 신용한도를 융자하는 경우이다.

본 절에서 규정하고 있는 조항들은 본 조에서 정의하는 권리의 양도를 포함한다.

1) 합의에 의한 양도의 의미

합의에 의한 유일한 양도는 특정 재판관할에서 보험에 가입한 빌딩의 구입자에게 보험자를 상대로 한 매도인의 권리의 이전이나 회사합병의 경우에 권리의 자동 이전과 같은 특정권리의 법적 이전에 대하여 준거법이 규정하는 경우와는 반대의 경우이다. 따라서 본 규정에서의 양도의 정의는 특정 재판관할하에서 양수인의 참여없이 일어날 수 있는 일방적인 이전과 같은 양도는 본 규정에서의 양도의 정의와 똑같이 취급하지 아니한다.

2) 일정 금액의 지급이나 기타 이행에 대한 권리의 양도가능

한편 본 규정의 정의는 일정금액의 지급에 대한 권리의 양도에만 한정되지 아니한다. 본 규정의 정의는 서비스의 제공과 같은 다른 이행 종류에 대한 권리의 양도를 포함한다.

양도할 수 있는 권리는 계약의 성격에 따른 권리에 한정되지 아니한다. 따라서 비계약적 성격에 기인하는 청구나 판결에 근거한 청구도 강행규정인 1.4조의 적용을 전제로 본 절에 의해 지배될 수 있다.

장래 권리 역시 양도인의 의무에 관한 규정인 9.1.15상의 조건에 따라 양도될 수 있다.

3) 양도의 개념

권리의 양도란 양도인의 재산을 양수인의 재산으로 이전하는 것을 의미한다. 이 개념은 역시 보증 목적을 위한 양도도 포함한다.

4) 제3당사자의 권리의 한계

양도인의 재산으로부터 양수인의 재산으로 이전은 제3의 당사자의 권리를 전제로 한다. 따라서 양도인과 양수인간의 권리의 양도는 제일 먼저 된 채무자와 그 다음 채무자 등과 같은 상이한 제3의 사람에게 영향을 미칠 뿐 아니라 양도인의 채권자들과 후속 양수인에게도 영향을 미친다.

제3의 당사자의 권리는 채무자에게 통지에 관한 규정인 9.1.10조와 후속 양도에 관한 규정인 9.1.11조와 같은 다른 규정에서 부분적으로 취급되고 있다. 경우에 따라서는 이들의 권리는 예컨대, 파산법과 같은 준거법상의 강행규정에 의해 지배받을 수 있다.

【2】 9.1.2조: 적용제외

> 본 절은 다음과 같은 이전을 지배하는 특별한 규정에 따라 이루어지는 이전에 적용하지 아니한다;
> (a) 유통증권, 권리증권이나 금융증권과 같은 증권, 또는
> (b) 기업을 양도하는 과정에서 발생하는 권리

어떤 형태의 권리의 양도는 준거법에 따른 매우 특수한 규정의 적용을 대개 전제로 하고 있으므로 본 절의 지배를 받지 아니한다.

1) 특정 규정에 의해 지배받는 증권의 양도 적용제외

특수한 규정에 의해 지배를 받은 특수한 형태의 증권의 양도는 본 절의 규정의 적용 밖이다.

이러한 적용제한 규정은 예컨대, 증권의 이서나 인도에 의해 대개 권리가 이전하고 양도인에게 허용되는 항변권에 관한 보다 특수한 규정의 적용을 전제로 하는 환어음과 같은 유통증권에 적용된다.

이러한 적용 제한은 선하증권이나 창고증권, 주식과 채권과 같은 금융증권과 같은 권리증권에도 역시 적용된다. 이러한 증권의 양도는 대개 특수한 규정을 전제로 한다. 그러나 이러한 적용 제한은 특수한 재판관할에서 이러한 권리들이 본 절의 규정의 적용을 전제로 하는 일반적인 양도에 의해 양도될 수 있는 가능성마저 배제하지는 아니한다.

2) 기업의 양도에 적용제외

본 절의 규정의 또 다른 적용배제는 회사의 합병의 경우에 일어날 수 있는 것과 같은 특수한 규정에 따른 기업의 양도과정에서 이루어지는 경우이다. 이런 경우 준거법이 특수한 조건에 따라 권리와 의무를 유발시키는 제도가 법에 의해 완전히 이전함을 종종 규정하고 있다.

본 규정 (b)호는 양도하는 기업에 관한 특수한 권리가 개별적으로 양도되는 경우에 본 절의 규정의 적용을 배제하지 아니한다. 반대로 회사 주식의 단순한 양도는 (a)호에 해당하므로 본 절의 규정의 적용 밖이다.

【3】 9.1.3조: 비금전적 권리의 양도

> 비금전적 이행에 대한 권리는 그 양도가 의무를 더욱 심각한 부담이 되게 하지 아니하는 경우에만 양도될 수 있다.

권리의 양도는 채무자의 권리와 의무에 원칙적으로 영향을 미친다. 그러나 권리양도에 따라 이행이 다른 채권자에게 이루어진 사실 자체는 채무자의 의무이행 조건을 어느 정도 수정할 수가 있다. 그리고 이행의 장소가 다를 수 있다. 따라서 채권자의 변경 그 자체가 의무를 보다 부담스럽게 만들 수 있다.

채무자의 추가비용에 관한 규정인 9.1.8조는 채무자에게 양도에 수반하는 모든 추가비용에 대하여 양도인 또는 양수인으로부터 보상받을 권리를 인정하고 있다.

동 규정은 금전적 의무의 이전일 경우에 일어날 수 있는 문제점에 대하여 주의를 기울이기에 충분하다. 그러나 양도인의 권리가 비금전적 이행에 관한 것일 때 구제가 항상 충분하지 아니할 수 있다. 따라서 본 조항은 양도가 채무자에게 보다 심각한 의무를 부담지울 때 이러한 권리를 양도할 가능성을 배제하고 있다.

【4】 9.1.4조: 분할양도 가능성

> (1) 일정금액의 지급에 대한 권리는 분할로 양도될 수 있다.

(2) 기타 이행에 대한 권리는 기타 이행이 분할 가능하고 양도가 의무를 보다 큰 부담으로 되지 아니하는 경우에만 분할로 양도될 수 있다.

1) 분할양도의 가능성은 경제적 이해에 좌우됨

권리의 분할양도는 상이한 경제적 목적에서 이루어진다. 예컨대 시공업자는 고객으로부터의 지급에 대한 자신의 권리의 일부를 금융기관에 양도하길 원하고 나머지는 단독으로 유지하길 원할 수 있으며, 달리 원자재의 공급자에게 나머지 부분을 양도하길 원할 수 있다. 그러나 허용된 분할양도는 양도가 채무자의 입장을 어렵게 하지 아니한다는 양도원칙에 영향을 줄 수가 있다. 따라서 양도할 권리가 분산되는 경우, 채무자는 추가비용을 초래할 수 있는 여러 부분으로 나누어 이행해야 한다.

2) 금전과 비금전적 권리

하나 대신 2개 이상의 금전적 지급을 해야 할 채무자의 부담은 그 자체만으로 지나친 것으로 간주되지 아니한다. 따라서 금전적 권리의 분할양도가 (1)항에 따라 원칙적으로 허용된다.

분할양도의 효력이 다음과 같은 두 개의 누적적 조건에 좌우되는 경우에 비금전적 권리의 양도를 위해 (2)항에 따라 (1)항과 다른 원칙의 적용이 지배적이다.

ⓐ 만기된 이행의 가분성

ⓑ 분할양도가 채무자에게 부과할 수 있는 추가 부담(의무)의 정도

이미 비금전적 권리의 양도에 관한 9.1.3조에 의하면 양도가 의무를 가중시키는 경우 비금전적 권리의 양도의 가능성을 전적으로 배제시키고 있다.

이와 마찬가지로 (2)항 역시 기타 이행에 대한 권리의 분할 양도에 대해 9.1.3조와 똑같은 원리를 적용하고 있다.

수회에 걸쳐 이행하는 결과로 채무자가 부담하는 추가비용은 채무자의 추가비용에 관한 9.1.8조에 따라 보상되어야 한다.

【5】 9.1.5조: 장래권리

장래권리는 합의시에 양도되는 것으로 간주된다. 다만 장래의 권리가 발생할 때 동 권리가 양도와 관련한 권리로서 확정될 수 있어야 한다.

1) 경제적 이해에 영향을 주는 권리

본 절의 목적을 위해 장래권리란 장래에 이루어질 이행으로 현재 권리의 반대 권리로서 장래에 발생하거나 발생할지 모르는 권리를 말한다. 장래권리의 예로서 은행이 장래 신용한도를 인정받은 고객에 대하여 가질 수 있는 권리 또는 회사가 장래에 체결될지도 모르는 계약에 근거하여 타사에 대하여 가질 수 있는 권리 등이 다. 이러한 장래권리의 양도는 경제적으로 매우 중요할 수 있다.

2) 장래권리로 결정 가능성의 필요성

본 조항에 따라 장래권리는 동 권리가 발생할 때 양도와 관련된 권리로서 결정 될 수 있다는 조건 위에 양도될 수 있다.

이러한 이유는 모호하고 매우 광범위한 일반적인 내용으로 언급된 장래권리의 양도로 인해 발생할지 모르는 어려움을 피하기 위해 필요하다.

3) 장래권리의 소급효과

본 조항은 장래권리의 양도가 양도인과 양수인간에 소급하여 적용될 수 있다 고 규정하고 있다. 따라서 권리가 발생할 때 양도 합의 시에 양도가 일어나는 것으 로 생각된다.

제3의 당사자들에 관해 경우에 따라서는 당사자들의 권리가 예컨대 파산법과 같이 준거법상의 강행규정에 의해 지배될 수 있음을 생각할 수 있다. 그러나 제3의 당사자의 권리는 채무자에게 통지에 관한 규정인 9.1.10조와 연속 양도에 관한 규 정인 9.1.11조에 명시된 통지의 결과를 포함하여 본 절의 기타 규정에 의해 부분적 으로 취급되고 있다.

【6】 9.1.6조: 개별명시 없이 양도되는 권리

> 많은 권리가 개별명시 없이 양도될 수 있다. 다만 이런 권리는 양도 시 또는 권리가 발생할 때 양도와 관계하는 권리로서 확인될 수 있어야 한다.

권리는 일괄 또는 그대로 가끔 양도될 수 있다. A사는 예컨대 채권 매수인 회사에게 자신의 모든 수취계정을 양도할 수 있다. 현실적으로 양도되는 권리마다 개별명세를 요구하는 것은 지나치게 부담이 될 수 있으나 일괄로 양도된 권리의 전체적인 확인은 그 자체만으로 관계되는 권리의 인정을 양도의 일부로 인정해야 한다.

그러나 기존 권리의 경우에 이러한 인정은 인도시에 가능해야 하며, 장래권리가 전체권리 가운데 포함되는 경우 장래권리에 관한 규정인 9.1.5조에 따라 장래권리가 발생할 때 인정이 가능해야 한다.

【7】 9.1.7조: 양도인과 양수인간의 합의만으로 양도 가능

> (1) 권리는 양도인과 양수인간에 채무자에게 통지없이 단순한 합의에 의해 양도된다.
> (2) 채무자의 동의는 필요하지 아니하다. 다만 상황에 미루어 보아 의무가 근본적으로 개인적 성격이 아니어야 한다.

9.1.1조 정의에서 권리의 양도를 합의에 의한 이전으로 정의하고 있다. 본 조항과 양도인의 책임에 관한 규정인 9.1.15조는 양도인, 양수인 그리고 채무자의 법적 입장을 지배하는 규정이다.

1) 양도인과 양수인간의 단순한 합의의 의미

본 조 (1)항에 따라 양도인과 양수인간의 단순한 합의에 의해 양도인의 재산으로부터 양수인의 재산으로 권리의 양도가 유효하다. 따라서 본 규정은 특수한 형식으로 계약이 체결될 것을 PICC는 요구하지 아니한다는 불요식에 관한 규정인 1.2조의 규정에 규정된 권리의 양도에 관한 일반원칙의 적용이다.

그러나 본 규정은 강행규정에 관한 규정인 1.4조에 따라 달리 적용되는 준거법상의 강행규정의 적용에 영향을 미치지 아니한다. 예컨대 보안 목적의 양도는 형식에 관한 특수한 요건을 전제로 할 수 있다.

이미 정의에 관한 규정인 9.1.1조의 논평 4) "제3당사자의 권리"에서 언급한 바와 같이 본 조항 (1)항에서 규정하고 있는 원칙은 채무자와 연속 양수인에 관한 9.1.10조와 9.1.11조의 규정에 의해 부분적으로 취급되고, 1.4조에 따라 예컨대 파산법과 같은 달리 적용되는 준거법상의 강행규정에 의해서도 가끔 지배될 수 있는 제3당사자의 권리를 전제로 하고 있다.

그러나 채무자에게 통지에 관한 규정인 9.1.10조에서 규정하고 있는 바와 같이 채무자에게 통지는 양도인과 양수인간의 권리양도의 유효를 위해 필요한 조건은 아니다.

2) 채무자의 동의의 필요성

(2)항은 명시적으로 (1)항에서 이미 묵시하고 있는 내용을 언급하고 있다. 즉, 채무자의 동의는 양도인과 양수인간에 양도가 유효하기 위해 필요하지 아니함을 명시적으로 규정하고 있다.

3) 예외: 본질적으로 개인적 성격의 의무

양도되는 권리가 근본적으로 개인적 성격의 의무와 관련이 있는 경우에는 채무자의 동의가 필요하다. 즉, 채무자가 채권자 개인에게 특별히 승낙을 해야 하는 권리의 경우에는 채무자의 동의가 필요하다.

이런 경우의 특징은 채무자의 동의없이 권리의 양도를 금하고 있다. 왜냐하면 제3자를 위해 채무자로 하여금 자신의 의무를 이행하게 하는 것은 부적절하기 때문이다.

4) 양도인과 양수인간의 권리양도에 관한 기타 규정의 효과

채무자의 동의 없이 권리의 양도의 가능성은 양도할 수 없는 조항에 관한 규정인 9.1.9조에 따라 양도인과 양수인간의 계약상의 양도할 수 없는 조항의 존재 여부에 의해 영향을 받을 수 있다.

본 조항은 양도가 이루어지고 난 후 채무자가 양도자에게 지급하는 것을 피하기 위해 채무자에게 양도의 통지를 해야 할 필요성의 문제를 언급하고 있지 아니하나, 9.1.10조와 9.1.11조가 이런 경우에 적용된다.

【8】9.1.8조: 채무자의 추가비용

채무자는 양도에 따라 발생될 추가 비용에 대하여 양도인이나 양수인으로부터 보상받을 권리를 가진다.

1) 추가비용에 대한 보상 허용

권리의 양도는 채무자의 권리와 의무에 반드시 영향을 미치지 아니한다. 그러나 채무자가 이행은 최초의 채권자 대신에 양수인에게 제공되어야 한다는 사실 때문에 추가비용을 부담해야 한다면 본 조항은 당연한 보상을 요구할 권리를 채무자에게 허용하고 있다.

본 조항에서 규정하고 있는 원칙은 계약의 일방 당사자가 계약체결 후에 자신의 영업장소의 변경이 있을 경우에 이와 유사한 경우를 규정한 6.1.6조의 규정과 일치한다.

2) 추가비용 보상 책임

채무자는 양도인이나 양수인으로부터 추가비용의 보상을 청구할 수가 있다. 금전 의무의 경우엔 채무자는 자신이 양수인에게 지고 있는 의무와 교환으로 자신의 보상권을 상계할 입장에 종종 처하게 된다.

3) 분할양도의 경우 추가비용 부담

추가비용은 9.1.4조에서 규정하고 분할양도의 경우에 특별히 발생할 수 있다. 따라서 본 조항은 분할양도에 따른 추가비용에도 적용된다.

4) 양도가 채무자의 의무를 심각하게 부담을 줄 경우

다음과 같은 두 경우엔 추가비용에 대한 보상이 충분한 구제가 될 것으로 생각되지 아니한다.

첫째, 9.1.3조에 따라 비금전적 이행에 대한 권리의 양도가 양도에 따른 채무자의 의무를 보다 심각하게 만들 경우에 허용되지 아니한다.

둘째, 9.1.4조에 따라 비금전적 이행에 대한 권리의 분할양도가 위와 유사한 경우에 역시 허용되지 아니한다.

【9】 9.1.9조: 양도금지 조항의 효과

> "(1) 금전 지급에 대한 권리의 양도는 이와 같은 양도를 제한하거나 금지하는 양도인과 양수인간에 합의에도 불구하고 유효하다. 그러나 양도인은 계약 위반에 대하여 채무자에게 책임을 져야 한다.
> (2) 기타 이행에 대한 권리의 양도는 그 양도가 양도를 제한하거나 금지하는 양도인과 양수인간의 합의에 반한다면 효력이 없다. 그럼에도 불구하고 양도시에 양수인이 그러한 합의를 몰랐거나 당연히 알았어야 하지 아니 하였다면 양도는 유효하다. 양도인은 계약위반에 대하여 채무자에게 책임을 져야 한다."

1) 양도에 따른 이해의 균형의 가능성

9.1.7(2)조에 따라 양도에 따른 채무자의 의무가 본질적으로 개인적 성격을 지니지 아니하다면, 양도인과 양수인간의 양도가 유효하기 위해 채무자의 동의는 필요로 하지 아니한다. 그러나 현실적으로 최초의 채권자인 양도인과 채무자간의 계약이 최초의 채권자인 양도인의 권리의 양도를 제한하거나 금지하는 조항을 두는 것이 보통이다. 왜냐하면 채무자는 채권자가 변하는 것을 원하지 아니하기 때문이다. 따라서 최초의 채권자인 양도인이 나중에 이러한 양도금지조항에도 불구하고 이러한 권리를 양도한다면 채무자와 양수인의 이행의 충돌이 고려되어야 한다.

채무자는 계약상의 권리의 위반으로 인한 고통을 받으나 양수인은 채권자와 똑같은 보호를 받아야 한다. 그러나 보다 일반적으로 말한다면 효과적인 금융의 수단으로서 권리의 양도를 선호하는 것은 역시 중요하다.

이런 관점에서, 본 조항은 금전적 권리의 양도와 기타 이행에 대한 권리의 양도간에 구분을 하고 있다.

2) 금전적 권리의 양도 효과

금전적 권리의 양도의 경우 (1)항은 신뢰의 필요성에 우선을 두고 있다. 따라서 금전적 권리의 양수인은 양도금지조항에 대하여 보호가 되어야 하며, 양도는 전적으로 유효하다. 그러나 양도인은 계약조항에 반하여 행동하였기 때문에 7장에서 규정한 계약의 불이행에 대하여 채무자에게 손해배상금을 지급할 책임이 있다.

3) 비금전적 권리의 양도 효과

비금전적 이행에 대한 권리의 양도는 (1)항에서 말하는 신용(뢰) 관계와 동일한 관계를 가지지 아니한다. 따라서 이런 경우엔 (2)항에서 규정한 해결방법을 따라야 한다.

이 경우 관계하는 세 당사자들의 이해의 충돌간에 공정한 균형을 이룩하기 위하여 양도금지조항은 양도가 무효라는 결과를 양수인에게 부여하는 원칙을 (2)항이 취하고 있다.

그러나 양도시에 양수인이 양도금지조항을 몰랐거나 당연히 알았어야 하는 것도 아님이 입증된다면 위와 같은 해결방안은 반전된다.

이런 경우 양도는 유효하지만 양도인은 제7장하의 계약불이행에 대하여 채무자에게 손해배상의 책임이 있다.

【10】 9.1.10조: 채무자에게 통지

(1) 채무자가 양도인이나 양수인으로부터 양도 사실의 통지를 수령할 때까지 양도인에게 지급하므로 자신의 채무는 소멸한다.
(2) 채무자가 이러한 통지를 수령한 후 양수인에게 지급해야만 자신의 채무는 소멸된다.

1) 채무자에게 통지의 효과

양도가 9.1.7조에 따라 양도인과 양수인간의 합의의 결과로서 양자간에 유효하기 때문에 채무자는 자신이 양도의 통지를 수령할 때까지 양도인에게 지급하므로 자신의 채무가 이행될 것이다. 이 경우 채무자가 양도인에게 지급한다면 양수인은 양도인의 의무에 관한 규정인 9.1.15조 (f)호에 따라 양도인으로부터 그러한 지급을 보상받을 수 있다. 따라서 채무자가 양도의 통지를 수령한 후에라야만 양도가 채무자에게 효력을 갖게 된다. 이렇게 함으로써 채무자는 양수인에게 지급을 통해서만 자신의 채무가 소멸될 수 있다.

그러나 상기와 같은 원칙에도 불구하고 채무자가 양도 사실의 통지를 받기 전에 자신이 양도의 사실을 알았거나 당연히 알았어야 함에도 불구하고 양도인에게 지급한 경우 채무는 소멸된 것으로 된다. 이러한 목적은 채무자에게 양도 사실을 통지해야 할 책임을 양도합의에 따라 양당사자들, 즉 양도인과 양수인에게 부과하기 위해서다. 이러한 해결방안은 국제상사계약과 관련해서 볼 때 정당한 것으로 생각된다.

그러나 이러한 사실은 특수한 경우로 채무자가 양도인에게 지급할 때 불성실로 하였다면 그는 손해배상금에 대한 책임이 있음을 반드시 배제하지 아니한다.

당사자들은 가끔 양도인과 양수인이 양도 사실을 채무자에게 통지하지 아니하기로 합의한 경우 소위 "침묵의 양도"에 호소할 수 있다. 이러한 합의는 당사자들간에 유효하다. 그러나 채무자가 통지를 받지 못했기 때문에 본 조항(1항)에 따라 양도인에게 지급하므로 채무가 소멸될 것이다.

2) 통지의 의미와 내용

본 조항에서 통지란 1.10조상에서 말하는 광범위한 통지로 이해하면 된다. 본 조항이 통지의 내용을 명시하고 있지 아니해도 통지의 내용은 양도 사실뿐만 아니라 양수인의 신분, 개별명시 없이 양도되는 권리에 관한 규정인 9.1.6조를 전제로 양도하는 권리의 명세, 분할양도의 경우 양도의 범위 등을 포함해야 한다.

3) 통지의 책임자

본 조 (1)항은 누가 양도 통지를 해야 하는지의 문제를 개방, 즉 양도인이 해야 하는지 아니면 양수인이 해야 하는지에 관해 개방하고 있다.

실제에 있어 대부분의 경우 양수인이 통지의 주도권을 가질 가능성이 높다. 왜냐하면 그는 채무자가 양도에도 불구하고 양도인을 위해 이행하는 것을 피하는데 주된 관심, 즉 이해를 가지고 있기 때문이다.

그러나 양도인에 의해 이루어진 통지 역시 위와 똑같은 효과를 가진다. 통지가 양수인에 의해 이루어진 경우 채무자는 양도의 적법한 입증에 관한 규정인 9.1.12조에 따라 양도의 적절한 입증을 요구할 수 있다.

4) 양도통지시기

본 조항은 양도 합의가 체결된 후에라야만 통지가 이루어질 것을 명시적으로 요구하고 있지 아니하다.

어떤 경우엔 장래 양도인과 채무자간에 계약이 이로부터 발생하는 권리들은 금융기관에 양도될 것임을 규정할 것이다.

이런 사실이 본 조에서 규정하고 있는 결과를 가지는 적절한 통지로 간주될 수 있는지 여부는 해석의 문제이며, 장래 양수인의 신분에 관한 조건의 명확성에 좌우될 수 있다.

5) 양도통지의 취소

채무자에게 이루어진 통지는 특수한 경우, 예컨대 양도합의 자체가 무효이거나 보안 목적으로 이루어진 양도가 더 이상 필요없다면 취소될 수 있다.

이러한 사실은 통지 당시에 양수인인 사람에게 취소 전에 이루어진 지급에는 영향을 미치지 아니할 것이나, 채무자가 취소 후에 그 사람에게 지급한다면 그는 더 이상 자신의 채무를 이행한 것으로 아니된다.

【11】 9.1.11조: 연속양도의 경우 우선순위

> 동일한 권리가 동일한 양도인에 의해 2인 이상 연속 양수인들에게 양도되는 경우 채
> 무자는 통지를 수령한 순서에 따라 지급함으로써 자신의 채무가 소멸된다.

1) 최초통지에 최우선

본 조는 동일한 양도인이 상이한 양수인들에게 동일한 권리를 양도한 경우의 채무자의 채무순서를 취급하고 있다. 현실적으로 양도인이 의도적으로 그렇게 한 것인지 아니면 부주의로 한 것인지 모르나 이러한 일이 일어날 수 있다 해도 일반적으로 이러한 일은 일어나지 아니한다. 이런 경우 우선순위는 통지가 최초로 주어진 양수인에게 주어진다. 다른 양수인들은 양도인의 의무에 관한 규정인 9.1.15조 (c)호에 따라 양도인을 상대로만 손해배상을 청구할 수 있다.

특정 재판관할하에서 이루어지고 있는 해결방법과 달리, 본 조는 채무자가 통지 없이도 현실적 또는 해석적 양도 사실의 인지를 고려하고 있지 아니하고 있다. 이러한 접근방법은 통지하는 것을 권장하려는 염원에서 비롯되었다. 이렇게 함으로써 국제상사계약과 관련해서 볼 때 특별히 권고되고 있는 명확성의 정도를 보증하는 격이 되고 있다.

2) 통지가 없는 경우 채무자의 지급의무

연속 양수인들 가운데 어느 누구도 통지를 하지 아니한다면 채무자는 9.1.10조 (1)항에 따라 양도인에게 지급함으로써 채무자의 자신의 채무가 소멸될 것이다.

3) 적절한 입증없는 통지의 효과

양도가 이루어졌으나 적절한 입증 없이 특정 양수인에 의한 통지는 양도의 적절한 입증에 관한 규정인 9.1.12조에 따라 무효가 될 수 있다.

【12】 9.1.12조: 양도의 적절한 입증의 필요성

> (1) 양도의 통지가 양수인에 의해 이루어진다면 채무자는 양도가 이루어진 적절한 입증을 합리적인 기간 내에 제공할 것을 양수인에게 요구할 수 있다.
> (2) 적절한 입증이 제공될 때까지 채무자는 지급을 유보할 수 있다.
> (3) 적절한 입증이 제공되지 아니한다면 통지는 효력이 없다.
> (4) 적절한 입증이 양도인으로부터 제시되고 양도가 이루어졌음을 제시하는 모든 문서를 포함하나 이것에 제한되지 아니한다.

양도 통지의 수령은 9.1.10조와 9.1.11조에서 규정하고 있는 중요한 효과를 가지기 때문에, 본 조항은 양도가 실질적으로 이루어졌다는 적절한 입증을 요구하므로 양수인으로부터 사기 통지를 수령할 위험에 대비하여 채무자를 보호하려는 데 제정목적이 있다. 따라서 적절한 입증이 제공될 때까지 채무자는 주장하는 양수인에게 지급을 유보할 수 있다. 만약 적절한 입증이 제공된다면 통지는 제공되는 날짜로 유효하다.

【13】 9.1.13조: 항변권과 상계원리

> (1) 채무자는 자신이 양도자를 상대로 주장할 수 있는 모든 항변권을 양수인을 상대로 주장할 수 있다.
> (2) 채무자는 양도통지를 수령할 때까지 양도인을 상대로 자신에게 이용 가능한 상계권을 양수인을 상대로 행사할 수 있다.

1) 방어권(항변권)의 주장

원칙적으로 권리는 7.1.2조 (2)항에 따라 채무자의 동의없이 양도될 수 있다. 이러한 접근방법은 양도는 채무자의 법적 지위에 불리하게 영향을 미칠 수 없다는 대전제에 근거하고 있다.

채무자는 자신을 향한 채권자의 의무의 하자이행과 같은 방어권에 근거하여 최초의 채권자에게 지급을 유보하거나 거절할 수도 있다.

이러한 방어권이 양수인을 상대로 역시 주장될 수 있는지 여부를 결정하기 위해 당사자들 각자의 이해가 고려되어야 한다. 즉, 채무자의 입장은 양도의 결과로서 그 지위가 훼손되어서는 아니되며, 반면에 양수인은 자신이 취득한 권리의 무결성에 이해관계를 가진다.

(1)항에 따라 채무자는 청구가 양도인에 의해 이루어진 경우 자신이 주장할 수 있는 모든 방어권을 양수인을 상대로 주장할 수 있다. 그러나 이 경우 양수인은 9.1.15조 (a)호에 따라 양도인을 상대로 청구권을 가질 것이다.

상기와 같은 접근방법, 즉 해결방법은 절차적 성격을 지니는 방어권에도 적용된다.

2) 상 계

(2)항에 따라 채무자는 양수인을 상대로 상계권을 행사할 수 있다. 다만 상계권은 양도의 통지가 주어지기 전에 이미 언급한 8.1조에 따라 채무자에게 가능해야 한다.

이러한 해결방법, 즉 접근방법은 채무자의 입장이 양도의 결과로서 훼손되어서는 아니된다는 원칙에 따른 것이다. 따라서 양수인의 이행은 자신이 9.1.15조 (e)호에 따라 양도인을 상대로 가질 수 있는 청구권에 의해 보호된다.

【14】 9.1.14조: 양도하는 권리와 관련한 권리

권리의 양도는 양수인에게 다음의 권리를 이전하는 것이다:
(a) 양도하는 권리에 관해서는 계약하의 지급이나 기타 이행에 관한 모든 양도인의 권리, 그리고
(b) 양도하는 권리의 이행을 보증하는 모든 권리.

1) 양도의 범위

본 규정은 방어권과 상계권에 관한 규정인 9.1.13조와 똑같은 원칙에 영향을 받은 규정이다. 양도는 양도인의 권리를 채무자가 주장할 수 있는 방어권뿐만 아니라 양도하는 권리에 관한 계약하의 지급이나 기타 이행에 관한 모든 권리와 양도하

는 권리의 이행을 보증하는 모든 권리와 함께 있는 그대로 이전하는 것이다.

2) 분할양도의 경우 주의사항

권리가 부분적으로 양도되는 경우로서 본 조에서 언급하고 있는 권리가 가분가능한 권리의 경우 동 권리는 비례해서 양도될 수 있다. 그러나 동 권리가 비례로서 이전하지 아니한다면 당사자들은 동 권리가 양수인에게 양도되는지 여부 또는 양도인에게 머물러 있는지 여부를 결정해야 한다.

3) 계약의 이탈 가능성

그러나 (a)호에서 규정하고 있는 원칙은, 예컨대 이해의 분리양도를 규정할 수 있는 양도인과 양수인간의 합의에 의해 수정될 수 있다.

4) 양도의 협력의무

양도인은 양수인에게 부수권리와 보증의 수혜를 누릴 수 있도록 하는 데 필요한 모든 조취를 취할 의무가 있다는 것이 당사자들 간의 협력의무에 관한 규정인 5.1.3조상에 규정되어 있는 일반적인 협력의무로부터의 추정이다.

【15】 9.1.15조: 양도인의 의무

양도인은 양수인에게 달리 고지한 경우를 제외하고 다음 각 호의 사실에 대하여 양수인에게 책임이 있다:

(a) 양도하는 권리는 권리가 장래권리가 아닌 한 양도 시에 존재한다;
(b) 양도인은 권리를 양도할 권리를 가진다;
(c) 권리는 다른 양수인에게 사전에 양도된 사실이 없으며, 제3의 당사자로부터 어떠한 권리나 청구로부터 면책이다;
(d) 채무자는 일체의 항변권을 가지지 아니한다;
(e) 채무자도 양도인도 양도하는 권리에 관한 상계통지를 하지 아니하였고, 이러한

> 통지를 하지 아니할 것이다;
> (f) 양도인은 양도통지가 이루어지기 전에 채무자로 부터 수령한 일체의 지급에 대하여 양수인에게 상환할 것이다.

합의에 의해 양수인에게 권리를 양도할 때 양도인은 다음과 같은 몇 가지 의무를 부담해야 한다.

1) 권리의 존재

양도하는 권리는 양도시에 존재하여야 한다. 예컨대 지급이 이미 이루어졌거나 지급에 대한 권리가 사전에 무효되었다면 양도하는 권리는 존재하지 아니하는 경우이다.

장래권리에 관한 규정인 9.1.5조가 허용하는 것처럼 장래권리가 양도된다면 이러한 의무, 즉 양도시 권리의 존재 의무는 존재하지 아니한다.

2) 양도인의 권리양도권의 존재

양도인은 양도할 권리를 가진다. 따라서 권리를 양도하는 것이 법적으로 계약적으로 금지된다면 양도인은 양도할 권리를 가졌다고 할 수 없다.

3) 사전 양도금지, 제 3자의 권리나 청구로부터 자유

양도인이 또 다른 양수인에게 권리를 이미 양도하였다면, 그는 동일한 권리의 2차 양도를 할 권리가 없으며, 이러한 금지는 (b)호하의 의무에 의해 이미 가능한 것으로 생각할 수 있다. 이러한 가정의 실질적인 중요성은 별개의 명시적 규정이 입증하고 있는 것과 같다.

그러나 연속양도에 관한 규정인 9.1.11조에 따라 2차 양수인이 채권자에게 최초 양수인보다 먼저 통지를 한다면 2차 양수인이 최초 양수인에 우선할 수 있음을 명심해야 한다.

그러나 사전양도가 보안상의 이유로 단순히 이루어질 수 있다. 이런 경우 그 권리는 여전히 제2의 양수인에게 적절하게 고지하므로 양도할 수 있다.

4) 채무자로부터 항변권 불용

항변권과 상계권에 관한 규정인 9.1.13조 (1)항에 따라 채무자는 자신이 양도인을 향하여 주장할 수 있었던 모든 항변권을 양수인을 향하여 주장할 수 있어야 한다. 이런 경우에 양수인은 이러한 의무에 근거하여 양도인을 향하여 청구할 권리를 가진다.

5) 양도시 상계통지의 금지

상계권은 양도통지가 9.1.13조 (2)항에 따라 수령되기 전에 채무자에게 이용가능한 경우에만 양수인을 상대로 채무자는 상계권을 행사할 수 있다. 이 경우 양도인은 자신도 채무자도 양도된 권리에 영향을 주는 상계통지를 하지 아니하였음을 양수인에게 보증해야 한다.

양도인은 이러한 통지가 장래에 이루어지지 아니할 것을 역시 보증해야 한다. 예컨대, 채무자가 9.1.13조 (2)항에 따라 양도 후에 양수인에게 이러한 통지를 한다면 양수인은 9.1.15조 (e)호에 따라 양도인을 상대로 클레임을 청구할 수 있다.

6) 채무자에 의한 지급의 상환

9.1.10조 (1)항은 채무자가 양도의 통지를 받을 때까지 양도인에게 자신의 채무액에 대해 지급함으로써 채무자의 지급의무는 소멸됨을 규정하고 있다. 이러한 규정은 채무자를 보호하기 위한 올바른 해결책이다. 그러나 양도인과 양수인은 권리의 양도에 관해 그들간의 합의가 존재해야 한다. 따라서 이러한 합의가 있는 한 양도인은 양도통지가 주어지기 전에 채무자로부터 자신이 수취한 일체의 지급에 대하여 양수인에게 상환해야 한다.

7) 채무자의 이행이나 지급능력에 관한 책임(보증)금지

양도의 당사자들은 채무자의 현재나 미래의 능력, 또는 보다 일반적으로 말한다면 채무자의 의무의 이행에 관해 양도인에 의한 보증을 합의를 통해 분명히 규정할 수 있다. 그러나 이러한 합의가 없다면 본 조항하에서는 이런 의무는 없다.

양도인의 여러 책임 가운데 하나를 위반한 경우에 구제에 대해서 7장에서 규정하고 있다. 따라서 예컨대, 계약 종료권에 관한 7.3.1조상의 조건이 충족된다면 양수인은 양도인으로부터 손해배상금을 청구하거나 합의를 종료시킬 수 있다.

8) 의무(보증)에 관한 고지의 효과

양도인의 의무 가운데 일부는 양도시에 이루어진 고지에 의해 영향을 받을 수 있다. 예컨대, 양도인은 제3의 당사자에 의한 청구권의 존재를 양수인에게 통지할 수 있으며, 이런 경우 양수인은 양도인의 입장에서 그 문제에 관한 책임없이 자신의 위험으로 권리의 양도를 수령할 수 있다.

【16】 9.2.1조: 이전의 방법

> 금전을 지급하거나 기타 이행을 제공할 의무는 한사람(최초 채무자)으로부터 다른 사람(새로운 채무자)에게 a) 9.2.3조를 전제로 최초 채무자와 새로운 채무자간에 합의에 의해 또는 b) 새로운 채무자가 그 의무를 부담하게 되는 채권자와 새로운 채무자간의 합의에 의해 이전될 수 있다.

1절에서 취급한 권리의 양도의 경우에서와 같이 역시 의무의 이전 역시 유용한 경제적 목적에 기여할 수 있다.

예컨대, A사가 고객인 B로부터 지급을 청구할 수 있으나 자신이 공급자 X에게 유사한 금액의 채무를 지고 있다면, 고객인 B가 공급자의 채무자가 되기 위한 합의를 하는 것이 실질적일 수 있다.

이와 같은 의무의 이전은 다음과 같은 두 개의 상이한 방법으로 일어날 수 있다.

1) 최초의 채무자와 새로운 채무자간의 합의에 의한 이전

실제에 있어 의무의 이전에 관한 본 조항에서 제시하고 있는 두 개의 방법 중 보다 흔한 방법이 최초의 채무자와 새로운 채무자간의 합의에 의한 이전 방법이다.

이 방법의 경우 이전에 대한 채권자의 동의 요건을 규정한 9.2.3조의 요건에 따라 채권자의 동의가 필요하다.

2) 채권자와 새로운 채무자간의 합의에 의한 이전

의무이전에 관한 또 하나의 가능성은 새로운 채무자가 그 의무를 인수할 것을 수락하는 채권자와 새로운 채무자간의 합의이다.

3) 채권자의 의무이전에 관한 동의의 필요성

상기 두 개의 의무이전방법에 있어 공통적인 것은 채권자가 이전에 대하여 동의를 해야 한다는 것이다. 이러한 사실은 채권자와 새로운 채무자간의 합의에 의해 의무의 이전이 발생할 때 명확한 사실이다. 따라서 최초의 채무자와 새로운 채권자간의 합의에 의해 이전이 일어나는 경우 그 이전에 따른 요건은 9.2.3조에 명시되어 있다. 이러한 동의는 9.2.4조에 따라 사전에 주어질 수도 있다.

채권자의 동의가 없다면 채무자는 제3의 당사자의 이행에 관한 규정인 9.2.6조 하의 의무를 다른 사람이 이행할 것을 그 사람과 합의할 수 있다.

4) 합의만에 의한 이전

이전에 관한 예외 규정인 9.2.2조에서 알 수 있듯이 특정 재판관할하에서 회사 합병의 경우 의무의 자동이전과 같은 법적이전을 준거법이 규정할 수 있는 경우와 반대로 본 절은 합의에 의한 이전만을 취급한다.

5) 금전 지급이나 기타 이행에 관한 의무

본 절은 금전지급에 관한 의무의 이전에 제한되지 아니하며 서비스의 이전과 같은 다른 종류의 이행에 관한 의무의 이전에도 적용된다.

양도 가능한 의무는 계약의 성격을 지니는, 즉 계약에 근거한 의무에 역시 한정되지 아니하고 불법행위법에서 비롯되거나 판례에 근거한 의무도 본 절의 적용대상이 될 수 있다. 다만 강행규정에 관한 1.4조를 전제한다.

6) "이전"의 의미

의무의 이전은 최초 채무자의 재산을 새로운 채무자의 재산에 편입되게 하는 것을 의미한다. 그러나 경우에 따라서는 새로운 채무자가 채권자에 대하여 구속된다 해도 최초의 채무자의 의무가 최초 채무자의 의무소멸에 관한 규정인 9.2.5조에 따라 소멸되지 아니하는 수가 있다.

【17】 9.2.2조: 의무의 이전의 예외

> 본 절은 기업을 양도하는 과정에서 의무의 이전을 지배하는 특별규정에 따라 이루어지는 의무의 이전에 적용되지 아니한다.

본 절에서 규정하고 있는 조항들은 회사의 합병의 경우에 일어날 수 있는 것과 같이 이러한 양도는 지배하는 특별규정에 따라 기업을 양도하는 경우에 이루어지는 의무의 이전에 적용되지 아니한다.

준거법은 법에 의해 모든 권리와 의무를 특정한 조건에 따라 이전되게 하는 제도를 종종 규정하고 있다.

그러나 본 조항은 본 절이 양도되는 기업에 관한 특정한 의무가 개별적으로 이전되는 경우에 적용을 방해하지 아니한다.

【18】 9.2.3조: 채무이전에 대한 채권자 동의의 요건

최초 채무자와 새로운 채무자간의 합의에 의한 의무의 이전은 채권자의 동의를 필요로 한다.

1) 최초 채무자와 새로운 채무자간의 합의에 의한 의무의 이전 가능성

이전의 방법에 관한 규정인 9.2.1조 (a)호에서 언급하고 있듯이, 의무의 이전은 최초 채무자와 새로운 채무자가 될 사람, 즉 새로운 채무자간에 합의에 의해 일어날 수 있다.

2) 채권자 동의의 필요

그러나 이러한 합의는 의무를 이전하기에 충분하지 아니하다. 채권자가 자신의 동의를 반드시 해야 한다.

이러한 원칙은 양도인과 양수인간의 합의만으로 권리의 이전이 충분하다는 9.1.7조의 규정에서 알 수 있듯이 채무자의 동의없이 원칙적으로 양도인과 양수인간의 합의만으로 효력이 유효한 권리의 이전에 관한 본 조의 상응규정과는 다르다.

권리의 양도는 채무자가 다른 사람에게 이행을 인도해야 하는 경우를 제외하고 채무자의 입장에 영향을 미치지 아니한다. 반대로 채무자의 변경은 채권자의 입장에서 상당히 영향을 미칠 수 있다. 왜냐하면 새로운 채무자가 최초의 채무자보다 신뢰성이 떨어질 수 있기 때문이다. 따라서 채무자의 변경은 반드시 동의를 해야 할 채권자에게 부담이 될 수 있다.

3) 최초 채무자 의무의 면책 가능성

채권자의 동의에 따라 새로운 채무자는 이전된 의무에 구속된다. 그러나 최초 채무자의 면책에 관한 9.2.5조의 규정에 따라 최초 채무자의 의무가 반드시 면책된다고 볼 수 없다.

4) 채권자에 의한 동의결여에 대한 대안

채권자가 이전에 동의를 하지 않았거나 동의가 요청되지 아니하였다면 제3의 당사자의 이행에 대한 약속이 제3의 당사자의 이행에 관한 9.2.6조의 규정에 따라 가능하다.

【19】 9.2.4조: 채권자의 사전동의

> (1) 채권자는 사전에 자신이 동의를 할 수 있다.
> (2) 채권자가 사전에 자신이 동의를 한 경우 의무의 이전은 이전의 통지가 채권자에게 이루어진 때 또는 채권자가 이전을 확인한 때 효력을 발생한다.

1) 채권자에 의한 사전동의

(1)항은 9.2.3조에 따라 요구되는 채권자의 동의는 사전에 이루어질 수 있음을 규정하고 있다.

2) 채권자에 대한 이전의 효력발생시기

(2)항에 따라 채권자가 사전에 자신의 동의를 한 경우 의무의 이전은 채권자에게 통지된 때 또는 채권자가 이전 사실을 확인한 때 효력을 발생한다.

이러한 사실은 최초 채무자나 새로운 채무자가 이전이 발생한 때 이전 사실을 채권자에게 통지하는 것으로 충분함을 의미한다. 따라서 채권자가 사전에 동의를 한 이전을 확인한 사실이 분명하다면, 통지는 필요없다. 이때 "확인"이란 이전을 알리는 분명한 신호를 한 사실을 의미한다.

이렇게 볼 때, 채권자에 대한 이전의 효력발생시기는 이전사실의 통지 발송 또는 이전 사실의 확인만으로 충분하며 통지의 도달을 의미하지 아니한다.

【20】 9.2.5조: 최초 채무자의 면책

> (1) 채권자는 최초 채무자를 면책할 수 있다.
> (2) 채권자는 새로운 채무자가 적법하게 이행하지 아니한 경우에 최초의 채무자를 채무자로 역시 존속시킬 수 있다.
> (3) 그렇지 아니하면 최초의 채무자와 새로운 채무자가 연대채무자가 된다.

1) 최초 채무자의 면책범위

9.2.1조 (b)호에 따라 9.2.3조에 따라 채권자의 동의가 이루어진 여부에 관계 없이 채권자의 동의는 의무에 대하여 새로운 채무자를 구속하는 효과를 가진다. 이 경우 최초 채무자의 면책여부는 여전히 남아 있다. 면책여부는 기본적으로 두 개의 상이한 선택 방법 중 하나를 선택하는 채권자에게 달려 있다. 다만 9.2.1조 (b)호의 경우에만 선택은 최초 채무자에게 좌우된다.

2) 채권자의 선택①: 완전면책

채권자는 첫째로 (1)항에 따라 최초 채무자를 완전히 면책할 수 있다.

3) 채권자의 선택②: 최초의 채무자를 종속 채무자로 종속시킬 수 있다.

(2)항의 규정에 따라 채권자가 선택할 수 있는 또 하나의 가능성은 최초의 채무자를 상대로 한 청구권을 자신이 보유하는 조건으로 최초 채무자로부터 새로운 채무자에게 의무의 이전을 채권자가 승낙하는 것이다.

다시 말해서, (2)항에 따라 새로운 채무자가 적법하게 의무를 이행하지 아니할 경우에 최초 채무자를 채무자로 그대로 존속시키는 것이다. 이런 경우에 채권자는 새로운 채무자로부터 먼저 이행을 청구해야 한다. 그러나 새로운 채무자가 적법하게 이행을 하지 못할 경우 채권자는 최초의 채무자에게 의무의 이행을 요구할 수 있다.

4) 채권자의 선택③: 최초의 채무자와 새로운 채무자가 연대책임을 진다.

(2)항의 선택과 달리 채권자가 선택할 수 있는 또 하나의 선택은 (3)항에서와 같이 채권자에게 가장 유리한 선택으로 최초의 채무자와 새로운 채무자를 연대책임을 지게 하는 것이다. 이는 이행이 도래된 때 채권자가 최초 또는 새로운 채무자를 상대로 자신의 청구권을 행사할 수 있음을 의미한다.

만약 채권자가 최초의 채무자로부터 이행을 취득한다면 최초의 채무자는 새로운 채무자를 상대로 청구권을 행사할 수 있다.

5) 보완규정: 선택④

본 조항을 통해 마지막으로 암시하는 선택이 보완규정임을 분명히 하고 있다. 다시 말해서 채권자가 자신이 최초의 채무자를 면책할 의도임을 명시하지도 않고 자신이 최초 채무자를 종속 채무자로 종속시킬 의사임을 명시도 하지 아니한 경우 최초의 채무자와 새로운 채무자는 연대로 책임이 있다.

6) 면책을 최초 채무자가 거절할 경우

9.2.1조 (b)호에 따라 채권자와 새로운 채무자간에 합의를 통해 새로운 채무자가 의무를 부담할 경우, 최초의 채무자가 면책됨을 합의가 규정한 경우 이러한 합의는 제3의 당사자를 위한 계약이 된다. 이런 경우 포기에 관한 5.2.6조의 규정에 따라 이러한 수혜는 동 수혜를 수령해서는 아니되는 사유를 가질 수 있는 수혜자에게 영향을 미칠 수 없다.

예컨대 최초의 채무자는 채권자와 새로운 채무자간에 합의에 의해 자신의 의무가 면책되는 것을 거절할 수 있다. 이러한 거절이 발생하면 새로운 채무자는 채권자에게 구속되나 최초의 채무자와 새로운 채무자는 9.2.5조 (3)항상의 보완규정에 따라 연대로 책임을 지게 된다.

【21】 9.2.6조: 제3의 당사자의 이행

(1) 채권자의 동의없이 채무자는 특정인이 자신을 대신하여 의무를 이행할 것을 다른 사람과 계약할 수 있다. 다만 상황에 비추어 의무가 본질적으로 개인적 성격을 가진 경우가 아니어야 한다.
(2) 채권자는 채무자를 상대로 자신의 청구권을 유보한다.

1) 다른 사람에 의한 이행에 관한 합의의 효과

의무는 채권자의 동의를 얻어 9.2.1조 (a)호에 따라 최초의 채무자와 새로운 채무자간의 합의에 의해 또는 9.2.1조 (b)호에 따라 채권자와 새로운 채무자간의 합의에 의해 이전될 수 있다.

그러나 채권자가 그러한 요청이 없었기 때문에 또는 자신이 거절하였기에 의무의 이전에 관해 채권자의 동의가 결여되는 경우가 있을 수 있다. 이런 경우 채무자는 이 사람이 자신을 대신하여 의무를 이행한 것을 다른 사람과 합의할 수 있다. 이 경우 이행이 도래된 때 다른 사람이 채권자에게 이행을 제공할 수 있다.

반면에 채권자가 이행이 도래하기 전에 새로운 채무자를 수용하길 거절한 경우 원칙적으로 이행이 다른 사람에 의해 제공될 때 이행 자체의 수락을 거절할 수 없다.

2) 본질적으로 개인적인 의무에 대한 제3의 당사자의 이행 가능성

제3의 당사자의 이행은 동 이행이 채무자가 제공한 이행과 똑같이 만족하게 이행된 경우 채권자에 의해 거절될 수 없다.

그러나 이러한 경우는 도래된 이행이 본질적으로 채무자의 특수한 자격과 연계된 경우는 그 사정이 달라진다. 이런 경우 채권자는 채무자 자신에 의해 이루어지는 이행의 수령을 주장할 수 있다.

【22】 9.2.7조: 항변(방어)권과 상계의 권리

> (1) 새로운 채무자는 최초의 채무자가 채권자를 상대로 주장할 수 있는 모든 항변권을 채권자를 상대로 주장할 수 있다.
>
> (2) 새로운 채무자는 채권자를 상대로 최초의 채무자에게 가능한 일체의 상계권을 채권자를 상대로 행사할 수 없다.

1) 항변(방어)권의 주장

새로운 채무자에게 이전된 의무는 최초의 채무자를 구속하기 위하여 사용되는 의무와 똑같다. 경우에 따라서는 최초 채무자의 면책에 관한 9.2.5조에 따라 최초의 채무자를 계속하여 구속한다. 따라서 최초의 채무자가 채권자 자신의 의무의 하자이행과 같은 경우 방어(항변)권에 근거하여 채권자에게 지급을 유보하거나 거절할 수 있을 때 마다 새로운 채무자는 채권자를 상대로 한 똑같은 항변권을 원용할 수 있다.

2) 절차 성격의 항변권의 가능성

절차적 성격을 지니는 의무의 경우에도 새로운 채무자는 채권자를 상대로 항변할 수 있다.

3) 상 계

그러나 최초의 채무자에게 채권자가 지고 있는 의무와 관련한 상계권이 새로운 채무자에 의해 행사될 수 없다. 다시 말해서 상계에 관련한 상호관계, 즉 상호간의 권리 의무 요건이 새로운 채무자에 의해 행사될 수 없다. 따라서 최초의 채무자는 자신이 면책되지 아니하는 한 자신의 상계권을 여전히 행사할 수 있다.

【23】 9.2.8조: 이전되는 의무와 관련한 권리

> (1) 채권자는 새로운 채무자를 상대로 이전된 의무에 관한 계약하의 지급이나 기타 이행에 관한 모든 권리를 주장할 수 있다.
>
> (2) 최초의 채무자가 9.2.5조 (1)항에 따라 면책되는 경우 동 의무의 이행을 위한 새로운 채무자 이외의 사람에 의해 보증된 보증은 면책된다. 다만 그 사람이 채권자에게 계속하여 이용 가능함을 합의한 경우에는 그러하지 아니하다.
>
> (3) 최초 채무자의 면책은 의무의 이행을 위해 채권자에게 주어졌던 최초 채무자의 모든 보증에까지 역시 연장된다. 다만 그 보증은 최초 채무자와 새로운 채무자 간에 거래의 일부로서 이전된 자산에 대한 보증이 아니어야 한다.

1) 이전의 범위

본 조항에서 규정하고 있는 원칙은 항변권과 상계권에 관한 규정인 9.2.7조와 똑같은 원칙에 영향을 받아 제정되었다. 계약하의 의무는 새로운 채무자에게 이전된다. 왜냐하면 양도되는 의무는 새로운 채무자가 주장할 수 있는 항변권뿐만 아니라 채권자가 이전된 의무에 관해 가지고 있던 계약하의 지급이나 기타 이행도 함께 이전되기 때문이다.

2) 계약에 의한 원칙이탈(변경)

당사자 자치의 원칙은 예컨대 이자를 지급할 의무의 분리이전과 같은 본 규정 하의 원칙으로부터 이탈을 허용하고 있다.

3) 권리의 양도와 의무의 이전과 관련한 보증의 비교의 필요성

권리양도의 경우에 이행을 보증하는 모든 권리는 9.1.14조 (b)호에 따라 양수인에게 자동적으로 이전된다. 이러한 접근방법은 권리의 양도는 채무자의 입장을 변경하지 못한다는 사실, 즉 보증은 변경되지 아니하는 여건하에서만 그들의 목적에 기여를 지속할 수 있다는 사실에 의해 정당하다.

반대로 새로운 채무자에게 의무의 이전은 보증이 보증하는 상황을 수정한다.

따라서 최초의 채무자가 면책되고, 담보가 의무와 함께 이전된다면 보증이 보증하는 위반이나 부도의 위험은 보증의 목적을 완전히 변경시키는 다른 사람의 위험이 된다.

4) 보증계약의 법적지위

최초 채무자의 의무가 다른 사람에 의해 보증된 보증계약에 의해 보호된다면, 이러한 보증계약은 최초의 채무자가 구속되는 한 계속 효력을 가진다.

반면에 최초의 채무자가 면책된다면 보증계약은 새로운 채무자에게 이전될 수 없다. 다만 보증계약을 승인한 사람이 채권자에게 계속하여 이용 가능함을 합의한 경우에는 그러하지 아니하다.

보증계약이 새로운 채무자가 되는 사람에 의해 보증되는 경우 특수한 경우가 발생한다. 이런 경우 보증은 반드시 소멸된다. 왜냐하면 그 사람이 자기 자신의 의무에 대하여 보증을 제공할 수 없기 때문이다.

5) 자산에 대한 보증

새로운 채무자는 자기 자산의 일부를 보증으로서 제공할 수 없다. 이런 경우 의무가 이전되고 최초의 채무자가 면책되는 경우 보증은 새로운 채무자를 구속하는 의무를 커버할 수 없다.

그러나 보증으로 제공된 자산이 최초 채무자와 새로운 채무자간의 거래의 일부로서 이전된 경우 해결방안은 상기의 경우와는 달라진다.

【24】 9.3.1조: 정의

> 계약의 양도는 한 사람(양도인)으로부터 다른 사람(양수인)에게 합의에 의해 다른 사람(타방)과의 계약으로 인해 발생하는 양도인의 권리와 의무의 이전을 의미한다.

권리와 의무는 본 장의 1절과 2절의 규정에 따라 별도로 양도될 수 있다. 그러나 어떤 경우엔 계약이 전체로 양도되기도 한다. 좀 더 정확하게 말하면, 특정인이 자신의 권리와 의무에서 파생한 권리와 의무를 계약의 당사자가 되는 다른 사람에게 이전이 가능하다. 예컨대, 건설계약의 경우 시공자는 건설계약상의 당사자들 가운데 한 사람으로서 다른 시공자를 자신을 대신하게 할 수 있다.

9장에서의 규정들은 본 조항에서 정의하고 있는 계약의 양도에 적용된다. 특정 재판관할하에 의하면, 회사의 합병의 경우에 계약의 자동양도와 같은 준거법이 법적 양도에 관해 규정할 수 있는 다양한 경우와 달리 본 절은 9.3.2조에서도 알 수 있듯이 합의에 의한 양도에만 관여한다.

【25】 9.3.2조: 본 절의 적용 제외

> 본 절은 기업의 양도과정에서 계약의 양도를 지배하는 특별 규정에 따라 이루어지는 계약의 양도에 적용되지 아니한다.

계약의 양도는 그 양도가 기업의 양도과정에서 이루어지는 경우 적용되는 준거법의 특별규정을 전제로 이루어질 수 있다. 왜냐하면 이러한 특별규정은 준거법에 의해 특별한 조건을 전제로 기업의 모든 계약을 양도하게 하는 제도를 가끔 규정하고 있기 때문이다.

그러나 본 조항은 양도되는 기업에 관한 특정한 계약들이 개별적으로 양도되는 경우에 그 적용을 금지하지 아니한다.

【26】 9.3.3조: 타방 당사자의 동의의 필요성

> 계약의 양도는 타방 당사자의 동의를 필요로 한다.

1) 양도인과 양수인간의 합의

계약 양도를 위한 첫 번째 요건은 양도자와 양수인이 양도에 관해 합의를 해야 한다는 것이다.

2) 타방 당사자의 동의의 필요성

그러나 양도인과 양수인간의 양도의 합의는 계약을 양도하는데 충분하지 못하다. 타방 당사자가 자신의 동의를 해야 함이 역시 필요하다.

양도가 관련 권리의 양도만을 위한 것이라면 이러한 양도의 동의는 9.1.7조에 따라 원칙적으로 필요없다.

그러나 계약의 양도가 9.2.3조에서와 같이 채권자의 동의없이 효력을 발생할 수 없는 의무의 이전과 역시 관련이 있을 수 있는바, 이 경우 계약의 양도는 타방 당사자의 동의하에서만 일어날 수 있다.

3) 양도의 경우 양도인은 타방에 대한 자신의 의무가 반드시 면책되지 아니한다.

타방 당사자의 동의에 따라 양수인은 양도계약하의 양도인의 의무에 구속된다. 그러나 이 경우 양도인의 면책에 관한 9.3.5조의 규정에 따라 양도인의 의무가 반드시 면책되지 아니한다.

【27】 9.3.4조: 타방 당사자의 사전승인

> (1) 타방 당사자는 사전에 자신의 동의를 할 수 있다.
> (2) 타방 당사자가 사전에 자신의 동의를 한 경우, 계약의 양도는 양도의 통지가 타방 당사자에게 이루어지거나 타방 당사자가 사실을 인지한 때 효력을 발생한다.

1) 타방 당사자의 사전동의의 효력

본 조항의 (1)항은 9.3.3조에 따라 필요한 타방 당사자의 동의가 사전에 주어질 수 있음을 규정하고 있다.

계약의 양도와 관련한 본 원칙은 의무의 양도에 동의해야 하는 채권자는 사전에 자신의 동의를 할 수 있다는 9.2.4조의 원칙에 상응하는 규정이다. 따라서 계약의 양도에 동의를 해야 하는 타방 당사자는 사전에 자신의 동의를 역시 할 수 있다는 것이다.

2) 계약의 양도는 타방 당사자에게 유효한 시기

(2)항의 규정에 따라 타방 당사자가 자신의 동의를 사전에 한 경우 계약의 양도는 양도 사실이 타방 당사자에게 통지된 때 또는 타방 당사자가 양도 사실을 인지한 때 유효하다. 이러한 사실은 양도인이나 양수인이 양도가 발생한 때 양도 사실을 통지하는 것으로 충분함을 의미한다.

이 경우 통지는 채권자가 사전에 자신의 동의를 한 양도를 인지하였음이 분명하다면 필요 없다. 여기서의 "인지"란 양도 사실을 아는 명백한 표시가 이루어졌음을 의미한다.

【28】 9.3.5조: 양도인의 면책

> (1) 타방 당사자는 양도인을 면책할 수 있다.
> (2) 타방 당사자는 양수인이 적절하게 이행하지 아니하는 경우엔 양도인을 채무자로 역시 존속시킬 수 있다.
> (3) 그렇지 아니하면 양도인과 양수인이 연대로 채무자가 된다.

1) 양도인의 면책범위

계약의 양도와 관련 있는 본 조항은 최초 채무자의 면책에 관한 9.2.5조에 상응하는 규정이다. 따라서 계약의 양도가 양도인으로부터 양수인에게 의무를 이전시키는 범위까지 채권자로서 타방 당사자는 새로운 채무자로서 양수인의 승낙이 양도인의 의무를 부담한다는 취지를 결정할 수 있다.

본 조항은 타방 당사자에게 다소의 선택권을 부여하고 보완규정을 제공하고 있다. 다시 말해서 본 규정은 양도하는 범위까지 양도인의 의무를 면책시킬 권한이 타방 당사자에게 있음을 그리고 양도에 따른 양도인을 면책시키는 방법과 면책에 따른 보완규정을 본 규정이 제공하고 있다.

2) 타방 당사자의 양도에 따라 양도인을 면책시키는 방법: 완전 면책시키는 방법

타방 당사자는 양도인을 완전 면책시킬 수 있다.

3) 타방 당사자가 양도에 따라 양도인을 면책시키는 방법: 양도인을 제2의 채무자로 존속시키는 방법

타방 당사자가 양도에 따라 양도인을 면책시키는 또 다른 방법은 타방 당사자가 자신이 양도인을 상대로 클레임을 제기할 수 있다는 조건으로 계약의 양도를 승낙하는 것이다. 이런 경우 타방 당사자는 다음과 같은 두 가지의 선택권 행사가 가능하다.

그 첫째의 선택권은 양수인이 적절하게 이행하지 못한 경우에 양도인을 채무자로 존속시키는 것이다. 이런 경우 타방 당사자는 양수인으로 부터 이행을 우선 반드시 청구해야 하나 양수인이 적절하게 이행하지 못한다면 타방 당사자는 양도인에게 이행을 요구할 수 있다.

4) 타방 당사자가 양도에 따라 양수인을 면책시키는 방법: 양도인을 양수인과 함께 연대 채무자로 존속시키는 것

그 두 번째 선택권은 타방 당사자에게 가장 유리한 방법으로 양도인과 양수인을 연대 채무자로 생각하는 것이다. 이러한 사실은 이행이 만기되었을 때 타방 당사자가 11.1.3조에 따라 양도인이나 양수인을 상대로 자신의 클레임을 행사할 수 있다. 만약 타방 당사자가 양도인으로부터 그 이행을 취득하였다면 양도인은 11.1.10조에 따라 양수인을 상대로 클레임을 청구할 수 있다.

5) 보완규칙

본 조항의 (3)항 표현에 의하면, 두 번째 선택권은 보완규정임을 분명히 하고 있다. 즉 타방 당사자가 양도인을 면책시킬 의도를 표현하지 아니하였거나 양도인을 제2의 채무자로 존속시키길 의도하지 아니한 경우 양도인과 양수인은 연대채무자가 된다는 것이다.

6) 양도에 따라 양도인을 면책시키는 방법 : 상기 선택권과 다른 선택권 행사의 가능성

계약의 일방 당사자가 계약상 모든 의무를 일정한 조건하에 이전을 인정할 수 있다. 이런 경우 계약이 양도되는 경우 타방 당사자는 다른 의무에 관해 상기 선택권과 다른 선택을 행사하길 선택할 수 있다. 예컨대 타방 당사자는 특정 의무에 대하여 양도인을 면책시키나 나머지 의무에 관해 양도인을 양수인과 연대 채무자로 생각하거나 양도인을 제2의 채무자로 존속시키는 것에 동의할 수 있다.

【29】 9.3.6조: 항변권과 상계권

> (1) 계약의 양도가 권리의 양도를 수반하는 한 9.1.13조가 이에 적용된다.
> (2) 계약의 양도가 의무의 이전을 수반하는 한 9.2.7조가 이에 적용된다.

계약의 양도는 최초의 권리의 양도와 최초 의무의 이전을 양도인으로부터 양수인에게 부과하는 것이다. 이런 경우 거래는 채무자로서 타방 당사자의 지위에 불리하게 영향을 미쳐서는 아니되며, 타방 당사자는 채무자의 입장에서 양도인과 똑같은 지위에 양수인을 두어야 한다.

결과적으로, 본 장의 1절과 2절에서 규정한 항변권에 관한 규정이 그대로 계약의 양도에 적용된다고 보아야 한다. 따라서 양수인이 자신의 권리를 행사할 경우 타방 당사자는 본 조와 동일한 명칭으로 되어 있는 9.1.13조에서와 같이 클레임이 양도인에 의해 제기되었다면 자신(타방 당사자)이 채무자로서 주장할 수 있었을 모든 항변권을 주장할 수 있다.

그리고 타방 당사자가 자신의 권리를 행사할 경우 본 조항과 동일한 제목의 9.2.7조에서와 같이 양수인은 클레임이 자신(양수인)을 상대로 제기되었다면 양도인이 채무자로서 주장할 수 있었던 모든 항변권을 주장할 수 있다.

【30】 9.3.7조: 계약에 따라 양도되는 권리

> (1) 계약의 양도가 권리의 양도와 관련이 있는 한 양도하는 권리와 관련한 권리에 관한 규정인 9.1.14조가 적용된다.
> (2) 계약의 양도가 의무의 이전과 관련이 있는 한 이전되는 의무와 관련한 권리에 관한 규정인 9.2.8조가 적용된다.

계약의 양도는 최초의 권리의 양도와 최초의 의무의 이전을 양도인으로부터 양수인에게 부과하는 것이다. 이에 따라 항변권과 상계권에 관한 규정인 9.3.6조하의 항변권에 관하여 언급된 논평과 병행하여 거래는 채권자로서의 타방 당사자의 지위에 불리하게 영향을 미쳐서는 아니되며, 타방 당사자는 채권자의 입장에서 양도인과 똑같은 위치에 양수인을 두어야 한다.

양수인이 타방 당사자를 상대로 행동한 경우 양수인은 양도하는 권리와 관련한 권리에 관한 규정인 9.1.14조 (a)호에서와 같이 양도하는 권리에 관해 양도한 계약하의 지급이나 기타 이행에 관한 모든 권리와 이러한 권리를 보증하는 모든 권리를 주장할 수 있다.

타방 당사자가 자신의 권리를 행사한 경우 그는 이전되는 의무와 관련한 권리에 관한 규정인 9.2.8조 (1)항에서와 같이 양수인을 상대로 이전된 의무에 관해 계약하의 지급이나 기타 이행에 관한 모든 권리를 주장할 수 있다.

양도인의 의무의 이행을 위한 보증은 9.2.8조 (2)항과 (3)항에 따라 유지되거나 소멸된다.

제6부 소멸시효

2004년부터 제정되어 현재에 이르고 있는 제 원칙(PICC)의 소멸시효에 관한 규정과 논평을 구성과 개요와 함께 보면 다음과 같다.

1. 구 성

10.1조 본 장의 적용범위
10.2조 소멸시효기간
10.3조 당사자들의 합의에 의한 소멸시효기간 설정의 가능성
10.4조 확인에 의한 새로운 소멸시효기간 설정의 가능성
10.5조 사법절차에 의한 정지
10.6조 중재절차에 의한 정지
10.7조 대안적 분쟁해결의 가능성
10.8조 불가항력, 사망 또는 실격의 경우에 정지
10.9조 소멸시효기간 만기의 효과
10.10조 상계의 권리
10.11조 원상회복

2. 개 요

시간의 경과에 따라 권리에 관해 영향을 미치는 소멸시효기간의 시작과 종기, 수정방법, 정지, 효과, 원상회복 등에 관해 PICC 10장이 규정하고 있다.

3. 규정과 해설

【1】 10.1조: 본 장의 적용범위

> (1) 이 원칙에 의해 지배되는 권리의 행사는 본 장의 원칙에 따라 "소멸시효"로 언급
> 되는 기간의 만료에 의해 금지된다.
> (2) 본 장은 일방당사자의 권리의 취득이나 행사를 위한 조건으로 타방 당사자에게
> 통지를 하기 위해 또는 법적 절차상의 제도 외 일정행위를 이행하기 위하여 이
> 원칙 하에서 일방 당사자에게 요구하는 기간에는 적용하지 아니한다.

1) 소멸시효의 개념

모든 법적 제도는 권리에 관해 시간의 경과에 영향을 인정하고 있다. 시간의 경과의 영향에 관해 두 개의 기본적인 제도가 있다. 한 제도에 의하면 시간의 경과는 권리와 소송을 소멸시킨다. 다른 제도에 의하면 시간의 경과는 법정에서의 소송에 대한 방어로서만 역할을 한다. 그러나 제 원칙에 의하면 시간의 경과는 권리를 소멸시키지는 아니하나 10.9조에서 알 수 있듯이 방어로서만 역할을 하고 있다.

본 조항은 이행을 요구할 권리나 이행불이행에 대한 기타 구제가 금지될 수 있을 뿐만 아니라 종료시킬 권리나 계약상에 합의한 대금감액권과 같은 계약에 직접적으로 영향을 미치는 권리의 행사가 금지될 수 있음을 표시하기 위해 "이 원칙이 지배하는 권리"에 관해 일반적으로 언급하고 있다.

2) 권리의 행사를 위한 통지요건과 기타 전제 조건

본 규정에 의하면, 권리를 취득하거나 행사할 권리가 있는 당사자가 부당한 지체없이 합리적인 기간내에 2.1.1에서 2.1.22조까지의 계약 성립과 관련한 통신에 관한 규정, 3.15조의 의도의 결함으로 인한 계약의 무효에 관한 규정, 재협상의 요청에 관한 6.2.3조의 규정, 이행 요구에 관한 7.2.2조 (9)항의 규정, 불이행 계약의 종료에 관한 7.3.2조 (2)항의 규정에 따른 기타 확정된 기간내에 통지를 하거나 행동을 이행하길 해태한 경우 권리는 상실될 수 있다.

이들 규정들은 소멸시효 규정과 유사한 기능을 제공한다 해도 동 규정상의 특별한 시효와 이들의 효과는 본 장에서 규정하고 있는 소멸시효에 의해 영향을 받지 아니한다. 왜냐하면 이들 규정들은 특별한 필요를 충족시키기 위해 초안된 것이기 때문이다.

이들 규정들은 일반적으로 본 장에서 규정하고 있는 소멸시효의 기간보다 훨씬 짧기 때문에 이들 규정들은 본 장의 소멸시효에 관계없이 효과를 가진다. 물론 상황에 따라 "합리적인 기간"이 본 장에서 적용되는 소멸시효보다 장기간인 예외적인 경우에는 상기의 규정들상의 시효가 지배한 것이다.

3) 소멸시효에 관한 국내법상의 강행규정의 효과

당사자들간에 계약서상에 PICC를 삽입하기로 합의를 한 것으로 간주되는 경우 소멸시효의 기간, 연장, 갱신 등에 관한 국내, 국제 또는 다국적 성격을 지닌 강행규정과 이를 수정하려는 당사자들의 권리에 대해 강행규정은 강행규정에 관한 규정인 1.4조 논평 2) "강행규정의 개념"에서 알 수 있듯이, 본 장에서 규정하고 있는 소멸 시효의 원칙에 우선한다. 따라서 PICC가 계약을 지배하는 법으로서 적용되는 경우에도 여전히 소멸시효에 관한 국내강행규정이 본 장에서 규정하고 있는 소멸시효에 관한 규정보다 우선한다. 다만 1.4조 논평 3) "계약조건으로서 PICC를 삽입한 경우 적용되는 강행규정"에서 알 수 있듯이, 계약을 지배하는 법이 어떤 법이건 관계없이 소멸시효에 관한 국내강행규정이 적용된다.

【2】 10.2조: 소멸시효기간

(1) 일반적인 소멸시효기간은 채권자가 자신의 권리가 행사될 수 있는 결과로서 사실을 알았거나 당연히 알았어야 하는 날로부터 시작하여 3년이다.
(2) 어떤 경우에도 소멸시효의 최대기간은 권리를 행사할 수 있는 날의 다음날부터 시작하여 10년이다.

1) 소멸시효에 관한 통일된 해결방안은 없음

권리와 클레임의 소멸시효기간이 모든 법률제도에 공통된 사항이라 해도 그 기간에 있어 매우 다양하다.

소멸시효기간을 책임담보의 위반에 대한 클레임에 대하여 짧게는 6개월 또는 1년에서 15년 또는 20년까지 또는 다른 클레임에 대하여 30년까지도 가능하다. 국제기준, 즉 1974년 "국제물품매매에 있어 소멸시효에 관한 UN협약"(UN 소멸시효협약; 1980년에 수정됨)에 의하면, 통일규칙을 규정하고 있으나 어디까지나 국제물품매매에 제한된다.

2) 소멸시효기간의 결정에 관련 있는 요인들

규정에 명시된 소멸시효기간은 권리의 행사가 금지되는 시기를 그 자체만으로 항상 자동적으로 결정하지 못한다.

그 시기는 인지에 의한 새로운 소멸시기에 관한 규정인 10.4조와 소멸시효의 만기의 효과에 관한 규정인 10.9조에서 알 수 있듯이 기간의 시작에 필요한 전제조건과 기간에 영향을 미치는 상황에 의해 영향을 받을 수 있다.

그리고 그 시기는 당사자들에 의한 소멸시효 수정에 관한 규정인 10.3조에서와 같이 당사자들간의 합의에 의해 역시 영향을 받을 수 있다. 이 경우 소멸시효에 관한 당사자자치의 원칙은 실무적으로 매우 중요하다. 왜냐하면 당사자들이 자신의 필요에 따라 자유로이 기간을 수정할 수 있다면 너무 길거나 너무 짧은 기간이 허용될 수 있기 때문이다.

3) 채권자와 채무자간 이해의 균형

PICC는 채권자와 채무자간에 미 발동 클레임이 충돌하는 이해간의 균형을 기하고 있다. 채권자는 자신의 권리를 추구할 합리적 기회를 가져야 한다. 따라서 그는 권리가 인정되어 집행될 수 있기 전에 기간의 경과로 자신의 권리의 추구가 금지되어서는 아니된다.

더욱이 채권자는 자신의 권리와 채무자의 신분을 알아야 하거나 적어도 알 수 있는 기회를 가져야 한다.

반면에 채권자는 채무자의 인지에 관계없이 일정 시기후에 자신의 권리 주장을 종료할 수 있어야 하고, 그 결과로 최대기간이 확립되어져야 한다. 따라서 소멸시효협약 8조와 9조 (1)항에서 알 수 있듯이 실질적인 클레임 날짜가 시작되는 4년이라는 하나의 절대적 소멸시효만을 두고 있는 유엔소멸시효협약과는 반대로 PICC는 이중으로 소멸시효를 규정하고 있다.

4) PICC상의 시효제도의 기본구조

PICC의 소멸시효기간에 관한 이중 제도에 의하면, 채권자는 자신이 권리의 실질적 인지 내지는 구성(해석)적 인지 외 결과로서 자신의 권리를 추구할 수 있는 실질적인 가능성을 가지기 전에 권리의 추구가 금지되어서는 아니된다는 정책을 채용하고 있다. 따라서 (1)항은 자신의 권리가 형성되고 이러한 권리가 행사될 수 있는 사실을 알았거나 당연히 알았어야 한 날을 시점으로 다소 짧은 3년이라는 소멸시효를 규정하고 있다.

(2)항은 채권자의 실질적으로나 해석적인 인지 여부에 관계없이 권리가 행사될 수 있는 시기를 시작으로 10년이라는 최대의 소멸시효를 규정하고 있다.

5) 권리는 행사될 수 있다

채권자는 권리가 인정되어 집행될 수 있는 경우에만 자신의 권리를 행사할 실질적인 가능성을 가진다. 따라서 (2)항은 최대 소멸시효기간은 이러한 날짜로부터 시작됨을 규정하고 있다.

6) 법의 인지와 구분되는 사실의 인지에서 소멸시효는 시작됨

3년이라는 일반적 소멸시효기간은 채권자가 자신의 권리가 행사될 수 있는 결과로서 사실을 알았거나 당연히 알았어야 하는 날로부터 시작한다.

본 규정이 의미하는 사실은 예컨대 계약성립, 물품의 인도, 서비스의 보증, 이행불이행과 같은 권리가 근거하는 사실이다. 따라서 권리나 클레임이 만기됨을 나타내는 사실을 일반적인 소멸시효기간이 시작하기 전에 채권자가 알았거나 당연히 알았어야 한다.

그러나 채무자의 신분은 예컨대, 대리점, 부채나 완전계약의 양도, 회사의 정리 또는 불분명한 제3의 당사자와의 수익계약 등의 경우에 의문이 제기될 수 있다. 이런 경우엔 채권자는 자신이 권리나 클레임을 추구하지 못한 데 대한 책임을 추궁당할 수 있기 전에 누가 이러한 소송대상인지를 알았거나 알아야 할 사유를 가져야 한다.

그러나 이러한 사실(현실)적 또는 해석적 사실의 인지는 채권자가 사실의 법적 의미를 알아야 함을 의미하지 아니한다. 만약 사실의 완전한 인지에도 불구하고 채권자가 자신의 권리에 관해 착각을 한 경우에도 불구하고 본 규정에서 말하는 3년이라는 소멸시효는 유효하다.

7) 소멸시효 시작 날짜

반대의 합의가 없는 경우 채무자는 부채 지급만기일에 자신의 의무를 일반적으로 이행할 수 있기 때문에 소멸시효기간은 동일날짜에 시작되지 아니하고 바로 다음 날부터 시작된다.

8) 행사할 수 있는 권리

6.1.1조 (a)호에서 알 수 있듯이 이행이 지금까지 요구될 수 없다 해도 의무는 존재할 수 있다. 대여금상환에 대한 채권자의 청구는 계약에 근거하며, 계약체결시 또는 채무자 앞으로 대여금 지급시에 발생할 수 있는 반면에, 상환청구는 훨씬 뒤인 만기되는 때가 일반적이다. 더욱이 권리는 채무자가 항변권을 가지고 있다면 집행할 수 없다.

9) 최대 소멸시효기간

10.2조 (2)항에 따라 채권자는 어떤 경우라도, 즉 자신이 자신의 권리를 행사할 수 있는 사실을 알았거나 당연히 알았어야 하는지에 관계없이 자신이 행사할 수

있게 된 후 10년 지나서도 권리를 행사할 수 있음이 금지된다. 10년이라는 최대 소멸시효기간의 설정 목적은 평온의 회복과 입증이 사라진 경우에 위험한 고소의 금지에 있다.

10) 부수적 청구에의 소멸시효 가능성

본 조항은 소위 "부수청구"를 포함하는 모든 권리에 적용된다.

11) "년"

본 조항에서 말하는 시효기간의 "년"에 대한 정의를 하고 있지 아니하다. 왜냐하면 국제적인 기준에서 볼 때, "년"의 언급은 유엔소멸시효협약 1조 (3)항 (h)호에서 알 수 있듯이 태양력을 기준으로 하고 있다. 태양력에 벗어난 달력은 소멸시효기간에 영향을 주지 못한다는 결론에 따라 매년 동일한 일수를 대부분의 경우에 가질 것이다. 따라서 "년"의 상이한 의미는 1.5조에 따라 당사자들에 의해 합의될 수 있으며, 이러한 합의는 계약에 명시될 수도 있고, 계약해석으로부터 추정될 수도 있다.

【3】 10.3조: 당사자들의 합의에 의한 소멸시효기간의 수정

> (1) 당사자들은 소멸시효기간을 수정할 수 있다.
> (2) 그러나 당사자들은 다음과 같은 일을 할 수가 없다.
>   (a) 일반 소멸기간을 1년 이하로 단축하는 일
>   (b) 최대 소멸기간을 4년 이하로 단축하는 일
>   (c) 최대 소멸기간을 15년 이상으로 연장하는 일

1) 기본적인 결정: 소멸시효기간을 수정할 수 있다

어떤 법률체계에 의하면, 소멸시효기간과 이들의 효과를 수정할 수 있는 당사자들의 권한은 약자의 입장에 있는 당사자들과 특별히 소비자들에 대한 배려에서

제한되기도 한다. 그리고 연장될 수 있는 매우 짧은 소멸시효기간과 수정되어질 수 없거나 단지 단축만 될 수 있는 기타 소멸시효기간 간에는 가끔 구분되고 있다.

그러나 PICC는 일반적으로 경험이 있는 기업가와 보호받을 필요가 없는 이해력이 있는 사람들간의 국제계약에 적용되기 때문에, PICC는 당사자들에게 자신들의 계약으로부터 발생하는 권리에 적용할 수 있는 소멸시효기간을 일정한 사안에 자신들의 필요성에 따라 채용하도록 하고 있다.

그러나 이런 관점에 따른 당사자자치의 원칙에 대한 제한이 기타 준거법상의 강행규정으로부터 있을 수 있다.

2) 수정할 수 있는 소멸시효기간의 한계

위와 같은 PICC의 원칙에도 불구하고 보다 우위에 있는 협상력이나 보다 많은 정보를 가진 일방 당사자가 타방 당사자보다 부당하게 소멸시효기간을 단축하거나 확장할 수 있는 우위에 있을 수 있는 가능성이 여전하다.

이에 따라, 본 조항은 현실적으로나 해석적으로 인지 순간부터 1년 이하로 단축될 수 없음을 규정함으로써 일반 소멸시효기간을 단축하고, 4년 이하로 될 수 없음을 규정함으로써 최대 소멸기간을 단축할 권한을 제한하고 있다.

규정상의 최대 소멸기간과 일반 소멸기간은 15년을 초과할 수 없음이 필수적이다.

3) 소멸시효기간 수정할 수 있는 시기

소멸시효기간의 수정은 소멸시효의 시작 전 또는 그 후에 합의될 수 있다. 그리고 소멸시효기간의 시작 전후에 합의한 수정은 소멸시효기간이 종료된 후에 체결된 수정합의와 다르다.

이런 경우의 합의는 소멸시효기간을 수정하는데 너무 늦었다 해도 소멸시효기간이 소멸되었다는 항변의 포기로써 또는 채무자에 의한 새로운 약속으로써 법적 결과를 가질 수 있다.

【4】 10.4조: 확인에 의한 새로운 소멸시효기간 설정의 가능성

> (1) 일반 소멸시효기간이 만기되기 전에 채무자가 채권자의 권리를 확인한 경우 새
>   로운 일반 소멸시효기간은 확인한 날의 다음날부터 시작된다.
> (2) 최대 소멸시효기간은 다시 갱신되지 아니한다. 그러나 10.2(1)항하의 새로운 일
>   반 소멸시효기간의 시작은 최대 소멸시효기간을 초과할 수 있다.

1) 권리 확인의 효과

대부분의 법체계에 의하면, 당사자들의 행위나 기타 상황에 의해 변경되는 소
멸시효기간의 시작을 허용하고 있다. 가끔 당사자들의 행위나 기타 상황은 새로운
소멸시효기간이 시작한다는 취지에 따라 소멸시효기간의 지속을 중단시킨다. 또한
가끔 이러한 행위나 기타 상황들은 정지기간이 소멸시효기간 산정에 고려되지 아
니한다는 취지에 따라 소멸시효기간의 지속의 정지를 가져오게도 한다.

본 조항에 따라 채무자에 의한 권리의 확인은 유엔소멸시효협약 20조에서와
같이 소멸시효기간의 중단을 가져오게 한다.

2) 새로운 소멸시효기간의 시작 효과

채권자의 권리의 확인에 따라 시작된 새로운 소멸시효기간은 일반 소멸시효기
간이 된다. 왜냐하면 이러한 확인을 통해 채권자는 10.2조 (1)항하의 소멸시효기간
의 시작을 위해 필요한 사실의 인지를 반드시 할 것이기 때문이다. 따라서 채권자
에게 새로운 최대 소멸시효기간을 허용함으로써 채권자를 보호할 필요성은 없다.

확인에 따른 새로운 소멸시효기간의 시작은 10.2조 (1)항하의 일반 소멸시효기
간 동안이나 10.2조 (2)항하의 최대 소멸시효기간 동안 일어날 수 있다. 따라서 최
대 소멸시효기간은 본질적으로 다시 갱신되지 아니하는 반면에 새로운 일반 소멸
시효기간은 7년이 경과하였으나 최대 소멸시효기간이 이미 만기되기 전에 채무자
가 채권자의 권리를 확인하였다면 3년까지 최대 소멸시효기간을 초과할 수 있다.

3) 갱개와 새로운 의무를 일으키는 기타 행위의 가능성

확인은 새로운 의무를 창조하지 못하고 단지 소멸시효기간의 지속을 중단시킬 뿐이며, 이에 따라 수반하는 부수적 권리는 소멸되지 아니한다. 따라서 소멸시효기간이 이미 종료되었다면, 본 조항하의 단순한 확인은 소멸시효기간 항변권을 소급해서 제거하거나 무효시키지 아니한다.

만약 당사자들이 완료된 소멸시효기간의 효과를 원상태로 되돌리기를 원한다면, 그들은 갱개를 통해 새로운 의무를 창출할 수 있거나 채무자 입장에서의 일방적인 행위가 소멸시효기간 만기의 항변을 포기할 수도 있다. 그리고 당사자들은 채권자의 권리의 존속기간을 10.2조 (2)항하의 최대 소멸시효기간의 종료를 연장할 수도 있다.

4) 당사자들에 의한 수정을 통해 소멸시효기간의 중단 가능성

당사자들이 10.2조 (1)항하의 일반 소멸시효기간을 수정하는 한 새로운 소멸시효기간의 확인과 시작은 수정에 따라 일반 소멸시효기간에 영향을 미친다. 예컨대 당사자들이 10.2조 (1)항하의 일반 소멸시효기간을 1년까지 단축하기로 합의한다면 확인은 새로운 1년 소멸시효기간 산정의 원인이 된다.

채무자가 여러 번에 걸쳐 확인을 할 수 있기 때문에 일반 소멸시효기간이 다시 시작할 수 있게 하는 확인의 제한된 효과는 후속 확인에 의해 극복될 수 있다.

【5】 10.5조: 사법절차에 의한 정지

(1) 소멸시효 기간의 지속은 다음의 경우에 정지된다.
   (a) 채권자가 채무자를 상대로 자신의 권리를 주장함으로써 법정지법에 의해 인정되는 사법절차를 개시하거나 이미 실시된 사법절차를 통해 어떤 행위를 한 때;
   (b) 채무자의 파산으로 인해 채권자가 파산절차에 따라 자신의 권리를 주장한 때; 또는
   (c) 채무자인 법인의 해산을 위한 절차의 경우 채권자가 해산절차에 따라 자신의

　　권리를 주장한 때
(2) 최종판결이 주어질 때까지 또는 절차가 달리 종료될 때까지 정지는 계속된다.

1) 사법절차의 효과와 본 조항의 입장

　　모든 법체계에 의하면, 사법절차는 다음과 같은 두 가지 방법 중 하나에 따라 소멸시효기간의 지속에 영향을 미친다.

　　a) 사법절차는 소멸시효기간의 중지를 가할 수 있으며, 그 결과로 새로운 소멸시효기간이 사법절차가 종료되는 때 시작한다.

　　b) 달리 대안으로 사법절차는 정지만 시킬 수 있으며, 그 결과로 사법절차가 시작하기 전에 이미 경과한 기간은 적용되는 기간에서 공제되며, 나머지 소멸시효기간은 사법절차의 종료 시에 시작한다.

　　본 조항은 UN소멸시효협약 13조에서와 같이 후자의 방법을 채용하고 있다.

2) 사법절차 개시의 요건과 효과

　　사법절차의 개시의 요건은 동 절차가 이루어지는 법정의 절차법에 따라 결정된다. 법정의 절차법은 반소 제기가 이러한 반소에 관한 사법절차의 개시에 해당하는지 여부를 역시 결정한다. 다시 말해서 항변으로서 제기된 반소가 별개의 절차에 따라 이루어지는 것처럼 취급되는 경우, 반소의 제기는 독자적으로 제기되는 것처럼 소멸시효기간에 관해 똑같은 효과를 가진다.

3) 사법절차 종료방법

　　최종 판정이나 다른 방법에 의한 종료는 법정의 절차규정에 의해 결정되어진다. 이러한 절차규정들이 판정이 언제 최종이 되는지를 그리고 이에 따라 소송대상이 되었던 목적물에 관한 소송을 제기할 수 있는 시기를 결정한다. 그리고 이러한 절차규정은 시비에 따라 예컨대 원고의 철회나 당사자들간의 화해에 의해 최종 판정없이 소송이 종료될 수 있는지 여부와 종료되는 시기를 역시 결정한다.

4) 파산이나 해산절차에 의한 소멸시효기간의 종기 가능성

본 조항을 위해 파산이나 해산절차는 (1)항 (a), (c)호에서 말하는 사법절차로 간주된다. 따라서 이러한 절차들의 개시와 종기는 절차를 지배하는 준거법에 의해 결정된다.

【6】 10.6조: 중재절차에 의한 정지

> (1) 소멸시효기간의 지속은 채권자가 채무자를 상대로 자신의 권리를 주장함으로써 중재판정법에 의해 인정되는 중재절차의 개시에 의하거나 이미 진행되고 있는 중재절차를 통해 어떤 행위를 한 때 정지된다. 중재절차를 위한 규정이나 중재절차의 개시의 정확한 날자를 규정하는 규정이 없을 경우 절차는 분쟁중인 권리가 선고되어야 하는 요청서가 채무자에게 도달한 날짜에 시작되는 것으로 간주한다.
> (2) 정지는 구속력이 있는 판정이 내려질 때까지 또는 절차가 달리 종료되어질 때까지 계속된다.

1) 중재절차의 효과와 개시

중재는 사법절차와 똑같은 효과를 가진다. 따라서 중재절차의 개시는 사법절차와 똑같은 정지효과를 가진다.

일반적으로 개시 날짜는 준거중재규정에 의해 결정되며 정지의 출발점 역시 이러한 규정에 의해 결정된다. 중재에 관한 규정이 절차 개시의 날짜를 정확하게 결정하지 못하는 경우에 (1)항의 둘째 문단상의 규정이 보완규정으로서 역할을 한다.

2) 중재의 종료 방법

중재종료의 가장 흔한 사례는 사법절차로서 사건의 시비에 따라 판정이 종료되거나 신청인의 철회나 화해 또는 관할법정의 명령이나 권고에 의한 종료라고 할 수 있다. 따라서 중재와 민사절차에 관해 적용되는 규정이 이러한 사건이 중재를 종료시키는지 여부와 이에 의해 정지되는지를 결정해야 한다.

【7】 10.7조: 대안적 분쟁해결의 가능성

> 10.5조와 10.6조의 규정은 당사자들이 자신들의 분쟁의 우호적 해결을 도모하려는
> 의도에서 제3자에게 자신들을 지원토록 요청하는 기타 절차에 적절한 수정을 통해
> 적용할 수 있다.

1) 대안적 분쟁해결

사법절차나 중재에 호소하기 전에 당사자들은 조정이나 기타 대안적 분쟁해결
형식에 합의하거나 협상을 시작할 수 있다.

PICC에 의하면, 협상은 소멸시효기간을 자동적으로 정지하지 못한다. 따라서
소멸시효기간을 정지하길 원하는 당사자들은 이러한 취지에 대하여 명시적 합의를
해야 한다.

이에 비하여, 본 조항은 조정과 기타 대안적 분쟁해결 형식은 소멸시효기간의
정지를 초래할 수 있음을 규정하고 있다. 따라서 당사자들이 자신들의 분쟁의 우호
적 해결을 도모하려는 의도에서 제3자에게 자신들을 지원토록 요청하는 절차로서
활용되는 "대안적 분쟁해결"의 정의는 국제상사분쟁에 관한 UNCITRAL모델법
(2002) 1조 (3)항에 근거하고 있다.

2) 대안적 분쟁해결에 관한 제정법적 규정의 결여의 경우

극소수의 국가에서 대안적 분쟁해결에 관한 법을 제정하고 있고 이러한 절차
를 위한 규정이 상대적으로 드물기 때문에 본 조항은 사법적 절차와 중재절차에 관
한 규정을 두고 동 규정들이 적절한 수정을 통해 적용되게 하고 있다. 이는 적용할
법적 규정이 없는 경우에 대안적 분쟁해결의 절차의 개시는 10.6조 (1)항의 둘째
규정상의 보완규정에 의해 지배됨을 의미한다. 따라서 이러한 절차를 하려는 일방
당사자의 요청서가 타방에게 도달하는 날 절차가 시작된다.

그리고 분쟁해결 절차의 종기는 매우 불명확하기 때문에 10.5조와 10.6조 규
정, 특히 양 규정 (2)항상의 "절차가 달리 종료될 때까지"라는 문구가 적절한 수정
에 따라 역시 적용될 수 있다. 예컨대 당사자들 중 일방에 의한 분쟁해결 절차의

일방적 종료는 정지를 종료시키기에 충분하다. 불성실로 이루어진 일방적인 종료는 1.7조가 적용된다.

【8】 10.8조: 불가항력, 사망 또는 실격의 경우에 정지

> (1) 채권자가 자신의 불가항력적인 또는 피할 수도 극복할 수도 없는 이행장애로 인해 소멸시효기간이 위 조항들에 따라 지속이 금지되는 경우 일반적 소멸시효 기간은 관계된 이행장애가 종료된 후 일년 전에는 종료되지 아니할 정도로 정지 된다.
> (2) 이행장애가 채권자와 채무자의 실격이나 사망에 기인하는 경우 정지는 실격 또는 사망한 당사자나 그의 재산을 위한 대리인이 임명되거나 상속인이 해당 당사자의 지위를 이어받을 때 정지된다. (1)항하의 추가 1년 기간이 이에 따라 적용된다.

1) 이행장애의 효과

대부분의 법률체계는 채권자가 법정에서의 자신의 권리를 추구할 수 없는 이행장애를 고려하고 있다. 유엔소멸시효협약 15조와 21조에서도 그렇게 하고 있다. 채권자가 시효의 경과의 결과로서 자신의 권리를 박탈당할 수 있기 전에 자신의 권리를 추구할 가능성을 가져야 한다는 것이 기본적인 정책개념이다.

이행장애의 실질적인 사례는 채권자가 관할법정에 접촉을 방해하는 전쟁과 자연재난을 포함한다. 기타 불가항력의 경우들도 권리의 추구를 역시 방해하고 적어도 소멸시효기간의 정지를 야기한다.

이렇게 볼 때, 이행장애는 채권자의 통제 밖이어야 한다. 그러나 주의를 요할 것으로 구속은 전범과 같이 피할 수 없었던 경우에만 이행장애로 인정되어 소멸시효기간을 정지시키나 형사적 구속은 그러하지 아니하다. 그러나 채권자는 최대 소멸시효기간이 채권자가 이러한 권리를 추구할 수 있기 전에 경과하였다면 채권자는 최대 소멸시효기간의 만기의 항변에 따라야 한다. 이런 경우 일반 소멸시효기간만이 정지된다.

2) 추가 고려기간 허용

채권자의 불가항력에 의한 이행장애가 소멸시효만기 무렵에 발생하여 종료될 수가 있기 때문에 이행장애가 정지된 후 매우 짧은 기간 또는 즉시 채권자가 어떻게 해야 할지를 결정할 시간이 전혀 없는 경우가 있을 수 있다.

본 조항은 이런 경우에 대비하여 채권자로 하여금 어떤 조치를 취해야 할지를 결정할 수 있도록 하는 입장에서 이행장애가 정지한 날로부터 추가기간 1년을 규정하고 있다.

3) 실격과 사망의 효과

채권자나 채무자의 실격과 사망은 채권자의 권리의 효과적인 주장에 가장 특수한 이행장애 사례이다. (2)항은 일반적인 이행장애의 경우와 똑같은 해결방안을 규정하고 있다.

【9】 10.9조: 소멸시효기간 만기의 효과

(1) 소멸시효기간의 만기는 권리를 소멸시키지 아니한다.
(2) 소멸시효기간의 만기가 효력을 갖기 위해서는 채무자는 만기를 방어로 주장해야 한다.
(3) 그러한 권리를 위한 소멸시효기간의 만기가 주장된다 해도 권리는 방어로서 여전히 원용될 수 있다.

1) 권리는 소멸되지 아니한다

소멸시효기간의 만기는 채무자의 권리를 소멸시키지 아니하나 단지 권리의 집행을 금지할 뿐이다.

2) 소멸시효기간의 만기는 방어수단으로서 제기되어야 한다

소멸시효기간의 만기의 효과는 자동적으로 발생하지 아니한다. 채무자가 만기를 방어수단으로 제기되는 경우에만 만기의 효과가 발생한다. 따라서 채무자는 소멸시효기간의 만기를 호소함으로써 준거법상의 절차에 따라 만기를 방어수단으로 제기할 수 있으며, 절차를 벗어날 수도 있다. 따라서 이러한 방어의 존재는 역시 결석재판의 대상일 수 있다. 즉 이러한 방어의 존재만으로도 결석재판을 할 수 있다.

3) 방어수단으로서 소멸시효 권리의 활용가능

PICC에 의하면, 소멸시효기간의 만기는 권리를 소멸시키지 아니하나 (1),(2)항에 따라 채무자에 의해 주장되어져야 하는 방어수단만을 부여하기 때문에 채권자의 권리는 권리의 이행을 위한 클레임이 소멸시효기간의 만기라는 채무자의 주장에 의해 금지될 수 있다 해도 여전히 존재할 수 있다. 따라서 소멸시효기간의 만기는 방어수단으로서 예컨대 (3)항에 따라 채권자에 의해 이행의 보류를 위한 사유로서 활용될 수 있다.

【10】 10.10조: 상계의 권리

> 채권자는 채무자가 소멸시효기간의 만기를 주장할 때까지 상계의 권리를 행사할 수 있다.

채권자의 권리는 시효가 만료될 때까지 존속하기 때문에 8.1조하의 전제조건이 충족된다면 채권자의 권리는 상계를 위해 활용되어질 수 있다.

소멸시효기간의 만기가 그 자체만으로 채권자의 권리를 소멸시키지 아니한다 해도 채무자가 채권자에 대하여 소멸시효기간을 주장함으로써 항변으로서 시효를 호소할 때는 상황이 달라진다. 따라서 채무자가 그렇게 함으로써 채무자는 권리가 더 이상 집행될 수 없다는 결론에 따라 소멸시효기간을 유효하게 만들 수 있다.

일반적으로 상계는 권리의 자동집행으로 간주될 수 있기 때문에 소멸시효기간의 만기의 항변이 호소된 후에는 이용을 못한다.

【11】 10.11조: 원상회복

> 의무를 소멸하기 위하여 이행이 이루어진 경우 소멸시효기간이 만기되었다는 단순한 이유만으로 원상회복의 권리가 존재하지 아니한다.

1) 이행에 대한 유효한 기준으로서 소멸시효 청구의 가능성

PICC 10.9조에 의하면, 소멸시효기간의 만기가 채권자의 권리를 소멸시키지 아니하나 방어로서만 주장될 수 있다는 사실의 또 다른 결과는 채무자가 소멸시효기간 만기를 이유로 자신의 방어권리에도 불구하고 이행을 한 경우 그가 이행을 한 의무는 채권자의 이행보유권에 대한 법적 기초로 효과를 가진다. 따라서 소멸시효기간의 단순한 만기는 반환 내지 부당한 이득원칙에 따라 이행을 회수하려는 소송을 위한 사유로 활용될 수 있다.

2) 또 다른 이유에 근거한 반환청구의 가능성

소멸시효기간의 경과에도 불구하고, 예컨대 지급인이 착각을 이유로 존재하지 아니하는 부채를 지급하였음을 주장한 경우 반환청구가 이행이외의 사유에 근거하여 가능할 수 있다.

제7부 복수의 채무자와 채권자

2010년에 새로이 제정된 연대에 관한 11조 규정들과 그 논평들을 구성과 개요와 함께 보면 다음과 같다.

1. 구 성

2. 개 요

복수의 채무자들이 한 사람의 채권자에 대하여 동일한 의무를 가지는 연대채무자와 채권자와의 관계에 관해 당사자들간의 권리, 소멸시효기간과의 관계, 연대채무자 한 사람의 채권자에 대한 채무자에 관한 법적 판결의 효과, 연대채무자들간의 분담, 항변권 등에 관해 규정하고 있다.

3. 규정과 해설

【1】 11.1.1조: 정의

> 복수의 채무자들이 한사람의 채권자에 대하여 동일한 의무를 가지고 있을 경우로서;
> (a) 채무자 각각이 전 의무에 대하여 구속되는 경우 그 의무는 연대의무이다;
> (b) 채무자 각각이 자신의 몫에 대하여만 구속되는 경우 그 의무는 별개의 의무이다.

1) 하나의 의무에 대한 복수 채무자의 가능성

하나의 의무에 여러 명의 채무자들이 구속되는 경우가 종종 있다.

(1) A, B, C 회사들이 새로운 해외 시장 개척을 위해 노력을 연대하기로 결정하였다. 이에 따라 이들은 자금이 필요하여 X은행으로부터 공동명의로 대부를 받았다. 이 경우 A, B, C사는 동 대부를 상환하는 의무에 공동채무자들이다.

(2) 시공사 A와 B가 함께 제출한 시방서에 근거하여 다리 건설을 위한 계약을 수주하였다. 이 경우 A와 B는 다리를 건설할 공동채무자들이다.

(3) 대규모 사업계획에 대하여 화재와 기타 위험에 대비하여 부보되었다. 그런데 위험이 너무 커서 한 보험회사에서 그 위험을 담보하기가 어려워 여러 개의 보험 회사들이 공동으로 그 위험을 부담하기로 했다. 이 경우 이들 보험회사들은 하나의 위험에 대하여 책임을 부담해야 할 공동채무자들이다.

(4) X은행이 A사에 대여를 승인하였으나 보증인을 요구하였다. 모 회사인 B가 대여의 상환에 대하여 A와 연대로 책임질 것을 합의하였다. 이 경우 A와 B는 대여를 상환할 공동채무자들이다.

2) 동일한 의무의 의미

본 절은 다양한 채무자들이 똑같은 의무에 의해 구속되는 경우에만 적용된다. 그러나 복수의 채무자들이 똑같은 활동에 개입하나 별개의 의무와 관계하는 경우가 흔히 있다. 이 경우 이들은 본 절의 규정들에 의하면 공동채무자들이 아니다.

일반적으로 하나의 계약으로부터 동일한 의무가 발생하지만 반드시 동일하지는 않다. 상기 사례 (1)과 (2)의 경우에는 다양한 채무자들을 구속하는 하나의 대여계약 또는 하나의 건설계약이다. 그러나 사례 (3)과 같은 공동부보의 경우 동일한 위험을 담보할 책임이 각 보험사들에게 있다 해도 개별보험사는 피보험자와 각각 별개의 계약을 체결하는 경우가 흔하다. 그리고 사례 (4)에서 제공되는 보증은 별개의 계약에 따라 종종 승인될 수 있다. 상이한 계약에 의해 책임지는 기타 의무들의 사례들은 의무가 합의에 의해 이전되는 경우들이다.

그러나 관계되는 의무들은 반드시 동 의무들이 하나의 계약으로부터 발생하건 여러 개의 계약으로부터 발생하건 관계없이 반드시 계약에 근거한 의무들이다.

다수 불법행위자들의 불법행위 의무들은 본 장에 의해 지배되지 아니한다. 왜냐하면 PICC는 국제상사계약을 지배하기 때문이다. 따라서 계약에 의한 손해배상청구는 본 장의 적용범위이다.

3) 의무의 두 가지 중요한 형태

본 조는 복수의 채무자들이 한 사람의 채권자에 대하여 동일한 의무에 구속되는 경우가 실제로 존재하는 두 개의 주요한 의무 유형을 정의하고 있다.

그 첫 번째 경우가 채무자 각자가 전 의무에 대하여 책임이 있는 경우로, 연대채무자들에 대한 채권자의 권리에 관한 11.1.3조의 규정에서 알 수 있듯이, 분담금 클레임의 범위에 관한 11.1.10조의 규정에 따라 추후에 채무자들간에 분담금 클레임을 전제로 채권자가 복수의 채무자들 가운데 어느 특정인에게 이행을 요구할 수 있는 경우이다.

그 두 번째 경우가 채무자 각자의 몫에 대하여만 책임을 지는 경우로, 채권자에게 채무자들 각각에게 자신의 몫을 청구할 권리를 부여하는 경우이다.

연대의무의 추정을 규정하고 있는 보완규정인 11.1.2조가 적용되는 전자의 경

우의 의무를 연대의무라 부르며, 후자의 경우의 의무를 별개의무라 부른다. 공동채
무자들이 연대의무자들인지 아니면 별개, 즉 독자의무자들인지는 보완규정인 연대
의무의 추정규정인 11.1.2조에 따라 결정된다.

4) 기타 가능한 경우

위에서 설명하고 있는 두 개의 주요한 의무 유형이 가장 흔한 경우이나 본 장
은 있을 수 있는 모든 의무유형을 취급하는 규정이 아니다. 따라서 기타 있을 수 있
는 경우들은 채무자들이 모두 함께 이행을 제공할 의무가 있고, 채권자는 채무자들
모두로부터만 이행을 청구할 수 있는 소위 공동의무가 아니면 상호의무들이다.

이러한 의무의 전형적인 경우가 현악 4중주를 연주할 책임이 있는 악단이다.
이런 형태의 경우는 실제 있어 그렇게 중요한 의무의 유형이 아니다. 왜냐하면 함
께 연주만 하면 되지 잘해야 한다는 의무는 없기 때문이다.

【2】 11.1.2조: 연대의무의 추정

> 복수 채무자가 한 사람의 채권자에 대하여 동일한 의무에 구속되는 경우 상황이 달
> 리 명시하지 아니하는 한, 그들은 연대로 구속되는 것으로 추정한다.

1) 보완규칙

상관행에 의하면 동일한 의무를 지고 있는 다수 채무자들이 한 사람의 채권자
에 대하여 연대로 구속되는 것이 흔하다. 이러한 사실은 본 규정에서 명시하고 있
는 보완원칙을 정당화 하고 있다.

2) 상황이 달리 명시하는 경우

연대의무의 추정은 상황이 달리 명시하고 있는 한 반증된다. 이러한 사실은 계
약상에 보완규정과 반하는 규정을 명시한 결과일 수 있다. 상황에 따라서 두 사람
의 채무자가 연대로 구속된다는 추정은 역시 무시될 수가 있다.

3) 보증의무와 연대의무의 관계

주채무자가 해태한 경우에 특정인이 이미 구속되는 타인을 위해 자신이 구속된다는 부속합의인 보증의 경우는 연대의무와 다르다. 보증은 본인으로서 구속되지 아니한다. 그러나 주채무자가 그렇게 하길 해태한 경우에만 보증인이 이행하게 된다. 따라서 본인과 채무자는 별개로 구속력을 지니며, 순차적이다. 그러나 연대의무는 본인관계이다.

연대의무 기법이 보증의 경제적 혜택이 주어질 수 있는 제도로서 활용되는 경우가 발생할 수 있다. 채권자가 제1 채무자의 의무를 보증하고자 하는 회사에게 별개의 보증합의를 체결하는 대신에 제1 채무자와 함께 연대채무자로 개입하길 요구하는 경우 채권자의 입장에서 장점은 채권자가 개입하는 회사로부터 직접적으로 지급을 요구할 수 있다. 이러한 사실은 보증인법에 따라 보증인에게 제공되는 특수한 권리를 개입하는 회사에게서 반드시 박탈하지 아니한다는 것이다.

이러한 연대의무의 특수한 기법의 활용은 연대의무자들의 분담에 관한 규정인 11.1.9조에서 알 수 있듯이 특수한 결과를 초래할 수 있다. 이 경우 물론 보증법이 추가적인 결과에 대해서도 규정할 수 있다.

【3】 11.1.3조: 연대채무자들에 대한 채권자의 권리

> 채무자들이 연대로 구속되는 경우 채권자는 완전 이행을 수령할 때까지 채무자들 가운데 누구에게든지 이행을 요구할 수 있다.

채권자의 입장에서 연대의무의 주된 효과는 11.1.1조에서 규정한 정의에서 이미 언급되어 있다. 즉, 채무자 각자는 전 의무에 대하여 구속된다는 것이다.

본 조항은 채권자에 대한 주된 효과를 규정하고 있다. 다시 말해서 채권자는 완전 이행을 수령할 때까지 채무자 각자로부터 이행을 요구할 수 있다는 것이다.

【4】 11.1.4조: 항변(방어권)과 상계권의 이용 가능성

> 채권자가 클레임을 제기하는 대상인 연대채무자는 개인적으로나 공동채무자들에게 공통적으로 인정되는 모든 항변권과 상계권을 주장할 수 있다. 그러나 다른 공동채무자 개인 또는 다수에게 인정되는 항변권과 상계권을 주장할 수는 없다.

본 조항은 연대채무자가 상이한 항변권과 상계권을 주장할 수 있는 가능성에 대하여 다루고 있다.

본 규정은 채무자들 가운데 한 사람에게 또는 그들 모두에게 인정되는 항변권 및 상계권과 다른 공동채무자들 가운데 한 사람에게 또는 다수에게 인정되는 항변 권 및 상계권간을 구분하고 있다.

【5】 11.1.5조: 이행과 상계의 효력

> 연대채무자에 의한 이행이나 상계 또는 연대채무자를 상대로 한 채권자에 의한 상계 는 그 이행이나 상계만큼 채권자와 관련한 다른 채무자들을 면제시킨다.

1) 연대채무자에 의한 이행

공동채무자들 가운데 한 사람이 의무의 이행을 이미 전부 또는 부분적으로 이 행한 경우로서 채권자가 다른 공동채무자들로부터 이행을 여전히 청구할 것을 계 획한다면 다른 채무자들은 전부 또는 부분적 이행 사실을 항변으로 주장할 수 있다.

2) 상 계

공동채무자들 가운데 한 사람에 의한 이행에 관하여 적절한 조정을 통해 채권 자와 채무자들 가운데 한사람간의 상계의 경우에 본 조항에서 규정하고 있는 원칙 이 역시 적용된다. 공동채무자들 가운데 누가 상계권리를 주장할 수 있는가를 결정 할 경우에 상계의 권리는 이미 11.1.4조에서 언급한 바 있다.

본 조항은 상계효과의 후속 문제를 취급하고 있다. 상계가 일단 행사된 경우라면 상계자체를 지배하는 원칙에 관한 8.1조에서 8.5조를 참고할 수 있다. 상계권이 공동채무자들 가운데 특정채무자를 상대로 채권자에 의해 행사되는 경우에도 위와 똑같은 원칙이 적용된다.

【6】 11.1.6조: 면제 또는 청산의 효과

> (1) 한 사람 연대채무자의 면제나 청산은 상황이 달리 명시하지 아니하는 한, 면제 또는 청산된 채무자의 몫에 대하여 모든 다른 채무자들을 면책시킨다.
> (2) 다른 채무자들이 면제된 채무자의 몫에 대하여 면책되는 경우 그들은 11.1.10조 에 따라 면제된 채무자를 상대로 더 이상 분담청구권을 가지지 아니한다.

1) 연대채무자의 면제

채권자가 더 이상의 추가조건 없이 연대채무자들 가운데 한 채무자를 면제시 킬 경우 그 면제는 연대채무자들의 분담에 관한 규정인 11.1.9조의 결정에 따라 면 제된 채무자의 몫에만 영향을 미침을 보완규정으로 규정하고 있다. 따라서 다른 채 무자들은 면제된 채무자의 몫에 대해서만 면책되며 차액에 대하여 여전히 구속된다.

2) 한 연대채무자와 청산의 효과

가끔 채권자가 1.9조에 의해 결정된 공동채무자들 가운데 한 채무자의 몫보다 적은 금액을 동 채무자와 별개의 청산부분으로 공동채무자들 가운데 한 채무자로 부터 수령하기도 한다.

동 규정에 따르면, 이 때 수령한 금액은 청산하는 채무자의 몫의 전부를 면책 시키는 것으로 인정하고 있다. 따라서 다른 채무자들의 연대의무는 기지급된 금액 에 의해 감소될 뿐만 아니라 청산하는 채무자의 최초 몫인 금액의 전부까지 감소되 는 결과를 가져온다.

3) 달리 명시하는 상황의 효과

다른 채무자들이 면제나 청산한 채무자 몫 이외의 다른 금액에 대하여 면책되는 상황이 있을 수 있다. 예컨대, 채권자가 연대채무자들 분담에 관한 11.1.9조의 규정에 의한 결정에 따라 채무자들의 몫의 일부에 대해서만 자신의 채무자들 가운데 한 채무자를 면제시킬 수 있다.

이 경우 다른 채무자들은 그 면제된 부분의 금액에 대해서만 면책될 것이며, 모든 채무자들은 감액된 나머지 총 금액에 대하여 연대로 구속될 것이다.

4) 분담 청구권이 불가능한 경우

채권자가 공동채무자들 가운데 한 사람을 면제시키거나 한 사람의 채무자와 청산을 하고 나머지 공동채무자들은 면제된 채무자의 몫으로부터 면책되는 경우 나머지 공동채무자들은 면제된 채무자를 상대로 더 이상 분담청구권을 가지지 못한다.

【7】 11.1.7조: 소멸시효의 만기 또는 정지의 효과

> (1) 연대채무자 한 사람에 대한 채권자의 권리의 소멸시효기간의 만기는 다음 사항에 영향을 주지 아니한다:
>   (a) 다른 연대 채무자들의 채권자에 대한 의무; 또는
>   (b) 11.1.10조에 의한 연대채무자들간의 상환청구권
> (2) 채권자가 연대채무자 한사람에 대하여 10.5조, 10.6조, 10.7조에 따라 절차들을 진행한다면 소멸시효기간의 지속은 다른 연대채무자들 상대로 역시 정지된다.

1) 한 채무자에 대한 소멸시효기간 만기의 효과

연대채무자들 가운데 한 사람 또는 몇 사람에 대한 채권자의 권리는 소멸시효가 적용된다. 이러한 사실은 그들의 의무가 소멸시효기간의 만기에 의해 영향을 받지 아니하는 기타 공동채무자들에 대한 채권자의 청구권 행사를 방해하지 아니한다.

이러한 상황하에서 채권자에게 지급한 공동채무자들은 소멸시효기간 만기의 효과에 관한 10.9조에 따라 채권자를 상대로 소멸시효기간의 만기를 이용할 수 있는 공동채무자를 상대로 분담청구권의 범위에 관한 11.1.10조에 따라 그들의 상환청구권을 행사할 수 있다.

2) 한 채무자를 상대로 한 소멸시효기간의 정지

채권자가 연대채무자들 가운데 한 사람을 상대로 법적 또는 중재절차 또는 대체적 분쟁해결제도(Alternative Dispute Resolution: ADR) 절차를 진행하는 것은 10.5조, 10.6조 또는 10.7조하의 그 채무자를 상대로 하는 소멸시효기간의 지속을 정지시킨다. 따라서 11.1.7조 (2)항은 다른 공동채무자들에게 정지의 효과를 연장시킨다.

주의를 요할 것으로 모든 공동채무자에 대하여 효력을 발생하는 11.1.7조 (2)항상의 원칙은 개별효력에 대하여 규정하고 있는 11.1.7조 (1)항상의 원칙과는 원칙적으로 상이한 접근을 채용하고 있다.

다시 말해서 11.1.7조 (2)항은 상이한 효력과 관련이 있다. 즉 소멸시효기간 만기의 효과와 법적조치를 착수한 경우 소멸시효만기의 효과를 다르게 취급하고 있다. 따라서 (2)항에서 채용한 접근방법은 한 채무자만을 상대로 하므로 나머지 모든 채무자들을 상대로 하는 법적조치의 착수에 따른 경비를 절약하기 위한 규정이다. 그러나 채권자는 판결효과에 관한 11.1.8조의 원칙에 주의해야 한다.

【8】 11.1.8조: 판결의 효과

(1) 채권자에 대한 연대채무자 한 사람의 채무에 관한 법적 판결은 다음 사항에 영향을 주지 아니한다:
   (a) 다른 연대채무자들의 채권자에 대한 의무; 또는
   (b) 11.1.10조하의 연대채무자들간의 소구권
(2) 그러나 이러한 결정이 관련 채무자에 대한 개인적인 사유에 근거한 것이 아니라면 다른 연대채무자들은 이러한 결정을 원용할 수 있다. 이런 경우 11.1.10조하의 연대채무자들 간의 소구권은 판결에 따라 영향을 받는다.

1) 판결의 다른 채무자들의 의무에 대한 영향력

채권자가 연대채무자들 가운데 한 사람 또는 몇 사람만을 상대로 한 재판이나 중재절차를 시작한 경우, 법정에 의한 결정은 법정에 소환되지 아니한 공동채무자들의 의무에 원칙적으로 영향을 주지 아니할 것이다. 따라서 판결에 관계없이 다른 채무자들은 채권자와 연대채무자들 간의 최초의 조건에 여전히 구속된다.

2) 판결의 소구권에 대한 영향력

연대채무자 가운데 한 사람을 상대로 주어지는 법정의 판결은 분담금 클레임 (청구)의 범위에 관한 규정인 11.1.10조하의 연대채무자들 간의 소구권에 영향을 주지 아니한다.

3) 판결을 이용할 수 있는 다른 연대채무자들의 권리

본 조 (1)항에서 규정하고 있는 원칙은 다른 공동채무자들이 자신들의 관심으로 판결을 원용하고 싶은 경우 집행되어서는 아니된다는 것이다.

이런 경우에 대비하여, (2)항은 다른 연대채무자들에게 판결을 원용할 권리를 허용하고 있다. 그러나 이러한 원칙은 관련 채무자에 대한 개인적인 사유에 근거한 경우에 적용되지 아니한다.

4) 판결을 원용할 수 있는 경우 연대채무자들 간의 소구권

연대채무자가 자신의 공동연대채무자를 상대로 이루어진 법정 판결을 이용할 수 있다면 공동채무자의 소구권은 영향을 받을 수 있다.

【9】 11.1.9조: 연대채무자들간의 분담

> 연대채무자들간에는 상황이 달리 지시하지 아니하는 한 그들은 동일한 몫에 구속된다.

11.1.9조에서 11.1.13조까지는 분담금청구권을 취급하고 있다.

채권자를 위해 의무를 이행한 채무자는 연대채무자들 각자의 몫을 회수하기 위하여 다른 연대채무자들을 상대로 청구권을 가진다. 이 경우 첫 번째로 대두되는 문제가 각자의 몫을 결정하는 것이다. 이 경우에 해석, 즉 보완원칙으로서 11.1.9조는 동일하게 분담하도록 규정하고 있다.

그러나 채무자들의 분담 몫이 다른 경우와 같이 상황에 따라 달라질 수 있다. 이러한 상황은 공동채무자간에 계약과정에서 종종 발생한다.

경우에 따라서는 일부 채무자들이 전체의무를 부담하도록 되어 있을 수 있다. 일방 당사자가 자기 자신의 이해 때문이 아닌 연대채무자로서 구속되나 다른 주된 채무자를 위해 보증인으로서 기여하기로 합의한 경우인데, 이런 경우 연대채무자들에 대한 채권자의 권리에 관한 11.1.3조를 참고할 필요가 있다.

【10】 11.1.10조: 분담금청구권의 범위

> 자신의 몫 이상으로 이행을 한 연대채무자는 채무자 각자의 불이행 몫의 범위까지 다른 채무자들로부터 초과분을 청구할 수 있다.

연대채무자가 채권자에게 자신의 몫 이상을 지급한 후 그는 각자의 몫에 근거하여 초과분을 회수하기 위하여 다른 채무자들을 상대로 분담금청구권을 가진다. 11.1.10조의 원칙은 보다 복잡한 여건에 역시 적용될 수 있다.

11.1.6조 (2)항, 11.1.7조 (1)항 (b)호, 11.1.8조 (b)호는 이들 규정에 의해 각각 지배되는 상황에 따라 분담금 청구권의 행사 가능성에 대한 특별한 원칙을 규정하고 있다.

【11】 11.1.11조: 채권자의 권리

> (1) 11.1.10조가 적용되는 연대채무자는 자신들의 이행을 보장하는 모든 권리를 포함하여 다른 채무자들 모두 또는 특정인으로부터 각자 채무자의 불이행 몫의 범위까지 채권자의 권리를 역시 행사할 수 있다.

(2) 완전이행을 제공받지 못한 채권자는 분담금청구권을 행사하는 공동채무자들에
   우선하여 불이행부분의 범위까지 공동채무자들을 상대로 자신의 권리를 보유한다.

1) 채권자의 권리대위 가능성

채권자에게 자신의 몫 이상을 지급한 연대채무자는 11.1.10조에 따라 다른 채
무자들에게 분담금청구권을 가진다.

11.1.11조 (1)항은 분담금청구권을 가진 공동채무자에게 자신의 이행을 보장하
는 모든 권리를 포함하여 채권자의 권리로부터 이익이 되는 가능성을 부여한다. 이
러한 가능성은 채권자의 권리가 보장되는 경우 연대채무자에게 특별히 가치가 있
다. 왜냐하면 11.1.10조에 의하면 분담금권리가 보장되지 아니하기 때문이다.

2) 채권자의 유보권과 우선권

완전이행을 제공받지 못한 채권자는 연대채무자들을 상대로 자신의 권리를 보
유한다. 그리고 이행한 채무자의 권리에 우선하는 채권자의 권리를 인정하므로, 본
조 (1)항에 따라 연대채무자에게 주어지는 혜택은 채권자의 잔여 권리에 유해하게
영향을 주지 못한다. 따라서 이러한 우선권은 완전이행이 채권자에 의해 수령될 때
까지 11.1.11조 (1)항하의 이행연대채무자의 권리의 집행을 연기하므로 유효하게
되어질 수 있다.

주의를 요할 것으로 우선권에 관한 원칙은 달리 파산절차에 관한 강행규정의
적용가능성을 전제로 한다.

【12】 11.1.12조: 분담금청구권의 항변

의무를 이행한 공동채무자에 의해 청구가 제기된 연대채무자는;
(a) 채권자를 상대로 공동채무자가 주장할 수 있는 일체의 공동항변권과 상계권리를
   제기할 수 있다;
(b) 자신의 개인적인 항변권을 주장할 수 있다;
(c) 일부 다른 공동채무자들에게만 인정되는 항변권과 상계권리를 주장할 수는 없다.

본 규정은 분담금청구권이 행사되는 경우에 공동채무자들간에 주장될 수 있는 항변권과 상계권을 취급하고 있다.

1) 공동항변권과 상계권의 인정범위

항변권과 상계권의 행사가능에 관한 11.1.4조 규정에 따라 채권자가 이행을 요구한 공동채무자는 모든 공동채무자들에게 공동으로 인정되는 모든 항변권과 상계권을 주장할 수 있다.

만약 당해 공동채무자가 자신의 채무를 소멸하거나 감소시키는 공동으로 인정되는 그러한 항변권이나 상계권을 제기하길 해태한다면, 당해 공동채무자를 상대로 하여 분담금청구권을 행사한 모든 다른 연대채무자는 당해 공동채무자가 가졌던 그러한 항변권이나 상계권을 주장할 수 있다.

2) 개인적인 항변권

또한 공동채무자는 분담금청구권에 대하여 자신의 개인적인 항변권을 주장할 수 있다. 그러나 11.1.12조하의 상계권은 항변과 똑같은 원칙을 전제로 하지 아니한다. 왜냐하면 이러한 구분이 PICC의 일반적인 입장이기 때문이다. 그 이유는 상계권이 분담금청구권를 반대하기 위하여 채권자를 상대로 한 개인 상계권의 주장을 할 때 항변권과 똑같은 방법으로 취급될 수 없기 때문이다.

실제로 이행과 상계의 효력에 관한 11.1.5조에 의하면, 다른 공동채무자에 의한 이행은 상계권이 더 이상 존재하지 아니한다는 결과에 따라 최초의 채무자로 하여금 채권자에 대한 자신의 의무로부터 면제시킨다. 이 경우 최초의 채무자는 다른 채무자에 대한 자신의 분담금 몫을 지급해야 할 것이며, 채권자를 상대로 한 자신의 별개의 청구권을 행사할 입장에 처하게 한다.

3) 다른 채무자들에 대한 사적 항변권과 상계권의 효과

공동채무자는 일부 다른 채무자들에게만 적용되는 항변권이나 상계권을 주장할 수는 없다.

【13】 11.1.13조: 회수불능

> 다른 채무자의 몫 이상으로 이행한 연대채무자가 모든 합리적인 노력에도 불구하고 다른 연대채무자로부터 분담금을 회수할 수 없다면 기이행한 사람을 포함한 다른 채무자들의 몫은 비례적으로 부과된다.

1) 손실의 비례 분담

다른 채무자를 상대로 하는 분담금 청구권을 행사하는 공동채무자는 다른 채무자가 파산하거나 실종되었기 때문에 또는 그의 재산이 충분하지 못해 회수할 수 없는 경우가 있다. 이런 경우 그 손실의 부담은 다른 공동채무자들간에 분담된다.

2) 본 조항의 적응을 위한 대 전제: 모든 합리적 노력

다른 공동채무자들로부터 증가한 분담분을 청구하기 위하여 본 조항에 호소하기 전에 기이행한 채무자는 5.1.4조 (2)항에 비추어 해태한 공동채무자로부터 회수하기 위한 모든 노력을 기울여야 한다.

【14】 11.2.1조: 정의

> 복수의 채권자들이 한 사람의 채무자로부터 동일한 의무의 이행을 청구할 수 있을 때:
> (a) 채권자가 자신의 몫만을 청구할 수 있을 때 청구권들은 별개이다;
> (b) 채권자 각자가 완전 이행을 요구할 수 있을 때 청구권은 연대이다;
> (c) 모든 채권자들이 함께 이행을 청구해야 하는 때 청구권은 공동이다.

1) 복수의 채권자들의 발생 가능성

복수의 채권자들은 여러 상황에서 발생한다. 복수 채권자들이 발생할 수 있는 경우는 특히 신디케이트, 건설분야 또는 석유산업과 같이 다양한 영역에 있는 사업자들이 컨소시엄 합의에 따라 참가한 파트너와 배당 취득합의에 따른 복수의 매매자들의 경우이다.

2) 동일한 의무의 의미

본 조항은 상이한 채권자들이 채무자로부터 동일한 의무의 이행을 청구할 수 있을 때 적용된다. 이러한 경우는 채무자 한 사람을 상대로 연대대여의 상환청구와 같은 사례의 경우이다. 그러나 동일한 채무자에 대한 다양한 채권자들이 상이한 의무에 기인한 권리를 가질 경우 본 조항은 그러한 경우에 적용되지 아니한다.

반면에 컨소시엄에 따른 건설프로젝트에 다양한 건축자들이 참여하여 각자의 용역에 대한 일괄지급을 청구할 경우, 그들은 그러한 지급에 대하여 복수 채권자들로 간주된다. 이 경우 "동일의무"란 하나의 계약에서 비롯된다. 채무자 한 사람을 상대로 연대대여한 대여금의 상환청구와 같은 경우에 연대대여 합의는 하나의 계약이다. 그러나 이런 경우에 대여자 각각이 차용자와 자신간의 계약을 체결하길 선택한 경우가 있을 수 있다.

동일한 위험을 부보하기 위하여 참여한 공동보험사들은 대개 피보험자와 독자의 계약 관계를 가질 수 있는 경우가 동일의무이다.

3) 3가지의 주요한 청구 형태

11.2.1조는 복수의 채권자들이 한 사람의 채무자로부터 동일한 의무의 이행을 청구할 수 있을 때 실제에 있어 이용 가능한 3가지의 청구형태를 정의하고 있다.

동 규정상의 청구들은 "별개 청구"일 수 있으며, 이 경우 채권자 각자는 자신의 몫만을 청구할 수 있다.

채무자 각자가 연대청구의 효과에 관한 11.2.2조에 따라 완전이행을 청구할 수 있음을 의미하는 "연대청구"일 수 있다. 이 경우 상이한 채무자간의 분담은 후속분담에 관한 규정인 11.2.4조의 규정의 적용을 전제한다.

모든 채권자들이 함께 청구해야 하는 청구가 공동청구이다. 이 경우 채무자는 모든 채권자들을 위해서만 이행할 수 있다. 이런 경우 가끔 "공공청구"라 부르기도 한다.

4) 연대의무의 추정과 같은 추정규정이 없다

복수채무자의 경우 연대의무의 추정에 관한 규정인 11.1.2조가 연대의무의 추정에 관해 규정하고 있다. 왜냐하면 이러한 사실은 가장 흔한 상관행에 따른 것이기 때문이다.

반면에 본 조항에서 정의하고 있는 3가지 형태의 청구 가운데 어느 것이 복수채무자에 의한 청구인가를 결정할 때 PICC는 그 어떠한 추정을 규정하고 있지 아니하고 있다. 그 이유는 3가지 형태의 청구 가운데 어느 것 하나라도 관례적으로 지배적인 것으로 보지 아니하기 때문이다. 즉, 그 선택이 매우 다양하고 관련된 활동에 주로 좌우되기 때문이다.

결국 복수의 채권자들이 관계하는 경우에 당사자들은 명시적 규정을 통해 관련되는 형태의 청구를 선택하기를 권고한다. 따라서 계약상에 청구방법에 관한 선택을 하기 전에 당사자들은 상이한 복수청구 방법들 가운데 각각의 장점과 단점에 주의를 기울여야 한다.

특히 연대청구는 많은 법적소송을 피할 수 있는 장점을 지니고 있다. 이런 사실은 국제무역에 있어 매우 중요하다. 이런 경우 모든 채권자들이 완전이행을 청구할 수 있으며 채무자의 입장을 단순화시키는 효과가 있다. 왜냐하면 다양한 채권자들간에 이행을 분담하지 아니해도 되기 때문이다. 그리고 복수의 채권자들의 입장에 볼 때 연대청구가 되면 청구가 일반적으로 쉬워지는 장점이 있다.

반면에 복수채권자들이 자신들의 청구가 연대청구이면 그들은 자신들의 몫의 배타적 관리권을 상실함을 알아야 한다.

다른 연대채권자들은 11.2.5조에 따라 나중에 분담이 어렵게 될 수 있는 위험에 따라 완전이행을 청구할 수 있으며 추심할 수도 있다. 이러한 사실은 본 조 (a)호에 의한 별도의 청구가 특수한 영역의 경우보다 유리한 것처럼 보이는 이유이다.

당사자들이 명시적으로 계약서상의 청구방법의 선택을 해태한 경우 어떤 복수청구가 이루어져야 하는가는 4장의 규정에 따라 계약의 해석에 의해 결정되어야 한다. 많은 경우에 계약의 성격이나 목적과 같은 상황이 특별히 청구의 방법 선정에 관련이 있다.

5) 대리인의 지명 가능성

실제로 복수채권자들은 자신들을 위해 합의한 범위내에서 채무자와 거래를 하도록 수권된 대리인을 가끔 지정하고 있다. 이러한 사실은 현실적 이유로 청구가 별개 청구일 때 특별히 흔한 경우로 여겨진다. 그러나 이런 경우에 채권자 각자는 언제라도 대리인의 권한을 취소할 수 있는 가능성을 유보하는 등과 같은 자신이 가진 권리를 완전히 관리할 수가 있다.

대리인과 같은 중개인을 지명하는 일은 채무자가 많은 채권자들에 의해 별개로 이루어질 수 있는 청구에 대한 관리를 원할 경우에도 일어날 수 있다.

【15】 11.2.2조: 연대청구권의 효과

> 연대채권자들 가운데 채권자 한 사람을 위해 의무의 완전이행은 다른 채권자들에 대하여 채무자를 면책시킨다.

1) 채권자 각자는 완전이행을 청구할 수 있다

연대청구의 주된 효과는 11.2.1조 (b)호의 정의에서 이미 규정되어 있다. 따라서 청구가 연대청구인 경우 채권자 각자는 채무자로부터 완전이행을 청구할 권리가 있다.

2) 채무자의 선택권

본 조항은 연대청구의 두 개의 다른 주된 효과를 규정하고 있는바, 그 첫째 효과로 채무자가 자신의 의무를 자진해서 이행하려는 조치를 취한 경우 그는 채권자들 가운데 누구에게라도 자신을 위해 이행을 제공할 권리가 있다.

3) 채무자의 면책권

둘째 효과로 연대청구의 또 다른 주된 효과는 채권자들 가운데 한 채권자를 위해 완전이행을 제공한 채무자는 다른 채권자들에 대한 의무가 면책된다는 것이다.

4) 실질적인 국면

완전이행을 청구하기 위하여 연대채권자들 가운데 채권자 한 사람에게 주어지는 권리는 어떠한 조치와 불필요한 비용을 피하기 위해 다소 조정을 필요로 할 수 있다. 이런 경우 채권자들은 이들 중 누가 이행을 청구할 것인가를 사전에 합의하거나 적어도 조치를 취하는데 직면한 채권자는 자신의 공동채권자들과 합의해야 한다.

반면에, 채무자가 조치를 취할 경우 이행할 대상인 채권자의 선택은 다른 채권자가 이미 이행을 요청하고 있다는 사실에 의해 영향을 받을 수 있다. 따라서 사전협의가 적절할 수 있다. 더더욱 지급을 수령한 채권자는 즉각적으로 이행이 제공되었음을 다른 채권자들에게 통지해야 한다.

이러한 해결방안, 즉 본 조항의 적용시에 실질적으로 고려되어야 하는 상기 방안들은 대게 모든 관계 당사자들에 의해 사전에 합의할 수 있다.

물론 1.7조에서 규정하고 있는 신의성실과 성실거래의 요건은 항상 적용된다.

【16】 11.2.3조: 연대채권자를 상대로 한 항변권의 이용 가능성

> (1) 채무자는 연대채권자들을 상대로 당해 채권자와 자신과의 관계가 개인적인 또는 모든 공동채권자들을 상대로 주장할 수 있는 모든 항변권과 상계권을 주장할 수 있지만, 다른 공동 채권자들 가운데 한 사람 또는 복수의 채권자들과 자신과의 관계가 개인적인 항변권과 상계권을 주장할 수 없다.
> (2) 11.1.5조, 11.1.6조, 11.1.7조와 11.1.8조의 규정들은 적절하게 조정하여 연대청구에 적용한다.

1) 항변권의 이용가능성의 경우

채무자에게 이행을 거절할 권리를 가질 수 있는 항변권은 모든 채권자들을 상대로 반드시 존재하지 아니한다. 어떤 항변권은 유일한 한 채권자와 채무자와의 관계에 따라 개인적일 수 있다.

이러한 항변권은 관련된 채권자를 상대로만 주장될 수 있다. 채무자는 모든 채권자들을 상대로 자신이 공동으로 가지는 항변권을 역시 주장할 수 있다.

2) 특수한 항변권의 효과

본 장의 1절은 특수한 항변권 형태의 효과에 대하여 연대채무자들에게 적용되는 특수한 원칙을 규정하고 있다. 11.1.5조, 11.1.6조, 11.1.7조와 11.1.8조 등이 이에 해당한다.

본 조항의 (3)항은 이러한 규정이 적절하게 조정하여 연대청구에서 적용됨을 규정하고 있다.

(1) 이행과 상계규정(11.1.5조)의 조정 적용의 가능성

11.1.5조는 "연대채무자에 의한 이행이나 상계 또는 연대채무자를 상대로 한 채권자에 의한 상계는 그 이행이나 상계만큼 채권자와 관련한 다른 채무자들을 면제시킨다."고 규정하고 있다.

이를 본 조항에 적절하게 조정하여 적용하면 연대채권자들 가운데 한 사람이 수령한 이행 또는 행사한 상계는 상계의 이행만큼 다른 채권자들에 대하여 채무자를 면책시킨다.

(2) 면제와 청산의 효과 규정(11.1.6조)의 조정 적용의 가능성

11.1.6조는 "한 연대채무자의 면제 또는 청산은 상황이 달리 명시하고 있지 아니하는 한 면제 또는 청산된 채무자의 몫에 대하여 다른 모든 채무자들을 면책시킨다."고 규정하고 있다.

이를 본 조항에 적절하게 조정하여 적용하면 채권자들 가운데 한 사람이 채무자에게 허용한 면제 또는 채권자들 가운데 한 사람이 채무자와 청산은 면제 또는 청산된 만큼 다른 채권자들에 대하여 채무자를 면책시킨다.

이상과 같이 11.1.6조의 규정을 적절하게 조정한 규정은 연대채권자들 가운데 채권자 한 사람과 채무자간에 별도의 청산이 채권자의 몫에 대하여 영향을 주는 특수한 경우와도 관련이 있다.

이런 경우 해결되어야 하는 문제는 다른 채권자들의 청구에 대하여 이러한 청산의 결과의 문제이다. 청산이 모든 연대청구와 관련이 있는 경우에 다양한 채권자들의 청구에 대한 결과는 모든 당사자들에 의하여 합의된 청산의 내용에 의해 결정되며, 분담청구는 이에 따라 조정된다.

(3) 소멸시효의 만기 또는 정지의 효과에 관한 규정(11.1.7조)의 조정 적용 가능성

11.1.7조 (1)항의 규정에 의하면, "연대채무자 한 사람에 대한 채권자의 권리의 소멸시효 기간의 만기는 다음 사항에 영향을 주지 아니한다: (a) 다른 연대채무자들의 채권자에 대한 의무; 또는 (b) 11.1.10조에 의한 연대채무자들간의 상환청구권"과 같이 규정하고 있다.

이를 본 조항에 적절하게 조정하여 적용하면, 채무자에 대한 채권자들 가운데 한 사람의 권리의 소멸시효의 만기는 다른 연대채권자들에 대한 채무자의 의무는 물론이고, 연대채권자들 간의 분담에 관한 규정인 11.2.4조하의 연대채권자들 간의 상환청구권에 영향을 미치지 아니한다.

11.1.7조에 의하면, 채권자가 연대채무자 한 사람에 대하여 10.5조, 10.6조, 10.7조에 따라 절차를 착수한다면 소멸시효기간의 지속은 다른 연대채무자를 상대로 역시 정지된다.

이를 본 조항에 적절하게 조정하여 적용하면 채권자들 가운데 한 사람이 채무자를 상대로 어떤 절차를 취하면 소멸시효의 지속은 다른 연대채권자들을 위하여 역시 정지된다.

(4) 판결의 효과에 관한 규정(11.1.8조)의 조정 적용 가능성

11.1.8조 (1)항의 규정에 의하면, "연대채무자 한 사람의 채권자에 대한 채무에 관한 법정에 의한 판결은 다음 사항에 영향을 주지 아니한다: (a) 다른 연대채무자들의 채권자에 대한 의무; 또는 (b) 11.1.10조하의 연대채무자들간의 소구권"과 같이 규정하고 있다.

이를 본 조항에 적절하게 조정하여 적용하면 연대채권자들 가운데 채권자 한 사람에 대한 채무자의 의무에 관한 법정에 의한 결정(판결)은 다른 연대채권자들에 대한 채무자의 의무와 11.2.4조하의 연대채권자들간의 소구권에 영향을 주지 아니한다.

그러나 11.1.8조 (2)항에 의하면, "이러한 결정이 관련 채무자에 대한 개인적인 사유에 근거한 것이 아니라면 다른 연대채무자들은 이러한 결정을 원용할 수 있다. 이런 경우 11.1.10조하의 연대채무자들간의 소구권은 판결에 따라 영향을 받는다"라고 규정하고 있다.

이를 본 조항에 적절하게 조정하여 적용하면, 다른 채권자들은 그들이 자신들의 이해관계에 판결이 적절하다면 그 판결을 원용할 수 있다. 다만 그 판결이 관련 채권자에 대한 개인적인 사유에 근거한다면 아니된다.

【17】 11.2.4조: 연대채권자들간의 분담

> (1) 연대채권자들은 자신들끼리 상황이 달리 지시하고 있지 아니하는 한 몫을 동일하게 할 권리가 있다.
> (2) 자신의 몫 이상을 수령한 채권자는 채권자들 각자의 몫만큼 다른 채권자들에게 초과분을 이전해야 한다.

연대채권자들은 연대청구의 효과에 관한 규정인 11.2.2조의 규정에 따라 전 의무의 완전이행을 각자가 채무자에게 청구할 수 있다. 그러나 연대채권자들간에 각자의 해당 몫만큼만 주장할 권리가 있다. 이러한 몫은 동일함이 전제이다. 그러나 상황이 달리 지시할 수 있다.

부　　록

1. Uniform Law on the Formation of Contracts for the International Sale of Goods

2. Uniform Law on the International Sale of Goods, 1964

3. Sale of Goods Act, 1979

4. Incoterms® 2010

5. Uniform Commercial Code, 1953

6. PICC UNIDROIT PRINCIPLES OF INTERNATIONAL COMMERCIAL CONTRACTS 2010

QR코드를 스캔하시면 '부록' 내용을 참고하실 수 있습니다.

참고문헌

오세창, "國際物品賣買契約을 위한 CISG, PICC, MISG 上의 解釋原則比較", 「무역상무연구」 제13권, 한국무역상무학회, 2000, pp.83~103.

[국외]

上板西三, 「貿易慣習」, 經濟新聞社, 昭和 34年.

新 堀聰, 「國際統一賣買法」, 同文館, 1991.

朝岡良平, 「賣買ム 商慣習」, 布井出版社, 昭和 51年.

ALI, *Restatement of Contract, Second*, 1982.

Atiyah, P. S., J. N. Adams, H. L. MacQueen, *The Sale of Goods*, 11th ed., Pearson, 2005.

Thomas, B., *The Sale of Goods Act Explained*, London: Stationery Office, 2000.

Carr, I., *International Trade Law*, 3rd ed., London: Cavendish Publishing Ltd., 2005.

Chissick, M., *Electronic Commerce Law and Practice*, London: Sweet & Maxwell, 1999.

Debattista, C., *Incoterms in Practice*, ICC Publishing S. A. 1995.

Emanuel, S. and S. Knowels, *Contract*, Emanuel Laws Outlines, 1986.

Folsom, R. H., *et al, International Business Transaction in a Nutshell*, 3rd ed., St. Paul, MN: West, 1988.

Furmston, M. P. Cheshire, *Fifoot and Furmston's Law of Contract*, London: Butterworths, 1986.

Gifis, S. H., *Law Dictionary*, 2nd ed., Barron's Educational Series, Inc, 1984.

Goode, R., *Commercial Law*, 3rd ed., Penguin Books, 2004.

Guest, A. G. *Anson's Law of Contract*, 26th ed., Oxford: Clarendon Press, 1984.

Guest, A. G., *et al Benjamin's Sale of Goods*, 2nd ed., London: Sweet & Maxwell, 1981.

Guest, A. G., *et al, Benjamin's Sale of Goods*, 7th ed., London: Sweet & Maxwell, 2006.

Hancock, W. E., "Special Report on the UN Convention on Contracts for the International Sale of Goods", *Corporate Counsel's International Adviser*, Issue No. 32, Jan. 1988.

Harris, D. R., *et al, Chitty on Contracts*, 24th ed., London: Sweet & Maxwell, 1977.

Honnold, J. O. *Uniform Law for International Sales*, Kluwer, 1982.

Honnold, J. O., *Uniform Law for International Sales under the 1980 United Nations Convention*, 2nd ed., Kluwer Law & Taxation Publishers, 1991.

Honnold, J. O., *Uniform Law for International Sales under the 1980 United Nations Convention*, Kluwer Law & Taxations Publishers, 1982.

Houtte, H. V., *The Law of International Trade*, 2nd ed., London: Sweet & Maxwell, 2002.

Houtte, H. V., *The Law of International Trade*, London: Sweet & Maxwell, 1995.

ICC Commission Records 1990.

ICC, *Guide to Incoterms*, ICC Services S.A.R.L, 1979.

ICC, *Guide to Incoterms*, ICC Services S.A.R.L, 1980.

ICC, *Guide to Incoterms® 2010*, ICC Services Publishing, 2010.

Gillermo, J., *ICC Guide to Export−Import Basics*, ICC, 1997.

Jimenez, G. C., *ICC Guide to Export−Import Basics*, ICC publishing S.A., 1997.

Jones, Glower W., "Warranties in International Sales: UN Convention on Contracts for the International Sale of Goods Compared to the US Uniform Commercial Code on Sales," 17 *Int'l Bus. Law.*, 1989, pp.497−500.

Kaczorowska, A., *International Trade Conventions and Their Effectiveness*, Kluwer Law International, 1995.

Kritzer, A. H. *Guide to Practical Applications of the UN Convention on Contract for the International Sale of Goods*, Kluwer, 1989.

Kritzer, A. H., *Guide to Practical Application of the UN Convention on Contract for the International Sale of Goods*, 2nd ed., Kluwer Law International, 1991.

Lord Chorley and O. C. Giles, *Slater's Mercantile Law*, 17th ed., Pitman, 1977.

Polanski, P. P., & Johnston, R. B., "International Custom as a Source of Law in Global Electronic Commerce", *Proceedings of the 35th Hawaii International Conference on System Sciences*, Hawaii, 2002.

Ramberg, J., *ICC Guide to Incoterms 1990*, ICC Publishing S. A, 1991.

Ramberg, J., *ICC Guide to Incoterms 2000*, ICC Publishing S. A., 1999.

Ramberg, J., *ICC Guide to Incoterms® 2010 Rules*, ICC Services Publication, 2010.

Ramberg, J., *International Commercial Transaction*, Kluwer Law International. 1998.

Reynolds, F. *Incoterms For Americans*, International Projects, Inc., 1999.

Rosenthal, M. S. *Techniques of International Trade*, McGraw−Hill Book Co., 1910.

Rosenthal, M. S., *Techniques of International Trade*, McGraw−Hill Book Company Inc., 1951.

Sassoon, D. M., *CIF and FOB Contracts*, 2nd ed., London: Stevens & Sons, 1975.

Sassoon, D. M., *CIF and FOB Contracts*, 3rd ed., London: Stevens & Sons, 1990.

Sassoon, D. M., *CIF and FOB contracts*, 4th ed., London: Sweet & Maxwell, 1995.

Schlechtriem, P., *Commentary on the UN Convention on the International Sale of Goods (CISG)*, 2nd ed., Oxford: Clarendon Press, 1998.

Schlechtriem, P., *Commentary on the International Sale of Goods(CISG)*, Oxford: Clarendon Press, 1988.

Schmitthoff, C. M., *Export Trade*, 7th ed., London: Stevens, 1980.

Schmitthoff, C. M., *Export Trade*, 9th ed., London: Stevens & Sons, 1990.

Schmitthoff, C. M., *"International Trade Usage"*, Institute of International Business Law and Practice Newsletter, Special Issue, ICC Publ.440,4, Paris, 1987.

Schmitthoff, C. M., *The Sources of the Law of International Trade*, New York: Praeger, 1964.

Sir Mocatta, A. A., M. J. Mustill, Q.C., and S. C. Boyd, *Scrutton on Charterparties and Bills of lading*, 18th ed., London: Sweet & Maxwell, 1974.

Treitel, G. H., *The Law of Contract*, 12th ed., Thomson Reuters Ltd., 2007.

UN Conference on Contracts for the International Sale of Goods, Vienna, 10 March — 11 April, 1980, Official Report: A/CONF.97/19.

UN Official Working Paper, A/CN.9/WG.IV/WP.95.

UNIDROIT, *UNIDROIT Principles of International Commercial Contracts 2010*, http://www.unidroit.org/english/principles/

Walker, A. G., *Export Practice & Documentation*, 2nd ed., Boston: Newnes Butterworths, 1977.

White, J. J. and R. S. Summers, *Uniform Commercial Code*, West Publishing Co., 1987.

Williston, S., *The Law Governing Sales of Goods at Common Law and under the Uniform Sales Act*, Revised ed., New York: Baker, Voorhis & Co., 1909.

독일 민법
스위스 채권법
일본 민법
한국 민법
CISG
Incoterms
SGA 1994
UCC
UCP
ULF
ULIS
UNIDROIT Principles

찾아보기

외 국 어

사   례

공저자약력

오세창

부산대학교 상과대학 무역학과(상학사)
부산대학교 대학원 무역학과(상학석사)
부산대학교 대학원 무역학과(경제학박사)
International Trade Institute, Portland State University 객원교수
계명대학교 산업경영 연구소 소장
계명대학교 무역대학원 원장
대한상사 중재원 중재인
계명대학교 외국학 대학장
계명대학교 국제학·통상학 대학장
계명대학교 국제학 대학원장
관세청, 관세사 시험출제위원
행정자치부, 국가고시 시험출제위원
한국무역학회 부회장
한국무역상무학회 부회장
국제상학회 부회장
계명대학교 TI 사업단장
고려학원 이사
현재, 계명대학교 국제통상학과 명예교수

박성호

계명대학교 문학사
계명대학교 경영학석사
계명대학교 경영학박사
런던대학교(Queen Mary College) 법학박사
현재, 계명대학교 국제통상학과 교수
　　　계명대학교 국제통상학과 학과장
　　　계명대학교 부설 산업경영연구소 간사

논문 및 저서

• "A Comparative Legal Research on Contract Formation via Electronic Means: Time Lag of Contract Creation in the International Sales Transaction,"「무역보험」외 다수

무역계약론

초판인쇄	2014년 8월 25일
초판발행	2014년 9월 1일
지은이	오세창·박성호
펴낸이	안종만
편　집	김선민·나경선
기획/마케팅	박세기
표지디자인	최은정
제　작	우인도·고철민
펴낸곳	㈜ **박영사**
	서울특별시 종로구 새문안로3길 36, 1601
	등록 1959. 3. 11. 제300-1959-1호(倫)
전　화	02)733-6771
f a x	02)736-4818
e-mail	pys@pybook.co.kr
homepage	www.pybook.co.kr
ISBN	979-11-303-0132-7　93320

copyright©오세창·박성호, 2014, Printed in Korea

정　가　　　33,000원